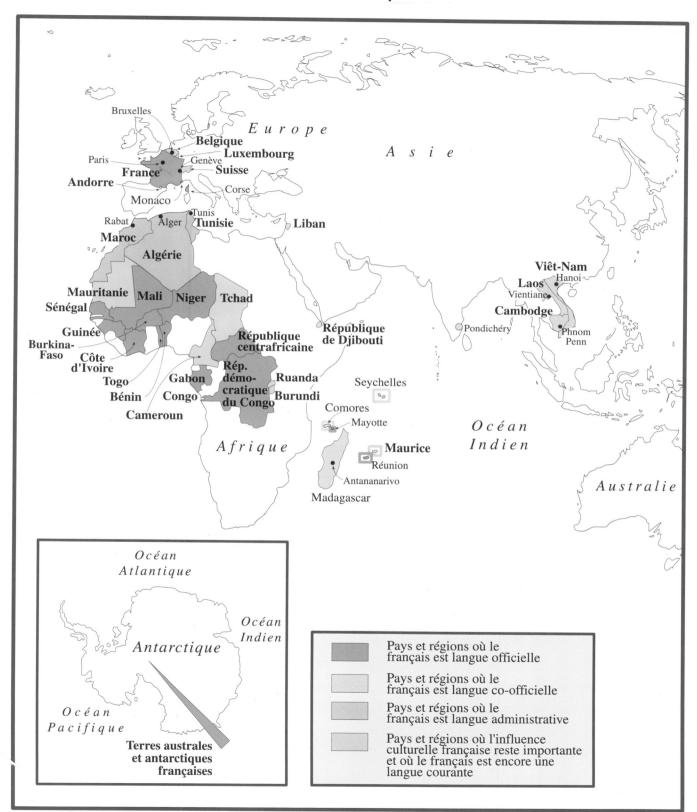

W9-DHW-378

E u r o p e

A s i e

Bruxelles

Belgique

Luxembourg

Paris

France Genève

Suisse

Andorre

Monaco

Corse

Tunis

Rabat Alger **Tunisie**

Liban

Maroc

Algérie

Viêt-Nam

Hanoi

Laos

Vientiane

Mauritanie **Mali** **Niger** **Tchad**

Cambodge

Sénégal

Phnom

Penn

Guinée

Pondichéry

Burkina-

Faso

République

centrafricaine

République

de Djibouti

Côte

d'Ivoire

Togo

Gabon **Rép.**

démo-

cratique

du Congo

Ruanda

Seychelles

Bénin

Congo

Burundi

Cameroun

Comores

Mayotte

Océan

Indien

A f r i q u e

Maurice

Réunion

Australie

Antananarivo

Madagascar

Océan

Atlantique

Océan

Indien

Antarctique

Océan

Pacifique

Terres australes

et antarctiques

françaises

Pays et régions où le
français est langue officielle

Pays et régions où le
français est langue co-officielle

Pays et régions où le
français est langue administrative

Pays et régions où l'influence
culturelle française reste importante
et où le français est encore une
langue courante

FOURTH EDITION

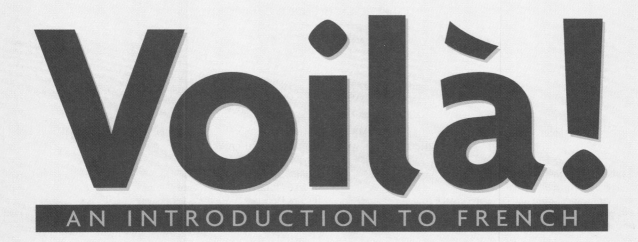

Voilà!

AN INTRODUCTION TO FRENCH

L. KATHY HEILENMAN
University of Iowa

ISABELLE KAPLAN
Bennington College

CLAUDE TOUSSAINT TOURNIER
Northwestern University

HEINLE & HEINLE
™
THOMSON LEARNING

UNITED STATES ◆◆ AUSTRALIA ◆◆ CANADA ◆◆ MEXICO ◆◆ SINGAPORE ◆◆ SPAIN ◆◆ UNITED KINGDOM

HEINLE & HEINLE

THOMSON LEARNING

Voilà! 4/e
An Introduction to French
Student Edition
Heilenman / Kaplan / Toussaint Tournier

Publisher: Wendy Nelson
Marketing Manager: Jill Garrett
Senior Production Editor and Developmental Editor
  Supervisor: Esther Marshall
Associate Acquisition Editor: Tom Pauken
Associate Marketing Manager: Kristen Murphy-LoJacono
Senior Manufacturing Coordinator: Mary Beth Hennebury

Composition: Pre-Press Company, Inc.
Assistant Project Manager: Susan Coleman
Interior Designer: Sue Gerould, Perspectives
Illustrator: Dave Sullivan
Cover Designer: Sue Gerould, Perspectives
Printer: Quebecor World

Library of Congress Cataloging-in-Publication
Heilenman, L. Kathy.
    Voilà!: an introduction to French / L. Kathy Heilenman, Isabelle Kaplan, Claude Toussaint Tournier.—4th ed.
    p. cm.
    Includes index.
    ISBN 0-8384-1141-X (student ed.)—ISBN 0-8384-1142-8 (intructor's annotated ed.)
    1.   French language—Textbooks for foreign speakers—
        English. I. Kaplan, Isabelle. II. Tournier, Claude
        Toussaint. III. Title.

PC2129.E5 H43 2000
448.2'421—dc21

                                                        00-603279

This book is printed on acid-free recycled paper.

Table des matières

1 Qui êtes-vous? 1

CULTURE	VOCABULAIRE ET COMMUNICATION	STRUCTURE	ORTHOGRAPHE ET PRONONCIATION
Entrée en matière 2 Le français dans le monde **Découvertes culturelles:** **Calendrier du mois 22** **Info+** Les chiffres 7 et 1 • Les mots et la culture • Les fêtes	**Vocabulaire 4** Se saluer et se présenter • Compter de 0 à 39 • Parler des jours, des mois et des saisons **Notes de vocabulaire 9** Mots et expressions utiles • Anglais/français • Les niveaux de langue: **tu** ou **vous?** • Les niveaux de langue: le français familier • Monsieur, Madame, Mademoiselle • Mots et contexte • Comment poser une question • Prononcer les chiffres • Le calendrier français **Vocabulaire de base 25** **Vocabulaire supplémentaire 26**	**Structure 17** Les phrases et les mots • L'article défini (genre, nombre, le pluriel des noms) • L'usage de l'article défini	L'alphabet français 24

2 Comment êtes-vous? 27

CULTURE	VOCABULAIRE ET COMMUNICATION	STRUCTURE	ORTHOGRAPHE ET PRONONCIATION
Entrée en matière 28 Les Européens de l'an 2000 **Découvertes culturelles:** **Faire-parts de naissance 42** **Info+** Sir John Macdonald • L'argot	**Vocabulaire 30** Décrire et comparer les personnes • Parler de ce qu'on aime **Notes de vocabulaire 32** Mots et expressions utiles • **Ou / où** • **Aimer / aimer bien** • Singulier ou pluriel? • La prononciation • La comparaison • **Très / trop** • Les fêtes • **Aussi / donc** • **Parce que** **Vocabulaire de base 45** **Vocabulaire supplémentaire 46**	**Structure 36** Le verbe **être** • La forme négative • La formation des adjectifs	Les signes diacritiques 44

3 Comment est votre chambre? 47

CULTURE	VOCABULAIRE ET COMMUNICATION	STRUCTURE	ORTHOGRAPHE ET PRONONCIATION
Entrée en matière 48 Où Loger **Découvertes culturelles:** **L'Université Libre de Bruxelles 64** **Info+** Porte ouverte ou porte fermée? • La chambre d'étudiant • Arthur Rimbaud • Le logement dans les universités • Le franglais	**Vocabulaire 50** Décrire sa chambre et son bureau **Notes de vocabulaire 54** Mots et expressions utiles • **On** • **Voilà / il y a** • Le pluriel des noms irréguliers • **Orange** **Vocabulaire de base 67** **Vocabulaire supplémentaire 68**	**Structure 56** L'article indéfini • Les articles après **ne... pas** • Le verbe **avoir**	Les autres signes diacritiques 66

Preface to the Student

VOILÀ!: An Introduction to French, Fourth Edition, is a complete program for teaching introductory French at the college level. It embodies a contemporary approach to language learning, one that is based on the most relevant current knowledge about language acquisition. At the same time, it draws upon a variety of proven methods, approaches, and materials.

This new edition of *VOILÀ!* was revised to include both new activities to better apply the French you are learning, and a wealth of new cultural information so that you can be assured you are learning the latest information about France and the French-speaking world. You will also find an updated web site that offers two features of interest to language learners: first, a self-quizzing section where you can practice with new vocabulary and grammar in a self-correcting environment; and second, a great section of activities to guide you through French-language web sites. Particularly as you work through these latter activities you will be putting your French to work as you explore myriad interesting cultural sites throughout the French-speaking world.

VOILÀ! provides a balanced program that promotes proficiency in listening, speaking, reading, and writing. Since learning French also involves learning about people who speak French, *VOILÀ!* presents a wealth of cultural materials in photographs, authentic documents, activities, cultural notes, and maps found throughout the book, as well as in special sections—*Magazines francophones*—devoted to the French-speaking world.

Every lesson of *VOILÀ!* is built around a theme that provides a meaningful focus for new material. Vocabulary is presented visually and in brief narratives that provide a natural and engaging context for its acquisition. Vocabulary notes teach the distinction between formal and informal vocabulary and give insight into the cultural aspects of language.

The grammar explanations in *VOILÀ!* are written in clear, concise English. They help you understand how languages work in general as well as how French works in particular. The variety of practice materials in *VOILÀ!* expands and reinforces your growing linguistic abilities. These materials include structured exercises that lead you toward grammatical accuracy, contextualized activities that provide meaningful practice, and open-ended activities that develop communicative skills.

VOILÀ! teaches reading and writing as active processes using authentic contemporary materials from Francophone newspapers, magazines, and other documents to train you in strategies that will make you an independent reader. It takes a unique approach to teaching writing skills, with activities that guide you step-by-step through the process of writing.

The language in *VOILÀ!* is fresh, familiar, and vital. It reflects the way French is actually spoken and written. With *VOILÀ!* you learn French that has the ring of authenticity and a spark of humor.

How *VOILÀ!* is Organized

Each lesson in *VOILÀ!* is organized as follows:

SECTION TITLE	OBJECTIVES	CONTENT
En bref	To introduce the thematic content of each lesson.	The accompanying photo introduces vocabulary or begins start-up activity.
Entrée en matière	To link theme of current lesson with language and culture learned in previous lessons. To introduce the current lesson theme.	An authentic document with accompanying activities.
Vocabulaire	To introduce vocabulary using photographs, drawings, and a narrative storyline.	Photographs, drawings, narratives, questions, and activities help you internalize vocabulary while expressing your own feelings and ideas.
Vous avez compris?	To practice new vocabulary and grammar in controlled activities.	Activities which follow *Vocabulaire* and *Structure* sections which are form-focused and offer practice with new vocabulary and grammar.
Mise en pratique	To put new vocabulary and grammar forms to use.	Activities which follow *Vous avez compris?* activities and which offer open-ended opportunities to be creative with new vocabulary and forms.
Notes de vocabulaire	To expand your understanding of vocabulary and to build links between vocabulary, structure and culture.	Information about vocabulary items.
Info+	To expand your knowledge of Francophone culture and to build awareness of the cultural context of language.	Notes accompanying presentations and activities.
Structure	To explain grammar clearly in English. To practice the structures presented.	Explanations, exercises, and activities that enable you to practice grammar in interesting and communicative contexts.
Découvertes culturelles	To help you learn to extract information from authentic materials. To help you develop an awareness of cultural similarities and differences. To expand language use in a meaningful context.	Authentic documents accompanied by activities, including writing activities.
Orthographe et prononciation	To explain important and interesting aspects of French pronunciation and spelling.	Information accompanied by activities for practice.
Listes de vocabulaire	To distinguish words to be learned for active use and those to be learned for passive recognition.	Words appear in two lists (*de base* and *supplémentaire*) at the end of each lesson.

To supplement the 20 lessons, the fourth edition of **VOILÀ!** contains four full-color sections, **Les Magazines francophones.** These **Magazines** offer the opportunity to use newly developed linguistic skills for reading, discussing, and learning. Each **Magazine** contains an editorial plus a variety of brief authentic documents and literary selections.

Supplements to *VOILÀ!*

VOILÀ! is supported by a complete learning package that includes the following:

◆ The **Cahier d'activités écrites** workbook contains exercises and activities that use the vocabulary and structures of each lesson, *thème et version* exercises, and a guided writing activity. A list of words that expands upon those in the textbook (*Vocabulaire facultatif*) concludes each lesson of the workbook. The **Cahier d'activités écrites** is also available in an on-line alternative version, through Blackboard and WebCT.

◆ The **Cahier d'activités orales** laboratory manual contains pronunciation practice, focused listening activities, practice with the vocabulary and structures for each lesson, and contextualized listening-for-gist activities.

◆ The **Lab Audio CDs**, fully coordinated with the laboratory manual, are available for duplication by adopters or for individual student purchase. A complete audio script is included in the **Voilà! Handbook for Teaching French.** There are ten Lab Audio CDs.

◆ The **Video,** produced especially for *VOILÀ!*, features authentic footage coordinated with the *Magazines francophones*, and filmed on location in Paris, Clermont-Ferrand, Aix-en-Provence and Strasbourg.

◆ The two **Text Audio CDs**, packaged with each copy of *VOILÀ!*, provide sample dialogues based on the textbook activity *Conversation en français* as well as the words contained in the *Vocabulaire de base* read aloud for student practice.

◆ The **Interactive CD-ROM** contains fun, game-based activities which reinforce the vocabulary and structures of each lesson.

◆ The *VOILÀ!* **Web Site** features grammar and vocabulary exercises containing video clips for listening comprehension, illustrations, and a self-correction feature. In addition, the *VOILÀ!* web site guides students through Internet cultural expansion activities that ask students to research an aspect of the lesson's theme.

◆ **Web CT/Blackboard:** Alternatives to the print **Cahier d'activités écrites**, these Web-based environments offer increased flexibility and creativity for users of *VOILÀ!*

◆ *Système-D, Writing Assistant for French,* a software program for writing in French, can be used with writing activities in *VOILÀ!* All writing activities in the Cahier d'activités écrites are correlated to *Sysème-D.*

◆ *Un meurtre à Cinet:* This murder mystery game provides a multimedia environment to encourage and motivate the study of French by providing task-based, whole language activities.

Acknowledgments

> **À Michel, Dan et Harold**

We would like to thank the following instructors, whose suggestions and criticisms were invaluable in developing *VOILÀ!*:

Lucy Aghazarian, Community College of Philadelphia
Françoise Ghillebaert, Baylor University
Elizabeth Guthrie, University of California–Irvine
Cassandra Mabe, Loyola University–New Orleans
Margaret McDiarmid, Xavier University
Susan Petit, College of San Mateo
Jean-Louis Picherit, Univeristy of Wyoming
Todd Straus, Santa Rosa Junior College
Will Thompson, University of Memphis

In addition, we would like to thank the many teaching assistants, instructors, and students at Northwestern University, Louisiana State University, Bennington College, the University of Michigan, and the University of Iowa whose questions and comments during classroom testing added immeasurably to the effectiveness of the materials in *VOILÀ!*

VOILÀ!, the fourth edition, is the result of the time, inspiration, and energies of many people besides the authors. To all those behind the scenes, our sincere appreciation. And to Esther Marshall and Tom Pauken, our eternal gratitude for your patience, long hours, expertise, and, especially, your sense of humor! Thanks all! Without you, it would never have happened one time, much less four!

L. Kathy Heilenman
Isabelle Kaplan
Claude Toussaint Tournier

Qui êtes-vous?

En bref...

- **Saluer**
- **Les dates: jours de la semaine, mois de l'année et saisons**
- **Les chiffres de 0 à 39**
- **Les mots et les phrases**
- **Les noms et les prénoms**
- **Les articles définis (le, la, les)**
- **Le calendrier, les fêtes et les anniversaires**
- **L'alphabet français**

Tu t'appelles comment?

Entrée en matière:

Le français dans le monde

Le document. Voici l'Afrique, l'Europe, la France, l'Espagne, la Russie, le Pôle Nord. Et voici trois personnes.

Complete the chart, using the document on this page.

R: Code postal:
F: Téléphone de RFI:
I: Numéro du programme:
Adresse de RFI: Date du programme:

Découvrir. RFI, c'est une personne? C'est un programme? C'est une radio? C'est une radio italienne? africaine? française? internationale?

Qu'est-ce que c'est, RFI?   26 mars?

(33)?   44-30-89-69?

Déductions. Sélectionnez et complétez:

01: _____
C'est l'indicatif téléphonique pour Montréal? Dakar? Ho Chi Minh-Ville? Paris?

26: _____
C'est le programme? une radio? une fréquence internationale? un jour?

Mars: _____
C'est le code secret pour la France? le numéro du programme? le mois?

RFI: _____
En Afrique? en France? en Asie? en Amérique? dans le Pacifique?

Les photos. Il y a trois personnes. Sélectionnez les pays d'origine possibles pour l'homme, pour la femme et pour l'enfant.

les États-Unis	le Cameroun	le Viêt Nam	la Chine
le Canada	l'Italie	la Guadeloupe	l'Indonésie
la France	le Portugal	le Sénégal	le Japon

Conclusions
—RFI, c'est une radio internationale. C'est une radio en Europe? en Amérique? en Asie? en Afrique? Pourquoi?
—Parce qu'il y a des Français et des francophones en Europe, en Amérique, en Asie, en Afrique.

$\mathcal{V}$ocabulaire

A. Bonjour. Au revoir.

—Salut, Anne-Françoise, ça va?
—Oui, ça va, et toi?
—Pas mal... Salut, à tout à l'heure.
—Oui, à tout à l'heure.

—Bonjour, Madame.
—Bonjour, Patrick. Comment allez-vous?
—Très bien, merci, et vous?
—Bien, merci.

—Merci, Madame. Au revoir.
—Au revoir, Patrick. À bientôt.

—Tu t'appelles comment?
—Stéphane, et toi?
—Géraldine. Tu es d'où?
—De Lyon, et toi?
—De Marseille.

—Et vous, Monsieur?
—Moi?
—Oui, vous! Comment vous
   appelez-vous?
—Je m'appelle Stéphane Abiragi.
—Stéphane comment?
—Abiragi.
—Avec un H?
—Non, non... A-B-I-R-A-G-I.
—D'accord! Merci.

◆ Et vous, ça va? Vous vous appelez comment? Vous êtes d'où?

B. Les chiffres

un professeur

deux chiens

trois affiches

quatre fleurs

cinq étudiants

six voitures

sept livres

huit stylos

neuf chats

dix poissons

Les chiffres 7 et 1.

In French handwriting, sevens are barred to distinguish them from ones:

7   1

0	zéro	11	onze	22	vingt-deux
1	un	12	douze	23	vingt-trois
2	deux	13	treize	...	
3	trois	14	quatorze	29	vingt-neuf
4	quatre	15	quinze	30	trente
5	cinq	16	seize	31	trente et un
6	six	17	dix-sept	32	trente-deux
7	sept	18	dix-huit	33	trente-trois
8	huit	19	dix-neuf	...	
9	neuf	20	vingt	39	trente-neuf
10	dix	21	vingt et un		

C. Les jours de la semaine

lundi   mardi   mercredi   jeudi   vendredi   samedi   dimanche

D. Les mois de l'année

janvier	avril	juillet	octobre
février	mai	août	novembre
mars	juin	septembre	décembre

SEPTEMBER/SEPTEMBRE

SUNDAY	MONDAY	TUESDAY	WEDNESDAY	THURSDAY	FRIDAY	SATURDAY
				1	2	3 ☾
4	5	6	7	8	9	10
11 ●	12	13	14	15	16	17
18	19 ☽	20	21 LA FETE A FLOYD	22	23	24
25 �	26	27	28	29	30 FESTIVALS ACADIENS LAFAYETTE, LOUISIANA	

OCTOBER/OCTOBRE

						1
2 ☾	3	4	5	6	7	8
9	10 ●	11	12	13	14	15
16	17	18 ☽	19	20	21	22
23	24	25 ☻	26	27	28	29
30	31		FULL MOON ●	FIRST QUARTER ☽	NEW MOON ●	LAST QUARTER ☾
DIMANCHE	LUNDI	MARDI	MERCREDI	JEUDI	VENDREDI	SAMEDI

- C'est quel jour aujourd'hui?
- C'est lundi.
- Aujourd'hui, c'est le premier octobre?
- Oui, oui.
- C'est quand, ton anniversaire?
- Le huit novembre.

◆ C'est quel jour aujourd'hui? Quelle est la date aujourd'hui? C'est quand, votre anniversaire?

E. Paris et les saisons de l'année

l'hiver

le printemps

l'été

l'automne

F. Alceste et Candide

CANDIDE	J'adore l'automne!
ALCESTE	Pas moi.
CANDIDE	Tu aimes le printemps? avril? mai?
ALCESTE	Pas du tout!
CANDIDE	Et l'hiver?
ALCESTE	Ah non! Et je déteste l'été aussi.
CANDIDE	Je ne comprends pas.

◆ Et vous, vous aimez l'automne? le printemps? l'hiver? l'été?
◆ Vous aimez janvier? juin? juillet? décembre?

LA BOULANGERIE

Du pain

Notes de vocabulaire

The *Notes de vocabulaire,* or *vocabulary notes,* contain information about the use of some of the words in the vocabulary for each lesson. You should always study them carefully.

1. Mots et expressions utiles. Here are some useful words and phrases not included in the preceding vocabulary presentation.

à demain   *see you tomorrow*
bon week-end   *have a nice weekend*
ça dépend   *that depends*
Ça y est!   *That's it/done/finished!*
j'aime*   *I like*
je comprends   *I understand*
je ne sais pas   *I don't know*
Mademoiselle (Mlle)   *miss, Miss*
moi aussi   *me too, so do I*
moi non plus   *me neither, neither do I*
pour   *for, in order to*

*Note that in **j'aime** and **tu aimes, aime** and **aimes** sound alike.

2. Anglais/français.

As you have probably already realized, French is not simply English written in code. Learning a language is more than learning simple vocabulary equivalents. For example, if you want to ask someone what his or her name is, you have to ask, **"Comment vous appelez-vous?,"** which in English has the literal meaning of *"How do you call yourself?"*! Although you will frequently be able to come up with acceptable (or at least understandable) French by plugging French words into an English sentence, you should be aware that this is not always the case.

3. Les niveaux de langue.

The language you use is never completely neutral. Your choice of words, expressions, and structures, as well as your tone of voice or gestures, all reflect social values and social relationships. You will, for example, certainly talk and write differently to an adult you do not know very well than you will to a friend your own age whom you have known for a long time. These registers or levels of language (**niveaux de langue**) exist in all languages.

In general, the French you are learning to use here is standard French. It is relatively neutral in that it represents the French least likely to give offense or to sound either too familiar or too formal. If, however, you have the opportunity to interact with French-speaking people, you will rapidly realize that there are many different registers or levels in use. Gradually, if you pay attention, you will learn how to vary your French according to the situation in which you find yourself.

Tu ou *vous?* A basic example of levels of language in French is found with the use of **tu** or **vous.** Your choice of either **tu** or **vous** when addressing someone indicates the status of your relationship with that person. In the dialogues above, can you guess why **tu** or **vous** was used?

Use **tu:**

◆ with people with whom you are on a first-name basis
◆ with children
◆ with animals
◆ with students your own age

Use **vous:**

◆ with people you address by their last name
◆ with people you are just meeting
◆ with people who are older than you

If in doubt, use **vous**—better too much respect than too little!

4. Les niveaux de langue: le français familier.

The use of informal French, like the use of informal English, depends on the relationship between the people speaking. Since informal French speech can be very different from its written equivalent, you will need to be aware of the characteristics of **le français familier**. Here are three of these characteristics:

a. Pronunciation characteristic of rapid or relaxed speech (**chais pas** for **je ne sais pas**, or **ouais** for **oui**).
b. Omission of words or sounds (**j'comprends pas** for **je ne comprends pas** or **t'aimes** for **tu aimes**).
c. Use of different words (**bouquin** for **livre** or **salut** meaning both *hello* and *good-bye)*.

Some words and expressions characteristic of **le français familier** will be found listed at the end of each lesson.

5. Monsieur, Madame, Mademoiselle. **Monsieur** is used to address a man. **Madame** is used to address a married woman, and **Mademoiselle** to address a young or unmarried woman. As in English, older women are addressed with **Madame** whether they are married or not. When greeting or saying good-bye to someone, you should use **bonjour** or **au revoir** plus **Monsieur, Madame**, or **Mademoiselle**. Do not use the family name.

Bonjour, Monsieur.	*Hello.* (to a man)
Bonjour, Madame.	*Hello.* (to a woman)
Au revoir, Mademoiselle.	*Good-bye.* (to a young woman)

6. Mots et contexte. When we speak, we frequently depend on context, intonation, gesture, and other such devices to make our meaning clear. Expressions in French (and in English) can have more than one meaning depending on the context in which they're used. Compare the following:

D'accord.	*OK. (I agree.)*
D'accord?	*OK? (Do you agree?)*

7. Comment poser une question. There are several ways to ask questions in French. The easiest and the one found most frequently in informal conversation is the use of intonation. As in English, a statement can be turned into a question simply by raising your voice at the end.

Ça va?
Oui, ça va.

8. Prononcer les chiffres. The pronunciation of numbers depends on whether they are said in isolation, followed by a word beginning with a consonant, or followed by a word beginning with a vowel (or a silent h). Letters with a slash through them (**ȼ**) are not pronounced. The letters between slashes (/s/) indicate pronunciation.

NUMBER ALONE	NUMBER + CONSONANT	NUMBER + VOWEL
un	un chat	un_hôtel *(hotel)* /n/
deu~x~	deu~x~ chiens	deux_années /z/
troi~s~	troi~s~ stylos	trois_affiches /z/
quatr~e~	quatre professeurs	quatr~e~ hôtels
cinq /k/	cin~q~ fleurs	cinq_années /k/
six /s/	si~x~ poissons	six_affiches /z/
sep~t~ /t/	sep~t~ cahiers /t/	sep~t~_étudiants /t/
huit /t/	hui~t~ livres	huit_affiches /t/
neuf /f/	neuf chats /f/	neuf_étudiants /f/
di~x~ /s/	di~x~ chiens	dix_hôtels /z/

9. Le calendrier français

a. Dates are written differently in French and in English.
6.3   Le six mars, c'est l'anniversaire de Candide.
12.9   Le douze septembre, c'est l'anniversaire d'Alceste.

b. Days of the week and months are not capitalized in French.

C'est lundi?	*Is it Monday?*
Non, c'est mardi.	*No, it's Tuesday.*
Et la date?	*And the date?*
C'est le 24 octobre.	*It's October 24.*

c. English has two ways to express dates, French only one. The *of* in English is never translated.
le 21 octobre   *October 21, the 21st of October*

d. Use **premier** for the first day of a month.
C'est le premier mai.   *It's May 1. It's the first of May.*

$\mathcal{V}$ous avez compris? *(Did you understand?)*

Each lesson will contain several activities using the words and expressions you have learned. In this part, you will be asked to understand new vocabulary words and to speak or write them in a limited way.

1. À vous. Which photo goes with which caption?

a.

b.

c.

d.

1. — Au revoir, à bientôt. - *See you soon*
   — Oui, à bientôt.
2. — Ça va?
   — Oui, oui, ça va.
3. — Comment vous appelez-vous?
   — Arlette Brasseur.
4. — Bonjour, Monsieur, comment allez-vous?
   — Très bien, merci, et vous?

2. En français

1. **Répondez.** What might you expect to hear after each of the following?

   a. Bonjour, Mademoiselle.
   b. Tu t'appelles comment?
   c. À tout à l'heure.
   d. Salut, Anne!

   e. Comment allez-vous?
   f. Comment ça va?
   g. Tu es d'où?
   h. Bon week-end.

2. *Tu ou vous?* Can you characterize the degree of familiarity between the speakers in each situation in part 1? Would each speaker be likely to use **tu** or **vous** to address the person he or she is talking to? Are there cases where you cannot tell?

3. Jours, mois, saisons

1. **Trouvez.** Find the following in the list of words below:

   a. les jours de la semaine
   b. les mois

   c. les saisons
   d. les chiffres

   novembre / six / stylo / dimanche / dix / janvier / printemps / vendredi / lundi / août / vingt / chien / mars / un / septembre / décembre / automne / seize / mercredi / mai / octobre / cahier / mardi / quatorze / livre / samedi / avril / douze / juillet / affiche / hiver / anniversaire / huit / jeudi / professeur / chat / juin / fleur / poisson / étudiant / vingt-neuf / été / février / trente

2. **J'aime/je déteste.** Put the months of the year along the scale below according to your own personal preferences. Compare your answers to others'.

   | |
   | j'adore   j'aime   je déteste |

3. **Et les saisons?** Put the seasons along the scale below according to your own personal preferences. Compare your answers to others'.

   | |
   | j'adore   j'aime   je déteste |

4. L'année en chiffres. Complete the following:

1. un mois = _____ jours
2. un mois = _____ semaines
3. une année = _____ mois
4. une semaine = _____ jours
5. une saison = _____ mois
6. un week-end = _____ jours
7. un mois = _____ week-ends

5. Combien de... ?
Look at the picture. How many are there of each of the following?

1. professeurs
2. étudiants
3. chats
4. chiens
5. fleurs

6. Combien font... ?
Do the arithmetic for these incomplete bills.

Musée Carnot	Fleurs et Bouquets	Supermarché Leclerc
4	6	25
−1	+2	+11
Total _____	Total _____	Total _____

Café du Commerce	Banque de Paris
14	20
+14	− 2
Total _____	Total _____

7. Les dates.
On what dates were these letters sent?

Modèle   2.12
le deux décembre

1. 20.3
2. 16.8
3. 24.11
4. 26.10
5. 12.4
6. 3.2

8. Dates importantes de l'année. When do you celebrate the following holidays?

Halloween, Thanksgiving, Christmas, New Year's Day, St. Valentine's Day, Armistice Day, Lincoln's Birthday, the last day of the academic year, graduation day

*M*ise en pratique

This section provides you with opportunities to express yourself with the vocabulary words you have learned.

9. Quelle est la saison? What season is it?

Modèle   le huit octobre
          C'est l'automne.

1. le vingt février
2. le dix mai
3. le vingt-cinq novembre
4. le quatorze juillet
5. le trente mars
6. le quinze juin

10. Les anniversaires

1. **Quelle saison?** Find all the students in the class who have birthdays in each season.
   a. le printemps
   b. l'automne
   c. l'hiver
   d. l'été
2. **Quel mois?** Now group all the students in the class by the month of their birthday.
3. **Quel jour?** Are there students who were born on the same day in your class?

11. Mais qu'est-ce qu'ils disent?
Write a dialogue for each photo.

À la fac

Rencontre

12. Conversation en français. You see someone in the school cafeteria sitting alone and reading the magazine *Paris-Match*. Approach, start a conversation, and, eventually, extricate yourself politely.

 *Conversation en français*

$\mathcal{S}$tructure

Les phrases et les mots

 **CD-ROM:**
Build your skills!

A sentence (**une phrase**) contains a subject (**un sujet**) and a verb (**un verbe**).

subject = the person or thing the sentence is about (who or what performs the action)
verb = what the person or thing is doing, how the person or thing is

Je comprends.   *I understand.*
s   v   s   v

Je ne comprends pas.   *I don't understand.*
s   v   s   v

Tu aimes le printemps?   *Do you like spring?*
s   v   s
                                           v

A sentence may also contain a complement (**un complément**), which completes the thought of the sentence.

J'aime l'été.   *I like summer.*
        c   c

Je ne comprends pas le professeur. *I don't understand the teacher.*
                 c   c

Il s'appelle Paul.   *His name is Paul. (He calls himself Paul.)*
        c   c

Une phrase complète?

People usually use complete sentences when they write. When speaking, however, it is frequently acceptable to use a few words or a fixed expression instead of a complete sentence. In the dialogue below, there is only one complete sentence. Can you find it?

— Bonjour, Monsieur. Comment allez-vous?
— Bien, merci, et vous?
— Pas mal.

$\mathcal{V}$ous avez compris?

13. Sujet, verbe, complément? Find the subject and verb in each sentence. If there is a complement, find it also.

1. Marc adore les chiens.

2. Je ne sais pas.

3. Je ne comprends pas le professeur.

4. Ça dépend.

14. Les phrases complètes. Look again at the dialogue between Candide and Alceste, reproduced below. Pick out the complete sentences. When are incomplete sentences used? Can you explain?

— J'adore l'automne.

— Pas moi.

— Tu aimes le printemps? avril? mai?

— Pas du tout!

— Et l'hiver?

— Ah non! Et je déteste l'été aussi.

$\mathcal{M}$ise en pratique

15. Le dialogue continue! Here are portions of an exchange that took place between Alceste and Candide. Decide whether Candide (**l'optimiste**) or Alceste (**le pessimiste**) said each line. Then put the lines in order so that they make sense.

— Je ne sais pas.

— JE NE SAIS PAS!

— C'est quel jour aujourd'hui?

— Pardon? Comment?

— D'accord! Ça va! Ce n'est pas important!

L'article défini

In English the definite article has only one form, *the*. In French, the definite article has four forms—**le, la, l', les.** The form you use depends on the gender, number, and initial sound of the noun it precedes.

Genre

All nouns in French belong to one of two groups: *masculine* or *feminine*. This group membership is called *gender* and is indicated by the form of the article used with the noun.

le + masculine singular nouns	**le** professeur, **le** chat
la + feminine singular nouns	**la** fleur, **la** saison, **la** semaine
l' + masculine or feminine singular nouns beginning with a vowel sound	**l'**étudiant *(m.)*, **l'**affiche *(f.)*, **l'**année *(f.)*

Note that most words beginning with **h-** in French are considered to begin with a vowel since the **h-** is not pronounced.

l'hiver   **l'histoire**   **l'hôtel**

The gender of each noun is indicated in the vocabulary list and in the end vocabulary. You should learn the gender of a noun along with its meaning. The simplest way to do this is to learn the article along with the noun—learn **la fleur** or **le professeur,** for example, not **fleur** *(f.)* or **professeur** *(m.)*.

Nombre

Number refers to whether a word is singular or plural. The definite articles **le, la,** and **l'** are used in front of singular nouns. The definite article **les** is used in front of all plural nouns, both masculine and feminine.

les + all plural nouns	**les** chiens, **les** fleurs, **les** affiches

Note that when **les** is used in front of a noun beginning with a vowel sound, the **-s** of **les** links with the vowel and is pronounced like a **z.**

les chiens	*but*	les affiches
		/z/
les chats	*but*	les hôtels
		/z/

Le pluriel des noms

As a general rule, the plural of a noun is formed by adding **-s** to the singular. If the singular form of a noun already ends in **-s** (for example, **le mois**), do not add an additional **-s** (for example, **les mois**). Note that the **-s** is not pronounced. This means that you have to listen to the article at the front of the word to find out if you are dealing with one or more than one, not the end as in English.

le chat	**les** chats	**l'**affiche	**les** affiches
la fleur	**les** fleurs	**l'**hiver	**les** hivers

*V*ous avez compris?

16. Masculin singulier, féminin singulier ou pluriel? For each under-lined noun, decide if it is masculine singular, feminine singular, or plural.

1. — Quelle est <u>la date</u> aujourd'hui?
   — C'est <u>le premier</u> novembre.

2. — Tu aimes <u>le printemps</u>?
   — Oui, j'adore <u>les fleurs</u>.

3. — C'est <u>le livre</u> de Michel?
   — Non, c'est <u>le cahier</u> de Monique!

4. — Je déteste <u>les chiens</u>!
   — Moi aussi, mais j'adore <u>les chats</u>!

*M*ise en pratique

17. Masculin? Féminin? Pluriel? Read the list of nouns, putting the appro-priate definite article (**le, la, l', les**) in front of each.

fleur	saisons	date	affiche
anniversaires	chien	jours	chats
stylos	étudiantes	week-end	professeur
poisson	livre	automne	voiture
année	hiver	mois	
cahier	printemps	semaines	

L'usage de l'article défini

In French, as in English, the definite article is used to refer to a person or object that has already been specified.

C'est **le** professeur?	*Is that the teacher?*
Oui, c'est **le** professeur!	*Yes, that's the teacher.*

In French, however, unlike English, the definite article is also used to refer to something in general or in the abstract or to things you like or do not like. English uses no article in this case. Compare:

J'aime **le** printemps.	*I like spring.*
Tu détestes **les** chats?	*Do you hate cats?*
C'est **la** vie.	*That's life.*

𝒱ous avez compris?

18. L'article défini. Use a form of the definite article to complete each sentence.

1. — Tu aimes _____ chats?
   — Non, je déteste _____ chats mais j'adore _____ chiens.
2. — Et _____ jours de la semaine?
   — Lundi, mardi...
3. — J'adore _____ été et je déteste _____ hiver. Et toi?
   — Moi? J'aime _____ automne et _____ printemps, mais pas _____ hiver!
4. — Quelle est _____ date aujourd'hui?
   — C'est _____ 22 septembre.

𝑀ise en pratique

19. Page perso. Samuel. Mes passions!

> *Je suis passionné de formule 1 et je regarde tous les "grands prix" en direct à la télé. Sinon, j'adore la nature et les animaux. J'ai également une passion pour les livres...*

1. Read over this excerpt from a "page perso" (page personnelle). What does Samuel like? Choose from this list:

   Samuel aime: les fleurs, les posters, les livres, les professeurs, les voitures, les stylos, les chiens, le week-end, les chats.

2. **Pourquoi?** Look again at what Samuel wrote. Find examples of the use of the definite article to express likes /dislikes.

20. Réagissez. Vous adorez, vous aimez ou vous détestez...

Modèle   l'hiver
          Je déteste l'hiver. / J'aime l'hiver.

1. les voitures
2. les chiens
3. les professeurs
4. les chats
5. les mercredis
6. les dimanches
7. l'été
8. les vendredis

Découvertes culturelles: Calendrier du mois

A. C'est quel jour?

Modèle   le 3 septembre
          mardi

1. le 4 janvier
2. le 7 septembre
3. le 13 janvier
4. le 15 septembre
5. le 20 janvier
6. le 22 septembre
7. le 25 janvier
8. le 28 septembre

B. C'est quelle date?

Modèle   les mardis
          le 3 septembre, le 10 septembre, le 17 septembre

1. les jeudis
2. les samedis
3. les vendredis
4. les mercredis

C. La semaine. Comparez les semaines françaises et les semaines chez vous *(where you live)*.

	Chez moi	En France
Le premier jour de la semaine, c'est...		
Le dernier jour de la semaine, c'est...		*dimanche*
Les jours de classes sont...		

D. Féminins, masculins. Organisez les prénoms du mois de septembre.

1. Les prénoms masculins: Gilles, ...
2. Les prénoms féminins: Inès, ...
3. Les prénoms bizarres: ...
4. Les prénoms nouveaux
   (new for you): ...
5. Votre prénom préféré: ...

JANVIER

Les jours augmentent de 1 h 03

1	L	JOUR DE L'AN	0
2	M	Basile	
3	M	Geneviève	
4	J	Odilon	
5	V	Edouard	PL
6	S	Mélaine	
7	D	Epiphanie	
8	L	Bapt. du Seign.	0
9	M	Alix	
10	M	Guillaume	
11	J	Paulin	
12	V	Tatiana	
13	S	Yvette	DQ
14	D	Nina	
15	L	Rémi	
16	M	Marcel	
17	M	Roseline	
18	J	Prisca	
19	V	Marius	
20	S	Sébastien	NL
21	D	Agnès	
22	L	Vincent	
23	M	Barnard	
24	M	François de Sa	
25	J	Conv. s. Paul	
26	V	Paule	
27	S	Angèle	P
28	D	Thomas d'Aq	
29	L	Gildas	
30	M	Martine	
31	M	Marcelle	

SEPTEMBRE

Les jours diminuent de 1 h 42

1	D	Gilles	
2	L	Ingrid	36
3	M	Grégoire	
4	M	Rosalie	DQ
5	J	Raïssa	
6	V	Bertrand	
7	S	Reine	
8	D	Nativité de N.-D.	
9	L	Alain	37
10	M	Inès	
11	M	Adolphe	
12	J	Apollinaire	NL
13	V	Aimé	
14	S	Sainte Croix	
15	D	Roland	
16	L	Edith	38
17	M	Renaud	
18	M	Nadège . QT	
19	J	Émilie	
20	V	Davy	PQ
21	S	Matthieu	
22	D	Maurice/Aut.	
23	L	Constant	39
24	M	Thècle	
25	M	Hermann	
26	J	Côme/Damien	
27	V	Vincent de P.	PL
28	S	Venceslas	
29	D	Michel/Gabr./Raph.	
30	L	Jérôme	40

LA POSTE

E. Les fêtes et les dates.
Each day of the calendar has a saint's day listed for it. Give the date for the following saints for the months of September and January.

Modèle   La Sainte-Ingrid?
              C'est le 2 septembre.

1. La Saint-Bertrand?
2. La Saint-Gilles?
3. La Saint-Renaud?
4. La Sainte-Geneviève?
5. La Sainte-Marcelle?

F. Bonne fête! In France, each person has a birthday and a saint's day (date for the saint with the person's first name). Listen to the following greetings and identify the date in French.

Modèle   VOTRE PROFESSEUR: Bonne fête, Rosalie!
                         VOUS: *C'est le 4 septembre!*

Orthographe et Prononciation

L'alphabet français

Although French is written using the same alphabet as English, the sounds corresponding to many of the letters are different.

a	(ah)	j	(ji)	s	(es)
b	(bé)	k	(ka)	t	(té)
c	(cé)	l	(el)	u	(u)
d	(dé)	m	(em)	v	(vé)
e	(euh)	n	(en)	w	(doublevé)
f	(ef)	o	(o)	x	(iks)
g	(gé)	p	(pé)	y	(igrec)
h	(ach)	q	(ku)	z	(zed)
i	(i)	r	(er)		

Activité

À l'aéroport. You are the tour guide who will be meeting several tourists at Roissy-Charles de Gaulle. Find out how to spell each person's name.

Modèle   M. Smith?
Oui, Monsieur Smith, S-M-I-T-H.

1. M. et Mme Zweig?
2. Mlle Wiltberger?
3. Mlle Matecki?
4. Mme Jakada?

5. Mme Hawthorne?
6. M. Buxton?
7. M. Quigley?

$\mathcal{V}$ocabulaire de base

Vocabulaire de base

The *Vocabulaire de base (basic vocabulary)* for each lesson contains the words and expressions that you are responsible for learning to use in speaking and in writing. (NOTE: *m. = masculine; f. = feminine*)

les chiffres de 0 à 39 (voir page 6)
les jours de la semaine (voir page 7)
les mois de l'année (voir page 7)
les saisons de l'année (voir page 8)

Noms

le cahier *notebook*
le chat *cat*
le chien *dog*
l'étudiant *(m.)*, l'étudiante *(f.)* student (male), student (female)
le livre *book*
le professeur *teacher*
le stylo *pen*
la voiture *car*

Divers

à bientôt *see you soon*
à demain *see you tomorrow*
au revoir *good-bye*
aussi *also*
avec *with*
bien *fine, good, well*
bonjour *hello*
Ça va? *How's it going?*

c'est le huit janvier *it's January 8 / it's the eighth of January*
c'est le premier octobre *it's October 1 / it's the first of October*
c'est lundi *it's Monday*
Comment allez-vous? *How are you? (formal)*
Comment ça va? *How's it going?*
d'accord *all right, OK*
de *of, from, about*
et *and*
Et toi? *What about you? (to a friend)*
Et vous? *What about you? (to an adult)*
j'adore *I love*
j'aime *I like, I love*
je déteste *I hate*
je m'appelle *my name is*

je ne comprends pas *I don't understand*
je ne sais pas *I don't know*
Madame (Mme) *ma'am (Mrs.)*
Mademoiselle (Mlle) *miss, Miss*
mais *but*
merci *thank you*
moi *me*
Monsieur (M.) *sir, Mr.*
non *no*
oui *yes*
pardon *excuse me*
pas mal *not bad*
pour *for, in order to*
premier *first*
salut *hi, bye*
très bien *fine, good, very good*
tu adores *you love*
tu aimes *you like, you love*

Vocabulaire supplémentaire

The *Vocabulaire supplémentaire* for each lesson contains words and expressions that you should be able to recognize when you hear them or when you read them. You may want to learn some of these words and expressions and start using them when you speak and write.

Noms
l'affiche (f.) *poster*
l'année (f.) *year*
l'anniversaire (m.) *birthday*
la date *date*
la fleur *flower*
le jour *day*
le mois *month*
le poisson *fish*
la saison *season*
la semaine *week*
le week-end *weekend*

Divers
à tout à l'heure *see you later*
aujourd'hui *today*
Bon week-end! *Have a nice weekend!*
ça dépend *that depends*
Ça y est! *That's it/done/finished!*
C'est quand, ton anniversaire? *When's your birthday? (to a friend)*
C'est quel jour aujourd'hui? *What day is it today?*
Comment? *What did you say?*
Comment t'appelles-tu?, Tu t'appelles comment? *What's your name? (to a friend or a child)*
Comment vous appelez-vous? *What's your name? (to someone you don't know well)*
je comprends *I understand*
moi aussi *me too, so do I*
moi non plus *me neither, neither do I*
pas du tout *not at all*
pas moi *not me*

Quelle est la date aujourd'hui? *What's the date today?*
Tu es d'où? *Where are you from?*
Vous aimez... ? *Do you like . . . ?*
Vous êtes... ? *Are you . . . ?*

Le français tel qu'on le parle
This section contains words and expressions characteristic of spoken French. Spelling for some of these words and expressions is not standardized and you will not find them in dictionaries. This is similar to the situation in English for words like *gonna* or *whatcha*, which are common in spoken English. These are presented here in order to help you understand French as you will hear it both in and out of the classroom.

chais pas = je ne sais pas
j'comprends pas = je ne comprends pas
t'aimes = tu aimes
ouais = oui

Le français familier
This section contains words and expressions characteristic of the informal French spoken by friends, within families, or by young people. Although it is probably not advisable for learners of French as a second language to use these words and expressions until they are very sure of their nuances, you may need to be able to understand them.

le bouquin = le livre
le prof = le professeur

On entend parfois...
Although English is spoken in both the United States and Great Britain, there are some differences, particularly in vocabulary. For example, in the United States you rent an *apartment* and you buy *gas* for your car. In Great Britain, however, you rent a *flat* and you buy *petrol*. There are similar kinds of differences in countries where French is spoken. The section **On entend parfois...** *(You sometimes hear . . .)* contains a selection of words along with the French-speaking country where they're used.

la fin de semaine (Canada) = le week-end
bonjour (Canada) = au revoir
la fête (Canada) = l'anniversaire

Comment êtes-vous?

En bref...

- **Description: parler de soi, de ses amis**
- **Goûts et préférences**
- **Le verbe être**
- **Pour dire non**
- **Les adjectifs**
- **Comparaisons**
- **Pratiques sociales en France: faire-part de naissance**

D'où est-ce que vous êtes?

Entrée en matière:

Les Européens de l'an 2000

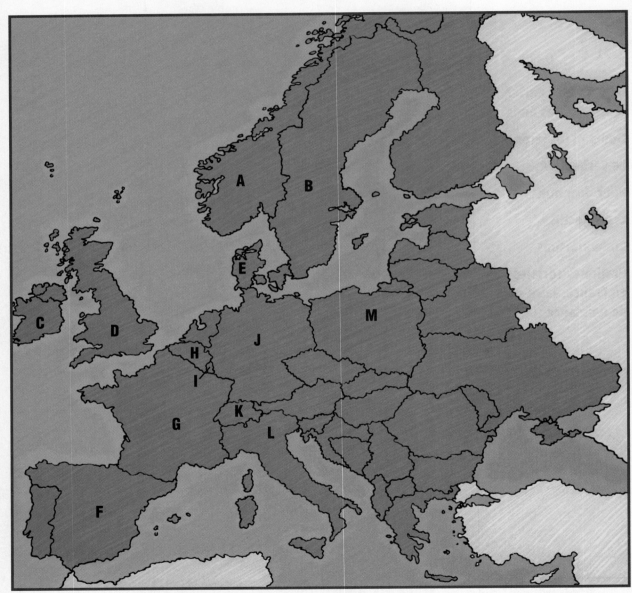

L'Allemagne

· La Belgique

Le Danemark

L'Espagne **F**

L'Irlande **C**

L'Italie **L**

· La France **G**

· Le Luxembourg

La Norvège

La Pologne **m**

Le Royaume-Uni **D**

La Suède **B**

· La Suisse **K**

Comment sont les Européens de l'an 2000?

D'après un sondage de l'Institut Burke,

ils sont ambitieux[s]   honnêtes *one who doesn't rob*
indulgents *easy going*   polis *courteous*
logiques   courageux[s]
tolérants   indépendants

                    Ils sont parfaits, quoi!

L'illustration. C'est quel continent? L'Asie? L'Amérique du Nord? L'Europe?

Il y a combien de pays? *15*

Combien de ces pays sont francophones?

Combien de ces pays sont anglophones?

Les Européens, où sont-ils? *where* Les Anglais, les Français, les Belges, les Suisses, les Italiens, les Polonais, les Allemands, les Espagnols, les Danois, les Suédois, les Norvégiens

    Modèle   *Les Anglais sont en Angleterre.*

Les Européens, ils aiment... D'après vous *(According to you)*, qu'est-ce qu'ils aiment? Choisissez!
what do they like

Les Anglais, les Français, les Belges, les Suisses, les Italiens, les Polonais, les Allemands, les Espagnols, les Danois, les Suédois, les Norvégiens

la gloire, la liberté, la raison, la générosité, la civilité, la courtoisie, les différences, le danger, la richesse, la nature, l'ambition, le sport

Et les Américains? Qu'est-ce qu'ils aiment? Faites le portrait des Américains!

Vocabulaire

In French, adjectives change their form according to the gender of the noun they go with or modify. Traditionally, the masculine singular form is the base form (the form used for dictionary entries) and feminine and plural forms are derived from it. To make things easier, the vocabulary section here deals with masculine singular and plural forms only. Feminine singular and plural forms will be found in the *Structure* section.

A. Ils sont...

Voilà Patrick. Il est grand et brun. Il est sérieux, travailleur et raisonnable. Il est sympathique aussi parce qu'il est équilibré et généreux.

Voilà Jean-Paul. Il est petit et blond. Maintenant, il est méchant, pénible et égoïste parce qu'il est fatigué.

Voilà Michel. Il est mince. Aujourd'hui, il est malade donc il est fatigué et déprimé.

Voilà Bertrand. Il n'est pas très âgé mais il n'est pas jeune. Il est intelligent mais il est paresseux. Il est sociable et équilibré aussi.

Voilà Robert. Il est beau mais il est trop timide et il est très naïf.

Voilà Émile. Il est laid, bizarre et bête. Mais il est très amusant!

Voilà Candide et Alceste. Candide est heureux mais Alceste est malheureux.

Voilà Pierre. Il est sportif et très occupé.

Voilà Napoléon.
Il est français.

Voilà Daniel Boone.
Il est américain.

Voilà John Macdonald.
Il est canadien.

◆ Patrick est plus sympathique que Jean-Paul. Émile est moins beau que Robert et Pierre. Et Alceste? Il est aussi beau que Robert? Qui est plus mince, Michel ou Bertrand? Qui est plus grand, Napoléon ou Daniel Boone? Qui est moins sportif, Pierre ou Bertrand? Qui est aussi heureux que Candide aujourd'hui? Qui est aussi malheureux qu'Alceste? Comment est Napoléon? Comment est Daniel Boone? Comment est John Macdonald?

B. Qui aime...

les cours?

les devoirs?

les examens?

les fêtes?

la musique classique?

le jazz ou le rock?

l'université?

les vacances?

◆ Et vous, vous aimez les cours? le rock? les fêtes? la musique classique?

Notes de vocabulaire

1. Mots et expressions utiles. Here are some useful words and expressions not included in the preceding vocabulary presentation.

c'est bizarre   *that's weird (odd, strange)*
c'est normal   *that's normal*
c'est tout   *that's all*
il/elle adore   *he/she loves*
il/elle aime   *he/she likes, he/she loves*
il/elle déteste   *he/she hates*
où   *where*
plus ou moins   *more or less*

2. Ou / où.   **Ou** (no accent) means *or;* **où** (with an accent) means *where.*

—Où est Michèle?   *Where's Michèle?*
—Michel ou Michèle?   *Michel or Michèle?*

3. Aimer / aimer bien.   If you want to say that you love someone, use the verb **aimer.** If, however, you want to emphasize the fact that you like that person as opposed to loving them, use **aimer bien.**

J'**aime bien** Marc mais c'est   *I like Marc but I love Christophe.*
Christophe que j'**aime.**

4. Singulier ou pluriel?   Some words that are used in the singular in English are used in the plural in French, and vice versa.

Le devoir / les devoirs. A **devoir** is an assignment. **Les devoirs** refers to homework in general.

Je déteste **les devoirs.**   *I hate homework.*
Le devoir est bizarre!   *The assignment is strange!*

Les vacances. The word **vacances** is always plural in French.

J'adore **les vacances.**   *I love vacation(s).*

5. La prononciation.   Spelling differences do not always indicate differences in pronunciation. In the example below, the words in boldface type are both pronounced alike.

Il **aime** le jazz.   Tu **aimes** le rock?

The same is true for **j'adore, tu adores,** and **il/elle adore** as well as for **je déteste, tu détestes,** and **il/elle déteste.**

6. La comparaison. Use **plus/plus... que, moins/moins... que** and **aussi/aussi... que** to make comparisons.

Qui est **plus** mince, Michel ou Bertrand?	*Who's thinner, Michel or Bertrand?*
Jean-Paul est **plus** égoïste **que** Patrick et il est **moins** sympathique.	*Jean-Paul is more selfish than Patrick, and he is less likable.*
Michel est **aussi** malheureux **qu'**Alceste aujourd'hui.	*Michel is as unhappy as Alceste today.*

7. Très / trop. **Très** and **trop** are adverbs that can be used to qualify an adjective.

Il est **très** intelligent.	*He's very intelligent.*
Il est **trop** généreux.	*He's too generous.*

8. Les fêtes. The word **fête** may refer to a holiday or simply to a party.

9. Aussi / donc. **Aussi** is an adverb and means *also* or *as*. **Donc** is a conjunction (coordinates clauses) and means *so* or *therefore*. Use **donc** to introduce a conclusion or consequence, as in Descartes' famous **"Je pense donc je suis"** *(I think therefore I am)*. Use **aussi** to express *also* or a comparison of equality. **Aussi**, in these uses, is never found at the beginning of a sentence or clause.

Alceste est malade **donc** il est malheureux et déprimé.
Alceste is sick, so he's unhappy and depressed.

Candide est **aussi** malade **qu'**Alceste mais il n'est pas **aussi** malheureux.
Candide is as sick as Alceste, but he's not as unhappy.

Moi, je suis malade **aussi**!
I'm sick too!

10. Parce que. The **-e** of **que** is dropped when **parce que** is used in front of a word beginning with a vowel sound.

Alceste est malheureux **parce qu'**il est malade.
Alceste is unhappy because he's sick.

Vous avez compris?

1. Positif ou négatif? Decide which of the following adjectives have positive or negative connotations. Are there some adjectives that are both negative and positive or that are otherwise difficult to classify?

amusant / sportif / timide / naïf / déprimé / méchant / beau / bête / bizarre / égoïste / grand / généreux / intelligent / sérieux / malade / heureux / malheureux / équilibré / occupé / paresseux / pénible / raisonnable / sociable / sympathique / travailleur / normal

Adjectifs positifs	Adjectifs négatifs	Adjectifs difficiles à classer

2. Comment est... ? Describe each person. Base your description on what you know. Then add other possible characteristics.

1. Robert
2. Émile
3. Patrick
4. Jean-Paul
5. Michel
6. Bertrand
7. Napoléon
8. Daniel Boone
9. John Macdonald
10. Le président américain

3. Qui est... ?

1. Qui est plus intelligent, Émile ou Patrick?
2. Qui est plus âgé, Jean-Paul ou Patrick?
3. Qui est moins sportif, Daniel Boone ou Bertrand?
4. Qui est moins beau, Napoléon ou Pierre?
5. Qui est plus heureux, Candide ou Michel?
6. Qui est plus malheureux, Robert ou Alceste?
7. Qui est plus sérieux, Bertrand ou John Macdonald?
8. Qui est aussi mince que Pierre?

Et lui, il est comment?

4. Ils aiment? For each of these people from the *Vocabulaire* section on page 30, decide whether or not he likes each of the following. Then, group the people according to how you feel about them.

Il aime...	les chiens	les vacances	les devoirs	les fêtes	les fleurs
Patrick					
Jean-Paul					
Bertrand					
Robert					
Émile					
Alceste					

Ils sont *(they are)* sympathiques:
Ils ne sont pas *(they aren't)* très sympathiques:

*M*ise en pratique

5. Expliquez!

Modèle   Il est méchant.
          Donc il est pénible, égoïste, ...

1. Il est sérieux.
2. Il est amusant.
3. Il est sociable.
4. Il est bizarre.
5. Il est heureux.
6. Il est malheureux.
7. Il est équilibré.
8. Il est pénible.

6. Qui est-ce? Work in pairs. One student selects a character from the *Vocabulaire* section on pages 30–31 and describes him without giving his name. The other partner identifies who was selected.

Modèle   —*Il est français, il est petit, il n'est pas timide!*
          —*Napoléon!*

7. Comparez. Compare the following people:

1. Michel et Bertrand
2. Patrick et Jean-Paul
3. Pierre et Alceste
4. Robert et Candide
5. Napoléon et Daniel Boone
6. Émile et vous

Structure

Le verbe *être*

Here are the forms of the verb **être** *(to be)*.

je suis	*I am*
tu es	*you (familiar) are*
il est	*he (it) is*
elle est	*she (it) is*
nous sommes	*we are*
vous êtes	*you (formal or plural) are*
ils sont	*they are*
elles sont	*they are*

Note that the -s of **vous** is pronounced as a **z** in front of the vowel ê- in **êtes**.

vous_êtes
/z/

Use **ils** to refer to any group that includes a male. **Elles** is used only to refer to groups that are composed exclusively of females. Note that the -s of **ils** and **elles** is not pronounced in front of a consonant.

There are also three *imperative* or *command* forms of the verb **être**.

Sois raisonnable!	*Be reasonable! (said to a person you would address using **tu**)*
Soyez raisonnable(s)!	*Be reasonable! (said to a person you would address using **vous** or to more than one person)*
Soyons raisonnables!	*Let's be reasonable!*

*V*ous avez compris?

8. C'est qui? Choose one of the pronouns in parentheses to complete each sentence appropriately.

1. (Vous / Ils / Nous) sommes américains.
2. (Tu / Vous / Elles) êtes sympathique.
3. (Je / Il / Nous) suis malade.
4. (Elle / Ils / Tu) es timide.
5. (Nous / Elles / Vous) sommes raisonnables.
6. (Je / Tu / Elle) est bête!
7. (Il / Ils / Je) est occupé.
8. (Il / Ils / Vous) sont malades.

M ise en pratique

9. Je suis comme je suis. Sometimes people and animals are just as they are! Combine elements from the two columns with a form of **être** to make complete sentences.

je	bêtes
tu	bizarre
Alceste	malade
Candide	mince
le professeur	pénibles
nous	raisonnable
toi et toi, vous	sociables
les chiens	sympathique
les oiseaux	timides

La forme négative

To make a verb negative in French, put **ne** in front of the verb and **pas** after it.

ne + verb + **pas**

Here are the negative forms of **détester.**

je **ne** déteste **pas**	*I don't hate*
tu **ne** détestes **pas**	*you don't hate*
il ⎱ **ne** déteste **pas**	*he* ⎱ *doesn't hate*
elle ⎰	*she* ⎰

Note that the -e of **ne** is dropped in front of a verb form beginning with a vowel.

—Tu **n'**es pas heureux?
—Non. Ça ne va pas du tout. Patrick **n'**aime pas les chats et moi je **n'**aime pas les chiens!

V ous avez compris?

10. Oui ou non? Read the exchanges. Is the reply **oui** or **non?** You won't know all the words, but you should be able to guess the general intent.

1. —C'est clair? Tu comprends?
   — _____, je comprends maintenant.
2. —Vous permettez que je fume?
   —Je suis désolé mais, _____, ce n'est pas permis.
3. —Jeanne est là?
   — _____, elle n'est pas là.
4. —Ça va? Vous êtes d'accord?
   — _____, ça va, je suis d'accord.
5. —Tu sais où est le supermarché?
   — _____, je ne sais pas.

*M*ise en pratique

11. L'esprit négatif Candide sees life through rose-colored glasses. Alceste does not. Say what Alceste would say.

> **Modèle**   CANDIDE: Je suis heureux!
>   ALCESTE: *Et moi, je ne suis pas heureux.*

1. CANDIDE: J'aime les chats!
2. CANDIDE: Les chiens sont sympathiques!
3. CANDIDE: L'automne est beau!
4. CANDIDE: Le professeur est très intelligent!
5. CANDIDE: Les étudiants sont sérieux!
6. CANDIDE: J'aime le printemps!
7. CANDIDE: Je suis généreux!
8. CANDIDE: Ça va!

12. J'aime... Et vous, est-ce que vous aimez...

> **Modèle**   les chats?
>   *Oui, j'aime les chats. / Non, je n'aime pas les chats.*

les chiens?	les devoirs?
les poissons?	la musique classique?
les vacances?	le rock?
les examens?	les professeurs?
les fêtes?	les cours?

La formation des adjectifs

In French, adjectives agree in number and gender with the person or object to which they refer. Thus adjectives may change form depending on whether the person or object they refer to is singular or plural, masculine or feminine.

Paul est **grand** et **beau**.   Paul et Marc sont **grands** et **beaux**.
Nicole est **grande** et **belle**.   Nicole et Marie sont **grandes** et **belles**.

Adjectifs comme **mince**

Adjectives whose masculine singular form ends with a mute **-e** (an **-e** that is not pronounced) are spelled identically in the masculine and feminine forms. They add **-s** to form the plural. These changes affect spelling only; *all four forms are pronounced identically.*

	Masculine	Feminine
Singular	Il est mince.	Elle est mince.
Plural	Ils sont minces.	Elles sont minces.

Other adjectives like **mince** are **bête, bizarre, égoïste, malade, raisonnable, sociable, sympathique,** and **timide**.

Adjectifs comme fatigué

Adjectives that end in -é form their feminine by adding a silent -e. Their plurals end in a silent -s. Changes involve spelling only; all four forms are pronounced identically.

	Masculine	Feminine
Singular	Il est fatigué.	Elle est fatiguée.
Plural	Ils sont fatigués.	Elles sont fatiguées.

Other adjectives like **fatigué** are **âgé, déprimé, équilibré,** and **occupé.**

Adjectifs comme grand et français

The majority of adjectives that end in a silent consonant (rather than a mute -e or an -é) form their feminine by adding -e. The addition of this -e causes the preceding consonant to be pronounced.

	Masculine	Feminine
Singular	Il est grand. *(-d not pronounced)*	Elle est grande. *(-d- pronounced)*
	Il est français. *(-s not pronounced)*	Elle est française. *(-s- pronounced)*

Plurals are formed by adding -s to the singular form (unless that form already ends in -s, in which case nothing is added). The plural -s is never pronounced.

	Masculine	Feminine
Plural	Ils sont grands.	Elles sont grandes.
	Ils sont français.	Elles sont françaises.

Other similar adjectives include **américain, amusant, blond, brun, content, intelligent, laid, méchant,** and **petit.**

D'autres adjectifs

Some adjectives have feminine and/or plural forms that do not fall into the three categories just discussed. The forms of adjectives that do not follow one of these three patterns are always given in the vocabulary list. You should learn them as you encounter them.

Here are the forms of irregular adjectives in this lesson.

Masc. sing.	Fem. sing.	Masc. pl.	Fem. pl.
-eux	-euse	-eux	-euses
généreux	généreuse	généreux	généreuses
paresseux	paresseuse	paresseux	paresseuses
sérieux	sérieuse	sérieux	sérieuses
-s	-sse	-s	-sses
gros	grosse	gros	grosses
-f	-ve	-fs	-ves
naïf	naïve	naïfs	naïves
sportif	sportive	sportifs	sportives
-ien	-ienne	-iens	-iennes
canadien	canadienne	canadiens	canadiennes
-eur	-euse	-eurs	-euses
travailleur	travailleuse	travailleurs	travailleuses
-al	-ale	-aux	-ales
normal	normale	normaux	normales
beau	belle	beaux	belles

𝒱ous avez compris?

13. Vous parlez de quoi? Use the pronouns and adjective endings to decide what each person is talking about.

1. Il est beau! (le chat ou l'affiche?)
2. Elles sont laides! (les livres ou les fleurs?)
3. Il est grand! (le poisson ou l'université?)
4. Elle est belle! (l'affiche ou le livre?)
5. Elles sont grandes! (les fleurs ou les chats?)
6. Il est âgé! (Monsieur Dumont ou Madame Vital?)

14. Des jumeaux et des jumelles. Here are some sets of twins. You already know what one twin is like. What is the other twin probably like?

Modèle   Sophie est intelligente. Et Marc?
         Il est intelligent.

1. Jacques est timide. Et Jacqueline?
2. Béatrice est sociable. Et Bernard?
3. Monique est sportive. Et Marie?
4. Paul est laid. Et Pierre?
5. André est généreux. Et Anne?
6. Claudine est grosse. Et Charles?

15. Comment sont... ? Refer to activity 14 to tell what each pair of twins is like.

Modèle   Sophie et Marc?
Ils sont intelligents.

1. Jacques et Jacqueline?
2. Béatrice et Bernard?
3. Monique et Marie?

4. Paul et Pierre?
5. André et Anne?
6. Claudine et Charles?

M ise en pratique

16. Et les sœurs? Look at the pictures on page 30. Each of these people has a sister. What are the names of these sisters? What is each one like? Use your imagination!

Modèle   *Jean-Paul? Il est petit et blond. Il est méchant et égoïste.*
Et sa (his) sœur? C'est Marie-Jeanne. Elle n'est pas petite.
Elle est grande et blonde. Elle est sympathique et sociable.

17. Comment est... ? With a partner or in groups, find out as much as possible about each other using the vocabulary you already know. Find out where your classmates are from, what they like, what they do not like, and what they are like. Be ready to tell the class one or two interesting things about the people to whom you have been talking.

18. Comparez-les. In small groups, compare the people in photos A and B. Then, compare the two people in photo C. Put your ideas together to write a short paragraph about each pair. Don't forget words like **et, mais, très, trop,** etc.

A

Dominique

B

Sandrine

C

M. Challibi   M. M'Somwé

19. Stéréotypes! How are the French, Americans, and Canadians perceived by others? Do you agree?

Pour les Américains (ou les Canadiens), les Français sont...
Pour les Français, les Américains (ou les Canadiens) sont...

20. Conversation en français. You are talking to a friend who has a knack for writing personal ads. Tell this friend about yourself. Keep in mind that absolute truth may not be to your advantage in this situation.

 Conversation en français

Découvertes culturelles: Faire-part de naissance

A. Préparation. Have you ever sent or received a printed announcement? What was it for? What kind of information did it contain? On what other occasions are printed announcements appropriate?

Le Capitaine Bruno Beth et Madame
née Hélène Claret ont la joie de vous
annoncer la naissance et le Baptême de

Matthieu

8, Allée des Rosiers
04400 Barcelonnette
04.92.81.31.31.

23 Mai - 2 Juin 2001

Monsieur Christian Debay et Madame
née Françoise Beth,
laissent à Benoist, Marie et Arnauld
la joie de vous annoncer la naissance et le baptême
de leur petite sœur

Alix

14, rue des Condamines
78000 Versailles

les 8 et 13 Février 2001

Le Lieutenant et Madame Frédéric Beth
laissent à Bénédicte la joie d'annoncer
la naissance et le baptême de

Guillaume

7, avenue Maréchal Fayolle
56380 Coëtquidan

14 - 29 Avril 2001

B. Les données principales. Select the kind of information found on these cards.

- ☐ baptême
- ☐ saison
- ☐ famille
- ☐ chiffres
- ☐ prénoms *(first names)*
- ☐ profession
- ☐ adresse
- ☐ noms *(last names)*
- ☐ religion
- ☐ événement
- ☐ nationalité
- ☐ date

C. Quel événement? Match each event with its date.

la naissance de Matthieu   14/4
le baptême d'Alix   23/5
la naissance de Guillaume   13/2

D. Quelques détails. Complete the chart to map out the information contained in these three cards. What do these cards have in common?

	Qui?	Quoi? *(What?)*	Quand? *(When?)*	Où?
Carte 1				
Carte 2				
Carte 3				

E. Apprenons

1. **Mots et expressions.** Can you guess the meaning of the following words? **baptême? naissance? Madame, née Françoise Beth?**
2. **Quelle famille?** Use format, presentation, and context to identify the social position of these families.
3. **Quelle adresse?** How are addresses written in France?
4. **Décidons.** What would you do if you received this announcement? Telephone? Write a note? What else? If you were living in France, what would you do?

F. Une bonne nouvelle. If you had been born in France, what do you think your parents might have put on your birth announcement? Make a card in French announcing your birth!

Un baptême en famille

Orthographe et Prononciation

Les signes diacritiques

French uses five diacritical marks: **l'accent aigu** ('), **l'accent grave** (`), **l'accent circonflexe** (^), **la cédille** (¸) and **le tréma** (¨). Omitting, misplacing, or misusing a diacritical mark is the same as misspelling a word in French.

Here we will discuss **l'accent aigu** ('); the others appear in *Leçon 3*.

The **accent aigu** is found only over the letter **e.** It marks the sound represented by the é in the word **étudiant.**

Activités

A. Prononcez. Here are some words whose spelling includes an **accent aigu.** Repeat them after your instructor.

1. la clé *(key)*
2. déprimé
3. occupé
4. agréable *(nice, pleasant)*
5. fatigué

B. Écrivez. Here is a list of words that you have already learned. Rewrite them, adding the **accents aigus** that are missing.

1. americain
2. genereux
3. penible
4. universite

Vocabulaire de base

Pluto - kind of

Noms

le cours *course, class*
le devoir (les devoirs)
  assignment (homework)
l'examen *(m.)* *test, exam*
la fête *holiday, party*
le jazz *jazz*
la musique *music*
le rock *rock (music)*
l'université *(f.)* *university, college*
les vacances *(f.pl.)* *vacation*

Adjectifs

américain(e) *American*
beau, belle, beaux, belles
  beautiful, good-looking, handsome
bête *dumb, stupid*
bizarre *weird, strange, odd*
blond(e) *blond*
brun(e) *dark-haired*
canadien, canadienne *Canadian*

fatigué(e) *tired*
français(e) *French*
généreux, généreuse *generous*
grand(e) *tall*
gros, grosse *big, fat*
heureux, heureuse *happy*
intelligent(e) *smart, intelligent*
laid(e) *ugly*
malade *sick*
malheureux, malheureuse
  unhappy
mince *slim, thin*
naïf, naïve *naive*
occupé(e) *busy*
paresseux, paresseuse *lazy*
pénible *obnoxious*
petit(e) *short (stature), small*
raisonnable *reasonable, sensible*
sociable *sociable, gregarious*
sportif, sportive *athletic*
sympathique *nice, congenial, likable*

timide *shy*
travailleur, travailleuse
  hardworking

Verbe

être *to be*

Divers

aussi... que *as . . . as*
il/elle adore *he/she loves*
il/elle aime *he/she likes, he/she loves*
il/elle déteste *he/she hates*
donc *thus, so, therefore*
maintenant *now*
moins (moins... que) *less (less . . . than)*
ou *or*
où *where*
parce que *because*
plus (plus... que) *more (more . . . than)*
très *very*

Elle est sportive.

Il est sportif.

Vocabulaire supplémentaire

Noms
la musique classique
  classical music

Adjectifs
âgé(e) *old*
amusant(e) *fun*
déprimé(e) *depressed*
égoïste *selfish*
équilibré(e) *well-adjusted*
jeune *young*
méchant(e) *mean*
normal(e) *normal*
sérieux, sérieuse *serious, hardworking*

Divers
c'est tout *that's all*
Comment est Jean? *What is Jean like?*
plus ou moins *more or less*
qui *who*

trop *too (too much)*
voilà *there are/is (here are/is), there!*

Le français familier
branché(e) = *"with it," hip*
crevé(e) = très fatigué(e)
la fac = l'université
marrant(e) = amusant(e)
sympa *(invariable)* = sympathique

On entend parfois...
une ambiance (Rép. Dém. du Congo) = une fête
assez, ben (Canada) = très
bolé(e) (Canada) = intelligent
cagou (Antilles) = malade
fatigué(e) (Maghreb) = malade
minçolet(te) (Suisse) = très mince
les tâches *(f.pl.)* (Suisse) = les devoirs

Info

L'argot.

Slang (**l'argot**) in French, as in English, serves to define speakers in relationship to their age group, social class, and other affiliations. It is unstable and changes from generation to generation and from group to group. Words that are common slang expressions in current French will be included in **Le français familier** lists. Such words include, for example, **bouquin, branché, crevé,** and **marrant.** Again, as was the case with informal French, you will want to be able to recognize these words, but you should be careful about using them with French speakers since such use may seem insensitive or inappropriate.

Comment est votre chambre?

En bref...

- **Décrire sa chambre**
- **Parler de ses affaires**
- **Les couleurs**
- **Les articles indéfinis (un, une, des)**
- **Le verbe avoir**
- **Loger en Belgique: en voyage, à l'université**

Qu'est-ce que vous avez dans votre chambre?

Entrée en matière:

Où loger?

En visite à Louvain-la-Neuve, où loger?

A

B

Les illustrations. Voici des chambres, des chambres simples, des chambres doubles. Dans les chambres, il y a...

Pour qui sont ces chambres? un étudiant? une personne riche? une personne sportive? un couple? un adulte? un jeune? un touriste? des parents?

Les qualités. Décidez comment sont les chambres.

Qualités	Chambre A	Chambre B	Chambre C	Chambre D
sympathique				
pratique				
simple				
prétentieuse				
classique				
laide				
petite				
moderne				
confortable				

matière

Le confort familier, une atmosphère familiale, un accueil sympathique... Soyez comme chez vous quand vous voyagez!

C

D

Tél: 10.47.31.20

Les problèmes. Décidez quelle chambre est:

trop petite	trop décorée
trop délicate	bourgeoise
trop simple	impersonnelle

Choisissez. Choisissez une chambre pour les personnes suivantes.

une étudiante américaine
une famille en vacances
un monsieur seul *(alone)*
une personne très riche
une dame âgée

Et vous? Vous aimez quelle chambre? Pourquoi?

Vocabulaire

A. Voilà la chambre de Monsieur et Madame Mercier.

Here is

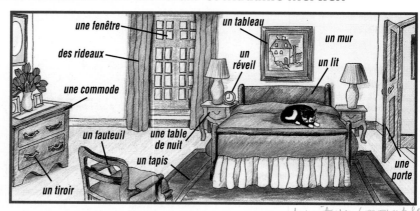

- une fenêtre
- des rideaux
- une commode
- un fauteuil
- un tiroir
- une table de nuit
- un tapis
- un tableau
- un réveil
- un mur
- un lit
- une porte

les murs sont

furniture (movable)

Dans la chambre de Monsieur et Madame Mercier, il y a une porte et une fenêtre avec des rideaux. Il y a aussi des meubles: un lit, deux tables de nuit, un fauteuil et une commode avec des tiroirs. Sur le mur, il y a un tableau et sur la table de nuit, il y a un réveil. Par terre, il y a un tapis. Et les couleurs? Les murs sont blancs, les rideaux et le fauteuil sont verts, le chat est noir et blanc, le tapis est bleu et vert, et les fleurs sont rouges.

ON THE FLOOR   *Bright   dark*   *rug or carpet*

- ◆ La chambre est grande ou petite? Elle est claire ou sombre? Elle est belle ou laide? Vous aimez les couleurs de la chambre?
- ◆ Quels *(What)* meubles sont grands? petits? pratiques? beaux?
- ◆ Vous aimez les tapis rouges? les murs verts? les rideaux noirs? les chats blancs? les fauteuils bleus?

B. Voilà la chambre de Jessica et de Susan.

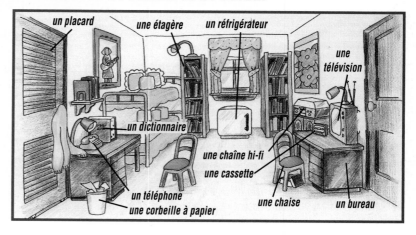

- un placard
- une étagère
- un réfrigérateur
- une télévision
- un dictionnaire
- une chaîne hi-fi
- une cassette
- un téléphone
- une corbeille à papier
- une chaise
- un bureau

Jessica est la camarade de chambre de Susan. Dans la chambre de Jessica et de Susan, il y a un placard, deux chaises, deux bureaux et deux étagères. Sur les bureaux, il y a un téléphone, une télévision, un dictionnaire et une cassette. Sur les murs, il y a des affiches et par terre, sous la chaise, il y a deux livres. Dans la chambre, il y a aussi une chaîne hi-fi, un réfrigérateur et une corbeille à papier, mais il n'y a pas de fauteuil. Et les couleurs? Le téléphone est orange, les bureaux sont bruns, les rideaux sont jaunes, les chaises sont orange et la corbeille à papier est blanche.

- ◆ La chambre de Jessica et de Susan est agréable? Elle est en ordre ou en désordre? Elle est grande ou petite pour deux personnes? Vous aimez les couleurs de la chambre?
- ◆ Quels *(What)* objets sont grands? petits? pratiques?
- ◆ Quels objets et meubles de la chambre sont blancs? orange? jaunes? bruns? rouges? verts? bleus?
- ◆ Jessica et Susan sont françaises ou américaines?

C. Voilà la chambre de Jean-Pierre.

Dans la chambre de Jean-Pierre, il y a un lavabo et un miroir. Il y a aussi une guitare, une radio et un disque. Il y a une lampe sur le bureau et une photo sur l'étagère. Il y a une armoire? Peut-être, c'est possible. Mais il n'y a pas de réfrigérateur et il n'y a pas de télévision!

- ◆ La chambre de Jean-Pierre est en ordre ou en désordre? Elle est grande ou petite? Elle est agréable? confortable? belle? pratique?
- ◆ De quelle couleur sont les rideaux? et la guitare? et le lavabo? et la lampe? et la chaise?
- ◆ Quels *(What)* objets importants pour vous ne sont pas dans la chambre?
- ◆ Vous aimez la chambre? les couleurs de la chambre?
- ◆ Jean-Pierre est français ou américain? étudiant ou professeur? travailleur ou paresseux?
- ◆ Qu'est-ce qu'il aime? Qu'est-ce qu'il n'aime pas?
- ◆ Comparez les trois chambres:
  J'aime la chambre de… parce qu'il y a… , mais je n'aime pas la chambre de…
  La chambre de… est plus/aussi/moins… que la chambre de…

Info-

La chambre d'étudiant.

Traditionally, French universities have been urban institutions. They have always been centers of higher learning rather than centers of student life. These older universities are not organized in campuses where students move in for a period of time to live, study, and have fun before entering the professional adult world.

D. Voilà le bureau de Mme Bernstein.

un ordinateur
une imprimante
un crayon
une clé
un sac
une calculatrice

◆ Qu'est-ce qu'il y a dans le bureau de Madame Bernstein? Le bureau est clair ou sombre? normal ou bizarre? Il est agréable? pratique? confortable?
◆ De quelle couleur sont les fleurs? et l'ordinateur? et le sac? et le téléphone? et le fauteuil?
◆ Quels objets et meubles sont jaunes? bruns? rouges? blancs?

E. Objets pour aujourd'hui

DISQUES COMPACTS

RADIO STÉRÉO avec lecteur CD et lecteur de cassette

JEU ÉLECTRONIQUE

LECTEUR DE CD

RADIO-RÉVEIL

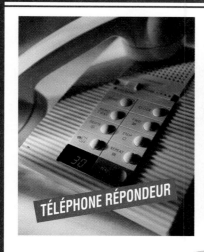

TÉLÉPHONE RÉPONDEUR

DISQUETTES : 50 disquettes 3"1/2 HD Formatées 2 MB

TÉLÉPHONE PORTABLE

BALADEUR

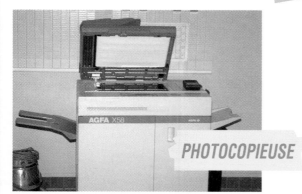

PHOTOCOPIEUSE

TÉLÉCOPIEUR

◆ Quels objets sont pour les étudiants? pour les professeurs?
◆ Quels objets sont dans votre *(your)* chambre? ne sont pas dans votre chambre?

Notes de vocabulaire

1. Mots et expressions utiles.
Here are some useful words and expressions not included in the preceding vocabulary presentation.

impossible   *impossible*
on   *one, they, people, we*
une personne   *person*
qu'est-ce que c'est?   *what's this?/what's that?*
une salle de classe   *classroom*

2. On.
On is a third-person singular subject pronoun (like **il** and **elle**) that corresponds very roughly to the English *one*. **On** is commonly used in spoken French instead of **nous** or in cases where it is easily understood to whom the **on** refers.

On parle français et anglais à Montréal.
One speaks French and English in Montreal.
They speak French and English in Montreal.
French and English are spoken in Montreal.

On a un examen aujourd'hui?
Do we have a test today?

3. Voilà / il y a.
Voilà is used to point out something or someone. It can mean either *there is/there are* or *here is/here are*. **Il y a** is used to state that someone or something exists, to enumerate, and to describe. It does not point out. **Il y a** can mean either *there is* or *there are*.

Voilà la chambre d'Anne.   *There's Anne's room.*
Il y a deux chaises, un lit...   *There are two chairs, a bed . . .*

4. Le pluriel des noms irréguliers.
A small number of nouns do not form their plural by adding **-s**. These plurals will always be given in vocabulary lists. Here are the nouns you already know that have irregular plural forms.

SINGULAR	PLURAL
un bureau	des bureaux
un rideau	des rideaux
un tableau	des tableaux

5. Orange.
The adjective **orange** is invariable. It has only one form, even in the plural.

Les cahiers de Jean-Pierre sont **orange**.
Jean-Pierre's notebooks are orange.

*V*ous avez compris?

1. Les couleurs et vous. Make a list of colors in order of your own personal preferences. Compare with your classmates. What is the class's favorite color?

2. Les couleurs et les chambres

1. Dans votre *(your)* chambre, de quelle couleur sont les murs? les rideaux? le tapis? le téléphone? le bureau? les chaises? les lampes?
2. Et dans la chambre idéale, de quelle couleur sont les murs / les rideaux / le tapis?

3. Les meubles, les objets et vous. Classify the furniture and objects that you have learned in this lesson, using the following categories:

- Ils sont pratiques:
- Ils sont confortables:
- Ils sont très importants pour moi:
- Ils ne sont pas très importants pour moi:

4. Lieux et objets. Qu'est-ce qu'il y a dans...

1. une chambre d'hôtel?
2. une salle de classe?
3. le bureau d'un professeur?
4. un sac à dos *(backpack)*?

5. Une chambre d'étudiant. Make two lists:

1. The things in a typical dorm room before a student moves in (**avant** = *before*).
2. The things that are added after a student moves in (**après** = *after*).

*M*ise en pratique

6. Les couleurs et les voyelles: vision du poète

> «*A noir E blanc I rouge U vert O bleu : voyelles*
> *Je dirai quelque jour vos naissances latentes...* »
> —*Arthur Rimbaud*

Et pour vous? Quelles couleurs pour les voyelles? Comparez avec les étudiants de la classe.

Info

Arthur Rimbaud.
Rimbaud was a famous 19th-century poet who, by the age of 19, had produced his entire body of work.

7. Les couleurs et l'imagination

1. What emotions or feelings do you associate with each color?
   bleu / rouge / vert / noir / blanc / jaune

Modèle   *bleu = déprimé*

2. De quelle(s) couleur(s) sont: les lundis? les samedis? le printemps? l'été? l'automne? l'hiver? les vacances? les examens?

8. Décrivez

Qu'est-ce qu'il y a dans la chambre? La chambre est comment? C'est la chambre d'un étudiant? d'une étudiante? d'un professeur? Comment est-il/elle?

9. La chambre idéale.
What would the ideal bedroom (dorm room) be like? Make a drawing and label as many items as you can.

CD-ROM:
Build your skills!

$\mathcal{S}$tructure

L'article indéfini

In English, the indefinite articles *a (an)* and *some (any)* are used to refer to persons or objects whose identity is not specified. In French, the indefinite articles **un, une,** and **des** are used in the same way. Note the pronunciation of **des** before a vowel.

un + masculine singular noun	un livre; un hôtel
une + feminine singular noun	une chaise; une affiche
des + plural nouns	des livres; des chaises
	des_hôtels; des_affiches
	/z/ /z/

Dans **une** chambre, il y a **un** lit, **une** lampe et **des** livres.   *In a room, there are a bed, a lamp, and some books.*

In French, unlike English, the article must be used.

Il y a **des** chiens et **des** chats.   *There are (some) dogs and (some) cats.*

 Rappel! Remember that when you are talking about things that you like or do not like (using verbs like **aimer, adorer,** and **détester**) or about things in general, you must use the definite article (**le, la, l', les**) in French, even though there is no article in English.

J'aime **les** chats mais je déteste **les** chiens.   *I like cats, but I don't like dogs.*

𝒱ous avez compris?

10. Chassez l'intrus. In each list, one word does not belong because of its number (singular or plural) or its gender (masculine or feminine). Read each list aloud, adding the appropriate article (**un, une,** or **des**) in order to find the intruder.

Modèle   chaise / photo / étudiante / livres
une chaise / une photo / une étudiante / ~~des livres~~

1. rideau / crayon / porte / livre
2. sac / table / étudiante / porte
3. lit / radios / chat / cahier
4. bureaux / étagères / tiroir / affiches

11. Cherchez le singulier! Give the singular for each plural.

Modèle   des tables   *une table*

1. des bureaux
2. des professeurs
3. des portes
4. des crayons
5. des tapis

_M_ ise en pratique

12. Inventaire. Dans une salle de classe il y a un/une ou des...

Modèles   professeur?   _Il y a un professeur._
                table?   _Il y a une table. / Il y a des tables._

1. chaise?
2. étudiante?
3. crayon?
4. fenêtre?
5. bureau?

6. porte?
7. livre?
8. stylo?
9. étudiant?
10. mur?

13. La chambre de Candide. Use indefinite articles (**un, une, des**) and definite articles (**le, la, l', les**) to find out what Candide's room is like.

Il y a _____ fleurs dans ma _(my)_ chambre. Pourquoi _(Why)_? J'aime _____ fleurs, voilà pourquoi! Il y a aussi _____ radio pour _____ musique. Et il y a _____ affiches de Louis Armstrong sur _____ mur (j'adore _____ jazz). Sur _____ bureau, il y a _____ stylos, _____ crayons et _____ dictionnaire. Il y a aussi _____ livres. _____ livres sont par terre! Et _____ chambre? Comment est-elle? Elle est en désordre!

Les articles après _ne... pas_

Un, une, and **des** become **de (d')** after a negative expression like **ne... pas.**

Il y a **un** chat?   Non, il n'y a pas **de** chat.
Il y a **des** crayons?   Non, il n'y a pas **de** crayons.

The definite articles (**le, la, l', les**) always stay the same.

J'aime **les** chats.   Je n'aime pas **les** chats.

_V_ ous avez compris?

14. Vrai ou faux? C'est (probablement) vrai ou faux?

1. Dans la salle de classe, il y a des bureaux mais il n'y a pas de lits.
2. À l'université, il y a des étudiants mais il n'y a pas de professeurs.
3. Sur le bureau de M. Charaudeau, il y a des crayons mais il n'y a pas de chien.
4. Sur le bureau de Mme Besco, il y a un ordinateur mais il n'y a pas de télévision.
5. À l'université, il n'y a pas de professeurs sympathiques.

15. Alceste n'est pas content. Alceste is surveying the state of his room and he is not happy. Follow the model.

Modèle   Il y a une machine à écrire, mais...
           il n'y a pas d'ordinateur!

1. Il y a un fauteuil, mais...
2. Il y a une radio, mais...
3. Il y a des cassettes, mais...
4. Il y a une table, mais...
5. Il y a des livres, mais...
6. Il y a une chaîne hi-fi, mais...

M ise en pratique

16. Ce n'est pas normal! Name at least three things not normally found in each place.

Modèle   Dans un bureau?
           Il n'y a pas de chien, pas de lit, pas de chaîne hi-fi.

1. Dans une salle de classe?
2. Dans un réfrigérateur?
3. Dans un sac?

17. Une chambre bizarre. What is not in this dorm room?

18. Vous êtes content(e) ou non? Give three reasons why you like or don't like your room.

Modèle   *Il y a un fauteuil, mais il n'y a pas d'ordinateur.*

19. Chambres d'étudiants. Tell what is and what is not in each room. Then give your overall impression of the rooms and of their occupants.

Il y a un/une/des...   La chambre est....
Il n'y a pas de....   L'étudiant(e) est...

A   Matthieu, étudiant en biologie, Toulouse

B   *Géraldine, étudiante en anglais, Louvain-la-Neuve*

20. Salles de classe. Tell what is and what is not in each room.

Il y a un/une/des...
Il n'y a pas de....

A   **Paul et Jennifer en cours de français**

B   **Un examen d'anglais**

21. Conversation en français. You are requesting a room change. Explain what is wrong with your room and what you want. Your partner will make suggestions for what is available. Then decide if you want to change.

Conversation en français

Modèle   VOUS: *Il y a une petite fenêtre et j'aime les grandes fenêtres.*
        VOTRE PARTENAIRE: *Il y a une chambre avec deux fenêtres. Ça va?*

Le verbe *avoir* (to have)

LA FORME AFFIRMATIVE		LA FORME NÉGATIVE	
j'**ai**	nous **avons**	je **n'**ai **pas**	nous **n'**avons **pas**
tu **as**	vous **avez**	tu **n'**as pas	vous **n'**avez **pas**
il elle } **a**	ils elles } **ont**	il elle } **n'**a **pas**	ils elles } **n'**ont **pas**

Note the pronunciation of the plural forms.

nous_avons   ils_ont
  /z/   /z/
vous_avez   elles_ont
  /z/   /z/

Rappel! Remember that the articles **un, une,** and **des** become **de (d')** after a negative.

Je n'ai pas **de** radio mais   *I don't have a radio but*
j'ai **un baladeur.**   *I have a walkman.*

There are also three imperative or command forms for the verb **avoir.** These forms are not in common usage except in certain expressions (for example, **avoir peur** *[to be afraid]*, **avoir de la patience** *[to be patient]*, **avoir du courage** *[to be brave]*) that you will learn later.

Aie plus de patience!   *Have more patience! (said to a person you would address using **tu**)*

N'**ayez** pas peur!   *Don't be afraid! (said to a person you would address using **vous** or to more than one person)*

Ayons du courage!   *Let's be brave!*

𝒱ous avez compris?

22. Être ou avoir? Décidez s'il s'agit de *(if it's about)* la description ou de la possession dans les phrases suivantes.

Modèle   J'ai trois chats.
           possession

1. Nous sommes déprimés mais nous aimons l'université.
2. Jean-Pierre n'a pas de téléphone dans sa chambre.
3. Les étudiants sont dans la chambre.
4. —Vous êtes d'où?
   —Moi, je suis de Dakar.
5. J'ai une belle chambre à l'université.

Quel âge a-t-elle?

23. Les possessions. Use the verb **avoir** and combine items from the two columns to tell what everybody owns or does not own.

le professeur de français	une chaîne hi-fi
les étudiants	un radio-réveil
je	un(e) camarade de chambre
elles	des affiches
ils	un dictionnaire de français
Alceste	un baladeur
tu	une télévision
vous	un chien
nous	des disques de rock
	des cassettes de Sinatra

M ise en pratique

24. Qu'est-ce qu'ils ont? What might each person logically possess and not possess?

Modèle   Paul aime la musique classique.
          Il a des disques de Mozart. Il n'a pas de disques de rock.

1. Martine et Michel aiment les livres classiques.
2. Nicole aime les cours.
3. Julien aime le jazz.
4. Sophie est très sociable.
5. Marie-Laure aime les animaux *(animals)*.

25. Qui a... ? List the names of four or five students in the class. For each one, decide what he or she has and does not have. (Guess if you don't know.) When you have finished, find out how accurate your list is.

26. Nous avons tous... In groups of three or four, find out what objects all of you possess (for example, each person in the group has some tapes). Report to the class.

27. Et le professeur? Find out what your instructor's room is like. Ask as many questions as possible.

Modèle   VOUS: *Vous avez une table?*
          LE PROFESSEUR: *Oui, j'ai une table.*

Découvertes culturelles: L'Université Libre de Bruxelles

A. À l'université. Quelles sont les options pour avoir une chambre à l'université? Qu'est-ce que vous préférez? Pourquoi?

- ☐ dans une résidence universitaire?
- ☐ dans une famille?
- ☐ dans un studio?
- ☐ dans un hôtel?
- ☐ dans un appartement?
- ☐ chez les parents?

Info:

Le logement dans les universités.

L'ULB, ou **l'Université Libre de Bruxelles,** was created in 1834. Its early buildings were centrally located. More recently, with the growth of its student population, it has expanded into several campuses with many colleges, professional schools, and institutes, as well as a teaching hospital, a research park, and two industrial centers.

Similarly, French universities are old, urban institutions and do not have campuses such as those found at most North American universities. Many newer universities were built in the suburbs of towns outside Paris during the 1950s. Housing for these newer universities is subsidized, but very limited. This type of housing is usually reserved for students with scholarships or other forms of financial aid.

B. À l'Université Libre de Bruxelles

1. Quel type de logement est-ce qu'il y a à l'université? Quel type de chambres?

Campus	Campus de la Plaine Campus Érasme	Campus du Solbosch
Nombre total de chambres:		
Type de chambres:		
Équipement des chambres:		

2. **Quelques détails.** Complétez avec les informations du texte:

Où sont les chambres les plus chères *(expensive)*? _____

Où sont les chambres les plus agréables? _____

La saison pour les meilleures conditions financières est: _____

Les prix sont indiqués pour: _____

On a un contrat pour: _____

On paie tous les: _____

L'organisme pour aider *(help)* les étudiants est: _____

C. Installation dans une cité universitaire

1. **Préparatifs pour étudier à l'Université Libre de Bruxelles:**
   Préparez une liste des objets dans la chambre à votre arrivée.
2. **Installation:** Vous avez des objets de chez vos parents avec vous. Préparez une liste des objets que vous avez apportés *(brought)*.
3. **La chambre:** Décrivez la chambre après votre installation.
4. **Comparaisons:** Comparez les résidences belges et les résidences dans votre université. Comparez les prix, les installations, les équipements. Quelles sont les différences?

Modèle   *En Belgique, les résidences sont... ; elles ne sont pas...*
            Le logement est plus... / moins...
            Les prix sont...

D. Recherches.
Demandez à votre professeur quels objets sont nécessaires pour votre année à l'ULB.

Modèle   *Est-ce qu'il y a des ordinateurs dans les chambres?*

L'Université Libre de Bruxelles

L'OFFICE DU LOGEMENT

Si vous préférez loger en ville, seul ou avec des amis, l'Office du Logement peut vous aider à trouver un domicile. Ce service centralise des centaines d'offres de logements de toutes catégories et donc à des prix variés.

En août et en septembre le fichier des logements disponibles est le plus garni, et on bénéficie donc de meilleures conditions financières.

Le service médical assure la surveillance médicale des étudiants qui logent sur place.

LE LOGEMENT

L'université met à la disposition des étudiants 700 chambres environ dans plusieurs résidences sur trois campus: 450 lits au campus du Solbosch, 150 au campus de la Plaine, et 100 lits au campus Érasme. Les prix mensuels s'entendent par personne, toutes charges comprises, et varient selon le degré de confort. La location est contractée pour dix mois.

CAMPUS DU SOLBOSCH

Au campus du Solbosch, dans les résidences Élisée Reclus et Willy Peers, les chambres doubles ou individuelles sont spacieuses et équipées d'un lavabo. Il y a des douches et des W.C. communs à chaque étage et il existe une salle de télévision. Le loyer s'élève à 170 euros pour une chambre double, et 300 euros pour une chambre individuelle. À la maison Nelson Mandela, toutes les chambres sont individuelles, plus petites mais confortables, avec douche et W.C. individuels. Le loyer est de 360 euros.

CAMPUS DE LA PLAINE ET CAMPUS ÉRASME

Les chambres sont individuelles et il y a une cuisine, des douches et des W.C. communs à chaque étage. Le loyer s'élève à 350 euros.

D'après le Guide de l'étudiant.

Orthographe et Prononciation

Les autres signes diacritiques

Rappel! L'accent aigu (´) represents the sound of the **é** in **étudiant**.

L'accent grave (`) represents the sound you hear for the second **e** in the word **étagère** and can also be found over letters other than **e**. In these cases, it serves to distinguish the written forms of several homonyms.

à *(to, at)*   a *(has)*   là *(there)*   la *(the)*   où *(where)*   ou *(or)*

L'accent circonflexe (^) indicates a letter was dropped from a (historically) earlier form of the word. Often the letter (usually an **-s-**) that disappeared still remains in the related English word. This accent does not change the sound of the vowel over which it appears. Do you now recognize these words?

forêt   hôpital   arrêt   bête   château   maître

Le tréma (¨) indicates that both vowels are pronounced.

égoïste *(é-go-ïste)*   naïf *(na-ïf)*   Noël *(No-ël)*

The **cédille** (¸) or *cedilla,* is found only under the letter **c**. It marks a soft **c** or **s** sound.

balcon   *no cedilla = hard **c** or **k** sound*
garçon   *cedilla = soft **c** or **s** sound*

Activités

A. Prononcez. Here are some words that you have already learned or will learn in *Leçons 4* and *5*. Repeat them after your instructor.

1. un garçon   *boy*
2. le théâtre   *theater*
3. un problème   *problem*
4. égoïste   *selfish*
5. à côté de   *next to*

B. Écrivez. Rewrite the following words, adding any diacritical marks that are missing.

1. une fenetre
2. une etagere
3. ca depend
4. peut-etre
5. tres
6. naive
7. francais
8. etre

Vocabulaire de base

Quel article? Beginning with this lesson, you will find words listed with either the definite article (**le, la, l', les**) or with the indefinite article (**un, une, des**). Generally speaking, it is more natural, in a list, to use the indefinite article with things you can count (**une chaise, deux chaises,** etc.) and the definite article with things you do not usually count (**le jazz, la musique,** etc.). Note that you can use either article with any noun; it depends on what you want to say.

Candide aime **les** animaux. Il a **un** chat et **un** chien.
Alceste déteste **le** chat de Candide. Il n'aime pas **les** animaux.

Noms
une affiche *poster*
un bureau, des bureaux
   desk(s), office(s)
un(e) camarade de chambre
   roommate
une chaîne hi-fi *stereo*
une chaise *chair*
une chambre *bedroom*
une clé *key*
un crayon *pencil*
un disque *record, disc*
une étagère *bookcase, shelf*
une fenêtre *window*
une fleur *flower*
un lavabo *sink*
un lit *bed*
un ordinateur *computer*
une photo *photograph*
un placard *closet*
une porte *door*

une radio *radio*
un réveil *alarm clock*
un sac *sack, purse*
une salle de classe *classroom*
une table *table*
un tapis *area rug*
un téléphone *telephone*
une télévision *television*

Adjectifs
agréable *agreeable, nice,*
   pleasant
grand(e) *big, tall*
petit(e) *little, small, short*

Adjectifs de couleur
blanc, blanche *white*
bleu(e) *blue*
brun(e) *brown, dark-haired*
jaune *yellow*
noir(e) *black*

orange *(invariable) orange*
rouge *red*
vert(e) *green*

Verbe
avoir *to have*

Divers
dans *in, within*
il y a; il n'y a pas de
   there is, there are; there is no,
   there are not any
on *one, they, people, we*
peut-être *maybe, perhaps*
Qu'est-ce que c'est?
   What is this/that?
sous *under*
sur *on, on top of*
voilà *there is, there are,*
   here is, here are

pluto – kind of

Vocabulaire supplémentaire

Noms

une armoire *wardrobe*
une calculatrice *calculator*
une commode *bureau, chest of drawers*
une corbeille à papier *wastepaper basket*
une couleur *color*
un dictionnaire *dictionary*
un fauteuil *armchair*
une guitare *guitar*
une lampe *lamp*
une machine à écrire *typewriter*
un meuble *piece of furniture*
un miroir *mirror*

un mur *wall*
un objet *object*
une personne *person*
un réfrigérateur *refrigerator*
un rideau, des rideaux *curtain(s)*
une table de nuit *nightstand, night table*
un tableau, des tableaux *painting(s)*
un tiroir *drawer*

Adjectifs

clair(e) *bright, full of light*
confortable *comfortable*
important(e) *important*

impossible *impossible*
possible *possible*
pratique *practical*
sombre *dark*

Divers

De quelle couleur est/sont... ?
    What color is/are . . . ?
en désordre *messy*
en ordre *straight, neat*
par terre *on the floor*
Qu'est-ce qu'il y a dans... ?
    What is there in . . . ?

Info

Le franglais.

Here are some English words and expressions that have come from French and some French words that have come from English. Can you add to the lists?
French → English:
restaurant, gauche, lingerie, ...
English→ French:
un poster, le football, le rock, ...
    When two languages come into contact, there is a mutual borrowing of words, though meanings and pronunciation may be altered. This is the case with English and French. Although many people in France, including those in government, may try to avoid using **franglais,** the mutual borrowing of words between French and English has been going on for centuries.

Objets pour aujourd'hui

Pour l'ordinateur:
un cédérom (CD-ROM) *CD-ROM*
une disquette *diskette, floppy disk*
une imprimante *printer*
un jeu électronique *electronic game, video game*
un lecteur de CD-ROM *CD-ROM player/drive*

Pour le téléphone:
un répondeur *answering machine*
un télécopieur *fax machine*

un (téléphone) portable (mobile) *cellular phone*

Pour la musique:
un baladeur *walkman*
une cassette *cassette*
un disque compact (un CD) *CD, compact disc*
un lecteur de CD *CD player*
un lecteur de cassette *tape player*
un radio-réveil *clock radio*

Pour le bureau:
une photocopieuse *copy machine*

Le français tel qu'on le parle
t'as = tu as
t'as pas = tu n'as pas

Le français familier
un CD = un disque compact
un dico = un dictionnaire
un fax = un télécopieur
un frigo = un réfrigérateur
un GSM = un téléphone portable
une piaule = une chambre

un poster = une affiche
une télé = une télévision
un walkman = un baladeur

On entend parfois
un auditoire (Belgique) = une salle de classe
une boîte à portraits (Louisiane) = une télévision
une sacoche (Canada, Belgique) = un sac

Qu'est-ce que vous aimez?

En bref...

- **Activités de tous les jours**
- **Les loisirs**
- **Décrire des personnes**
- **Une famille française: les Dubois**
- **Poser des questions**
- **Les verbes en -er**
- **Les adjectifs possessifs**
- **La musique africaine**

Vous aimez le sport?

Entrée en matière:

Les saisons et les sports

Valberg. D'après les indications de la brochure, où est Valberg? Dans les Pyrénées, les Alpes ou le Massif Central?

Les photos. C'est quelle saison? Quelle couleur est prédominante sur la photo 1? la photo 2? la photo 3? la photo 4? la photo 5?

Comment sont les personnes sur ces photos? Décrivez les personnes et décrivez la scène.

Ils sont étudiants ou professeurs? Ils sont à l'université? Est-ce qu'ils sont au bureau ou en vacances? Valberg, c'est pour les vacances ou pour les études?

Informations générales. Où obtenir des informations générales? précises? Où appeler pour faire une réservation? Où appeler pour obtenir une information précise?

Des sports de glisse...
... aux sports d'été

RESERVATIONS :
OFFICE DU TOURISME
TEL : 04 93 23 24 25
MINITEL 36.15 VALBERG

Les activités. Sur quelle photo on pratique...

les promenades en forêt?
les cours de ski avec un moniteur?
le V.T.T. (vélo tout terrain) en montagne?
les randonnées en haute montagne?

Quelle activité est pour l'hiver? pour l'été?
Quelle activité préférez-vous? Pourquoi?

Quelles activités sont individualistes? familiales?
difficiles? pénibles? dangereuses? agréables?

Et vous? Pour vos loisirs, est-ce que vous aimez
les activités sportives ou les activités culturelles?
Quel sport pratiquez-vous? Quelles activités
culturelles aimez-vous? Il y a des activités
culturelles à Valberg?

Vocabulaire

A. Voilà Vincent Dubois, agent immobilier.

Il a beaucoup d'amis. Pourquoi? C'est une personne sociable et sympathique. Il aime mieux sortir que travailler et il n'aime pas rester à la maison, surtout le samedi et le dimanche. Il aime beaucoup parler, boire, fumer et danser. Il adore manger et il aime trop la cuisine française. Il aime aussi les films amusants parce qu'il adore rire. C'est un homme très généreux et il aime donner des cadeaux. C'est le père de deux enfants: Céline et Jean-Marc.

D'où venez-vous?

Although the name **Dubois** is typically French, the French population consists of people from diverse ethnic backgrounds, as can be seen on any page of a French phone book.

◆ Qu'est-ce que Vincent aime? Qu'est-ce qu'il n'aime pas? Il a des enfants? Il est sympathique? Pourquoi?

B. Voilà Thérèse Dubois, psychologue.

Les femmes et les noms de famille.

French women may legally use either their maiden or married name, or both. For example, when Thérèse Ledoux got married, she could have chosen: Thérèse Dubois, Thérèse Ledoux, or Thérèse Dubois-Ledoux. Although traditionally women used to take their husbands' names, they kept their maiden names on official documents, followed by *wife of* and the husband's name. Now, however, many young French women, in particular professional women, tend to keep their maiden names when they marry.

C'est une femme très intelligente et équilibrée. Elle adore écrire des lettres et lire des livres sérieux. Elle aime aussi le théâtre classique et le cinéma. Elle adore marcher et elle aime beaucoup voyager. Elle parle anglais et elle étudie l'espagnol parce qu'elle pense que c'est important pour voyager. C'est une personne très occupée et heureuse, mais elle déteste le ménage et les cigarettes de Vincent! Thérèse Dubois est la mère de Céline et de Jean-Marc.

◆ Comment est Thérèse Dubois? Elle est comme Vincent ou non?

C. Voilà Céline Dubois.

Elle adore les animaux et donc elle a un chien, Youki, et un oiseau, Nestor. C'est une fille sportive et très sociable. Elle aime regarder les matchs de football à la télévision. Elle aime aussi chanter et elle adore écouter des chansons à la radio. Elle n'aime pas étudier, et elle déteste le français, mais elle aime les mathématiques et les sciences. Céline est la sœur de Jean-Marc.

Chouette, c'est samedi!

◆ Céline a des frères et sœurs? Elle est comme Vincent ou comme Thérèse? Pourquoi?

D. Voilà Jean-Marc Dubois.

Jean-Marc! Et le tennis?

Oui, oui, Papa!

C'est le frère de Céline. C'est un garçon sérieux et un peu timide, comme Thérèse. Il n'aime pas trop le sport. Il aime mieux lire et écouter des concerts à la radio. Il n'aime pas beaucoup les animaux, mais il a un chat, Minou. Il adore Minou, et Minou adore dormir sur le lit de Jean-Marc. Jean-Marc aime étudier, surtout le français, mais il n'aime pas trop les maths! Et il déteste ranger. Il est un peu comme Thérèse, n'est-ce pas?

◆ Jean-Marc est un peu comme Thérèse. Pourquoi?
◆ Et vous, vous êtes comme Vincent, Thérèse, Céline ou Jean-Marc? Pourquoi?
◆ Vous aimez danser? Vous aimez fumer? Vous aimez le cinéma? Et le sport?
◆ Vous aimez mieux sortir ou rester à la maison? Vous aimez mieux la cuisine française ou la cuisine américaine? Les films amusants ou les films sérieux? Le football ou le tennis? Les chats ou les chiens? Les mathématiques ou l'anglais? Les sciences ou le français?

Info+

Les prénoms.

French people often have compound first names, such as **Anne-Françoise** or **Marie-Pierre,** or **Jean-Pascal** or **Jean-Marie.**

French children are also often given one or two additional names (**Olivier Xavier René Henri Dugué,** for example).

Notes de vocabulaire

1. Mots et expressions utiles.
Here are some useful words and expressions not included in the preceding vocabulary presentation.

un(e) camarade de classe   *classmate*
faux (fausse)   *false, untrue*
un nom (un nom de famille)   *name (last name)*
par exemple   *for example*
un prénom   *first name*
qu'est-ce que tu aimes?   *what do you like?*
votre nom, s'il vous plaît?   *your name, please?*
vrai(e)   *true, right*
c'est vrai / ce n'est pas vrai   *that's true / that's not true; you're kidding*

2. Beaucoup / beaucoup de.
Beaucoup means *a lot* or *much*. It is placed after the verb.

Il aime **beaucoup** le cinéma.   *He likes the movies a lot.*
Il n'aime pas **beaucoup** le théâtre.   *He doesn't like the theater much (a lot).*

Beaucoup de means *a lot of*. It is followed by a noun with no article. If the noun begins with a vowel sound, the -e of **de** is replaced with an apostrophe.

Elle a **beaucoup de** livres.   *She has a lot of books.*
Il n'a pas **beaucoup d'**amis.   *He doesn't have a lot of (many) friends.*

Il n'a pas **beaucoup de** devoirs.   *He doesn't have a lot of (much) homework.*

3. Parler français.
When you want to talk about *speaking a language*, the name of the language directly follows the verb **parler**. There is no article. When you want to talk about doing something else with a language, such as studying it, the definite article is used. Compare the following:

Il parle français et il étudie l'anglais.   *He speaks French and he's studying English.*

4. Écouter / regarder.
Écouter means *to listen to*; **regarder** means *to look at*. The *to* and the *at* are already included in the verb in French. You do not have to add them.

—Tu **regardes** la télévision?   *Are you looking at (watching) television?*

—Non, j'**écoute** la radio.   *No, I'm listening to the radio.*

5. L'usage de l'infinitif.

Certain verbs (for example, **aimer**, **adorer**, and **détester**) can be followed by an infinitive. This is similar to English usage. Note that the **ne... pas** goes around the conjugated verb.

J'aime **parler.**	*I like to talk.*
Je n'aime **pas travailler.**	*I don't like to work.*

When you want to use the infinitive by itself (as in making a list, for example), **ne pas** is placed in front of the infinitive, as in this list of things to do.

AUJOURD'HUI	TODAY
étudier	*study*
lire *L'Étranger*	*read* The Stranger
ne pas regarder la télé	*not watch* TV
ne pas fumer!	*not smoke!*

6. Verbes à ne pas conjuguer.

Many verbs can be used in conjunction with other verbs, such as **aimer** and **détester**. It will then be very useful for you to know the infinitive form of certain verbs even though you do not yet know how to conjugate them. For the moment, use the verbs listed here only in the infinitive form.

boire	*to drink*	dormir	*to sleep*
écrire	*to write*	lire	*to read*
rire	*to laugh*	sortir	*to go out*

7. C'est ou il/elle est?

Both **c'est** and **il/elle est** can mean *he/she/it is*. The table below gives some rules of thumb to help you use these structures appropriately.

	c'est	il est/elle est
être + noun	C'est une femme. C'est un chien. C'est un livre.	X
être + name	C'est Paul. C'est Paris.	X
être + profession, nationality, religion	*+ article* C'est un professeur.	*no article* Il est professeur.
être + moi, toi, etc.	C'est moi.	X
être + adjective	Ça, c'est beau. *(in general, nonspecific reference; adjective is always masculine singular)*	Elle est belle, ta chambre. *(for specific reference; adjective agrees with noun it refers to)*

8. La place des adjectifs. In general, adjectives in French follow the noun they modify.

C'est un homme **intelligent**.   *He's an intelligent man.*
C'est une étudiante **sérieuse**.   *She's a serious student.*

9. Le lundi. Use the definite article **le** in front of a day of the week to express the idea of *every Monday*, etc.

Je suis à l'université **le lundi, le mercredi** et **le vendredi**.
I'm at the university Mondays, Wednesdays, and Fridays.

𝒱ous avez compris?

1. Catégories. Organisez ces activités en catégories.

sortir / travailler / rester à la maison / parler / boire / fumer / danser / manger / rire / donner des cadeaux / écrire des lettres / lire / marcher / voyager / parler anglais / étudier / regarder la télévision / écouter la radio / ranger / dormir / penser

1. activités d'intérieur ou d'extérieur
2. activités physiques ou intellectuelles
3. mes activités préférées

2. Associations. What or whom do you associate with these activities?

écouter la radio	lire	écrire des lettres
danser	la musique classique	le football
le rock	regarder la télévision	parler anglais
voyager	donner des cadeaux	sortir
manger	boire	la cuisine
parler	les cadeaux	les mathématiques
le jazz		

3. Les stéréotypes. C'est vrai ou c'est faux?

Expressions utiles: C'est vrai. / C'est faux. / Ça dépend.

1. Les filles aiment les enfants.
2. Les garçons aiment les sports.
3. Les Français aiment la cuisine.
4. Les étudiants américains aiment l'université.
5. Les chats n'aiment pas les chiens.
6. Les oiseaux détestent les chats.
7. Les chats détestent les oiseaux
8. Les étudiants détestent travailler.
9. Les étudiants aiment les fêtes.

4. Préférences. Qu'est-ce que vous aimez mieux?

Modèle   Vous aimez mieux manger ou boire?
Manger. / Boire. / Ça dépend.

Vous aimez mieux...

1. boire ou manger?
2. regarder la télé ou écouter la radio?
3. lire une lettre ou écrire une lettre?
4. sortir ou dormir?
5. voyager ou rester à la maison?
6. ranger ou étudier?
7. parler français ou parler anglais?
8. chanter ou danser?
9. étudier les mathématiques, les sciences ou l'anglais?
10. penser ou parler?

5. C'est comment? Use **c'est** to construct sentences by matching words from each column.

Modèle   *Une guitare, c'est un beau cadeau.*

un professeur	pour chanter
un lit	amusant
une guitare	sérieux
une chanson	pour dormir
danser	un homme sérieux
un examen	pénible
la musique	un beau cadeau
travailler	pour écouter

6. Beaucoup de... What do you have a lot of?

Modèle   Vous avez beaucoup de chiens?
Oui, j'ai beaucoup de chiens. / Non, je n'ai pas beaucoup de chiens.

Vous avez beaucoup de...

1. chats?
2. stylos?
3. amis?
4. professeurs?
5. cours?
6. tapis?
7. clés?
8. devoirs?

Mise en pratique

7. Les Dubois sont très occupés. Dans la famille Dubois, qui est occupé et pourquoi? Qui est intellectuel *(intellectual)*? Qui est sportif? Qui est sympathique?

> **Modèle** *Thérèse Dubois est occupée parce qu'elle aime marcher, lire et écrire.*
> *Elle est intellectuelle parce qu'elle aime les livres sérieux et le théâtre classique.*

Et Vincent? Et Céline? Et Jean-Marc?

8. Les autres. Qu'est-ce qu'ils aiment? Qu'est-ce qu'ils n'aiment pas?

1. un étudiant paresseux
2. un étudiant travailleur
3. un étudiant bizarre
4. un étudiant sérieux
5. un étudiant amusant
6. un étudiant égoïste

9. Dis-moi ce que tu aimes, je te dirai qui tu es... Find out what three of your classmates like. Then draw conclusions about their personalities.

> **Modèle** VOUS: — *Tu aimes étudier?*
> VOTRE PARTENAIRE: — *Oui, et j'aime rester à la maison, et j'aime regarder la télévision. (ou)*
> *Non, je déteste étudier, mais j'aime sortir!*
> VOUS: — *Tu n'es pas raisonnable!*

10. Évolution des objets de loisirs des Français. Voici les objets de loisirs possédés par les Français en pourcentage. Étudiez la progression et les changements entre 1989 et 1999. Mots utiles: **moins de, plus de, autant de** *(as many as)*.

> **Modèle** *En 1999, il y a plus de baladeurs mais moins de chaînes hi-fi.*

	1989	1999
La télévision	96	96
La chaîne hi-fi	56	22
Le baladeur/walkman	32	74
Le micro-ordinateur	**	35
Le lecteur de disques compacts	11	46
Les instruments de musique	**	18
La caméra	9	7
L'appareil photo	63	65

**La question n'avait pas été posée.

> **Modèle** *Les baladeurs: 42% de plus, les chaînes hi-fi: 34% de moins, etc.*

1. D'après vous, quelle personne dans la famille utilise le plus ces objets?
2. Quelle conclusion avez-vous sur la société française?

Structure

Les verbes en *-er*

A large number of French verbs have infinitives that end in **-er**. These verbs are called *first conjugation* or *-er verbs*. Some examples are verbs like **aimer, détester,** and **travailler.** The infinitive ending, **-er,** is pronounced like the **é-** in **étudiant.** The **-r** is never pronounced.

To write the forms of an **-er** or first conjugation verb, simply take off the infinitive ending (**-er**) and add the following endings:

je travaille	nous travaill**ons**
tu travaill**es**	vous travaill**ez**
il elle } travaill**e**	ils elles } travaill**ent**

In spoken French, the forms ending in **-e, -es,** and **-ent** sound alike. Thus, although you can distinguish among five forms in written French, you hear only three in spoken French.

All **-er** verbs that begin with a vowel sound (for example, **aimer** or **écouter**) drop the **-e** of **je** and allow the **-s** of **nous, vous, ils,** and **elles** to link across to the vowel with a **/z/** sound.

j'aime	nous_aimons /z/
tu aimes	vous_aimez /z/
il elle } aime	ils elles } aiment /z/

The **nous** form of verbs ending in **-ger** adds an **-e-** in front of the **-ons** ending. This spelling change retains the soft **g** sound throughout the verb conjugation.

je mange	nous man**geons**
tu ranges	nous ran**geons**
il voyage	nous voya**geons**

To make **-er** verbs negative, put **ne** in front of the verb form and **pas** after it, just as you did for **être** and **avoir.** Remember to drop the **-e** of **ne** in front of verb forms beginning with a vowel.

Je **n'**écoute **pas.**	*I'm not listening.*
Ils **ne** travaillent **pas.**	*They don't work.*

Note that the present-tense form of these verbs can be translated several different ways in English.

Elle **parle** français. *She speaks French.*
She does speak French!
She is speaking French.

There are also three imperative or command forms of **-er** verbs.

Écoute! *Listen!* (said to a person you would address using **tu**)
Écoutez! *Listen!* (said to a person you would address using **vous** or to more than one person)
Écoutons! *Let's listen!*

Note the spelling difference.

Tu écoutes? *Are you listening?* (verb form ends in **-s**)
Écoute! *Listen!* (no **-s**)

𝒱ous avez compris?

11. Chassez l'intrus. Which verb form is pronounced differently?

1. écoute!   écoutes   écouter
2. regardez   regardent   regarder
3. parlons   parles   parlent
4. étudie   étudient   étudions
5. aimer   aimes   aimez

12. C'est vrai ou c'est faux? Use the words below to make complete sentences. Then for each sentence, decide if it is generally true (**c'est vrai**) or false (**c'est faux**).

Modèle   Je / ne pas / étudier / assez!
Je n'étudie pas assez! C'est vrai!

1. Les Français / fumer / trop.
2. Je / ne pas / aimer / travailler.
3. Le professeur / regarder / beaucoup / la télévision.
4. Candide / aimer mieux / regarder la télévision que travailler.
5. Je / danser / et / je / chanter / bien.
6. Les étudiants / manger / beaucoup.

13. Choisissons! From among all the verbs that you have learned, including **être** and **avoir**, choose a verb that fits each sentence. There may be more than one verb possible. Use the correct form.

1. Dans la salle de classe, le professeur _____ et les étudiants _____.
2. Nous _____ la télévision.

3. Céline _____ le match de football à la radio.
4. —Je _____ étudier. Et vous?
   —Ah non, je _____ étudier.
5. Est-ce que tu _____ danser?
6. _____! Je parle!
7. Lydie et Arnaud _____ la musique classique. Ils _____ le rock!
8. Vous deux! _____! C'est une personne très bizarre!
9. Anne _____ des amies canadiennes. Elles _____ sympathiques.
10. Nous _____ la cuisine, nous _____ beaucoup.

14. Voilà Julie. Décrivez-la. Comment est-elle? Qu'est-ce qu'elle aime? Qu'est-ce qu'elle n'aime pas?

15. Un peu d'ordre! Use elements from the four columns to write some sentences about Julie's life. You may use any element you wish as many times as you wish. Reorganize and link your sentences to write a brief paragraph.

Julie

Une camarade de chambre	travailler dans la chambre	beaucoup	le week-end
Je	aimer	un peu	le lundi
Les amis	écouter	trop	en été
Olivier	regarder		en décembre
	voyager		dans un restaurant
	détester		la télévision
	manger		des disques
	fumer		lire et écrire des lettres
	être malade		espagnol
	s'appeler		dans la chambre
	marcher		
	parler		
	penser		

ℳise en pratique

16. Comme tout le monde!

1. **Activités communes.** Use -er verbs in the infinitive form to make a list of six activities that all students in the class probably do or don't do. Add details as appropriate.

Modèle   *écouter la radio / ne pas fumer / regarder la télévision le week-end*

2. **Faire des phrases.** Now make as many sentences as you can to describe the activities of your class. Add details as appropriate.

Modèle   *Nous travaillons trop. Nous détestons étudier le week-end.*

3. **Les étudiants.** Identify six activities that seem characteristic of the life of a student on your campus. Then, prepare a report to introduce students from other countries to your campus.

Modèle   *Les étudiants aiment les sports. Ils travaillent beaucoup, mais pas le samedi.*

4. **Activités personnelles.** Divide the activities mentioned in your report into lists of those that do and do not apply to you. Rewrite your list to make a paragraph.

Modèle   *J'adore chanter. Je fume trop. Je n'écoute pas les matchs à la radio parce que je déteste les sports mais je...*

17. Les camarades de chambre

1. The ideal roommate is hard to describe, but try! Using the French you know, make a list of the qualities you would look for in a roommate. Include personal qualities, likes, dislikes, and so on.
2. You can't always get what you want. From your point of view, make a list of the attributes of the worst possible roommate—the person you would never want to have to share a room with!

Conversation en français

18. Conversation en français.
You cannot stand it one more second, your roommate is driving you crazy. Tell the person in charge of housing why you can no longer room with your roommate.

Les adjectifs possessifs

Possessive adjectives are one way of specifying ownership. In English, a possessive adjective is a word such as *his* or *my*. The forms of the possessive adjectives in French are given below. In French, **possessive adjectives have the same gender and number as the noun they modify.**

Masculin Singulier	Féminin Singulier	Pluriel	
mon	ma	mes	*my*
ton	ta	tes	*your (familiar)*
son	sa	ses	*his / her*
notre	notre	nos	*our*
votre	votre	vos	*your (formal or plural)*
leur	leur	leurs	*their*

Voilà Céline Dubois! **Son** père est agent immobilier et **sa** mère est psychologue.
There's Céline Dubois! Her father is a real estate agent and her mother is a psychologist.

Leurs enfants sont raisonnables mais **leur** chien est pénible.
Their children are sensible but their dog is obnoxious.

Use the masculine singular forms in front of feminine nouns beginning with a vowel sound.

Ton amie est sympathique!	*Your friend is nice!*
Marie, c'est **son** enfant?	*Is Marie his/her child?*
C'est **mon** affiche.	*That's my poster.*

There is no way to distinguish between *her book* and *his book* or *her mother* and *his mother* simply by using a possessive adjective.

C'est **son** livre?	*That's her/his book?*
C'est **sa** mère?	*That's his/her mother?*

In French, the context usually prevents any misunderstanding since the people involved generally know who **son, sa,** or **ses** refers to.

Another way to express possession in French is to use the preposition **à** plus a noun or a pronoun, such as **qui** or **moi** or **toi.** Note the following expressions:

C'est **à qui?**	*Whose is it?*
C'est **à toi?**	*Is it yours?*
Non, c'est **à moi!**	*No, it's mine!*

*V*ous avez compris?

19. C'est mon stylo! Say that each object is yours. Follow the model.

Modèle   Le stylo, c'est à toi?
            Oui, c'est mon stylo!

1. La fleur, c'est à toi?
2. Le bureau, c'est à toi?
3. La télévision, c'est à toi?
4. L'étagère, c'est à toi?
5. La radio, c'est à toi?
6. La clé, c'est à toi?

20. C'est à qui?

Modèles   Voilà un stylo. C'est à Marie?
             Oui, c'est son stylo.

             Voilà une guitare. C'est à Marc?
             Oui, c'est sa guitare.

1. Voilà un téléphone. C'est à Jean-Luc?
2. Voilà une affiche. C'est à Fatima?
3. Voilà un crayon. C'est à Marie?
4. Voilà une radio. C'est à Olivier?
5. Voilà un ordinateur. C'est à Rachid?
6. Voilà une fleur. C'est à Chantal?

C'est mon jouet!

21. Une famille idéale! Use **son, sa,** or **ses** to complete this portrait of an "ideal" family.

1. Chantal adore _____ frère Bernard.
2. Bernard adore _____ sœur Chantal.
3. Chantal adore _____ père et _____ mère.
4. Chantal a un oiseau. Elle adore _____ oiseau aussi!
5. Bernard a un chat. Il adore _____ chat! Et _____ chat adore l'oiseau de Chantal!

Questions à réponse affirmative ou négative
(yes-or-no questions)

There are three ways to ask questions that can be answered by *yes* or *no:* intonation, the use of **est-ce que,** and inversion.

Intonation

To ask a question using intonation, raise your voice at the end. In writing, you add a question mark. If you expect to get a *yes* answer, **n'est-ce pas** can be added at the end. Questions with intonation are typical of informal, spoken French.

Tu parles français?	*(Do) you speak French?*
Il regarde la télévision, **n'est-ce pas?**	*He's watching television, isn't he?*

Est-ce que

You can use **est-ce que** to ask a yes-or-no question by placing it at the beginning of the question. The final **-e** of **est-ce que** is dropped in front of a vowel.

- **Est-ce que** + *question*
Est-ce que tu parles français?	*Do you speak French?*
Est-ce qu'il aime danser?	*Does he like to dance?*

Aimez-vous danser?

Inversion

You can also invert the verb and subject pronoun to ask a yes-or-no question. Inversion questions are typically found in writing and in formal contexts.

Parlez-vous français?	*Do you speak French?*
Est-elle sympathique?	*Is she nice?*

In addition, inversion is frequently seen in fixed questions dealing with topics such as greetings, name, age, and time. Here are some of the questions using inversion you have already seen.

Comment **allez-vous?**	D'où **est-il?**
Comment vous **appelez-vous?**	Comment t'**appelles-tu?**

Note that:

1. Inversion is not generally used with **je.**

   Est-ce que j'ai les clés?... oui!   *Do I have the keys? . . . yes!*

2. If the written form of a third-person singular verb does not end in the letter **-d** or **-t,** a **-t-** is placed between the verb and the subject.

   A-t-elle la clé?   *Does she have the key?*

3. If the sentence has a noun subject, the word order is: (1) noun subject + (2) verb + (3) pronoun.

   Patrick et Paul ont-ils un chien?   *Do Patrick and Paul have a dog?*

𝒱ous avez compris?

. . . .

22. Trouvez les formes interrogatives. Here is an excerpt from an interview with Caroline, a French actress who emigrated to Quebec to find work.

—Vous aviez un engagement quand vous êtes arrivée?
—Non pas du tout!
—Vous aviez un travail à Paris?
—Oh non, à Paris c'est pas possible.
—C'est pour ça que vous êtes à Montréal?
—Oui, et pour changer d'air aussi.
—Vous êtes contente, alors?
—Oh, ben ça, oui!
—Pourquoi?
—Depuis dix mois, c'est dingue! Je travaille sans arrêt.
—Quand êtes-vous arrivée?
—En octobre 1999.
—Avec quoi?
—Ben avec mes livres, mes pulls et ma convention de stage avec un théâtre.

Je joue dans une compagnie médiévale.

—Des amis?

—Oh oui, j'en ai beaucoup. Ici, c'est sympa, pas de préjugés!

—Est-ce que vous aimez le Québec?

—Ça j'adore, mais il fait pas chaud en hiver!

—Vous allez rentrer en France?

—Je n'sais pas.. pas tout de suite!

—Qu'est-ce que vous faites en ce moment?

—Je joue dans la Compagnie médiévale.

—Comment l'avez-vous trouvée?

—Par lettres! De Paris, j'ai fait des lettres, la compagnie m'a répondu et maintenant je suis là!

—Des lettres à qui?

—À des directeurs de troupes de théâtre.

—Beaucoup de lettres?

—30 lettres en six mois!

—Quel est votre statut au Québec?

—Je parle français, donc, pas de problèmes.

—Est-ce que Paris vous manque?

—Pas encore. Paris c'est la culture, mais moi j'ai envie d'apprendre, d'aller vers les gens. Alors ici ça me va bien!

(D'après une interview de Marcelline Puget, journaliste à Montréal)

23. Posez des questions. Change the statements into questions using **est-ce que.** Then use the questions you have made to gather information from your classmates.

> Modèle   Tu chantes bien.
> *Est-ce que tu chantes bien? ... Martha, est-ce que tu chantes bien?*

1. Vous étudiez beaucoup.
2. Tu aimes le cinéma.
3. Jean-Marc a un chat.
4. Vous êtes américain.
5. Vincent et Thérèse aiment sortir.
6. Le professeur est pénible.
7. Les jeunes voyagent beaucoup.
8. C'est une salle de classe agréable.

M ise en pratique

24. Portrait d'un(e) camarade de classe

1. **Qu'est-ce qu'il/elle aime? Quelles activités?** Make a list of things you think he/she likes and doesn't like to do.

> Modèle   *Il/Elle aime sortir.*
> *Il/Elle n'aime pas (déteste) le cinéma.*

2. **Dis-moi...** Ask questions about the activities that you have identified. Use rising intonation, **est-ce que**, or **n'est-ce pas?** Take notes.

Modèle   *Lisa, tu aimes danser?*
          Lisa, est-ce que tu aimes sortir?
          Lisa, tu aimes sortir le samedi, n'est-ce pas?

3. **Présentation.** Use your notes to give the class a short description of your classmate. Your classmate can agree or disagree, using **C'est vrai!** or **Ce n'est pas vrai!**

25. Devinez: un personnage célèbre

1. **Comment est-il/elle?** In groups of two or three, select a well-known person and describe him or her in at least six sentences.
2. **Qui est-ce?** Try to guess the identity of the people chosen by the other groups.

   QUESTIONS UTILES: *Est-ce que c'est un homme ou une femme? Il/Elle est américain(e)/français(e)? D'où est-il/elle?*

26. Les objets de loisir et vous

1. Use the objects in the chart on page 78 to prepare an interview on what leisure objects students in the class own.
2. In groups of two, role-play the interview: one is the interviewer, the other the interviewed person.
3. Tally the results and compare with the French results.

Aimez-vous voyager?

Découvertes culturelles: *La musique africaine*

30 Ans de Musiques Africaines pour les 10 ans d'Africa Nº 1

A. Commémoration.   Comment commémorer un événement important? Associez les éléments de la colonne de gauche avec les éléments correspondants de la colonne de droite.

Les événements	Les possibilités
l'anniversaire du débarquement américain en Normandie	un défilé *(parade)* militaire
l'anniversaire de la prise de la Bastille	un beau discours *(speech)* par le président
l'anniversaire de l'indépendance de l'Algérie	un bal pour danser
un film magnifique	un prix *(prize)*
l'élection d'un président	le nom d'une avenue
	une plaque sur la résidence
	une cérémonie avec musique et fleurs

30 ANS DE MUSIQUES AFRICAINES POUR LES 10 ANS D'AFRICA Nº 1

Le 7 février prochain, Africa Nº 1 fête ses dix ans. La direction marque cet événement en célébrant, à sa manière, la musique africaine. Fin janvier, sort donc un disque rétrospectif des plus grands titres de la chanson et de la musique africaines des trente dernières années. Autant dire, depuis l'indépendance. Production Africa Nº 1; distribution Sonodisc. Ce sera un CD (disque compact) pour l'Europe et deux cassettes pour l'Afrique. La sélection des titres a été assurée par les programmateurs de la station. On peut citer Francis Bebey *(Kinshasa)*, Elvis Kemayo *(Africa music non stop)*, Pépé Kalé *(Pon Moun Paka Bongé)*, San Fan Thomas *(African tipi)*, Manu Dibango *(Soul Makossa)*, Myriam Makeba *(Pata-Pata)*, Franco aussi, bien sûr... La pochette sera illustrée par un artiste gabonais primé lors du Salon d'octobre 1989.

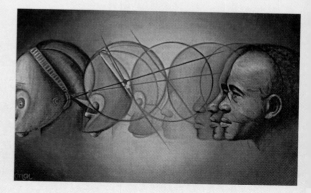

B. 30 ans de musiques africaines

1. Africa Nº 1, qu'est-ce que c'est? Quels mots *(words)* dans les textes expliquent Africa Nº 1?
2. **Âge.** Africa Nº 1 existe depuis quand *(since when)*? Depuis quand est-ce que les pays africains sont indépendants?
3. **La fête.** Qu'est-ce qu'on fête le 7 février?
4. **L'objet.** Quel objet célèbre Africa Nº 1? Quel est le mois de sa production?
5. **La sélection.** Trouvez les mots en relation avec la musique.
6. **Les noms africains.** Trouvez le nom...

> d'une grande cité africaine
> d'un chanteur avec un prénom américain
> d'un chanteur avec un nom français
> d'une chanteuse

C. Mots nouveaux. Trouvez l'anglais.

1. prochain = *soon / next / quick*
2. la direction = *the director / the management / the way to go / the directions*
3. la pochette = *the art / the cover / the ad / the poster/ the sleeve*

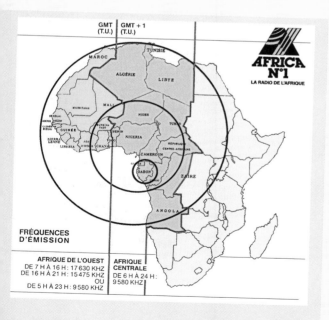

*Jeune Afrique
Économique*

D. L'illustration

Quel artiste imite l'artiste gabonais?

Quel objet est à l'origine de l'illustration?

Quel est le style de l'illustration? abstrait? réaliste? symbolique? impression-
niste? représentatif?

Est-ce que vous aimez l'illustration? Pourquoi?

E. Interview. Préparez des questions pour interviewer un chanteur africain.

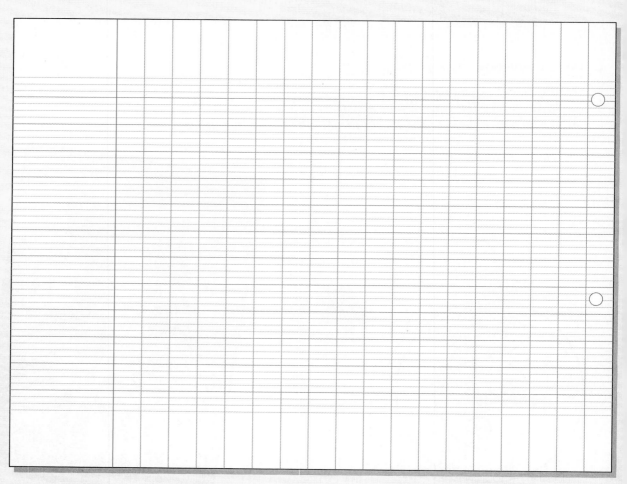

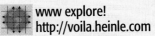

www explore!
http://voila.heinle.com

Orthographe et Prononciation

Les consonnes finales

Generally, final consonants are silent in French. A consonant plus **-e** is pronounced.

grand   *-d not pronounced*   grande   *-d pronounced*

Four consonants, **-c, -r, -f,** and **-l** (think of the word *CaReFuL*), are frequently pronounced at the end of a word. In the words listed below, the letters in boldface are pronounced.

par**c**   sporti**f**   su**r**   traditionne**l**

Frequently, the final consonant of French words adopted from other languages is pronounced. Here, the letters in boldface are pronounced.

tenni**s**   ga**z**   campu**s**   shor**t**

Finally, note that the **-r** of the infinitive ending **-er** is not pronounced.

étudie**r**   regarde**r**

Activité

Chassez l'intrus. Read each list aloud to find the words whose final consonant is pronounced.

1. enfant / fleur / tapis / blond
2. intelligent / français / animal / laid
3. cahier / devoir / étudier / travailler
4. sportif / parler / anglais / chat

Vocabulaire de base

 Vocabulaire de base

Noms
un ami, une amie *friend*
un animal, des animaux *animal(s)*
un cadeau, des cadeaux
  present(s), gift(s)
un(e) camarade de classe
  classmate

le cinéma *movie theater, the
  movies*
un(e) enfant *child*
une femme *woman*
une fille *girl*
un frère *brother*
un garçon *boy*

un homme *man*
une mère *mother*
un nom *name*
un père *father*
une personne *person*
une sœur *sister*
le sport *sports*

Adjectifs

amusant(e) *fun*
anglais(e) *English*
espagnol(e) *Spanish*
sérieux, sérieuse *serious, hardworking*
vrai(e) *true, right*

Verbes

adorer *to love*
aimer *to like, to love*
aimer mieux (que) *to like better (than), to prefer*
chanter *to sing*
danser *to dance*
détester *to hate*

donner *to give*
écouter *to listen to*
étudier *to study*
fumer *to smoke*
manger *to eat*
marcher *to walk*
parler *to talk, to speak*
penser (que) *to think (that)*
ranger *to straighten up, to clean up*
regarder *to look at, to watch*
travailler *to work*
voyager *to travel*

Divers

beaucoup *a lot, much*
beaucoup de *a lot of, many, much*

c'est / ce n'est pas *it is, he is, she is / it isn't, he isn't, she isn't*
c'est vrai / ce n'est pas vrai(!) *that's true / that's not true (you're kidding!)*
comme *like, as*
n'est-ce pas? *isn't it? / isn't he? / isn't she?, etc.*
parler anglais *to speak English*
parler espagnol *to speak Spanish*
parler français *to speak French*
rester à la maison *to stay home*
trop *too (too much)*
un peu *a little*
Votre nom, s'il vous plaît? *Your name, please?*

𝒱ocabulaire supplémentaire

Noms

un(e) agent immobilier *real estate agent*
l'alcool *(m.) alcohol*
une chanson *song*
une cigarette *cigarette*
un concert *concert*
la cuisine *cooking, cuisine*
un film *film, movie*
le football *soccer*
une lettre *letter*
un match *game*
les mathématiques *(f. pl.) mathematics*
le ménage *housework*
un nom de famille *last name*
un oiseau, des oiseaux *bird(s)*
un prénom *first name*
un(e) psychologue *psychologist*
les sciences *(f. pl.) science*
le tennis *tennis*
le théâtre *theater*

Adjectif

faux, fausse *false*

Verbes à ne pas conjuguer

(verbs that are not to be conjugated at this point)
boire *to drink*
dormir *to sleep*
écrire *to write*
lire *to read*
rire *to laugh*
sortir *to go out*

Divers

C'est à qui? C'est à moi, etc. *Whose is it? It's mine, etc.*
par exemple *for example*
Pourquoi? *Why?*
Qu'est-ce qu'il/elle aime? *What does he/she like?*
Qu'est-ce que tu aimes? *What do you like?*
surtout *especially*

Le français tel qu'on le parle

Chouette! *Great!*
je pense que oui *I think so*
je pense que non *I don't think so*

Le français familier

bosser = travailler
bûcher = étudier
C'est pas vrai! *Really! No kidding!*
le ciné = le cinéma
un copain, une copine = un ami, une amie
le foot = le football
un gars = un homme
un(e) gosse = un(e) enfant
maman = mère *(mom, mommy)*
les maths = les mathématiques
papa = père *(dad, daddy, pop)*
rigoler = rire
un(e) snob = snob
snob *(invariable)* = snobbish
un type = un homme

On entend parfois

boumer (République Démocratique du Congo) = danser

Magazine francophone

REVUE PÉRIODIQUE
publiée à l'aide de documentations internationales

Rédacteur en chef:
Isabelle Kaplan

Rédacteurs adjoints:
L. Kathy Heilenman, Claude Toussaint Tournier

NUMÉRO 1

REVUE EN FRANÇAIS POUR LES ÉTUDIANTS DE «VOILÀ!»

ÉDITORIAL

Étudier le français, pourquoi?

Étudier le français à l'université! Un an, deux ans? Pourquoi?

 Pour avoir un diplôme universitaire, c'est souvent obligatoire... Mais aussi...

 Pour parler et écouter des sons, des mots différents.

 Pour voyager et avoir beaucoup d'amis dans beaucoup de pays.

 Peut-être pour travailler en France, en Amérique, dans un pays francophone, un jour...

 Pour découvrir une langue,

 une culture,

 un peuple,

 littératures et œuvres d'art...

 Pour avoir des idées différentes.

 Pour sortir de l'ethnocentrisme où nous sommes emprisonnés.

 Pour étudier des modes et des styles différents.

 Pour découvrir des horizons plus larges.

 Pour changer les stéréotypes et les idées conformistes de la tradition familiale.

Et vous? Pourquoi étudiez-vous le français? Le français est-il obligatoire? indispensable? nécessaire pour une éducation moderne? Pourquoi? Un an, deux ans, c'est assez?

Les festivals de l'été

La sélection Magazine francophone des festivals. Des rendez-vous pour tous les goûts!

En Île de France:

LA VILLETTE JAZZ FESTIVAL

Où? Paris
Quand? du 24-6 au 4-7
Renseignements: 01.803.075.075

Le plus grand festival de jazz parisien de l'été. Un seul billet pour aller de concert en concert

CHANTONS SYMPA!

Où? Stade Paul-Fisher
quai Maréchal Joffre
77000 Melun
Quand? 2, 3, 4-7
Renseignements: 01.64.52.10.95

Panorama musical français avec plusieurs générations d'artistes.

AFRICOLOR

Où? Saint-Denis
Théâtre Gérard Philippe
Quand? 3, 4-7
Renseignements: 01.47.97.69.99

Rencontres africaines. Après-midi marocaine. Version estivale d'un festival d'hiver depuis onze ans.

FESTIVAL DE SCEAUX

Où? Orangerie du parc de Sceaux
Quand? du 8-7 au 26-9
Renseignements: 01.42.77.77.08

Depuis trente ans, le festival de Sceaux est le principal rendez-vous classique de l'été dans la région parisienne.

SOLIDAYS

Où? Hippodrome de Longchamp
Quand? 10, 11-7
Renseignements: 01.53.10.22.22

Électronique, rock, chanson française, world. Cinq ans de préparation pour ce premier rendez-vous musical contre le sida. 500 artistes en deux jours, quarante concerts et des stands d'info.

Le hit parade des prénoms
À qui la fête cette saison?

Matthieu
C'est l'un des douze apôtres. Il est l'auteur du premier évangile dans la Bible. On fête les Matthieu le 21 septembre.

Jérôme
Le 30 septembre commémore Saint-Jérôme. Né en Dalmatie (la Croatie actuelle), après sa conversion au christianisme, il est responsable de la traduction de la Bible en latin. Sa version est utilisée durant quinze siècles.

Élodie
Une sainte espagnole qui refuse de devenir musulmane comme son père. Elle est décapitée en 851. On fête les Élodie le 22 octobre.

Nicolas
On souhaite la fête des Nicolas le 6 décembre. Un saint populaire pour les religions orthodoxes. Célébration dans beaucoup de pays d'Europe avec des cadeaux pour les petits.

LES GRANDES DATES—DÉBAT.

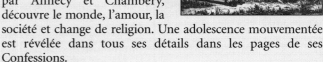

1764: Un homme de 52 ans regarde son passé et crée un nouveau genre littéraire: Les Confessions.

Durant cinq ans, de l'âge de seize à vingt ans, Jean-Jacques Rousseau va de Genève à Paris, par Annecy et Chambéry, découvre le monde, l'amour, la société et change de religion. Une adolescence mouvementée est révélée dans tous ses détails dans les pages de ses Confessions.

Mais est-il possible d'écrire ses propres confessions? Est-il possible d'être sincère? Les souvenirs du passé sont-ils encore vrais quarante ans plus tard et reflètent-ils la réalité?

Que pensez-vous? Quelle est votre opinion? Dites-le-nous!

Les films de la semaine

À voir!
AMISTAD

Film de Steven Spielberg, avec Djimon Hounsou, Matthew McConaughey, Anthony Hopkins, Morgan Freeman, Nigel Hawthorne.

Amistad, 1838, c'est l'histoire d'un cargo d'Africains capturés en Afrique pour être esclaves des gros propriétaires de plantations dans le Sud des États-Unis. Une histoire encore actuelle sur la liberté, la fraternité, l'égalité et la tolérance. Un grand film sérieux et sincère sur les droits de l'homme.

Pas très bon!
GODZILLA

Après des tests nucléaires, un lézard géant va attaquer l'Amérique. Film à budget gigantesque, et effets spéciaux fantastiques, mais l'histoire est bien médiocre!

Pourquoi elle est en Amérique!

Jennifer est une jeune étudiante étrangère et elle est aux États-Unis. Nous l'avons interviewée pour vous.

Int.: Jennifer, vous êtes de Nouvelle-Zélande, n'est-ce pas?

Jennifer: Oui, je viens de Wellington.

Int.: Et pourquoi êtes-vous ici?

Jennifer: J'étudie la diététique et je prépare une spécialisation industrielle.

Int.: Et vous allez rester combien de temps?

Jennifer: Six mois. Plus, si c'est possible, mais c'est difficile à cause du visa. Et c'est très difficile d'avoir un visa si on n'est pas étudiant.

Int.: Mais vous êtes à l'université, ici, à Boston?

Jennifer: Ah non! Je suis avec une famille américaine, chez des amis de ma famille. Je m'occupe des enfants.

Int.: Et vous aimez les enfants?

Jennifer: Oh oui, beaucoup.

Int.: Et après ces six mois, vous allez rentrer en Nouvelle-Zélande?

Jennifer: Non, je voudrais bien étudier ici, mais c'est beaucoup trop cher, alors je vais aller étudier en France.

Int.: Pourquoi en France?

Jennifer: D'abord ce n'est pas cher d'étudier en France, et puis je veux étudier les vins et préparer une spécialisation sur les effets biologiques de l'alcool!

Int.: Vous parlez bien français?

Jennifer: Un peu, j'étudie le soir avec des cassettes et une amie française qui s'occupe d'enfants aussi. Elle va au parc avec les enfants et là nous parlons français quand les enfants jouent!

Int.: Bravo! Jennifer! Hé bien bonne chance avec vos projets! Et merci.

VOYAGE AU SÉNÉGAL

CLIMAT

Climat tropical à nuance aride diminuant du nord au sud, chaud toute l'année (à Dakar 17° à 30° et en Casamance 16° à 37°). La meilleure saison pour voyager au Sénégal est la saison sèche qui s'étend de novembre à mai-juin. De juillet à octobre: quelques grosses averses brèves durant la journée. On se baigne toute l'année sur les plages du Sénégal avec des températures variant de 21° (février-avril) à 27° (octobre-novembre).

INFO

VACCINATIONS:
Traitement antipaludéen et fièvre jaune recommandés.
DÉCALAGE HORAIRE:
En hiver, 1 heure de moins.
En été, 2 heures de moins.
MONNAIE:
Le franc CFA.

PORTE OUVERTE SUR LE SÉNÉGAL

EXCURSIONS

Les prix sont donnés en euros, à titre indicatif, mais réglables en francs CFA.

AU DÉPART DU DOMAINE DE NIANING

• **Dakar et l'île de Gorée:** la journée avec le déjeuner, environ 55 €.
Gorée, une île chargée d'histoire, témoignage de la traite des noirs et de l'esclavage.
• **Lac Rose de Retba:** la journée avec le déjeuner, environ 43 €. Visite d'une région de cultures maraîchères et de pêche traditionnelle.
• **Îles du Saloum:** la journée en car Safari avec ou sans déjeuner, entre 33,5 € et 60 €.

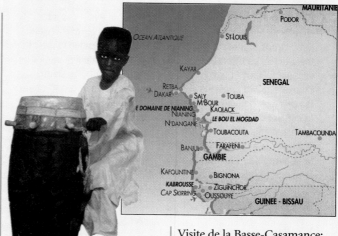

Le Saloum est un paradis pour les oiseaux de toutes sortes.
• **Balade broussarde en 4 x 4:** la demi-journée, environ 25 €. Une balade qui vous emmènera à travers des villages perdus au cœur de la brousse.

AU DÉPART DE KABROUSSE

• **Basse-Casamance Ziguinchor:** la demi-journée, environ 20,8 €.

Visite de la Basse-Casamance: Oussouye, Séléki, cases à impluvium. Brin et Ziguinchor.
• **Messe Diola Diembéring:** dimanche matin, environ 11,6 €. Excursion à Boucotte et Diembéring et service religieux, avec les villageois, à Diembéring.
• **Kachouane en 4 x 4 - pirogue:** la journée, environ 36,6 €.

Les arts et les lettres

Page d'écriture

Deux et deux quatre
quatre et quatre huit
huit et huit font seize...
Répétez! dit le maître
5 Deux et deux quatre
quatre et quatre huit
huit et huit font seize.
Mais voilà l'oiseau-lyre
qui passe dans le ciel
10 l'enfant le voit
l'enfant l'entend
l'enfant l'appelle:
Sauve-moi
joue avec moi
15 oiseau!

Alors l'oiseau descend
et joue avec l'enfant
Deux et deux quatre...
Répétez! dit le maître
20 et l'enfant joue
l'oiseau joue avec lui...
Quatre et quatre huit
huit et huit font seize
et seize et seize qu'est-ce
qu'ils font?
25 Ils ne font rien seize et
seize
et surtout pas trente-deux
de toute façon
et ils s'en vont.

Jacques Prévert
Paroles
© *Éditions Gallimard*

Souleymane Keita, le peintre de Gorée

Souleymane Keita, peintre sénégalais, vit à Gorée, une petite île en face de Dakar.

Valérie Brierley

EXPOSITIONS

Souleymane Keita a exposé ses œuvres à:
• **Dakar** (Sénégal) *1969, 1972, 1973, 1981, 1986, 1992*
• **Nouakchott** (Mauritanie) *1971*
• **Ouagadougou** (Burkina Faso) *1972*
• **Toronto** (Canada) *1975, 1979*
• **New York** (USA) *1976, 1978, 1979, 1982, 1983, 1990*
• **Gorée** *1987, 1988*
• **Paris** *1991, 1992*

D'UNE PAGE À L'AUTRE...
(Leafing through the Magazine...)

1. Leaf through the **Magazine** to identify its topics. Select the three words that best describe the articles: **La littérature / les vacances / l'art / les concerts / l'université / le tourisme / les prix / La Nouvelle-Zélande / la correspondance / les appartements / les noms / la Bible / la poésie / l'Afrique / la géographie / l'histoire / les États-Unis / la France.**

2. Find which articles mention: **la musique / le calendrier / le cinéma / l'Afrique / l'art / la littérature / la géographie / le** climat **/ la Bible / les additions / les saisons / le mois de juillet / Paris / l'université / la diététique / les mathématiques.**

3. Find which articles share common elements and group them, identifying the element you chose.

   Modèle *le tourisme: Paris, Sénégal*

4. Say in what order you would read the articles and give your reasons.

   Modèle *Article un: ... ; Il est facile, ...*

À LA LOUPE
(A closer look)

L'ÉDITORIAL. What is the topic of the editorial? Which of the arguments presented is the one that brought you to this class? Which three arguments are the most persuasive? the least persuasive?

In the **Magazine,** find an article that is an example of each point of the editorial.

POURQUOI ELLE EST EN AMÉRIQUE!

1. **Who is Jennifer?** In the interview find out about Jennifer: country of origin / city of origin / major field of studies / city of temporary residence / temporary job / plans / future plans for specialization / reason for needing to leave the U.S.

2. **L'Étudiante "étrangère":**
   - Identify two problems that foreign students have in the U.S.
   - Identify two ways Jennifer is learning French
   - Identify her reasons to study French
   - Which of the editorial items do these reasons correspond to?

LES GRANDES DATES—DÉBAT.

1. Select the adjectives that correspond best to this literary genre in your opinion: **sincère / intéressant / impossible / narcissiste / dangereux / important / révélateur / historique / éducatif.**

2. Rank the adjectives you selected in order of decreasing importance for this genre.

Les arts et les lettres

SOULEYMANE KEITA. Which word in this excerpt refers to Souleymane Keita's art? On how many continents is this man well known? Locate the countries on the map.

PAGE D'ÉCRITURE. How many people are involved? What class is it?

Read the poem and underline the words that you know.

Hear the voices of the people speaking. Underline the direct speech. Are there interruptions?

What sort of student is the hero of this poem?

What words are in opposition? Does the author have an opinion? Whose side is he on?

What object, person, or place has symbolic significance? What is it a symbol of?

Find words in the poem that illustrate the following ideas: **la liberté / l'oppression / la contrainte / la mémoire / l'imagination.**

Bravo! You have just read your first French poem!

REGARDS SUR LE MONDE

LE SÉNÉGAL. What is the best season to go to Sénégal? Why?

Which excursion would you take: to hear traditional religious music / to visit canneries / to go bird watching / to trace history / to visit small villages in the bush?

À VOTRE AVIS... *(In your opinion . . .)*

RECHERCHES.

1. Select one article and use the information presented to prepare six questions that relate to it. The questions should lead to obtaining better knowledge of the main topic.

2. Select an article that raises problems or issues. Identify one issue and write three sentences about it.

3. Select one article and use it as the basis for an activity that you might do today (prepare a trip to Africa, go to a concert, celebrate a saint's day, etc.). What questions will you ask to be able to conduct your activity?

ACTION!

1. Prepare a poster advertising a trip to Senegal. Use what you have learned in both your textbook and the **Video Magazine.**

2. Write three questions you would use to interview Souleymane Keita.

3. You are spending a year in France. Use the **Petites annonces** to find housing. Prepare four questions that you will ask when you call for more information. Will you take the room?

CORRESPONDANCE.

1. Write to Valérie or to Nadine to begin a correspondence.

2. You have been traveling in Senegal and are now sending a postcard to your French professor. What will you write on the card?

POUR FINIR.

Say or write three things that you learned in this **Magazine.**
What words do you now associate with: **Rousseau / Gorée / Paris / le français / juillet / films?**
Bravo! You have just finished reading your first **Magazine** in French!

Les âges de la vie

En bref...

- **La génération Internet**
- **Compter jusqu'à 100**
- **Décrire des enfants, des jeunes et des adultes**
- **Se situer dans l'espace (quelques prépositions)**
- **Des familles françaises**
- **Les verbes comme sortir**
- **Placer des adjectifs et des adverbes**
- **Employer les formes toniques des pronoms**
- **Les jeunes: la génération Internet, la génération transition**

?

Quel âge avez-vous?

Entrée en matière:

Enquête: génération Internet

—Ça y est! J'ai une bonne adresse.
—Pas moi! Rien, mais rien du tout. Passe-moi ton adresse!
—Attends, je finis ça d'abord! Tu as une minute?
—D'accord, mais c'est une adresse ou un site?
—Ah non! non! Ce n'est pas un site, mais de là on navigue dans des sites géniaux!

L'illustration. Où sommes-nous? C'est un bureau? C'est une salle de classe? C'est un appartement? C'est un restaurant? C'est un cybercafé?

Les personnes. Qui sont ces deux personnes? D'après vous, quelles sont leurs activités? Elles sont jeunes? Elles sont étudiantes ou ingénieurs? Elles font des maths? Elles font des devoirs? des compositions? des recherches? Elles créent des messages électroniques? Elles jouent ou elles correspondent? Elles recherchent des informations?

Les internautes! Qu'est-ce que c'est, un internaute? Est-ce que les internautes sont jeunes ou adultes? Donnez leur âge.

La génération Internet. Ici, c'est quelle génération: la génération télé ou la génération Internet? Où est la génération télé? Quelles sont les activités de la génération télé? Quelles sont les activités de la génération Internet? Qui sont les internautes en France? Et chez vous?

… E

…ation Internet

…ans se font leur toile

…élé, c'est fini ! Voici la génération Internet, qui crée ses sites Web, s'informe,
…monde entier, échange et joue en réseau. Notre enquête et le premier sondage
…de 12 000 internautes français, réalisé par l'institut Motivaction on line*.

Et vous? De quelle génération êtes-vous?
Êtes-vous téléspectateur(-trice) ou internaute?
Et votre génération, qu'est-ce qu'elle est?

Vocabulaire

A. Les chiffres de 40 à 100

40	quarante	70	soixante-dix	82	quatre-vingt-deux
41	quarante et un	71	soixante et onze	90	quatre-vingt-dix
42	quarante-deux	72	soixante-douze	91	quatre-vingt-onze
50	cinquante	80	quatre-vingts	92	quatre-vingt-douze
60	soixante	81	quatre-vingt-un	100	cent

◆ Paris est dans le département de la Seine, 75. Marseille est dans le département des Bouches-du-Rhône, 13. Et Lyon? Strasbourg?

Départements

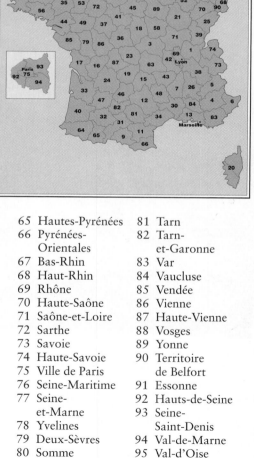

01	Ain
02	Aisne
03	Allier
04	Alpes de Haute-Provence
05	Hautes-Alpes
06	Alpes-Maritimes
07	Ardèche
08	Ardennes
09	Ariège
10	Aube
11	Aude
12	Aveyron
13	Bouches-du-Rhône
14	Calvados
15	Cantal
16	Charente
17	Charente-Maritime
18	Cher
19	Corrèze
20	Corse
21	Côte-d'Or
22	Côtes-d'Armor
23	Creuse
24	Dordogne
25	Doubs
26	Drôme
27	Eure
28	Eure-et-Loir
29	Finistère
30	Gard
31	Haute-Garonne
32	Gers
33	Gironde
34	Hérault
35	Ille-et-Vilaine
36	Indre
37	Indre-et-Loire
38	Isère
39	Jura
40	Landes
41	Loir-et-Cher
42	Loire
43	Haute-Loire
44	Loire-Atlantique
45	Loiret
46	Lot
47	Lot-et-Garonne
48	Lozère
49	Maine-et-Loire
50	Manche
51	Marne
52	Haute-Marne
53	Mayenne
54	Meurthe-et-Moselle
55	Meuse
56	Morbihan
57	Moselle
58	Nièvre
59	Nord
60	Oise
61	Orne
62	Pas-de-Calais
63	Puy-de-Dôme
64	Pyrénées-Atlantiques
65	Hautes-Pyrénées
66	Pyrénées-Orientales
67	Bas-Rhin
68	Haut-Rhin
69	Rhône
70	Haute-Saône
71	Saône-et-Loire
72	Sarthe
73	Savoie
74	Haute-Savoie
75	Ville de Paris
76	Seine-Maritime
77	Seine-et-Marne
78	Yvelines
79	Deux-Sèvres
80	Somme
81	Tarn
82	Tarn-et-Garonne
83	Var
84	Vaucluse
85	Vendée
86	Vienne
87	Haute-Vienne
88	Vosges
89	Yonne
90	Territoire de Belfort
91	Essonne
92	Hauts-de-Seine
93	Seine-Saint-Denis
94	Val-de-Marne
95	Val-d'Oise

B. Les enfants

Voilà Guillaume Firket. Il a 18 mois et il est très mignon. Il mange tout le temps et il aime dormir. C'est un bébé facile. Il est toujours content, mais il pleure quand il est fatigué.

◆ Comment est Guillaume? Il a quel âge? Qu'est-ce qu'il aime? Est-ce qu'il pleure souvent?

Voilà Sylvie Mabille. Elle a onze ans. Elle est jolie, mais c'est une enfant gâtée et difficile. Elle n'est pas souvent sage et c'est une petite fille mal élevée. Elle adore jouer mais elle n'a pas beaucoup d'amis parce qu'elle est égoïste: elle n'aime pas partager. Elle déteste l'école, mais elle aime l'histoire et la géographie. Aujourd'hui, elle est fâchée parce que c'est lundi.

◆ Comment est Sylvie? Elle a quel âge? Pourquoi est-ce qu'elle est gâtée? Qui aime les enfants gâtés? Pourquoi est-ce qu'ils n'ont pas beaucoup d'amis? Qu'est-ce qu'elle n'aime pas? Quand est-elle contente? Pourquoi?

Voilà François Pinel. C'est un petit garçon typique de six ans. Très actif, il adore jouer et il a beaucoup d'amis parce qu'il est gentil. Il est sage et bien élevé. C'est un enfant heureux et bien équilibré. Comme Guillaume, il est toujours content.

◆ Quel âge a François? Est-ce qu'il est heureux ou malheureux? Pourquoi? Pourquoi est-il typique? Il est plus jeune ou plus âgé que Guillaume?

C. Les jeunes

Voilà Cédric Rasquin. Il a seize ans et il habite chez sa mère, à Toulouse. Il est parfois de bonne humeur et parfois de mauvaise humeur, et il n'est pas facile. C'est normal pour un adolescent, non? Il a des problèmes et il est malheureux. Il n'aime pas le lycée mais il aime lire et il adore la littérature. Il aime aussi les bandes dessinées! Il aime être seul, mais il joue de la guitare avec ses copains. Il est timide avec les filles et il n'a pas de petite amie.

◆ Quel âge a Cédric? Il habite où? Est-ce qu'il est content de sa vie? Expliquez (Explain) ses problèmes. Qu'est-ce qu'il aime? Qu'est-ce qu'il n'aime pas?

Voilà Suzanne Mabille. Elle a dix-huit ans et elle étudie le droit à Bruxelles. Elle est souvent de bonne humeur. Elle est intellectuelle et elle adore parler, mais c'est aussi une jeune fille sportive et elle aime beaucoup le tennis. Elle ne mange pas trop parce qu'elle est au régime. Mais son copain, Hakim, adore manger et fumer! Il est marocain et il étudie la médecine à Bruxelles aussi.

◆ Quel âge a Suzanne? Elle étudie où? Est-ce qu'elle est française? Et Hakim? Qu'est-ce que Suzanne aime? Qu'est-ce qu'elle n'aime pas? Pourquoi? Et Hakim, qu'est-ce qu'il n'aime pas? Pourquoi est-il à Bruxelles?

D. Les adultes

Voilà Béatrice Dubois. Elle a trente-
sept ans et elle habite Toulouse. Elle
aime être élégante. Elle n'est pas
pauvre mais elle n'est pas très riche.
C'est une femme énergique et
débrouillarde, mais têtue. Elle a trois
enfants. Avec ses enfants, elle est
sévère mais compréhensive. Elle
adore les langues étrangères et elle est
professeur d'anglais dans un lycée.
Elle a parfois des problèmes avec les
adolescents de sa classe. Ils ne sont
pas méchants, mais ils ne sont pas
toujours polis et ils adorent rire.

◆ Où habite Béatrice Dubois? Elle est
jeune ou vieille? Combien d'enfants
est-ce qu'elle a? Quel âge ont-ils?
Est-ce qu'elle est très occupée?
Pourquoi? Pourquoi est-ce qu'elle
n'est pas très riche? Comment sont
les adolescents de sa classe?

Toulouse

Voilà Jean Rasquin, dentiste, quarante-cinq ans. C'est le père de
Cédric et il habite à Paris. Il est très bavard et il déteste être seul,
mais il est souvent ennuyeux. Il adore les voitures, les vacances
et les week-ends.

◆ Qui est Jean Rasquin? Il a quel âge? Est-ce qu'il est comme
Cédric? Pourquoi? Il est sympathique?

Voilà Jacques Dubois. Il habite Nice, il a soixante-huit ans et il est retraité. C'est une personne âgée, mais il marche beaucoup et donc il est en forme. Il est calme, réservé et un peu pessimiste. Il est triste parce qu'il est seul et vieux.

Voilà Paulette Gilmard. Elle habite à Nice et elle est retraitée aussi, mais elle n'est pas comme Jacques: c'est une femme enthousiaste, sociable et optimiste. Elle aime la vie et elle n'est pas souvent déprimée. Elle a soixante-six ans, mais elle n'est pas vieille, n'est-ce pas?

Nice

- Quel âge a Jacques Dubois? Il est jeune ou il est vieux? Il habite où? Est-ce qu'il a beaucoup d'amis? Pourquoi?
- Quel âge a Paulette Gilmard? Pour vous, est-ce qu'elle est jeune ou vieille? Et pour elle? Où est-elle? Qu'est-ce qu'elle aime? Pourquoi est-elle optimiste? Est-ce que c'est normal d'être optimiste quand on est vieux? Elle est comme Jacques?
- Et vous, quel âge avez-vous? Est-ce que vous êtes en forme aujourd'hui? Est-ce que vous êtes de bonne humeur ou de mauvaise humeur aujourd'hui? Est-ce que vous êtes débrouillard(e)? Est-ce que vous êtes optimiste ou pessimiste?
- Et dans le cours de français, qui joue de la guitare? Qui aime les bandes dessinées? Qui aime les voitures?

E. Les prépositions

Paulette est loin de Jacques.

Paulette est derrière Jacques.

Paulette est près de Jacques.

Paulette est devant Jacques.

Paulette est sur le banc.

Jacques est sur le banc à côté de Paulette.

Les deux chiens sont sous le banc.

- ◆ Est-ce que Jacques et Paulette sont amis maintenant?
- ◆ De quelle couleur est le chien de Paulette? Et le chien de Jacques? Est-ce que les deux chiens sont amis?
- ◆ Et dans la salle de classe, qui est près de la fenêtre? Qui est près de la porte? Qui est loin du professeur? Qui est devant le professeur?

Près de, à côté de, loin de...

These prepositions all relate to space and distance. These concepts are not neutral and our perception of distance and space is culturally conditioned. When you watch a French movie or if you observe French people interacting, note how the French tend to stand closer to one another than would be comfortable for most people raised in the United States. In fact, someone from the United States talking to a French person will often move back to regain a comfortable distance, while the French person steps closer for exactly the same reason!

Rencontre

Dans la rue

Notes de vocabulaire

1. Chez. The preposition **chez** means *at the house or home of.*

J'habite chez toi.

Il est **chez** Marie.   *He's at Marie's (house).*
Je suis **chez** moi.   *I'm at home.*

2. De. The preposition **de** can be used to express possession, to say where someone is from, or to qualify a noun. **De** is also used as a part of longer prepositions and to express the idea of playing a musical instrument.

a. **De** + noun expresses possession. This is the equivalent of **'s** in English.

C'est le cahier **de** Michel.   *It's Michel's notebook (the notebook of Michel).*

b. **De** + indication of place expresses origin.

D'où êtes-vous?   *Where are you from?*
Je suis **de** Dallas.   *I'm from Dallas.*

c. **De** + noun acts as an adjective and qualifies a noun.

| C'est le professeur **d**'anglais. | *It's the English teacher (the teacher of English).* |
| Où est mon livre **de** maths? | *Where is my math book?* |

d. Prepositions ending in **de**. Certain prepositions end in **de**.

Il est **à côté de** la fille.	*He's next to the girl.*
Vous habitez **près de** Fort Worth?	*Do you live near Fort Worth?*
J'habite **loin de** l'université.	*I live far away from school.*

e. **Jouer de** + instrument de musique.

| Tu joues **de la guitare**? | *Do you play the guitar?* |

3. De + article défini.
The combination **de** + **le** contracts to become **du**. The combination **de** + **les** contracts to become **des**.

$$\text{de} + \text{le} = \text{du}$$
$$\text{de} + \text{les} = \text{des}$$

C'est le chat **du** garçon.	*It's the boy's cat.*
Je joue **du** piano.	*I play the piano.*
Il est à côté **du** professeur.	*He's next to the teacher.*
Les chats n'aiment pas être près **des** chiens.	*Cats don't like to be near dogs.*

4. L'âge.
Use the verb **avoir** to say how old someone is. Be sure to include the word **ans**.

| Elle **a** soixante **ans**. | *She's sixty (years old).* |

To ask how old someone is, use these questions:

Quel âge avez-vous?
Quel âge as-tu?

5. Habiter (à) + ville.
Use **habiter** with or without the preposition **à** to say that someone lives in a city.

| Éric **habite** à Lomé. | *Éric lives in Lomé.* |
| Vous **habitez** Genève? | *Do you live in Geneva?* |

6. La place des adverbes.
Adverbs are placed after the verb.

| Ils parlent trop! | *They talk too much!* |
| Il ne pleure pas souvent. | *He doesn't cry often.* |

7. Combien de.
To ask how many or how much a person has of something, use one of the following:

Elle a combien de chats?
Combien de chats est-ce qu'elle a? ⎫ *How many cats does she have?*
Combien de chats a-t-elle? ⎭

Vous avez compris?

1. Les chiffres. Read each line aloud, filling in the missing numbers.

1. 40, __ , 42, 43, __ , 45, __ , 47
2. 58, __ , __ , 61, 62, 63, __ , 65
3. 9, __ , 11, __ , __ , 14, __ , 16
4. 69, __ , 71, __ , 73, __ , __ , 76
5. 78, 79, 80, __ , 82, __ , __ , 85
6. 89, __ , __ , 92, 93, __ , 95

2. Chassez l'intrus. Find the word that does not belong.

1. un bébé / un enfant / un banc / un adolescent / un adulte
2. une chambre / une école / un lycée / une université
3. bavard / amusant / sociable / timide
4. triste / optimiste / fâché / déprimé
5. actif / énergique / réservé / enthousiaste
6. mignon / gâté / sage / bien élevé
7. méchant / gentil / égoïste / pénible
8. une bande dessinée / le droit / la médecine / les langues étrangères

3. C'est comment? Choose at least two of the following qualifications for each statement: **c'est normal / c'est bizarre / c'est facile / c'est difficile / c'est amusant / c'est triste.**

Modèle   étudier le français   *C'est facile et c'est amusant.*
          ne pas avoir d'ordinateur   *C'est normal mais c'est difficile.*

1. être seul à 80 ans
2. être vieux à 20 ans
3. parler espagnol
4. avoir 50 chats
5. ne pas avoir la télévision dans sa chambre
6. ne pas aimer les fleurs
7. avoir un(e) camarade de chambre quand on est un étudiant américain
8. habiter chez ses parents à 45 ans
9. être malade tout le temps
10. avoir 15 ans

4. À quel âge? Where you live, how old are people when they do the following things?

Modèle   habiter seul
          À 18 ans.

1. boire du vin *(wine)*
2. sortir avec une fille/un garçon
3. voyager seul
4. avoir un permis de conduire *(driver's license)*
5. travailler dans un restaurant
6. voter
7. se marier *(get married)*
8. étudier le droit ou la médecine

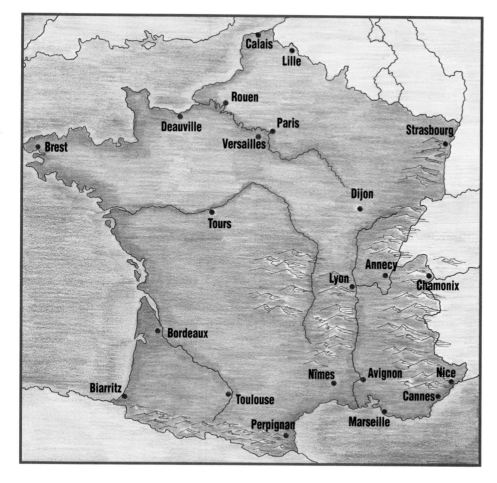

L'Hexagone.

The line that joins the French cities of Brest, Calais, Strasbourg, Nice, Perpignan, and Biarritz forms a hexagon, and, in fact, France is often referred to as **l'Hexagone.** The concept of France as an ordered, geometric space with definite boundaries satisfies the French taste for a geometric ordering of space and gives a sense of natural destiny as well as a feeling of safety and protection.

5. Les villes de France. C'est vrai ou c'est faux? Corrigez les phrases fausses.

Modèle   Cannes est près de Paris.
          C'est faux. Cannes est loin de Paris.

1. Nice est à côté de Cannes.
2. Nîmes est loin de Paris.
3. Rouen est loin de Paris.
4. Bordeaux est à côté de Strasbourg.
5. Avignon est à côté de Nîmes.

6. Possessions. Complete each dialogue with **de (d')** or **de** plus the definite article (**du, de la, de l', des**).

1. —C'est le cahier ___*de*___ Fatima?
   —Non, c'est le cahier ___*de la*___ fille qui est derrière Fatima.
2. —C'est le stylo ___*de*___ Marc?
   —Non, c'est le stylo ___*du*___ professeur.
3. —C'est le livre ___*de l'*___ Anne?
   —Non, c'est le livre ___*de l'*___ étudiante qui est à côté ___*d'*___ Anne.
4. —C'est la voiture _____ M. Mercier?
   —Non, c'est la voiture _____ amis _____ M. Mercier.

*M*ise en pratique

7. L'âge. Pour vous, quel âge a quelqu'un *(someone)* qui est...

1. très jeune
2. jeune
3. adulte
4. vieux

8. L'âge et les tailles en France

Plus on est jeune, plus on est grand

Taille moyenne par sexe en fonction de l'âge (en cm) :

173,4   173,0   172,0   169,8   168,8   172,0
162,0   161,0   160,0   157,8   156,3   160,0

18–24 ans   25–34   35–44   45–54   55 et +   Moyenne

Renault

Robert Tournier (51 ans), Stéphane Tournier (27 ans) et Michel Tournier (49 ans)

1. Regardez les statistiques. Quelle est la différence (en centimètres) entre *(between)* un homme de 20 ans et un homme de 50 ans? Entre une femme de 18 ans et une femme de 60 ans? Pourquoi, à votre avis *(in your opinion)*? Est-ce qu'il y a les mêmes *(same)* différences entre les jeunes et les moins jeunes dans votre culture?

2. Regardez la photo. Quel âge a Robert Tournier? Et Stéphane? Et Michel? À votre avis, qui est Robert pour Stéphane? Et qui est Robert pour Michel? Est-ce que les statistiques sont vraies pour la famille Tournier?

9. Les gens et les âges. Ils ont quel âge? Ils sont comment? Qu'est-ce qu'ils aiment?

Paloma Toussaint et son grand frère François (Bruxelles, Belgique)

Madame Pinel, Madame Tournier et Monsieur Silici (Lavaur, France)

Monsieur et Madame Dumoulin (Paris, France)

ils aim faire des achats.

Stéphanie Perrin et Khadiatou Diouf (Jardin du Luxembourg, Paris)

10. Les Américains et les Français. Voilà les idées des Américains sur les Français.

1. Devinez! *(Guess!)*
   - Une qualité, c'est positif ou négatif? Et un défaut?
   - Être entêté, c'est être...
   - Quand on est froid et distant, c'est peut-être parce qu'on est...
   - Être malhonnête, c'est ne pas être...
   - Être vieux jeu, c'est avoir des idées modernes ou traditionnelles?
2. Pour les Américains, quelles sont les trois plus grandes qualités des Français? Et les trois plus grands défauts? Est-ce qu'il y a des contradictions?
3. Et les Américains (ou les Canadiens), comment sont-ils? En groupes, faites une liste *(make a list)* par ordre d'importance des 10 qualités et des 10 défauts des Américains ou des Canadiens. Comparez avec la liste pour les Français: Est-ce qu'il y a des différences?

• QUELLES SONT LES PRINCIPALES QUALITÉS DES FRANÇAIS?	• QUELS SONT LES PRINCIPAUX DÉFAUTS DES FRANÇAIS?
Sympathiques 38%	Bavards 21%
Intelligents 33%	Contents d'eux 20%
Travailleurs 28%	Froids, distants 16%
Accueillants............22%	Entêtés.................14%
Débrouillards 19%	Hypocrites.............13%
Énergiques 19%	Vieux jeu 11%
Propres 16%	Agressifs 10%
Honnêtes 16%	Menteurs................8%
Sérieux 14%	Paresseux 5%
Courageux............12%	Malhonnêtes 4%
Sans opinion...........32%	Sans opinion...........45%
(Réponses à l'aide d'une liste.)	(Réponses à l'aide d'une liste.)

Figaro Magazine

11. Conversation en français. Bring a picture of your mother, your father, your brother, your sister or one of your friends, and be ready to talk about him or her. Exchange photos with a partner and ask questions to find out about his or her family or friends.

 **CD-ROM:**
Build your skills!

$\mathcal{S}$tructure

Les verbes comme *sortir*

Sortir *(to go out)* and two other common verbs, **dormir** *(to sleep)* and **partir** *(to leave)*, have identical endings in the present tense.

sortir	
je sors	nous sort**ons**
tu sors	vous sort**ez**
il elle } sort	ils elles } sort**ent**

partir		dormir	
je pars	nous part**ons**	je dors	nous dorm**ons**
tu pars	vous part**ez**	tu dors	vous dorm**ez**
il elle } part	ils elles } part**ent**	il elle } dort	ils elles } dorm**ent**

The singular forms sound identical. In the plural, the **-m-** or the **-t-** of the stem is pronounced.

il dort (**-t** *not pronounced*)   elle sort (**-t-** *not pronounced*)
ils dor**m**ent (**-m-** *pronounced*) elles sor**t**ent (**-t-** *pronounced*)

Sortir indicates movement out of a place or going out as in going out, alone, with others, or on a date. **Partir** means simply *to leave*.

Suzanne **sort** du bureau du professeur.	*Suzanne's coming out of the professor's office.*
Cédric n'aime pas **sortir** avec les filles.	*Cedric doesn't like to go out with the girls.*
Mes copains et moi, nous **partons** pour New York demain.	*My friends and I are leaving for New York tomorrow.*

Here are the imperative or command forms of verbs like **sortir**.

Dors bien!	*Sleep well!* (said to a person you would address using **tu**)
Partez maintenant!	*Leave now!* (said to a person you would address using **vous** or to more than one person)
Sortons ce soir avec Mamadou!	*Let's go out this evening with Mamadou!*

*V*ous avez compris?

12. Des expressions. Here are some expressions using **dormir, sortir,** and **partir.** Match each with its meaning.

1. Qui dort dîne.
2. partir de zéro
3. Ça part du cœur.
4. dormir profondément
5. dormir bien/mal
6. Partir, c'est mourir un peu.
7. À vos marques! Prêts? Partez!
8. C'est parti!
9. sortir du lit
10. J'ai trop à faire, je ne m'en sors pas!

a. to sleep soundly
b. Sleeping is as good as eating.
c. We're off!
d. to start from scratch
e. On your mark! Get set! Go!
f. Leaving is very difficult.
g. to get out of bed
h. I've got too much to do.
   I'll never get done!
i. to sleep well/badly
j. That's straight from the heart.

13. Complétez. Complete each sentence with a form of **sortir, partir,** or **dormir.** In some cases, there may be more than one possibility.

1. Je ne _____ pas dans la classe de français.
2. Le professeur de français _____ pour Paris en juin.
3. Est-ce que vous _____ bien ici?
4. Nous _____ avec Pierre et Marie le week-end.
5. Tu ne _____ pas avec Anne demain?
6. Vous _____ pour Montréal?
7. Elle _____ avec Michel mais elle aime Pierre.
8. À demain! _____ bien!

*M*ise en pratique

14. Petit sondage. Qui dans la classe...

1. dort souvent devant la télévision?
2. sort souvent le lundi soir?
3. sort toujours le week-end?
4. part souvent chez ses parents le week-end?
5. dort parfois en classe?
6. part toujours en vacances avec ses parents en été?
7. part parfois en vacances avec ses amis en été?
8. dort parfois quand il/elle regarde un match de baseball à la télé?

15. Et vous? Comment êtes-vous?

1. Quand est-ce que vous dormez beaucoup?
2. Quand est-ce que vous ne dormez pas beaucoup?
3. Quand est-ce que vous sortez beaucoup?

4. Avec qui est-ce que vous sortez?
5. En quel mois est-ce que vous partez en vacances?
6. Est-ce que vous aimez mieux dormir ou sortir le week-end?

La place des adjectifs

Adjectifs qui suivent le nom

Most adjectives that are used to describe nouns follow the noun they modify.

Martine aime **la musique anglaise**.   *Martine likes English music.*
C'est **une chambre agréable**.   *It's a pleasant room.*

Adjectifs qui précèdent le nom

A small group of adjectives usually precede the noun they modify. You already know some of these. Others, as they occur, will be marked in the vocabulary list.

beau   *good-looking, beautiful*
grand   *big, tall*
gros   *big, thick, fat*
jeune   *young*
joli   *pretty*
petit   *small*
pauvre   *poor (to be pitied)*
vieux   *old*

C'est une **petite** chambre.   *It's a small room.*
La **pauvre** Monique!   *Poor Monique!*

Bel et **vieil**

The adjectives **beau** and **vieux** have alternative forms, **bel** and **vieil**, that are used before a masculine singular noun beginning with a vowel sound. They are pronounced the same as the feminine forms **belle** and **vieille**.

Minou est un **vieux** chat.   *Minou is an elderly (old) cat.*
Minou est un **vieil** animal.   *Minou is an old animal.*

Oscar est un **beau** chien.   *Oscar is a good-looking dog.*
Oscar est un **bel** animal.   *Oscar is a good-looking animal.*

𝒱ous avez compris?

16. Vrai ou faux?

1. Les professeurs aiment les étudiants sérieux.
2. Les gros chiens aiment les petits chats.
3. Paulette aime les vieilles chansons françaises.
4. Les petits oiseaux aiment les gros chats.
5. Émile (le monstre) aime les jolies fleurs.

17. Les goûts. Tell what you like and dislike. Pay attention to the agreement and placement of adjectives.

Modèle   les films (bizarre / amusant / classique / beau)
J'aime les beaux films amusants. Je n'aime pas les films bizarres.

1. la musique (anglais / espagnol / américain / français / classique)
2. les professeurs (sympathique / raisonnable / bête / paresseux / travailleur / intelligent)
3. les chambres (vieux / joli / laid / petit / grand / clair)
4. les chiens (grand / petit / méchant / gentil)
5. les hommes (compréhensif / blond / brun / sportif / intellectuel / naïf / riche)
6. les femmes (compréhensif / blond / brun / sportif / intellectuel / naïf / riche)
7. les copains (égoïste / généreux / paresseux / sérieux / sociable / têtu / timide)
8. les voitures (grand / petit / américain / français / vieux / beau)
9. les livres (petit / gros / amusant / sérieux / classique)

18. Émile. Use adjectives to rewrite the paragraph about Émile so as to make it more descriptive. Choose from this list:

jeune / français / américain / canadien / petit / sombre / vieux / grand / sympathique / énergique / joli / clair / blond / gros / pauvre / fâché / beau / laid / travailleur

Modèle   Paul, l'ami d'Émile, est un étudiant. C'est un homme.
Paul, l'ami d'Émile, est un jeune étudiant français.
C'est un homme sympathique et travailleur.

Émile est un monstre. Il a une chambre. Il aime sa chambre parce qu'il y a une fenêtre et des rideaux. Il a une amie, Ernestine. C'est une femme. C'est une étudiante. Elle étudie l'histoire et la littérature.

$\mathcal{M}$ise en pratique

19. La réalité. Comment sont...

1. les enfants bien élevés?
2. les enfants mal élevés?
3. les adolescents de 15 ans?
4. les étudiants de l'université?
5. les professeurs de l'université?

20. Et le rêve. Comment est...

1. la femme idéale?
2. l'homme idéal?
3. l'enfant idéal?

21. Et elle? Qui est-elle? Comment s'appelle-t-elle? Quel âge a-t-elle? Où est-ce qu'elle habite? Comment est-elle? Qu'est-ce qu'elle aime? Qu'est-ce qu'elle n'aime pas?

22. Le copain de Suzanne. Describe Suzanne's boyfriend from the viewpoint of Suzanne, her parents, her sister (Hakim's picture is at the beginning of this lesson).

Les formes toniques des pronoms

Pronouns in French have separate *tonic* or stressed forms.

moi	*me, I*
toi	*you (familiar / singular)*
lui	*him, he*
elle	*her, she*
nous	*us, we*
vous	*you (formal / plural)*
eux	*them, they (all-masculine or mixed group)*
elles	*them, they (all-feminine group)*

Stressed pronouns are used in the following situations:

1. When there is no verb:

   —**Moi?**   *"Me?"*   —**Moi** aussi?   *"Me too?"*
   —Oui, **toi!** *"Yes, you!"*   —Oui, mais pas **moi!** *"Yes, but not me!"*

2. When they are the object of a preposition:

   —Il part **avec nous?**   *"Is he leaving with us?"*
   —Non, **avec eux.**   *"No, with them."*

   —Elle est **chez lui?**   *"Is she at his house?"*
   —Non, il est **chez elle!** *"No, he's at her house!"*

3. After c'est:

   —**C'est toi?**   *"Is that you?"*   —Oui, **c'est moi.**   *"Yes, it's me."*

4. For emphasis:

   —**Moi,** je déteste danser.   *"I hate dancing."*
   —Mais tu danses bien, **toi!** *"But you dance well!"*

5. After **c'est à** to indicate possession:

   —**C'est à eux?**   *"Is it theirs?"*   —**C'est à qui?** *"Whose is this?"*
   —Non, **c'est à nous.**   *"No, it's ours."*   —**C'est à moi.** *"It's mine."*

   C'est à qui? can also mean *Whose turn is it?* or *Who's next?* **C'est à moi** can also mean *It's my turn* or *I'm next.*

𝒱ous avez compris?

23. La vie de Jean Rasquin. Choose the noun that matches the stressed pronoun to find out more about the life of Jean Rasquin.

Modèle   Il voyage avec lui. (son père / son père et sa mère)
son père

1. Il parle avec eux. (Cédric Rasquin / ses copains)
2. Il sort avec elle. (sa copine / Marie-France et Sonia / ses enfants)
3. Il mange chez lui. (sa mère et son père / son copain Marc)
4. Il part en vacances avec eux. (Cédric / Paul et Monique)

24. La vie de Jean Rasquin (suite). Now, use stressed pronouns to say more about Jean Rasquin's life.

Modèle   Il joue au tennis avec Rudolph.
Il joue au tennis avec lui.

1. Il habite avec *des amis.*
2. Il sort le week-end avec *Jeremy et Jimmy.*
3. Il écoute de la musique romantique avec *Mélanie.*
4. Il sort au restaurant avec *Mathilde et Maude.*
5. Il part aux États-Unis avec *Samantha.*

*M*ise en pratique

25. Qui... ? Guess the preferences of your classmates. The person about whom you're talking confirms or denies your guess. Use stressed pronouns where possible.

Modèle   Qui aime étudier?
—*Lui! Lui, il aime étudier! (pointing to another student)*
—*Moi? Non! Pas moi! / Moi? C'est vrai. Moi, j'aime étudier.*

1. Qui aime chanter?
2. Qui aime danser?
3. Qui étudie tout le temps?
4. Qui travaille beaucoup?
5. Qui regarde souvent la télévision?
6. Qui écoute toujours le professeur?
7. Qui parle une langue étrangère?
8. Qui aime les mathématiques?

26. Les Dubois. Rewrite the paragraph below, replacing some (but not all) of the nouns in italics with pronouns. Use either subject pronouns (**je / tu / il / elle / on / nous / vous / ils / elles**), the pronoun **ce**, or stressed pronouns (**moi / toi / lui / elle / nous / vous / eux / elles**).

Voilà Vincent Dubois. *Vincent* est un homme sociable et *Vincent* adore sortir. *Vincent* a une femme. *Sa femme* s'appelle Thérèse. *Thérèse* n'aime pas sortir avec *Vincent.* Pourquoi est-ce que *Thérèse* n'aime pas sortir avec *Vincent?* Parce que *Vincent* adore boire, manger, parler et fumer. Et *Thérèse* aime lire et regarder des films classiques à la télé... et *Thérèse* déteste les cigarettes! Demain, *Vincent et Thérèse* partent pour New York. *Vincent* est content parce que *Vincent* adore New York. Et *Thérèse? Thérèse* est contente aussi. Pourquoi? Parce que *Thérèse* aime parler anglais et *Thérèse* adore voyager.

Découvertes culturelles: **La génération transition**

A. Définitions. Donnez cinq adjectifs pour définir votre génération.

B. Les jeunes Français

1. Trouvez dans le texte les adjectifs traditionnels pour définir la génération présente des 15–25 ans en France.
2. Trouvez dans le texte la définition par le journaliste.
3. Trouvez les quatres raisons du journaliste.

C. Pour comprendre les jeunes Français

1. Choisissez les définitions appropriées. D'après vous, qu'est-ce que...

la bof-génération: une génération paresseuse, indifférente, pessimiste?
la boss-génération: une génération impolie, gâtée, difficile?
la génération conformiste: une génération individualiste, active, traditionaliste?
la génération sacrifiée: une génération triste, abandonnée, réservée?
la génération morale: une génération compréhensive, équilibrée, idéaliste?
la génération-consensus: une génération solidaire, heureuse, déprimée?

2. Dites *(Say)* les différences pour la génération transition et donnez un adjectif pour chaque catégorie:

entre deux siècles:	le XXème siècle _traditionnelle_	le XXIème siècle _nouvelle_
entre deux millénaires:	_____	_____
entre deux zones géographiques:	_____	_____
entre deux systèmes de valeurs:	_____	_____

D. Et nous? Faites un portrait de votre génération comme elle apparaît aux personnes plus âgées.

D'après: Francoscopie 1999 p. 152.

La génération transition

Les jeunes de 15–25 ans ont été appelés génération X aux États-Unis. En France, ils ont été successivement baptisés bof-génération, boss-génération, génération sacrifiée, génération morale, génération conformiste, génération consensus... Ils constituent peut-être plus simplement la génération transition. Transition entre deux siècles, entre deux millénaires. Transition entre deux appartenances géographiques: nés Français, les jeunes seront Européens et, peut-être, citoyens du monde. Transition, surtout, entre deux systèmes de valeurs; la vision collective disparaît au profit de la vision individuelle...

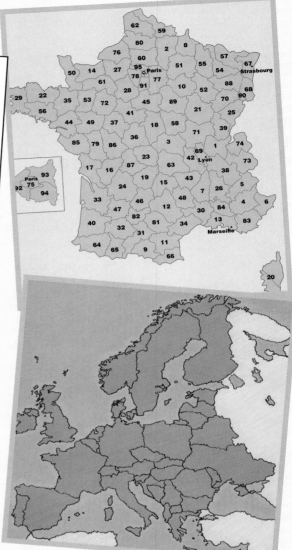

Orthographe et Prononciation

La liaison

La liaison *(linking)* is characteristic of spoken French. A liaison occurs when the final consonant of one word is pronounced along with the beginning vowel sound of the following word. This liaison consonant (the one pronounced) is not heard when it is followed by another consonant.

Comment_allez-vous?   Comment ça va?
liaison t   **silent t**

Liaison consonants **-s** and **-x** are pronounced /z/.

les jeunes   les_écoles   deux_enfants
silent s   /z/   /z/

The letter **h-** is silent, making liaison possible with the vowel that follows.

les_hommes   deux_hommes
/z/   /z/

Activités

A. Prononcez. Repeat the following words after your instructor.

1. les affiches
2. deux adultes
3. C'est une femme.
4. Elles ont des enfants.
5. Elles sont étudiantes.
6. Nous avons des ordinateurs.

B. Trouvez les liaisons. Say each pair of words aloud, then mark the liaisons.

1. trois ans; trois lits
2. les jeunes; les amis
3. des étagères; des clés
4. C'est un problème. C'est Paul.
5. Nous détestons sortir. Nous adorons jouer.
6. Ils ont des amis. Ils sont sympas.

Vocabulaire de base

Les chiffres de 40 à 100 (voir page 100)
Les formes toniques des pronoms (voir page 116)

Noms
un adulte *adult*
un an *year*
une école *school*
une guitare *guitar*
les jeunes *young people*
une jeune fille *girl (between about
    15 and 25; not married)*
un lycée *high school*
une personne âgée *older person,
    senior citizen*
un petit ami, une petite amie
    boyfriend, girlfriend
un problème *problem*
la vie *life*

Verbes
dormir *to sleep*
habiter *to live (inhabit)*
jouer *to play*
partir *to leave*
sortir *to go out*

Adjectifs
âgé(e) *old, elderly*
bavard(e) *talkative*

compréhensif, compréhensive
    understanding
content(e) *glad*
débrouillard(e) *resourceful*
déprimé(e) *depressed*
difficile *difficult, hard to get
    along with*
égoïste *selfish*
équilibré(e) *well-adjusted*
facile *easy*
gentil, gentille *kind, nice*
jeune *(precedes noun) young*
joli(e) *(precedes noun) pretty*
méchant(e) *mean*
mignon, mignonne *cute*
normal(e) *normal*
pauvre *(precedes noun) poor, to
    be pitied*
riche *rich*
seul(e) *alone*
triste *sad*
vieux (vieil), vieille, vieux, vieilles
    (precedes noun) old

Adverbes
parfois *sometimes*
souvent *often*
toujours *always*
tout le temps *all the time*

Prépositions
à *in, to, at*
à côté de *next to, beside*
chez *at the house of*
derrière *behind, in back of*
devant *in front of*
loin de *far from*
près de *near (to)*

Divers
avoir... ans *to be . . . years old*
C'est à qui? *Whose is it?
    Whose turn is it?*
combien de *how many, how much*
moi (toi...) aussi *me (you . . .) too,
    so do I (you . . .)*
moi (toi...) non plus *me (you . . .)
    neither, neither do I (you . . .)*
pas moi (toi...) *not me (you . . .)*
quand *when*

Vocabulaire supplémentaire

Noms
un adolescent, une adolescente
    adolescent, teenager
un banc *bench*
une bande dessinée *comic strip,
    comic book*
un bébé *baby*
un(e) dentiste *dentist*
un retraité, une retraitée *retired
    person*

Les études *studies*
    le droit *law*
    la géographie *geography*
    l'histoire (f.) *history*
    les langues étrangères (f. pl.)
        foreign languages
    la littérature *literature*
    la médecine *medicine*

Verbes
partager *to share*
pleurer *to cry*

Adjectifs
actif, active *active*
bien élevé(e) *well-mannered*
calme *calm*
élégant(e) *elegant*
énergique *energetic*
ennuyeux, ennuyeuse *boring,
    annoying*
enthousiaste *enthusiastic*
fâché(e) *angry, mad,
    disgruntled*
gâté(e) *spoiled*

impoli(e) *impolite*
intellectuel, intellectuelle
  intellectual
mal élevé(e) *ill-mannered, rude*
marocain(e) *Moroccan*
optimiste *optimistic*
pessimiste *pessimistic*
poli(e) *polite*
réservé(e) *reserved, quiet*
sage *well-behaved*
sévère *strict*
têtu(e) *stubborn*
typique *typical*

Divers
être au régime *to be on a diet*
être de bonne humeur *to be in a
  good mood*
être de mauvaise humeur *to be in
  a bad mood*
être en forme *to be in shape, to
  feel great*
jouer de la guitare *to play the
  guitar*
Quel âge as-tu (avez-vous)?
  How old are you?

Le français tel qu'on le parle
alors (on joue?) *well, so (are we
  playing or not?)*
C'est pas marrant! *It's not funny!
  That's no fun!*
je vous en prie *please do, of
  course (formal)*
Pas mal! *Not bad!*
Soyez sages! *Behave! Be good!*
Vous permettez? *May I? (formal)*

Le français familier
une bagnole = une voiture
un bahut = un lycée
barbant(e) = ennuyeux,
  ennuyeuse
une BD = une bande dessinée
un copain, une copine = un petit
  ami, une petite amie *(meaning
  depends on context)*
fauché(e) = très pauvre
un gamin, une gamine = un(e)
  enfant
la géo = la géographie
un(e) intello = un(e) intellectuel(le)
roupiller = dormir

On entend parfois...
une blonde (Canada) = une petite
  amie
chéri-coco, chérie-coco (Sénégal) =
  petit(e) ami(e)
un chum, un tchomme (Canada) =
  un petit ami
être jaguar (Bénin, Togo) = être
  élégant
être jazz (République
  Démocratique du Congo) =
  être élégant
huitante (Suisse) = quatre-vingts
jasant(e) (Canada) = bavard(e)
un (petit) mousse (Canada) =
  un petit garçon
niaiseux, niaiseuse (Canada) =
  pas très débrouillard, un peu
  bête
nonante (Suisse, Belgique) =
  quatre-vingt-dix
septante (Suisse, Belgique) =
  soixante-dix

L'espace et le temps

En bref...

- **Un espace historique: Versailles**

- **L'heure (dire, donner l'heure)**

- **Les horaires et les emplois du temps**

- **Ville et campagne; mer et montagne**

- **Avoir froid, chaud et sommeil**

- **Destinations et activités: le verbe aller et les prépositions à et de**

- **Place et lieu: prépositions dans et en**

- **Contractions à/au, de/du**

- **Obtenir des renseignements, poser des questions**

- **Les loisirs des Français**

Quelle heure est-il?

Entrée en matière:

Un espace historique

Une brochure. *Versailles au Temps des Rois*, c'est un concert? un spectacle? une visite? une promenade?

Les jours et les mois. Complétez avec les informations de la brochure.

Jours	
Saison(s)	
Mois	

Le prix. C'est combien pour visiter le parc? Pour tous *(for everybody)*? Qui est avantagé? Pourquoi?

Les spectacles. Combien de fêtes est-ce que la brochure annonce? Quelles fêtes? Quand?

Les Grandes Nuits Vénitiennes au Temps des Rois

Où sont-elles? Est-ce que les personnes qui participent à la fête sont de France ou d'Italie? (D'où, en France ou en Italie?) Combien de spectacles est-ce qu'il y a pour *Les Grandes Nuits Vénitiennes*? Pourquoi est-ce qu'on appelle cette fête *Les Grandes Nuits Vénitiennes*?

Promenades en gondoles

Quel type de promenades est-ce qu'il y a pendant les fêtes de Versailles? Quels jours? Combien de jours? En quelle saison? C'est comment, les promenades en gondoles?

Spectacle théâtral

Qu'est-ce que c'est—du cinéma? du théâtre? un concert? un spectacle sons et lumière *(sound and light show)*? Quel est le sujet du spectacle? Qu'est-ce qu'il y a dans ce spectacle? Quelle est la date de cette fête? Où est-ce? Quelle musique est-ce qu'on joue pendant cette fête?

VERSAILLES AU TEMPS DES ROIS

SONS ET LUMIÈRE
ÉTÉ – AUTOMNE

FEU D'ARTIFICE ROYAL ET GRANDE FÊTE DE NUIT AU BASSIN DE NEPTUNE

Tous les dimanches de juin à août après 22 heures

Droit de visite: Adultes: 4 €
Enfants de moins de 12 ans: 2 €
Familles nombreuses: 2,50 €

Pour revivre la majestueuse grandeur du Roi-Soleil

Autour des grands bassins de Neptune et d'Apollon
Dans le cadre historique de Versailles

LES GRANDES NUITS VÉNITIENNES
Vendredi 8, Samedi 9
et Samedi 16 Septembre à 21 heures 30

SPECTACLE THÉÂTRAL
illustré de textes historiques
et accompagné de Musique d'époque
7 et 21 Juillet à 22 heures

Sur le Grand Canal de Versailles
PROMENADES EN GONDOLES
Avec les gondoliers de Venise
Du Samedi 5 Septembre au Dimanche 20 Septembre
de 11 heures à 17 heures

INFORMATIONS ET RÉALISATION:
L'ASSOCIATION DE PROTECTION DES MONUMENTS HISTORIQUES
19, boulevard des Réservoirs Versailles

Vocabulaire

L'heure

A. Les heures et les villes. Quelle heure est-il...

à New York?
Il est huit heures du matin.

à Chicago?
Il est sept heures du matin.

à Denver?
Il est six heures du matin.

J'ai trouvé!

à San Francisco?
Il est cinq heures du matin.

à Paris?
Il est deux heures de l'après-midi.

à Moscou?
Il est quatre heures de l'après-midi.

à Tokyo?
Il est dix heures du soir.

à Sydney?
Il est onze heures du soir.

Info

L'heure d'été.

Daylight savings time (**l'heure d'été**) in France begins on the last Sunday in March and ends on the last Sunday in October.

◆ Il est huit heures du matin et on mange à New York. Mais à Denver, il est six heures du matin et on dort. Est-ce qu'on dort à Paris à deux heures de l'après-midi? Est-ce que les enfants travaillent à Moscou à quatre heures de l'après-midi? Quelle heure est-il à Tokyo? C'est le jour ou la nuit? Et à Sydney?

◆ Cherchez: On mange à New York et aussi dans quelle ville? On dort à Denver et aussi dans quelle ville? On travaille à Paris et aussi dans quelle ville?

◆ Pour chaque (each) ville, quelle est la saison de l'année? C'est pendant la semaine ou pendant le week-end?

Info-+

Les vingt-quatre heures.

In much of the world, including many French-speaking countries, official time schedules are based on a 24-hour rather than a 12-hour clock.

24-hour clock	12-hour clock
12 h 00	12 h (midi)
15 h 30	3 h 30 (de l'après-midi)
17 h 45	5 h 45 (de l'après-midi)
19 h 00	7 h (du soir)

When using the 24-hour clock, the expressions **et quart, et demie,** and **moins le quart** are not used.

20 h 15	vingt heures quinze
21 h 30	vingt et une heures trente
22 h 45	vingt-deux heures quarante-cinq
23 h 00	vingt-trois heures

B. Quelle heure est-il?

Il est une heure.

Il est une heure cinq.

Il est une heure et quart.

Il est une heure vingt.

Il est une heure et demie.

Il est deux heures moins le quart.

Il est deux heures moins trois.

Il est deux heures.

Vocabulaire ◆◆◆ **127**

C. Midi ou minuit?

Il est midi à Caen.

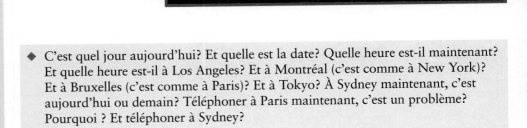

Il est minuit à Paris.

L'heure, c'est l'heure!

Just as space is perceived and used in different ways in different cultures, so is time. In North American culture, promptness is usually seen as a virtue. In France, however, this is not necessarily the case. The French instead obey their own set of culturally determined rules. Hosts, for example, do not expect their guests to arrive any earlier than 15 to 30 minutes after the given time, and guests would never think of arriving any earlier. However, arriving more than 30 minutes late is considered "being late" and requires an excuse. Appointments, on the other hand, require promptness. If you are to meet someone in his or her office at 3:00, you should be there at 3:00.

◆ C'est quel jour aujourd'hui? Et quelle est la date? Quelle heure est-il maintenant? Et quelle heure est-il à Los Angeles? Et à Montréal (c'est comme à New York)? Et à Bruxelles (c'est comme à Paris)? Et à Tokyo? À Sydney maintenant, c'est aujourd'hui ou demain? Téléphoner à Paris maintenant, c'est un problème? Pourquoi ? Et téléphoner à Sydney?

◆ Et vous? À quelle heure est-ce que vous commencez le cours de français? À quelle heure est-ce que vous terminez le cours de français? À quelle heure est-ce que vous mangez le matin? et le soir?

Où?

A. En ville

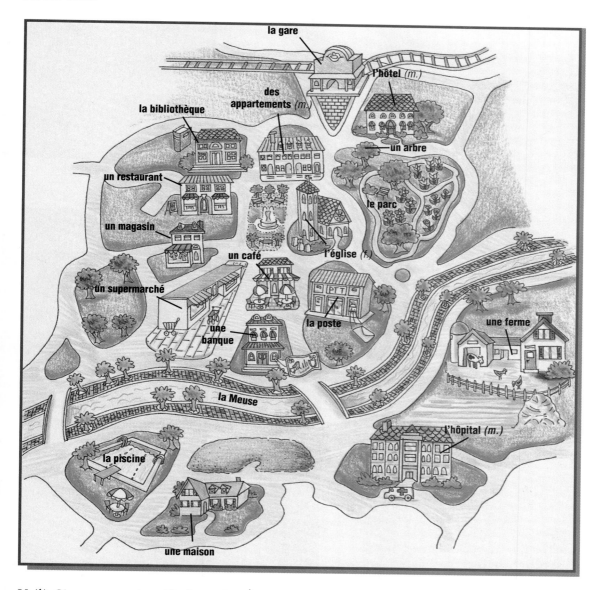

Voilà Cinet, une petite ville française. À Cinet, il y a des maisons, des appartements, une gare, une église, un parc, un supermarché, un hôpital, une piscine, des magasins, des banques, un hôtel, des restaurants, des cafés, une poste et une bibliothèque.

◆ Est-ce que l'église est près du café? Est-ce que la poste est à côté de la bibliothèque? Est-ce que le parc est loin de l'hôpital?

B. À la campagne

Qu'est-ce qu'il y a sur la photo? C'est quelle saison? Quel mois? Quelle est la couleur de la photo? Quelle est l'atmosphère de la photo? (Donnez un adjectif.)

◆ Dans le village, est-ce qu'il y a une église? un supermarché? des appartements? des fermes? Il y a combien de maisons? De quelles couleurs sont les vaches?

◆ Imaginez la journée d'un habitant *(inhabitant)*. Où est-il à 5 heures du matin? à 10 heures? à 14 heures? à 19 heures? à 23 heures?

Sur la photo, il y a un champ avec des vaches. Il y a aussi un village.

C. À la montagne

C'est quelle saison? Il est quelle heure? Est-ce qu'il y a des fermes sur la photo? une église? des vaches? des fleurs? Est-ce qu'on skie sur la photo? Pourquoi ou pourquoi pas? Donnez une autre *(other)* activité sportive à la montagne.

◆ Est-ce que vous aimez la neige à la montagne? et en ville? et à la campagne?

D. À la mer

C'est quelle saison? Quel mois? Il est quelle heure? Est-ce qu'on nage? Est-ce qu'on joue? À la plage, qu'est-ce qu'on regarde? Quel âge ont les personnes sur la plage?

À la montagne, il y a... des montagnes! Sur la photo, il y a aussi un lac mais il n'y a pas beaucoup de neige parce que c'est l'été.

◆ Et vous, vous habitez où? Qu'est-ce qu'il y a chez vous? Qu'est-ce qu'il n'y a pas chez vous? Qu'est-ce que vous aimez chez vous? Qu'est-ce que vous n'aimez pas chez vous?

◆ Quel est votre endroit préféré pour un pique-nique? pour les vacances? pour habiter et travailler? pour être retraité?

◆ Qu'est-ce que vous préférez: la campagne ou la ville? la mer ou la montagne? Pourquoi?

À la mer, il y a... la mer! Sur la photo, il y a aussi une plage et des bateaux. Aujourd'hui, le ciel est bleu et le soleil brille. C'est une belle journée.

Expressions avec *avoir*

Alceste a froid.

Candide a chaud.

Alceste et Candide ont sommeil.

◆ Et vous? Où est-ce que vous avez froid? À la piscine? À la plage? En quelle saison est-ce que vous avez froid? en quel mois? à quelle heure? Et où est-ce que vous avez chaud? Quand? Quand est-ce que vous avez sommeil? À quelle heure? Où?

Notes de vocabulaire

1. **Mots et expressions utiles.** Here are some useful words and expressions.

   une cité universitaire   *dormitory*
   un laboratoire   *laboratory*
   s'il te plaît   *please (familiar)*
   trouver   *to find*
   vous avez l'heure? (tu as l'heure?)   *do you have the time? what time is it?*

2. **Préférer.** The verb **préférer** is a spelling-change verb. The **accent aigu** over the second -e- becomes an **accent grave** in all singular forms and the third-person plural.

je préfère	nous préférons
tu préfères	vous préférez
il elle } préfère	ils elles } préfèrent

   Other verbs that have the same spelling changes as **préférer** will be marked in the vocabulary lists.

3. **Commencer.** In order to retain the soft /s/ sound in the verb **commencer**, a cedilla is added to the **c** before the ending **-ons**.

je commence   nous commençons

4. **Dans / En.** The English preposition *in* can be translated in French by either **dans** or **en**, depending on the context. In general, **dans** is used when it means or implies *within or inside of* (**dans la chambre**), while **en** is used in fixed expressions where there is no article (**en ville**).

  The English prepositions *to* and *at* can usually be translated by the French preposition **à** (**à la plage**). In certain fixed expressions, however, **en** (with no article) is used (**en classe**). These expressions must simply be memorized.

  Here are the most common fixed expressions using **en**.

en ville   *in town, downtown*
en vacances   *on vacation*
en classe   *in class*
en cours   *in class*
en juillet, **en** avril, etc.   *in July, in April, etc.*
en automne   *in autumn*
en hiver   *in winter*
en été   *in summer*

BUT:

au printemps   *in spring*

5. **Quel.** **Quel** means *what* or *which*. It is an adjective. **Quel** may be separated from its noun by a form of the verb **être**. Like other adjectives, its form depends on the number and gender of the noun it modifies.

C'est **quel jour?** *(masculine singular)*
Quelle est **la date** aujourd'hui? *(feminine singular)*
Vous avez q**uels disques?** *(masculine plural)*
Quelles couleurs est-ce qu'il préfère? *(feminine plural)*

Note the use of **quel** to express an exclamation.

Quel hiver!   *What a winter!*
Quelles vacances!   *What a vacation!*

6. **Pour préciser le temps.** Note the following:

◆ **Jour / journée, an / année.** The words **jour** and **an** refer to periods of time that are countable.

Il y a **sept jours** dans une semaine.   *There are seven days in a week.*
Il a **14 ans.**   *He's 14 (years old).*

Journée and **année** refer to periods of time thought of as a whole.

Voilà **la journée** de Mme Dupont.   *That's Mrs. Dupont's day.*
Quelle **année!**   *What a year!*

◆ **Matin / après-midi / soir.** To specify *morning, afternoon,* or *evening,* use the following expressions:

Il est quatre heures **du matin.**   *It's four in the morning.*
Il est une heure **de l'après-midi.**   *It's one in the afternoon.*
Il est dix heures **du soir.**   *It's ten in the evening (at night).*

 Le lundi / lundi. Je travaille à la bibliothèque *le* lundi means that *I work in the library **every** Monday.*

Je travaille à la bibliothèque *lundi* means that *I am working in the library **on** Monday (this coming Monday only).*

7. Téléphoner à + personne. The verb **téléphoner** is followed by the preposition **à** to mean *to telephone (to call) someone.*

Il **téléphone à** Paul.   *He's calling Paul.*

𝒱ous avez compris?

1. Classons. Groupez en catégories différentes et comparez vos catégories et les catégories de vos camarades.

ciel / supermarché / lac / vacances / lycée / lundi / mois / laboratoire / octobre / magasin / poste / juillet / dormir / nager / mer / matin / plage / ville / février / froid / café / chaud / affiche / camarade de chambre / skier / habiter / mars / mercredi / soir / minuit / parc / pique-nique / fête / hiver / mai / décembre / dimanche / heure / hôtel / jour / campagne / cours / gare / ferme

2. Chassez l'intrus. Trouvez le mot qui ne va pas avec les autres mots.

1. université / maison / cours / bibliothèque / cité universitaire
2. vache / ville / village / campagne / champ
3. plage / mer / août / nager / froid
4. école / examen / cahier / juillet / laboratoire
5. café / restaurant / hôtel / supermarché / ciel
6. neige / noir / hiver / skier / montagne
7. poste / mer / hôtel / magasin / banque / gare

3. À votre avis. C'est normal, c'est bizarre, ça dépend?

1. être à l'église le dimanche
2. avoir un cours de français le dimanche
3. être au théâtre le lundi matin
4. être en classe le mercredi
5. trouver des enfants à la piscine à deux heures du matin
6. être à la banque le vendredi

7. être à la poste le dimanche
8. sortir le samedi soir
9. avoir froid l'été

4. À quelle heure? Donnez l'heure de ces activités.

1. Je mange _____.
2. La nuit, je dors de _____ à _____.
3. Le soir, j'étudie de _____ à _____.
4. Je suis dans ma chambre de _____ à _____.
5. Je suis de mauvaise humeur _____.
6. Je suis de bonne humeur _____.
7. Je pars le matin à _____.
8. Je suis en classe de _____ à _____.

5. Les sensations. Quelles sont vos réactions dans les situations suivantes? Vous avez froid? chaud? sommeil?

Modèle Vous êtes au pôle Nord.
J'ai froid.

1. Il est deux heures du matin et vous étudiez.
2. Aujourd'hui, la température est de −30 degrés.
3. Vous êtes à Miami en juillet.
4. Vous êtes à une fête très ennuyeuse et il est trois heures du matin.
5. Vous nagez dans un lac en Alaska.

6. Jour, mois, saison... Classez les jours, les semaines, et les saisons selon *(according to)* les critères suivants: travail / froid / chaud / vacances / agréable / pénible.

M ise en pratique

7. Et vous?

1. À quelle heure est-ce que vous commencez à étudier le soir?
2. Dans votre université, où est-ce qu'on trouve des professeurs? Où est-ce qu'on ne trouve pas de professeurs?
3. À quel âge est-ce qu'on commence l'école? le lycée? l'université? des études de médecine?
4. À quel âge est-ce qu'on commence à travailler?
5. Où est-ce qu'on trouve un livre? des clés? une chambre? une affiche? un cadeau?

À quelle heure commencent les visites de la basilique le matin? À quelle heure finissent-elles?

8. Horaires d'ouverture. Regardez la photo.

Quel jour est-ce que Claude Fabbri ne travaille pas? Quels jours est-ce que Claude Fabbri ne travaille pas l'après-midi? Que fait-il/elle *(What does he/she do)* le dimanche, à votre avis *(in your opinion)*? Et le samedi après-midi? Et où est cette personne le mardi après-midi, peut-être? À quelle heure est-ce qu'il/elle mange? De quelle heure à quelle heure est-ce qu'il/elle travaille? Quelle est sa profession, à votre avis (dentiste / docteur / psychologue / professeur / électricien / plombier)? Quelles sont les heures de travail en France d'après *(according to)* la photo? Maintenant, comparez avec les heures de travail chez vous. Est-ce qu'on travaille plus ou moins chez vous?

Et chez vous, de quelle heure à quelle heure est-ce qu'on mange à midi? Et le soir, à quelle heure est-ce qu'on mange?

Claude FABBRI
TEL:05.61.97.43.88

HORAIRES D'OUVERTURE

DU LUNDI AU VENDREDI
9H15 A 12H15
14H30 A 19H00
MARDI-SAMEDI
ouvert le matin

9. Leur week-end, votre week-end! Voilà les moments préférés des Français le week-end.

> 39% des Français préfèrent le dimanche après-midi; 32% préfèrent le samedi soir; 27% préfèrent le dimanche à midi; 24% préfèrent le dimanche matin; 21% préfèrent le samedi après-midi; 14% préfèrent le vendredi soir; 11% préfèrent le dimanche soir; 8% préfèrent le samedi matin; 4% préfèrent le samedi à midi.

From: Gérard Mermet, *Francoscopie 1995*

Quels sont les trois moments préférés des Français? Pourquoi, à votre avis *(in your opinion)*? (Ils aiment dormir, jouer, etc.) Et quels sont les trois moments qu'ils n'aiment pas beaucoup? Pourquoi? (Ils n'aiment pas travailler, etc.)

Et chez vous? Quels sont les moments préférés du week-end dans votre culture? Est-ce que ce sont les mêmes *(same)* moments que chez les Français? Pourquoi ou pourquoi pas?

Modèle *Chez nous, on préfère... parce qu'on aime...*

Horaires d'ouverture.

In France, many offices, stores, and schools are closed between noon and 2 o'clock during the week to give people time to go home for lunch. In some parts of France, stores reopen at 3 or 4 o'clock. The usual closing time is between 6 and 7 or even 8. Although these customs are changing in the larger French cities, a long lunch hour and a late dinner hour are still quite important to most French people.

10. L'emploi du temps de Laure. Laure a quatorze ans et elle est en quatrième *(eighth grade)*. Voilà son emploi du temps.

Classe de 4ᵉ:

jours / horaires	lundi	mardi	mercredi	jeudi	vendredi
8h à 9h	musique	espagnol	espagnol		anglais
9h à 10h	espagnol	sport	français	français	sciences physiques
10h à 11h	maths	sport	français	espagnol	maths
11h à 12h	français 12h 30	anglais	anglais	sciences physiques	sciences naturelles 12h 30
repas				13h 15	
13h45 à 14h45	permanence	assistante d'espagnol	Pas de cours	hist.-géo.	espagnol
14h45 à 15h45	technologie	hist.-géo.		maths	hist.-géo.
15h45 à 16h45	technologie	maths		sport	dessin

Laure Cunill, Orléans, France

1. **L'horaire.** Combien d'heures de cours a Laure par jour? C'est beaucoup? À quelle heure commencent les cours le matin? Jusqu'à *(until)* quelle heure? À quelle heure commencent les cours l'après-midi? À quelle heure est-ce que Laure termine sa journée? Et le mercredi?

2. **Les cours**
   - Est-ce que Laure a les mêmes *(same)* cours tous les jours *(every day)*?
   - Combien d'heures de français est-ce qu'elle a? de mathématiques? de sciences?
   - Combien de langues étrangères est-ce que Laure étudie? Combien d'heures par semaine a-t-elle pour chaque *(each)* langue? À quelle heure?
   - Est-ce qu'elle a des cours d'art? Combien d'heures par semaine?
   - Est-ce que le sport est très important dans son école?
   - À votre avis *(in your opinion)*, qu'est-ce qu'elle étudie en technologie? en histoire-géo?
   - Qu'est-ce que c'est, une permanence? une assistante d'espagnol?

3. **Les préférences.** Vous êtes Laure: quel(s) jour(s) préférez-vous? Quel(s) jour(s) n'aimez-vous pas? Pourquoi?

4. **Et chez vous?** Comparez avec les écoles dans votre culture: quelles sont les grandes différences entre les deux systèmes?

11. Endroits de vacances, endroits de rêve... Regardez ces photos.
Décrivez-les *(Describe them.)*.

À la Guadeloupe

À Bruxelles, Belgique

Au Québec, Canada

1. Quelle est la saison? Qu'est-ce qu'il y a sur les photos? Qu'est-ce qu'il n'y a pas?
2. Pour des vacances, vous préférez Bruxelles, la Guadeloupe ou le Québec? Pourquoi?

*S*tructure

Le verbe *aller*

The verb **aller** *(to go)* is irregular.

je **vais**	nous **allons**
tu **vas**	vous **allez**
il elle } **va**	ils elles } **vont**

Aller can be followed by an infinitive to indicate future time or to express intention.

Nous **allons étudier**.　　　　　*We're going to study.*

In the negative, **ne... pas** is placed around the conjugated form of **aller**.

Elle **ne va pas** aller à la plage.　　　*She's not going to go to the beach.*

Rappel!　**Aller** is also used to say how you are or to ask how someone else is.

—Comment **allez**-vous?　　　*"How are you?"*
—Je **vais** bien, merci.　　　*"I'm fine, thanks."*

—Ça **va**?　　　*"How's it going?"*
—Oui, ça **va**.　　　*"OK."*

The imperative or command forms of **aller** are **va**, **allons**, and **allez**.

Va dans ta chambre!　　　*Go to your room!*
Allons manger!　　　*Let's go eat!*
Allez étudier à la bibliothèque!　　　*Go study in the library!*

Here are some useful expressions with **aller**.

—On y **va**?　　　*"Shall we go?"*
—Oui, on y **va**.　　　*"Yes, let's go."*

—**Allons-y**!　　　*"Let's go!"*
—**J'y vais**.　　　*"I'm going, I'm leaving"*

—**Vas-y** (**Allez-y**).　　　*"Go on, go ahead."*
—**Allez**! Au revoir!　　　*"OK! Good-bye!"*

Vous avez compris?

12. On y va! Use the suggestions to say where each person is going. Then evaluate each destination, from your own point of view, by using one of the following:

> c'est / ce n'est pas amusant
> c'est / ce n'est pas agréable
> c'est pénible
> c'est / ce n'est pas raisonnable
> c'est / ce n'est pas normal
> c'est / ce n'est pas ennuyeux

Modèle Candide / chez les parents d'Alceste
Candide va chez les parents d'Alceste. C'est pénible!

1. Anne / à la plage
2. Tu / à l'hôtel pour le week-end
3. Nous / chez nous après l'école
4. Vous / à l'hôpital
5. Marie-Paule et Geneviève / manger en ville
6. Léon / en classe
7. Je / à Paris demain
8. On / à la bibliothèque pour étudier

13. Et demain? Some people never change. Say so, following the model.

Modèle Aujourd'hui, j'étudie et demain,...
... je vais étudier aussi.

1. Aujourd'hui, nous allons à la piscine et demain,...
2. Aujourd'hui, il téléphone à Myriam et demain,...
3. Aujourd'hui, vous avez froid et demain,...
4. Aujourd'hui, elles sont malheureuses et demain,...
5. Aujourd'hui, tu fumes et demain,...
6. Aujourd'hui, je travaille et demain,...
7. Aujourd'hui, nous sommes de mauvaise humeur et demain,...
8. Aujourd'hui, la vie est triste et demain,...

Mise en pratique

14. Projets! Make a list of five things that you are doing or not doing this year. Then make a list of five things that you are going to be doing or not going to be doing a year from now.

Modèle *Maintenant: J'étudie le français, je ne joue pas au tennis,...*
Dans un an: Je vais étudier le droit, je ne vais pas étudier l'espagnol...

Les prépositions *à* et *de* et l'article défini

The prepositions **à** and **de** combine with two forms of the definite article, **le** and **les,** to form contractions. They do not contract with **la** or **l'** or when no definite article is present.

$$à + le = au$$

Il va **au** restaurant. *He's going to the restaurant.*

$$de + le = du$$

C'est le livre **du** professeur. *It's the teacher's book.*

$$à + les = aux$$

Elle parle **aux** plantes! *She talks to plants!*

$$de + les = des$$

Où est la photo **des** professeurs d'anglais? *Where's the picture of the English teachers?*

Note the pronunciation of **aux** and **des** when followed by a vowel sound.

Il va parler **aux** enfants. *He's going to talk to the children.*
/z/

Voilà l'école **des** enfants de Marie. *There's Marie's children's school.*
/z/

Rappel! Do not confuse the plural indefinite article **des** with the contraction of the preposition **de + les = des**. Although they are identical in spelling, they function very differently.

◆ **des** = plural, indefinite article

Il y a **des** affiches sur le mur. *There are some posters on the wall.*

◆ **des** = **de + les**

Le professeur est à côté **des** étudiants. *The teacher is next to the students.*

*V*ous avez compris?

15. Heureux ou malheureux?
Read each item. Do you think the people are probably **heureux** or **malheureux**?

1. Candide va au restaurant ce soir avec des amis. Il est...
2. Alceste va au restaurant avec Candide et ses amis. Il est...
3. Patrick parle avec des amis à la bibliothèque. Il est...
4. Les professeurs parlent des étudiants. Ils sont...
5. Émile (le monstre) est à côté du lac de Chicago et il fait très froid. Il est...
6. C'est le dernier *(last)* jour des vacances. Les étudiants et les professeurs sont...

16. Endroits.
Où sont-ils?

Modèle   *Ils sont au parc.*

 **1.**

 **2.**

 **3.**

 **4.**

 **5.**

 **6.**

17. Mais qu'est-ce que c'est? Complete using **de** alone or **de** plus the definite article. Pay attention to gender and number.

Modèle   *C'est l'appartement **des** filles.*

1. C'est la bibliothèque _____ université.
2. C'est le bureau _____ professeur.
3. C'est le lit _____ enfants.
4. Ce sont les murs _____ chambre.
5. C'est le lac _____ Chicago.
6. C'est le disque _____ Olivier.
7. C'est l'anniversaire _____ M. Dupont.
8. C'est la porte _____ maison.
9. Ce sont les chaises _____ église.
10. C'est le premier jour _____ vacances.

*M*ise en pratique

18. Où va Vincent Dubois? The line on the map represents Vincent Dubois's activities. First, identify all the places he went by matching places to numbers. Choose from: **le café, le restaurant, le parc, la banque, la bibliothèque, la gare, le restaurant, chez lui.** Then, describe Vincent Dubois's movements for the day.

Modèle   *D'abord* (first of all), *il va de chez lui à la banque. Puis* (then),...

1. 2–3
2. 3–4
3. 4–5
4. 5–6
5. 6–7
6. 7–8

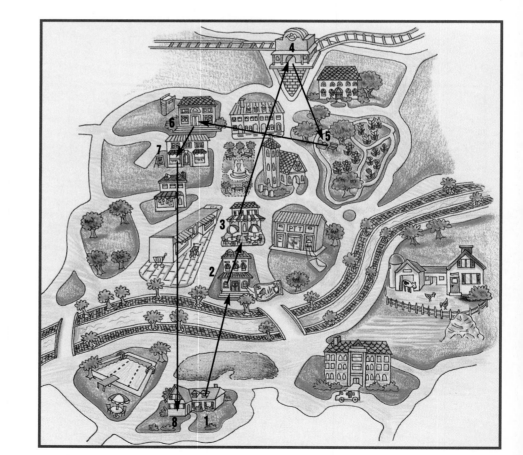

19. Où est-ce qu'il va? Look at Pierre's schedule and answer the questions.

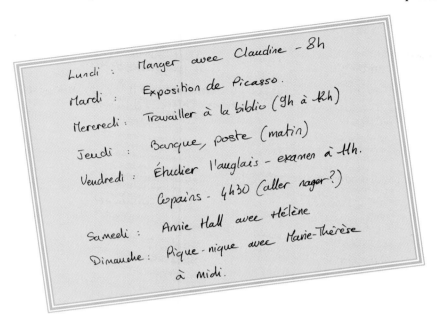

Lundi : Manger avec Claudine - 8h
Mardi : Exposition de Picasso.
Mercredi : Travailler à la biblio (9h à 11h)
Jeudi : Banque, poste (matin)
Vendredi : Étudier l'anglais - examen à 11h.
          Copains - 4h30 (aller nager?)
Samedi : Amie Hall avec Hélène
Dimanche : Pique-nique avec Marie-Thérèse
           à midi.

1. Quel(s) jour(s) est-ce que Pierre va en ville?
2. Quel(s) jour(s) est-ce que Pierre va à l'université?
3. Quel(s) jour(s) est-ce que Pierre va sortir avec une jeune fille?
4. Où est Pierre vendredi après-midi? lundi soir? jeudi matin? dimanche matin? dimanche après-midi?
5. Comment est Pierre? (Draw as many conclusions as you can from what you know!)

20. Votre horaire. Say where you are and what you are usually doing at each of the following times.

Modèle cinq heures, dimanche matin
À cinq heures, dimanche matin, je suis au lit. Je dors.

1. six heures, lundi matin
2. minuit, mercredi soir
3. onze heures, dimanche matin
4. vingt heures trente, samedi soir
5. trois heures, mardi après-midi
6. une heure, samedi matin

Questions pour demander des renseignements

Information questions ask for information. In order to indicate what kind of information you are asking about, you need to use a question word (*how, what, when, where,* etc.). Here are some information questions. Can you find the question words?

Tu es d'où?	*Where are you from?*
Où est-ce que tu vas?	*Where are you going?*
Comment est Sébastien?	*What is Sébastien like?*
Pourquoi est-ce que tu es fatigué?	*Why are you tired?*
Quand part-il?	*When is he leaving?*
Vous avez combien de chats?	*How many cats do you have?*

You can use intonation, **est-ce que,** or inversion to form information questions, much as you did to form yes-or-no questions. The only difference is the addition of a question word.

Intonation

The question word can appear before or after the verb.

Comment tu t'appelles?   Tu t'appelles **comment?**

Est-ce que

The question word is placed in front of **est-ce que.**

> question word + **est-ce que** + rest of sentence

Quand est-ce que tu pars?	*When do you leave (are you leaving)?*
Comment est-ce qu'on va à la bibliothèque?	*How do you get to (go to) the library?*

Inversion

The question word is placed at the beginning of the sentence.

D'où est-elle?	*Where is she from?*
Quand pars-tu?	*When are you leaving (do you leave)?*
Comment va-t-on à la bibliothèque?	*How do you get to (go to) the library?*

𝒱ous avez compris?

21. Pour poser une question... Find the question part of each exchange. How did you recognize it?

1. —Bonjour, Monsieur.
   —Bonjour, Aline. Comment allez-vous?
   —Bien merci, et vous?
2. —Pardon, Madame. Où est la poste, s'il vous plaît?
   —À côté de la banque, là.
   —Merci, Madame.
3. —Hakim, c'est où la poste?
   —La poste? À côté de la banque, non?
   —OK, merci.

4. —Quand est-ce que tu pars?
   —Demain, toi aussi?
   —Non, non, aujourd'hui.

22. Enquête sur les internautes québécois! Here are some findings taken from a survey of Internet/Web users in Quebec (**les internautes**). Use a question word (**combien, où, comment, pourquoi, quel + nom**) to complete the question that goes with each finding. How does your own experience compare with that of the **internautes québécois** reported here?

1. _____ coûte une connexion résidentielle au Québec?
   La plupart des Québécois (68%) paient entre $20 et $35 (dollars canadiens) par mois pour avoir accès au réseau Internet chez eux.

2. _____ d'heures par semaine est-ce que les jeunes Québécois utilisent Internet?
   Soixante-seize pour cent des Québécois qui ont entre 19 et 24 ans utilisent Internet entre 2 et 20 heures par semaine (entre 2 et 5 heures = 23%; entre 5 et 10 heures = 27%; entre 10 et 20 heures = 26%).

3. _____ ont-ils accès au réseau Internet?
   Les Québécois entre 19 et 24 ans utilisent Internet chez eux (90% répondent oui), au travail (42% répondent oui) et à une école ou université (35% répondent oui).

4. _____ d'internautes québécois parlent anglais?
   La majorité des répondants parle français (99.6%). 53% ne parlent pas anglais et 46% parlent anglais et français.

5. _____ âge ont les répondants?
   Voilà les âges des répondants:
   entre 13 et 18 ans: 7%
   entre 19 et 24 ans: 14%
   entre 25 et 34 ans: 24%
   entre 35 et 44 ans: 26%
   entre 45 et 54 ans: 20%
   55 ans et plus: 10%

6. _____ les internautes québécois utilisent-ils Internet?
   La navigation sur le Web et communiquer avec des parents ou des amis ou échanger des idées avec des personnes qui partagent les mêmes intérêts (les listes de discussion) sont les principales raisons d'utilisation d'Internet.

7. _____ est l'impact de l'utilisation d'Internet sur le temps consacré à d'autres activités?
   L'écoute de la télévision a diminué selon *(according to)* 71% des répondants.

Findings taken from "Enquête du RISQ sur les internautes québécois." Data accessed February 6, 2000, using URL *http://www.risq.qc.ca/enquete/*. Full survey was downloaded and is available. E-mail for RISQ (Réseau interordinateurs scientifique québécois) is: webrisq@risq.qc.ca

$\mathcal{M}$ise en pratique

23. Et des questions! Ask as many questions as you can about the photograph.

Une soirée en famille

24. C'est vous le professeur! Read the paragraph. What questions can you ask about it? See if your instructor or your classmates can answer your questions without looking at the text.

Alain et Annette habitent à la campagne, dans une petite maison très agréable. Alain a trente ans; il est grand, mince et blond. Annette est plus jeune. Petite et blonde, elle a vingt-six ans. Ils ont deux enfants (Adrien et Jean-Philippe), deux chiens (Olaf et Sacha) et un chat (Ouistiti). Alain est professeur dans un lycée en ville. Le matin, il part à six heures et demie parce que le lycée est loin de la maison. Les enfants ne sont pas toujours faciles et Alain est souvent fatigué le soir. Annette parle anglais et elle travaille avec des Américains. Le week-end, ils aiment rester chez eux. Ils mangent souvent avec des amis le samedi soir et ils adorent dormir tard *(late)* le dimanche matin. Mais c'est difficile parce que les enfants aiment jouer et ils ne sont pas calmes! Alain et Annette ne sont pas très riches, mais ils sont heureux parce qu'ils aiment la campagne, les enfants et les animaux!

25. Emploi du temps. Take a moment to think about your weekly schedule. Then use these questions to find out about the weekly schedules of people in your class.

1. Combien d'heures de cours avez-vous?
2. Combien d'heures de laboratoire avez-vous?
3. Combien d'heures de sciences avez-vous? d'anglais? de français?
4. À quelle heure est-ce que vous allez au restaurant universitaire? à la bibliothèque? en cours le matin?

5. Où est-ce que vous êtes à 7 h du matin? à 3 h de l'après-midi? à 5 h du soir? à 10 h du soir? à minuit?
6. Quel jour est-ce que vous préférez? Quel jour est-ce que vous détestez? Pourquoi?
7. Quelle heure est-ce que vous préférez? Quelle heure est-ce que vous détestez? Pourquoi?
8. Et les personnes sur les photos? Où sont-elles? Comment sont-elles? Qu'est-ce qu'elles aiment? Quelle heure est-il?

A

Lecture

B

Jeu de société

Repas en plein air **D**

C

Musique à la maison

26. Conversation en français. You need to make an appointment to talk to your French teacher about some homework that you don't understand. Imagine a conversation where the two of you set up a time to meet.

 *Conversation en français*

Découvertes culturelles: Les loisirs des Français

A. Vos vacances préférées. Décrivez une journée de vacances idéale pour vous du matin au soir. Où êtes-vous? Où allez-vous?

B. Observation

1. **Les personnes.** Décrivez les personnes sur cette photo.
2. **L'environnement.** Où sont-ils? C'est quelle saison? Quel mois? Quel jour? Est-ce qu'ils ont froid ou chaud? Pourquoi? Qu'est-ce qu'il y a derrière eux? Qu'est-ce qu'ils font *(What are they doing)*?
3. **Les endroits de vacances.** Où est-ce que les Français aiment aller en vacances? Classez les endroits de vacances par ordre de préférence.

C. Étude: les vacances des Français

1. Utilisez les chiffres et les graphiques pour présenter les habitudes de vacances des Français.

Modèle   *Les Français aiment les vacances à la mer.*

44 ÉCONOMIE >en couverture

>se distraire

L'art
de vivre
ses loisirs

>**Des vacances plus souvent...**
Taux de départ
(en %)

56,2   59,1   62
1980   1990   1994

... **mais moins longtemps**
Congés d'été par personne
(en jours)

24,8   23,3   22
1980   1990   1994

2. D'après les textes, ces phrases sont-elles vraies ou fausses? Corrigez les phrases qui sont fausses.

    vrai   **faux**

a. ☐   ☐   Les Français partent en vacances de moins en moins souvent.

b. ☐   ☐   Ils partent deux jours de plus par an en 1994 qu'en 1980.

c. ☐   ☐   Les habitudes dans les départs en vacances changent soudain *(suddenly)* en 1994.

d. ☐   ☐   En 1980, une grande partie des Français ne part pas en vacances.

e. ☐   ☐   Les Français préfèrent les vacances fréquentes et courtes *(short)*.

f. ☐   ☐   Pendant l'été, les Français restent chez eux au moins deux jours de plus par an.

g. ☐   ☐   La randonnée est de plus en plus populaire en France.

h. ☐   ☐   La mer, la plage et le soleil sont les formes de vacances préférées des Français.

i. ☐   ☐   En 1994, les Français ont fait au moins quatre randonnées.

j. ☐   ☐   Les Français ne sont pas sportifs.

k. ☐   ☐   Pour les Français, les activités dans la nature sont très importantes.

3. Quel est le plus grand changement dans les activités des Français?

>**Ils se mettent au vert**

81 % des vacanciers français sont partis en France au cours de l'été 1994. Où sont-ils allés ?

Montagne 14 %

Mer 46 %

Campagne 23 %

Villes, autres 9 %

Circuit 8 %

Le sport prend une place croissante dans la vie des Français : de 14 à 65 ans, plus de 2 sur 3 en font. Les mentalités ont changé : priorité à la détente, aux activités de plein air, à la nature, aux sports individuels, mais pratiqués en groupe.

L'Express International

The work week has been slowly reduced since the end of WW2. In 1998, France passed a law reducing the work week to 35 hours. The same is true of vacations. France declared 2 weeks of paid vacations for every salaried worker in 1936, in 1956 a third week was added, a fourth in 1969 and a fifth one in 1982. France is the "champion" of vacation time.

D'après Francoscopie 1999, p. 411

D. Mots nouveaux. Complétez les phrases avec les mots suivants:

au cours de / une place croissante / détente / congé

> Lundi, mardi, mercredi, jeudi et vendredi sont des jours de travail, mais dimanche est un jour de _____. Aux USA, le samedi est aussi un jour de _____, et on appelle ces deux jours le week-end. _____ ces deux jours, on joue au tennis, au football, etc.; on regarde la télé; on parle avec ses amis. En France, les jours de congé donnent _____ à la famille, parce que les activités sont souvent des activités familiales comme les randonnées, les pique-niques, etc.

E. Les valeurs

1. Choisissez dans ces valeurs sociales les plus importantes pour les Français:

   l'esprit de groupe   le sport
   la nature   les loisirs
   la famille   la richesse
   la liberté   le luxe

2. Quelles connotations ont les mots **mer, campagne** et **montagne** pour les Français? Quels adjectifs sont associés à ces mots?

3. Et chez vous? Quels sont les pourcentages équivalents dans votre culture, à votre avis *(in your opinion)*?

Modèle   *Chez moi, ...% des gens passent leurs vacances à...*

F. Échanges

1. D'après les informations du texte, que font les Français *(what do the French do)* pendant leurs vacances d'été?

...à la montagne?
...à la campagne?
...à la mer?
...dans les villes?
...pendant un circuit

2. Imaginez que la photo est une bande dessinée. Dans une bulle *(bubble)*, imaginez une phrase pour chaque *(each)* personne de la photo.
3. **Dialogue.** Maintenant, imaginez un dialogue entre deux de ces personnes.
4. **L'album de photo de...** Une de ces personnes prépare un album de photos des vacances de la famille. Décrivez et expliquez *(describe and explain)* la photo du point de vue de cette personne.

Orthographe et Prononciation

L'élision

L'élision appears in spoken and written French. When the **-e** or **-a** in words such as **le, la, ne, je,** or **que** is followed by a vowel sound, the **-e** or **-a** is dropped. In writing, an apostrophe shows that **élision** has occurred.

NO ELISION	ELISION
un hôtel	**l'**hôtel
une université	**l'u**niversité
Il ne cherche pas ses clés.	Il **n'é**coute pas la radio.
Est-ce que Jean est heureux?	Est-ce **qu'**il est heureux?

Activités

A. Prononcez. Repeat the following after your instructor.

1. Ils ne sont pas à l'hôpital.
2. J'aime l'amie d'Élise.
3. Nous n'avons pas d'amis.
4. Voilà l'affiche d'Anne.
5. Est-ce qu'elle va à l'école?

B. Chassez l'intrus. Put **le, la,** or **l'** before each noun. Which word does not fit?

Modèle   grand-père / garçon / oncle
le grand-père / le garçon / l'oncle

1. après-midi / matin / soir
2. magasin / parc / hôtel
3. église / campagne / bibliothèque
4. restaurant / hôpital / village
5. plage / orange / piscine

Quelle heure est-il?

Vocabulaire de base

Noms

une année *year*
un appartement *apartment*
un après-midi *afternoon*
une bibliothèque *library*
un café *café*
la campagne *country, countryside*
une cité universitaire *dormitory*
une heure *hour*
un hôtel *hotel*
un jour *day*
une journée *day (period of time)*
un lac *lake*
un magasin *store*
une maison *house*
le matin *morning*
la mer *sea, ocean*
un mois *month*
la montagne *mountain(s)*
la neige *snow*
la nuit *night, darkness*
un parc *park*
une piscine *swimming pool*
une plage *beach*

la poste *post office*
un restaurant *restaurant*
une semaine *week*
le soir *evening*
le soleil *sun*
un supermarché *supermarket*
un village *(rural) village*
une ville *city, town*

Verbes

aller *to go*
chercher *to look for, to search (for)*
commencer (à + infinitif) *to begin (to), to start (to)*
préférer *to prefer*
téléphoner (à quelqu'un) *to telephone, to call (someone)*
terminer *to finish, to end*
trouver *to find*

Adjectif

quel, quelle, quels, quelles *which, what*

Divers

à... heure(s) *at . . . o'clock*
À quelle heure? *At what time?*
aujourd'hui *today*
avoir chaud *to be hot*
avoir froid *to be cold*
avoir sommeil *to be sleepy*
C'est quel jour aujourd'hui? *What day is it today?*
comment *what, how*
demain *tomorrow*
en *in*
pendant *during*
pourquoi *why*
Quelle est la date aujourd'hui? *What's the date today?*
Quelle heure est-il? (Vous avez l'heure?) *What time is it? (Do you have the time?)*
s'il te plaît *please (familiar)*
s'il vous plaît *please (formal, plural)*

Vocabulaire supplémentaire

Noms

un arbre *tree*
une banque *bank*
un bateau, des bateaux *boat(s)*
un champ *field*
le ciel *sky*
une église *church*
un endroit *place, spot*
une ferme *farm*
une gare *train station*
un hôpital *hospital*
un laboratoire *laboratory*
un pique-nique *picnic*
un restaurant universitaire *college cafeteria, dining hall*
une vache *cow*

Verbes

briller *to shine*
nager *to swim*
skier *to ski*

Adjectif

préféré(e) *preferred, favorite*

Le français tel qu'on le parle

J'ai trouvé! *I've got it! I've found it!*
Expressions avec *aller*
  Allons-y! *Let's go!*
  J'y vais! *I'm leaving! I'm going!*
  On y va? *Shall we go?*
  Vas-y! (Allez-y!)
    Go on! Go ahead!

Le français familier

un appart = un appartement
une BU = une bibliothèque universitaire
une cité-u = une cité universitaire
un labo = un laboratoire
un restau, un resto = un restaurant
un restau-u (un ru) = un restaurant universitaire

On entend parfois...

le serein (Guadeloupe) = le soir

Famille, familles...

En bref...

- **La famille et les relations familiales**
- **Le temps qu'il fait**
- **Parler de vous et de vos activités**
- **Le verbe faire**
- **Exprimer la volonté et le désir (vouloir)**
- **Les pronoms d'objet direct**
- **Chez les Wolof: la famille africaine**

Comment est votre famille?

Entrée en matière:

Tel père, tel fils?

À qui va-t-il ressembler?

Les mystères de l'hérédité

Votre bébé est unique ! Vous vous en doutiez... et les lois de la génétique le confirment ! Et pourtant ce regard azur et ce caractère de tête brûlée ne vous sont pas étrangers. Qu'est-ce qui leur (et nous) donne donc cet air de famille ?

Sophie Pasquet.
Témoignages Anne Wieme-Dufour.

Des Français. Combien sont-ils pour illustrer cet article? Combien sont jeunes? Il y a combien d'enfants? d'adultes?

Les enfants. Quel âge ont-ils? Comment sont-ils? Ils sont tristes? contents? surpris? Pourquoi?

Les adultes. Quel âge ont-ils? Où sont-ils? Ils sont heureux? Pourquoi?

L'article. Quel est le sujet de l'article? Choisissez:

☐ les couples mixtes   ☐ la génétique
☐ le racisme   ☐ la famille
☐ l'hérédité   ☐ les étrangers

Dans quel type de magazine est probablement cet article? Pourquoi est-il écrit?

mes différentes. Ces varia...
gène s'appellent les allèles.
...rent bataille pour imposer
...ssèdent un caractère réces...
...nt : certains s'effacent, d'
...traire, s'affirment.

Les cheveux blonds,
ça peut sauter une gén...
...n ce qui concerne la co...
...r exemple, le bleu, réces...
...noir (ou le marron), d...
...'un caractère récessif
...e deux formes récessi...
...me gène se rencontre...
...s parce qu'il ne s'expr...
...aura pas été transmis. Br...
...nt a le regard ténébreux...
...st pas parce que sa mam...
...nné de son regard d'azur,...
...ci s'est effacé devant la co...
...minante, de son père. Ma...
...é de la couleur bleue, qu...
...s gènes sans qu'elle n'app...
...me aura une chance d'a...
...nts aux yeux clairs s'il ren...
...'un possédant égalem...
...lleue dans son stock géné...
...ors céderont-ils tous les d...
...nt la forme bleue du gène...
...s yeux. Les cheveux blo...
...reille collé, les pieds palm...
...ent un caractère récessif...

Famili

Seuls les vrais jumeaux ont le même bagage génétique.
Leur caractère peut être cependant très différent!

Info

**Les mariages
en France.**

In 1992, in France, 11%
of marriages were between
French citizens and non-
French nationals. Recent
measures aimed at limit-
ing immigration (mainly
from the Maghreb, Africa,
and Asia) to France have
caused this number to
decrease. Currently 42%
of such mixed marriages
are between French and
African nationals, with 37%
between French and other
European nationals.

D'après Francoscopie 1999.

Trouvez dans le texte comment on dit en français:
*to look like / twins / sky-blue / temperament /
family resemblance / genetic laws*

Le titre. À qui est-ce qu'on pose la question du
titre? Est-ce qu'il y a une réponse?

L'hérédité. Les enfants blonds. À qui ressemble
le premier garçon sur la photo de droite?

Les bébés. Dans le texte, à qui ressemble le
premier bébé? et le deuxième?

Et vous? À qui ressemblez-vous physiquement?
et de tempérament?

Vocabulaire

A. La famille Dubois en 2002

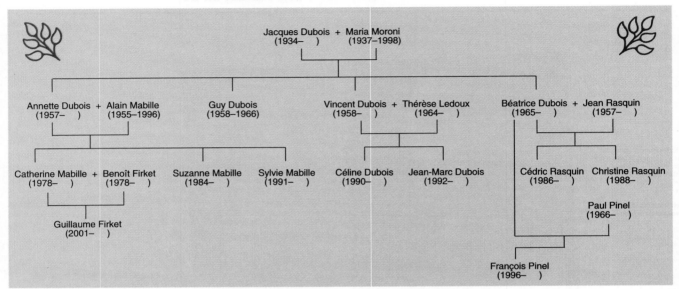

Jacques Dubois + Maria Moroni
(1934–)   (1937–1998)

Annette Dubois + Alain Mabille
(1957–)   (1955–1996)

Guy Dubois
(1958–1966)

Vincent Dubois + Thérèse Ledoux
(1958–)   (1964–)

Béatrice Dubois + Jean Rasquin
(1965–)   (1957–)

Catherine Mabille + Benoît Firket
(1978–)   (1978–)

Suzanne Mabille
(1984–)

Sylvie Mabille
(1991–)

Céline Dubois
(1990–)

Jean-Marc Dubois
(1992–)

Cédric Rasquin
(1986–)

Christine Rasquin
(1988–)

Guillaume Firket
(2001–)

Paul Pinel
(1966–)

François Pinel
(1996–)

Jacques Dubois   François Pinel   Vincent + Thérèse Dubois   Jean-Marc Dubois   Céline Dubois   Cédric Rasquin   Béatrice Dubois   Sylvie Mabille   Suzanne Mabille

Vincent Dubois. Il est né en 1958. C'est le fils de Jacques et de Maria Dubois. Il est marié. Lui et sa femme, qui s'appelle Thérèse Ledoux, ont deux enfants. Ils ont aussi six neveux et nièces: Catherine, Suzanne, Sylvie, Christine, Cédric et François. Vincent est leur oncle et Thérèse est leur tante.

◆ Qui sont les enfants de Vincent et de Thérèse? Qui sont les sœurs de Vincent? Qui est le frère de Vincent? Quand est-ce que son frère est né? Quel âge a Vincent?

Annette Dubois. Elle est née en 1957. C'est la fille de Jacques et de Maria Dubois et c'est l'aînée de leurs enfants. Elle est veuve: son mari, Alain Mabille, est mort en 1996. C'est la grand-mère de Guillaume Firket.

◆ Quel âge a Annette? Est-ce qu'elle a des enfants? Combien? Est-ce qu'elle a une petite-fille? Est-ce que c'est la tante de Vincent? Combien de neveux et de nièces est-ce qu'elle a?

Jacques Dubois. Il est né en 1934. Il est veuf: sa femme, Maria, est morte en 1998. Il est grand-père: Catherine, Suzanne, Sylvie, Céline, Jean-Marc, Cédric, Christine et François sont ses petits-enfants. Il a une femme de ménage pour ranger la maison parce qu'il déteste faire le ménage.

◆ Est-ce que sa femme est en vie? Combien de petits-enfants est-ce qu'il a?
◆ Qui range la maison chez lui?

Guillaume Firket. Il est né en 2001 et c'est le plus jeune de la famille Dubois. C'est le petit-fils d'Annette Dubois. Ses parents sont Catherine et Benoît Firket. Il n'a pas de frère et il n'a pas de sœur. Il n'a pas de cousins mais sa mère, Catherine, a deux cousines, Céline et Christine, et trois cousins, Jean-Marc, Cédric et François.

◆ Est-ce que ses grands-parents sont en vie?

Jean Rasquin. Il est né en 1957. Il est célibataire maintenant parce qu'il est divorcé. C'est le père de Cédric
et de Christine. On n'aime pas beaucoup Jean dans
la famille Dubois parce que c'est un homme qui n'est
pas très sérieux et Béatrice Dubois a beaucoup de problèmes avec lui.

◆ Quel âge a Jean Rasquin? Est-ce que c'est le père de
    François? Qui est le père de François?
◆ Et vous, vous avez une grande ou une petite famille?
    Combien de cousins est-ce que vous avez? Combien de cousines? Combien
    d'oncles? Combien de tantes? Est-ce que vous avez des neveux et des nièces?
    Quel âge ont-ils?

B. Grand-père arrive.

Dans la salle
de séjour des
Dubois:

> Grand-père arrive demain avec...
> Paulette Gilmard... ?

> Papa! Demain!
> Avec une femme!

Dans la cuisine:

> Écoutez! On va faire le ménage! Céline et Jean-Marc,
> vous allez faire la vaisselle et les lits. Vincent, range la
> maison et passe l'aspirateur! Moi, je vais faire les
> courses... et après, on va faire la cuisine.

◆ Et vous, vous aimez faire le ménage? Est-ce que vous aimez faire votre lit le matin? Est-ce que vous rangez souvent votre chambre? Vous préférez faire la cuisine ou faire la vaisselle? faire les courses ou faire la cuisine? ranger la maison ou faire la lessive? passer l'aspirateur ou faire les lits? faire la lessive ou repasser? Vous repassez souvent?

C. Le temps

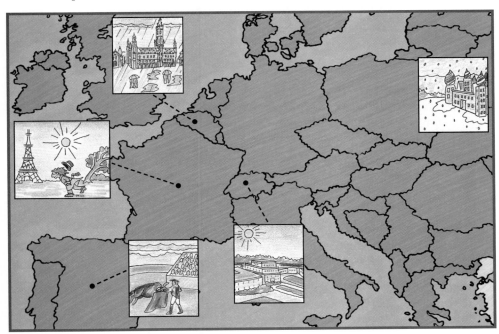

À Paris, il fait beau, mais il fait frais et il y a du vent.
À Bruxelles, il fait mauvais et il pleut.
À Genève, il y a du soleil et il fait bon.
À Madrid, il fait chaud et lourd, mais il fait gris: il y a des nuages.
Et à Moscou, il ne fait pas froid aujourd'hui? Mais si, il fait froid... Il neige!

◆ Quelle est la saison? Pourquoi?
◆ Et aujourd'hui, quel temps fait-il? Et chez vos parents?
◆ Et quelle est la météo pour demain? Il va faire beau? Il va neiger? Il va pleuvoir? Il va y avoir du vent? Il va faire chaud?

Notes de vocabulaire

1. Le temps. In French, when referring to the weather, the verb **faire** is generally used.

Il **fait** beau!	*It's nice!*
Il ne **fait** pas froid.	*It's not cold.*

Faire is not used with the verbs **pleuvoir** and **neiger**.

Il **pleut**.	*It's raining.*
Il va **neiger**?	*Is it going to snow?*
Il va **pleuvoir**?	*Is it going to rain?*

Il y a is usually used with nouns.

Il y a du soleil.	*It's sunny*
Il y a du vent.	*It's windy*
Il y a des nuages.	*It's cloudy*

2. Les personnes. In French, the word **femme** can mean either *wife* or *woman*. Similarly, the word **fille** may mean either *daughter* or *girl*. There are separate words to designate *husband* (**mari**) and *man* (**homme**) as well as *son* (**fils**) and *boy* (**garçon**).

Do not confuse **mari** *(husband)* with **marié(e)** *(married)*. **Femme** means *wife*. **Mari** means *husband*. There is no feminine form of the word **mari**.

3. Qui. The word **qui** is used in two ways.

Qui: **pronom interrogatif. Qui** is used by itself (without **est-ce que**) to ask *who* as the subject of a question. **Qui** as an interrogative pronoun refers only to people.

Qui + verb + rest of sentence

Qui est fatigué aujourd'hui?	*Who's tired today?*
Qui va faire la vaisselle?	*Who's going to do the dishes?*

Qui: **pronom relatif. Qui** is also used to join two sentences or ideas together. When used in this manner, **qui** is called a relative pronoun because it relates two sentences or ideas. **Qui** as a relative pronoun refers to either people or things.

C'est lui **le professeur qui** parle anglais?
Is he the teacher who speaks English?

Les livres **qui** sont sur la table sont à moi.
The books that are on the table are mine.

4. Les dates. Here is one way to express years:

1950 (dix-neuf cent cinquante)
1715 (dix-sept cent quinze)
1988 (dix-neuf cent quatre-vingt-huit)
2000 (deux mille)

5. Si / Oui. Use **si** instead of **oui** to answer *yes* to a negative question or to contradict a negative statement.

—Tu n'aimes pas chanter?   *"You don't like to sing?"*
—**Si,** j'adore chanter.   *"Yes (on the contrary), I love to sing."*

—Il n'est pas raisonnable, lui.   *"He's not reasonable."*
—**Si,** il est raisonnable!   *"Yes, he is!"*

$\mathcal{V}$ous avez compris?

1. Des groupes. Regardez l'arbre généalogique *(family tree)* à la page 156 et organisez les noms d'après les catégories suivantes:

1. les femmes
2. les hommes
3. les vieux
4. les jeunes

2. Les relations de famille. Vrai ou faux?

1. Jacques Dubois est l'oncle de Céline Dubois.
2. Guillaume Firket est le fils de Benoît Firket.
3. Céline Dubois est la sœur de Jean-Marc Dubois.
4. Jacques Dubois est le grand-père de Vincent Dubois.
5. Annette Dubois est la grand-mère de Guillaume Firket.
6. Céline Dubois est la tante de Sylvie Mabille.

3. L'état civil. Dans les familles Dubois, Mabille, Rasquin et Pinel...

1. Qui est marié?
2. Qui est célibataire?
3. Qui est divorcé?
4. Qui est mort?

4. Les liens de parenté. Quelles sont les relations de parenté entre *Catherine Mabille* et les autres membres de la famille?

Modèle   Suzanne Mabille?
                C'est sa sœur.

1. Guillaume Firket?
2. Benoît Firket?
3. Alain Mabille?
4. Maria Moroni?
5. Annette Dubois?
6. Jacques Dubois?
7. Béatrice Dubois
8. Céline Dubois?
9. Vincent Dubois?
10. François Pinel?

5. Lire les dates. Quelle date va avec quel événement?

Louis XIV

1. 1830
2. 1971
3. 1848
4. 1997
5. 1960
6. 1715
7. 1672
8. 1608
9. 1502

a. Abolition de l'esclavage à la Guadeloupe.
b. Indépendance du Sénégal.
c. Joliet et le père Marquette arrivent au Mississippi.
d. Indépendance de la Belgique.
e. Mort de Louis XIV.
f. Samuel de Champlain fonde Québec.
g. Découverte de la Martinique par Christophe Colomb.
h. Le Congo s'appelle maintenant le Zaïre.
i. Le Zaïre s'appelle maintenant la République Démocratique du Congo.

6. Les dates de la vie. Quand sont-ils nés? Quand sont-ils morts?

Modèle   Alain Mabille
Il est né en 1955 et il est mort en 1996.

1. Maria Moroni
2. Christine Rasquin
3. Suzanne Mabille
4. Guy Dubois
5. Benoît Firket

7. D'après les images. Qu'est-ce qu'ils vont faire?

1.

2.

3.

8. La météo

1. Nous sommes en janvier: Quel temps fait-il...

   a. à Montréal?
   b. à San Francisco?
   c. à Alger?
   d. à Dakar (au Sénégal)?
   e. chez vous?

2. Nous sommes en juillet: Quel temps fait-il...

   a. dans la Vallée de la Mort?
   b. à Bruxelles?
   c. à la Réunion?
   d. à St-Pierre-et-Miquelon?
   e. chez vous?

9. Oui ou si? Answer using either **oui, non,** or **si.**

1. Il ne fait pas chaud à Tunis en été?
2. Il ne neige pas à Québec en juillet?
3. Il pleut à Paris au printemps?
4. Il ne fait pas chaud en été à Fort-de-France?
5. Il pleut en hiver à Bruxelles?
6. Il va neiger aujourd'hui?
7. Il n'y a pas de nuages aujourd'hui?
8. Il n'y a pas de vent en hiver à Chicago?

*M*ise en pratique

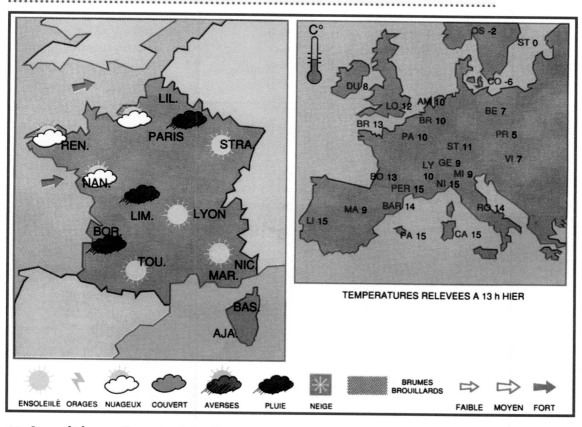

TEMPERATURES RELEVEES A 13 h HIER

| ENSOLEILLÉ | ORAGES | NUAGEUX | COUVERT | AVERSES | PLUIE | NEIGE | BRUMES BROUILLARDS | FAIBLE | MOYEN | FORT |

10. La météo en France et en Europe. Look at the two maps and answer the following questions. You will have to guess the names of the cities that have been abbreviated.

1. Quel temps fait-il à Paris?
2. Quel temps fait-il à Rennes?
3. Quel temps fait-il à Nice?
4. Où est-ce qu'il y a du vent?
5. Où est-ce qu'il pleut?
6. Où est-ce qu'il y a du soleil?
7. Est-ce qu'il fait chaud à Madrid?
8. Où est-ce qu'il fait bon?
9. Où est-ce qu'il fait frais?
10. Où est-ce qu'il fait froid?
11. Quelle est la saison?

11. La famille d'Alceste. Comment est la famille d'Alceste?

1. sa mère
2. son petit frère
3. son grand-père

12. Généalogies célèbres. In groups, pick one famous family (real or fictional) and combine your knowledge to say as much as you can about them.

SUGGESTIONS: la famille royale d'Angleterre / la famille royale de Monaco / la famille Kennedy / la famille Simpson

13. La famille de Delphine. Voilà des photos de Delphine Cunill (étudiante à l'université d'Orléans) et de sa famille.

De gauche à droite: Laure Cunill, Michel Tournier, Christine Pauzies, Paulette Pauzies, Simone Toussaint, Maria Tournier, Robert Tournier, Christiane Cunill

Laure Cunill

Delphine Cunill

Raymond Cunill

Christiane Cunill

1. À votre avis, qui est Christiane Cunill? Qui est Raymond Cunill? Où est Laure Cunill? Qui est plus âgée, Delphine ou Laure? Quel âge a Delphine? Et Laure?
2. Regardez la photo de la famille en vacances. Où sont-ils? Quel temps fait-il? Combien de personnes est-ce qu'il y a? C'est une grande ou une petite famille? Qui n'est pas sur la photo? Qui sont les autres personnes sur la photo, à votre avis? Comment sont-elles? Qu'est-ce qu'elles aiment? Qu'est-ce qu'elles n'aiment pas?

14. La famille et vous. Qu'est-ce que c'est, la famille?

1. Quelles personnes sont la famille pour vous? Est-ce que vos grands-parents sont importants pour vous? Et vos oncles et vos tantes? Et vos cousins?

44% des Français pensent que la famille, c'est surtout les grands-parents, les enfants, les petits-enfants, les frères et les sœurs, les oncles et les tantes, les cousins et les cousines; 40% pensent que la famille, c'est les parents et les enfants; 15% pensent que la famille, c'est les grands-parents, les enfants et les petits-enfants.

D'après le sondage de l'Ifop «Le Nouvel esprit de famille», 11 avril 1999. http://www.ifop.fr

2. Avec qui est-ce que vous aimez surtout parler dans votre famille?
3. Après l'université, où est-ce que vous allez habiter? Chez vos parents? près de chez vos parents? Pourquoi ou pourquoi pas?
4. Quelles activités sont typiques de votre famille?

15. Conversation en français. With a partner, find out about each other's families. How many people are there? What is their relationship to you? How old are they? Who is the oldest? The youngest? Where do they live? What are they like?

Structure

Le verbe *faire*

The verb **faire** means both *to make* and *to do*. Its conjugation is irregular.

je fais	nous faisons
tu fais	vous faites
il elle } fait	ils elles } font

Faire is used in many expressions referring to the weather. In similar cases, English uses the verb *to be*.

Il **fait** chaud aujourd'hui. *It's hot today.*

ATTENTION: A question using **faire** does not always require an answer using **faire**.

Question: Qu'est-ce que tu fais?
Réponses possibles: Je travaille. J'étudie. Je parle au téléphone. Je vais en ville. Je fais le ménage. etc.

The imperative or command forms of **faire** are identical with its present tense forms.

—**Fais** la vaisselle! *"Do the dishes!"*
—Et toi, tu ne fais pas la vaisselle ce soir!? *"What about you, you're not doing the dishes tonight!?"*

—**Faites** les courses aujourd'hui! *"Do the shopping today!"*
—Et vous, vous faites les courses demain! *"And <u>you</u> do the shopping tomorrow!"*

—**Faisons** le ménage. *"Let's do the housework."*
—Oh non, nous ne faisons pas le ménage le dimanche! *"Oh no, we don't do housework on Sundays!"*

*V*ous avez compris?

16. Chez Candide et Alceste. Qui fait quoi? Un X indique la personne qui est responsable du travail.

	faire la cuisine	faire la vaisselle	faire la lessive	faire les courses	ranger	passer l'aspirateur
Candide		X	X			
Alceste	X					X
Les deux				X	X	

    1. Candide...   2. Alceste...   3. Candide et Alceste...

17. Les familles et le ménage. Different families divide household tasks up in different ways. Say so, following the model.

> **Modèle**   Martin / le père / la vaisselle
> *Dans la famille Martin, le père fait la vaisselle.*

1. Grandjean / les filles / le ménage
2. Dellicourt / la grand-mère / les courses
3. Durieux / les enfants / les lits
4. Leclerc / le grand-père / la cuisine

*M*ise en pratique

18. Chez vous. Et chez vous, qui fait quoi?

> **Modèle**   la cuisine?
> *Mon père (fait la cuisine).*

1. la vaisselle?   4. les courses?
2. les lits?   5. le ménage?
3. la cuisine?   6. la lessive?

19. Activités. Qu'est-ce que vous faites...

> **Modèle**   le vendredi soir?
> *Je travaille, j'étudie, je téléphone à ma sœur,*
> *je fais les courses...*

1. le vendredi à midi?
2. le dimanche matin?
3. le samedi soir?
4. le mercredi à minuit?
5. le dimanche soir?
6. dans le cours de français?

20. Qu'est-ce qu'ils font?
How do average French university and high school students spend their time? Use the information in the chart to fill in the blanks.

1. Ils _____ beaucoup.
2. Les femmes passent plus de temps (*spend more time*) à _____ le ménage que les hommes.
3. Ils _____ la télévision à peu près (*about*) deux heures par jour.
4. Les hommes passent plus de temps à _____ que les femmes.
5. Les hommes _____ plus de sport que les femmes.
6. Ils passent à peu près quatre heures par jour à _____ .

Une journée moyenne en France en 1999 (Enquête INSEE, 1999)
En heures et minutes par jour

	Étudiant/Lycéen	Étudiante/Lycéenne
Dormir	9 h 21	9 h 27
Études	4 h 04	4 h 00
Ménage, cuisine, linge, courses, etc.	0 h 38	1 h 23
Télévision	1 h 58	1 h 52
Jeux	0 h 40	0 h 16
Sport	0 h 25	0 h 10

Adapted from Table 1 in: En 13 ans, moins de temps contraints et plus de loisirs, Françoise Dumontier, Jean-Louis Pan Ké Shon. INSEE PREMIÈRE, No. 675 Octobre 1999, taken from web site http://www.insee.fr/vf/produits/pub/prem/ipart/ip675.htm, February 9, 2000.

Le verbe *vouloir*

Vouloir means *to want*. Its conjugation is irregular.

je veux	nous voulons
tu veux	vous voulez
il / elle } veut	ils / elles } veulent

To be more polite, use the following forms:

je **voudrais**	*I would like*
tu **voudrais**	*you would like*
il/elle **voudrait**	*he/she would like*
nous **voudrions**	*we would like*

Vous avez compris?

21. Soyons raisonnables. C'est raisonnable, pas raisonnable ou ça dépend?

1. Alceste veut du calme. (Candide parle beaucoup.)
2. Candide veut la clé de la chambre d'Alceste.
3. Cédric Rasquin veut habiter avec son père à Paris. (Ses parents sont divorcés.)
4. Jacques Dubois a un chien. Il veut aussi un chat.
5. Guillaume Firket est un bébé. Il veut manger et dormir!
6. Vous voulez la clé de la voiture de vos parents. (de votre mari / votre femme / votre sœur, etc.)

22. Projets de week-end. Qu'est-ce qu'on veut faire ce week-end? Utilisez le verbe **vouloir** au présent.

Modèle   Virginie *veut* regarder la télévision.

1. Nous ___ aller au cinéma.
2. Marc et Paul ___ dormir.
3. Vous ___ étudier?
4. Je ___ manger dans un restaurant en ville.
5. Tu ___ sortir avec des copains?
6. Paulette et Marie-Claude ___ nager à la piscine.

23. Et vous? Qu'est-ce que vous voudriez faire ce week-end?

Modèle   lire?
          Oui, je voudrais lire. / Non, je ne voudrais pas lire.

1. sortir?
2. travailler à la bibliothèque?
3. aller au cinéma?
4. aller danser?
5. dormir?
6. étudier?
7. regarder la télévision?
8. parler avec vos parents?
9. passer l'aspirateur?
10. faire la lessive?

Mise en pratique

24. Samedi matin chez les Dubois. Voilà ce que différentes personnes de la famille Dubois font ce matin. Imaginez ce qu'elles veulent faire à la place *(instead)*.

Modèle   Vincent Dubois fait la vaisselle, mais *il veut aller jouer aux cartes avec des copains.*

1. Thérèse Dubois fait les courses, mais...
2. Céline et Jean-Marc Dubois font leurs devoirs, mais...
3. Jacques Dubois fait la lessive, mais...
4. Suzanne Mabille range sa chambre, mais...

25. Pour mon anniversaire... In groups, make lists of what different people would like for their birthdays. Report to the class.

Je voudrais...
(Michel) voudrait...

Les pronoms d'objet direct

Many sentences have a subject, a verb, and a direct object. The direct object is a noun or pronoun that receives the action of the verb. It answers the question *what?* or *whom?* after the verb. A direct object may be either a person or a thing.

Il regarde sa fille.	He's watching his daughter.
s v do	s v do
Il cherche le parc.	He's looking for the park.
s v do	s v do

Nouns used as subjects and nouns used as direct objects may be replaced by pronouns. The use of pronouns allows speakers and writers to avoid being repetitive and to link ideas across sentences.

 You are already familiar with subject pronouns (**je, tu, il, elle, on, nous, vous, ils, elles**) in French. Subject pronouns replace nouns used as subjects.

Suzanne aime les chiens.   *Suzanne likes dogs.*
Elle aime les chats aussi.   *She likes cats, too.*

Here are the forms of direct object pronouns (**les pronoms d'objet direct**) in French.

me	*me*
te	*you (familiar, singular)*
le (l')	*it, him*
la (l')	*it, her*
nous	*us*
vous	*you (formal or plural)*
les	*them*

Direct object pronouns replace nouns used as direct objects. In French, direct object pronouns directly precede the verb they are the object of.

—Tu **m'**aimes?   *"Do you love me?"*
—Oui, je **t'**adore!   *"Yes, I adore you!"*

Study the placement of direct object pronouns in the following sentences. Note the placement of **ne** and **pas** in the negative.

1. **Present tense.** The direct object pronoun is placed directly in front of the present tense verb.

   Je déteste les examens.   Je ne déteste pas les examens.
   Je **les** déteste.   Je **ne les** déteste **pas**.

2. **Infinitive constructions.** The direct object pronoun is placed directly in front of the infinitive.

   Je vais chercher mes clés.   Je ne vais pas chercher mes clés!
   Je vais **les** chercher.   Je **ne** vais pas **les** chercher!

3. **With *voici / voilà*.** The direct object pronoun is placed directly in front of **voici** or **voilà**.

   Voilà mes clés!
   Les voilà!

4. **With imperative or command forms.** The direct object pronoun follows the affirmative imperative. It is placed in front of the negative imperative. Note the hyphen that connects the verb form and the pronoun in the affirmative. Note also the use of **moi** and **toi** for **me** and **te** in the affirmative.

   —Mais où sont mes clés?   *"Where are my keys?"*
   —Euh, je ne sais pas, mais   *"Uh, I don't know, but look for*
     cherche-**les** dans la cuisine. *them in the kitchen. Don't look*
     Ne **les** cherche pas dans   *for them in my bag!"*
     mon sac!

   Regarde-**moi**!   *Look at me!*
   Ne **me** regarde pas!   *Don't look at me!*

Rappel! You are also familiar with stressed pronouns (**moi, toi, lui, elle, nous, vous, eux, elles**). These pronouns replace nouns standing alone, nouns after prepositions, and nouns used after **c'est**.

Qui? **Moi?**

Qui est là? C'est Paul.
Qui est là? C'est **lui**.

Il étudie avec Marc et **moi**.
Il étudie avec **nous**.

Vous avez compris?

26. On aime ou on fait? Do you *do* or do you *like* each of the following?

> **Modèle**   Le printemps? On le...
> *On l'aime.*

1. Les courses? On les...
2. Les belles fleurs? On les...
3. La vaisselle? On la...
4. Les vacances? On les...
5. Les lits? On les...
6. La cuisine? On la...
7. La piscine? On la...
8. La lessive? On la...

27. Oui ou non? For each item, decide which noun the direct object pronoun refers to logically. Opinions may differ.

1. On les aime!   (les examens, les fleurs)
2. On les adore!   (les pique-niques, les devoirs)
3. On la déteste!   (la musique, la bibliothèque)
4. On ne l'aime pas!   (le réveil, la plage)
5. On ne les aime pas!   (les cadeaux, les devoirs)

28. L'étourdi. Candide has lost his belongings!

> **Modèle**   Où sont mes livres?
> *Les voilà!*

1. Où est mon dictionnaire?
2. Où sont mes cahiers?
3. Où sont mes clés?
4. Où est mon chat?
5. Où est ma maison?

29. Les goûts et les couleurs. Est-ce que vous les aimez ou est-ce que vous ne les aimez pas?

> **Modèle**   ma sœur
> *Je l'aime. / Je ne l'aime pas.*

1. mes amis
2. les animaux
3. l'hiver
4. la campagne
5. la mer
6. la montagne
7. la neige
8. les vaches

*M*ise en pratique

30. Et ce soir? Use direct object pronouns to say what you are going to do or not going to do this evening.

Modèle commencer mes devoirs
Je vais les commencer. / Je ne vais pas les commencer.

1. écouter mes amis
2. étudier le français
3. faire la vaisselle
4. faire la lessive
5. regarder la télévision
6. écouter la radio

Ce soir, est-ce que vous allez regarder la télévision?

31. Trop de noms! Here is a story about Candide and Alceste. Rewrite it, replacing some of the nouns with pronouns (subject, direct object, stressed). When you've finished, reread your version to make sure you haven't removed too many nouns. (There is no one right way to do this.)

Candide et Alceste veulent aller en vacances! Mais où? Candide adore les villes et la montagne mais Alceste déteste les villes et la montagne. Alceste aime la campagne et la mer mais Candide n'aime pas la campagne et la mer! C'est un problème! Finalement Candide et Alceste vont rester chez Candide et Alceste!

Découvertes culturelles: **La famille wolof**

A. Les Wolof

1. **Les ethnies du Sénégal.** Combien de groupes ethniques est-ce qu'il y a dans cette région? Quelle est l'ethnie prédominante?
2. **Les sociétés africaines au Sénégal.** Pour découvrir les sociétés africaines, faites trois questions sur trois aspects différents de la société africaine (aspect économique, familial, social).

B. La famille wolof

1. **Introduction.** Regardez la première phrase du texte. À quelle question est-ce qu'elle répond?

2. **Le sujet.** Quels mots sont les plus fréquents dans ce texte? Comptez combien de fois ils sont cités dans le texte. D'après ce vocabulaire et la phrase initiale, quel est le sujet du texte?

3. **Les personnes.** Combien de noms sont présentés dans les relations de parenté? Combien de relations familiales sont présentées? Combien de personnes sont inclues dans ces relations?

4. Donnez un titre différent à ce passage.

Père, mère et fille.
Saint-Louis, Senegal.

Une famille urbaine.
Dakar, Senegal.

Habitat rural, Senegal.

Abdoulaye-Bara Diop

La famille wolof

KARTHALA

Éditions Karthala
2224 boulevard Arago
75013 Paris

La famille wolof

Il n'existe pas de terme propre pour dire parent au sens de père ou mère, L'expression *waa-jur* désigne ces deux personnes à la fois...

Baay comprend le père, ses frères et cousins, généralement les hommes de cette génération, à l'exception de l'oncle maternel.
.....

Ndey ou *yaay*: désigne la mère, ses sœurs, cousines et les femmes de la même génération, à l'exception de la tante paternelle.
....

Magu-ndey et *rakku-ndey*: désignent, respectivement, la grande sœur et la petite sœur de la mère.
....

Bajjan: sœur du père..., ou sa cousine; plus généralement, les femmes de la génération du père.
...

Nijaay: frère de la mère ou cousin de celle-ci, et tout parent de la mère et de sa génération.

Doom: pour l'homme, désigne ses enfants, ceux de ses frères. Pour la femme, c'est non seulement ses enfants, ceux de ses sœurs mais aussi ceux de ses frères et cousins.

C. Étude culturelle

1. Chez les Wolof

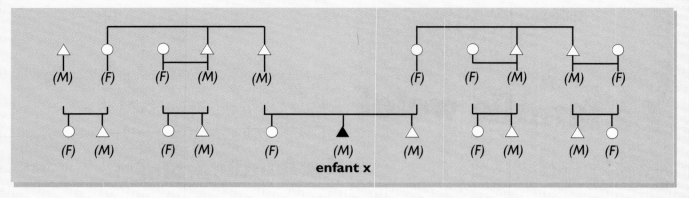

enfant x

a. Trouvez l'enfant X sur cet arbre généalogique.
   - Combien l'enfant a-t-il de pères *(Baay)*? Soulignez en rouge.
   - Combien l'enfant a-t-il de mères *(Ndey)*? Soulignez en bleu.
   - Combien de personnes sont reliées à lui, mais ne sont pas son père ou sa mère *(Waa-jur)*?
   - Sur la généalogie, écrivez la relation de parenté avec les mots Wolof. Combien l'enfant a-t-il de Baay, de Ndey, de Magu-ndey, de Bajjan, de Nijaay?

b. Le nom wolof des personnes de la famille est une forme de relation avec l'enfant. Quelle est la conséquence pour l'enfant?
   - Comment les personnes de la famille sont-elles groupées chez les Wolof?
   - D'après ce vocabulaire, quel type de famille est la famille wolof?

2. Comparaisons: Comparez avec votre situation personnelle.
   - Combien de personnes appelez-vous pères? Et mères?
   - Combien de personnes sont responsables pour vous? Combien s'occupent de vous?
   - Qui s'occupe de l'enfant dans votre culture?
   - Comparez le système familial de votre culture et le système wolof.
   - Décrivez la famille typique dans votre culture. Est-ce possible, une famille typique? Pourquoi?

D. Échanges: La famille dans les sociétés africaines francophones

Recherches. Préparez une étude sur la famille dans les sociétés africaines francophones.

- Identifiez le pays et l'ethnie.
- En groupe, identifiez des domaines d'études.
- Choisissez un domaine d'études précis et préparez 10 questions.
- Assemblez vos questions avec celles des autres groupes, et éliminez celles qui sont répétées ou moins importantes, pour avoir quatre groupes de six questions sur des sujets différents.
- Identifiez les éléments constitutifs d'une famille d'après votre optique personnelle. Comment ces questions reflètent-elles vos perspectives personnelles? culturelles?

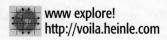
www explore!
http://voila.heinle.com

Orthographe et Prononciation

Les voyelles en français

Many English vowels are glides or diphthongs: during pronunciation the tongue actually moves. French vowels are simpler sounds with no movement of the tongue involved. Compare the pronunciation of the following:

ENGLISH (diphthongs)	FRENCH (one vowel sound)
lay	les
nay	né
bow, beau	beau
show	chaud

Vowels also tend to be clearly articulated with pronounced movement of the facial muscles. Compare in English: *it is* and **les lits** in French.

Activité

Prononcez. Repeat after your instructor.

1. la télé
2. un mari
3. c'est la vie
4. difficile
5. joli
6. midi
7. un lavabo
8. un hôtel
9. je vais
10. je ne sais pas
11. une université
12. très bien

Vocabulaire de base

 Vocabulaire de base

Noms
la famille
l'aîné(e) *oldest, first-born (sister or brother in family)*
un cousin, une cousine *cousin*
une famille *family*
une femme *wife, woman*
une fille *daughter, girl*
un fils *son*
une grand-mère *grandmother*
un grand-père *grandfather*

des grands-parents *(m.) grandparents*
un mari *husband*
un neveu *nephew*
une nièce *niece*
un oncle *uncle*
des parents *(m.) parents, relatives*
un petit-fils *grandson*
une petite-fille *granddaughter*
des petits-enfants *(m.) grandchildren*
le (la) plus jeune *youngest*
une tante *aunt*

Autres noms
une cuisine *kitchen*
une salle de séjour *living room, family room*
le temps *weather*
le vent *wind*

Adjectifs
célibataire *single, unmarried*
divorcé(e) *divorced*
marié(e) *married*
mort(e) (en) *dead (in)*
né(e) (en) *born (in)*
veuf, veuve *widower, widow*

Activités
faire les courses *to run errands*
faire la cuisine *to cook*
faire le ménage *to do housework*
faire la vaisselle *to do the dishes*

Le temps
il fait beau *it's nice out*
il fait chaud *it's warm, it's hot*
il fait froid *it's cold*
il fait mauvais *it's nasty out*

il neige *it's snowing*
il pleut *it's raining*
il y a du soleil *it's sunny*
il y a du vent *it's windy*

Verbes
arriver (à) *to arrive (at),*
  to get (to)
faire *to do, to make*
vouloir *to want, to wish*

Divers
après *after, afterwards*
je voudrais, tu voudrais *I would*
  like, you would like
il/elle voudrait *he/she would like*
là *there, here*
si *yes (on the contrary)*

𝒱ocabulaire supplémentaire

Noms
une femme de ménage
  cleaning lady
la météo *weather forecast*
un nuage *cloud*

Verbes
neiger *to snow*
pleuvoir *to rain*
repasser *to iron*

Divers
être en vie *to be alive*
faire la lessive *to do the laundry*
faire les lits *to make the beds*
il fait bon *it's pleasant (mild)*
il fait frais *it's cool*
il fait gris *it's overcast*

il fait lourd *it's hot and humid*
il/elle s'appelle *his/her name is*
il y a des nuages *it's cloudy*
passer l'aspirateur *to vacuum*
Quel temps fait-il? *What's the*
  weather like?
qui *who, that (relative pronoun)*

Le français tel qu'on le parle
Je suis là! *I'm here!*
Qui est là? *Who's there?*
sérieux *trustworthy, reliable, re-*
  sponsible

Le français familier
ça caille = il fait très froid
faire du shopping = faire les
  courses

un frangin = un frère
une frangine = une sœur
mémé, mamie, bonne-maman =
  grand-mère
pépé, bon-papa = grand-père

On entend parfois...
une avalasse (Louisiane) = beaucoup de pluie
il drache (Belgique) = il pleut
  beaucoup
il tombe (Rwanda et Burundi) =
  il pleut
magasiner (Canada) = faire des
  courses
il neigeote (Suisse) = il neige un
  peu

Vous êtes artiste ou sportif?

En bref...

- **Au Québec: L'Estrie**

- **Les vacances: activités et sports**

- **Les loisirs des jeunes: musique et sports (le verbe jouer)**

- **La possibilité et l'obligation (les verbes pouvoir et devoir)**

- **Dire non (suite)**

- **Quelques expressions au passé**

- **Loisirs et découvertes: La Réunion**

Qu'est-ce que vous aimez faire?

Entrée en matière:

L'ESTRIE

paysage *scenery*

s'amuser *to have fun*

L'Estrie, où est-ce? C'est en France? En Amérique? En Europe? En Scandinavie?

Le document. Décrivez le paysage qui est derrière les petites photos. C'est quelle saison? Quelle heure de la journée? Quel temps fait-il? C'est quelle époque de l'année? Et les personnes dans ce paysage, elles font du ski pour s'amuser ou pour une compétition? Qu'est-ce que c'est le ski, un sport ou un loisir?

Les photos. Combien de photos donnent des explications sur l'Estrie? Combien de personnes est-ce qu'il y a au total? Est-ce qu'elles sont contentes, ces personnes? Pourquoi?

Pour chaque photo, dites:

— l'âge, le sexe, la profession, l'activité des personnes
— la saison, les objets, le temps
— l'atmosphère de la scène

Qui dit quoi? Identifiez quelle personne sur quelle photo dit ces phrases:

Phrases	Photo
—Regarde le lac derrière toi!	_____
—Regarde, je fais du vélo toute seule!	_____
—Attention! Attention, tu vas tomber!	_____
—Et après, qu'est-ce qu'on fait?	_____
—À quelle heure est-ce qu'on mange?	_____
—Salut, bonjour!	_____
—Chic! On fait la pause!	_____

L'Estrie, qu'est-ce que c'est? Une ville? Un village? Une montagne? Une région? Un hôtel?

Des vacances en Estrie. Vous avez choisi l'Estrie pour des vacances. Quelles vont être vos occupations? vos loisirs? Où allez-vous résider? Quand est-ce que vous allez y aller? Pourquoi?

Pour obtenir des informations, préparez des questions.

L'Estrie

ses gens,

son calme,

sa grandeur.

Demandez nos forfaits-vacances Estrie : 1-800-363-7777 / Opér.: 731 ou 1-819-820-2020 (Téléc.: 1-819-566-4445)
ou écrivez-nous au : 25, rue Bocage, Sherbrooke (Québec) Canada J1L 2J4

$\mathcal{V}$ocabulaire

A. Des projets de vacances

Ce soir, Jacques Dubois est là avec son amie Paulette. Il a rencontré Paulette à Nice et maintenant, ils sont chez son fils Vincent. Au dîner, ils parlent des vacances d'été. Jacques voudrait aller en vacances avec ses enfants et petits-enfants, mais c'est difficile parce que tout le monde veut faire des choses différentes. Jacques a envie de faire les musées et de faire de la marche. Il adore marcher, mais son amie Paulette, elle, préfère faire du vélo. Elle adore aussi faire de la photo. Vincent, qui nage très bien, voudrait faire du bateau et de la natation. Thérèse, elle, préfère rester à la plage pour lire mais elle aime aussi faire de la voile. Céline a envie de faire de l'exercice et de la planche à voile. Et Jean-Marc? Comme sa mère, il n'est pas très sportif mais il est artiste: il adore faire de la peinture et du dessin. Et surtout, il ne veut pas partir sans Minou!

- Dans la famille Dubois, qui est artiste? sportif? intellectuel? Qui aime faire des choses fatigantes? Qui n'aime pas faire des choses fatigantes?
- Et vous, vous êtes artiste? Vous aimez les musées? Qui fait de la photo? du dessin? de la peinture?
- Vous faites du sport? Souvent ou parfois? Qui fait de la marche? du vélo? de la natation? de l'exercice? de la voile? de la planche à voile?

B. Maintenant, qu'est-ce qu'ils font?

Info

Une vieille chanson française.

Auprès de ma blonde is an old French song from the 17th century. **Une blonde** still means *girlfriend* in Canada today.

Qui joue aux cartes? Qui regarde un match de football à la télévision? Qui joue du piano? Qui joue du violon? Qui chante? Mais Thérèse n'est pas là. Est-ce qu'elle est dans la cuisine?

Mais non, elle fait une promenade avec les chiens.

- Est-ce que Jacques et Paulette sont heureux? Et Vincent? Pourquoi? Pensez-vous que Paulette chante bien ou mal? Qui gagne aux cartes? Est-ce que les trois chiens sont à Thérèse?
- Et vous, vous préférez faire du sport ou faire de la musique? Faire de la musique ou écouter de la musique? Faire du sport ou le regarder à la télévision? Faire une promenade ou jouer aux cartes?

C. Et les autres membres de la famille?

Après le dîner, Jacques Dubois téléphone aux autres membres de la famille. Qu'est-ce qu'ils veulent faire pendant les vacances? Sylvie veut faire du ski. Elle skie bien pour son âge et elle ne tombe pas souvent. François voudrait jouer au football. À l'école, il est membre d'une équipe qui gagne souvent et un jour, il voudrait être un joueur célèbre! Cédric, lui, a envie de rencontrer des filles. Suzanne voudrait jouer au tennis avec son copain. Elle et Hakim ont aussi envie de faire de la plongée sous-marine. Et Béatrice? Elle fait souvent du jogging mais elle adore aussi faire des randonnées à la montagne.

◆ Dans la famille, qui veut aller à la montagne? Pourquoi? Qui veut aller à la mer? Pourquoi? Et vous, vous préférez la mer, la campagne ou la montagne? Où est-ce que vous ne voulez pas aller en vacances? Pourquoi?

◆ Pour vous, quel sport est important? merveilleux? horrible? trop fatigant? Est-ce que vous êtes membre d'une équipe de sport à l'université? Est-ce que votre équipe gagne souvent?

◆ Quel est votre passe-temps préféré à l'université? Et chez vous? Et en vacances? en été? en hiver?

Notes de vocabulaire

1. Mots et expressions utiles

aller à pied à   *to walk to*
à pied   *on foot*
un bateau à voile   *sailboat*
faire du bricolage   *to do odd jobs around the house*
faire du jardinage   *to work in the garden, to garden*
faire du patin à roulettes   *to roller-skate*
faire du patin (en ligne)   *to roller-blade*

faire du patin à glace   *to ice-skate, to go ice skating*
ici   *here*
jouer au basket-ball   *to play basketball*
jouer au golf   *to play golf, to golf*
pratiquer un sport   *to play a sport*
voici   *here is, here are*

2. Faire une promenade.

Faire une promenade means *to take a walk.* **Faire de la marche** means *to walk for exercise.* **Faire une randonnée** means *to hike.* If you are simply *going someplace on foot (walking there)*, use **aller à pied.**

Tu **fais de la marche**?	*Are you going walking?*
J'aime **faire des promenades.**	*I like to take walks.*
Nous allons en classe **à pied.**	*We walk to class.*
Béatrice voudrait **faire une randonnée** à la montagne.	*Béatrice would like to hike in the mountains.*

3. Les jeux et les sports.

When talking about sports or games, the verb **jouer** plus the preposition **à** is generally used to refer to sports or games played by two or more people.

Vous aimez **jouer au** tennis ou vous préférez **jouer aux** cartes?	*Do you like to play tennis or do you prefer playing cards?*

The verb **faire + de la, de l', or du** is used to describe participation in a sport or activity. In general, **faire + activité** corresponds to the verb indicating that activity in English.

Il adore **faire du ski** et **faire du jogging** mais il déteste **faire de la marche.**	*He loves to ski and to jog, but he hates walking.*

4. La musique.

When talking about playing musical instruments, use the verb **jouer** plus the preposition **de.**

Il **joue du** piano et elle **joue de la** guitare.	*He plays the piano and she plays the guitar.*

5. Avoir envie de + infinitif.

The expression **avoir envie de +** *infinitif* is used to mean *to feel like.*

Tu **as envie de faire** une promenade?	*Do you feel like taking a walk?*

6. Ce, cet, cette, ces.

Use the adjective **ce** to express the English *this* or *that* and *these* or *those.*

Je n'aime pas **ce** livre. *(masculine singular)*
Tu n'aimes pas **cet** hôtel? *(masculine singular before a vowel sound)*
Il n'aime pas **cette** musique. *(feminine singular)*
Vous n'aimez pas **ces** photos? *(plural)*

If it is necessary to distinguish between two items, the suffix **-ci** *(here, nearer)* or **-là** *(there, farther)* may be added to the noun.

Tu préfères **cette** voiture-**ci** ou **cette** voiture-**là**?   *Do you prefer this car or that car?*

7. **Parler au passé.** You will learn how to form the past tense of verbs in French in *Leçons 10, 11,* and *12.* In this lesson, however, you will learn a few past tense forms of selected verbs that are frequently found in the past, for example, **rencontrer** and **gagner.** You have also seen the expression "**j'ai trouvé!**" in *Leçon 6.* For the moment, just learn these forms as vocabulary words.

Jacques **a rencontré** une femme merveilleuse!
Jacques met/has met a marvelous woman!

j'ai rencontré	*I met*
tu as rencontré	*you met*
il/elle a rencontré	*he/she met*

J'ai gagné!   *I won!*

j'ai gagné	*I won*
tu as gagné	*you won*
il/elle a gagné	*he/she won*

8. **Les faux amis.** Since French and English share a linguistic history, there are many words that are approximately the same in both languages. These words are known as *cognates.*

FRENCH	ENGLISH
animal	*animal*
bleu	*blue*
problème	*problem*

Some French words, however, have evolved differently and have meanings quite different from words they resemble in English. As a result, they may look the same but have very different meanings. Such words are called **faux amis** *(false friends).* Here are some examples:

FRENCH	ENGLISH	RELATED ENGLISH WORD
rester	*to stay*	*to rest*
sympathique	*nice*	*sympathetic*
chambre	*bedroom*	*chamber*
formidable	*great, super*	*formidable*

$\mathcal{V}$ous avez compris?

1. Pour qui? Pour quand? Classez les activités suivantes en catégories:

faire du jardinage / faire de la natation / faire du bateau / faire du ski / faire du vélo / faire les musées / faire de la marche / faire une randonnée / faire du jogging / faire de la photo / faire de la planche à voile / jouer au golf / faire de la plongée sous-marine / jouer au football / jouer au football américain / jouer aux cartes / jouer du piano / jouer de la guitare / jouer du violon / faire de la peinture / faire du bricolage

SUGGESTIONS DE CATÉGORIES: activités pour les jeunes / activités pour les vieux / activités pour l'hiver / activités pour l'été / activités pour le week-end / activités pour la semaine / activités agréables, etc.

2. À mon avis. Évaluez ces activités. Utilisez **c'est fatigant, c'est horrible, c'est merveilleux** ou **c'est important.**

> Modèle   *Étudier, c'est important!*

1. faire du jogging pendant six heures
2. faire une promenade sur la plage le soir
3. faire la vaisselle pour 20 personnes
4. jouer au football américain
5. faire du sport à 5 heures du matin
6. faire une randonnée à la montagne
7. faire du ski à Chamonix
8. faire de l'exercice pour être en forme
9. aller à pied à la banque quand il fait très froid
10. avoir des professeurs compréhensifs

3. Activités. Quel verbe va avec les activités—**gagner, rencontrer, rester** ou **tomber?** Puis évaluez ces activités. C'est agréable ou ce n'est pas agréable?

> Modèle   le président
> *Rencontrer le président. C'est agréable.*

1. chez un ami le week-end
2. un match de football à l'université
3. des personnes importantes
4. dans la neige
5. à la maison le samedi soir
6. à la maison quand il fait froid
7. des garçons ou des filles sympathiques
8. de vélo
9. un match de tennis

J'adore faire du vélo.

4. Personnes célèbres. Take turns choosing a famous person and having the other students say what that person does.

>Modèle —*Tiger Woods?*
>—*Il joue au golf.*

5. Le désir et la réalité. Qu'est-ce que vous faites pendant la journée? Faites une liste. Qu'est-ce que vous avez envie de faire maintenant? Faites une liste.

>Modèle *Je mange, j'étudie...*
>*Maintenant, j'ai envie de manger. Je n'ai pas envie d'étudier.*

6. Le distrait. Candide is very absent-minded and is constantly having to ask Alceste what he said. Play the two roles.

>Modèle CANDIDE Quel livre?
>ALCESTE *Ce livre!*

1. Quel cadeau?
2. Quelle voiture?
3. Quel homme?
4. Quelle femme?

5. Quel musée?
6. Quels disques?
7. Quel hôtel?
8. Quelles fleurs?

*M*ise en pratique

7. Les sports et les saisons. Quels sports et quelles activités sont pratiqués chez vous? Quand?

>Modèle En hiver?
>*On joue au basket-ball. On fait du ski. On va au cinéma.*

1. En automne?
2. En hiver?
3. Au printemps?

4. En été?
5. Le week-end?
6. En vacances?

8. La famille et les loisirs. Quel est le passe-temps préféré de...

1. votre grand-père?
2. votre grand-mère?
3. votre mère?

4. votre père?
5. vos frères et sœurs?
6. vous?

9. Les Français et les week-ends

Le déjeuner du dimanche en famille

Madame Figaro/Sofres

Les week-ends des Français

«Pour vous, qu'est-ce qui symbolise
le plus le week-end?»:

Le déjeuner en famille	36%
Les moments passés avec les enfants ou les petits-enfants	35%
La promenade à la campagne	30%
Les travaux ménagers, le bricolage, le jardinage	21%
La grasse matinée	19%
La sortie du samedi soir	15%
Les câlins à deux	14%
Les courses du samedi	9%
La messe	8%
Le jogging du matin	3%

1. Associez les activités du sondage aux mots appropriés.

aimer quelqu'un *(someone)*	la famille
marcher	le cinéma
manger	l'église
faire de l'exercice	le ménage
le lit	sortir

2. Quelles sont les trois activités les plus importantes du week-end pour les Français? Quelles autres choses font aussi les Français pendant le week-end?
3. Quelles sont les activités qui symbolisent le moins le week-end pour eux?
4. Et dans votre culture, qu'est-ce qui symbolise le week-end? Classez les 10 activités par ordre d'importance dans votre culture. Est-ce qu'il y a d'autres activités à ajouter *(add)?* Est-ce qu'il y a des activités à supprimer *(delete)?*

Act. 9: EXPLICATIONS: **le déjeuner en famille,** c'est quand la famille mange ensemble *(together)* à midi; **la grasse matinée,** c'est quand on reste au lit le matin; **les câlins à deux,** ce sont des gestes tendres.

10. La classe en chiffres

1. Choisissez cinq ou six catégories de loisirs (par exemple, le sport, la musique, les musées, etc.).
2. En groupes de quatre ou cinq, choisissez une catégorie de loisirs et préparez six questions pour vos camarades de classe.
3. Faites votre questionnaire et posez vos questions.
4. Présentez vos résultats à la classe.
5. Quelles sont vos conclusions? (La classe est sportive, n'aime pas beaucoup la musique classique, etc.)

11. Le sport en été

1. Regardez le tableau de statistiques à la page 190.
   - Quels sports est-ce qu'on pratique à la mer? à la campagne? à la montagne? en ville? partout *(everywhere)?*

- D'après vous, quels sports sont pour tout le monde? pour les jeunes? pour les adultes? pour les retraités?
- Les Français et le sport en été: Quels sont les cinq sports que les Français aiment beaucoup pratiquer en été? Et quels sont les sports que les Français ne pratiquent pas beaucoup en été? Pourquoi, à votre avis *(in your opinion)*?

2. Et vous?
- Quels sont les sports que vous aimez pratiquer en été? Quels sont les sports que vous n'aimez pas pratiquer en été? Pourquoi?
- Comparez avec les Français: est-ce que vous aimez pratiquer les mêmes *(same)* sports? Est-ce qu'il y a des sports sur la liste que les Américains et les Canadiens ne pratiquent pas? Quels sports importants pour les Américains ou les Canadiens ne sont pas sur la liste?

Faites-vous du roller?

VTT = vélo tout terrain *(mountain bike)*
deltaplane = hang gliding
parapente = paragliding
varappe et escalade = rock climbing

Quels sports allez-vous pratiquer cet été?

	en %
Natation	45
Randonnée pédestre/marche à pied	40
VTT	19
Tennis	16
Jogging/course à pied	13
Football	9
Planche à voile	9
Plongée sous-marine	7
Volley ou beach-volley	7
Bateau à voile	6
Equitation	5
Gymnastique/aérobic/musculation	5
Rafting/canyoning/canoë/kayak	5
Basket	4
Deltaplane/parapente/parachute	4
Pêche	4
Surf/body board	4
Golf	3
Pétanque	3
Roller	3
Ski nautique	3
Alpinisme/varappe/escalade	2
Badminton	2
Bateau à moteur	2
Tennis de table	2
Scooter des mers/jet-ski	2
Ski d'été	1

Sondage IPSOS: "Ce que sera votre été sportif" pour *L'Équipe magazine,* avril 1999.
Consulté le 10 février 1999 sur le site web d'IPSOS http://www.canalipsos.com/index.htm

12. Conversation en français. You've gone home for the weekend only to find that your 16-year-old brother has a guest for the weekend, a French teenager who doesn't speak English! Your family, in desperation, enlists your services to find out what their guest likes to do so that they can plan the weekend. Find out the guest's preferences, likes, dislikes, and so forth.

Structure

Les verbes *pouvoir* et *devoir*

Here are the forms of the verbs **pouvoir** (to be able *to, can*) and **devoir** *(to have to, must)*.

pouvoir		devoir	
je peux	nous pouvons	je dois	nous devons
tu peux	vous pouvez	tu dois	vous devez
il elle } peut	ils elles } peuvent	il elle } doit	ils elles } doivent

Both **pouvoir** and **devoir** may be followed by an infinitive. Note also the various possible English equivalents.

Je ne **peux** pas **parler** maintenant.   *I'm not able to talk now.*
Tu ne **peux** pas **partir!**   *You can't leave!*

Vous **devez téléphoner** à vos parents.   *You've got to call your parents.*
Tu **dois fumer** moins.   *You have to (must) smoke less.*

*V*ous avez compris?

13. D'après vous. Vrai ou faux?

1. Un enfant de deux mois peut étudier.
2. Tout le monde doit faire de l'exercice.
3. On peut jouer du piano dans un parc.
4. Les professeurs doivent être sympathiques.
5. Les étudiants doivent étudier le week-end.
6. Un homme de 80 ans peut jouer au football.

14. Je dois / je peux. Est-ce que vous **devez** le faire ou est-ce que vous **pouvez** le faire? Peut-être les deux?

Modèle   aller à la bibliothèque
Je peux le faire et je dois le faire!

1. faire de la photo
2. étudier davantage *(more)*
3. faire du jogging
4. jouer de la guitare
5. faire de la natation
6. parler au professeur
7. ranger ma chambre
8. aller à la bibliothèque
9. faire du vélo
10. manger moins

15. Complétez. Use the words in the left-hand column to make sentences. Then, for each one, choose an appropriate continuation from the right-hand column.

1. Mon frère / ne pas / pouvoir aller au cinéma.
2. Tu / ne pas / pouvoir / jouer au tennis.
3. Mlle Durand / devoir / bien parler anglais.
4. Vous / pouvoir / téléphoner à neuf heures.
5. Je / ne pas / pouvoir / aller en classe.
6. Mes parents / ne pas / pouvoir / dormir.
7. M. Brasseur / vouloir / jouer aux cartes tout le temps avec ses amis.

a. Je suis malade.
b. Ils ont beaucoup de problèmes.
c. Sa femme n'est pas contente!
d. Il doit travailler.
e. Il pleut trop.
f. Elle habite Londres.
g. Mais pas après!

𝓜ise en pratique

16. Associations. Quel verbe—**vouloir, pouvoir** ou **devoir**—associez-vous avec ces activités? Pourquoi?

1. faire ses devoirs
2. être au régime
3. téléphoner à ses parents
4. dormir
5. faire du sport
6. sortir pendant la semaine
7. parler à ses grands-parents
8. faire le ménage

17. Ma vie. Faites une liste d'activités pour chaque *(each)* verbe.

1. Je veux... (dormir / manger / étudier, etc.)
2. Je peux... (nager / faire du vélo, etc.)
3. Je dois... (travailler / manger moins / ne pas fumer / ranger, etc.)

Les pronoms interrogatifs

Use interrogative pronouns (question words that stand for nouns) to ask about people and things.

Questions about direct objects

1. Use **qui** *to* ask about *people*.

> **qui + est-ce que** + rest of question

Qui est-ce que Paul aime?	*Who(m) does Paul like?*
Qui est-ce que tu cherches?	*Who(m) are you looking for?*

2. Use **que** to ask about *things*.

> **que (qu') + est-ce que** + rest of question

Qu'est-ce que Jean-Luc regarde?	*What is Jean-Luc watching?*
Qu'est-ce que tu fais?	*What are you doing?*

Questions about subjects

1. Use **qui** to ask about *people*.

> **qui** + verb + rest of question

Here, you do not need **est-ce que**. Note that the third-person singular (the **il**-form) of the verb is used with **qui** as a subject. The **-i** of **qui** is never dropped.

Qui est là?	*Who's there?*
Qui veut manger?	*Who wants to eat?*

2. Use **qu'est-ce qui** to ask about *things*.

> **qu'est-ce-qui** + verb + rest of question

Qu'est-ce qui arrive?	*What's happening (going on)?*
Qu'est-ce qui est important pour toi?	*What's important for you?*

Questions about objects of prepositions

1. After a preposition (**avec, sur, à, de, chez,** etc.), use **qui** to ask about *people.* Unlike English, the question has to start with the preposition.

> preposition + **qui** + **est-ce que** + rest of question

À qui est-ce que tu veux parler? *Who(m) do you want to talk to?*
Avec qui est-ce qu'elle sort? *Who's she going out with? (With whom is she going out?)*

2. Use **quoi** to ask about *things.* Again, the question will start with the preposition.

> preposition + **quoi** + **est-ce que** + rest of question

De quoi est-ce que vous voulez parler? *What do you want to talk about?*
Avec quoi est-ce que tu joues? *What are you playing with?*

Note that **quoi** may be used alone to ask for clarification or to express surprise or indignation. To be a bit more polite, use **comment.**

— Je vais avoir un enfant. *I'm going to have a baby.*
— **Quoi?!** *What?!*

— Je m'appelle Émeric Vanderstichele. *My name is Émeric Vanderstichele.*
— **Comment?!** *Excuse me?!*

 Rappel! You can also use inversion to ask questions such as these:

1. **Qui** aimez-vous? **Chez qui** vas-tu?
   Que fait-il? **De quoi** parle-t-il?

   Of course, when **qui** is the subject of the question, there is no inversion.

   Qui veut jouer au tennis? **Qui** dort?

2. **Quel** is an adjective. It must be used to modify a noun.
   — **Quel chien** est-ce que tu regardes? *What dog are you looking at?*
   — Je regarde le chien près de l'arbre. *I'm looking at the dog next to the tree.*

   — **Qu'est-ce que** tu regardes? *What are you looking at?*
   — Je regarde le chien près de l'arbre. *I'm looking at the dog next to the tree.*

$\mathcal{V}$ous avez compris?

....

18. Enquête sur les internautes québécois (suite)! Here are some more findings taken from the survey of Internet/Web users in Quebec (**les internautes**) that was in *Leçon 6.* Use an interrogative pronoun (**qui, que, qu'est-ce que**) to complete the partial question that goes with each finding. How do these findings compare with your own personal experience?

1. _____ utilise l'Internet le plus? Les hommes ou les femmes?

   Ce sont les hommes qui utilisent l'Internet le plus (72%), les femmes l'utilisent moins (28%).

2. Avec _____ habitent les jeunes (entre 19 et 24 ans) internautes québécois?

   Pour la plupart (*for the most part*), les jeunes internautes québécois habitent avec leurs parents (47%) mais 23% habitent avec des colocataires (*roommates*) et 16% habitent avec leur conjoint (*spouse*).

3. Pour les personnes qui achètent (*buy*) des produits et services sur Internet, _____ ils achètent?

   Les logiciels (*software*) sont le produit le plus acheté par les répondants (58%). On achète aussi des livres, des magazines, des disques laser, des jeux électroniques et des billets de spectacle.

4. _____ utilise-t-on le plus souvent?

   Les services d'Internet les plus fréquemment utilisés sont le Web (50%) et le courrier électronique (35%).

5. _____ ils pensent? Question: "Parler uniquement français est un obstacle à mon utilisation d'Internet."

   Voilà les résultats: Tout à fait d'accord: 47%

   Plutôt d'accord: 28%

   Plutôt en désaccord: 13%

   Tout à fait en désaccord: 12%

Findings taken from "Enquête du RISQ sur les internautes québécois". Data accessed February 6, 2000 using URL *http://www.risq.qc.ca/enquete/.*

Ah, du courier électronique!

19. Une personne ou une chose? (1) Est-ce que les questions sont sur une personne ou sur un objet? (2) Répondez aux questions selon *(according to)* vos idées sur Malika. (3) Qui est Malika? Comment est-elle?

1. Qu'est-ce que Malika veut?
2. Qui sort avec Malika?
3. Avec qui est-ce que Malika parle?
4. De quoi est-ce que Malika parle?
5. Qui est-ce que Malika cherche?

20. Des questions. Complete using **qui, que,** or **quoi.** Remember to drop the **-e** of **que** in front of a vowel.

Modèle   — À *qui* est-ce que vous voulez parler?
                — À Madame Renaud, s'il vous plaît.

1. — _____ cherche Pierre?
   — Moi!
2. — _____ est-ce que vous faites?
   — Mes devoirs.
3. — De _____ est-ce qu'ils parlent?
   — Du professeur.
4. — _____ regardes-tu?
   — Cet homme-là.
5. — À_____ as-tu envie de jouer?
   — Au basket-ball.
6. — _____ est-ce que vous voulez?
   — Une télévision, une chaîne hi-fi, des vacances,...

$\mathcal{M}$ise en pratique

21. Et en français? Put each sentence into French.

1. *chercher*
   a. What's he looking for?
   b. Who's he looking for?
   c. Who's looking for Pascal?

2. *parler*
   a. Who's he talking to?
   b. What are they talking about?
   c. Who's talking to Pascal?

3. a. What are you doing?
   b. What's happening?
   c. What movie do you feel like watching?

22. La famille Martin. Read the following paragraph. Make up as many questions as you can about it.

Les Martin habitent à Genève. Philippe Martin a cinquante ans et sa femme Nadine a quarante-huit ans. Ils ont trois enfants: Luc, vingt-six ans, Isabelle, vingt ans, et Marie-Claude, dix-huit ans. Ils habitent un bel appartement moderne en ville. Philippe Martin est professeur à l'université de Genève. Nadine ne travaille pas, mais elle veut écrire un livre. Luc travaille dans une banque. Il aime beaucoup la campagne et il voudrait avoir beaucoup de chiens et de chats. Mais c'est difficile parce que sa femme n'aime pas les animaux. Isabelle est à l'université où elle étudie l'anglais. Elle va souvent à Londres parce que son petit ami est anglais. Marie-Claude commence l'université. Elle adore sortir avec ses amis et elle parle souvent de politique avec eux.

Les expressions négatives

To talk about what people or things are not or what they do not do, or to express ideas such as *never, no more,* or *nothing,* you need to learn how to use negative expressions.

1. **In complete sentences.** In complete sentences, negative expressions have two parts: **ne (n')** in front of the conjugated verb and **pas** or another negative word after the verb.

| ne... pas *(not)* |

Il **ne** chante pas **bien.**   *He doesn't sing well.*

| ne... jamais *(never)* |

Il **ne** chante **jamais.**   *He never sings.*

| ne... plus *(not anymore, no longer)* |

Je **n'**habite **plus** chez eux.   *I don't live with them anymore.*

| ne... rien *(not anything, nothing)* |

Nous **ne** faisons **rien.**   *We're not doing anything.*

| ne... personne *(no one, nobody)* |

Il **n'**y a **personne!**   *There's no one!*

2. **In incomplete sentences.** Frequently the idea of *no* is expressed without using a complete sentence. In these cases, **ne** does not appear. Note the following expressions:

Jamais.	*Never*
Jamais de la vie.	*Not on your life.*
Pas question.	*No way.*
Personne.	*No one.*
Rien.	*Nothing.*
Pas moi.	*Not me. (Not I.)*

— Qui aime travailler?	*"Who likes to work?"*
— **Personne.**	*"Nobody."*

— Qui aime les examens?	*"Who likes tests?"*
— **Pas moi!**	*"Not me!" ("Not I!")*

Toc, toc.	*Knock, knock.*
— Qu'est-ce que c'est?	*"What is it?"*
— **Rien, rien.** Excusez-moi!	*"Nothing, nothing. Excuse me!"*

3. Use **de (d')** (rather than **un, une,** or **des**) after *all* negative expressions.

Il **n'**y a **plus de** fleurs?	*There aren't any more flowers?*
Elle **n'**a **jamais de** stylo!	*She never has a pen!*
Vous **n'**avez **pas** d'animaux dans votre appartement?	*You don't have any animals in your apartment?*

*V*ous avez compris?

23. Vrai ou faux? Make complete sentences. Then decide if the statement is true or false. If it is false, change it to make it true.

1. Les étudiants / ne jamais / être / fatigués
2. Mes copains et moi, / nous / jouer / aux cartes le dimanche matin
3. Je / rester / à la maison / le week-end
4. Le professeur / ne jamais / être / de mauvaise humeur
5. On / ne rien / faire / dans le cours de français
6. Nous / ne pas / avoir / de problèmes
7. Je / ne plus / regarder / la télévision le samedi matin
8. Les professeurs / ne personne / écouter / en classe

24. Ni oui ni non *(Neither yes nor no).* Answer each question, but *do not* use **oui** or **non.**

Modèle   Vous chantez?
             Jamais! / Dans ma chambre. / Pas beaucoup.

1. Vous téléphonez à vos parents?
2. Vous sortez le lundi soir?
3. Vous parlez avec vos amis?
4. Vous faites de l'exercice?
5. Vous jouez du piano?
6. Vous gagnez aux cartes?
7. Vous allez à l'université à pied?
8. Vous avez envie d'étudier le samedi soir?
9. Vous voulez être à l'université pendant les vacances de Noël?

*M*ise en pratique

25. Je ne fais jamais... Faites une liste de trois choses que vous ne faites jamais.

Modèle   *Je ne chante jamais.*

26. Je ne vais plus... Faites une liste de trois choses que vous n'allez plus faire.

Modèle   *Je ne vais plus fumer.*

27. Jouer au «ni oui ni non». Inventez cinq questions à poser à vos camarades de classe. Ils doivent répondre mais ils ne peuvent pas utiliser le mot **oui** ou le mot **non.**

Modèle   — *Est-ce que tu fumes?*
          — *Jamais, pas beaucoup,* etc.

Elles aiment jouer aux cartes.

Découvertes culturelles: Loisirs et découvertes

La Réunion, île des sensations

Loisirs et découvertes. Non loin de Madagascar, l'île de la Réunion est comparée au jardin d'Éden.

1 Localisation

"Une petite France dans l'océan Indien" à 10 000 km de Paris: La Réunion est une île volcanique d'une superficie de 2500 km^2 située à l'est de Madagascar. Sa plus grande longueur est de 70 km et sa largeur de 55 km.

2 Décalage horaire

Plus 3h à l'heure d'hiver.

3 Climat

En avril et mai, c'est la fin de la saison humide avec 28°C en bord de mer et des nuits fraîches en montagne. C'est la saison idéale pour les randonnées et toutes les activités de loisirs. Juin et juillet, c'est le début de la saison sèche avec 22°C le jour et 16°C la nuit.

4 Monnaie

Toutes les cartes de crédit et les chèques sont acceptés. Les prix sont plus élevés (10 à 40%) qu'en métropole. Banques ouvertes de 8h à 16h.

5 Les fêtes

En mai et juillet, ce sont les fêtes du chouchou à Hell-Bourg, puis la fête des goyaviers à la Plaine des Palmistes. À la Réunion, les fruits et les fleurs ont leur fête! En mai encore, a lieu le cross du Piton des Neiges et du 4 au 10 juillet, le championnat du monde de surf à Saint-Leu. Le 21 juin, c'est la fête de la musique. La fête de Dipavali: c'est la fête des lumières, en l'honneur de la déesse Sri Lakhsmi. Elle a lieu entre fin octobre et début novembre.

6 En eau vive

Kalanoro: Maison de la Montagne. 10, place Sarda Garriga à Saint-Denis. Tél. 02 62 90 78 78 ou 70. Une structure commerciale de l'île organise des sorties en kayak, canoë et hydrospeed. Programmes doubles de VTT/eau vive.

A. La Réunion

◆ Testez vos connaissances géographiques. Regardez la carte au début de votre livre et complétez le schéma de ce mini-test.
La Réunion est _____ ____ Madagascar.
La Réunion est _____ l'océan Indien.
La Réunion est ____ _____ ____ l'île Maurice.
La Réunion est _____ ____ la France, mais c'est un _____ français.

◆ Imaginez le climat. Puis imaginez les activités de la population.

7 Dans les airs

Parapente et deltaplane. Initiation ou perfectionnement et baptême en biplace à partir de 60 euros. Montée de Colimaçons à Saint-Leu. Tél. 02 62 24 87 84. ULM. Baptêmes de l'air à partir de 100 euros avec survol de l'île avec le volcan, les lagons et le Sud Sauvage: une absolue beauté... Aérodrome de Pierrefonds à Saint-Pierre. Tél. 39 56 29.

8 Randonnées pédestres

La Maison de la Montagne, 10 Place Sarda Garriga à Saint-Denis. Tél. 02 62 90 78 78 ou 70. Une adresse qui propose de nombreux circuits et activités. S.R.E.P.E.E. 4, rue Jacob à Saint-Denis. Tél. 02 62 20 30 30. Sorties botaniques et touristiques et promenades. Études de la nature et protection de l'environnement.

9 Randonnées équestres

"La Diligence" à la Plaine des Cafres propose des randonnées simples (20 euros/heure) ou en attelage (25 euros/H). Tél 0262 59 10 10.

10 En VTT

"Découverte" propose des randonnées avec accompagnateur et pique-nique. Place Jules Bernard à Saint-Gilles-Les-Bains. Tél. 02 62 24 55 56. Rando Bike 100, route du Volcan à la Plaine des Cafres. Tél. 02 62 59 15 88.

B. Une brochure pour découvrir la Réunion. Dans quel paragraphe

sont les informations géographiques? Donnez le numéro de la vignette. Et les informations sur le temps qu'il fait? Et les informations sur les activités culturelles? Et les informations sur les activités sportives?

La Réunion is a French **Département d'Outremer (DOM)** and as such has the same status as the departments in metropolitan France. For more information, see **Video, Magazine 2.**

C. Complétez à l'aide des informations du texte.

La distance entre la Réunion et Paris:
La surface de l'île:
La longueur de l'île:
La largeur de l'île:
L'heure dans l'île quand il est 14 heures à Paris:
La température de jour au printemps:
La température de jour en été:
La température de nuit en été:
Les heures des banques:
Combien de fêtes à la Réunion:
Les sports aquatiques:
Les sports aériens:

D. Petite recherche. Identifiez dans le document:

Le nom de quatre villes:
La différence des prix entre la France et la Réunion:
La différence de température entre le jour et la nuit en été:
Le nombre des saisons:
La meilleure saison pour le tourisme:
Les thèmes des randonnées:
Le type de touristes qui vont à la Réunion:
La langue à la Réunion:

E. Décisions, décisions. Quels sont les avantages et les inconvénients de l'île pour les touristes?

F. Une semaine à la Réunion. Préparez un programme d'activités pour une semaine de vacances avec les horaires de chaque activité. Choisissez le type de touriste (l'âge, le sexe, un mois particulier, une personnalité, une nationalité) et proposez des activités diverses. Vous pouvez choisir un couple ou un groupe d'amis.

Orthographe et Prononciation

Les voyelles en français (suite)

In English words of several syllables, one syllable is stressed more strongly than the others; for example, the second syllable of *equality*. Vowels in other syllables receive less stress and may even be reduced to an "uh" sound. Compare, for example, the sound of the letter *a-* in *atom* and *atomic*. This system of stressed and unstressed syllables does not occur in French. In French, each syllable is pronounced with approximately the same intensity and vowels are not reduced. Compare the pronunciation of the following words as your instructor pronounces them in English and then in French.

ENGLISH	FRENCH
chocolate	chocolat
animal	animal
salad	salade

Activités

A. Prononcez. Repeat the following after your instructor.

1. le cinéma
2. optimiste
3. pessimiste
4. la philosophie
5. un camarade
6. la prononciation
7. un restaurant
8. l'université

B. Des phrases à prononcer. Repeat after your instructor.

1. Pierre a une radio mais il n'a pas de télévision.
2. Ça ne va pas! Je suis fatigué, déprimé et malade!
3. Es-tu sportif? courageux? artiste?

Vocabulaire de base

 Vocabulaire de base

Les pronoms interrogatifs (voir pages 193–194)
Les expressions négatives (voir pages 197–198)

Noms
un(e) artiste *artist*
un bateau, des bateaux *boat*
une chose *thing*

un musée *museum*
un projet *plan, project*
un vélo *bike*

Adjectifs
autre *(precedes noun) other*
différent(e) *different*
fatigant(e) *tiring*
important(e) *important*

Verbes

devoir *must, to have to*
gagner *to win*
nager *to swim*
pouvoir *can, to be able to*
rencontrer *to meet*
rester *to stay (somewhere)*
skier *to ski*
tomber *to fall*

Activités

faire de la marche
　to walk (for exercise)
faire de la natation *to swim*
faire de l'exercice *to exercise,*
　to get some exercise
faire du bateau *to go boating*
faire du jogging *to jog*

faire du ski *to ski*
faire du sport *to participate*
　in a sport for exercise
faire du vélo
　to ride a bike, to cycle
faire les musées
　to visit museums
faire une promenade
　to take a walk
faire une randonnée *to hike*
jouer au football
　to play soccer
jouer au tennis
　to play tennis
jouer aux cartes
　to play cards
jouer de la guitare
　to play the guitar

jouer du piano
　to play the piano
jouer du violon
　to play the violin

Divers

à pied *on foot*
avoir envie de + infinitif
　to feel like (doing something)
ce, cet, cette *this, that*
ces *these, those*
ici *here*
mal *badly*
sans *without*
tout le monde
　everybody, everyone
voici *here is, here are*

𝒱ocabulaire supplémentaire

Noms

le basket-ball *basketball*
un bateau à voile *sailboat*
une carte *card*
le dîner *dinner*
une équipe *team*
le football américain *football*
le golf *golf*
un joueur, une joueuse *player*
un membre *member*
un passe-temps *pastime*
un paysage *scenery, landscape*

Adjectifs

célèbre *famous*
horrible *horrible*
merveilleux, merveilleuse *wonderful, marvelous*

Activités

faire de la musique *to make music*
faire de la peinture *to paint*
faire de la photo *to take photos*
faire de la planche à voile *to windsurf*

faire de la plongée sous-marine
　to go scuba diving
faire de la voile *to go sailing*
faire du bricolage *to do odd jobs*
　around the house
faire du dessin *to draw*
faire du jardinage *to work in the*
　garden, to garden
faire du patin à glace *to ice-skate,*
　to go ice skating
faire du patin à roulettes
　to roller-skate
faire du patin en ligne
　to roller-blade
jouer au golf *to play golf*
pratiquer un sport *to play*
　a sport

Divers

aller à pied à *to walk to*
être membre (de)
　to be a member (of)
j'ai (tu as, il/elle a) rencontré...
　I (you, he/she) met . . .

Le français tel qu'on le parle

Formidable! *Super! Great!*
J'ai gagné! *I won!*
Pas mal! *Not bad!*
Qu'est-ce qu'ils sont fatigants!
　They are so tiring (irritating)!
Tu es (T'es) sûr(e)? *Are you sure?*

Le français familier

le basket = le basket-ball
faire une balade = faire une
　promenade
faire du footing = faire du jogging
faire du roller = faire du patin
　en ligne
faire du VTT = faire du vélo tout
　terrain (*mountain bike*)
le foot = le football
un truc = une chose

On entend parfois...

le soccer (Canada) = le football
le football (Canada) = le football
　américain

Magazine francophone

REVUE PÉRIODIQUE
publiée à l'aide de documentations internationales

Rédacteur en chef: Isabelle Kaplan

Rédacteurs adjoints: L. Kathy Heilenman, Claude Toussaint Tournier

NUMÉRO 2

REVUE EN FRANÇAIS POUR LES ÉTUDIANTS DE «VOILÀ!»

ÉDITORIAL
Pour faire
le portrait d'un pays

PRENDRE DES CHIFFRES, ET ENCORE DES CHIFFRES.

FAIRE DES ADDITIONS, DES SOUSTRACTIONS, DES DIVISIONS, DES MULTIPLICATIONS...

ÉCRIRE DES TITRES, DES QUESTIONS ET FAIRE DES COLONNES ET DES LISTES.

CONCLURE...

Des chiffres, des statistiques, des faits mathématiques... On regarde une culture et on a l'image d'une réalité culturelle. Pour la population, les modes de vie, les loisirs et les autres catégories, on interroge les chiffres, on regarde les statistiques. Quand partez-vous en vacances? Où allez-vous? Qu'est-ce que vous préférez, le cinéma ou la télévision? Qui fait ceci? Combien font cela? 50 ou 75%? Nous aimons les statistiques, nous adorons les chiffres; ils représentent des informations précises et scientifiques. Nous avons l'illusion de comprendre la culture et nous comparons, nous évaluons, souvent aussi nous jugeons. Mais la culture, est-ce que c'est des chiffres? Est-ce qu'il est possible d'emprisonner la vie, les émotions dans des paquets chiffrés? Qu'est-ce que les chiffres ne disent pas? À vous de répondre!

Le Québec depuis 1534

1967: En visite au Québec, le président français Charles de Gaulle encourage l'indépendance de cette province en disant "vive le Québec libre" au cours d'un discours resté célèbre.

1534: Jacques Cartier prend possession de l'actuel Canada pour le roi de France, François 1er.

1608: les Français fondent la ville de Québec qui deviendra aussi le nom d'une province du Canada.

1980–2000: Dans les 20 dernières années, une série de référendums essaie de négocier la séparation du Québec et son indépendance. Malgré des résultats négatifs, ils révèlent une majorité grandissante qui veut établir l'indépendance du Québec et se rallie au Parti québécois pour obtenir son indépendance. Mais en l'an 2000, le Québec est toujours l'un des dix partenaires de l'État fédéral canadien. C'est une province entièrement francophone. Le Canada est considéré comme bilingue. En fait les Québécois sont obligés d'apprendre l'anglais à l'école.

1763: Après une guerre entre la France et la Grande-Bretagne, le Canada devient anglais. Mais la Grande-Bretagne permet aux Français de la province de Québec de garder leur langue et leurs coutumes.

TOUT SUR LA FAMILLE

— Au Québec, 25 familles ont plus de 10 enfants. Moins de 1% des familles se rendent à six.

— Une famille sur cinq est monoparentale. Dans 81,9% des cas, les enfants vivent avec la mère.

— Dans les familles biparentales, 86% des couples sont mariés.

— En 1989, le salaire moyen d'une famille biparentale était de 44 213$, alors que celui de la famille monoparentale était de 14 384$.

— 78% des Québécois considèrent qu'on n'accorde pas assez d'importance à la famille dans la société.

— C'est le Québec (49,4%) qui détient le plus haut pourcentage de divorces devant le Canada (38,3%), la Suède (44,1%), le Royaume-Uni (41,7%), la France (31%) et le Danemark (44%).

— Chaque année, quelque 90 000 enfants canadiens vivent un divorce.

Monsieur Dubois, Américain

Il y a 400 ans, sur ordre du roi François 1er, des centaines de personnes originaires de toutes les provinces françaises embarquaient sur des vaisseaux au port de La Rochelle. C'étaient des paysans, des militaires, des artisans et des commerçants, qui partaient s'installer en Nouvelle-France, dans l'actuel Canada. Les lointains petits-enfants de ces pionniers forment aujourd'hui la plus grande partie de la population du Québec. Sur l'autre rive de l'Atlantique vivent donc des Américains qui s'appellent Dubois, Forestier, Langevin, Nadon, Raymond...

Florence Thinard

Les films de la semaine

À voir!

CONTE D'AUTOMNE

Un film d'Éric Rohmer avec Marie Rivière. Voici une bonne initiation au cinéma d'un cinéaste typiquement français. Ici, l'histoire d'une veuve propriétaire de vignobles mais qui n'aime pas beaucoup sa solitude. Deux amies cherchent un mari pour elle. Après quelques quiproquos, tout finit bien. L'histoire est simple, réalisée avec subtilité et les acteurs sont plus naturels que nature.

Pas très bon!

UNE BOUTEILLE À LA MER

Dans une bouteille, une femme trouve une lettre qui est une déclaration d'amour. Elle va chercher l'auteur de cette lettre. Un film mélodramatique, sentimental et assez lacrymal!

LES GRANDES DATES—DÉBAT.

1880: À vingt ans, il abandonne la poésie. Mais ses poèmes sont magiques, fulgurants, énigmatiques.

> Elle est retrouvée
> Quoi?—l'Éternité
> C'est la mer allée
> Avec le soleil

Ils vont influencer beaucoup de grands écrivains: Mallarmé, Claudel, Breton et les surréalistes par le rythme, le langage, l'émotion, la vision du monde. «Je suis maître en fantasmagories», dit Arthur Rimbaud. L'air très sage, mais un tempérament difficile, révolté, révolutionnaire, il cesse de faire des poèmes à l'âge de vingt ans!

Pourquoi abandonner la poésie quand on est un grand poète, quand on a du talent, quand on a devant soi un avenir littéraire magnifique?

Pourquoi ce poète a-t-il renoncé à son art? Dites-nous ce que vous en pensez!

Pourquoi elle est en Amérique!

Karolina est une jeune étudiante étrangère dans un collège universitaire américain. Elle sort d'une classe de français

Int.: Karolina, pourquoi êtes-vous aux États-Unis?

Karolina: Pour étudier. J'ai étudié l'anglais en République Tchèque, puis j'ai étudié en Angleterre, et j'aime beaucoup voyager alors j'ai obtenu une bourse d'études pour étudier ici, aux États-Unis.

Int.: Et qu'est-ce que vous étudiez ici?

Karolina: J'apprends le français et je fais de l'électronique aussi. J'aimerais créer des CD-ROM bilingues.

Int.: Pourquoi étudiez-vous le français?

Karolina: D'abord je voudrais visiter la France, mais aussi, c'est une langue que j'aime beaucoup. Je voudrais bien la parler, la lire et l'écrire. Et en Europe Centrale, on apprend deux langues, l'anglais pour la promotion économique et le français pour la promotion intellectuelle.

Int.: Est-ce que c'est difficile pour vous d'étudier le français?

Karolina: Non, pas vraiment. J'ai déjà étudié le russe, l'anglais et un peu l'allemand.

Int.: Et qu'est-ce que vous préférez?

Karolina: Le français, bien sûr. C'est un peu plus difficile que l'anglais, la grammaire surtout, mais l'accent est plus facile.

Int.: Et quand vous n'étudiez pas le français, que faites-vous?

Karolina: Du foot, de la course, du kayak, aussi du ski de fond un peu. Ça dépend de la saison.

Int.: Le cinéma? Les films?

Karolina: Il n'y a pas beaucoup de bons films ici, c'est une toute petite ville... Mais j'ai mes amis. Ils font de la musique, du théâtre, et je vais les écouter ou les voir jouer quand j'ai le temps. Et puis, j'ai beaucoup de travail.

Int.: Hé bien, bonne chance en Amérique et avec le français, Karolina! Et merci!

QU'IL FAIT BON CHEZ LES PARENTS!

Finie la famille? Démodée? Pas du tout! Les sondages révèlent que la famille est de plus en plus acceptée. C'est une vieille institution qui a appris à s'adapter. Les jeunes restent plus longtemps chez les parents. Chez les parents, ça ne coûte rien! Les sociologues concluent que c'est tout le concept de la jeunesse qui a changé: avant, la jeunesse, c'était l'adolescence. Maintenant, c'est une classe d'âge qui a son identité. Entre 15 et 25 ans, il y a homogénéisation des valeurs, des goûts et des styles. La famille traditionnelle a évolué, et les parents sont les anciens révolutionnaires des années 68, et, par conséquent, beaucoup de tensions familiales ont disparu.

D'après Phosphore, Famille, les jeunes en redemandent!
JUILLET 2000—Nº 229

QUÉBEC

QUÉBEC, PATRIMOINE MONDIAL DE L'UNESCO

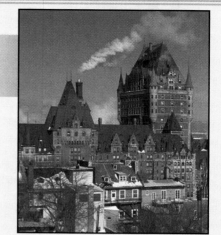

Entourée de remparts, dominée par la silhouette familière du château Frontenac, l'hôtel le plus photographié au monde, Québec est plus que la capitale de la province, c'est le berceau de la civilisation française en Amérique.

Des plaines d'Abraham à la Place Royale, les grands moments de l'histoire sont gravés dans chaque pierre. Ville-musée, Québec n'est cependant pas prisonnière du passé. Ses rues grouillent de vie. De la fête nationale le 24 juin, au Carnaval de Québec en février, son carnet de bal est rempli de manifestations culturelles et de réjouissances populaires.

Au-delà de ses remparts, une foule d'activités attendent le visiteur invité à appeler les loups dans la nuit, à descendre des rivières en *rafting*, à escalader des murs de glace, à observer des oies sauvages, à dévaler des pistes en ski ou en vélo de montagne, à faire un voyage nostalgique dans l'île d'Orléans...

ACTIVITÉS

- **Sports nautiques**
- **Bicyclette et vélo de montagne**
- **Équitation**
- **Golf**
- **Chasse et pêche**
- **Escalade de glace à la chute Montmorency**
- **Observation de la faune**
- **Sports d'hiver**

Les arts et les lettres

Chanter français, dans un monde anglais!

Plus de chansons engagées. À Montréal, la chanson sonne Black, Blanc et Latino... Mais Kevin est un Anglo—Gaspésien de 25 ans, aux accents folk. Deux albums avec vente record au Québec. Que dit-il de la chanson québécoise?

—*Vous êtes de culture anglophone.*

—Oui, mais mes grands-parents sont francophones. Et je suis allé à l'école française. Mais au début, l'inspiration pour moi, c'était Dylan et Cat Stevens. Brassens, Cabrel, Brel, étaient tous des noms inconnus pour moi à l'époque.

—*Pourquoi en êtes-vous venu au français?*

—Au Québec, tout passe par le français!

—*Qu'est-ce que c'est, être québécois?*

—C'est être différent des autres, et quand on est encerclé par la machine américaine, c'est comme une bataille! La culture québécoise, ce n'est pas aussi clair que la culture française, mais c'est un sentiment profond aussi. Je chante mes tourments, et c'est difficile! Mais chanter français, pour moi, c'est chanter une culture!

"De Temps en Temps, Moi, J'ai les Bleus" d'Angèle Arseneault

LE REFRAIN:
De temps en temps, moi, j'ai les bleus
Les bleus royales, les bleus marines,
Les bleus turquoises, les bleus pastels,
Les bleus d'amour,
Les bleus tout court.
C'est pas si mal de temps en temps,
J'en connais qu'ont les bleus tout
    l' temps.

I. D'habitude j'ai d'autres couleurs
   Je me réveille de bonne humeur
   Je m'habille en rouge ou tout en
     blanc.
   Je laisse mes cheveux voler au vent.
   J'mets mes colliers pour déjeuner.

LE REFRAIN

II. Qu'on vienne me voir tôt le matin
    Ou tard le soir ça ne fait rien.
    La porte s'ouvre sans façon.
    La radio chante des chansons.
    Et moi, je ris, j'aime la vie.

LE REFRAIN

III. Je n'me fais jamais de problèmes
    Mes bleus s'en vont et ils reviennent
    Le soleil brille après la pluie.
    C'est toujours comme ça dans la vie.
    On pleure un peu, p'is ça va mieux.

LE REFRAIN

*<u>CLÉ</u>: l' = le / n' = ne / p'is = puis

D'UNE PAGE À L'AUTRE...

Faites un tableau analytique du *Magazine:* pour chaque article indiquez: (a) le titre de l'article, (b) son sujet, (c) le type d'information et (d) les mots qui justifient vos décisions. Quel est le sujet du *Magazine?* Quels sujets sont absents?

Les arts et les lettres

CHANTER FRANÇAIS DANS UN MONDE ANGLAIS.

1. Soulignez les mots qui se réfèrent à la musique.
2. Préparez deux listes: la liste des mots qui se réfèrent à la culture anglophone, et la liste des mots qui se réfèrent à la culture francophone.
3. Quelles associations avez-vous avec la "chanson québécoise"?

DE TEMPS EN TEMPS, MOI, J'AI LES BLEUS.

1. Trouvez dans cette chanson les expressions qui s'opposent.
2. Donnez une émotion correspondante à chaque «bleu».

Modèle   *Bleus royales: Je suis vraiment déprimé(e).*

3. D'après cette chanson, l'auteur est-elle une personne optimiste ou pessimiste? Pourquoi?

REGARDS SUR LE MONDE

QUÉBEC.

1. Classez toutes les activités présentées d'après leur style (culturelles, sportives, touristiques).
2. Soulignez la phrase qui définit la ville de Québec pour l'auteur.
3. Et pour vous, d'après cette description, Québec, c'est quel type de ville?

À VOTRE AVIS...

RECHERCHES.

1. Québec. Préparez six questions pour avoir des informations précises et actuelles sur la question de l'indépendance du Québec.
2. Gorée et Québec sont deux sites classés «Patrimoine mondial de l'UNESCO». Dites pourquoi en quatre phrases et comparez les deux villes.

CORRESPONDANCE.

Écrivez une réponse à l'*Éditorial.*

ACTION!

1. **Monsieur et Madame Dubois en 2000.** Faites leur portrait avec les informations des articles du *Magazine.*

Modèle   *Les grands-parents de Monsieur et Madame Dubois sont de France, mais eux sont québécois. Ils sont mariés, comme la majorité des couples québécois, etc.*

2. Préparez des questions d'interview pour un(e) étudiant(e) d'origine francophone de votre université.

À LA LOUPE

L'ÉDITORIAL.

1. Lisez les premières directives de l'*Éditorial* (lignes 1–6). Choisissez quel type de portrait elles présentent: **mathématique / humain / subjectif / objectif / général / subtil / succinct / incomplet / précis / suffisant / pauvre / froid / matériel / psychologique.**
2. Soulignez les phrases qui expriment une opinion et l'opinion de l'éditorialiste.
3. Choisissez trois phrases différentes dans cet éditorial et dites quels articles illustrent chaque phrase.

LE QUÉBEC DEPUIS 1534.
Dans le texte trouvez trois mots importants pour chaque date:

1534 1967 1763 1980–2000

MONSIEUR DUBOIS, AMÉRICAIN.
Donnez un autre titre à cet article. Soulignez les mots qui indiquent que cet article raconte une histoire passée.

LES GRANDES DATES—DÉBAT.

1. Faites la liste des adjectifs qui qualifient Rimbaud.
2. Faites la liste des adjectifs qui qualifient les poèmes de Rimbaud.
3. Faites la liste des éléments qui ont influencé la littérature après Rimbaud.
4. Imaginez pourquoi Rimbaud cesse d'être poète à vingt ans.

Modèle   *Il n'a peut-être plus d'inspiration.*

GAGNEZ LE PRIX DES «AMIS DU QUÉBEC»! PARTICIPEZ À NOTRE GRAND JEU-QUIZ !

1er Prix

Répondez en français et calculez vos points. Résultats de votre professeur.

Donnez le nom d'un roi de France.	2 points ___
Donnez le siècle de son règne.	4 points ___
Qui est Jacques Cartier?	3 points ___
Donnez trois professions des premiers habitants du Québec.	5 points ___
Donnez le premier nom de la province du Québec.	2 points ___
Donnez la date de l'annexion par la Grande-Bretagne.	3 points ___
Donnez la date du premier référendum.	2 points ___
Quel slogan politique le Général de Gaulle a-t-il créé?	3 points ___
Dites par quel moyen de transports les pionniers français sont arrivés.	4 points ___
Dans quel pays divorce-t-on le plus: le Danemark, la France, le Royaume-Uni, le Canada ou la Suède?	3 points ___
Sur cinq familles combien sont monoparentales au Québec?	4 points ___
Quel pourcentage de Québécois trouvent que la famille est en crise?	4 points ___
Donnez le nom d'un monument célèbre à Québec.	3 points ___
Quelle est la date de la fête nationale?	4 points ___
Pendant quel mois célèbre-t-on le Carnaval de Québec?	2 points ___
Donnez le nom d'une île dans la baie du Saint-Laurent.	4 points ___
Donnez le nom de quatre sports qu'on pratique au Québec.	3 points ___
Donnez le nom de trois chanteurs québécois.	3 points ___
Pourquoi les chanteurs québécois chantent-ils en français?	4 points ___

Qu'est-ce qu'on mange?

En bref...

- **Le pays thiernois**
- **Les repas et la nourriture**
- **Les Français et la nourriture**
- **Boire et manger**
- **Les verbes boire et prendre**
- **L'article partitif**
- **L'article partitif après une expression négative**
- **Un bon plat sénégalais**

Avez-vous un marché dans votre ville?

Entrée en matière:

Produits naturels et régionaux

POURQUOI PAS...
un repas, une étape, un week-end... ou beaucoup plus,
avec l'Association
ACCUEIL EN PAYS THIERNOIS.
Venez concilier, plaisir de la table, confort du logis,
découverte de l'environnement, détente, chez
l'un des Hôteliers-Restaurateurs du groupement.
Retrouvez le gôut "vrai" des spécialités régionales,
ainsi que repos et confort ou l'ACCUEIL
s'écrit encore en lettres MAJUSCULES.

Les photos. Voici une brochure un peu comme une page d'album de photos.

Regardez les photos. Décrivez-les. Comment est cette région?

Quels mots du texte associez-vous avec les photos?

La brochure. D'après les photos et les illustrations, donnez une liste des raisons pour aller en pays thiernois. Choisissez la saison, le mois et la raison de votre visite.

Regardez les produits au bas de la brochure. De quelles couleurs sont-ils? Sont-ils d'origine

Découvrez
un environnement "NATURE"
ainsi qu'Églises, Châteaux, Musées...
Pratiquez le tennis, la planche à voile, la pêche,
la randonnée, le ski de fond...

THIERS

ST-RÉMY S/DUROLLE   LEZOUX

COL DE LA CHARME

ACCUEIL EN PAYS THIERNOIS

c'est tout cela...

là... où la nature est "nature"
là... où la table reprend son goût.

AUBUSSON

THIERS

---

végétale? animale? D'où viennent-ils? Où sont-ils? Dans un magasin? Un supermarché? Un marché extérieur?

Le message publicitaire. Trouvez dans la brochure tous les mots associés aux produits animaux et végétaux.

Quel est le mot important pour encourager les visiteurs à venir visiter le pays thiernois et goûter la cuisine de la région?

Le tourisme français. D'après cette brochure, donnez les éléments importants du tourisme français.

Vocabulaire

1. **un rôti de bœuf**
2. **des petits pois** *(m.)*
3. **des pâtes** *(f.)*
4. **un pain**
5. **un croissant**
6. **une tarte aux pommes**
7. **un gâteau au chocolat**
8. **des bonbons** *(m.)*

> Oh là là, j'ai faim maintenant, moi!

Info

Les repas en France.

Traditionally, the noon meal is the most important meal of the day in France. French people take at least an hour to eat and then some time after the meal to drink coffee and read the paper. They will often start the meal with a first course (raw vegetables, **charcuterie,** etc.), followed by the main dish (meat or fish plus vegetable), then a salad, and finally cheese and/or dessert. The evening meal, taken around eight, will be lighter and might consist of soup, **charcuterie,** leftovers, an omelette, or pasta. This is the general pattern, but you will encounter many differences depending on region and family circumstances. Moreover, things are changing, especially in larger cities, where people often have lunch at work or at school. Although lunchtime is shorter, people still often have an appetizer, a main dish, a salad, and cheese or dessert. The evening meal is then considered the main meal.

A. M. Delvaux

«Et pour demain? Pour le petit déjeuner, un pain. Il est très bon ici. Et pour le déjeuner? J'ai un rôti de bœuf, des petits pois, des pâtes. Ça va. Je vais acheter une tarte aux pommes pour le dessert. Et un gâteau au chocolat pour le goûter, à quatre heures. Des bonbons aussi, pour quand j'ai faim entre les repas. Oh là là, j'ai faim maintenant, moi! Je vais prendre un petit quelque chose... un croissant? Bonne idée! Oh, et pour ce soir? Je n'ai pas envie de faire la cuisine. Il y a un bon restaurant chinois pas loin... »

- ◆ Comment est M. Delvaux? Qu'est-ce qu'il aime? Est-ce qu'il mange bien ou mal? Pourquoi?
- ◆ Et vous, vous aimez les petits pois? Et les pâtes? Vous préférez le rôti de bœuf ou le rôti de porc? Le pain ou les croissants pour le petit déjeuner? Un gâteau au chocolat ou une tarte aux pommes pour le dessert? Les restaurants chinois ou les restaurants français?

B. Mieng Lao

«Bon, pour être en forme, il faut manger des légumes et des fruits... c'est bon pour la santé! Ah, et je voudrais des yaourts et des œufs aussi... Pas de pain, c'est mauvais pour le régime! Et pour être en bonne santé, pas de bonbons et pas de gâteaux! J'ai soif! Je vais acheter un jus de pommes... non, c'est trop sucré. Un jus de pamplemousse, mais sans sucre: c'est meilleur pour la santé.»

1. le jus de pamplemousse
2. l'eau minérale *(f.)*
3. le vin
4. le champagne
5. la bière
6. le thé
7. le café
8. des légumes *(m.)*
9. des fruits *(m.)*
10. un yaourt
11. des œufs *(m.)*

J'ai soif!

◆ Comment est Mieng Lao? Qu'est-ce qu'elle aime? Elle est en bonne ou en mauvaise santé? Pourquoi?

◆ Et vous, vous mangez comme Mieng Lao ou comme M. Delvaux? Vous aimez les fruits? les légumes? les yaourts? les œufs? Vous préférez le jus de pommes ou le jus de pamplemousse? Les œufs, c'est bon ou c'est mauvais pour la santé?

C. Mme Baldini

«Est-ce qu'il y a quelque chose à manger pour ce soir? Je vais faire une soupe de tomates. Il y a aussi des restes dans le réfrigérateur et j'ai une pizza dans le congélateur. Ça va, tout le monde adore la cuisine italienne, pas de problème. Est-ce que j'achète des steaks ou un poulet pour dimanche midi? Un poulet! Pour six, c'est plus facile. Avec des haricots verts et des frites... les frites surgelées sont excellentes ici. Ah, il faut aussi deux melons et un jambon. Comme entrée, c'est délicieux, le melon avec le jambon! Il faut un dessert... Voyons... j'ai des fraises et un gâteau, ça va. Ah, je vais aussi acheter des jus de fruit pour les enfants... »

1. des fraises *(f.)*
2. des haricots verts *(m.)*
3. une banane
4. une pêche
5. une pomme
6. une orange
7. un citron
8. la glace à la vanille
9. les frites *(f.)*
10. un poulet
11. un steak
12. un jambon
13. un saucisson

Voyons...j'ai des fraises...

◆ Comment est Mme Baldini? Est-ce qu'elle habite seule? Combien de personnes est-ce qu'il y a dans sa famille? Qu'est-ce qu'ils vont manger ce soir? Et dimanche?

◆ Dans votre famille, est-ce qu'on aime le melon comme entrée? Est-ce qu'on l'aime avec le jambon? Est-ce qu'on a un repas de famille le dimanche à midi? Quand est-ce qu'on a un repas de famille?

◆ Vous préférez le steak ou le poulet? Vous aimez la pizza? Vous l'aimez chaude ou froide? Vous aimez la cuisine italienne?

Info:

L'apéritif.

In France, **l'apéritif** refers both to a drink taken before lunch or dinner and to the convivial time that people share before a meal. When guests are present, **l'apéritif** is served with crackers, chips, nuts, or other snacks. One can be invited for **l'apéritif** by itself, before lunch, or before dinner. In that case, the guest is expected to leave early enough for the family to have time for their meal, especially if it is lunch. Friends can also meet in a café before going home for their meal. **L'apéritif** is then perceived as a transitional time between work and home.

L'apéritif

Bon, pour ce soir...

1. **des chips** *(m.)*
2. **une carotte**
3. **une tomate**
4. **une laitue**
5. **un fromage**
6. **des conserves** *(f.)*
7. **le beurre**
8. **le lait**

D. Philippe Vandamme

«Bon, pour ce soir... Pour l'apéritif, avant le dîner, des chips. Comme entrée, des crudités: des carottes et des tomates. C'est bien pour Sébastien, qui est au régime. Et surtout pas de mayonnaise pour lui! Une vinaigrette? Oui, mais je vais la faire, c'est meilleur que quand on l'achète. Bon, maintenant, comme plat principal... une omelette, peut-être... avec des champignons. Surtout pas de viande et pas de poisson, avec Anne qui est végétarienne! Après, une salade, deux ou trois fromages... Ah, je n'ai pas de dessert. Il faut acheter un dessert... Voyons, une glace? Oui, bonne idée! Caroline adore la glace au chocolat, et moi aussi. Ça va être un bon petit dîner. Et comme boisson? J'ai des bières dans le réfrigérateur. Tout le monde aime la bière, pas de problème... »

◆ Comment est Philippe Vandamme? Quel âge a-t-il? Il est étudiant ou il travaille? Il est marié ou célibataire? Pourquoi est-ce qu'il fait les courses? Qui sont Sébastien, Caroline et Anne? Qu'est-ce qu'ils vont manger? Ça va être bon? C'est vrai que tout le monde aime la bière?

◆ Et vous, vous aimez les crudités? Vous préférez les carottes ou les tomates? Vous préférez la vinaigrette ou la mayonnaise avec les crudités? Vous préférez les fromages français ou les fromages américains? Avec une omelette, vous préférez la bière, le vin ou l'eau? Et avec le fromage?

◆ Chez qui (Philippe Vandamme, Mme Baldini, etc.) voulez-vous manger ce week-end? Pourquoi?

◆ Vous préférez manger des choses sucrées ou salées? Quelle est votre boisson préférée? votre légume préféré? votre fruit préféré? votre dessert préféré? Qu'est-ce que vous détestez?

E. Et aussi...

La nourriture (Food)

Les légumes:

des asperges (f.)	asparagus
des épinards (m.)	spinach
une pomme de terre	potato
un oignon	onion

Les fruits:

une poire	pear
une prune	plum
le raisin	grape

Le poisson:

le thon	tuna
le saumon	salmon
une crevette	shrimp

La viande:

le bœuf	beef
le porc	pork
le mouton	mutton
la dinde	turkey
la charcuterie	cold cuts
le pâté	pâté
un steak haché	hamburger

Pour le petit déjeuner:

le café au lait	coffee with milk
les céréales (f.)	cereals

Pour le goûter:

la confiture	jam
le chocolat	chocolate

Pour un pique-nique:

un sandwich (au jambon, au fromage)	(ham, cheese) sandwich
le Coca-Cola, le coca	Coca-Cola, Coke

Et aussi:

le sel	salt
le poivre	pepper
la moutarde	mustard
le riz	rice

Info:

Le goûter.

Le goûter refers to food eaten in the late afternoon and is the equivalent of British afternoon tea (the French equivalent of the English expression *to have a snack* is **prendre quelque chose** or **prendre un petit quelque chose**). Since dinner is late in France, French children have a **goûter** when they arrive home from school at four o'clock. Most often, they have bread with jam or chocolate and a cup of hot chocolate or milk. Older children and adults may have a cup of coffee or tea. For their birthday, French children can invite their friends to a **goûter d'anniversaire** featuring cakes and pies.

◆ Quelles sont les choses sucrées? salées? Qu'est-ce que vous aimez? Qu'est-ce que vous n'aimez pas?

Notes de vocabulaire

1. Mots et expressions utiles

inviter	*to invite*	quelqu'un	*somebody, someone*
japonais(e)	*Japanese*	une soirée	*party*
prendre un verre	*to have a drink*	une recette	*recipe*

2. Bon / mauvais / meilleur.
The adjectives **bon** and **mauvais** are placed in front of the noun.

> Les professeurs aiment les **bons étudiants**, mais les **mauvais étudiants?** C'est un problème!

When you want to say that something or someone is better, use **meilleur(e)** or **meilleur(e)... que.**

> Est-ce que les fromages français sont **meilleurs que** les fromages américains?
> *Are French cheeses better than American cheeses?*

> Le vin, c'est bon, mais le champagne, c'est **meilleur!**
> *Wine is good, but champagne is better!*

3. Avant / après; devant / derrière.
Note the difference in usage of these prepositions.

avant / après = *before / after (in time)*
devant / derrière = *in front of / in back of (in space)*

> Est-ce que tu étudies **avant**   *Do you study before*
>   ou **après** le dîner?   *or after dinner?*
> Il y a quelqu'un **derrière** toi!   *There's someone behind you!*
> Il n'y a personne **devant** moi.   *There's nobody in front of me.*

4. Acheter.
The verb **acheter** adds an **accent grave** over the middle -e- in forms where the ending is silent.

j'achète	nous achetons
tu achètes	vous achetez
il } achète	ils } achètent
elle	elles

5. Il faut.
To say that one needs something or has to do something, use **il faut** + *noun* or **il faut** + *infinitive*.

> Après le dîner, **il faut un dessert!**
> *After dinner, one needs dessert!*

> Pour être en bonne santé, **il faut manger** des légumes.
> *In order to be healthy, one needs to eat vegetables.*

6. J'ai faim! J'ai soif! Avoir faim and **avoir soif** are expressions with **avoir** similar to **avoir sommeil, avoir chaud,** and **avoir froid.**

Quand M. Delvaux **a faim,**
il mange des bonbons.
J'ai soif! Je vais boire
un Coca-Cola.

When Mr. Delvaux is hungry,
he eats candy.
I'm thirsty! I'm going
to have a Coke.

𝒱ous avez compris?

1. Chassez l'intrus. Quel mot ne va pas avec les autres à cause du sens (meaning)?

1. une pomme de terre / une tomate / le jambon / des haricots verts / une carotte
2. un steak / un rôti / une pomme / un saucisson / un poulet
3. des asperges / une poire / une pêche / une fraise / un pamplemousse
4. le petit déjeuner / le goûter / des crudités / le dîner / le déjeuner
5. le beurre / la confiture / le café au lait / le pain / les épinards
6. une glace / un pâté / du raisin / un gâteau / une tarte
7. le riz / le lait / le thé / la bière / le Coca-Cola
8. des asperges / des petits pois / le sucre / des oignons / des épinards
9. le bœuf / le porc / le mouton / un steak haché / la moutarde
10. la dinde / le saumon / le thon / les crevettes / un poisson

Au restaurant

2. Normal ou bizarre? C'est normal ou c'est bizarre?

1. un steak dans un tiroir
2. des épinards dans une salade
3. des bières dans le réfrigérateur
4. le pain dans le réfrigérateur
5. des tomates dans un sac
6. des frites surgelées dans un placard

3. Qu'en pensez-vous? Est-ce que c'est bon? C'est mauvais? C'est bon pour la santé? C'est mauvais pour la santé? C'est bon pour le régime? C'est mauvais pour le régime?

1. un gâteau au chocolat
2. le lait chaud
3. un steak-frites
4. le café au lait
5. le sucre
6. le fromage
7. le vin
8. le jus d'orange
9. les conserves
10. les épinards
11. la charcuterie
12. une bière chaude

4. Quand? Quand est-ce que vous mangez les plats ou vous buvez *(drink)* les boissons suivants? (SUGGESTIONS: au petit déjeuner, à midi, à 16 heures, au dîner, à 21 heures.)

> **Modèle** le café au lait?
> *Au petit déjeuner, pas au dîner...*

1. une bière?
2. le jambon?
3. une pizza?
4. une glace au chocolat?
5. un sandwich?
6. une omelette?

5. Dans la cuisine. Il est tard *(late)* et vous avez faim et soif. Suivez le modèle.

> **Modèle** Où sont les bananes?...
> *J'ai faim!*

1. Où est le lait?...
2. Où est le jambon?...
3. Où est la pizza?...
4. Où sont les bonbons?...
5. Où est la bière?...

6. Des conseils. Qu'est-ce qu'il faut faire...

> **Modèle** ... quand on a soif?
> *Il faut boire!*

1. ... quand on a faim?
2. ... quand on a sommeil?
3. ... quand on a chaud?
4. ... quand on a un examen?
5. ... quand on a des problèmes?
6. ... quand on est au régime?

M ise en pratique

7. Qu'est-ce que c'est? Voilà des devinettes *(riddles)*. Quelles sont les réponses?

1. Il est bon quand il est un peu vieux. Qu'est-ce que c'est?
2. Elles sont bonnes quand elles sont rouges. Qu'est-ce que c'est?
3. Il est blanc avec le poisson et rouge avec le steak. Qu'est-ce que c'est?
4. Elles sont vertes, jaunes ou brunes. Qu'est-ce que c'est?
5. Ils sont verts et ils sont délicieux quand ils sont très petits. Qu'est-ce que c'est?

8. Les goûts

1. Faites des listes.

a.	les légumes
b.	la viande et le poisson
c.	les desserts
d.	les fruits
e.	les boissons

2. Posez des questions pour trouver les préférences de vos camarades de classe.

Modèle *Tu aimes les haricots verts ou non?*

9. Les Français et la nourriture.
Regardez ce que mangent les Français dans les années 90 en comparaison des années 80 et des années 70.

EXPLICATIONS: La volaille, c'est par exemple le poulet, la dinde et le canard *(duck)*. Les vins courants, ce sont les vins de table (pour boire tous les jours). Les vins AOC (vins d'appellation d'origine contrôlée), ce sont les bons vins.

1. Quels sont les trois aliments préférés des Français en 1970? Et en 1980? Et en 1995? Dans le même *(same)* ordre?

2. Faites deux listes: les choses que les Français aiment plus maintenant et les choses qu'ils aiment moins. Qu'est-ce qui est beaucoup moins important? Qu'est-ce qui est beaucoup plus important?

3. Dans la liste: Qu'est-ce qui est bon pour la santé? Qu'est-ce qui est mauvais pour la santé? Est-ce que les Français mangent mieux maintenant qu'avant? Pourquoi?

4. En groupes, faites une liste des 10 aliments préférés dans votre culture et comparez avec les préférences des Français.

5. Dans votre liste, qu'est-ce qui est bon pour la santé? Qu'est-ce qui est mauvais pour la santé? À votre avis, qu'est-ce qu'il faut manger souvent pour être en bonne santé? Qu'est-ce qu'il faut boire? Et qu'est-ce qu'il ne faut pas manger ou boire trop souvent? Faites des listes et comparez avec le reste de la classe.

Un an de nourriture

Évolution des quantités de certains aliments consommés par personne et par an (en kg ou litre):

	1995	1980	1970
• Pommes de terre (kg)	64,1	68,0	95,6
• Légumes frais (kg)	89,7	68,5	70,4
• Bœuf (kg)	16,7	18,5	15,6
• Volaille (kg)	22,6	17,1	14,2
• Œufs (kg)	15,5	14,7	11,5
• Poissons, coquillages, crustacés (frais et surgelés, en kg)	16,4	13,4	10,8
• Lait frais (litre)	74,4	74,0	95,2
• Huile alimentaire (kg)	12,8	11,5	8,1
• Sucre (kg)	8,9	15,0	20,4
• Vins courants (litre)	40,6	77,1	95,6
• Vins AOC (litre)	25,5	11,3	8,0
• Bière (litre)	37,4	44,2	41,4
• Eaux minérales et de source (litre)	108,2	47,4	39,9

INSEE

Francoscopie 1999

Structure

Les verbes *boire* et *prendre*

The verb **boire** means *to drink*. Its conjugation is irregular.

je bois	nous buvons
tu bois	vous buvez
il } boit	ils } boivent
elle	elles

Qu'est-ce qu'**on boit?**   *What's everybody drinking?*

The verb **prendre** means *to take*. Its conjugation is irregular. Note the double -**n**- in the third-person plural.

je prends	nous prenons
tu prends	vous prenez
il } prend	ils } prennent
elle	elles

Je sors et **je prends** mon vélo.   *I'm going out and I'm taking my bike.*
Tu vas **prendre** ton dictionnaire   *Are you going to take your dictionary*
   ou pas?   *or not?*

Prendre is also used to express the idea of having a meal or having something to eat or drink.

À quelle heure est-ce qu'**on prend**   *What time do you eat breakfast at*
   le petit déjeuner chez toi?   *your house?*
Tu prends ton café sans sucre?   *Do you take your coffee without sugar?*
Je prends un croissant, et toi?   *I'll have a croissant. How about you?*

The imperative or command forms of **boire** and **prendre** are identical with their present tense forms.

Bois ton lait!   *Drink your milk!*
Vite, **buvez** votre café, on y va!   *Quick, drink your coffee, we're leaving!*
Il fait chaud. **Buvons** un jus de fruit.   *It's hot. Let's drink a fruit juice.*

Prends ton vélo!   *Take your bike!*
Prenez le bus!   *Take the bus!*
Prenons un café.   *Let's get a cup of coffee.*

Vous avez compris?

10. Ça se boit ou ça se mange? Boire ou manger? Choisissez.

Modèle   les carottes

	boire	manger
1. les carottes		√
2. le fromage		
3. les œufs		
4. le café		
5. le riz		
6. la bière		
7. le thé		
8. l'eau		
9. la viande		
10. le jus de fruit		

11. Qu'est-ce qu'on boit? Complétez en utilisant une forme du verbe **boire**.

1. Qu'est-ce que vous _____?
2. Ils _____ trop!
3. Marianne ne _____ jamais avec les repas.
4. Qu'est-ce que tu vas _____ ?
5. _____ ton café! Il faut partir!
6. Je ne _____ jamais entre les repas.
7. Vous avez soif? Mais _____ donc votre eau!

12. En famille. C'est le matin et la famille Durieux se prépare *(is getting ready)* à partir. Qu'est-ce qu'ils disent *(are saying)*? Utilisez le verbe **prendre** pour compléter chaque phrase.

Modèle   Tu / tes cahiers?
          Tu prends tes cahiers?

1. Je / le sac pour aller au supermarché.
2. Sophie! Paul! Vous / votre vélo?
3. Martine! Ton père / la voiture?
4. Les enfants / leurs livres?
5. Oui, oui maman! Nous / nos sandwichs!

En pique-nique

M ise en pratique

13. Faites des phrases. Boire ou prendre? Faites des phrases.

> Modèle   Tu / ne rien / boire?
> *Tu ne bois rien?*

1. Elle / aller / prendre / un thé.
2. Est-ce que / il y /avoir / quelque chose à / boire / dans le réfrigérateur?
3. Quand / je / avoir très soif, / je / boire / un jus de fruit.
4. Qu'est-ce que / ils / prendre / au petit déjeuner?
5. M. Pinard / boire / beaucoup de vin rouge / le soir.

14. Un sondage. Posez des questions à vos camarades de classe et à votre professeur pour déterminer quand ils prennent leurs repas.

Quand est-ce que tu (vous) prends (prenez)...			
NOM	le petit déjeuner?	le déjeuner?	le dîner?

L'article partitif

To talk about a part of something that you cannot count, use the partitive article.

MASCULINE	FEMININE	BEFORE A VOWEL
du riz	**de la** bière	**de l'**eau
(some) rice	*(some) beer*	*(some) water*

In many cases, the English *some* or *any* can be used to translate the partitive article. Frequently, however, it is omitted.

| Est-ce qu'il y a **de la bière** dans le frigo? | *Is there (any) beer in the refrigerator?* |
| Non, mais il y a **du Coca.** | *No, but there's (some) Coke.* |

If whatever you're talking about is countable, use an indefinite article: **un, une, des.**

| Tu veux **un sandwich?** | *Do you want a sandwich?* |
| Oui, et **des frites,** et après, **une glace** à la fraise! J'ai très faim! | *Yes, and some (French) fries, and then a strawberry ice cream (cone). I'm really hungry!* |

Note that some objects can be either counted or not, depending on the context.

Tu veux **du café?**	*You want (some) coffee?*
Tu veux **un café?**	*You want (a cup of) coffee?*
Tu bois **de la bière?**	*Are you drinking beer? (some beer, not all the beer in the world!)*
Je veux **une bière.**	*I want a (can of, bottle of) beer.*
Comme dessert, il y a **une tarte aux pommes.**	*For dessert, there's an apple pie.*
Tu veux **de la tarte?**	*Do you want some pie?*

𝒱ous avez compris?

15. Poires à la cannelle. Voilà une recette pour faire des poires à la cannelle. Regardez la recette et la liste des aliments ou ingrédients. Soulignez les aliments nécessaires pour faire la recette.

cannelle = cinnamon

Poires à la cannelle

Pour faire des poires à la cannelle, il faut: des pommes, des bananes, des poires, de la cannelle, de la glace, des œufs, du vin, du yaourt, du sucre, du poivre, du jus de citron, du jus de pêche, de l'eau, du lait

- Pelez les poires.
- Dans une casserole, versez l'eau, le vin, le sucre et la cannelle. Portez à ébullition à feu doux.
- Quand le mélange est sirupeux, enlevez la casserole du feu et laissez les poires refroidir dans le sirop.

---

16. Au restaurant universitaire. Qu'est-ce qu'ils mangent aujourd'hui?

Modèle   JEAN-PIERRE: steak, frites, glace au chocolat, eau minérale
Il prend un steak (du steak), des frites, une glace au chocolat (de la glace au chocolat) et de l'eau minérale (une eau minérale).

1. PAULINE: œuf, asperges, fromage
2. MICHEL: jambon, poisson, carottes, pommes de terre, salade, pain, fromage, tarte aux fraises, café
3. FRANÇOIS: crudités, pâtes au fromage, pain, poire, jus de fruit
4. SOLANGE: sandwich au fromage, thé
5. ANNE: poulet, frites, salade, pain, fromage, glace, café

17. Candide fait les courses. Candide va au supermarché. Voilà sa liste, mais sans articles! Utilisez des articles (**un, une, des, du, de la** ou **de l'**) pour la compléter.

Au supermarché

_____ café
_____ vin
_____ gâteau
_____ épinards
_____ rôti de porc
_____ pain
_____ champignons
_____ pommes de terre
_____ tarte aux pommes
_____ œufs
_____ eau minérale
_____ sel
_____ melon
_____ fromage
_____ yaourts
_____ glace
_____ riz

$\mathcal{M}$ise en pratique

18. Dans le frigo. Qu'est-ce qu'il y a...

1. dans votre réfrigérateur?
2. dans le réfrigérateur de votre professeur?
3. dans le réfrigérateur à la Maison-Blanche?
4. dans le réfrigérateur de... ?

19. Boissons typiques. Qu'est-ce qu'ils boivent?

1. les Chinois?
2. les Allemands (Germans)?
3. les Français?
4. votre grand-mère?
5. vous avec vos amis?
6. vous avec vos parents?

20. Habitudes alimentaires. Qu'est-ce qu'ils mangent?

1. les Japonais?
2. les Italiens?
3. les Français au petit déjeuner?
4. les étudiants devant la télévision?
5. votre grand-père?
6. un joueur de football américain?
7. une personne au régime?
8. les enfants français au goûter?

21. La classe et les repas. Que prennent vos camarades de classe? Posez des questions.

Modèle   —*Qu'est-ce que tu prends au petit déjeuner?*
          —*Du pain, de la confiture et du café.*

L'article partitif et l'article indéfini après une expression négative

The partitive article, like the indefinite article, is reduced to **de** (**d'**) when it follows a negative expression.

Qu'est-ce qu'il y a dans le frigo?
What's in the fridge?

On a **des** pommes mais on **n'**a **pas de** poires. On a **du** vin mais on **n'**a **plus de** lait. On a **de la** confiture mais il **n'**y a **jamais de** beurre.
We have (some) apples but we don't have (any) pears. We have (some) wine, but we don't have any more milk. We have (some) jam, but there's never any butter.

 appel! Les articles définis, indéfinis et partitifs

	LES ARTICLES DÉFINIS	LES ARTICLES INDÉFINIS	LES ARTICLES PARTITIFS
MASCULIN	le (l')	un	du (de l')
FÉMININ	la (l')	une	de la (de l')
PLURIEL	les	des	

1. Use definite articles:

- *To talk about preferences* (with verbs like **aimer, détester, préférer,** etc.).

  J'aime **le thé** mais je préfère **le café**.   *I like tea but I prefer coffee.*

- *To talk about things in general.*

  Les légumes sont bons
  quand on est au régime.

  *Vegetables are good when
  you're on a diet.*

- *To refer to something specified or already mentioned.* English uses
  definite articles in the same way.

  —On mange une pizza ce soir? How about a pizza tonight?
  —Oui, d'accord. *Sure, OK.*
  —Bon, alors, qui achète *Good, who's buying the*
    la pizza, toi ou moi? *pizza? You or me?*
  —Moi, et toi, tu achètes **le** *Me, and you're buying*
    coca et **la bière**. *the cola and the beer.*

  Definite articles do not change after a negative expression.

  Candide **n'**aime **pas les tomates**. *Candide doesn't like tomatoes.*

2. Use indefinite articles to refer to unspecified things that you can count.
   Indefinite articles become **de** (**d'**) after a negative expression.

   —Tu veux **une pomme**? *Do you want an apple?*
   —Non, je **ne** veux **pas de pomme**. *No, I don't want an apple.*

3. Use partitive articles to refer to unspecified things that you do not count.
   Partitive articles become **de** (**d'**) after a negative expression.

   —Est-ce qu'il y a **du fromage**? *Is there any cheese?*
   —Non, il **n'**y a **pas de fromage** *No, there isn't any cheese,*
     mais il y a **de la glace**. *but there's some ice cream.*
   —Je ne veux **pas de glace**. *I don't want ice cream.*
     Est-ce qu'il y a **du yaourt**? *Is there any yogurt?*
   —Oui, il y a **du yaourt**. *Yes, there's some yogurt.*

Qu'est-ce que vous prenez?

𝒱ous avez compris?

22. Alceste est végétarien mais pas Candide. Décidez qui parle, Alceste
ou Candide. Ensuite *(Then)*, décidez avec qui vous voulez dîner.

Modèle   Je prends du porc.
          C'est Candide.

1. Le matin, j'ai très faim. Je prends du café, du pain et, de temps en temps,
   du jambon et des œufs.
2. Je déteste les desserts et je ne prends jamais de glace. Des fruits, ça va
   mais je ne prends jamais de viande.
3. Un sandwich au fromage et une salade, c'est merveilleux! Un sandwich
   au jambon, ce n'est pas possible!
4. Le dîner idéal? Euh, un rôti de bœuf, des pommes de terre, des haricots
   verts, du vin et, bien sûr, une tarte aux pommes pour terminer.

23. Chez moi! Chez vous, qu'est-ce qu'on prend et qu'est-ce qu'on ne prend pas pour chaque occasion?

Modèle   au petit déjeuner
des œufs, pas de pizza, du café, pas de glace, etc.

1. au petit déjeuner
2. au déjeuner
3. au dîner
4. à l'anniversaire d'un enfant
5. à la plage
6. pour un pique-nique

ℳ ise en pratique

24. Le régime de M. Delvaux. M. Delvaux est trop gros. Qu'est-ce qu'il doit manger? Qu'est-ce qu'il doit boire? Donnez-lui des conseils *(Give him some advice).*

Modèle   *Mangez des légumes. Ne buvez pas de bière.*

25. Mlle Lao est végétarienne. Mlle Lao ne prend pas de viande et elle ne prend pas de poisson. Donnez ses réponses.

Modèle   —Vous prenez des œufs?
           —*Oui, je prends des œufs.*

           —Vous prenez du jambon?
           —*Non, je ne prends pas/jamais de jambon!*

1. Vous prenez du pain?
2. Vous prenez du saucisson?
3. Vous prenez des frites?
4. Vous prenez des oranges?
5. Vous prenez du chocolat?
6. Vous prenez du pâté?
7. Vous prenez de la soupe?
8. Vous prenez du thon?

26. Les Français et les repas. Voilà comment mangent les Français. Est-ce que c'est comme chez vous? (MOTS UTILES: chez nous aussi; pas chez moi; mais, chez moi, on... ; pas chez nous parce que...)

1. On fait les courses très souvent.
2. Au petit déjeuner:
   a. On prend souvent du café au lait.
   b. On prend souvent du pain avec du beurre et de la confiture.
   c. On prend quelquefois des croissants.

Info

La famille française et les repas.

Meals are considered important in France. It is a time for the family to be together and for both children and parents to communicate around the table. In some families, however, the television set is in the dining room and meals are taken while watching the news (at one and at eight o'clock).

3. À midi:
   a. On mange souvent à la maison.
   b. On prend du vin avec le repas.
   c. On prend une entrée, un plat principal, un légume, une salade, du fromage et un dessert.
   d. On mange la salade après le plat principal.
   e. On prend le café après le repas.
4. À 4 heures:
   a. Les enfants prennent le goûter (souvent du pain et du chocolat).
   b. Les enfants boivent souvent du chocolat chaud.
   c. Les adultes boivent du café ou du thé.
   d. On prend souvent le goûter à la cuisine.
   e. Les enfants ont des goûters d'anniversaire.
   f. Pour un goûter d'anniversaire, il y a des tartes et des gâteaux.
5. L'apéritif:
   a. On prend parfois l'apéritif dans un café.
   b. On prend l'apéritif avant le déjeuner et avant le dîner quand on a des invités.
   c. On invite souvent des amis à prendre l'apéritif.
6. Le dîner:
   a. On mange toujours en famille.
   b. On mange souvent des restes le soir.
   c. On prend le dîner entre sept heures et neuf heures du soir.
   d. Quand on va à un dîner, on apporte des fleurs ou des chocolats.

C'est quel repas? Qu'est-ce qu'ils mangent? Qu'est-ce qu'ils boivent?

27. Manger au restaurant

1. Combien de plats est-ce qu'on a pour 20 euros?
2. Qu'est-ce qu'il y a comme boissons?
3. Qu'est-ce qu'il y a comme dessert?
4. Si on n'a pas envie de dessert, est-ce qu'il y a autre chose après le plat principal?
5. Devinez ce que c'est: Avocat? Bœuf grillé?
   La suggestion du jour? Pâtisserie maison?
6. Qu'est-ce que vous allez prendre?
7. Qu'est-ce que vous n'allez pas prendre?

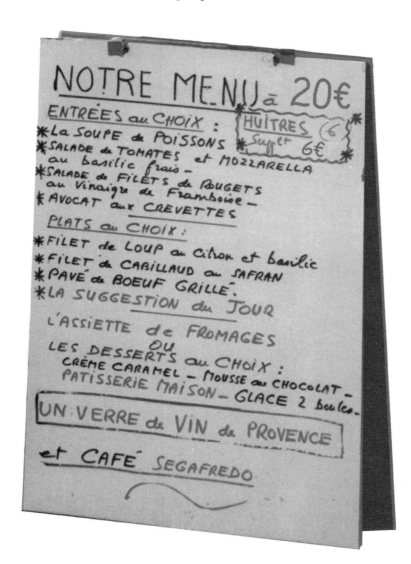

28. Conversation en français.
Qu'est-ce qu'il y a dans votre réfrigérateur? Pourquoi? Qu'est-ce qu'il n'y a pas dans votre réfrigérateur? Pourquoi?

 *Conversation en français*

Découvertes culturelles: **Un bon plat sénégalais**

A. Préparation. Aimez-vous la cuisine exotique? Décrivez un plat exotique.

RIZ AU POISSON (Tiébou Dienn)

Repas de grands jours à l'origine, «le Tiébou Dienn» est un des plus célèbres plats sénégalais.

Amélioré, le riz au poisson à la sauce «sous verre» est un délice des yeux et du palais!

Préparation (pour 6 personnes)

Riz: 500 g
Poisson: 450 g
Poisson sec: 300 g
1 chou vert
2 carottes
Potiron: 100 g
1 Oignon ordinaire

2 aubergines
3 diakhatous
1 petit piment
1 navet
4 cuillerées d'huile
1 cuillerée de concentré de tomate

Piler deux gousses d'ail, une feuille de laurier, un demi paquet de persil, du sel, du poivre, un petit morceau de piment.

Nettoyer le poisson, le piquer en 3 ou 4 endroits, et introduire dans les trous, la farce préparée.

Faire chauffer l'huile dans une cocotte, y jeter les oignons émincés puis le concentré de tomates délayé dans un peu d'eau.

Mettre le poisson, ajouter un litre d'eau et les légumes pelés.

Saler, poivrer, laisser cuire une heure.

Quand les légumes sont cuits, les retirer ainsi que le poisson. Les servir dans un plat chaud que l'on maintient encore au chaud.

Dans le bouillon qui reste, jeter le riz lavé, couvrir, laisser cuire 15 minutes au moins.

Servir le riz dans un plat chaud accompagné des légumes et du poisson.

RIZ AU POISSON

B. Un plat sénégalais. Identifiez les ingrédients de ce plat. Quels ingrédients sont sur la photo? Quel type de plat est-ce? Pour quel repas?

C. Une recette sénégalaise—spécialité wolof

1. Identifiez les ingrédients exotiques, les épices, les légumes.
2. Identifiez les liquides.
3. Identifiez les actions de préparation.
4. Identifiez le récipient où on prépare ce plat.

D. Mots nouveaux. Devinez. D'après le contexte, qu'est-ce que c'est?

1. (line 1) piler (dans un mortier) = *mix / crush / slice*
2. (line 4) nettoyer (à l'eau) = *beat / cut / clean*
3. (line 6) jeter (dans la cocotte) = *stir / throw / mix*
4. (line 8) délayé (dans un peu d'eau) = *diluted / sliced / cut*
5. (line 9) mettre (le poisson dans l'huile) = *slice / scrape / place*
6. (line 9) ajouter (un litre d'eau) = *beat / mix / add*
7. (line 12) retirer (les légumes et le poisson) = *mix / take out / add*
8. (line 16) couvrir (le riz) = *cover / remove / cook*

E. Les goûts et les couleurs. Quels ingrédients sont exotiques dans ce plat? Quel aspect de la préparation?

F. Hypothèses. Chaque culture a ses goûts et ses ingrédients. Préparez une liste des choses que les Français mangent et boivent et qu'on n'aime pas dans votre culture. Préparez une liste des choses qu'on mange et boit dans votre culture et que les Français n'aiment pas.

www explore!
http://voila.heinle.com

CUISINE SÉNÉGALAISE
D'HIER ET
D'AUJOURD'HUI

G. Au restaurant sénégalais. Avant d'aller au restaurant, vous êtes curieux et vous voulez vous préparer à découvrir des plats et des goûts nouveaux. Préparez une liste de questions à poser à un ami sénégalais sur la cuisine sénégalaise.

Orthographe et Prononciation

Le *h* aspiré

In general, words beginning with **h-** in French are treated as if they began with a vowel.

> Anne déteste l'hiver. *(élision)*
> Les_hivers sont froids ici. *(liaison)*
>   /z/

A few words, largely of non-French origin, that begin with **h-** are treated as if they began with a consonant. The **h-** is silent, but **élision** and **liaison** do not occur. These words are marked in dictionaries by an asterisk.

*hamburger	Veux-tu des frites avec **le hamburger?**
*haricots verts	Qui aime **les haricots verts?**

Activité

Prononcez et devinez. Répétez après votre professeur. Qu'est-ce que c'est en anglais?

1. les hot-dogs
2. faire hara-kiri
3. la Hollande
4. le haschisch
5. le hamac
6. les hamsters
7. le harem
8. les hippies

La crêperie, c'est quel type de restaurant? Regardez l'entrée avant de rentrer pour commander.

Vocabulaire de base

Quel article? Things that are not usually counted are used in French with either the partitive article (**du beurre, de la glace, de l'eau**) or, in certain cases, with the definite article (**J'aime la glace. Où est le beurre?**). These kinds of nouns will appear in the vocabulary lists with the definite article.

Noms

une banane *banana*
le beurre *butter*
la bière *beer*
le bœuf *beef*
le café *coffee, café*
une carotte *carrot*
le chocolat *chocolate*
une crevette *shrimp*
la cuisine *cooking, cuisine*
le déjeuner *lunch*
le dessert *dessert*
le dîner *dinner*
l'eau *(f.)* *water*
une fraise *strawberry*
des frites *(f.)* *(French) fries*
le fromage *cheese*
un fruit *fruit*
un gâteau (au chocolat) *(chocolate) cake*
la glace (au chocolat, à la vanille, à la fraise) *(chocolate, vanilla, strawberry) ice cream*
des *haricots verts *(m.)* *green beans*
une idée *idea*
le jambon *ham*
le jus de fruit *fruit juice*
le lait *milk*
un légume *vegetable*
le mouton *mutton*

un œuf *egg*
une orange *orange*
le pain *bread*
une pêche *peach*
le petit déjeuner *breakfast*
des petits pois *(m.)* *peas*
le poisson *fish*
le poivre *pepper*
une pomme *apple*
une pomme de terre *potato*
le porc *pork*
un poulet *chicken*
un réfrigérateur *refrigerator*
un repas *meal*
le riz *rice*
un rôti *roast*
la salade *salad*
un sandwich (au jambon, au fromage) *(ham, cheese) sandwich*
le saumon *salmon*
le sel *salt*
la soupe (aux tomates) *(tomato) soup*
un steak *steak*
le sucre *sugar*
une tarte (aux pommes) *(apple) pie*
le thé *tea*
le thon *tuna*
une tomate *tomato*

la viande *meat*
le vin *wine*
le yaourt *yogurt*

Adjectifs

bon, bonne *(precedes noun)* *good*
mauvais(e) *(precedes noun)* *bad*
meilleur(e) *better*

Verbes

acheter *to buy*
boire *to drink*
prendre *to take, to have, to eat, to drink*

Divers

avant *before*
avoir faim *to be hungry*
avoir soif *to be thirsty*
entre *between*
être au régime *to be on a diet*
être en bonne/mauvaise santé *to be in good/bad health*
être en forme *to be in shape*
prendre (un petit) quelque chose *to have a snack*
quelque chose *something*
quelqu'un *somebody, someone*
surtout *especially*

Vocabulaire supplémentaire

Noms

l'apéritif (m.) a drink (served before a meal)
des asperges (f.) asparagus
une boisson beverage
un bonbon (piece of) candy
le café au lait coffee with milk
des céréales (f.) cereal
le champagne champagne
un champignon mushroom
la charcuterie cold cuts
un citron lemon
le coca Coke
le Coca-Cola Coca-Cola, cola
la confiture jam
un congélateur freezer
des conserves (f.) canned food
un croissant croissant
des crudités (f.) raw vegetables
une dinde turkey
l'eau minérale (f.) mineral water
l'entrée (f.) first course (appetizer)
des épinards (m.) spinach
le goûter light meal eaten in the afternoon
une laitue lettuce
la mayonnaise mayonnaise
un melon melon (cantaloupe)
la moutarde mustard
la nourriture food
un oignon onion
une omelette (au fromage) (cheese) omelette
le plat principal main dish, main course
un pamplemousse grapefruit
le pâté pâté
des pâtes (f.) pasta, spaghetti, noodles

une pizza pizza
une poire pear
une prune plum
le raisin grape
une recette recipe
des restes (m.) leftovers
le saucisson salami
une soirée party
un steak haché hamburger meat
la vinaigrette oil and vinegar dressing

Verbes

découvrir to discover
inviter (quelqu'un à faire quelque chose) to invite (someone to do something)

Adjectifs

chinois(e) Chinese
délicieux, délicieuse delicious
excellent(e) excellent
italien(ne) Italian
japonais(e) Japanese
salé(e) salted, salty
sucré(e) sweet
surgelé(e) frozen
végétarien(ne) vegetarian

Divers

c'est bon/mauvais pour la santé it's healthy/unhealthy (good/ bad for your health)
il faut + noun or infinitive one needs/we need + noun; / one has to / you have to + infinitive
prendre un verre to have a drink

Le français tel qu'on le parle

À table! Dinner (Lunch, Breakfast) is ready! Let's eat!
À la vôtre! Cheers!
bon... all right, OK
Bon appétit! Have a nice meal! Enjoy your meal!
Je n'en peux plus! I'm full! (also: I'm exhausted!)
oh là là! oh la la!
voyons... let's see . . .

Le français familier

l'apéro = l'apéritif
les chips = potato chips
le coca = le Coca-Cola
un cracker = cracker
un *hamburger = hamburger
une patate = une pomme de terre
prendre un pot = prendre un verre

On entend parfois...

un breuvage (Canada) = une boisson
un chien chaud (Canada) = un hot-dog
le déjeuner (Belgique, Canada) = le petit déjeuner
le dîner (Belgique, Canada) = le déjeuner
un pain chargé (Sénégal) = un sandwich
le souper (Belgique, Canada) = le dîner

Qu'est-ce que vous portez?

En bref...

- **Les vêtements, la mode et la publicité**

- **Faire et recevoir des compliments**

- **Les chiffres de 100 à 1.000**

- **Les verbes comme finir**

- **Le verbe mettre**

- **Raconter au passé: le passé composé avec avoir**

- **Une photo de famille**

Qu'est-ce que vous portez en automne?

Entrée en matière:

Des vêtements pour tous

Jet a fait les slips et les tee-shirts, pas le vélo.

Habiller la famille, c'est bien de ne faire que ça

jet

La famille. Comment s'appellent-ils? Quel âge ont-ils? Qui est content? timide? Qui est sérieux?

Ont-ils des personnalités différentes? Décrivez-les.

Le père:	
La mère:	
Le fils:	
La fille:	

Quelles relations existent entre eux? Faites leur portrait.

Les activités.

Où sont-ils?

Où vont-ils?

C'est quelle saison?

C'est quel jour de la semaine?

Pourquoi font-ils du vélo?

Qu'est-ce qu'il y a dans le panier sur la bicyclette?

Le message publicitaire.

Quelle valeur est à la base de cette réclame publicitaire?
Est-ce que c'est une famille typique? Pourquoi?
Comment est le père? Est-il typique? Et la mère? Et les enfants?
Quelles images de la famille donnent les images publicitaires, généralement?

Conversation. Maintenant faites-les parler.

- La famille est une invention merveilleuse. Utilisez des bulles pour écrire des idées optimistes!
- La famille est une invention pénible. Utilisez des bulles pour écrire des idées pessimistes!

Des vêtements ou des sous-vêtements? Et Jet, qu'est-ce que c'est? Une association sportive? Une association pour la protection des animaux? Une industrie textile? Que fait la compagnie Jet?

bulles: *bubbles*

𝒱ocabulaire

A. Les chiffres de 100 à 1.000

100	cent	*one hundred*
101	cent un	*one hundred one*
102	cent deux	*one hundred two*
200	deux cents	*two hundred*
220	deux cent vingt	*two hundred twenty*
500	cinq cents	*five hundred*
555	cinq cent cinquante-cinq	*five hundred fifty-five*
999	neuf cent quatre-vingt-dix-neuf	*nine hundred ninety-nine*
1.000	mille	*a thousand*

B. Qu'est-ce que vous voulez acheter?

Les vêtements

A. *La robe* 119€
B. *Le blouson* 79€
C. *Le chemisier* 55€
D. *Le pantalon* 53€
E. *Le pull* 115€
F. *Le tailleur* 179€
G. *Le survêtement* 109€
H. *Les tennis* 99€
I. *La parka* 269€
J. *Les chaussures* 69€

Les sous-vêtements

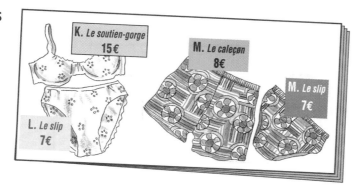

K. Le soutien-gorge 15€

M. Le caleçon 8€

M. Le slip 7€

L. Le slip 7€

Et les couleurs?

◆ Le blouson de l'homme est bleu foncé et son pantalon est beige, mais de quelle couleur est son polo? Le pull de l'autre homme est rose. Et son pantalon?
◆ La femme qui porte le tailleur bleu clair porte une jupe et une veste bleu clair, c'est normal! Mais qu'est-ce qu'elle porte sous la veste? Un tee-shirt jaune. Est-ce que ça va bien avec son tailleur? Quelles couleurs vont bien avec le bleu clair?
◆ Le survêtement de l'homme est gris foncé avec du bleu foncé, du bleu clair et du violet. Et ses tennis?
◆ De quelle couleur est la robe?
◆ De quelle couleur sont le chemisier, le pantalon et le tee-shirt de la femme?
◆ Quelles sont les couleurs de la parka?
◆ Quelles sont les couleurs des chaussures?
◆ Quelles sont les couleurs des sous-vêtements pour femme? Et des sous-vêtements pour homme?
◆ Quelles couleurs vont bien ensemble, pour des vêtements?

Et les prix?

◆ La parka coûte 269 euros. Elle coûte cher, n'est-ce pas? Et combien coûte le tailleur? Il coûte cher?
◆ Quels vêtements sont chers? Quels vêtements ne sont pas chers? Où est-ce que les vêtements sont plus chers, en France ou chez vous?

Comment sont-ils?

◆ Est-ce qu'il y a des chaussures de sport? des chaussures habillées? Quels sont les vêtements de sport? les vêtements habillés? les vêtements confortables? les vêtements pratiques? les vêtements à la mode? les vêtements démodés?
◆ Qui est bien habillé? mal habillé? élégant?
◆ Est-ce que la robe est courte ou longue? Qu'est-ce qui est à la mode pour les femmes maintenant, les robes courtes ou les robes longues? Qu'est-ce que vous préférez, vous?
◆ Quels vêtements voulez-vous acheter? Quels vêtements ne voulez-vous pas acheter? Pourquoi? Est-ce que vous avez le temps d'acheter beaucoup de vêtements? Combien de fois par semaine (par mois? par an?) est-ce que vous achetez des vêtements?

C. La valise de Claude

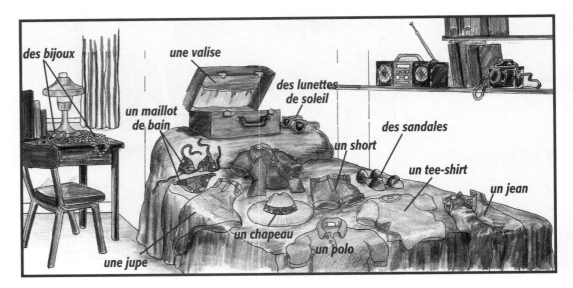

Regardez les vêtements de Claude. Est-ce que Claude est un garçon ou une fille? Claude a quel âge? Où est Claude? Qu'est-ce que Claude va faire aujourd'hui? De quelle couleur est sa jupe? son tee-shirt? son short? son maillot de bain? son jean?

D. La chambre d'hôtel de M. Lévy

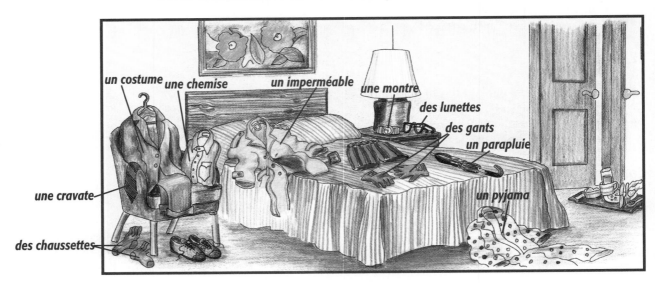

Voilà la chambre de M. Lévy. Est-ce que c'est un étudiant? Quel âge a M. Lévy? Est-ce qu'il est chez lui? Où est-il? Quelle heure est-il? Qu'est-ce qu'il va faire aujourd'hui? De quelle couleur est son costume? sa cravate? sa chemise? son imperméable? son parapluie?

E. Dans un magasin de chaussures

Paulette a besoin de chaussures pour aller avec son nouveau tailleur. Elle et Jacques vont ensemble dans un magasin de chaussures à Nice.

◆ Qu'est-ce que Jacques porte aujourd'hui? Et Paulette? Est-ce qu'elle a l'air élégante? De quoi est-ce qu'elle a besoin? Pourquoi? Quelles chaussures est-ce qu'elle va acheter? Et vous, quelles chaussures préférez-vous?

Info

Les tailles.

Tableau comparatif des tailles américaines et françaises.

FEMMES
Robes, manteaux et jupes
Petites tailles

| USA | 5 | 7 | 9 | 11 | 13 | 15 | | |
| France | 34 | 36 | 38 | 40 | 42 | 44 | | |

Tailles normales

| USA | 6 | 8 | 10 | 12 | 14 | 16 | 18 | |
| France | 36 | 38 | 40 | 42 | 44 | 46 | 48 | |

Chaussures

| USA | 5½ | 6 | 6½ | 7 | 7½ | 8 | 8½ | 9 |
| France | 36½ | 37 | 37½ | 38 | 38½ | 39 | 39½ | 40 |

HOMMES
Costumes

| USA | 34 | 36 | 38 | 40 | 42 | 44 | |
| France | 44 | 46 | 48 | 50 | 52 | 54 | |

Chemises

| USA | 14½ | 15 | 15½ | 16 | 16½ | 17 | |
| France | 37 | 38 | 39 | 41 | 42 | 43 | |

Chaussures

| USA | 8 | 9 | 10 | 11 | 12 | 13 | |
| France | 41 | 42 | 43 | 44½ | 46 | 47 | |

Info

**Quelle jolie robe!
Elle te va bien!**

Complimenting people on the way they look is a less frequent occurrence in France than in the United States. Should you receive such a compliment, the appropriate response is to pretend modestly that the object is unworthy of notice.

—Quelle jolie robe! Elle te va bien!	*"What a pretty dress! It looks nice on you!"*
—Oh, tu trouves?	*"Oh, do you think so?"*

Notes de vocabulaire

1. Mots et expressions utiles

les affaires *(f.)*   *belongings, stuff*
un bonnet   *ski hat*
une casquette (de base-ball)   *(baseball) cap*
une écharpe   *scarf (for warmth)*
en solde   *on sale*
une fois   *one time, once*
hier   *yesterday*
un manteau   *coat*
la mode   *fashion*
un voyage   *trip*

2. Nouveau. Nouveau means *new*. It is placed in front of the noun it modifies. Here are its forms.

Tu as un **nouveau** stylo?   *(masculine singular)*
J'aime bien ta **nouvelle** robe.   *(feminine singular)*
J'ai besoin d'un **nouvel** imperméable.   *(masculine singular before a vowel sound)*
Où sont les **nouveaux** rideaux?   *(masculine plural)*
Voilà mes **nouvelles** lunettes de soleil!   *(feminine plural)*

3. Avoir besoin de / avoir l'air (de) / avoir le temps de. To say that you need something, use the expression **avoir besoin de** + *noun* or *infinitive.*

J'ai besoin de manger quelque chose.   *I need to eat something.*
Paulette **a besoin de** nouvelles **chaussures.**   *Paulette needs new shoes.*

To say what somebody looks like, use the expression **avoir l'air** + *adjective* or **avoir l'air de** + *infinitive.*

Paulette **a l'air élégante** aujourd'hui.   *Paulette looks elegant today.*
Jacques **a l'air d'être** heureux maintenant.   *Jacques seems happy now.*

To say that you have time, use the expression **avoir le temps de** + *infinitive.*

Tu **as le temps de** me **parler?**   *Do you have time to talk to me?*
Je n'ai pas **le temps de manger.**   *I don't have time to eat.*

| Rappel! | Don't forget the other expressions with **avoir** that you already know: **avoir chaud, avoir froid, avoir sommeil, avoir... ans, avoir faim, avoir soif,** and **avoir envie (de).** |

4. Fois / temps. **Fois** means *time* in the sense of instances or occurrences that you can count. It expresses repetition.

une fois	*one time, once*
deux fois	*two times, twice*
trois fois	*three times*
combien de fois?	*how many times?*
combien de fois par semaine?	*how many times a week?*

Temps refers to *time* as something that is not counted.

Aujourd'hui je n'ai pas **le temps.**   *Today I don't have (the) time.*

Rappel!

1. Use **heure** in telling time.

    Quelle **heure** est-il?   *What time is it?*

2. The word **temps** is also used to refer to the weather.

    Quel **temps** fait-il?   *What's the weather like?*

5. Habillé. Note the meaning of **habillé** in different contexts.

Il est bien **habillé.**	*He's well dressed.*
C'est une robe **habillée.**	*It's a formal dress.*

6. Vert foncé / gris clair. Color terms made up of more than one word are invariable.

J'aime porter ma veste **vert foncé**   *I like to wear my dark green*
avec ma jupe **gris clair.**   *jacket with my light gray skirt.*

7. Long, longue. The adjective **long** normally precedes the noun it modifies. In reference to clothing, however, it generally follows the noun.

une **longue** journée	*a long day*
une jupe **longue**	*a long skirt*

𝒱ous avez compris?

1. Chassez l'intrus. Quel mot ne va pas avec les autres à cause du sens?   **sens:** *meaning*

1. une jupe chaude / un pull / une parka / un maillot de bain / une écharpe
2. un short / des sandales / une cravate / un polo
3. un tailleur / un costume / des tennis / un chemisier
4. un manteau / un imperméable / un pantalon / un blouson

5. un short / des gants / des lunettes de soleil / un tee-shirt
6. des chaussettes / une montre / des chaussures / des sandales
7. une robe / une jupe / un chemisier / un blouson
8. un chapeau / une cravate / un bonnet / une casquette

2. Associations. Quels mots ou expressions associez-vous avec les mots suivants:
SUGGESTIONS: Tahiti / il fait frais / la mer / la plage / il fait froid / il pleut /
sortir le soir / l'hiver / l'été / il fait chaud / aller danser / aller au théâtre / faire
du jogging / jouer au tennis / faire un voyage / travailler dans une banque

1. un manteau et des gants
2. un tailleur et un imperméable
3. une robe et des chaussures élégantes
4. un maillot de bain et des lunettes de soleil
5. un jean et un tee-shirt
6. une valise
7. un survêtement et des tennis
8. un polo blanc et un short
9. un costume et une cravate

3. Vêtements typiques. Est-ce qu'il y a des vêtements typiques? Faites une
liste pour chaque catégorie.

1. vêtements de femme
2. vêtements d'homme
3. vêtements d'un(e) étudiant(e) bien habillé(e)
4. vêtements d'un(e) étudiant(e) mal habillé(e)
5. vêtements chers
6. vêtements confortables

4. Vêtements appropriés. Qu'est-ce que vous portez dans les situations
suivantes?

Modèle   À New York, le 3 janvier. Vous faites des courses.
          Je porte un manteau, des gants...

1. À Montréal, le vendredi 6 octobre. Vous allez au cinéma avec des copains le soir.
2. À Chicago, le lundi 3 décembre. Vous allez en cours le matin.
3. À Londres, le 15 avril à midi. Vous allez au restaurant.
4. À Rome, en juillet. Vous allez au musée.
5. À San Diego, en août. Vous allez à la plage.
6. À Aspen, en février. Vous allez skier.
7. À Dallas, le samedi premier mai. Vous allez danser.
8. À Kansas City, le dimanche 15 octobre. Vous allez dans un club sportif l'après-midi.

Info:

Note that clothing choice is very culturally determined. In the US the prevalent attitude is one of personal comfort, which is why people wear shorts and sneakers or sports and lounging attire freely in public places, in cities, etc. In France, however, dress is less casual, and city attire is more the norm for public places, even cafes and restaurants. Young people are somewhat freer to dress according to their own wishes, but here again, there is an internal code that is respected.

Allons-y!

5. Vêtements nécessaires. De quoi est-ce que vous avez besoin?

Modèle   Vous allez à la plage.
                J'ai besoin d'un maillot de bain, de mes lunettes de soleil...

1. Vous allez chez vos parents pour le week-end.
2. Vous allez en cours.
3. Vous allez étudier chez un copain.

6. Apparences. Utilisez **avoir l'air** + *adjectif* pour décrire les dessins.

Modèle
*Elle a l'air
élégante.*

1.

2.

3.

4.

7. Et eux? Qu'est-ce qu'ils portent? Pourquoi?

Modèle   *Madame Vignau porte une robe d'été parce qu'il fait beau et chaud aujourd'hui.*

Madame Vignau

Dominique Barbier

Olivier et Charlotte Rivière

Sébastien Moreau et Magali Dumont

*M*ise en pratique

8. Mes affaires. Faites une liste de dix choses très importantes pour vous. Comparez avec les autres étudiants de la classe.

Modèle   *des jeans, mon ordinateur, mon violon...*

9. La mode. Répondez aux questions, puis comparez avec les autres étudiants de la classe.

1. Qu'est-ce qui est à la mode cette année? Qu'est-ce qu'on ne porte plus parce que c'est démodé?
2. Qu'est-ce qu'on porte maintenant pour aller danser en ville? aller à une grande soirée élégante? aller écouter de la musique classique? aller écouter du blues? aller en cours? aller chez des copains le soir?
3. Qu'est-ce que vous achetez souvent en solde? Qu'est-ce que vous n'achetez jamais en solde?

10. Les vêtements et les Français. C'est important d'être bien habillé? Avec qui est-ce qu'on aime acheter ses vêtements? Qu'est-ce qui n'est pas élégant?

> Pour 60% des Français, il est important d'être bien habillé et pour 40%, ce n'est pas important. Les Français aiment acheter leurs vêtements seuls (42%), avec leur mari ou leur femme (40%), avec un(e) ami(e) (17%) ou avec leurs enfants (10%), mais seulement (*only*) 5% des Français aiment acheter leurs vêtements avec leurs parents.
>
> Qu'est-ce qui n'est pas élégant pour les Français? Porter une robe avec des tennis quand on est une femme (77%) et porter un pantalon avec des sandales quand on est un homme (33%).
>
> Adapté d'un sondage SOFRES pour Figaro Madame

Et vous, pensez-vous comme les Français?

1. Est-ce que vous aimez être bien habillé(e)? Quand est-ce qu'il faut être bien habillé? Quand est-ce que ce n'est pas important?
2. Avec qui est-ce que vous aimez/n'aimez pas acheter vos vêtements? Pourquoi?
3. Pour vous, qu'est-ce qui n'est pas élégant pour une femme? Et pour un homme?

Achetez-vous vos vêtements?

défilé de mode: *fashion show*

11. Un défilé de mode. Vous organisez un défilé de mode pour étudiants. Décrivez les vêtements pour chaque occasion.

SITUATION	POUR UNE FEMME	POUR UN HOMME
pour aller en cours		
pour une fête habillée		
pour sortir avec des copains		
pour faire du sport		
pour partir en voyage		

12. La tombola. Vous venez de gagner le grand prix dans un concours et vous pouvez partir une semaine avec trois amis à Tahiti, à Nice, à Monte-Carlo, à Paris ou à Montréal. Mais il faut organiser votre voyage!

1. Où voulez-vous aller?
2. Quand voulez-vous partir?
3. Où allez-vous rester? (chez des amis? à l'hôtel? dans un appartement?)
4. Qu'est-ce que vous allez faire là-bas *(over there)?*
5. Qu'est-ce que vous avez besoin de prendre avec vous? (Soyez raisonnable et ne prenez pas trop de choses parce que c'est vous qui allez les porter!)

concours: *sweepstakes*

13. Un(e) étudiant(e) à Laval. Inventez un(e) étudiant(e), canadien(ne) ou non, qui va à l'université Laval à Québec.

1. **L'étudiant/L'étudiante.** Son nom? Sa nationalité? Description physique?
2. **Caractère et préférences.** Comment est cet(te) étudiant(e)? Qu'est-ce qu'il/elle aime?
3. **Sa chambre.** Comment est sa chambre? Faites une liste ou un plan.
4. **Son placard.** Quels vêtements est-ce qu'il y a dans le placard de cet(te) étudiant(e)? Pourquoi?

Conversation en français

travail: *work*
entretien: *interview*

14. Conversation en français. Un(e) de vos ami(e)s cherche du travail et doit aller à un entretien. Qu'est-ce qu'il/elle doit porter? Discutez: C'est pour quel travail? Qu'est-ce qu'il/elle a comme vêtements? Qu'est-ce qu'il/elle doit acheter?, etc.

CD-ROM:
Build your skills!

*S*tructure

Les verbes comme *finir*

A group of verbs with infinitives ending in **-ir,** such as **finir,** are conjugated in the same way. They are called *second conjugation* or **-ir** verbs. To form the present tense of a verb in this group, remove the infinitive ending (**-ir**) and add the following endings.

finir *to finish*	
je fin**is**	nous fin**issons**
tu fin**is**	vous fin**issez**
il ⎱ elle ⎰ fin**it**	ils ⎱ elles ⎰ fin**issent**

Here are some other verbs in this group.

choisir (**de** + infinitif)   *to choose (to do something)*
grossir   *to gain weight*
maigrir   *to lose weight*
réfléchir (**à**)   *to think (about), to reflect*

Elle **réfléchit** trop; elle est pénible.	*She thinks too much; she's a pain.*
Nous **grossissons** en hiver et nous **maigrissons** en été!	*We gain weight in winter and we lose weight in the summer!*

The imperative or command forms of verbs conjugated like **finir** are identical to their present tense forms.

Finis vite!	*Finish fast!*
Réfléchissez!	*Think!*
Choisissons le bleu.	*Let's pick (choose) the blue one.*

appel! There are two groups of verbs with infinitives in **-ir**: those like **finir** (**choisir, grossir, maigrir, réfléchir**) and those like **sortir** (**partir, dormir**). They follow two different patterns of conjugation. As you come across other verbs ending in **-ir,** add them to the appropriate list.

Je gross**is.** Je ne do**rs** pas assez.	*I'm gaining weight. I'm not sleeping*
Je so**rs** trop. Quelle vie!	*enough. I'm going out too much.*
	What a life!

*V*ous avez compris?

15. Associations. Quel(s) verbe(s) associez-vous avec:

(VERBES: sortir / partir / dormir / finir / choisir / grossir / maigrir / réfléchir)

1. un lit
2. manger tout le temps
3. avoir des problèmes
4. étudier
5. les copains
6. une université
7. les devoirs
8. faire de l'exercice
9. prendre de la glace ou un gâteau entre les repas

16. Qu'est-ce qu'ils font? Choisissez un des verbes entre parenthèses pour compléter les phrases suivantes.

1. Tu _____ à quelle heure? (grossir / finir)
2. Est-ce que Patrick _____ avec Joëlle ou avec Jacqueline? (sortir / maigrir)
3. Tu manges tout le temps! Tu vas _____ ! (maigrir / grossir)
4. On va _____ un peu. Il y a peut-être une solution. (finir / réfléchir)
5. —Paul et Pierre _____ toujours en classe. (dormir / réfléchir)
   —Oui, et voilà pourquoi ils ne _____ jamais les exercices! (finir / partir)

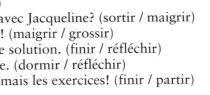

Est-ce que vous buvez beaucoup d'eau?

*M*ise en pratique

17. Et eux? Complétez les phrases avec une forme des verbes **finir, choisir, grossir, maigrir** ou **réfléchir.**

1. —À quoi est-ce que vous _____ ?
   —À mon nouveau jean. Je _____ et il est trop petit!
   —Mais ce n'est pas un problème. Mangez moins et vous allez _____ .
2. —À quelle heure est-ce qu'ils vont finir?
   —Je ne sais pas. Et toi, tu _____ quand?
   —Je vais _____ à midi. Ça va?
   —Oui, oui, ça va.

3. —Et pour les vacances, qui _____ où vous allez, toi ou ton mari?
—Nous _____ ensemble où nous allons, mais on _____ toujours par aller à la plage!
4. —Patrick! Ça va être le pull bleu ou le polo vert? _____ maintenant! Nous partons dans deux minutes!

Le verbe *mettre*

Mettre means *to put*. Here is its conjugation in the present tense. Notice the double **t** in the plural forms.

je mets	nous mett**ons**
tu mets	vous mett**ez**
il $\big\}$ met	ils $\big\}$ mett**ent**
elle	elles

Depending on context, **mettre** can also mean to *put on (clothes)*.

Ah non, tu ne **mets** pas de jean pour aller chez ta grand-mère! — Oh no, you're not putting on jeans to go to your grandmother's!

Je **mets** tes affaires sur la table, d'accord? — I'm putting your stuff on the table, OK?

The imperative or command forms of **mettre** are identical to the present tense forms.

Mets ton pull! Il fait froid! — Put on your sweater! It's cold!

Mettez une cravate. C'est un restaurant élégant. — Put on a tie. It's a fancy restaurant.

Mettons nos lunettes de soleil. On va avoir l'air mystérieux! — Let's put on our sunglasses. We'll look mysterious!

$\mathcal{V}$ous avez compris?

18. Des endroits et des objets. Et dans un/une... , qu'est-ce qu'on met?

Modèle   Dans une salle de classe?
On met des bureaux. On ne met pas de lit.

1. Dans un sac?
2. Sous le lit?
3. Sur une étagère?
4. Dans une cuisine?
5. Dans un tiroir?
6. Dans un réfrigérateur?

19. On sort! Qu'est-ce qu'ils mettent?

1. Alceste / sa cravate
2. Candide / son costume
3. Je / mes chaussures
4. Tu / ton chapeau
5. Vous / votre pantalon
6. Nous / notre manteau

$\mathcal{M}$ise en pratique

....

20. Qu'est-ce qu'on met? On met des vêtements différents pour faire des choses différentes. Utilisez le verbe **mettre** pour expliquer ce qu'on met pour chaque occasion.

Modèle   Il va à l'église. Il *met un costume.*

1. Vous allez danser. Vous _____.
2. Ils vont à la bibliothèque. Ils _____.
3. Tu vas faire du jogging. Tu _____.
4. Elles vont à l'église. Elles _____.
5. Nous allons dans un bon restaurant. Nous _____.
6. Il va jouer au tennis. Il _____.
7. Je vais nager. Je _____.

Le passé composé avec *avoir*

There are several verbal forms that can be used to talk about the past in French. Of these, the most common is the **passé composé,** or *compound past.* It is called the compound past because it has two parts: a helping or auxiliary verb and a past participle. The majority of verbs in French form their **passé composé** with the helping verb **avoir.**

Elle **a travaillé** avec moi.   *She worked with me.*

(helping verb)   (past participle)

The French **passé composé** may have more than one equivalent in English.

—Il **a pris** son vélo?   *"Did he take his bike? / Has he taken his bike?"*
—Oui, il l'**a pris.**   *"Yes, he took it. / Yes, he has taken it."*

Past participle of regular verbs

Verbs that belong to the first (-**er** verbs like **travailler**) and the second (-**ir** verbs like **finir**) conjugations have regular past participles. The past participle of these verbs is formed by adding endings to the verb stem as illustrated.

INFINITIVE	STEM	ENDING	PAST PARTICIPLE
parler	parl-	-é	**parlé**
étudier	étudi-	-é	**étudié**
travailler	travaill-	-é	**travaillé**
finir	fin-	-i	**fini**
choisir	chois-	-i	**choisi**
réfléchir	réfléch-	-i	**réfléchi**

travailler au passé composé	
j'**ai** travaillé	nous **avons** travaillé
tu **as** travaillé	vous **avez** travaillé
il } **a** travaillé elle	ils } **ont** travaillé elles

finir au passé composé	
j'ai fini	nous **avons** fini
tu **as** fini	vous **avez** fini
il } **a** fini elle	ils } **ont** fini elles

Past participle of irregular verbs conjugated with avoir

NOTE: The verbs **être, avoir, vouloir, pouvoir,** and **devoir** are also conjugated with **avoir** in the **passé composé.** Their use will be studied in **Leçon 17.** Certain other verbs you have studied do not use **avoir** as a helping verb; they use **être** instead. These verbs (for example, **aller, partir,** and **sortir**) will be studied in **Leçon 11.** You will not need to use any of these verbs in the exercises and activities of this lesson.

Some verbs have past participles that do not follow these rules. Of the verbs conjugated with **avoir** that you know, only five have irregular past participles.

boire	**bu**	mettre	**mis**
dormir	**dormi**	prendre	**pris**
faire	**fait**		

From this point on, verbs with irregular past participles will be indicated as they appear.

Direct object pronouns in the *passé composé*

Direct object pronouns are placed in front of **avoir,** the helping verb. **Le** and **la** become **l'** in front of a vowel.

—Tu as mis **tes gants?**   *"Did you put on your gloves?"*
—Oui, je **les** ai mis.   *"Yes, I put them on."*
—Et tu as aussi mis **ton chapeau?**   *"And did you put your hat on too?"*
—Oui, oui, je **l'**ai mis!   *"Yeah, yeah, I put it on!"*

𝒱ous avez compris?

21. Les problèmes d'Alceste. Alceste a fait la fête hier soir et, ce matin, il y a des conséquences. Regardez les phrases: qu'est-ce qu'il a fait hier soir? Quels sont ses problèmes ce matin? Faites deux listes (hier soir et ce matin) et essayez *(try)* de trouver la cause et l'effet.

Modèle   *(Hier soir) il a trop bu; (ce matin) il est malade.*

1. Il cherche ses clés.
2. Il a dansé pendant des heures.
3. Il a mangé beaucoup de gâteaux.
4. Candide est fâché.
5. Il a porté sa chemise élégante et des lunettes de soleil.
6. Il a mis ses clés sur l'étagère.
7. Il est pauvre.
8. Il n'a pas faim.
9. Il est fatigué.
10. Il a beaucoup parlé avec tout le monde.
11. Il a joué aux cartes.
12. Il a bu trop de vin.
13. Il ne veut plus parler à personne.
14. Il n'a plus ses lunettes de soleil et sa chemise n'est plus élégante.
15. Il a téléphoné à Candide à 3 heures du matin.
16. Il boit de l'eau.

22. Qu'est-ce qu'on a fait? Choisissez un verbe de la liste pour expliquer ce que tout le monde a fait. Vous pouvez utiliser le même verbe plusieurs fois.

trouver / dormir / donner / gagner / jouer / boire /
danser / faire / acheter / prendre / mettre

1. Nous avons _____ des pommes au supermarché.
2. Qui a _____ son café sur la table?
3. Ils ont _____ la nuit et ils ont _____ le matin.
4. Hier, j'ai _____ du ski.
5. Vous avez _____ votre chien?
6. Tu as _____ au football dimanche? Qui a _____ ?
7. Est-ce que vous avez _____ vos devoirs?
8. Ils ont _____ un sandwich et j'ai _____ une bière.

On achète de l'eau au supermarché

23. Leur week-end. Aujourd'hui, c'est lundi. Qu'est-ce qu'ils ont fait ce week-end? Utilisez les verbes de la liste pour compléter les phrases au passé. Vous pouvez utiliser le même verbe plusieurs fois.

rencontrer / parler / manger / téléphoner / faire / dormir / grossir

1. Hier, je _____ à Suzanne et nous _____ de toi!
2. Candide et Alceste sont au régime, mais ils _____ !
3. Dimanche, nous _____ dans un petit restaurant en ville.
4. Est-ce que vous _____ du sport ou est-ce que vous _____ hier après-midi?
5. Tu _____ une fille merveilleuse au ski dimanche? Mais elle habite loin de chez toi? C'est triste!

*M*ise en pratique

24. Hier... Voilà des activités. Qu'est-ce que vous avez fait hier? Faites une liste et comparez avec les autres étudiants.

ACTIVITÉS POSSIBLES: faire des devoirs / mettre une robe élégante / réfléchir aux examens / donner des fleurs à un ami / jouer aux cartes / dormir / trouver 10 dollars / ranger l'appartement / faire le ménage / faire du sport / acheter du pain / boire un café avec des amis / prendre le dîner avec ses parents, etc.

25. Un jeu! Faites une liste de trois choses que vous avez faites au moins une fois. Donnez des détails et soyez original(e)! Comparez avec les autres étudiants: Est-ce que vous avez fait des choses que personne n'a faites dans la classe?

au moins une fois: *at least once*

DES VERBES UTILES: jouer / faire / finir / choisir / acheter / donner / regarder / parler / téléphoner / rencontrer / travailler / manger / boire / mettre / prendre

Modèle   *J'ai pris le petit déjeuner avec le président de l'université.*
            J'ai acheté deux jeans rouges en solde.

Découvertes culturelles: *Une photo de famille*

A. Regardons le passé. Choisissez une photo sur cette page et préparez cinq questions pour obtenir des informations.

B. Première lecture

1. **Identification:** Combien est-ce qu'il y a de personnes dans le texte? Quel âge ont ces personnes? Quel est le jour de la semaine? Où se passe la scène?
2. Faites la liste des vêtements mentionnés.
3. Faites la liste des objets qui sont possédés.
4. Cherchez les verbes et faites deux catégories: verbes d'action, verbes de description.
5. Décrivez la photo.

Une photo de famille

L'auteur regarde des photos de famille et évoque son père, le héros d'un livre autobiographique sur sa famille. Voici comment elle décrit la scène de la photo.

Alentour de la cinquantaine, encore la force de l'âge, la tête très droite, l'air soucieux, comme s'il craignait que la photo ne soit ratée, il porte un ensemble, pantalon foncé, veste claire sur une chemise et une cravate. Photo prise un dimanche, en semaine, il était en bleus. De toute façon on prenait les photos le dimanche, plus de temps, et l'on était mieux habillé. Je figure à côté de lui, en robe à volants, les deux bras tendus sur le guidon de mon premier vélo, un pied à terre. Il a une main ballante, l'autre à sa ceinture. En fond, la porte ouverte du café, les fleurs sur le bord de la fenêtre, au-dessus de celle-ci la plaque de licence des débits de boisson. On se fait photographier avec ce qu'on est fier de posséder. Le commerce, le vélo, plus tard, la 4 CV*, sur le toit de laquelle il appuie une main faisant par ce geste remonter exagérément son veston. Il ne rit sur aucune photo.

Annie Ernaux, *La Place.* Éditions Gallimard, 1983

*a simple cheap Citroën car.

C. Recherche des détails

1. Vrai ou faux:
   a. Il y a deux hommes et une femme.
   b. L'homme porte des vêtements différents en semaine.
   c. Une petite fille a une bicyclette.
   d. Ces personnes sont dans un café.
   e. La petite fille met des fleurs sur la table près de la fenêtre.
   f. La petite fille est devant l'homme.
   g. L'homme est très sérieux.

2. Devinez la signification des expressions:
   a. Alentour de la cinquantaine: il a cinquante ou cinquante et un ans, il est très maigre, il y a cinquante photos.
   b. Comme s'il craignait que la photo ne soit ratée: il déteste prendre des photos, il n'est pas sûr que la photo va être bonne, il est heureux d'être photographié.
   c. En bleu: il est triste en semaine, il porte des vêtements bleus pour travailler, le bleu est sa couleur préférée.
   d. En fond: derrière les personnes, finalement, à l'intérieur du café.
   e. Avec ce qu'on est fier de posséder: on aime les photos des objets nouveaux, on aime acheter beaucoup de choses, les objets possédés sont une source de gloire.

D. Décidez.   Quelle phrase décrit ce texte le mieux?

   a. Dans ce passage, un homme et une petite fille prennent des photos d'un café.
   b. Dans ce passage, une petite fille est championne de bicyclette.
   c. Dans ce passage, un homme et sa fille sont photographiés devant leur café.

E. Le style

1. Quels sont les éléments qui ne sont pas présents dans le texte?
2. Choisissez le mot qui explique la scène le mieux.

une description	une satire	une narration	une explication
un portrait	une évocation	un décor	une étude sociale

F. L'intention de l'auteur

1. Y a-t-il des mots dans le texte qui expriment des sentiments?
2. L'auteur sympathise-t-elle avec la scène ou est-elle critique? Quelles expressions indiquent qu'elle a un point de vue? Quel est le point de vue?
3. Une photo peut-elle être un commentaire social? sociologique?

G. Et vous?   Choisissez une photo de votre enfance, et faites la description des personnes et des objets de la scène. Indiquez votre perspective ou point de vue sur la scène.

Orthographe et Prononciation

Les voyelles orales et les voyelles nasales

French has both oral and nasal vowels. Oral vowels are produced mostly within the mouth cavity. Nasals are produced by diverting air into the nose.

ORAL VOWELS	NASAL VOWELS
nos	non
à	an
vert	vend

French has four nasal vowels:

[ã] as in *manteau, vêtem*ent   [ɔ̃] as in *pantal*on, *fonc*é

[ɛ̃] as in *maillot de b*ain, im*perméable*   [œ̃] as in *br*un, un

Activités

A. Prononcez. Répétez après votre professeur.

1. C'est quand, ton examen?
2. Elle ne prend jamais de poisson.
3. Il y a vingt et un Américains bruns dans le magasin!

B. Trouvez la règle. Regardez les deux listes. Comment est-ce que l'orthographe indique si une voyelle est nasale ou non?

1. (voyelles orales) brune / semaine / bonne / année / femme / homme
2. (voyelles nasales) brun / humain / bon / an / faim / son

orthographe *(f): spelling*

Qu'est-ce qu'ils portent?

𝒱ocabulaire de base

Les verbes et les prépositions

One group of French verbs is followed directly by an infinitive or a noun complement: **Il aime nager. Il aime la glace.** Another group requires that the preposition **à**
be inserted: **Je commence _à_ avoir faim. Tu réfléchis _à_ demain?** Still another group
requires the preposition **de: Elle a choisi _de_ rentrer. Vous avez envie _d'_un café?** Vocabulary lists at the end of each lesson as well as the end-of-book vocabulary will
give you this information. Here are some of the abbreviations used in dictionaries
to indicate this type of information:

inf. = infinitif   qqch. = quelque chose _(something)_   qqn = quelqu'un _(someone)_

Les chiffres de 100 à 1.000 (voir page 238)

Noms
les affaires _(f. pl.) belongings, stuff_
un chapeau _hat_
une chaussette _sock_
une chaussure _shoe_
une chemise _(man's) shirt_
un chemisier _(woman's) shirt_
un costume _(man's) suit_
une cravate _tie_
un euro _euro_
un gant _glove_
un imperméable _raincoat_
un jean _pair of jeans_
une jupe _skirt_
des lunettes _(f. pl.) eyeglasses_
un maillot de bain _swimsuit, bathing suit_
un manteau _coat_
une montre _wristwatch_
un pantalon _pair of pants_
un parapluie _umbrella_
un prix _price_
un pull _sweater_
une robe _dress_
un short _pair of shorts_

des sous-vêtements _(m. pl.) underwear_
un tailleur _(woman's) suit_
une valise _suitcase_
une veste _jacket, sport coat_
des vêtements _(m. pl.) clothes_
un voyage _trip_

Verbes
choisir (de + inf.) _to choose_
finir (de + inf.) _to finish_
grossir _to gain weight_
maigrir _to lose weight_
mettre _to put, to put on, to wear_
porter _to carry, to wear_
réfléchir (à + qqch.) _to think (about), to reflect_

Adjectifs
cher, chère _expensive_
clair(e) _light_
confortable _comfortable_
élégant(e) _elegant_
foncé(e) _dark_
habillé(e) _dressed, dressed up, formal_

long, longue _(precedes noun except for clothing) long_
nouveau, nouvel, nouveaux, nouvelle(s) _(precedes noun) new_
pratique _practical_

Adjectifs de couleur
beige _beige_
gris(e) _gray_
rose _rose_
violet(te) _purple_

Divers
avoir besoin de _to need_
avoir l'air + adj.; avoir l'air (de + inf.) _to look like, to seem_
avoir le temps (de + inf.) _to have time (to have the time to + inf.)_
ensemble _together_
hier _yesterday_
une fois _one time, once_

Vocabulaire supplémentaire

Noms

un bijou, des bijoux *piece of jewelry, jewelry*
un blouson *jacket (aviator-style)*
un bonnet *a ski hat*
un caleçon *boxer shorts*
une casquette (de base-ball) *(baseball) cap*
une écharpe *a scarf (worn for warmth)*
des lunettes de soleil *(f. pl.) sunglasses*
la mode *fashion*
une parka *parka, ski jacket*
un polo *polo shirt*
un pyjama *pair of pajamas*
une sandale *sandal*
un slip *briefs, panties*
un soutien-gorge *bra*
un survêtement *sweatsuit*
un tee-shirt *T-shirt*
des tennis *(m. pl.) sneakers*

Verbe

coûter *to cost*

Adjectifs

bien habillé(e) *well dressed*
court(e) *short*
démodé(e) *out of fashion*
mal habillé(e) *badly dressed*

Divers

aller bien/mal avec *to go well/badly with*
aller bien/mal ensemble *to go well/badly together (to fit)*
Combien coûte... ? *How much does . . . cost?*
combien de fois (par jour, par semaine...) *how many times (a day, a week . . .)*
coûter cher; ça coûte cher *to be expensive; it's / that's expensive*
en solde *on sale*
être à la mode *to be in fashion*

Le français tel qu'on le parle

—Ça me (te, vous) va bien/mal! *"It fits me (you) well/badly; it looks nice/bad on me (you)."*
—Tu trouves? *"Do you think so?"*
—Quelle taille faites-vous? / Vous faites du combien? *"What's your size?"*
—Je fais du (40, 42...) *"My size is (40, 42 . . .)"*
C'est combien? *How much is it?*

Le français familier

un costard = un costume
être bien (mal) fringué(e) = être bien (mal) habillé(e)
être bien (mal) sapé(e) = être bien (mal) habillé(e)
les fringues (f. pl.) = les vêtements
une godasse = une chaussure
un imper = un imperméable
un jogging = un survêtement
le look = *stylish appearance*
un survêt = un survêtement
un sweat (*pronounced "sweet"*) = sweatshirt
un training = un survêtement

On entend parfois...

une mitaine (Canada) = un gant
un sapeur (Congo, Niger, Cameroun, Côte d'Ivoire) = un homme qui aime être bien habillé

Où est-ce que vous habitez?

En bref...

- **Maisons en France: régions, préférences, vacances**

- **Les maisons, les appartements et les meubles**

- **Les Dubois, les Mabille et les Rasquin: quelques détails de plus**

- **Les chiffres supérieurs à 1.000**

- **Les villes**

- **Demander des directions**

- **Encore le passé: le passé composé avec être; poser des questions et parler au négatif**

- **Les verbes comme vendre**

- **Une tradition française: La résidence secondaire**

Est-ce que vous préférez habiter en ville ou à la campagne?

Entrée en matière:

Maisons en France

Les couleurs de la France

LA NORMANDIE

L'ALSACE-LORRAINE

LA PROVENCE

LA BRETAGNE

L'AUVERGNE

LA SAVOIE

Les couleurs de la France. Qu'est-ce que c'est? Choisissez:

- ☐ un livre de maisons à acheter
- ☐ des propositions de voyages en France
- ☐ des propositions de visites touristiques
- ☐ un inventaire de sites historiques
- ☐ un livre sur les maisons régionales

Les régions de France. Voici un album de photos des maisons régionales en France. Sur la carte de France (à la fin de votre livre), trouvez les régions de chaque maison et donnez les points de référence correspondants: mer, ville principale, montagne, fleuve, frontière, etc.

La France des régions. Choisissez une de ces régions et, avec la carte géographique, faites une description de cette région: villes, climat, montagnes, etc. Avec les photos du document, décrivez le type de maison de cette région.

sont les couleurs de la vie

LE SUD-OUEST

Les couleurs de la France
Maisons et paysages

Jean Philippe Lenclos
Dominique Lenclos

EDITIONS
LE MONITEUR
17, RUE D'UZES - 75002 PARIS

"*Les gens qui sont nés quelque part*" *ont à cœur de retrouver leurs racines, celles de leur région, de leur ville, de leur village. De revoir les couleurs qui ont marqué de leur empreinte des paysages familiers. Comme les peintres, les constructeurs ont toujours été influencés par le milieu dans lequel ils évoluent: nature du climat, de la lumière, des matériaux trouvés sur place. Ainsi l'habitat s'est diversifié, créant un style propre à chaque région et donnant à la vie sa coloration spécifique.*

*Les couleurs de la France:
un livre admirable pour découvrir la diversité régionale et les traditions populaires de l'habitat.*

EN VENTE DANS LES LIBRAIRIES
ET PAR CORRESPONDANCE

Modèle   *La Normandie est près de la Bretagne. Elle est en face de l'Angleterre. Les maisons sont vieilles, etc.*

L'habitat régional

- Dans le texte, identifiez les mots importants qui définissent l'habitat régional.

Le prix de la plus belle maison régionale.

Organisez un concours pour trouver la plus belle maison de France. Donnez sept points à la maison que vous préférez, puis six à la suivante, etc. Pour chaque maison, comptez les points. Dites quelle maison a gagné et donnez les raisons de ce vote.

- Pourquoi l'habitat est-il diversifié?
- Trouvez dans le texte les mots qui indiquent les rapports entre l'habitat et une culture.

Et vous? Qu'est-ce qu'une maison pour vous?

Vocabulaire

Le rez-de-chaussée et les étages.

The **rez-de-chaussée** is the ground floor in France. The floor above it (the second floor according to the U.S. system) is then called the first floor or **premier étage,** the next floor (U.S. third floor) the **deuxième étage,** and so on.

A. 35, rue Minerve, 1060 Bruxelles: la maison des Mabille, en Belgique

C'est une maison de ville, ancienne et agréable. Au sous-sol, il y a une grande cave pratique pour le vin et un garage pour une voiture. Au rez-de-chaussée, il y a trois grandes pièces: un salon qui donne sur le jardin, une cuisine moderne et une salle à manger. Il y a aussi des W.C. Il y a deux étages. Au premier étage, il y a une salle de bains, des W.C. et trois chambres: une pour Annette Mabille, une pour sa fille Sylvie et une pour les amis. Au dernier étage, dans le grenier, il y a la chambre de Suzanne. C'est une chambre assez sombre, mais elle l'adore parce qu'elle est si grande et Suzanne aime être à l'aise! La troisième fille, Catherine, est mariée et n'habite plus chez sa mère.

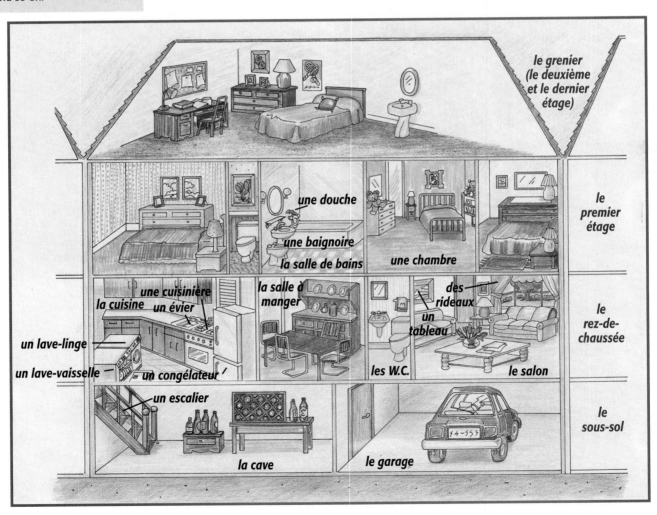

le grenier (le deuxième et le dernier étage)

le premier étage

une douche
une baignoire
la salle de bains
une chambre

le rez-de-chaussée

la cuisine   une cuisinière   un évier
un lave-linge
un lave-vaisselle
un congélateur
la salle à manger
des rideaux
un tableau
les W.C.
le salon

un escalier

le sous-sol

la cave   le garage

Une maison typique à Bruxelles. Qui habite ici? Quelles pièces sont au rez-de chaussée? au premier étage? au deuxième étage? Où est le garage? Que pensez-vous de cette maison?

Un appartement en ville

◆ **Leur maison.** Quelle est l'adresse des Mabille? Est-ce qu'ils habitent en France? Est-ce qu'ils ont une maison moderne ou ancienne? Est-ce que c'est une maison confortable, à votre avis? Combien d'étages est-ce qu'il y a? Qu'est-ce qu'il y a au sous-sol? Où est le salon? Et la chambre d'Annette Mabille? Et la chambre de Suzanne?

◆ **Leurs meubles.** Qu'est-ce qu'il y a dans le salon? dans la salle à manger? dans la cuisine? dans la salle de bains? dans la chambre de Suzanne? Comment est sa chambre?

La salle de bains

B. 75, avenue Édith Cavell, 06000 Nice: la maison de Jacques Dubois

C'est une maison confortable dans un quartier calme assez loin du centre-ville. À l'intérieur, les pièces sont claires et agréables. En bas, il y a une cuisine et une grande salle de séjour avec un coin salle à manger. Il y a aussi deux chambres et une salle de bains. En haut, il y a une troisième chambre.

À l'extérieur, il y a un garage, une terrasse, une piscine et un grand jardin avec des arbres et des fleurs. Jacques a aussi des légumes dans son jardin, mais ils sont derrière la maison.

Jacques, qui est retraité, aime bien travailler chez lui. Par exemple, l'année dernière, il a mis une piscine pour ses enfants et ses petits-enfants. Et puis, pour entrer chez lui, il faut traverser la pelouse et ce n'est pas très pratique. Alors, il voudrait mettre aussi un chemin qui traverse la pelouse pour aller jusqu'à la rue, mais il ne l'a pas encore fait. Peut-être cet automne, s'il a le temps et l'argent! Ça coûte cher et il ne veut pas devoir de l'argent à la banque.

◆ Où habite Jacques Dubois? Quelle est son adresse? Il y a combien de pièces dans la maison? Est-ce que vous préférez la maison des Mabille ou la maison de Jacques Dubois? Pourquoi?
◆ Qu'est-ce que Jacques a déjà fait dans la maison? Qu'est-ce qu'il voudrait faire? Pourquoi?
◆ À votre avis, quelle est la saison sur la photo? Qui est en vacances chez Jacques Dubois?

C. 23 rue des Taillandiers, 75011 Paris: l'appartement de Jean Rasquin

C'est un trois pièces au quatrième étage d'un immeuble moderne à Paris.

Dans l'appartement de Jean Rasquin il y a une petite cuisine, un grand séjour avec un coin repas, deux chambres et une salle de bains. Il y a aussi une entrée avec des placards, des W.C. et un couloir qui va à la cuisine et au séjour. La cuisine et le séjour donnent sur un grand balcon ensoleillé.

◆ Où habite Jean Rasquin? Quelle est son adresse? Est-ce que son appartement est grand? Est-ce qu'il est en ordre ou en désordre? Est-ce qu'il est agréable? Pourquoi ou pourquoi pas? À votre avis, est-ce que Jean Rasquin monte en ascenseur ou par l'escalier quand il rentre chez lui? Pourquoi?

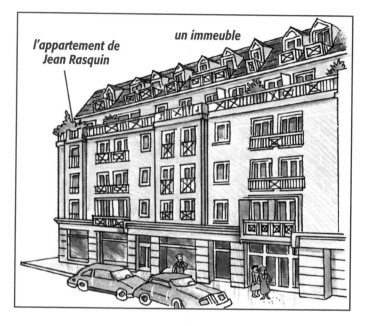

l'appartement de Jean Rasquin

un immeuble

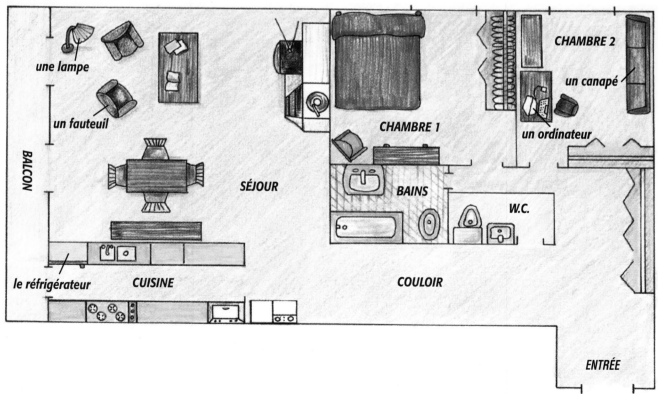

une lampe

un fauteuil

BALCON

le réfrigérateur

CUISINE

SÉJOUR

CHAMBRE 1

BAINS

CHAMBRE 2

un canapé

un ordinateur

W.C.

COULOIR

ENTRÉE

D. Le plan d'une petite ville: Retournons à Cinet, la petite ville française de la leçon 6.

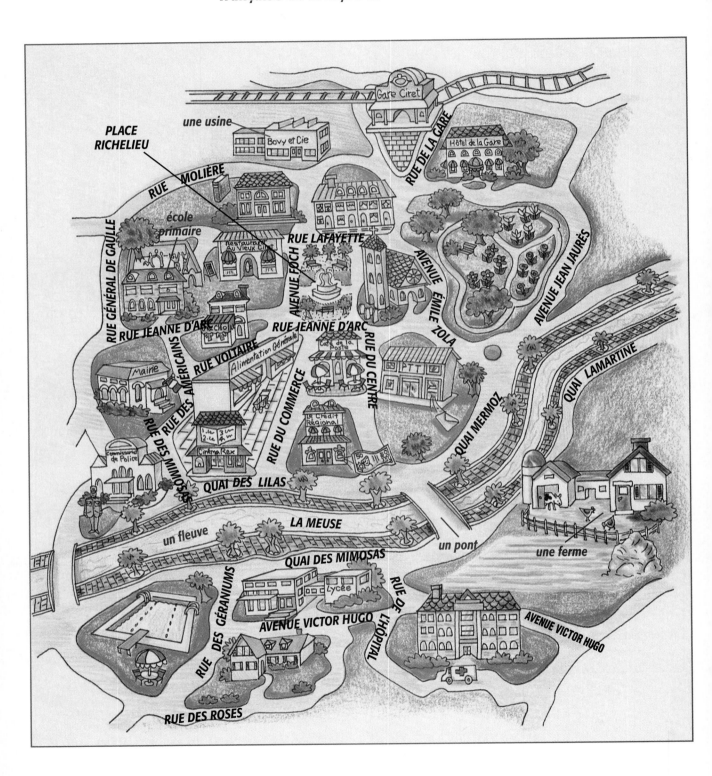

À Cinet, il y a un fleuve, la Meuse, et des ponts. Au centre-ville, il y a une église et, en face de l'église, il y a une place. Il y a aussi une mairie, un commissariat de police, une gare, une banque, une école primaire et un lycée. Et puis, un peu plus loin, il y a un hôpital et une usine, Bovy et Cie. Et parce que Cinet est à la campagne, il y a aussi des fermes.

Si vous êtes à la gare et si vous voulez aller à l'hôpital, il faut traverser le fleuve. Comment? D'abord, vous prenez la rue de la Gare et vous continuez tout droit jusqu'à l'église. À l'église, vous tournez à gauche dans l'avenue Émile Zola. Au bout de l'avenue, vous prenez le quai Mermoz à droite. Ensuite, vous traversez le premier pont à gauche et vous tournez à droite. L'hôpital est au coin de la rue de l'Hôpital et de l'avenue Victor Hugo.

◆ Regardez bien le plan de la ville. Qu'est-ce qu'il y a d'autre à Cinet? Qu'est-ce qu'il n'y a pas à Cinet? Comment allez-vous à l'église si vous êtes à la mairie? Comment allez-vous au commissariat de police si vous êtes au parc? Comment allez-vous à l'école primaire si vous habitez à la ferme?

E. Les chiffres au-dessus de 1.000

1.000	mille	one thousand		2.000	deux mille	two thousand
1.001	mille un	one thousand one		10.000	dix mille	ten thousand
1.100	onze cents,	eleven hundred,		100.000	cent mille	one hundred thousand
	mille cent	one thousand one hundred		1.000.000	un million	one million
1.500	quinze cents,	fifteen hundred,		1.000.000.000	un milliard	one billion
	mille cinq cents	one thousand five hundred				

◆ Combien coûtent ces voitures?
◆ Quelle voiture préférez-vous? Pourquoi?

Cette Peugeot 106 coûte 13.400 euros. C'est une petite voiture qui n'est pas très chère.

Cette Deux-Chevaux (2 CV) coûte 2.000 euros. Elle ne coûte pas très cher parce que c'est une vieille voiture.

Cette Renault Espace coûte 36.000 euros. C'est une voiture pour sept personnes qui coûte cher mais qui est très pratique pour les grandes familles.

Cette Citroën Xantia coûte 26.975 euros. C'est une grande voiture qui coûte assez cher.

Notes de vocabulaire

1. Mots et expressions utiles

aux États-Unis   *in the United States*
quelquefois   *sometimes*

2. Les nombres ordinaux. Here are the forms of the ordinal numbers 1–20.

premier, première	1er, 1ère	onzième	11^e
deuxième	2^e	douzième	12^e
troisième	3^e	treizième	13^e
quatrième	4^e	quatorzième	14^e
cinquième	5^e	quinzième	15^e
sixième	6^e	seizième	16^e
septième	7^e	dix-septième	17^e
huitième	8^e	dix-huitième	18^e
neuvième	9^e	dix-neuvième	19^e
dixième	10^e	vingtième	20^e

3. Les chiffres et l'argent. In written numbers, French uses a period where English uses a comma, and vice versa.

FRENCH	ENGLISH
12,25 ("douze virgule vingt-cinq")	12.25
3.000 ("trois mille")	3,000

In January 2002, the euro (€) becomes the sole common currency in France, Belgium, Germany, Spain, Ireland, Italy, Luxemburg, Holland, Austria, Portugal, and Finland. The official abbreviation for the euro is EUR. Each euro is divided into 100 parts or *cents*.

Beyond 199, the word **cent** *(hundred)* is written with an **-s** when it is not followed by another number. Otherwise, it has no **-s**. The word **mille** *(thousand)* never has an **-s**.

    100 **cent**   200 **deux cents**   4.000 **quatre mille**

The year may be expressed using either **cent** or **mil**.

    1999   **dix-neuf cent quatre-vingt-dix-neuf**
             mil neuf cent quatre-vingt-dix-neuf

4. Jour, semaine et année + dernier. Note the use of **dernier** in these expressions.

dimanche **dernier**   *last Sunday*
la semaine **dernière**   *last week*
le mois **dernier**   *last month*
l'année **dernière**   *last year*

In all other cases, **dernier** precedes its noun.

Il habite au dernier étage. *He lives on the top floor.*

5. **Une pièce.** **Une pièce** is the generic term for *a room*. **Une salle** is a room used for public functions or a specific purpose (**une salle de classe, une salle de cinéma,** or **une salle à manger,** for example). **Une chambre** is *a bedroom*.

6. **Si.** The word **si** has three different equivalents in English.

    a. Affirmative response to negative question or statement:

       —Tu ne travailles pas assez! *"You don't work enough!"*
       —Si! Je travaille trop! *"Yes I do! In fact, I work too much!"*

    b. **Si** meaning *if* or *whether:*

       S'il fait beau, je vais jouer *If it's nice, I'm going to*
         au tennis. *play tennis.*
       Je ne sais pas **s'**il va faire *I don't know whether it*
         beau demain. *will be nice tomorrow.*

       The -i of **si** is dropped in front of **il** and **ils** only.

S'ils font la vaisselle, papa va être content!
Si elles font la vaisselle, papa va être content!
Si on ne fait pas la vaisselle, papa ne va pas être content!

    c. **Si** meaning *so*, to intensify the meaning of an adjective or an adverb:

       Il fait **si** beau aujourd'hui. *It's so nice out today.*

7. **La place des adverbes au passé composé.** In general, short, common adverbs are placed between the helping verb and the past participle in the **passé composé.**

Vous avez **bien** dormi? *Did you sleep well?*
Vincent a **trop** mangé. *Vincent ate too much.*
Tu n'as pas **encore** fini? *You have not finished yet?*

8. **Pour demander votre chemin.** When you want to ask for directions, you may say one of the following:

—Pardon, Monsieur (Madame / Mademoiselle), pour aller à la gare (à la poste / à l'hôpital), s'il vous plaît?
—Excusez-moi, Monsieur (Madame / Mademoiselle), pourriez-vous me dire où se trouve la gare (la poste / l'hôpital), s'il vous plaît?

9. **Combien est-ce que je vous dois?** The verb **devoir** can also mean *to owe.*

Combien est-ce que je vous **dois?** *How much do I owe you?*
Mais vous ne me **devez** rien! *But you don't owe me anything!*

Vous avez compris?

1. Chassez l'intrus. Quel mot ne va pas avec les autres à cause du sens *(meaning)*?

1. le fauteuil / le canapé / le garage / la chaise
2. le fauteuil / la table / le lavabo / le canapé
3. la douche / le lavabo / l'évier / la baignoire
4. les W.C. / le jardin / les arbres / les fleurs
5. l'immeuble / le meuble / la maison / l'appartement
6. l'ascenseur / le sous-sol / le rez-de-chaussée / le premier étage
7. la cuisine / la salle de bains / la terrasse / la salle à manger
8. une cuisinière / un tableau / un lave-vaisselle / un lave-linge

2. Ça va ensemble. Avec quel(s) nom(s) de la boîte de gauche vont les adjectifs et les expressions de la boîte de droite?

Modèle   un réfrigérateur   *C'est froid, c'est en bas, c'est pratique...*

un jardin	le rez-de-chaussée
une piscine	le premier étage
une terrasse	un couloir
une cave	un balcon
un arbre	une fenêtre
une fleur	une salle de bains
un ascenseur	un lave-vaisselle

C'est

sombre	clair
froid	à l'extérieur
vert	grand
rouge	à l'intérieur
pratique	en bas
confortable	en haut
agréable	calme

3. Les pièces. Faites des listes.
Quelles pièces de la maison...

1. sont pour tout le monde?
2. ne sont pas pour tout le monde?
3. sont en haut?
4. sont en bas?
5. ont une télévision?
6. ont un téléphone?
7. ont un lave-linge?

C'est quelle pièce?

arrivent: *happen*

4. Où? Pour vous, où est-ce que ces choses arrivent?
Où est-ce qu'elles n'arrivent jamais?

Modèle   j'étudie
À la bibliothèque, dans ma chambre, devant la télévision...
Jamais au restaurant, chez mes parents...

1. je parle au téléphone
2. je dors
3. je mange
4. je fais la vaisselle
5. j'étudie
6. j'ai souvent froid
7. j'ai souvent chaud
8. j'ai souvent sommeil

5. Calculons. Quelle est la réponse? (+ = plus, − = moins).

Modèle   110 + 5 = ?   *Cent dix plus cinq font cent quinze.*

1. 100 + 120 = ?
2. 330 + 400 = ?
3. 750 + 750 = ?
4. 6.000 + 7.000 = ?
5. 40.500 + 150 = ?
6. 50.000 + 42.000 = ?
7. 250.000 + 300.000 = ?

6. Une course cycliste. Voilà les résultats d'une course cycliste *(bicycle race)* pour hommes en France. Qui est premier? Qui est deuxième? Continuez!

Modèle   *Virenque (Fra): premier*

Virenque (Fra)	20'23"04	Armstrong (É-U)	20'25"96
Bugno (Ita)	21'15"59	Theunisse (P-B)	21'26"95
Leblanc (Fra)	21'33"10	Chozas (Esp)	21'35"03
Rondon (Col)	21'48"46	Chiappucci (Ita)	21'49"49
Roux (Fra)	22'07"31	Bruyneel (Bel)	22'10"57
Hampsten (É-U)	22'15"02	Ekimov (Rus)	22'23"40
Camargo (Col)	22'25"12	Ribeiro (Bré)	22'45"12

7. Les prix. Combien est-ce que ça coûte, à votre avis?

1. un petit réfrigérateur pour une chambre d'étudiant
2. une maison à Beverly Hills
3. un vélo tout terrain (VTT)
4. une petite voiture de sport italienne
5. un studio à New York, près de Central Park
6. une nuit dans un grand hôtel de San Francisco
7. un repas pour deux personnes dans un restaurant très élégant
8. un repas pour deux personnes à McDonald's

8. Les directions. La famille Bastin, qui a une ferme près de Cinet, loue des chambres à des touristes en été. Vous passez une semaine dans leur ferme et vous voulez visiter Cinet. Demandez les directions à Monsieur ou à Madame Bastin. Utilisez le plan, page 266, et jouez les deux rôles avec un(e) partenaire.

Modèle   VOUS: *Pourriez-vous me dire où se trouve...*
             M./MME BASTIN: *C'est facile! Vous prenez...*

Vous voulez aller: à la piscine / à l'église / au parc / au cinéma / au restaurant Au Vieux Cinet.

loue = *rents*

9. Nos meubles. Vous venez de vous installer *(You have just settled down)* dans un nouvel appartement avec deux amis. La cuisine et la salle de bains sont équipées, mais sinon, il n'y a pas de meubles. En groupes, faites une liste de toutes les pièces. Puis, décidez quels meubles vous voulez dans chaque pièce. Donnez des détails et les prix approximatifs. Combien d'argent est-ce que vous allez dépenser?

endroits: *places*

10. Et chez vous? En groupes, comparez les endroits d'où vous êtes.

SUGGESTIONS: Vous habitez une grande ville, une petite ville, un village? À la mer, près d'un lac, à la montagne... ? Qu'est-ce qu'il y a chez vous? Qu'est-ce qu'il n'y a pas? Est-ce qu'il y a des endroits culturels intéressants? pour faire des courses? pour le sport? Quelles sont les activités préférées des jeunes?, etc.

11. À Paris... Vous êtes à Paris pour trois jours, à l'hôtel Orléans Palace. Qu'est-ce que vous allez faire? Qu'est-ce que vous allez visiter?

1. **Pour ne pas se perdre** *(In order not to get lost):*
   - Paris est divisé en arrondissements. Regardez la carte: combien d'arrondissements est-ce qu'il y a à Paris?
   - L'adresse de votre hôtel est: 185, Boulevard Brune, 75014 Paris. C'est à la porte d'Orléans, au sud *(south)* de la ville. Est-ce que vous pouvez trouver l'arrondissement dans l'adresse de l'hôtel?
   - Dans quels arrondissements sont les monuments principaux?

2. **Activités.** Qu'est-ce que vous allez faire?
   - Vous aimez faire les musées?
   - Vous aimez visiter les églises?
   - Vous voulez admirer un beau panorama de Paris?
   - Vous aimez faire les magasins?
   - Vous voulez visiter les tombes *(graves)* de Balzac, d'Édith Piaf et de Jim Morrison?
   - Vous voulez visiter les tombes de Voltaire, Hugo et Zola?

Le Centre Pompidou

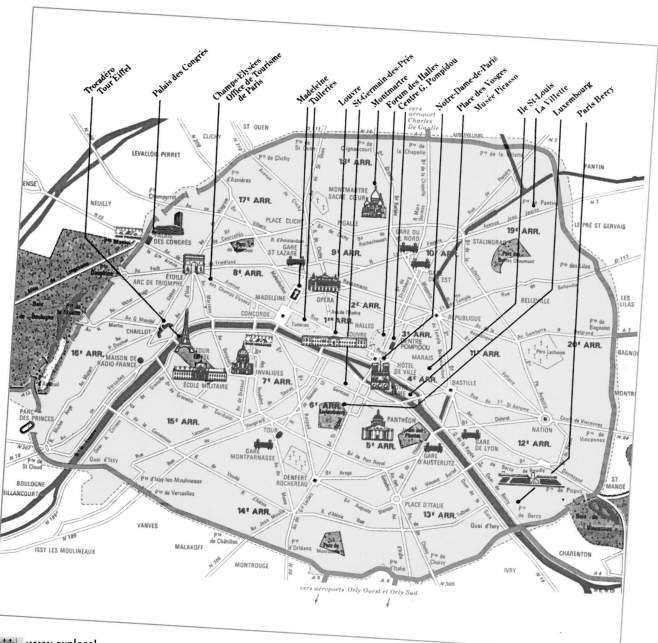

Trocadéro
Tour Eiffel

Palais des Congrès

Champs-Elysées
Office de Tourisme
de Paris

Madeleine
Tuileries

Louvre
St-Germain-des-Près
Montmartre
Forum des Halles
Centre G. Pompidou

Notre-Dame-de-Paris
Place des Vosges
Musée Picasso

Ile St-Louis
La Villette
Luxembourg

Paris Bercy

www explore!
http://voila.heinle.com

Structure

Les verbes comme *vendre*

One group of verbs in French has infinitives that end in **-re**. These verbs are conjugated identically and are grouped together as *third conjugation* or **-re** verbs. To conjugate one of these verbs in the present, drop the infinitive ending (**-re**) and add the endings shown in bold type.

vendre *to sell*	
je vend**s**	nous vend**ons**
tu vend**s**	vous vend**ez**
il / elle vend *(no ending)*	ils / elles vend**ent**

Note the following pronunciation points about **-re** verbs:

1. The three singular forms have the same pronunciation.
2. The **-d-** in spelling is not pronounced in the singular. It is pronounced in the plural. Notice especially the difference in pronunciation between **il/elle vend** (no **-d** pronounced) and **ils/elles vendent** (**-d-** pronounced).

Verbs like **vendre** include **descendre** *(to descend* or *to go down; to take down),* **répondre à** *(to answer),* **perdre** *(to lose),* **entendre** *(to hear),* and **attendre** *(to wait* or *to wait for).*

Il n'aime pas **répondre** aux questions.	*He doesn't like to answer questions.*
Nous **descendons**.	*We're coming down.*
J'**attends** dix minutes et c'est tout!	*I'm waiting ten minutes and that's it!*
Elle **perd** ses clés tout le temps.	*She's always losing her keys.*
Tu **entends** quelque chose?	*Do you hear something?*

The imperative or command forms of third conjugation verbs are identical to their present-tense forms.

Descends tout de suite!	*Get down here right now!*
Répondez, s'il vous plaît.	*Please answer.*
Attendons cinq minutes!	*Let's wait for five minutes!*

Third conjugation verbs like **vendre** form their past participle in **-u**.

Candide a **vendu** son vélo!	*Candide sold his bike!*
J'ai **attendu** pendant 10 minutes.	*I waited for 10 minutes.*

*V*ous avez compris?

12. Les verbes comme *vendre.* Ça y est, tu es sur ma page!

PRÉNOM: Lise

NOM: Lafontaine

ÂGE: Euuuh l'âge de raison et celui de faire des folies ;)

SEXE: Pour les stats, je suis une fille ;)

J'aime: la sieste, l'automne, l'été, le printemps, les voyages, sortir avec des amis, boire un café (ou un jus d'orange) avec Mathieu (ou avec Julie), aller au cinéma, le chocolat, les promenades en forêt l'automne avec mon chien, lire un bouquin, les jeux vidéo et l'informatique en général, le cinéma à tarif réduit, la ville de Montréal en été et profiter de la vie quoi! :), le cinéma... je l'ai déjà dit... surtout les films d'aventures, de science-fiction, et humoristiques, parler pour rien dire 2 heures au téléphone avec Céleste (une amie), la musique (le rock, pas les trucs classiques)...

Je n'aime pas: attendre, l'hiver, le froid, la neige... les hypocrites, les gens qui ne m'aiment pas, les gens bêtes, les chats, perdre mes clés (je le fais souvent), la viande, le chocolat noir, la confiture de fraises, enfin tout ce qui est sucré, aussi... les petits pois (beurk), la bière, enfin, je n'aime pas les gens qui n'aiment pas!

Je crois que c'est tout ce que je peux vous dire sur moi...

- **La page perso de Lise.** Indiquez sur la grille s'il est probable—oui ou non—que Lise fait ce qu'elle dit sur sa page Web.

	Oui, c'est Lise!	Non, ce n'est pas Lise!
Je descends en ville pour passer du temps au café avec des copains.		
J'attends mes amis devant le cinéma... avec beaucoup de patience!		
Je vends ma collection de CD classiques.		
Je vends ma collection de CD de rock.		
Je perds mes clés.		
Je ne réponds pas aux questions bêtes!		
Quand j'entends le téléphone sonner, je suis contente! Ça peut être pour moi!		

13. Qu'est-ce qu'on fait? Faites des phrases complètes au présent.

1. Je / descendre / par l'escalier.
2. Ils / perdre / toujours / leurs stylos.
3. Nous / ne pas / répondre / au professeur / en anglais.
4. Tu / attendre / tes copains?
5. Vous / vendre / votre voiture?
6. Anne / attendre / une lettre de son petit ami.
7. Je / ne rien / entendre.

14. Maintenant ou hier? Utilisez une forme des verbes donnés pour compléter les phrases. Faites attention au temps du verbe. VERBES: perdre / vendre / attendre / descendre / répondre / entendre

Modèle   Tu as _____ tes clés?   *Tu as perdu tes clés?*
                Tu les _____ toujours!   *Tu les perds toujours!*

1. Nous _____ notre appartement pour acheter une maison.
2. Patrick ne _____ jamais à mes lettres!
3. Vous avez _____ votre voiture?
4. Alceste a _____ Candide pendant une heure!
5. Tu _____ ? On doit partir!
6. Écoute! Tu as _____ quelque chose—ou quelqu'un?

Une belle voiture de sport

*M*ise en pratique

15. Bric-à-brac (*Rummage sale*). Vous avez fini l'université et vous partez. Vous et vos amis avez décidé de vendre les affaires que vous ne voulez plus parce que c'est trop difficile de les transporter à la maison.

1. Faites une liste des choses que vous voulez vendre et de leur prix.
2. Proposez vos affaires à la classe. La classe pose des questions et propose d'acheter ce que vous vendez. Vous voulez obtenir le meilleur prix possible!

Modèle   VENDEUR: *Je vends un tapis.*
             ÉTUDIANTS: *Il est grand? Il est bleu? Combien coûte ton tapis?*
             VENDEUR: *Qui achète mon tapis?*
             ÉTUDIANTS: *Moi! Pas moi! Je donne 5 dollars.*

Le passé composé avec *être*

A relatively small group of verbs uses **être** as a helping or auxiliary verb in the **passé composé** instead of **avoir**.

tomber au passé composé	
je suis tombé(e)	nous sommes tombé(e)s
tu es tombé(e)	vous êtes tombé(e)(s)
il est tombé	ils sont tombés
elle est tombée	elles sont tombées

Notice that the past participle of a verb conjugated in the **passé composé** with **être** agrees with its subject.

Marie n'est pas là. Elle est allée à la poste.	*Marie isn't here. She went to the post office.*
Nous sommes sortis hier soir et nous n'avons pas travaillé.	*We went out last night and we didn't work.*
Mes copains sont partis pour New York.	*My friends left for New York.*
Ta grand-mère est descendue?	*Has your grandmother come downstairs?*

Here is a list of the verbs conjugated with **être** that have already been presented.

VERBE	PARTICIPE PASSÉ	VERBE	PARTICIPE PASSÉ
aller	allé	retourner	retourné
arriver	arrivé	rentrer	rentré
descendre	descendu	rester	resté
entrer	entré	sortir	sorti
monter	monté	tomber	tombé
partir	parti		

You can go about learning this list of verbs in several ways.

1. Many **être** verbs fall naturally into pairs of opposites (**arriver–partir, entrer–sortir,** etc.).
2. Verbs conjugated with **être** are always intransitive verbs. That is, they cannot be followed by a direct object. Another way of saying this is that when a verb is followed by a direct object, the auxiliary verb must be **avoir** and not **être.**
3. Many (but not all!) of these verbs have the idea of motion in their meaning.

$\mathcal{V}$ous avez compris?

16. Au passé! Complétez avec **être** ou **avoir.**

1. Mon père _____ mis son manteau et il _____ parti.
2. Ma sœur _____ rentrée à quatre heures du matin.
3. Mes amis _____ allés en ville. Là, ils _____ acheté des jeans et des pulls et ils _____ rencontré des filles. Après, ils _____ sortis ensemble.
4. Vous n' _____ pas fini? Mais vous _____ commencé à dix heures!
5. Tu _____ tombé combien de fois?
6. Ma camarade de chambre _____ restée dans sa chambre pour réfléchir à ses problèmes.

17. Hier. Utilisez un des verbes de la liste pour dire ce qu'on a fait hier. N'oubliez pas l'accord du participe passé. Vous pouvez utiliser le même verbe plusieurs fois.

VERBES: sortir / aller / entrer / descendre / partir / rentrer / arriver / rester / tomber

1. Nous _____ au cinéma, mais nous _____ avant la fin du film.
2. Tu as l'air fatigué. Tu _____ à quelle heure hier soir?
3. Ce n'est pas vrai! Tu _____ dans la chambre de Jean et de Marc!
4. Mes copains _____ danser mais moi, je _____ à la maison.
5. Ils _____ avant le cours pour parler au professeur.
6. Mais vous dormez! Est-ce que vous _____ hier soir?
7. Les Dumont _____ faire du ski.
8. Anne _____ dans l'escalier hier soir et elle _____ à l'hôpital.

*M*ise en pratique

18. La maison d'Alceste. Quels verbes sont conjugués avec **être?** Regardez la maison et utilisez l'illustration pour compléter l'histoire d'une journée dans la vie d'Alceste comme il la raconte dans une lettre à Candide.

1. sortir   2. aller   3. arriver   4. rentrer   5. monter   6. tomber   7. descendre   8. entrer   9. rester   10. partir

Cher Candide,

Qu'est-ce que j'ai fait hier? Eh bien, à 10 heures du matin, (1) je _____ de la maison avec maman et (2) nous _____ au parc. (3) On _____ au parc vers 10 h 30 et j'ai parlé avec des copains pendant une heure. Après, (4) on _____ pour le déjeuner à midi. Pour entrer dans la maison, il faut monter un petit escalier. Alors, (5) je _____ sans problème mais (6) maman _____. Mais pas de problème! (7) Je _____ la chercher. (8) On _____ dans la maison et (9) nous _____ chez nous pendant tout l'après-midi. Puis, vers six heures, maman et moi, (10) on _____ chercher du pain pour le dîner. Et voilà ma journée!

   Amicalement,

   Alceste

vers = *around*

Le passé composé à la forme négative et à la forme interrogative

To make a verb in the **passé composé** negative, put the negative expression around **avoir** or **être** (the helping verb). Note that the English equivalent usually requires a helping verb.

Il **n'a pas** fait ses devoirs.	*He hasn't done (didn't do) his homework.*
Tu **n'as rien** mangé?	*You haven't eaten (didn't eat) anything?*
Candide **n'a pas** pris de dessert.	*Candide didn't have (eat) any dessert.*
Je **ne** suis **jamais** allée à Lyon.	*I've never been (gone) to Lyons.*

To ask a question using the **passé composé,** you may use a rising intonation when speaking, or you may use the expression **est-ce que,** or you may invert the helping verb. Again, note that the English equivalent may require a helping verb.

Tu **as** bien **dormi?**	*Did you sleep well?*
Tu n'**as** pas **attendu?**	*You didn't wait?*
Est-ce qu'il **a** acheté le livre?	*Did he buy (has he bought) the book?*
Avez-vous mangé?	*Have you eaten?*
Qu'est-ce qu'il **a fait?**	*What did he do?*
Est-ce que Suzanne **est sortie** avec Hakim hier?	*Did Suzanne go out with Hakim yesterday?*
À quelle heure **êtes-vous rentrés?**	*What time did you get home?*

Vous avez compris?

19. Le week-end de Lise. Regardez la page Web de Lise (page 275). Quelles sont les activités que Lise a probablement faites le week-end dernier?

Ce que Lise a fait.....		
	Oui, Lise l'a fait.	Non, Lise ne l'a pas fait.
Elle a fait la sieste.		
Elle a fait du ski.		
Elle a trouvé un chat dans la rue et elle l'a pris.		
Elle a mangé du chocolat noir.		
Elle a perdu ses clés.		
Elle a parlé au téléphone 2 minutes avec Céleste.		

20. Qu'est-ce que Lise a fait pendant le week-end? Selon l'activité 19, présentez la liste de ce que Lise a fait et de ce qu'elle n'a pas fait pendant le week-end.

Elle a fait:

Elle n'a pas fait:

21. Des questions sur le week-end de Lise. Retournez à la page Web de Lise (page 275) et écrivez cinq questions sur les activités de Lise pendant le week-end. Préparez les questions individuellement, puis en groupe de deux étudiants, répondez aux questions que votre camarade va vous poser. Après, votre camarade va répondre à vos questions.

Modèle—*Est-ce que Lise a mangé des petits pois?*
     —*Non, elle n'a pas mangé de petits pois. (Elle les déteste!)*

Est-ce que Lise est allée au cinéma?

$\mathcal{M}$ ise en pratique

22. La journée de Claudine. Voilà les activités de Claudine hier. Est-ce que vous avez fait la même chose que Claudine?

Modèle   CLAUDINE: J'ai téléphoné à mes parents.
                VOUS: *Je n'ai pas téléphoné à mes parents mais j'ai téléphoné à une amie.*

1. J'ai étudié cent pages de philosophie.
2. Je suis allée en ville à 10 heures du matin.
3. J'ai téléphoné à mon professeur d'anglais.
4. Je suis sortie le soir avec des copains.
5. J'ai acheté un disque compact de Mozart.
6. Je suis tombée.
7. J'ai pris le petit déjeuner avec des amis.
8. Je n'ai pas rangé ma chambre.
9. J'ai joué au tennis.
10. J'ai perdu mes clés.
11. Je n'ai pas fait mon lit.
12. Je suis rentrée à minuit.

Une soirée en ville

23. L'été de Marie-Claude. Voilà une liste des choses que Marie-Claude a faites l'été dernier. Est-ce que vous avez fait les mêmes choses ou pas?

les mêmes: *the same*

Modèle   Elle a nagé dans la mer.
               Moi aussi, j'ai nagé dans la mer. / Moi, je n'ai pas nagé dans la mer. / Moi, j'ai nagé dans une piscine.

1. Elle est sortie avec son petit ami.
2. Elle a travaillé dans un restaurant.
3. En juillet, elle est partie en vacances avec sa famille pendant un mois.
4. Elle a grossi un peu.
5. Elle n'a pas joué au tennis.
6. Elle a commencé à fumer.
7. En août, son petit ami est parti en vacances sans elle.
8. Le 10 août, elle a rencontré un bel Espagnol et elle a beaucoup parlé espagnol!

24. Vingt questions pour le professeur. Qu'est-ce que le professeur a fait l'été dernier? Posez-lui beaucoup de questions!

Découvertes culturelles: Une tradition française: la résidence secondaire

A. La résidence. Quels aspects de votre résidence sont les plus importants? Organisez cette liste par ordre d'importance pour vous.

le confort / la décoration / l'espace environnant et le quartier / le style / les activités possibles / le modernisme / la lumière / les voisins (les personnes qui habitent à côté) / la proximité de la ville / les transports publics / l'indépendance des membres de la famille / le nombre de pièces / le jardin / la terrasse / le balcon / les volets / les meubles / les plantes / le grenier / la cave

B. Une idée du bonheur

1. **Pour comprendre.** Soulignez dans le texte les mots qui se réfèrent aux pièces de la maison, à la décoration, aux activités dans la maison. Combien de types de maisons sont mentionnés dans ce texte?

2. **De quoi s'agit-il?** Castorama, qu'est-ce que c'est?

   un agent immobilier / un magasin de meubles / une entreprise de construction / une région / un commerce d'objets pour la maison / une entreprise de jardinage / le nom d'un jardinier / le nom d'une maison / le nom d'un village à la campagne

3. **À la recherche des détails**

   a. **Mots nouveaux.** D'après le contexte, choisissez la meilleure réponse pour ces mots et expressions.

   - la maison de ses rêves:
     - ☐ la maison principale
     - ☐ la maison idéale
     - ☐ une maison moderne
   - la pelouse:
     - ☐ elle est verte
     - ☐ elle est à l'intérieur de la maison
     - ☐ elle est sur la terrasse

   - aménager (on aménagera le grenier):
     - ☐ faire des transformations
     - ☐ décorer le grenier
     - ☐ mettre du papier peint sur les murs
   - une demeure:
     - ☐ un balcon
     - ☐ une cheminée
     - ☐ une maison

   - retaper:
     - ☐ ranger
     - ☐ remettre à neuf (neuf = nouveau)
     - ☐ détruire
   - déménager:
     - ☐ partir en voyage
     - ☐ faire des transformations
     - ☐ changer de maison
   - désuets:
     - ☐ démodés
     - ☐ neufs
     - ☐ modernes

La maison... une certaine idée du bonheur

Une maison. Qui n'a pas eu ce rêve? Un véritable chez soi où tout est à la mesure de ses goûts, de ses gestes, de ses choix?

La couleur du papier peint ou celle des volets; la chambre des enfants, ici celle des parents, la cuisine, le séjour, la terrasse du jardin. Qui n'a pas dessiné la maison de ses rêves, avec de vraies histoires qui vont avec? Un jardin avec une pelouse et des fleurs, une chambre d'amis — "et si on est trop nombreux on aménagera le grenier" —, des petits déjeuners pris dehors et des soirées d'hiver devant la cheminée. La maison... la sienne. Il y en a qui préfèrent acheter de vieilles demeures à retaper. D'autres veulent une maison neuve, conforme à leurs désirs. Il y a (souvenez-vous) ces perpétuels déménagements tous les week-ends ou pour les vacances, lorsqu'on s'en va dans sa maison de campagne. Cette deuxième maison où les objets désuets ou usés trouvent leur place: un meuble ou un lit devenu trop petit. Je crois même qu'une fois devenu adulte, c'est dans les maisons de campagne ou secondaires qu'on retrouve tous les objets du passé, de l'enfance. La maison, musée intime de l'enfance. Le moins adroit envisage d'acheter du matériel pour monter un petit mur, une bordure, installer un rideau ou une véranda... Les enfants vont forcément vouloir aider.

Texte: Dominique Machabert Photographe: Joël Damase

b. **Le bonheur.** Quelles lettres du mot **bonheur** sont dans **heureux?** **malheureux?** Qu'est-ce que le bonheur? Quand est-ce qu'on est heureux ou malheureux?

c. **Vrai ou faux.** D'après le texte, est-ce que ces phrases sont vraies ou fausses?

- Dans la maison idéale, on peut choisir le papier pour les murs.
- Dans la maison idéale, tout le monde a sa chambre.
- Dans la maison idéale, les enfants peuvent faire des dessins sur les murs.
- Dans la maison idéale, les amis peuvent venir en vacances chez vous.
- La maison idéale est une vieille maison.
- Il est impossible d'avoir une deuxième maison.
- Dans sa maison de campagne, on peut mettre ses vieux meubles.
- Pour travailler, construire et réparer dans la maison, allez à Castorama.
- On peut aller à Castorama tous les jours de la semaine.
- À Castorama, on trouve du matériel pour faire des piscines.

C. Étude culturelle

1. **Illustration.** Décrivez cette maison. Où est-elle? Quel âge a-t-elle? Quel type de maison est-ce? Comment est-elle? Est-ce la maison idéale? Pourquoi?
2. **Le rêve des Français.** Quelles expressions du texte sont illustrées par cette maison? D'après ce texte et cette illustration, décrivez quelles sortes d'activités, d'habitudes et de loisirs les Français aiment.

   Modèle   un jardin
   Les Français aiment avoir un jardin pour avoir des fleurs et des légumes.

3. **La résidence secondaire et les Français.** Qu'est-ce qu'une résidence secondaire? Où est-elle? Comment est-elle? Quelle est sa décoration? Qu'est-ce qu'on fait dans une résidence secondaire? Quand est-ce qu'on va dans cette maison?
4. **Les avantages et les inconvénients de la résidence secondaire.** Considérez une résidence secondaire à la campagne. Faites une liste des avantages et une liste des inconvénients. Vous voulez une résidence secondaire ou pas? Pourquoi?

D. Hypothèses.
Pour quelles raisons les Français aiment-ils avoir une résidence secondaire? Formez trois hypothèses avec les éléments sociologiques des leçons précédentes.

E. Avec de vraies histoires... Avec cette phrase le texte fait allusion aux histoires des habitants. Maintenant, une résidence secondaire raconte son histoire et l'histoire de ses habitants. Il y a beaucoup de personnes qui ont habité cette maison. Faites parler la maison au sujet de ses habitants.

F. La maison, musée intime de l'enfance. Pourquoi une maison de campagne est-elle un musée? Quel est le musée de votre enfance? Quels objets? Quelles personnes? Quelles histoires?

G. Conversation en français. Une semaine en France.

1. Vous allez passer une semaine en France avec votre famille pour découvrir la campagne française. Quel est votre budget, voyage inclus? Où est-ce que vous allez? Qu'est-ce que vous allez faire?
2. Décrivez la maison que vous avez louée. Donnez beaucoup de détails sur la maison et ce qu'elle a de bien et de moins bien. Soyez prêt(e) à répondre aux questions qu'on vous pose.

Conversation en français

www explore!
http://voila.heinle.com

Orthographe et Prononciation

Les syllabes

In speech, English syllables tend to end with a consonant sound; French syllables tend to end with a vowel sound. Compare how the two languages divide the following words.

ENGLISH   FRENCH
fin-ish   fi-nir
an-i-mal   a-ni-mal

Activité

Prononcez. Répétez après votre professeur.

1. la radio
2. une affiche
3. un réfrigérateur
4. une université
5. commencer
6. vous achetez
7. automne
8. une avenue
9. un hôpital

Vocabulaire de base

Vocabulaire de base

Chiffres au-dessus de 1.000 (voir page 267)
Nombres ordinaux (voir page 268)

Noms
un arbre *tree*
l'argent *(m.) money*
une baignoire *bathtub*
un balcon *balcony*
une banque *bank*
un canapé *couch*
une cave *basement*
une douche *shower*
une église *church*
un escalier *staircase, stairs*
un étage (premier, deuxième, etc.)
  (second, third, etc.) floor

un fauteuil *armchair*
une ferme *farm*
une gare *train station*
un hôpital *hospital*
un immeuble *apartment house*
un jardin *garden, yard*
une lampe *lamp*
un meuble, des meubles *piece of*
  furniture, furniture
un mur *wall*
une pièce *room (general term)*
une place *square (in a town)*
un réfrigérateur *refrigerator*

le rez-de-chaussée *ground floor*
  (American first floor)
un rideau, des rideaux
  curtain, curtains
une rue *street*
une salle à manger
  dining room
une salle de bains *bathroom*
un salon *living room*
un tableau, des tableaux
  painting, paintings
une terrasse *patio, terrace*
une usine *factory*

les W.C. *(m. pl.) toilet, restroom, water closet*
RAPPEL:
une cuisine *kitchen*
une salle de séjour *living room, family room*

Adjectifs
clair(e) *bright, full of light*
dernier, dernière *(precedes noun) last*
sombre *dark*

Verbes
attendre *to wait (for)*
continuer *to continue*
coûter *to cost*
descendre *to go down*
devoir *to owe (also: must, to have to)*
entendre *to hear*

entrer *to go/come in, to enter*
monter *to go up*
perdre *to lose*
rentrer *to go/come home, to go/come back*
répondre (à quelqu'un ou à quelque chose) *to answer (someone), to reply (to someone)*
retourner *to go back, to return*
tourner *to turn*
vendre *to sell*

Divers
à droite (de) *to the right (of)*
à gauche (de) *to the left (of)*
à l'extérieur (de) *outside (of)*
à l'intérieur (de) *inside (of)*
alors *so (+ clause)*
assez *quite, sufficiently, enough*

au rez-de-chaussée, au premier étage, etc. *on the first floor, on the second floor, etc.*
Combien coûte... ? *How much does . . . cost?*
coûter cher; ça coûte cher *to be expensive, it's/that's expensive*
d'abord *first (of all)*
déjà *already*
en bas *downstairs*
en désordre *messy*
en *haut *upstairs*
en ordre *straight, neat*
ensuite *next, then*
jusqu'à *until, up to*
pas encore *not yet*
puis, et puis *then, and then*
quelquefois *sometimes*
si *if; so; yes, on the contrary*
tout droit *straight ahead*

Vocabulaire supplémentaire

Noms
une adresse *address*
un ascenseur *elevator*
une avenue *avenue*
le centre-ville *center of town, downtown*
le chemin *path, way*
un coin *corner*
un coin repas *breakfast nook, eating area*
un commissariat de police *police station*
un couloir *hall, corridor*
une cuisinière *stove*
une école primaire *elementary school*
une entrée *entranceway*
un évier *kitchen sink*
un fleuve *river*
un garage *garage*

un grenier *attic*
un lave-linge *washing machine*
un lave-vaisselle *dishwasher*
une mairie *city hall*
une pelouse *lawn*
un plan *(town, city) map*
un pont *bridge*
un quartier *neighborhood*
le sous-sol *basement level, underground*
un toit *roof*
des volets *(m. pl.) shutters*

Verbe
traverser *to go across, to cross*

Adjectifs
à l'aise *at ease, comfortable (person)*

ancien, ancienne *antique, old*
belge *Belgian*
ensoleillé(e) *sunny*
moderne *modern, contemporary*

Divers
au bout (de) *at the end (of)*
à votre avis *in your opinion*
aux États-Unis *in the United States*
le dernier étage *top floor*
donner sur *to overlook, to have a view of*
en Belgique *in Belgium*
en face (de) *across (from)*
en France *in France*
monter/descendre en ascenseur *to take the elevator (up/down)*

monter/descendre par l'escalier *to take the stairs (up/down)*
Pourriez-vous me dire où se trouve... *Could you tell me where to find . . .*

Le français tel qu'on le parle
C'est combien? *How much is it?*
Je vous dois combien? *How much do I owe you?*

excusez-moi / pardon *excuse me*
Où sont les toilettes? *Where's the restroom/bathroom?*

Le français familier
du fric = de l'argent
du pognon = de l'argent
relax(e) = à l'aise
un séjour = une salle de séjour
des sous = de l'argent

On entend parfois...
la bécosse (Canada) = les W.C.
un char (Canada) = une voiture
la cour, la toilette (Belgique) = les W.C., les toilettes
dispendieux, dispendieuse (Canada) = cher
un galetas (Suisse) = un grenier
un vivoir (Canada) = une salle de séjour

Au travail!

En bref...

- **Les Français au travail**

- **La vie dans la petite ville de Cinet**

- **Décrire et raconter au passé: l'imparfait et le passé composé**

- **Comment relier les phrases: les pronoms relatifs qui et que**

- **Patrons et ouvriers**

- **Un poème: Le temps perdu**

Pour vous, quelle est la profession idéale?

Entrée en matière:

Hommes et femmes au travail

ET DES IDÉES À

Styliste.   Hôtelier.   Architecte.   Attachée de presse.   Chercheur.   Agent immobilier.

CANON CLC 200.

SES COULEURS DONNENT DE L'ÉCLAT À NOS IDÉES.

Portraits. Que font ces gens? Est-ce qu'ils voyagent? Est-ce qu'ils sont en vacances? Est-ce qu'ils travaillent? Qui est très élégant?

Maintenant, choisissez la personne idéale.

La femme idéale

Vous préférez quelle jeune femme? Pourquoi? Qu'est-ce qu'elle porte? Quel âge a-t-elle? Où est-ce qu'elle travaille? Quel est son emploi du temps? Que fait-elle après son travail? Où habite-t-elle? Que fait-elle pendant les week-ends? Est-ce qu'elle est mariée? Est-ce qu'elle a une famille? Est-ce qu'elle aime son travail? Est-ce qu'elle a beaucoup d'argent? Est-ce qu'elle a des problèmes?

US LES MÉTIERS.

Financier.   *Dessinatrice.*   *Entrepreneur.*   *Industriel.*   *Directrice du marketing.*   *Maire.*

Identifications. Regardez les images pour trouver les métiers.

Hier, elle a vendu une très belle maison à un jeune couple avec deux enfants. (Elle est styliste? agent immobilier? architecte?)

Il travaille dans un institut et hier il a trouvé une solution possible au problème de la faim dans le monde. (Il est maire? entrepreneur? chercheur?)

Hier, il a travaillé très dur—un dîner pour 150 personnes! (Il est industriel? hôtelier? agent immobilier?)

Hier, elle a fini un projet de publicité pour la photocopieuse Canon. (Elle est dessinatrice? directrice du marketing? attachée de presse?)

$\mathcal{V}$ocabulaire

Info:

Le SMIC.

Le SMIC (Salaire Minimum Interprofessionnel de Croissance) is the minimum wage. It is updated for inflation every July 1. For the current rate, consult the Web site of the Ministère de l'Emploi et de la Solidarité —(emploi/informations pratiques/salarié): http://www.travail.gouv.fr/

Info:

Les travailleurs immigrés.

Because of a relatively low birthrate over a long period of time, the French have opened their borders at various times to foreign immigration in order to supply their industries, cities, and farms with unskilled workers. These immigrant workers came largely from other French-speaking countries, former French colonies, and neighboring European countries with unemployment problems (Italy, Spain, and Portugal for the most part). Many recent immigrants have come from the countries of the Maghreb (Algeria, Morocco, and Tunisia) and, as a consequence, Islam has become the second most common religion in France. Because of differences in religion, culture, and race, these first- and second-generation immigrants face problems with regard to education and integration into French society.

Toujours à Cinet

A. Le Crédit Régional

M. Lacroix est banquier: c'est lui le directeur de la banque. Sa secrétaire, Mme Domont, est honnête, responsable et très efficace. Elle tape bien à la machine et elle aime beaucoup son travail et son patron. M. Lionnet et Mlle Caron sont des employés de banque. Mlle Caron gagne le SMIC parce qu'elle a commencé à travailler il y a deux mois, mais M. Lionnet, qui a commencé à travailler à la banque il y a quarante ans, gagne assez bien sa vie. Mme Renglet est juriste et travaille comme cadre à la banque. Elle a un métier intéressant et elle est très bien payée: elle gagne 5.500 euros par mois.

◆ Qu'est-ce que c'est, le Crédit Régional? Que fait M. Lacroix? Qui travaille pour lui? Comment est Mme Domont? Qui gagne beaucoup d'argent? Pourquoi? Qui n'a pas un très bon salaire? Pourquoi? Est-ce qu'il y a des clients aujourd'hui dans la banque?

B. L'entreprise Bovy

C'est une petite entreprise de 50 personnes où on fait des ordinateurs. M. Bovy est chef d'entreprise. C'est un homme dynamique et toujours très occupé, qui est souvent de mauvaise humeur et qui est assez dur avec ses employés. Pourtant, les affaires marchent bien, mais il a beaucoup de responsabilités et est toujours stressé. M. Saïdi, qui a trente-cinq ans, est un immigré algérien qui est arrivé en France avec ses parents il y a trente ans. Lui et Mlle Jacob sont ingénieurs.

Ils sont donc cadres et ce sont eux qui dirigent l'atelier. Alors, ils sont souvent avec les ouvriers et pas souvent dans leur bureau. Mme Collin est une ouvrière qui gagne 10 euros de l'heure. Elle est mère de famille et voudrait bien rester à la maison et être femme au foyer, mais elle doit travailler parce que son mari est au chômage.

◆ Qui est M. Bovy? Comment est-il ? Est-ce que M. Saïdi est français? À quel âge est-ce qu'il est arrivé en France? Dans l'entreprise Bovy, qui est allé à l'université? Qui a un travail intéressant? Pourquoi? Qui voudrait faire autre chose? Pourquoi? Combien gagne Mme Collin? Ça fait combien par mois si elle travaille 35 heures par semaine? Et par an, ça fait combien? C'est beaucoup ou non, à votre avis?

C. Le Café de la Poste

M. Caron est le gérant du Café de la Poste et Mlle Collin est la serveuse. Il est cinq heures de l'après-midi et il y a beaucoup de clients. M. Bastin est agriculteur et a une ferme près de Cinet. M. Piette, qui parle avec M. Caron, est policier. M. et Mme Ségal sont retraités. Donc, ils ne travaillent plus. M. Meunier ne travaille pas, mais lui, c'est parce qu'il est chômeur. Il a perdu son travail il y a trois mois et il cherche du travail comme ouvrier, mais c'est difficile parce qu'il a cinquante ans. Pourtant, il est fort et en bonne santé et il peut travailler dur.

◆ Qui est M. Caron? Que fait M. Piette? Et M. Bastin? Et Mlle Collin? Qui ne travaille pas? Pourquoi? Comment est M. Meunier? Comment va-t-il aujourd'hui?

D. Chez Cléo

Mme Renard est commerçante: elle est propriétaire d'un magasin de vêtements, Chez Cléo. Elle a deux employées: une caissière, Mme Derni, et une vendeuse, Mlle Caron, qui travaillent au SMIC. Et Mme Lacroix? C'est une cliente qui cherche une robe pour le mariage de son fils.

◆ Qu'est-ce qu'on vend dans le magasin? Qui est la patronne? Que fait Mlle Caron? Et son père? Et sa sœur? Est-ce que Mlle Caron gagne bien sa vie? Qui est Mme Derni? Et Mme Lacroix?

E. Et les Dubois?

Thérèse et Vincent habitent à Cinet aussi. Thérèse est allée à l'université et elle est psychologue. Elle aime vraiment son métier! Et Vincent? Il a toujours vendu des choses. Après le baccalauréat, il a d'abord vendu des voitures et ensuite, trois ans après, il a trouvé du travail chez Bovy pour vendre des ordinateurs. Il a beaucoup voyagé pour eux et après 10 ans, fatigué, il a décidé de prendre des cours pour être agent immobilier. Maintenant, il vend des maisons et il est enfin très heureux de sa vie, lui aussi. Et les enfants? Céline aime les sciences et voudrait être infirmière. Jean-Marc, lui, voudrait être garagiste ou pompier. On verra!

◆ Qui est allé à l'université dans la famille Dubois? Que fait Vincent? Qu'est-ce qu'il vend maintenant? Et avant? Que veulent faire les enfants? Être pompier, est-ce que c'est dangereux? facile? À votre avis, est-ce que Jean-Marc va vraiment être pompier?

F. Et aussi...

À Cinet, il y a aussi des avocats, des médecins, des dentistes, des cuisiniers, des instituteurs, des coiffeurs et des fonctionnaires.

M. Lacroix, avocat

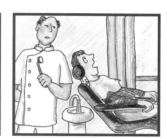

Mlle Bastin, médecin

M. Renglet, dentiste

M. Derni, cuisinier

Mme Jacob, institutrice

Mme Meunier, employée de poste

M. Domont, employé de la S.N.C.F.

Mlle Lionnet, employée de mairie

Mlle Meunier, coiffeuse

Le baccalauréat.

The **baccalauréat** is a high school graduation exam in France.

Les fonctionnaires.

Un fonctionnaire is someone who works for the government, for example, a government office employee, a postal worker, or a police officer. Since the public school system is under central government control, teachers are also considered **fonctionnaires.**

Les trains en France.

The **S.N.C.F. (Société Nationale des Chemins de Fer Français)** is responsible for rail traffic in France. The French rail system allows easy access to all parts of France and has the reputation of being on time. Because of this and because France is much smaller than the U.S., trains are frequently used for travel.

Mme Meunier, M. Domont et Mlle Lionnet sont fonctionnaires parce qu'ils travaillent pour l'État. Mme Jacob et M. Piette sont aussi fonctionnaires. M. Derni est le cuisinier du restaurant Au Vieux Cinet. C'est un métier dur parce que les journées de travail sont très longues, mais il adore faire la cuisine. Un jour, il voudrait déménager et aller habiter à la mer, où il veut être propriétaire d'un restaurant avec sa femme.

◆ À votre avis, qui gagne bien sa vie? Qui ne gagne pas bien sa vie?
◆ Quels métiers sont durs? intéressants? ennuyeux?
◆ Pour quel(s) métier(s) est-ce qu'il faut être responsable? dynamique? efficace?
◆ Qui travaille à la gare? Qui travaille à la mairie? Qui travaille avec les enfants? Qui fait du bruit? Qui attend? Qui est heureux? Qui est stressé?
◆ Qui est le père de M. Lacroix? Où est-ce qu'il travaille? Que fait le père de Mlle Bastin? Où travaille la femme de M. Renglet? Où travaille M. Derni? Et sa femme? Que fait la fille de Mme Jacob? Que fait Mlle Meunier? Et ses parents? Pour qui est-ce que la femme de M. Domont travaille? Que fait le père de Mlle Lionnet?

Notes de vocabulaire

1. Mots et expressions utiles

aller chez le médecin, chez le dentiste   *to go to the doctor, the dentist*
tout à coup   *all of a sudden*

2. Les affaires.
Affaires can mean *business*, as in **un homme ou une femme d'affaires** (*businessman, businesswoman*) or **les affaires marchent bien** (*business is good*). It can also mean *belongings*, as in **mes affaires** (*my belongings, my stuff*).

3. Juriste / avocat / notaire.
Un **notaire** is a private lawyer who works for families. **Un notaire** is also a notary public. **Un avocat** is a lawyer who takes cases to trial. **Un juriste** is a general term for people who have law degrees.

4. C'est / Il est + métier.
To say what a person does, use one of the following formulas:

• Il est (elle est) / ils sont (elles sont) + *profession (no article)*

Il est dentiste.   *He's a dentist.*
Elles sont étudiantes.   *They're students.*

- **C'est (ce sont) + un/une (des) +** *profession*

  C'est une secrétaire.   *She's a secretary.*
  Ce sont des ingénieurs.   *They're engineers.*

If the word referring to a profession is modified by an article or an adjective, the second formula (**ce + être**) has to be used.

  C'est l'avocat de mes parents.   *He's my parents' lawyer.*
  C'est un avocat intelligent.   *He's an intelligent lawyer.*

𝒱ous avez compris?

1. Associations. Quels verbes associez-vous avec...

VERBES: sonner / décider / diriger / entendre / expliquer / gagner / oublier

1. un réveil
2. beaucoup d'argent
3. la grammaire française
4. ses clés
5. du bruit
6. un atelier
7. fumer moins

2. Lieux de travail. Qui travaille et qui ne travaille pas dans... ?

1. **une banque:** un avocat / une juriste / un employé / un banquier / un cadre
2. **une usine:** un ingénieur / un instituteur / un chef d'entreprise / une ouvrière / un coiffeur / un directeur
3. **une entreprise:** un juriste / un ouvrier / une commerçante / un cadre / un agriculteur
4. **un hôpital:** un cuisinier / un infirmier / un agent immobilier / un médecin / un avocat
5. **une école:** une institutrice / un dentiste / un ouvrier / une psychologue / un professeur / un garagiste / un gérant
6. **une mairie:** un fonctionnaire / une serveuse / une employée / un pompier / un vendeur

3. Les uniformes. Qu'est-ce qu'ils portent pour aller travailler?

Modèle   Les agriculteurs?
    Ils portent des jeans, ils ne portent pas de cravate.

1. Les ouvriers?
2. Les cuisiniers?
3. Les avocats?
4. Les policiers?
5. Les banquiers?
6. Les serveurs?
7. Les serveuses?

Un uniforme de garagiste

4. Des stéréotypes ou non? Comment sont-ils?

SUGGESTIONS: travailleurs / polis / sérieux / bavards / stressés / débrouillards / durs / compréhensifs / sportifs / forts / honnêtes / dynamiques / efficaces

1. les coiffeurs
2. les pompiers
3. les psychologues
4. les pères et les mères de famille
5. les chefs d'entreprise
6. les secrétaires

5. Classer les métiers. Faites une liste des métiers pour chaque catégorie.

1. les métiers où on gagne beaucoup d'argent
2. les métiers où on ne gagne pas beaucoup d'argent
3. les métiers où on trouve beaucoup de femmes
4. les métiers où on trouve beaucoup d'hommes
5. les métiers où on a besoin d'un diplôme universitaire
6. les métiers où on n'a pas besoin de diplôme universitaire
7. les métiers où on doit souvent déménager
8. les métiers où on doit beaucoup voyager
9. les métiers où il y a beaucoup de stress
10. les métiers où il n'y a pas beaucoup de stress
11. les métiers où il faut être fort
12. les métiers où on travaille seul

Mise en pratique

6. Et eux? Qui sont-ils? D'où sont-ils? Quel est leur métier? Comment sont-ils?

M. Gomes (Lille)

M. Nguyen (Bruxelles)

M. Adibi (Paris)

La famille Pradal (Cahors)

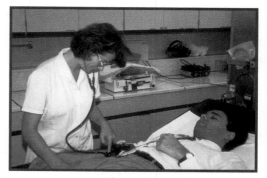

Mme Chang (Montréal)

7. Le métier idéal. Un travail n'est jamais parfait. Quelles sont les trois choses les plus importantes dans un travail, pour vous? Comparez avec les autres étudiants de la classe. Est-ce que vous êtes d'accord avec le point de vue des Français:

«Pour les jeunes Français, il faut: aimer son travail (43%), gagner beaucoup d'argent (27%), être utile aux autres (16%), avoir du temps pour soi (12%).»
(Adapté d'un sondage CSA pour le *Reader's Digest*, July 1999.)

8. Les rêves du patron. M. Lavallée, qui est directeur du personnel d'un grand hôtel touristique, veut trouver la personne parfaite pour chaque position. Faites une liste de ce qu'il veut.

Modèle coiffeur
gentil, ne parle pas trop, a travaillé en Europe, parle espagnol...

1. secrétaire
2. vendeur/vendeuse
3. serveur/serveuse
4. femme de ménage

9. Les boulots d'étudiants

1. Vous cherchez du travail pour l'été et vous avez trouvé plusieurs possibilités. Quel(s) boulot(s) voulez-vous prendre? Pourquoi? Quel(s) boulot(s) ne voulez-vous pas prendre? Pourquoi?

   LES POSSIBILITÉS:
   employé(e) de bureau
   ouvrier/ouvrière dans une usine de boîtes de conserve en Alaska
   vendeur/vendeuse dans un grand magasin
   vendeur/vendeuse dans un magasin de souvenirs à Disney World
   serveur/serveuse dans un restaurant français à New York
   serveur/serveuse dans un restaurant universitaire à Boston
   femme de ménage pour un vieux couple à Malibu
   secrétaire pour un(e) avocat(e)
   femme de ménage dans un hôtel américain à Acapulco

2. Vous avez choisi un travail, mais maintenant, il faut aller parler avec le directeur du personnel. Faites une liste des choses que vous voulez savoir avant d'accepter un travail. Faites aussi une liste des questions que vous voulez poser.

savoir: *know*

poser: *ask*

10. Le jeu des métiers. En groupes, choisissez un métier et écrivez ce qu'on doit faire dans ce métier et les qualités qu'on doit avoir pour ce métier. Les autres étudiants de la classe vont devoir deviner le métier que vous avez choisi à partir de votre description.

CD-ROM:
Build your skills!

tructure

Parler au passé: l'imparfait

To talk about how things were in the past or about how things used to be, French uses a verb tense called the **imparfait** *(imperfect)*. The following text tells about a school in Montreal. Can you find the verbs in the **imparfait**? Why do you think French needs two forms to talk about the past?

niaiser = *to waste time doing silly things*

> «À l'école où j'allais avant, il y avait tellement de bruit dans les classes que je n'arrivais pas à prendre de notes. Les profs étaient dépassés et tout le monde «niaisait». Par exemple, on n'avait pas d'examen le lundi car c'était le premier jour de la semaine; ni le vendredi car c'était le dernier; ni le jeudi car c'était la veille du vendredi... Ici, c'est très différent.»
>
> —Katie Meilleur, diplômée de secondaire 5.
>
> Daniel Pérusse, *Une école pas comme les autres*
> *Sélection du Reader's Digest*

L'imparfait: formation

1. Take the first-person plural form of the present tense and remove the **-ons** ending. This gives you the **imparfait** stem.

PRESENT-TENSE FORM	IMPARFAIT STEM
nous **aimons**	aim-
nous **finissons**	finiss-
nous **vendons**	vend-
nous **dormons**	dorm-
nous **allons**	all-
nous **avons**	av-
nous **buvons**	buv-
nous **mettons**	mett-
nous **prenons**	pren-
nous **voulons**	voul-
nous **pouvons**	pouv-
nous **devons**	dev-

2. Add the **imparfait** endings (**-ais, -ais, -ait, -ions, -iez, -aient**) to this stem.

aller à l'imparfait	
j'all**ais**	nous all**ions**
tu all**ais**	vous all**iez**
il } elle } all**ait**	ils } elles } all**aient**

Note that the endings **-ais, -ait,** and **-aient** are pronounced alike.

The verb **être** has an irregular stem. It is the only verb whose **imparfait** forms cannot be derived from the **nous** form of the present tense.

être à l'imparfait	
j'**étais**	nous **étions**
tu **étais**	vous **étiez**
il } elle } **était**	ils } elles } **étaient**

Quand j'**avais** dix ans, je **voulais** être médecin.
When I was 10, I wanted to be a doctor.

Ils **étaient** fatigués mais ils ont fini.
They were tired but they got done.

Où est-ce que vous **alliez** à l'école avant?
Where did you go to school before?

Note the following points:

1. Direct object pronouns function similarly with all one-word verbs, such as the **présent** and the **imparfait.** Note direct object pronoun placement in the following examples:

PRÉSENT
Je **les** attends.
I'm waiting for them.
Je ne **les** attends plus!
I'm not waiting for them any longer!

IMPARFAIT
Je **vous** écoutais.
I was listening to you.
Pardon, je ne **vous** écoutais pas.
Sorry, I wasn't listening to you.

2. Here are the English equivalents of **devoir** and **pouvoir** in the present and the imparfait.

	AU PRÉSENT	À L'IMPARFAIT
devoir	must, to have to, to have got to	was supposed to
pouvoir	can, to be able to	could

Tu **dois** moins fumer.
You have to (must) smoke less.
Hier soir, je **devais** étudier.
Last night, I was supposed to study.
Tu ne **peux** pas sortir!
You can't go out!

Je ne **pouvais** rien entendre. *I couldn't hear anything.*
Quand j'avais quinze ans, je *When I was fifteen, I couldn't go out*
ne **pouvais** pas sortir souvent *often and I was always supposed to*
et je **devais** toujours rentrer *get home before 10:00 in the evening.*
avant dix heures du soir.

3. The **imparfait** of **pleuvoir, neiger,** and **il y a.**

Il pleut aujourd'hui? *It's raining today?*
Il **pleuvait** hier aussi. *It was raining yesterday too.*
Il **neigeait** quand je suis arrivé. *It was snowing when I got there.*
Il y avait beaucoup de *There were a lot of customers*
clients hier. *yesterday.*

4. The **imparfait** of verbs like **commencer** and **manger.** Verbs whose infinitives end in **-cer** add a cedilla to a **-c-** preceding an ending that begins with **-a** in order to maintain the /s/ sound. Verbs whose infinitives end in **-ger** add **-e** before an ending that begins with **-a** in order to maintain a soft **g** sound.

imparfait stem: **commenc-**	
je commençais	nous commencions
tu commençais	vous commenciez
il ⎫	ils ⎫
elle ⎭ commençait	elles ⎭ commençaient

imparfait stem: **mang-**	
je mangeais	nous mangions
tu mangeais	vous mangiez
il ⎫	ils ⎫
elle ⎭ mangeait	elles ⎭ mangeaient

5. The **imparfait** of verbs like **préférer** and **acheter.** Although verbs whose infinitives end in **-érer** or **-eter** have a spelling change in the present, they have no spelling change in the **imparfait.**

L'imparfait: usage

The **imparfait** is used:

1. To tell or describe what things were like in the past.

Il **faisait** beau hier. Les oiseaux **chantaient,** les enfants **jouaient** dans
le parc et moi, j'**étais** très content.
*It was nice out yesterday. The birds were singing, the children were
playing in the park, and I was very happy.*

2. To tell how things used to be in the past.

> Quand j'**avais** dix ans, j'**allais** chez mes grands-parents le week-end. Ils **habitaient** une grande maison à la campagne. **Il y avait** un jardin où je **jouais** avec les chiens. Je **mangeais** bien, je **dormais** bien, la vie **était** belle.
> *When I was 10, I used to go to my grandparents' for the weekend. They lived in a big house in the country. There was a yard where I played with the dogs. I ate well, I slept well, and life was great.*

3. To tell what was going on when something else happened.

> Alceste **prenait** une douche   *Alceste was taking a shower*
> quand le téléphone a sonné.   *when the telephone rang.*

𝒱ous avez compris?

11. Le bon (?) vieux temps. Pour Monsieur Ségal, le monde *(world)* est moins bien maintenant qu'avant. Il préfère le bon(?) vieux temps. Utilisez un verbe à l'imparfait pour compléter les phrases. Puis imaginez les réponses de la petite-fille de Monsieur Ségal à son grand-père. Et vous? Est-ce que vos idées sont comme les idées de Monsieur Ségal ou comme les idées de sa petite-fille?

Modèle   Les femmes _____ à la maison.
    M. SÉGAL: *Les femmes restaient à la maison.*
    SA PETITE FILLE: *Oui, mais maintenant, les femmes travaillent—à la maison et à l'université, dans les usines, etc.!*

1. Les jeunes gens _____ polis.
2. Nous _____ en famille le soir.
3. Nous ne _____ pas la télévision.
4. Les jeunes filles ne _____ pas à l'université.
5. Les femmes _____ la cuisine pour leur mari.
6. Les ouvriers _____ bien.
7. Les enfants ne _____ pas le rock.
8. On _____ bien! Ah! La cuisine de ma mère!
9. Les femmes ne _____ pas de pantalon.
10. Les hommes _____ une cravate tous les jours.

Qui fait la cuisine chez vous?

12. Souvenirs de mes seize ans. Claude énumère les souvenirs de ses seize ans. Complétez les phrases avec un verbe de la liste à l'imparfait. Vous pouvez utiliser le même verbe plusieurs fois.

VERBES: avoir / être / aller / commencer / parler / arriver / étudier / vouloir / regarder / aimer / sortir / rentrer / finir / préférer / manger / boire / prendre / travailler / faire

Quand je _____ seize ans, ma sœur et moi, nous _____ au lycée. Je _____ beaucoup parce que je _____ aller à l'université. Ma sœur ne _____ pas le lycée et elle ne _____ jamais. L'école _____ à quatre heures et nous _____ à la maison à quatre heures et demie. Nous _____ une tartine au chocolat et nous _____ un thé et puis, je _____ mes devoirs. Mais ma sœur _____ toujours aller jouer au foot ou écouter des disques. Le soir, toute la famille _____ à huit heures. Après, nous _____ un peu la télévision ou nous _____ dans la salle de séjour. Le week-end, je _____ avec des copains. On _____ quelquefois au cinéma et on _____ parler pendant des heures au café. Mais mes parents _____ sévères et je _____ toujours avant minuit. Et vous, à seize ans, comment _____ -vous?

13. La vie à douze ans. Comment était la vie de Jean-Pierre quand il avait douze ans? Complétez l'histoire avec les verbes **devoir** et **pouvoir** à l'imparfait.

Quand j'avais douze ans, je _____ rentrer à la maison après l'école. Je ne _____ pas jouer avec mes copains, parce que je _____ d'abord faire mes devoirs. Ma sœur et moi, nous _____ aussi travailler dans la maison. Nous _____ faire la vaisselle et ranger notre chambre. Après, nous _____ quelquefois regarder la télévision. Mon père, lui, _____ regarder la télévision quand il voulait et il _____ aller au lit à minuit! Mais nous, nous _____ aller dormir à neuf heures.

ℳise en pratique

14. Il y a trois ans... Comment était votre vie il y a trois ans?

Modèle   *J'avais quinze ans. J'allais à l'école, j'avais beaucoup de copains.*

15. Et vous à douze ans? Qu'est-ce que vous deviez faire à douze ans? Qu'est-ce que vous pouviez faire? Qu'est-ce que vous ne pouviez pas faire? Donnez des détails.

1. Je devais...   3. Je ne pouvais pas...
2. Je pouvais...

Parler au passé: l'imparfait et le passé composé

You are now familiar with two ways of talking about the past in French, the **passé composé** and the **imparfait.** The **passé composé** is used to recount events in the past, to say what happened.

Hakim a rencontré Suzanne. Ils **ont parlé.** Puis, ils **sont allés** au café.
Hakim met Suzanne. They talked. Then they went to the café.

If, however, you want to describe how things were in the past, you must use the **imparfait**.

> Il **faisait** beau hier. Les oiseaux **chantaient,** les enfants **jouaient** dans le parc et moi, j'**étais** très content.
> *It was nice out yesterday. The birds were singing, the children were playing in the park, and I was very happy.*

If the action is to start up again after a description, the **passé composé** must be used.

> Il faisait beau hier. Les oiseaux chantaient, les enfants jouaient dans le parc et moi, j'étais très content. Et puis, tout à coup, il **a commencé** à pleuvoir!
> *It was nice out yesterday. The birds were singing, the children were playing in the park, and I was very happy. And then, all of a sudden, it started to rain!*

The difference in usage between these two past tenses can be summarized as follows:

PASSÉ COMPOSÉ

Tells what happened (recounts, narrates).
Frequently corresponds to the English simple past.

> Il **a neigé.**   *It snowed.*

IMPARFAIT

Tells how things were (describes).
Tells how things used to be or what people used to do.
Tells what was going on when something else happened.
Frequently corresponds to the English progressive past.

> Il **neigeait.**   *It was snowing. / It used to snow.*

J'ai oublié!
Qu'est-ce que tu **as oublié?**

Je **dormais** bien quand le réveil a **sonné.**
Quand mon frère **avait** cinq ans, il **voulait** être policier.
Avant, je **sortais** beaucoup, mais...

I forgot (I've forgotten)!
What did you forget (have you forgotten)?

I was sleeping well when the alarm clock went off.
When my brother was five, he wanted to be a police officer.
Before, I used to go out a lot, but...

Vous avez compris?

16. Mon chat et moi. Regardez l'histoire. Quels verbes sont à l'imparfait? Quels verbes sont au passé composé? Pour chaque verbe, pourquoi est-ce que l'auteur a choisi l'imparfait ou le passé composé?

> C'était un soir d'automne. Il pleuvait et il y avait beaucoup de vent. J'étais à l'intérieur et j'écoutais du Mozart à la radio. Tout à coup, j'ai entendu du bruit dans le jardin... C'était comme quelqu'un qui marchait. J'ai mis mon imperméable et je suis sorti sur la terrasse. Il n'y avait personne. Alors, je suis rentré. Mais deux minutes après, j'ai entendu un plouf et puis beaucoup de bruit. Il y avait quelque chose ou quelqu'un dans la piscine. Alors, je suis retourné dans le jardin et quand je suis arrivé à la piscine, j'ai trouvé un petit chat noir très malheureux qui nageait dans l'eau et qui avait très froid. Et moi, qu'est-ce que j'ai fait? Je suis entré dans l'eau et j'ai pris le petit chat noir avec moi. Voilà comment j'ai rencontré Moïse, mon chat!

arrive = *happens*

17. On n'est jamais tranquille! Vous pensez que tout va bien et puis quelque chose arrive! Voilà des situations typiques. Décidez comment étaient les choses (imparfait) quand quelque chose est arrivé (passé composé).

1. M. Lepropre / être sous la douche / quand / il / entendre le téléphone.
2. Mme Guitton / faire la cuisine / quand / son fils / tomber de la chaise.
3. Nous / sortir / quand / ils / arriver.
4. Je / jouer au tennis / quand / il / commencer / à pleuvoir.
5. Les Pinot / regarder la télévision / quand / ils / entendre un bruit à l'extérieur.

Mise en pratique

rêve = *dream*

raconter = *to tell*

18. Le rêve de Jacqueline. Jacqueline a fait un rêve la nuit dernière et le matin, elle a décidé de l'écrire pour ne pas l'oublier. Mettez les verbes au passé composé ou à l'imparfait pour raconter son rêve.

> Je (être) seule dans une grande ville sombre. Il (pleuvoir) et je (être) déprimée: je (ne pas avoir) d'amis, pas de métier, pas de famille. Je (réfléchir) à ma vie et je (ne pas regarder) où je (aller). Tout à coup, je (entendre) un bruit. Ce (être) une femme qui (chanter). Je (devoir) rencontrer cette femme! Ce (être) très important! Alors, je (décider) de chercher où elle (être). Je (entrer) dans une vieille maison et je (regarder) dans toutes les pièces. Personne! Je (entrer) dans une église. Je (chercher) à l'intérieur, mais elle (ne pas être) là. Tout à coup, un cheval *(horse)* blanc (arriver) et sur le cheval, il y (avoir) une femme. Ce (être) ma grand-mère! Mais elle (être) jeune, jolie et très heureuse. Ce (être) elle qui (chanter)!

19. Un opéra moderne.
Un opéra moderne. Mettez les verbes à l'imparfait ou au passé composé pour raconter cette histoire.

Il était une fois *(Once upon a time)* une jolie jeune fille qui (travailler) comme vendeuse dans un petit magasin de chaussures. Elle (ne pas aimer) son patron parce qu'il (être) méchant. Il (adorer) l'argent et, lui, il (gagner) beaucoup d'argent mais les vendeuses qui (travailler) pour lui (ne pas être) bien payées. La jeune fille (ne plus vouloir) travailler pour lui mais elle (ne pas pouvoir) trouver d'autre travail. Alors, elle (décider) de rester dans le magasin de chaussures, mais elle (ne pas être) contente et elle (pleurer) souvent chez elle le soir parce qu'elle (ne pas avoir) assez à manger et parce qu'elle (être) si fatiguée.

Puis, un jour, un beau jeune homme (entrer) dans le magasin. Il (être) très bien habillé et il (avoir) l'air sympathique. Il (ne rien acheter), mais lui et la jeune fille (parler) ensemble et il (inviter) la jeune fille à manger avec lui le soir. Ils (aller) dans un petit restaurant italien où ils (prendre) des spaghetti et du Chianti. Ils (parler beaucoup) et la jeune fille (oublier) l'heure. Puis elle (regarder) sa montre. Il (être) minuit et elle (devoir) être au magasin à sept heures du matin! Elle (expliquer) le problème au jeune homme et ils (partir).

Le matin, elle (sortir) de son lit quand elle (entendre) un bruit. Elle (regarder) par terre et elle (trouver) les clés du jeune homme. Elle (avoir) son numéro de téléphone, alors, elle (téléphoner) chez lui. Et qui (répondre)? Son patron! Le jeune homme (être) le fils de son patron!

20. Histoire en images.
Voilà l'histoire de la vie de Monsieur Richard. Comment était sa vie quand il était petit? Qu'est-ce qui est arrivé?

est arrivé = *happened*

1. À dix ans,...

2. À vingt ans,...

3. À quarante ans,...

21. Conversation en français.
Qu'est-ce que vous avez fait le week-end dernier? Donnez des détails.

Conversation en français

Les pronoms relatifs *qui* et *que*

Relative pronouns relate or connect two sentences that share the same noun so that speakers and writers can develop an idea or specify what they are referring to. When two sentences are connected by a relative pronoun, each one (now part of the new sentence) is called a clause.

J'entends un enfant. L'enfant pleure.	*I hear a child. The child is crying.*
J'entends un enfant **qui** pleure.	*I hear a child who is crying.*
C'est le professeur. Tu cherchais ce professeur.	*That's the instructor. You were looking for that instructor.*
C'est le professeur **que** tu cherchais.	*That's the instructor whom you were looking for.*

Qui

1. **Qui** is used as a subject. (It is usually followed directly by its verb.)
2. **Qui** may refer to either people or things. The English equivalent of **qui** may be *who, that,* or *which.*

   Voilà le professeur **qui** a travaillé avec Janine la semaine dernière.
     (**qui** = person)
   J'ai trouvé une robe **qui** est très belle. (**qui** = thing)

3. The verb following **qui** agrees with the noun that **qui** replaced.

   C'est moi **qui** suis malade!

4. The -i of **qui** is never dropped in front of a vowel sound.

Que

1. **Que** is used as a direct object. (It is usually followed by the noun or pronoun that is the subject of the clause.)
2. **Que** may refer to either people or things. The English equivalent of **que** may be *who, whom, which,* or *that,* or it may even be omitted. **Que** may not be omitted in French.

   C'est l'homme **que** j'ai rencontré hier. (**que** = person)
   C'est le livre **qu'**il a acheté hier. (**que** = thing)

3. The -e of **que** is dropped before a vowel sound.

Rappel! The words **qui** and **que** are also used as interrogative pronouns.

INTERROGATIVE PRONOUNS (AT THE BEGINNING OF A SENTENCE)	RELATIVE PRONOUNS (IN THE MIDDLE OF A SENTENCE)
qui = *who?* **que** = *what?*	**qui** = subject *(who, that, which)* **que** = direct object *(whom, which, that)*

Qui parle? (**qui** = interrogative pronoun)
C'est le professeur **qui** parle. (**qui** = relative pronoun)

Qu'est-ce **que** tu cherches? (**que** = interrogative pronoun)
Je cherche le livre **que** j'avais hier. (**que** = relative pronoun)

Vous avez compris?

22. Quelle photo? Choisissez la photo qui va avec la phrase.

1. Voilà le chien que Stéphanie aime.

   A.    **B.**

2. Voilà M. Valat qui cherche son fils Julien.

   A.    **B.**

3. Voilà le chien qui aime Stéphanie.

   A.    **B.**

4. Voilà Julien qui cherche son père.

 **A.**
 **B.**

5. Voilà la femme que Candide attend.

 **A.**
 **B.**

6. Voilà la femme qui attend Candide.

 **A.**
 **B.**

23. Arnaud et les femmes. Complétez par **qui** ou **que**.

—Voilà Arnaud!
—C'est un étudiant _____ habite dans notre cité, n'est-ce pas?
—Oui. C'est un homme _____ toutes les femmes trouvent beau.
—Et toi?
—Moi, je n'aime pas les hommes _____ sont trop beaux, mais
 j'adore les hommes _____ sont intelligents.
—Et Arnaud est intelligent?
—Pas très, non! Mais voilà Aurélie.
—Qui est Aurélie?
—C'est l'étudiante _____ sort avec Arnaud. C'est une fille _____
 je déteste!

24. Une nouvelle maison. Complétez par **qui** ou **que**.

M. Bovy a trouvé une maison: «J'ai trouvé une maison _____ j'adore.
Il y a un jardin _____ est très grand, avec des arbres _____ sont très vieux
et des fleurs _____ ma femme va beaucoup aimer. Il y a des pièces _____
sont claires, une cuisine _____ j'aime beaucoup, une piscine _____ les
enfants vont adorer et trois salles de bains _____ mes filles vont beaucoup
utiliser!»

*M*ise en pratique

25. Un peu d'imagination! Complétez ces phrases.

1. Voilà une femme qui _____
2. Voilà un homme que _____
3. J'aime les professeurs qui _____
4. C'est une université qui _____
5. C'est un exercice que _____

Quelles sont leurs professions?

Découvertes culturelles: Le temps perdu

A. Préparation: Le travail et les saisons. Quels jours de l'année n'avez-vous pas envie de travailler? Pourquoi?

B. Le poème.

1. **Le thème.** Trouvez les mots associés au travail et les mots associés au temps qu'il fait.

Le travail	Le temps qu'il fait

C'est quelle saison? Quel mois? Quel jour? Quelle heure?

2. **Les actions.** Identifiez les pronoms qui remplacent les personnes pour découvrir l'histoire du poème. Dites qui est "il" dans les phrases suivantes.

Il s'arrête devant la porte de l'usine. _____
Il a tiré le travailleur par la veste. _____
Il se retourne. _____
Il regarde le soleil. _____
Il sourit dans son ciel de plomb. _____
Il cligne de l'œil. _____

3. **Les protagonistes.** Combien y a-t-il de personnes dans le poème? Qui sont-elles? Est-ce que ce sont des personnes humaines? Est-ce que leurs actions sont bizarres? Comment s'appelle ce procédé linguistique?

LE TEMPS PERDU

1 **Devant la porte de l'usine**
le travailleur soudain s'arrête
le beau temps l'a tiré par la veste
et comme il se retourne
5 **et regarde le soleil**
tout rouge tout rond
souriant dans son ciel de plomb
il cligne de l'œil*
familièrement
10 **Dis donc camarade Soleil**
tu ne trouves pas
que c'est plutôt con
de donner une journée pareille
à un patron?

*œil = eye

Jacques Prévert, *Paroles*
© Éditions Gallimard

C. Mots nouveaux. Utilisez le contexte pour comprendre ces mots.

1. un ciel de plomb =
   - ☐ un ciel bleu
   - ☐ un ciel noir
   - ☐ un ciel métallique

2. il cligne de l'œil =
   - ☐ *he shuts his eyes*
   - ☐ *he stares*
   - ☐ *he winks*

3. c'est plutôt con =
   - ☐ utile
   - ☐ sérieux
   - ☐ stupide

4. une journée pareille =
   - ☐ une si belle journée
   - ☐ une journée de travail
   - ☐ une journée de vacances

D. Étude du poème.

1. L'architecture du poème

   - Quelles phrases présentent l'histoire et donnent le décor?
   - Quel mot introduit un dialogue? Qui parle à qui?
   - Quel est le pronom personnel pour parler au soleil? Qu'est-ce que ce pronom exprime généralement? Et dans ce poème? Choisissez dans la liste suivante: familiarité, amitié, antagonisme, infériorité, camaraderie, langue officielle, jeunesse, collaboration, formalité, supériorité, opposition, famille, langue orale.

Généralement	Dans ce poème

   - Combien de mouvements est-ce qu'il y a dans ce poème? Quelle est l'architecture du poème?

2. **Le titre.** D'après ce poème, quelle est la signification du titre? Résumez le poème en deux phrases courtes.

3. **Connotations.** Quelles qualités donnez-vous aux mots: *travail, beau temps, soleil, camarade, patron* dans ce poème?

4. **Interprétation.** Trouvez les idées du poète dans ce poème. Complétez ces phrases d'après les idées exprimées par ce poème.

   - Les contrastes qu'on trouve dans le poème sont les contrastes entre...
   - D'après le poète, le travail est...
   - D'après le poète, les patrons sont... et ne sont pas...
   - D'après le poète, l'usine est... et n'est pas...
   - D'après le poète, les travailleurs sont...
   - Le poète pense que...
   - Le poète est...

E. Décisions. Écrivez la suite du poème. Que décide le travailleur? Que fait-il?

www explore!
http://voila.heinle.com

Orthographe et Prononciation

La lettre *r*

The letter **r** represents the sound [r], as in **riz, partez,** and **arrivez.** It sounds nothing like the English *r*. To pronounce the French **r**, first say the word *garage* in English. When you say the **g**, your tongue bunches up toward the back of your mouth. Now, say *garage* again, this time exaggerating the **ga** sound. Leave your tongue bunched up toward the back of your mouth and try to say the word **garage** in French. Keep the tip of your tongue firmly behind your bottom teeth.

Activités

A. Prononcez. Répétez après votre professeur.

1. Mes parents ne sont pas raisonnables.
2. Il y a un rat sur la radio.
3. La sœur de Robert va porter une robe rouge mercredi.
4. Les retraités n'ont pas de responsabilités.

B. Trouvez la règle. Regardez la liste. Quand est-ce que la lettre **r** n'est pas prononcée en Français?

adorer / avoir / banquier / cours / fruit / porte / métier / cadre

Une pharmacienne

*V*ocabulaire de base

Noms

les affaires *(f. pl.) business*
un agent immobilier
   real estate agent
un agriculteur *farmer*
un avocat, une avocate
   (court) lawyer
un banquier *banker*
un bruit *noise*
un cadre *executive*
un chef d'entreprise
   company head,
   business owner
un client, une cliente
   client, customer
un commerçant, une
   commerçante *shopkeeper,*
   retail store owner
un(e) dentiste *dentist*
un employé, une employée
   (de bureau) *(office) employee*
une entreprise *firm, business*
une femme au foyer
   housewife
un ingénieur *engineer*
un instituteur,
   une institutrice
   teacher (elementary school)
un(e) juriste *attorney*

un médecin *doctor, physician*
une mère de famille
   wife and mother
un métier *profession, trade*
un ouvrier, une ouvrière
   (blue collar) worker
un patron, une patronne *boss*
un policier *police officer*
un(e) propriétaire *owner*
un(e) psychologue
   psychologist
un retraité, une retraitée
   retired person
un salaire *salary*
un(e) secrétaire *secretary*
un serveur, une serveuse
   waiter, waitress
le travail (un travail) *work (job)*
un vendeur, une vendeuse
   salesperson

Adjectifs

dangereux (-euse) *dangerous*
dur(e) *hard*
fort(e) *strong*
honnête *honest*
intéressant(e) *interesting*
responsable *responsible*

Verbes

décider (de + inf.)
   to decide (to do something)
diriger *to manage, to run*
expliquer *to explain*
gagner *to earn, to win*
oublier (de + inf.)
   to forget (to do something)
sonner *to ring*

Divers

aller chez le médecin, chez
   le dentiste *to go to the*
   doctor, the dentist
avoir des responsabilités
   to have responsibilities
chercher du travail / un travail
   to look for work / a job
enfin *at last, finally*
être bien/mal payé(e)
   to be paid well/badly
il y a *ago*
perdre son travail
   to lose one's job
tout à coup *all of a sudden*
travailler dur *to work hard*
trouver du travail / un travail
   to find work / a job
vraiment *really, truly*

*V*ocabulaire supplémentaire

Noms

un atelier *workshop*
le baccalauréat
   French high school graduation
   exam
un caissier, une caissière *cashier*
un chômeur, une chômeuse
   unemployed person
un coiffeur, une coiffeuse
   hairdresser
un cuisinier, une cuisinière *cook*

un directeur, une directrice
   manager (business, company)
l'État *(m.) state, nation*
un(e) fonctionnaire *civil servant,*
   government worker
un garagiste *garage (car repair*
   shop) owner
un gérant, une gérante *manager*
   (e.g., restaurant, hotel, shop)
un immigré, une immigrée
   immigrant

un infirmier, une infirmière *nurse*
un pompier *firefighter*
le SMIC *minimum wage*
la S.N.C.F. *French national*
   railway

Adjectifs

algérien, algérienne *Algerian*
dynamique *dynamic*
efficace *efficient*
stressé(e) *stressed*

Verbe

déménager *to move (from one living place to another)*

Divers

les affaires marchent bien
  business is good
être au chômage
  to be unemployed
faire du bruit *to make noise*
gagner sa vie *to earn a living*
gagner... euros de l'heure /
  par jour / par semaine / par
  mois *to earn . . . euros per hour /*
  per day / per week / per month
pourtant *however*
taper à la machine *to type*
travailler au SMIC *to work for*
  minimum wage

Le français tel qu'on le parle

Enfin! *At last!*
(Mais) enfin! *For goodness' sake!*
Fais / Faites attention!
  Pay attention! Watch out!
Une minute! *Just a minute!*
On verra! *We will (We'll) see!*
Toc toc! *Knock knock!*

Le français familier

le bac = le baccalauréat
un beur, une beurette =
  jeune né(e) en France
  de parents du Maghreb
  (Algeria, Morocco or Tunisia).
  (Not considered pejorative.)
une boîte = une entreprise,
  une usine, un bureau
bosseur = travailleur

un boulot = un travail *(job)*
le boulot = le travail *(work)*
un flic = un policier
un job = un travail
un smicard = quelqu'un
  qui gagne le SMIC
le stress = *stress*
un toubib = un médecin

On entend parfois...

une jobine (Canada) =
  un petit job
un(e) jobiste (Belgique) =
  un(e) étu0diant(e) qui a un job

Magazine francophone

REVUE PÉRIODIQUE
publiée à l'aide de documentations internationales

Rédacteur en chef:
Isabelle Kaplan

Rédacteurs adjoints:
L. Kathy Heilenman, Claude Toussaint Tournier

NUMÉRO 3

REVUE EN FRANÇAIS POUR LES ÉTUDIANTS DE «VOILÀ!»

ÉDITORIAL

Numéro spécial

Il était une fois... Tous les pays ont une histoire, et on la lit, on l'apprend à l'école dans les livres, dans les classes. L'histoire, c'est des noms, des chiffres, des dates, des lieux géographiques: champs de bataille, châteaux, cathédrales, montagnes, fleuves et frontières qui changent avec les siècles. Louis XIV, Napoléon, Charles de Gaulle et tous les autres. Étrange! Bizarre, comme cette histoire est toujours l'histoire des hommes: rois, empereurs, généraux, révolutionnaires, imposteurs!... Et les autres? Où sont-ils? Il n'y avait pas de femmes au Moyen Âge? Pendant la Renaissance? Les révolutions?

Il y a une autre histoire, plus modeste et moins connue. L'histoire des femmes, des enfants, des mères, des prostituées, des poétesses, des romancières, les oubliées pendant longtemps.

Maintenant les voilà! Elles sont sorties de l'ombre, de la nuit des temps. Elles arrivent dans la course du XXIe siècle, nombreuses, dynamiques, actives; elles sont partout, avec leur talent, leur imagination, leur patience, leur force et leur ardeur. Elles travaillent, elles chantent, elles écrivent, elles aiment, elles votent, elles gouvernent, elles font le ménage, le jardin, elles pilotent des avions, elles créent des machines, elles font des œuvres d'art. Elles sont les artisans et les artistes du monde de demain. Allez les femmes, à vous la vie, à vous la France, à vous le monde!

Ouvrez ce numéro spécial et découvrez les femmes françaises et les femmes francophones.

Quand ont-elles obtenu le droit de vote?

● En Suède: en 1862 (pour les élections municipales), en 1918 pour les autres scrutins.

● Aux États-Unis: dès 1869, puis 1893 et 1896 dans quatre états de l'Ouest. En 1920 dans tout le pays.

● En Nouvelle-Zélande: en 1893.

● En Norvège: en 1901 (pour les élections municipales), en 1913 pour tous les scrutins.

● En Australie: en 1902.

● En Finlande: en 1907.

● Au Danemark: en 1915.

● En Pologne: en 1917.

● En Grande-Bretagne: en 1918 pour les femmes de plus de 30 ans, en 1928, pour toutes.

● Au Canada: en 1918.

● En Allemagne: en 1918.

● En Russie: en 1918.

● En Islande et aux Pays-Bas: en 1919.

● En Afrique du Sud: en 1930.

● En Espagne, au Portugal et au Brésil: en 1931.

● En France: en 1944.

● En Italie: en 1945.

● En Chine: en 1949.

● En Grèce: en 1954.

● À Monaco: en 1962.

● En Suisse: en 1971.

● Au Liechtenstein: en 1984.

FEMMES AU TRAVAIL

ntre 1960 et 1990, le nombre des femmes actives a augmenté de 4,3 millions.

L'accroissement du travail féminin est l'une des données majeures de l'évolution sociale de ces trente dernières années... Le travail représente pour les femmes le moyen d'accéder à l'autonomie, de s'épanouir et de participer à la vie économique. L'évolution de la nature des emplois, notamment celle des services, a été favorable à l'insertion des femmes. Mais c'est peut-être le développement du travail à temps partiel qui a le plus contribué... De tous les pays de l'Union Européenne, c'est la France qui présente la proportion des femmes dans la population active la plus élevée.

CE QUE LES FEMMES ONT ACQUIS EN FRANCE

● Le droit de vote (depuis 1944).

● L'accès à la contraception (la pilule est autorisée depuis 1967 et remboursée depuis 1973).

● Le droit d'interrompre une grossesse non désirée (loi sur l'Interruption volontaire de grossesse de 1975, remboursée par la Sécurité sociale depuis 1982).

● L'égalité familiale: une femme peut garder son nom de jeune fille, le mari porter le sien accolé à celui de sa femme, les enfants peuvent porter le nom de leur mère mais ne peuvent pas le transmettre (depuis 1985); l'autorité parentale est partagée (1970); la femme mariée signe sa déclaration d'impôt.

● Les droits dans le travail: avec le principe de la non-discrimination sexuelle à l'embauche (1975), l'impossibilité d'être licenciée quand on est enceinte ou en congé maternité (depuis 1980), un salaire théoriquement égal à celui d'un homme (depuis 1972), le droit de ne pas être harcelée sexuellement sur son lieu de travail (1992).

Pourquoi elle est en Amérique!

Int.: Bonjour, Mademoiselle, vous êtes...?

Shazia: Je m'appelle Shazia.

Int.: Et d'où êtes-vous?

Shazia: Je suis née au Pakistan.

Int.: Et que faites-vous aux États-Unis?

Shazia: Je suis étudiante, je termine mes études, ici, à l'université.

Int.: Et qu'est-ce que vous avez étudié?

Shazia: J'ai fait des études d'architecture et de photographie, et j'ai aussi étudié le français.

Int.: Pendant combien de temps?

Shazia: Quatre ans, je savais l'anglais et l'urdu bien sûr, mais je voulais faire du français.

Int.: Pourquoi?

Shazia: Mais le français, c'est très important. La France a une culture riche, riche en littérature, en art et en architecture aussi. Comme architecte, j'aimerais voyager, voir les grandes constructions dans le monde, et la France a beaucoup de styles qui m'intéressent.

Int.: Mais le français et l'architecture, c'est très différent.

Shazia: Oui et non. Par exemple, j'ai fait des recherches pour ma thèse finale en architecture et une partie était en français. J'ai étudié la Chapelle de Ronchamp de Le Corbusier, et je l'ai comparée aux chapelles romanes et aux chapelles gothiques françaises. J'ai appris beaucoup de choses sur l'histoire de France, le Moyen Âge, et bien sûr l'architecture: les voûtes, le rôle des vitraux et encore beaucoup de choses, tout en français! C'était passionnant et c'était de l'architecture aussi!

Int.: Et après? Qu'est-ce que vous allez faire?

Shazia: Je vais chercher du travail dans un cabinet d'architecte pour commencer, puis j'irai en école d'architecture. Mais avant je voulais faire des études générales.

Int.: Hé bien, Shazia, bonne chance dans vos études et votre carrière d'architecte! Au revoir.

Shazia: Au revoir, Monsieur.

Le film de la semaine

À voir!

GRÈVE PARTY

Un film de Fabien Onteniente avec Vincent Elbaz, Daniel Russo et Bruno Solo.

En Mai 1998, ouvriers et employés cessent de travailler pour protester, et toute la France est en vacances forcées. Alors les voisins d'un quartier ont soudain le temps de se parler, de s'arrêter pour bavarder, et de se détendre ensemble. Rien d'extraordinaire, et cependant chaque scène tranquillement révèle un nouveau mode de vivre, amical et serein. Un film agréable et qui fait plaisir à regarder.

LES GRANDES DATES—DÉBAT.

Simone de Beauvoir, l'anticonformiste

1949: *Le Deuxième Sexe:* "On ne naît pas femme, on le devient."

Malgré ses origines bourgeoises, elle va passer sa vie à mettre en cause les fondements de la société et elle n'hésite pas à faire scandale. Elle brave les interdictions de sa famille, de sa classe et vit avec Sartre sans être mariée dans les années 40. En 1971 elle signe le Manifeste des 343 en faveur de la législation de l'avortement.

Et vous, qu'en pensez-vous? Est-ce qu'on naît femme ou est-ce qu'on le devient? Dites-le-nous!

LA NOUVELLE VAGUE

Avoir 20 ans dans les années 70

Un sourire condescendant est à la mode, avec un abus de couleurs criardes, orange, fleurs psychédéliques, gilets en peau de mouton, cheveux très longs. Quand on regarde les photos, on dit: "C'était trop!" ou alors "On était vraiment comme ça?" Incrédules, nous nous trouvons ridicules. On apprenait tous l'anglais. [...]

D'après *L'Express*
02/17/2000
p. 61

Gazette officielle du Québec

PROFESSIONS, MÉTIERS, TITRES, FONCTIONS ET APPELLATIONS DE PERSONNES AU FÉMININ

Le féminin des noms de professions, de métiers, de fonctions, etc., suit les règles grammaticales de formation du féminin des noms et des adjectifs...

La plupart des noms terminés en *-eur* forment régulièrement leur féminin en *-euse* (c'est notamment le cas pour les noms qui dérivent directement d'un verbe), mais certains ont une finale en *-eure* que l'usage a retenue. Pour quelques féminins, deux formes sont proposées, les dictionnaires et les guides officiels attestant l'une ou l'autre.

A	
académicien	agent
académicienne	**agente**
acheteur	aide-comptable
acheteuse	**aide-comptable**
acteur	avocat
actrice	**avocate**

À L'AFFICHE MUSIQUE

ZAP MAMA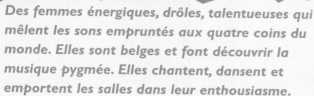

Des femmes énergiques, drôles, talentueuses qui mêlent les sons empruntés aux quatre coins du monde. Elles sont belges et font découvrir la musique pygmée. Elles chantent, dansent et emportent les salles dans leur enthousiasme.

Elles sont cinq à vouloir mélanger les genres, les traditions musicales, les langues, à bousculer les conventions, à jouer avec les sons, les couleurs, les voix et les rythmes, avec un amour commun pour le chant du monde. Les sons qui nous parviennent sont traversés de rires, de jeux vocaux et bruits d'enfance.

Elles sont belgo-zaïroises, belges et zaïroises et réinventent, recomposent, réinvestissent l'immense potentiel des polyphonies vocales présentes dans toutes les cultures. La beauté essentielle des chants pygmés n'était connue que des initiés, et parfois même de quelques pédants; elle nous est livrée avec toute sa vitalité, sa créativité, cette étonnante symbiose avec l'environnement naturel: bruits d'eau, de vent, d'herbe, chanson de forêts immenses dont l'écho se répercute d'arbre en arbre et porte loin.

Elles vont glaner leur inspiration aux quatre coins du monde: comptines rwandaises, chants populaires zaïrois, rythmes cubains, lamentations syriennes, polyphonies pygmées, mélodies arabo-espagnoles de la Renaissance.

Déjeuner du matin

Il a mis le café
Dans la tasse
Il a mis le lait
Dans la tasse de café
Il a mis le sucre
Dans le café au lait
Avec la petite cuiller
Il a tourné
Il a bu le café au lait
Et il a reposé la tasse
Sans me parler
Il a allumé
Une cigarette
Il a fait des ronds
Avec la fumée
Il a mis les cendres
Dans le cendrier
Sans me parler
Sans me regarder
Il s'est levé
Il a mis
Son chapeau sur sa tête
Il a mis
Son manteau de pluie
Parce qu'il pleuvait
Et il est parti
Sous la pluie
Sans une parole
Sans me regarder
Et moi j'ai pris
Ma tête dans ma main
Et j'ai pleuré

Jacques Prévert, *Paroles*

© Éditions Gallimard

LE BOUQUET

Que faites-vous là petite fille
Avec ces fleurs fraîchement coupées
Que faites-vous là jeune fille
Avec ces fleurs séchées
Que faites-vous là jolie femme
Avec ces fleurs qui se fanent
Que faites-vous là vieille femme
Avec ces fleurs qui meurent

J'attends le vainqueur.

Jacques Prévert,
Paroles

© Éditions Gallimard

Pour toi mon amour

Je suis allé au marché aux oiseaux
Et j'ai acheté des oiseaux
Pour toi
mon amour
Je suis allé au marché à la ferraille
Et j'ai acheté des chaînes
De lourdes chaînes
Pour toi
mon amour
Et puis je suis allé au marché aux esclaves
Et je t'ai cherchée
Mais je ne t'ai pas trouvée
mon amour

Jacques Prévert, *Paroles*

© Éditions Gallimard

D'UNE PAGE À L'AUTRE...

À l'aide des gros titres de ce *Magazine,* cherchez quels articles vous allez lire pour:

- trouver des informations historiques
- trouver des informations internationales
- identifier des tensions sociales et politiques
- lire un poème sur les marchés
- étudier les rapports entre la grammaire et les professions
- découvrir un groupe de musique internationale
- étudier les relations entre homme et femme
- obtenir des informations sur la langue et le genre des mots
- découvrir des chanteuses francophones
- étudier des innovations législatives québécoises
- lire un poème sur les fleurs

Avez-vous découvert le sujet de ce *Magazine?* Maintenant, choisissez un ordre de lecture pour ces articles.

À LA LOUPE

L'ÉDITORIAL.

1. Trouvez le sujet du premier paragraphe et le sujet du troisième paragraphe. Comparez ces deux sujets.
2. *«Elles sont sorties de l'ombre, de la nuit des temps.»* D'après les autres articles sur cette page, indiquez l'événement essentiel qui est à l'origine du changement. Soulignez les autres événements qui ont contribué au changement. Lesquels sont universels? Lesquels sont spécifiques à la France?
3. Trouvez dans l'Éditorial les phrases que chaque article illustre:
   - Simone de Beauvoir, l'anticonformiste
   - Gazette officielle du Québec
   - Zap Mama
   - Pour toi mon amour
   - Déjeuner du matin

Simone de Beauvoir, l'anticonformiste. Faites la liste des actions anticonformistes de Simone de Beauvoir. Cherchez dans les articles de la page 318, ce que les femmes ne pouvaient pas faire jusqu'en 1949.

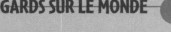

REGARDS SUR LE MONDE

GAZETTE OFFICIELLE DU QUÉBEC. Complétez ce paragraphe avec des mots extraits de l'article.

tendances. agent, faites, problèmes, féminiser, avocat, appellations, faites, graves, agente, avocate, émancipation, changer, nouvelles, tensions, langue

Au Québec, on veut ___ la langue parce que des professions ___ par des hommes sont maintenant ___ par des femmes. Par exemple, quand une femme est ___ ou ___ on peut dire maintenant ___ , ___ ou ___ . Les Québécois pensent que ces ___ vont contribuer à l'___ de la langue française. Mais la question est de savoir si on peut ___ les traditions patriarcales de la ___ française. L'idée à l'origine de cette loi est que la loi doit refléter les ___ ___ . Mais cette loi provoque aussi beaucoup de ___ et des ___ très ___ .

Les arts et les lettres

ZAP MAMA. Associez chaque phrase du sous-titre avec un paragraphe de cet article. Soulignez les expressions qui indiquent le type de musique que produit Zap Mama.

POÈMES. Pour chaque poème dites qui parle. Dans chaque poème trouvez le mot ou l'expression qui correspond pour former une signification symbolique: **petite fille / jeune fille / jolie femme / vieille femme / chaînes / je suis allé / j'ai pleuré.**

Modèle *petite fille = fleurs fraîches*

Identifiez les sons et les couleurs de chaque poème. Lequel préférez-vous? Pourquoi?

RECHERCHES.

À VOTRE AVIS...

1. Comparez la place de la France dans la course du XXIe siècle par rapport aux autres pays. Quelle sorte de société était la France traditionnelle? Et maintenant?
2. **Les rapports masculins / féminins.** Est-ce qu'il y a un élément commun entre les trois poèmes? Lequel?
3. **Les grandes dates.** Est-ce qu'on naît femme ou est-ce qu'on le devient? Simone de Beauvoir soulève une question fondamentale. Sommes-nous conditionnés génétiquement ou socialement? Choisissez une de ces deux positions et donnez vos arguments.

ACTION!

1. **La Chapelle de Ronchamp.** Shazia a étudié cette chapelle pour sa classe de français. Cherchez où elle est située, et ses caractéristiques.

Vous pouvez consulter la toile électronique à l'adresse suivante: http://www.ronchamp.net/
2. Débat: pour ou contre la féminisation de la langue française. En groupe, préparez des arguments pour défendre votre point de vue.

CORRESPONDANCE.

1. Écrivez au Président de la République pour recommander qu'on féminise les termes professionnels en France comme au Québec.
2. Préparez votre cv pour un des postes offerts dans les *Petites annonces classées.*
3. Écrivez au service immobilier de votre *Magazine* pour obtenir des informations supplémentaires sur les logements offerts. Indiquez la raison de votre recherche.

POUR FINIR.

1. Faites une liste des cinq mots les plus importants de ce *Magazine.*
2. Faites une liste de six mots que vous avez appris sans regarder le dictionnaire.
3. Dites quelles idées sont attachées aux mots **femme, égalité, libération** et **émancipation** pour une Française. Et pour une Québécoise? Et pour vous?

Une invitation chez les Dumas

En bref...

- **Invitations et annonces:** les pratiques sociales
- **Les magasins, les** restaurants et le marché
- **Payer:** argent, chèque, carte de crédit et pourboire
- **Lire la carte et commander** un repas au restaurant
- **Les verbes venir et voir**
- **Les expressions de quantité**
- **La cérémonie du thé** au Sénégal
- **Une recette:** toasts gratinés au fromage

Qu'est-ce que vous aimez prendre comme entrée?

Entrée en matière:

Invitations, annonces...

Avec les Compliments
des
Services Culturels
de
l'Ambassade de France

972 Fifth Avenue
New York, N.Y. 10021
(212) 570-4400

Vous êtes cordialement invités à la Fougère
pour la soirée qui suivra la cérémonie

Réponse souhaitée courant Juillet.

Fernand DAVIN
Vice-Président du Conseil Départemental des A.C.V.G.

Vous prie de bien vouloir honorer de votre présence la cérémonie de remise
de la Croix de Chevalier dans l'Ordre National du Mérite qui lui sera faite par

M. Le Batonnier Jean FORISSIER
Officier de la Légion d'Honneur
Officier de l'Ordre National du Mérite

en présence de

Monsieur LE PREFET
Commissaire de la République de la Région Auvergne
Commissaire de la République du Dép. du Puy-de-Dôme
Officier de la Légion d'Honneur
Officier de l'Ordre National du Mérite

et de M. Le Maire de ROYAT
et du Conseil Municipal

Le vendredi 19 Octobre à 18 heures, dans la salle des fêtes, place de Verdun à Royat.

"Les Chabesses" n° **93 B, 63130 ROYAT** - Tél. **04.03.24.18.36**

R.S.V.P.

**Ordre National
du Mérite**

Les annonces. Voici beaucoup d'annonces. Quelles annonces sont des invitations?

Quelle annonce est la plus personnelle? la moins personnelle?

Quelle annonce est attachée à une autre annonce?

Devinez à quelle sorte d'annonce elle est probablement attachée.

Quelle annonce est triste?

Avec quelle annonce est-ce qu'on va manger? boire?

Quelle annonce demande une réponse?

Quelle annonce présente des vœux pour la nouvelle année?

Les photos. Quelle photo est triste? À quelle annonce est-elle associée?

Une annonce.

New Year's wishes can be sent until mid-January in France.

M. ET MME FRANÇOIS PETIT

[handwritten:] présent Madame Ollier d'acapter leurs voeux respectueux. Ils ont été très heureux de faire sa connaissance lors de la réunion.

18, AVENUE JOCELYN-BARGOIN   63360 GERZAT

Isabelle et Henri DAVIN, Anne, Gabriel, Claire
Mariette et Philippe OLLIER-OZOUF
David OLLIER;

ses enfants et petits-enfants
ont la douleur de vous faire part du décès de

Madame Fernand OLLIER
née Odette JAILLARD

le 29 Août 1999.
La cérémonie religieuse a eu lieu en Notre-Dame de
Montferrand le 31 Août 1999

Rue Saint Jean Artonne 63460 COMBRONDE
Chemin de Saint-Loup 13600 LA CIOTAT

Les photos. "Cérémonie" goes with the wedding photo.
The Ollier card goes with the cemetery.

Quelle photo est heureuse? À quelle annonce est-elle attachée?

Les relations familiales. Y a-t-il des personnes de la même famille? Quelles sont les relations entre ces personnes?

Qui est Fernand Davin? Pour qui est la carte de Monsieur et Madame Petit? Quelle est la date de la carte, à votre avis?

Les villes. Quelles villes sont dans la même région de France? Quand l'invitation à la Fougère a-t-elle été envoyée? Pour quelle occasion?

Les décorations. Quelles décorations honorent les Français? Soulignez ces décorations. Soulignez les titres. Comment appelle-t-on une personne officielle en France? Et chez vous?

Vocabulaire

Bon, alors, comme entrée...

Alain et Sophie Dumas ont des invités ce soir: Monsieur et Madame Michaut. C'est une soirée importante pour eux parce que Monsieur Michaut est le patron de Sophie, alors ils sont très occupés tous les deux.

A. D'abord, ils doivent faire les courses.

Alain achète du pain à la boulangerie, des gâteaux à la pâtisserie, un rôti à la boucherie, 500 grammes de pâté et des tranches de jambon à la charcuterie. Il va aussi à l'épicerie pour acheter un litre de lait, deux boîtes de petits pois et deux ou trois fromages. Et pour le vin? Ils veulent ouvrir une ou deux bonnes bouteilles de vin rouge qu'ils ont dans leur cave.

LA PÂTISSERIE

LA BOULANGERIE

LA CHARCUTERIE

EPICERIE FRUITS CREMERIE

L'ÉPICERIE

LA BOUCHERIE

Sophie va au marché pour acheter un melon, deux kilos de pommes de terre, un kilo de carottes, un kilo de tomates, des champignons et une grosse laitue.

◆ Qui est-ce que Sophie et Alain ont invité ce soir? Pourquoi est-ce que c'est une soirée importante, à votre avis? Qu'est-ce qu'Alain achète? Où? Et Sophie? À votre avis, qu'est-ce qu'ils vont préparer pour ce soir? Faites le menu (soupe? entrée? plat principal? après le plat principal? dessert? boissons?).

B. Ensuite, ils mettent la table.

◆ Qu'est-ce qu'il y a au milieu de la table? Qu'est-ce qu'il y a à gauche des assiettes? À droite des assiettes? Qu'est-ce qu'il y a devant les verres? Pourquoi est-ce qu'il y a deux fourchettes? deux verres?

C. Malheureusement, dans la cuisine, tout va mal...

La sauce a débordé, le chat a renversé le lait, le chien a pris le fromage et le rôti a brûlé.

◆ Qu'est-ce qu'il n'y a plus pour ce soir?

D. Au restaurant

◆ Où est-ce qu'ils mangent ce soir? Pourquoi? Est-ce que les Dumas sont heureux? Pourquoi, à votre avis?

E. Et à deux heures du matin...

- Ce n'était pas un restaurant bon marché!
- Tu parles! Heureusement qu'on avait une carte de crédit!

l'addition
une tasse
une carte de crédit
de la monnaie
une boîte de chocolats
un chéquier

◆ Qu'est-ce qu'il y a sur la table? Qu'est-ce que les Michaut ont apporté comme cadeau? Et chez vous, qu'est-ce qu'on offre quand on est invité à dîner?

◆ Regardez bien l'addition. Comment s'appelle le restaurant? Quelle sorte de restaurant est-ce que c'est? Combien a coûté le repas? Ça fait combien en dollars? C'est cher ou c'est bon marché? Est-ce que le service est compris dans l'addition ou est-ce qu'il faut laisser un pourboire? Est-ce que les Dumas ont payé en liquide, par chèque ou avec une carte de crédit?

◆ Quels sont les plats chauds? les plats froids? Quelles sont les entrées? les plats principaux? les desserts? les boissons? Qu'est-ce que c'est, un Beaujolais?

◆ À votre avis, qu'est-ce que Madame Michaut a commandé? Et Monsieur Michaut? Qui n'a pas pris de dessert? Est-ce qu'ils ont bu beaucoup de vin?

Le Belvédère

Le 10-4-02
Table C
4 couverts

2 Soupes à l'oignon	13,00
1 Crudités	7,50
1 Pâté maison	7,60
1 Saumon grillé	19,50
1 Steak au poivre vert	24,00
1 Côte d'agneau	24,00
1 Tagliatelle aux champignons	16,00
1 Beaujolais	18,00
1 Evian	5,00
1 Mousse au chocolat	7,50
1 Crème brûlée	7,50
2 Cafés	4,00
1 Espresso	3,70
1 Thé	2,00
Montant	159,30

*Service compris

F. Dans la salle de bains

◆ Où sont-ils maintenant? Quelle heure est-il, à votre avis? Qu'est-ce qu'Alain cherche? Pourquoi? Est-ce qu'il y a une pharmacie ouverte la nuit, à votre avis?

La pharmacie.

Medicine, cosmetics, and similar products are sold at **une pharmacie**. **Une pharmacie** does not, however, stock the wide variety of merchandise found in an American drugstore. **Le pharmacien** or **la pharmacienne** is frequently consulted about health matters.

Notes de vocabulaire

1. Mots et expressions utiles

Combien est-ce que je vous dois?		*How much do I owe you?*			
fermé(e)	*closed*	gratuit(e)	*free (of charge)*	un doigt	*finger*
fermer	*to close*	utiliser	*to use*	une main	*hand*

2. Assiette / plat.
Une **assiette** is a *plate*. **Un plat** may be either a *serving dish* or the *food* on the serving dish.

3. Payer.
The verb **payer** has a spelling change in the present tense. The -y- changes to -i- in all but the **nous** and **vous** forms.

je paie		nous payons	
tu paies		vous payez	
il	} paie	ils	} paient
elle		elles	

Note that no preposition is used with **payer**.

Qui va **payer** le repas?   *Who's going to pay for the meal?*

4. Tout. The adjective **tout** means *all*. Here are its forms.

	MASCULINE	FEMININE
SINGULAR	tout	toute
PLURAL	tous	toutes

In the following sentences, note the pattern **tout** + *definite article* + *noun.*

Ma sœur étudie **tout le temps.**   *My sister studies all the time.*
Tu as **tous les verres?**   *Do you have all the glasses?*
Le bébé du premier étage   *The baby on the second floor*
  a pleuré **toute la nuit.**   *cried all night.*
Toutes les filles sont arrivées.   *All the girls have arrived.*

Tout as a pronoun means *all* or *everything.*

Tout va bien?   *Is everything going OK?*
C'est **tout?**   *Is that all? Is that it?*

Here are some common expressions using **tout.**

tout de suite	*right away, at once*
tout le monde	*everyone, everybody*
tout le temps	*all the time*
tous les jours	*every day*
tous les deux	*both*
pas du tout	*not at all*
tout à coup	*suddenly, all of a sudden*
tout à fait	*completely, absolutely*
tout droit	*straight ahead*

5. Je n'ai plus faim. Use the expression **Je n'ai plus faim** to say that you have had enough to eat or that you are full.

6. J'ai mal à la tête! To say that you hurt somewhere, use the expression **avoir mal (à)**.

J'ai **mal!**   *I hurt!*
Tu **as mal** à la tête?   *You have a headache?*
J'ai **mal** à la main.   *My hand hurts.*

7. À table: expressions de convivialité. How do you accept second helpings? And, more important, how do you refuse politely?

- To accept, you can say: **Oui, merci** or **Oui, je veux bien, merci (c'est délicieux)**. If you just say **Merci**, in this context, it means *No, thank you*.
- To refuse, you can say: **(Non) merci** or, to be more polite, **(Non) merci, c'est délicieux, mais je n'ai vraiment plus faim.**

8. Les verbes ouvrir et offrir. The verbs **ouvrir** *(to open)* and **offrir** *(to offer, to give)* are irregular. **Offrir** is conjugated like **ouvrir**.

PRESENT	j'ouvre	nous ouvrons
	tu ouvres	vous ouvrez
	il ⎫ ⎬ ouvre elle ⎭	ils ⎫ ⎬ ouvrent elles ⎭
IMPARFAIT	j'ouvrais, etc.	
PASSÉ COMPOSÉ	j'ai ouvert, etc.	
IMPÉRATIF	ouvre! ouvrez! ouvrons!	

𝒱ous avez compris?

1. Magasins. Qu'est-ce qu'on vend?

1. **Dans une boulangerie:** du jambon / des lits / des croissants / des chaussures / du pain / des bonbons / du chocolat / des ascenseurs
2. **Dans une charcuterie:** du pâté / du saucisson / des livres / des plantes vertes / des crayons / du jambon
3. **Dans une boucherie:** des cadeaux / des gants / des fraises / un rôti / des ordinateurs / de la viande
4. **Dans une pâtisserie:** des jupes / des gâteaux / des boîtes de chocolats / des tartes / des fauteuils / des pâtisseries / des couteaux / de la glace / des tomates
5. **Dans une épicerie:** du sucre / du café / des chapeaux / du fromage / des légumes / des plats surgelés / des pulls / des tapis / du thé / des boîtes de conserve
6. **Dans une pharmacie:** du café / des stylos / des médicaments / des livres / de l'aspirine

2. Associations. Quel mot—**un kilo, une bouteille, une boîte, un morceau** ou **une tranche**—est-ce que vous associez aux produits suivants?

Modèle   du saucisson
une tranche, un morceau...

1. du lait
2. des tomates
3. de la soupe
4. du vin
5. du fromage
6. des petits pois
7. des pommes de terre
8. du jambon
9. du pâté
10. des haricots verts

3. Payons. Comment est-ce que vous payez?

Modèle   Vous achetez une veste.
Je paie en liquide (par chèque, avec une carte de crédit).

1. Vous achetez une glace.
2. Vous achetez une robe élégante.
3. Vous restez une nuit à l'hôtel.
4. Vous prenez un repas dans un restaurant bon marché.
5. Vous achetez un ordinateur.
6. Vous allez au cinéma.
7. Vous achetez un gâteau à la pâtisserie.
8. Vous allez au supermarché.

Achetez-vous beaucoup de disques?

4. Avec quoi? Qu'est-ce qu'on utilise pour manger...

1. des petits pois?
2. des frites?
3. du poulet?
4. un pamplemousse?
5. une poire?
6. de la salade?
7. une pizza?
8. un sandwich?

5. Quel cadeau? Quel cadeau est-ce que vous allez offrir?

Modèle   Vous allez dîner chez des amis de vos parents.
J'offre une boîte de chocolats.

1. Vous allez dîner chez les parents d'un ami.
2. Pour le week-end, vous allez dans une famille où il y a beaucoup d'enfants.
3. Vous allez à une fête chez des copains pour l'anniversaire d'une amie.
4. Vous allez dans une famille française pour le mois de juillet.

6. Qu'est-ce qu'on ouvre? Faites une liste de ce qu'on ouvre.

Modèle   *On ouvre les fenêtres,...*

*M*ise en pratique

7. Chez... Vous allez ouvrir un nouveau bistrot français dans votre région.

1. Donnez un nom à votre restaurant.
2. Faites la carte. Est-ce qu'il va y avoir un menu? des plats à la carte? Combien vont-ils coûter?

8. Au restaurant Hippopotamus à Lyon

1. Regardez la carte du restaurant Hippopotamus à Lyon et répondez aux questions.
   - Quand est-ce que le restaurant est ouvert?
   - Qu'est-ce qui est compris dans le prix?
   - Avec quoi est-ce qu'on peut payer?
   - Qu'est-ce qui est moins cher, commander un menu ou commander à la carte?
   - Qu'est-ce qu'on peut avoir pour 22,50 euros? Et pour 12,50 euros?
   - Qu'est-ce qu'on peut commander avec la viande?
   - Si on prend le menu, qu'est-ce qu'on peut boire?

2. Voilà des personnes qui ont mangé au restaurant Hippopotamus. Qu'est-ce qu'elles ont commandé?
   - **Les Mercier:** M. Mercier, 36 ans, médecin; Mme Mercier, 35 ans, avocate. Ils ont mangé au restaurant Hippopotamus avec leurs deux enfants (4 ans et 6 ans) le dimanche 15 février à midi.
   - **M. et Mme Spalding:** M. Spalding, 70 ans, retraité, était professeur de français dans une université américaine; Mme Spalding, 68 ans, était professeur d'espagnol dans une université américaine. Ils ont déjeuné au restaurant Hippopotamus le mardi 8 juillet. M. Spalding était au régime.
   - **Christophe, Étienne et Brigitte:** des étudiants entre 18 et 20 ans. Ils sont arrivés au restaurant à 22 h 30 (après le cinéma) le samedi 22 avril. Ils avaient très faim.
   - **Alceste et Candide:** Ils sont arrivés au restaurant à 18 heures le vendredi 19 octobre avant d'aller au cinéma. Candide avait très faim. Alceste ne voulait pas passer des heures au restaurant parce que le film commençait à 19 heures.

HIPPOP🐱TAMUS

Les restaurants Hippopotamus sont ouverts tous les jours sans interruption de 11 h 30 à 1 h du matin.

Si vous réglez par chèque, merci de présenter une pièce d'identité. Pour tout paiement, un ticket doit être exigé. Bien sûr, vous pouvez payer par Carte Bleue, Visa et American Express, Eurochèque, Traveller chèque et chèques libellés en Euros, ainsi que par titre restaurant. Nous avons le regret de refuser la monnaie étrangère, les chèques sur pays étrangers et les chèques sociétés.

Prix Service Compris (16% / HT).

HIPPO ATOUT
22,50 EUROS

L'Entrée
Œufs pochés à la ciboulette
ou Carpaccio de tomates fraîches
ou Rillettes aux deux saumons
ou Tarama

Le Plat
Accompagné de pommes allumettes ou pomme au four ou haricots verts, servis à volonté.
Bavette
ou Brochette de bœuf
ou Chili con carne
ou Saumon à la plancha

Le Dessert
Mousse au chocolat
ou Crème caramel
ou Ananas en carpaccio
ou Coupe aux trois fraicheurs
ou Coupe délice

La Boisson
Pichet (31 cl) de vin de pays
des Bouches-du-Rhône
ou de Côtes du Luberon rose
ou Tourtel Pur Malt (25 cl) sans alcool
ou Bière Gold de Kanterbräu (33 cl)
ou Coca-Cola (33 cl)
ou 1/2 Eau minérale (50 cl)

Les Entrées

Salade de saison	4,00 €
Tarama	7,00 €
Carpaccio de tomates fraîches	6,00 €
Œufs pochés à la ciboulette	6,50 €
Rillettes aux deux saumons	8,00 €
Terrine campagnarde	7,50 €
Cocktail de crevettes	8,00 €
Crottin de chèvre chaud	7,50 €

Les Grillés

Bavette	15,50 €
Hippo Mixed Grill	17,50 €
Entrecôte	19,00 €
T. Bone	21,00 €
Saumon à la Plancha	16,50 €
Chili con carne	12,00 €
Assiette chinoise	12,50 €
Steak de thon nature	14,50 €

Les Sauces
Relevez vos grillés selon votre humeur avec:
une sauce béarnaise,
une sauce roquefort,
une sauce échalotes,
une sauce aux deux poivres,
un beurre maître d'hôtel ou la Spéciale Hippo.

Les Garnitures
Chacun de nos grillés est accompagné, au choix, de pommes allumettes, de pommes au four ou de haricots verts servis à volonté.

HIPPO MALIN
12,50 EUROS

Le Plat
Accompagne de pommes allumettes ou pommes au four ou haricots verts, servis à volonté.

Magic Hamburger
ou Steak Hippo
ou Poulet Super Grill

La Boisson
Un verre (12,5 cl)
de Vin de pays
des Bouches-du-Rhône
ou 1/2 Eau minérale (50 cl)
ou Bière Stella Artois (33 cl)
ou Tourtel Pur Malt (25 cl)
sans alcool
ou Coca-Cola (33 cl)

 *Conversation en français*

9. Conversation en français. Vous voyagez en Europe pendant l'été. C'est le mois d'août et vous êtes à Lyon. Il est deux heures de l'après-midi et vous avez très faim mais vous n'êtes pas très riche! Allez au restaurant Hippopotamus, choisissez une table, regardez la carte et commandez un repas.

*S*tructure

 **CD-ROM:** *Build your skills!*

Le verbe *venir*

The verb **venir** *(to come)* is irregular in the present tense. Notice the double **-n-** in the third-person plural form.

je viens	nous venons
tu viens	vous venez
il } elle } vient	ils } elles } vie**nn**ent

Il **vient** manger chez nous après le film. — *He's coming to eat at our house after the movie.*

Venir is conjugated with **être** in the **passé composé**. The past participle of **venir** is **venu.**

Elle **est venue** le premier février. — *She came on the first of February.*

The **imparfait** of **venir** is regular.

Ils **venaient** toujours à huit heures. — *They always came at eight o'clock.*

The imperative or command forms of **venir** are identical to the present tense forms.

Viens chez moi! — *Come to my house!*
Venez à onze heures! — *Come at eleven!*
Venons à trois heures! — *Let's come at three!*

Venir + **de** + *infinitif* means *to have just + verb (past participle)* or the equivalent expression in the simple past.

Je **viens de manger;** je n'ai plus faim. — *I've just eaten. (I just ate.); I'm not hungry anymore.*

*V*ous avez compris?

10. Une réunion de famille. Il y a une réunion de famille chez Thérèse et Vincent Dubois. Utilisez **venir** au présent pour compléter la conversation.

THÉRÈSE:	Suzanne _____ avec ses parents?
VINCENT:	Non, elle et Hakim _____ ensemble.
THÉRÈSE:	Bon, d'accord, et ton père, il _____, n'est-ce pas?
VINCENT:	Oui, et Paulette Gilmard _____ avec lui.
THÉRÈSE:	Et toi, tu _____ ou non?
VINCENT:	Moi, je ne sais pas. Je dois travailler mais, oui, je _____!

11. Après la réunion de famille.
Il y a des membres de la famille Dubois qui ne sont pas partis avec les personnes avec qui ils sont arrivés! Utilisez **venir** et **partir** au passé composé pour le dire.

1. Cédric Rasquin _____ avec sa mère et son mari (son beau-père) mais il _____ avec son père.
2. Jacques Dubois et Paulette Gilmard _____ ensemble mais Paulette _____ seule.
3. Suzanne _____ avec Hakim mais elle _____ avec ses parents.
4. Jean Rasquin _____ seul mais il _____ avec son fils.

12. Les habitudes.
M. Caron, le patron du Café de la Poste, discute des habitudes de ses clients d'il y a des années. Utilisez l'imparfait de **venir** pour le dire.

Modèle   M. Ségal (tous les jours pour l'apéritif)
             M. Ségal venait tous les jours pour l'apéritif.

1. Mme Ségal (ne... jamais)
2. M. Meunier (tout le temps)
3. M. Piette et sa femme (le dimanche)
4. Mme Renard et M. Renglet (quelquefois le samedi)

13. Ce n'est pas vrai!
Candide ne peut pas croire ce que tout le monde vient de faire. Utilisez **venir de** + *infinitif* pour le dire.

Modèle   Mes parents / arriver.
             Mes parents viennent d'arriver! Ce n'est pas vrai!

1. Michel et Sandrine / partir / à Tahiti.
2. Il est huit heures du matin et tu / manger / une pizza!
3. Vous / acheter / une voiture de sport!
4. Jean-Pierre / vendre / son ordinateur.
5. Alceste / rire *(laugh)*.

Thierry vient d'acheter une moto

*M*ise en pratique

14. Mais pourquoi? Qu'est-ce qu'ils viennent de faire?

> Modèle   Tu n'as plus soif.
> *C'est parce que tu viens de boire un Coca-Cola.*

1. Hakim a soif.
2. Nous sommes fatigués.
3. Nous n'avons plus d'argent.
4. Les Dubois sont malades.
5. J'ai très froid.
6. Céline a très chaud.
7. Thérèse est contente.
8. Alceste est très triste.

15. D'où venez-vous? Utilisez ces questions pour trouver d'où vient tout le monde.

De quelle ville...

1. ... vient votre père?
2. ... viennent vos grands-parents?
3. ... vient votre professeur de français?
4. ... venez-vous?

Les expressions de quantité

Expressions of quantity are followed by **de** + *noun*. There is no article. Expressions of quantity may be either nouns (**un verre de lait**) or adverbs (**trop de lait**). In both cases, the pattern is *quantity expression* + **de** (**d'**) + *noun.*

> Tu veux **un morceau de fromage?**   *Do you want a piece of cheese?*
> Il mange **trop de chocolat.**   *He eats too much chocolate.*

Here is a list of quantity expressions that you already know.

assez de	*enough (of)*	un morceau de	*a piece of*
une assiette de	*a plate of*	un peu de	*a little, a little bit of*
beaucoup de	*a lot of*	une tasse de	*a cup of*
une boîte de	*a box of*	une tranche de	*a slice of*
une bouteille de	*a bottle of*	trop de	*too much of, too many of*
un kilo de	*one kilo of*	un verre de	*a glass of*

Rappel!

1. When talking in general and after verbs such as **aimer** and **détester,** use **le, la, l'**, or **les** (definite articles).

> Je n'**aime** pas **les** petits pois!   *I don't like peas.*
> **Les** petits pois sont bons pour toi.   *Peas are good for you.*

2. When you are not talking in general, use either the indefinite article or the partitive article.

a. If you are talking about things you can count, use **un, une,** or **des** (indefinite article).

Tu veux **des** petits pois?   *Do you want (some) peas?*
Mangeons **une** pomme!   *Let's eat an apple!*

b. If you are talking about things that you cannot count, use **du, de la,** or **de l'** (partitive article).

Tu veux **du** lait?   *Do you want (some) milk?*

3. After expressions of quantity, use **de** followed directly by a noun (no article).

Tu veux **un verre de** lait?   *Do you want a glass of milk?*
Il boit **beaucoup de** lait.   *He drinks a lot of milk.*
Vous mangez **trop de** frites.   *You eat too many French fries.*

4. After negative expressions, **un, une, du, de la, de l',** and **des** all become **de (d').** **Le, la, l',** and **les** remain the same.

Lui, il aime **les** vieilles maisons mais elle, elle n'aime pas **les** vieilles maisons. Elle préfère **les** appartements modernes. Alors, il a **une** vieille maison mais elle **n'a pas de** maison du tout.

Il **n'y** a **plus de** lait dans le frigo.
Candide **ne** boit **jamais de** vin.

𝒱ous avez compris?

16. Toasts gratinés au fromage. Regardez la recette et...

1. ... trouvez des expressions de quantité + **de.**
2. ... trouvez des articles définis (**le, la, les**), indéfinis (**un, une, des**) et partitifs (**de la, du, de l'**).

Toasts Gratinés au Fromage

100 g de gruyère râpé   2 verres de lait
4 belles tranches de pain   2 œufs
   de campagne   sel, poivre et muscade

1. Préchauffez le gril de votre four au maximum.
2. Battez les œufs avec le lait. Ajoutez le fromage, du poivre, un peu de sel (n'oubliez pas que le fromage est salé) et de la muscade fraîchement râpée.
3. Disposez les tranches de pain dans un plat à gratin, versez la préparation dessus.
4. Laissez gratiner une quinzaine de minutes environ. Servez bien chaud. Accompagnement possible: salade verte.

17. Normal ou pas? Est-ce que c'est normal ou pas normal, ou est-ce que ça dépend?

1. une tasse de bière
2. un kilo de pommes de terre
3. un morceau de lait
4. une tranche de glace
5. un morceau de fromage
6. une tasse de thé
7. une boîte de petits pois
8. un kilo de Coca-Cola
9. une tranche de jambon
10. un verre de jus d'orange
11. une boîte de frites
12. une bouteille de sucre

Mise en pratique

18. Combien? Utilisez une expression de quantité pour compléter les phrases.

1. Patrick a bu _____ vin: il est malade.
2. Je n'ai pas _____ argent: je dois aller à la banque.
3. Les Lange ont _____ travail: ils ont huit enfants, deux chiens et une grande maison.
4. J'ai _____ argent, mais pas assez pour acheter une glace.
5. Est-ce que vous prenez _____ sucre dans votre café?
6. Bonjour, Madame. Je voudrais _____ haricots verts, _____ lait, _____ saucisson, _____ soupe aux tomates, _____ fromage et _____ vin blanc, s'il vous plaît.

19. Le frigo de Mlle Piggy. Complétez avec **un, une, d', des, le, la, l', les, du, de la, de l'** ou **de.**)

Mlle Piggy aime Kermit la grenouille et elle aime aussi manger! Elle aime _____ gâteaux au chocolat, _____ glace et _____ bonbons. Elle aime aussi _____ tarte aux pommes et _____ pâtisseries. Maintenant, la pauvre Mlle Piggy est au régime parce que Kermit trouve qu'elle est trop grosse. Alors, dans son frigo, il y a beaucoup _____ légumes et _____ fruits. C'est tout. Le matin, elle prend _____ tasse _____ thé et _____ morceau _____ pain. À midi, elle prend _____ yaourt ou _____ assiette _____ crudités. Le soir, elle prend _____ salade avec _____ verre _____ lait. Elle ne mange jamais _____ frites et elle ne boit plus _____ bière. Mais elle peut prendre un peu _____ vin. Mais, même quand Mlle Piggy est mince et n'est pas au régime, il n'y a pas _____ jambon dans son frigo! Et est-ce qu'il y a _____ cuisses de grenouille *(frog legs)?* Mais non, il n'y a pas _____ cuisses de grenouille! Quelle horreur!

Le verbe *voir*

The present tense of the verb **voir** *(to see)* is irregular.

je vois	nous voyons
tu vois	vous voyez
il elle } voit	ils elles } voient

Qu'est-ce que tu **vois**?   *What do you see?*
Je ne **vois** rien.   *I don't see anything.*

Voir is regular in the **imparfait**.

Quand j'avais quinze ans, j'avais un petit ami que je **voyais** tous les jours.
When I was 15, I had a boyfriend that I saw every day.

The **passé composé** of **voir** is conjugated with **avoir**. (past participle: **vu**).

Tu n'**as** pas **vu** mon chien? *You haven't seen my dog?*

*V*ous avez compris?

20. De la fenêtre... Voilà ce que tout le monde voit de sa fenêtre. Utilisez le verbe **voir** au présent pour le dire.

1. Daniel et Guy / des voitures.
2. Je / des personnes qui marchent dans la rue.
3. Vous / la fenêtre du couple qui habite en face.
4. Candide / des arbres.
5. Tu / un mur!
6. Nous / la rue.

21. Dans les rêves. Voilà ce que différentes personnes ont vu dans leur rêve la nuit dernière. Utilisez le verbe **voir** au passé composé pour le dire.

1. Je _____ un chien orange.
2. Candide _____ un chat vert qui parlait espagnol.
3. Alceste _____ un homme qui portait cinq chapeaux.
4. Nous _____ un monstre qui nous a demandé de venir avec lui.
5. Tu _____ le professeur qui marchait avec un grand chien noir?
6. Mes petites sœurs _____ une belle femme habillée en blanc.
7. Vous _____ une voiture qui était grande comme une maison!

*M*ise en pratique

22. Les contacts perdus. Il y a des personnes qu'on voyait avant mais qu'on ne voit plus maintenant. Utilisez le verbe **voir** à l'imparfait pour le dire.

Modèle   En été, Claudine / sa tante Irène tout le temps, mais maintenant, elle...
En été, Claudine voyait sa tante Irène tout le temps, mais maintenant, elle ne la voit plus.

1. Avant, tu / tes cousins tout le temps, mais maintenant, tu...
2. L'année dernière, mon mari et moi, nous / les Dumont tout le temps, mais maintenant, nous...
3. Quand vous aviez dix ans, vous / vos grands-parents tout le temps, mais maintenant, vous...
4. Pendant l'hiver, Alceste / ses copains au café tout le temps, mais maintenant, il...
5. Quand elles étaient jeunes, Anne et Claire / leur père tout le temps, mais maintenant, elles...
6. À l'université, je / Jean-Luc tout le temps, mais maintenant, je...

Mon grand-père travaillait encore à l'âge de 70 ans.

Découvertes culturelles: Une tradition sénégalaise

A. Préparation. Dans quelles cultures est-ce qu'on boit du thé? Quand? Avec qui? Est-ce qu'il y a des cérémonies?

B. La cérémonie du thé

1. Regardez la photo à la page 341. Qui prépare le thé? Où? Avec quoi? Cherchez dans le texte *La Cérémonie du thé au Sénégal* le nom des objets employés par la jeune fille. Quels sont les ingrédients employés pour faire le thé?
2. La cérémonie du thé compte combien de tasses de thé? Pourquoi est-ce qu'on appelle le moment du thé une cérémonie?
3. Pouvez-vous évaluer combien de temps dure la préparation du thé?
4. Quel est le pays d'origine de la cérémonie du thé? Dans les objets nécessaires pour préparer le thé, il y a un objet qui vient de Madagascar. Pouvez-vous trouver lequel?
5. **Le Journal de voyage.** Lisez cet extrait d'un journal de voyage et dites:
   - dans quelle maison se passe la scène
   - à quel moment on prend le thé
   - qui sont les personnes qui font le thé
   - pourquoi les jeunes filles aiment préparer le thé

   Trouvez dans le texte les verbes qui marquent la préparation du thé, les adjectifs qui caractérisent la scène et ce moment de la journée.

   Que va faire l'auteur pendant la préparation du thé?

C. Mots nouveaux

1. Trouvez dans le texte *La Cérémonie du thé au Sénégal* un synonyme de **boire**, de **appréciées**, de **différent**.
2. Trouvez d'autres mots pour dire **une petite boule** et **délicat**.

D. Rituels et cérémonies. Identifiez quels aspects de la culture sénégalaise cette cérémonie décrit.

1. Le point de vue des jeunes filles qui préparent le thé.

   Modèle *Le temps du thé c'est un moment pour...*

2. Le point de vue des personnes qui boivent le thé.

   Modèle *Le temps du thé c'est un moment pour...*

3. Quelles connotations avez-vous pour l'expression **cérémonie du thé** après la lecture de ce **Journal de voyage**?

4. Quelle valeur de la culture sénégalaise est illustrée par cette cérémonie du thé?

E. Un rituel dans votre culture. Identifiez un rituel qui a la même valeur dans votre culture et décrivez-le et la valeur qu'il a pour vous.

La CÉRÉMONIE DU THÉ AU SÉNÉGAL

Au Sénégal, après les repas de midi et du soir, on reste assis ensemble pour déguster du thé et se reposer avant de reprendre les activités de travail. C'est toute une cérémonie qui se déroule autour de cette boisson. On l'appelle «attaya» et elle vient de la Mauritanie.

Au Sénégal, les thés préférés sont le «Gun Powder», qui est très fort et qui se présente en toutes petites boulettes de feuilles de thé, et le «thé vert de Chine», aussi très apprécié, qui est plus fin.

Qu'est-ce qu'il faut?

On utilise le matériel traditionnel qui est simple et peu cher.
- une théière (25/40cl)
- de petits verres transparents et assez épais
- un plateau pour déposer les verres et la théière
- un petit fourneau malgache avec du charbon de bois, pour faire bouillir l'eau

Chaque personne reçoit trois tasses de thé au goût distinct.
- La première s'appelle «lewel» et elle n'est pas très sucrée.
- La deuxième s'appelle «niarel». Elle est plus sucrée que la première et elle contient un peu de menthe fraîche.
- La troisième s'appelle «niétel». C'est la plus sucrée et elle contient aussi de la menthe fraîche.

Aujourd'hui, visite chez les parents d'Aminata. Plat traditionnel, que nous avons pris assis au sol, en cercle autour d'un grand plat. Il faisait très chaud, mais nous avions faim, et une brise légère passait sur la terrasse. Puis on attend le thé. Moment délicieux, il fait bon, on n'a plus faim, repos et paix après la fatigue du voyage. Deux des jeunes sœurs d'Aminata, assises sur des tabourets bas autour d'un petit fourneau faisaient chauffer de l'eau. Elles parlaient et riaient doucement entre elles. Quand l'eau a bouilli, elles ont mis le thé dans la théière, et elles ont versé le thé d'une théière dans une autre plusieurs fois, de très haut. Le thé fumait et faisait des bulles en remplissant la théière.

—Pourquoi faites-vous cela?, je leur ai demandé.

—Pour le faire mousser.

—Est-ce qu'il n'est pas plus facile de le fouetter avec deux fourchettes?

—Peut-être, m'ont-elles répondu, mais alors nous n'avons plus le temps de bavarder... Et elles ont éclaté de rire.

Pendant ce temps-là, les autres parlaient ou dormaient sur la terrasse, en attendant le thé. C'était le moment d'aller chasser l'image et de saisir les membres de la famille d'Aminata dans leurs habitudes et leurs gestes traditionnels.

Journal de voyage — Institut d'Été, Dakar 1996.

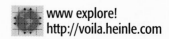

www explore!
http://voila.heinle.com

Orthographe et Prononciation

L'alphabet et les sons

It is true that in both English and French, the relationship between sounds and how they are written is far from straightforward. In English, for example, the sound represented by the letter **f** in the word *full* can also be spelled **ff** *(puff)*, **gh** *(tough)*, **ph** *(telephone)*, and even **lf** *(half)!* To make matters even more complicated, a letter combination like **gh** may represent more than one sound *(laugh, daughter, ghost, through)*.

Likewise, in French, the sound represented by the letter **k** in a word like **kilo** may also be spelled **c** (**cours, combien**), **cc** (**d'accord**), **q** (**cinq**), or even **qu** (**qui, quoi**). Similarly, the letter **s** may represent more than one sound (**disque, disent, trois**).

In spite of this seemingly chaotic state of affairs, considerable regularity can be found in both the French and English spelling systems. Can you find the regularity underlying the spellings of the words in the English pairs below?

mad	made	set	seat
not	note	fed	feed
bit	bite	bet	beat
met	meet		

Activité

Trouvez la règle. Look at the list of words below. How many ways can you find to spell the sound é as in **étudiant?**

écouter	manger	elle a acheté	boulanger
vous ouvrez	les	mes	chez

La boulangerie

Vocabulaire de base

Noms

l'addition (f.) *restaurant bill, check*
une aspirine *aspirin*
une assiette (de) *plate (of)*
une boisson *beverage, drink*
une boîte (de) *can (of), box (of)*
une bouteille (de) *bottle (of)*
une boucherie *butcher shop*
une boulangerie *bakery*
la carte *restaurant menu*
une carte de crédit *credit card*
une charcuterie *pork shop, delicatessen*
un chèque *check*
un couteau *knife*
une cuillère *spoon*
une cuillère à soupe *soup spoon, tablespoon*
un doigt *finger*
une entrée *appetizer*
une épicerie *grocery store*
une fourchette *fork*
un(e) invité(e) *guest*
un kilo (de) *one kilogram (of)*
une liste (de) *list (of)*
une main *hand*
un marché *market*

un médicament *medicine*
un morceau (de) *piece (of)*
une pâtisserie *pastry shop, pastry*
une petite cuillère *teaspoon*
une pharmacie *pharmacy*
un pharmacien/une pharmacienne *pharmacist*
une plante verte *houseplant*
un plat *serving dish, dish of food*
le plat principal *main dish, main course*
une serviette *napkin*
une soirée *party, evening*
une tasse (de) *cup (of)*
une tranche (de) *slice (of)*
un verre (de) *glass (of)*

Adjectifs

bon marché *(invar.) cheap, inexpensive*
délicieux, délicieuse *delicious*
excellent(e) *excellent*
fermé(e) *closed*
ouvert(e) *open*
tout, tous, toute, toutes *all*

Verbes

apporter *to bring*
commander *to order*

fermer *to close*
inviter *to invite*
offrir *to offer, give*
ouvrir *to open*
payer *to pay*
utiliser *to use*
venir *to come (conj. with être)*
venir de *to have just*
voir *to see*

Divers

assez (de) *enough (of)*
au milieu (de) *in the middle (of)*
Combien est-ce que je vous dois? *How much do I owe you?*
heureusement *happily, luckily, fortunately*
malheureusement *unhappily, unluckily, unfortunately*
pas du tout *not at all*
Quelle sorte de... ? *What kind of . . . ? What sort of . . . ?*
tous les deux, toutes les deux *both*
tous les jours *every day*
tout à fait *absolutely, completely*
tout de suite *right away, at once*
trop (de) *too much (of)*

Vocabulaire supplémentaire

Noms
une assiette à soupe *soup plate*
une boîte de chocolats
   box of chocolates
une boulangerie-pâtisserie
   bakery that also sells pastries
un chéquier *checkbook*
un couvert *silverware,*
   place setting
un gramme (de) *one gram (of)*
un litre (de) *one liter (of)*
le menu (à... euros)
   fixed-price meal
   (for . . . euros)
la monnaie *change, coins*
une nappe *tablecloth*
une sauce *sauce, gravy*

Adjectifs
gratuit(e) *free (of charge)*

Verbes
brûler *to burn*
déborder *to spill over*
préparer *to prepare*
renverser *to knock over*

Divers
à la carte *à la carte*
avoir mal *to hurt*
avoir mal à la tête
   to have a headache
laisser un pourboire
   to leave a tip
mettre la table *to set the table*
payer avec une carte de crédit
   to pay by credit card
payer en liquide *to pay cash*
payer par chèque *to pay by check*
service compris *tip included*

Le français tel qu'on le parle
heureusement que (nous
   avions une carte de crédit!)
   thank goodness (we had
   a credit card!)

J'abandonne! *I give up!*
J'en ai assez! *I've had it!*
   I've had enough! I'm fed up!
Mais qu'est-ce qu'on va faire?
   But what are we going to do?
Tu parles! *You bet! No kidding!*
   You're telling me!
y a pas = il n'y a pas

Pour offrir de payer quand
on invite à boire un verre ou
quand on invite au restaurant:
C'est moi qui invite. *It's my treat,*
   I'm paying

Au restaurant:
Est-ce que je pourrais avoir
   l'addition, s'il vous plaît?
   Could I have the bill, please?
Est-ce que le service est compris?
   Is the tip included?
Vous avez choisi?
   Are you ready to order?

À table:
Servez-vous! *Help yourself!*
Encore un peu de vin?
   Some more wine?
Merci. (Non, merci.)
   No, thank you.
Oui, je veux bien, merci.
   Yes, please.
Je n'ai plus faim! *I'm full!*

Le français familier
j'en ai marre = j'en ai assez
j'en ai ras le bol = j'en ai assez

On entend parfois...
un dépanneur (Canada) =
   neighborhood grocery store
   with late hours
donner une bonne-main (Suisse) =
   donner un pourboire
donner une dringuelle (Belgique) =
   donner un pourboire
gréyer la table (Canada) =
   mettre la table

un légumier (Belgique) =
   quelqu'un qui vend des légumes
payer (Afrique) = acheter
une praline (Belgique) =
   un chocolat

Info:

C'est moi qui invite.
When you hear **C'est moi
qui invite**, you can be sure
that the person who said it
will pay for the drink or meal.
Although **C'est moi qui
invite** literally means *I'm
the one inviting,* it is really
the equivalent of the English
expression *It's my treat.* It is
generally considered polite
then for you to offer to
pay the next time you are
together. However, French
students do tend to split
the bill when they go out
together. Similarly, if you
take out a pack of cigarettes
or something to eat when
in the company of French
people, you are expected
to offer it around.

Que faire un jour de pluie?

En bref...

- **Journaux et magazines en France**

- **Pour communiquer: écrire, téléphoner, aller à la poste, utiliser Internet**

- **Les verbes dire, lire et écrire**

- **Les pronoms d'objet indirect**

- **L'accord du participe passé**

- **Un poème de Verlaine**

Est-ce que vous travaillez avec un ordinateur?

Entrée en matière:

Pour communiquer

www.voila.fr

Votre adresse
e-mail
vous suit
partout.

MAIL

Que vous consultiez Internet au
travail, à la fac, dans un cybercafé
ou en faisant le tour du monde,
Voila vous propose **VOTRE E-MAIL
PERSONNEL GRATUIT**, consultable
de n'importe quel ordinateur.

FAITES UN VŒU ET PUIS VOILA

France Telecom Multimedia Services RCS Paris B 391 070 992

voila

Une boîte aux lettres. Qu'est-ce que c'est, cet objet bizarre? Un animal? Un objet interplanétaire? Un objet de science-fiction? C'est un objet français ou américain?

Complétez.

—Est-ce qu'il marche?

—

—Et dans quel sens? Vers nous ou loin de nous?

—

—Où est-ce qu'il va?

—

matière

voila.fr n'est pas la page de votre livre! C'est l'équivalent de Yahoo en France. Explorez cette adresse pour découvrir un site Internet français.

—À quoi est-ce qu'il ressemble? Pourquoi?

—

—Ah! c'est une boîte aux lettres, et elle marche! Et elle vient avec moi, partout où je vais... Eh bien, dites-moi donc où elle va, cette boîte pour e-mail.

—

—Bon ! bon! et quelle est l'adresse?

—

—**www.voila.fr:** Qu'est-ce que c'est? C'est l'adresse de quelle personne?

—

—Quand et pourquoi est-ce qu'on utilise cette adresse e-mail?

—

—Et où est-ce que j'utilise cette adresse? Au travail, à l'université, dans un cybercafé, ou bien quand je voyage?

—

—Avec quel ordinateur? le mien ou le vôtre ou n'importe lequel?

—

—**www.voila.fr**, c'est comment, d'après vous?

—

Vocabulaire

Stéphane (étudiant en droit), Béatrice (étudiante en médecine), Michel (étudiant en littérature anglaise et américaine) et Nathalie (étudiante en sciences économiques) sont des étudiants suisses qui viennent de Lausanne. Ils ont passé leurs examens en juin et les ont réussis. Maintenant, ils sont en vacances à La Baule, en Bretagne, où ils font du camping.

Aujourd'hui, il pleut. Alors, ils ont décidé d'écrire des lettres et des cartes postales, de lire des journaux et des magazines et d'aller dans un cybercafé pour vérifier leur courrier électronique et surfer sur Internet. Stéphane veut aussi téléphoner chez lui parce que c'est l'anniversaire de sa mère, et Nathalie voudrait téléphoner à un ami qui habite à La Baule, mais elle n'a pas son numéro de téléphone.

nord
ouest — est
sud

Paris

La Baule

◆ La Baule, c'est dans le nord, dans le sud, dans l'ouest ou dans l'est de la France? Pourquoi est-ce qu'on va en vacances à La Baule? La Baule, c'est comme Lausanne? Pourquoi? Est-ce que c'est facile pour Stéphane, Béatrice, Michel et Nathalie de parler avec les personnes qui habitent à La Baule? Pourquoi?
◆ Qu'est-ce qu'ils font à La Baule? Quel temps fait-il aujourd'hui? Qu'est-ce que vous faites quand il pleut en juillet? Et eux? Est-ce que Stéphane veut ou doit téléphoner à sa mère? Pourquoi? Et Nathalie, est-ce qu'elle veut ou doit téléphoner?

A. À la poste

La poste

une carte postale

Là, regarde!

Oui, c'est ça!

un annuaire

Alors, ça y est?

Nathalie   Michel   Béatrice

Trouver le plus grand choix de télécartes?

Télécarte 120

une télécarte

une enveloppe

un timbre

Mr + Mme Careil et leurs enfants
18, rue Gerber
75015 Paris

LETTRE

une adresse

À la poste, Béatrice achète dix timbres pour cartes postales et deux timbres pour lettres. Stéphane achète une télécarte, mais il ne veut pas téléphoner de la poste parce qu'il y a trop de personnes qui attendent. Et Nathalie et Michel? Ils cherchent le numéro de téléphone de Jean-Marc, l'ami de Nathalie, dans l'annuaire de La Baule. Il y a aussi des Minitels à la poste pour trouver les numéros de téléphone mais ils sont tous occupés. Et puis, il n'y a pas de Minitels en Suisse, alors ils ne sont pas habitués à les utiliser.

une boîte aux lettres

◆ Qu'est-ce que Béatrice fait à la poste? Et Stéphane? Et Nathalie et Michel? Pourquoi est-ce qu'ils n'ont pas utilisé le Minitel?

B. Dans une cabine téléphonique

Stéphane a trouvé une cabine téléphonique près de la plage et il téléphone à Lausanne avec sa télécarte. Après, Nathalie va téléphoner à Jean-Marc pour l'inviter à prendre un verre avec eux ce soir.

◆ À qui est-ce que Stéphane téléphone? Et Nathalie? Pourquoi?

Stéphane téléphone à sa mère.

le Minitel

C. Au bureau de tabac

Au bureau de tabac, ils achètent des cartes postales, des enveloppes, des bonbons, des journaux et des magazines. Michel voudrait aussi acheter des cigarettes mais les autres détestent les cigarettes et ne sont pas contents quand Michel fume!

Devant un bureau de tabac

◆ Où sont-ils? Qu'est-ce qu'on vend dans ce magasin? Qui va souvent dans ce magasin? Et chez vous, où est-ce qu'on achète des journaux? des timbres? des cigarettes? Qu'est-ce que Nathalie et Stéphane sont en train de lire?

D. Dans un café

Michel est en train de lire *Paris Match* parce qu'il adore les photos de ce magazine et parce qu'il aime les articles sur les célébrités. En vacances, il déteste les choses culturelles. Et puis, toute l'année, il doit lire de la littérature, alors... Béatrice fait son courrier: elle veut envoyer des cartes postales à tous ses amis en Suisse. Stéphane est en train de lire *Ouest-France.* Il aime lire les titres, la page des sports, les bandes dessinées et les dessins humoristiques. Mais surtout, il veut lire la météo pour demain! Nathalie, elle, aime bien lire *L'Express* parce qu'elle aime la politique et veut être au courant des événements importants de la semaine. Elle aime aussi les rubriques scientifiques et littéraires et elle est en train de lire un article sur le nouveau roman de l'écrivain Jean-Marie Le Clézio. C'est un beau roman d'amour et elle voudrait bien aller l'acheter dans une librairie pour pouvoir le lire s'il continue à pleuvoir.

◆ Quel magazine américain ou canadien
est comme *Paris-Match*? Qui aime lire
ces magazines? *Ouest-France*, c'est un
journal pour toute la France? Quelles
nouvelles est-ce qu'il y a dans la presse
aujourd'hui? Est-ce que ce sont des
nouvelles importantes, à votre avis?
Quelle est la météo de demain pour La
Baule? Où est-ce qu'il va faire beau?
Où est-ce qu'il va faire mauvais? Et
vous, qu'est-ce que vous aimez lire
en vacances? Où est-ce qu'on peut lire
les nouvelles sportives? les nouvelles
politiques? Où est-ce qu'on trouve
des bandes dessinées et des dessins
humoristiques? Qui aime les lire?
Pourquoi?

◆ Regardez bien la carte postale de Béatrice à Dominique. Dominique, c'est un
homme ou une femme? C'est vrai qu'il faisait beau à La Baule ce jour-là? Est-ce
que Béatrice dit la vérité à son amie? Et vous, est-ce que vous aimez écrire des
cartes postales quand vous êtes en vacances? Et des lettres? Sur vos cartes
postales de vacances, est-ce que vous voulez toujours dire la vérité? Quand
est-ce que vous ne voulez pas la dire?
◆ Quels magazines préférez-vous? Pourquoi? (SUGGESTIONS: les magazines d'information, les magazines sur les célébrités, les magazines de sport, les magazines
sur les ordinateurs, les magazines féminins, les magazines littéraires, les magazines scientifiques, les magazines sur les maisons et les jardins, les magazines
de mode, les magazines sur la santé, les magazines de cuisine, les magazines
sur les voyages, les magazines de photos, les magazines de cinéma, etc.)
◆ Dans le journal, vous préférez la politique ou le sport? la publicité ou la météo?
les petites annonces ou les dessins humoristiques? Quels renseignements est-ce
qu'on peut trouver dans les petites annonces?
◆ Quel est votre écrivain préféré? votre journaliste préféré(e) à la télévision?
Vous préférez les romans ou les poèmes?

E. Dans un cybercafé

Béatrice et Stéphane sont des internautes qui sont connectés à Internet chez eux. Alors, en voyage, ils aiment bien aller dans les cybercafés. Béatrice adore les forums de discussion et le courrier électronique et maintenant, elle est en train de vérifier ses messages. Stéphane aime mieux surfer sur la toile et il est en train de lire la page météo d'un site suisse. Après, s'il continue à pleuvoir, ils vont peut-être faire un jeu en ligne tous les quatre.

◆ Et vous, est-ce que vous aimez utiliser l'Internet? Pour faire quoi?
◆ Quel est votre site préféré?
◆ Qu'est-ce que vous aimez faire quand il pleut?

L'Internet en France.

Due to the success of the Minitel in the 80s, the Internet took more time to develop in France than was the case in North America and some other European countries. The French Minitel, although very efficient and easy to use, is, however, limited to France. In the late 90s, the French began to develop the capacity to become active participants on the international Internet scene. For example, beginning in 1998 and continuing to the present, the French government has organized an annual Internet festival (*la fête de l'Internet*) to help promote Internet use. France Télécom, the French telephone company that developed the Minitel, has become an Internet access provider and has also created the Web search engine *Voila*. Cybercafés and cyberstations (computer terminals in hotels, stores, airports, etc., accessible with a card in much the same way as a public phone) are found everywhere in France, and increasing numbers of people are connected to the Internet at work and at home.

Notes de vocabulaire

1. Mots et expressions utiles

demander (qqch. à qqn)   *to ask (someone for something)*
une dissertation   *paper (written for a class)*
un facteur   *mail carrier*
masculin(e)   *masculine*
mettre une lettre à la poste   *to mail a letter*
passé(e): la semaine passée, le mois passé   *last (week, month)*
poser une question (à qqn)   *to ask (someone) a question*
un sommaire   *table of contents (of a magazine)*

2. Cher.
The adjective **cher, chère** has two meanings in English. Placed before the noun, it means *dear;* after the noun, it means *expensive.*

Cher John,...   *Dear John, . . .*
La BMW est une voiture **chère**.   *The BMW is an expensive car.*

3. Envoyer.
The -y- in the stem of the verb **envoyer** changes to -i- in the present tense when the ending following it is silent. This is the same pattern you learned for the verb **payer** (**je paie, nous payons**).

j'envoie	nous envoyons
tu envoies	vous envoyez
il elle } envoie	ils elles } envoient

4. Au téléphone.
Allô is how you say *hello* on the telephone. Read the following short phone conversations and try to find an English equivalent for each sentence.

—Allô!

—Allô, je suis bien chez Cédric Rasquin? C'est Jean-François Jolivet.

—Ah, bonjour, Jean-François! C'est sa maman à l'appareil! Je te le passe, hein! (Cédric! Jean-François au téléphone!)

—Allô, Bovy et Compagnie, bonjour!

—Oui, bonjour, Madame, ici Vincent Dubois. Est-ce que je pourrais parler à Monsieur Bovy, s'il vous plaît?

—Monsieur Bovy n'est pas ici ce matin. Pouvez-vous rappeler après deux heures?

—Allô!

—Bonjour, chérie!

—Mais qui est à l'appareil?

—C'est moi, Jean!

—Jean? Jean qui?

—C'est bien le 05 61 48 95 45 à Toulouse?

—Ah non, c'est le 05 61 46 95 45.

—Oh, excusez-moi, Madame, j'ai fait un faux numéro!

—Office du Tourisme, bonjour!

—Bonjour, Monsieur, ici Jacques Dubois. Je voudrais parler à Madame Benoît, s'il vous plaît.

—C'est à quel sujet?

—Je voudrais un renseignement sur le concert de ce soir, Place Masséna.

—Ne quittez pas, je vous la passe.

5. **Pour écrire.** When you write in French, it is important to know how to start and finish your letter.

- Informal letters to people you know well:

  Cher Paul, *Dear Paul,*
  Mon chéri, Ma chérie, (Mon amour,) *Darling, My love,*
  Amicalement, (Très amicalement, Bien amicalement,) *Cordially,*
  Gros bisous, (Bisous, Grosses bises,) *Love,*
  Je t'embrasse, *Hugs and kisses,*

- Formal letters:

  Monsieur (Madame, Mademoiselle), *Dear Sir (Madam, Miss),*
  Je vous prie d'agréer, Monsieur *Very truly yours, Sincerely,*
     (Madame, Mademoiselle),
     l'expression de mes sentiments
     les meilleurs.

𝒱ous avez compris?

1. **Chassez l'intrus.** Quel mot ne va pas avec les autres à cause du sens?

   1. enveloppe / courrier / timbre / article / facteur
   2. bureau de tabac / annuaire / cabine téléphonique / téléphone
   3. journal / magazine / courrier / article / publicité

les sens: meaning

4. écrivain / événement / littérature / roman
5. petite annonce / titre / article / facteur
6. ensoleillé / littéraire / couvert / nuageux
7. droit / météo / médecine / sciences économiques / littérature

2. Trouvez la suite. Qu'est-ce qui va ensemble?

1. Où est l'annuaire?
2. Tu dois acheter le journal d'aujourd'hui.
3. Combien coûtent les timbres pour le Canada?
4. Où est-ce qu'on peut téléphoner, s'il vous plaît?
5. Où est la cabine téléphonique?
6. Est-ce qu'il y a un bureau de tabac près de l'hôtel?
7. Je cherche un appartement pour l'été.
8. À quelle heure est le premier train pour Nice?

a. Il y a un article sur toi.
b. Pour une lettre ou pour une carte postale?
c. Je voudrais acheter un journal et des cigarettes.
d. Regarde dans les petites annonces du *Figaro*.
e. J'ai besoin d'un numéro de téléphone.
f. Mais à la poste, Monsieur!
g. Tout près du supermarché, à droite.
h. Regarde le site de la SNCF sur Internet.

3. Moi, je préfère! Qu'est-ce que vous préférez? Qu'est-ce que vous aimez beaucoup? un peu? pas du tout?

lire le journal
lire des magazines
lire des lettres
écrire des lettres
écrire des cartes postales
écouter la radio
regarder la télévision
lire des magazines d'information
lire les nouvelles politiques
   dans le journal
lire des magazines qui ont des photos
lire votre courrier électronique
surfer sur Internet

lire des magazines féminins
lire des magazines spécialisés
lire des romans
écrire des romans
écrire des poèmes
lire des essais philosophiques
lire des bandes dessinées
lire de la littérature classique
lire de la littérature moderne
envoyer des messages électroniques
participer à un forum de discussion
   sur Internet

Que lisez-vous?

4. Les médias. C'est vrai ou c'est faux?

1. Les nouvelles importantes sont à la première page du journal.
2. Il y a des articles sur les enfants dans les magazines féminins.
3. Il y a des adresses dans les petites annonces.
4. Les petites annonces sont très faciles à lire.
5. On parle de littérature sur la page des sports.
6. Vous devez lire les petites annonces pour trouver un appartement.
7. La météo n'est jamais dans le journal.
8. Pour trouver le numéro de téléphone de mes amis, je regarde dans les petites annonces.
9. Dans les magazines, les photos sont en couleurs.
10. Il y a des articles sur la cuisine dans les magazines scientifiques.

11. Dans l'annuaire, il n'y a pas d'adresses.
12. En France, les boîtes aux lettres sont jaunes.
13. Les bureaux de tabac ne vendent pas de timbres.
14. En France, on peut téléphoner à la poste.

Mise en pratique

5. La météo

1. Sur la carte de France à la fin du livre, trouvez le nom d'une région ou d'une ville qui correspond à la météo du jour.

> Temps pluvieux sur la moitié ouest du pays.
>
> Brume matinale sur le nord et les côtes de la Manche.
>
> Temps chaud et nuageux sur le centre.
>
> Vent persistant sur le midi de la France.
>
> Beau temps sur les côtes de la Méditerranée.
>
> Temps lourd et orageux sur les montagnes du centre.
>
> Temps frais et ensoleillé sur les montagnes du sud, avec vent léger.
>
> Temps nuageux sur la capitale le matin et l'après-midi.

2. Quel temps préférez-vous? Quel temps n'aimez-vous pas? Alors, où est-ce que vous avez envie d'aller pour vos vacances de printemps en France?
3. Qu'est-ce que vous allez faire? Pour chaque annonce de météo, choisissez des vêtements appropriés au temps et une activité pour cette journée.

6. Le voyage d'une carte postale. Quelles sont les étapes et les aventures du voyage d'une carte postale? (Où est-ce qu'on la vend? Pourquoi est-ce qu'on l'achète? Qui l'écrit? Où est-ce qu'elle arrive? Qui la lit?)

7. Où, quand, qui, à qui? Choisissez une profession. Qu'est-ce qu'une personne de cette profession aime lire et écrire? déteste lire et écrire?

8. Journaux, magazines et Internet.
Qu'est-ce qu'ils cherchent dans un journal? Et dans un magazine? Et sur Internet?

une directrice d'école	un avocat
un cuisinier	une femme médecin
une mère de famille	un chômeur
une étudiante	un commerçant
un agriculteur	un cadre
une pianiste	une adolescente
un professeur	un secrétaire
un infirmier	un garagiste

9. Des magazines.
Pour chaque magazine, répondez aux questions suivantes.

1. Quelle sorte de magazine est-ce?
2. Qu'est-ce qu'il y a sur la couverture?
3. De quoi est-ce qu'on parle probablement dans ce magazine?
4. Qui va le lire? Pourquoi?
5. Et vous? Quel magazine voulez-vous lire? Quel magazine ne voulez-vous pas lire?

A.

B.

C.

D.

E.

F.

10. Qu'est-ce que vous aimez faire?
Voilà ce que les Français de 16 à 25 ans aiment beaucoup faire:

	Ensemble %	Garçons %	Filles %
Écouter de la musique	83	82	84
Apprendre des choses nouvelles	79	76	83
Faire la fête avec des amis	78	79	78
Être en famille	63	55	72
Voyager	63	57	70
Aller au cinéma	55	51	59
Faire du sport	54	62	45
Lire	40	26	54
Dépenser de l'argent	38	34	42
Surfer sur Internet	22	23	20

Source: 16–25 ans: valeurs et attentes de la nouvelle génération. Sondage Ifop-Ministère de la Jeunesse et des Sports, Décembre 1999.

1. Quelles sont les trois activités préférées des jeunes Français? Pour quelles activités est-ce qu'il y a beaucoup de différence entre les garçons et les filles? Faites une comparaison entre les garçons et les filles français d'après ce sondage. *Dépenser de l'argent = utiliser de l'argent pour acheter des choses.*
2. Et vous? Faites une liste de vos 10 activités préférées et comparez avec le reste de la classe. Est-ce que vous êtes comme les jeunes Français? Est-ce qu'il y a des différences entre les garçons et les filles de la classe?

Conversation en français

11. Conversation en français.
Il fait beau aujourd'hui et vous avez décidé d'aller travailler dehors, dans un parc. Là, vous voyez quelqu'un qui est en train de lire *L'Express*. Comme vous n'avez plus envie d'étudier et que vous avez envie de parler français, vous décidez de parler avec cette personne. Essayez d'avoir une conversation de deux ou trois minutes.

CD-ROM:
Build your skills!

Structure

Les verbes de communication: *dire, lire, écrire*

Dire (to say, tell)

Note the **vous** form, **vous dites.**

je dis	nous disons
tu dis	vous dites
il elle } dit	ils elles } disent

Pourquoi est-ce que vous **dites** ça?   *Why do you say that?*

The imperative or command forms of **dire** are the same as the present tense forms.

Non, non, non, ne le **dis** pas!   *NO, don't say it!*
Dites toujours la vérité.   *Always tell the truth.*
Disons, quoi, six heures. Ça te va?   *Let's say, what, six?*
                                              How does that suit you?

The past participle of **dire** is **dit. Dire** is conjugated with **avoir** in the **passé composé**.

Qu'est-ce qu'il **a dit?**   *What did he say?*

The **imparfait** of **dire** is regular.

Qu'est-ce qu'il **disait?**   *What was he saying?*

Note the formula **dire quelque chose à quelqu'un** *(to say something to someone).*

François, **dis** merci à M. Laporte.   *François, say thank you to Mr. Laporte.*

Est-ce que vous **avez dit** la vérité à vos parents?   *Did you tell your parents the truth?*

The verb **dire** is used in two idiomatic expressions.

1. To ask for the French equivalent of a word in English:

   Comment **dit-on** *then* en français?   *How do you say "then" in French?*

2. To find out what a word means:

   Que **veut dire** *poche?*   *What does "poche" mean?*
   Qu'est-ce que ça **veut dire?**   *What does that mean?*

Écrire (to write)

j'écris	nous écrivons
tu écris	vous écrivez
il elle } écrit	ils elles } écrivent

Les étudiants n'**écrivent** pas souvent à leurs parents; ils préfèrent téléphoner!   *Students don't write to their parents often; they'd rather phone!*

The imperative or command forms of écrire are the same as the present tense forms.

Écris une lettre à ta grand-mère tout de suite!
Write a letter to your grandmother right away!
Écrivez votre nom, s'il vous plaît.
Write your name, please.
Écrivons un roman!
Let's write a novel!

The past participle of écrire is écrit. Écrire is conjugated with **avoir** in the **passé composé**.

J'ai écrit deux lettres hier.
I wrote two letters yesterday.

The **imparfait** of écrire is regular.

Elle écrivait une carte postale quand je suis entré.
She was writing a postcard when I came in.

The verb **décrire** *(to describe)* is conjugated like **écrire**.

Lire (to read)

je lis	nous lisons
tu lis	vous lisez
il } lit	ils } lisent
elle	elles

Vous **lisez** beaucoup?
Do you read a lot?
Ma mère **lit** toujours le journal le matin.
My mother always reads the newspaper in the morning.

The imperative or command forms of **lire** are the same as the present tense forms.

Lis cet article avant demain.
Read this article before tomorrow.
Ne **lisez** pas ce roman!
Don't read that novel!
Lisons *Le Rouge et le noir* cet été.
Let's read The Red and the Black *this summer.*

The past participle of lire is **lu. Lire** is conjugated with **avoir** in the **passé composé**.

Est-ce que tu **as lu** ce roman?
Have you read this novel?

The imparfait of **lire** is regular.

Avant, je **lisais** beaucoup, mais maintenant je n'ai plus le temps.
I used to read a lot, but now I don't have (the) time.

$\mathcal{V}$ous avez compris?

12. Les adresses Web. Quelle adresse choisir?

1. Vous adorez lire.
2. Vous aimez écouter de la musique.
3. Les bandes dessinées vous passionnent.
4. La littérature vous intéresse beaucoup.
5. Vous trouvez qu'il est très important de lire des articles sur la politique.
6. Vous avez beaucoup de correspondants et le courrier électronique est vraiment pratique.
7. Vous avez beaucoup d'amis et vous préférez parler au téléphone (et ne pas envoyer de messages électroniques).
8. Vous cherchez un site francophone avec un accès facile.

Les adresses web:	
www.magazine-litteraire.com	(des forums pour discuter de la littérature en ligne)
www.hotmail.com	(courrier électronique)
www.alapage.com	(plus de 700 000 livres...)
www.cdiscount.com	(musique, vidéo, cédérom...)
www.pagesjaunes.fr	(trouver des numéros de téléphone)
www.BDParadisio.com	(pour tous les fous de bande dessinée...)
www.nouvelobs.com	(magazine d'actualité)
www.voila.com	(le portail le plus utilisé par les internautes français, filiale de France Télécom)

13. Activités du week-end. Utilisez les verbes entre parenthèses pour dire ce que tout le monde fait ce week-end.

1. Aline _____ un roman de Hawthorne. (lire)
2. Jacques et Alain _____ des dissertations. (écrire)
3. Nous _____ un article sur la politique dans un magazine très sérieux. (lire)
4. Tu _____ une lettre à ta sœur? (écrire)
5. J'_____ à un ami et je _____ ma vie à l'université. (écrire / décrire)

Qu'est-ce que vous avez lu l'été dernier?

14. Activités du week-end, suite. Maintenant, utilisez le passé composé pour dire ce qu'on n'a pas fait ce week-end.

1. Aline _____ le roman de Hawthorne. Elle _____ un roman d'amour! (ne pas lire / lire)
2. Jacques et Alain _____ leurs dissertations. Ils _____ des poèmes pour leurs petites amies! (ne pas écrire / écrire)
3. Nous _____ l'article sur la politique. Nous _____ un article sur les sports! (ne pas lire / lire)
4. Tu _____ de lettre à ta sœur! Tu _____ une carte postale à toute la famille! (ne pas écrire / écrire)
5. Je _____ à mon ami; je _____ ma vie à l'université au téléphone! (ne pas écrire / décrire)

15. La vie était belle à dix ans! La vie était plus facile avant. Utilisez les verbes à l'imparfait pour le dire.

1. Les professeurs _____ quand nous _____ des bandes dessinées. (ne rien dire / lire)
2. Je _____ de dissertations. (ne pas écrire)
3. Je _____ de livres sérieux. (ne pas lire)
4. Nous _____ des petits poèmes pour notre mère. Elle était très contente! (écrire)

*M*ise en pratique

16. Parlons un peu

1. Est-ce que vous écrivez des lettres? À qui?
2. Quels magazines est-ce que vous lisez? Quels magazines est-ce que vous ne lisez jamais? Pourquoi?
3. À qui est-ce que vous dites toujours la vérité? À qui est-ce que vous ne dites jamais la vérité?
4. Qu'est-ce que vous lisez à la plage?
5. Est-ce que vous voulez être journaliste? écrivain? Pourquoi ou pourquoi pas?
6. Est-ce que vous aimez lire des poèmes? écrire des poèmes?
7. Qu'est-ce que vous lisez maintenant?

Les pronoms d'objet indirect

Indirect objects indicate the person to whom something is given, shown, said, and so forth.

I talked to *my father* yesterday. (*my father* is the indirect object)

With verbs that have both a direct and an indirect object, English permits two different word orders. In these two sentences, *Joel* is the indirect object.

He gave the book to *Joel.*   He gave *Joel* the book.

In French, the preposition **à** appears in front of a noun used as an indirect object.

Il a donné le livre **à Joël.**   *He gave Joel the book.*
(He gave the book to Joel.)

Indirect object pronouns (**les pronoms d'objet indirect**) replace nouns used as indirect objects.

me	*(to) me*
te	*(to) you (familiar, singular)*
lui	*(to) him, (to) her*
nous	*(to) us*
vous	*(to) you (formal or plural)*
leur	*(to) them*

Note that **lui** can mean either *(to) him* or *(to) her.* The context almost always indicates which is meant.

Indirect object pronouns follow the same placement rules as direct object pronouns.

1. In front of a one-word verb.

   Il **me** parle pendant des heures.   *He talks to me for hours.*
   Je **leur** disais que...   *I was telling them that...*

2. In front of the infinitive in a verb + infinitive combination.

   Tu vas **lui** parler demain?   *Are you going to talk to him/*
                                    her tomorrow?

   Non, je ne peux pas **lui**   *No, I can't talk to him/her*
       parler demain.   *tomorrow.*

3. In front of the helping verb in the **passé composé.**

   Martin **lui** a donné le livre.   *Martin gave him/her the book*
                                       (gave the book to him/her).

   Céline ne **leur** a pas écrit.   *Céline didn't write (to) them.*

4. With imperative or command forms. Indirect object pronouns, like direct object pronouns, follow affirmative imperatives and precede negative imperatives. Note that **me** and **te** become **moi** and **toi** when they follow the verb form.

   Parlez-**moi** d'amour!   *Talk to me about love!*
   Ne **lui** donne pas ce cadeau!   *Don't give him/her that present!*

1. The indirect object pronoun **leur** is already plural. Do not add **-s.** The possessive adjective **leur** *(their)* does take **-s** when it modifies a plural noun.

   —Il a parlé aux étudiants de **leurs** devoirs?   *Did he talk to the students about their assignments?*

   —Oui, il **leur** a parlé de **leurs** devoirs!   *Yes, he talked to them about their assignments.*

2. A few verbs that are followed by direct objects in English are followed by indirect objects in French. Here are the ones you have already learned.

   - téléphoner **à**

     Il a téléphoné **à** ses parents.   *He called his parents.*
     Il **leur** a téléphoné.   *He called them.*

   - répondre **à**

     Il n'a pas répondu **à** sa sœur.   *He didn't answer his sister.*
     Il ne **lui** a pas répondu.   *He didn't answer her.*

   - demander **à**

     Il a demandé de l'argent **à** Paul.   *He asked Paul for some money.*
     Il **lui** a demandé de l'argent.   *He asked him for some money.*

𝒱ous avez compris?

17. Cédric et son père. Voilà des idées de Cédric sur son père. La mère et le père de Cédric sont divorcés et Cédric habite avec sa mère. Son père, Jean Rasquin, habite à Paris. Est-ce que Cédric aime son père? Est-ce que son père aime Cédric?

1. Je ne le vois jamais.
2. Il me téléphone le week-end.
3. Il m'offre des cadeaux.
4. Je n'aime pas les cadeaux qu'il m'offre.
5. Il m'a acheté un vélo.
6. Il m'invite à venir le voir à Paris l'été.
7. Je lui envoie des photos de moi et de ma mère.
8. Il me dit qu'il m'aime.
9. Quand il est en vacances, il m'écrit des cartes postales.
10. Quand je suis à Paris avec lui, il me dit qu'il est très occupé.

18. Parler avec des pronoms.

Remplacez les mots en italique par des pronoms d'objet indirect.

Modèle　Je n'écris plus *à mes parents*; je téléphone *à mes parents*.
　　　　　Je ne leur écris plus; je leur téléphone.

1. Le professeur n'a pas dit la date de l'examen *aux étudiants*.
2. Candide a apporté des fleurs *à sa mère*.
3. Roméo a chanté une chanson *à Juliette*.
4. Nous n'allons pas téléphoner *à nos parents* ce soir.
5. Patrick a décrit sa sœur *à ses copains*.
6. Le professeur veut écrire une lettre *à sa fille*.

19. Répondez avec des pronoms.

Répondez aux questions avec un pronom d'objet indirect.

Modèle　Tu vas envoyer ce cadeau *à ta sœur*? (oui)
　　　　　Oui, je vais lui envoyer ce cadeau.

1. Tu ne donnes pas cette robe *à Claudine*? (si)
2. Est-ce que vous allez téléphoner *à vos parents* ce soir? (non)
3. Est-ce que tu as écrit *à ta grand-mère*? (oui)
4. Ton mari ne *t'*apporte plus de cadeaux? (non)
5. Tu as parlé *au professeur*? (non)

$\mathcal{M}$ise en pratique

20. Je vais...

Utilisez des pronoms d'objet direct et indirect pour dire ce que vous allez faire cette semaine ou ce week-end.

Modèles　perdre mes clés　　　　*Non, je ne vais pas les perdre.*
　　　　　parler à mes parents　　*Oui, je vais leur parler.*

1. écrire à un(e) ami(e)
2. écouter mes amis
3. perdre mes affaires
4. parler au président de l'université
5. dire la vérité tout le temps
6. payer les repas à mes copains
7. envoyer douze roses au professeur de français
8. faire mon lit
9. lire les romans de Tolstoï
10. trouver la vérité

21. Histoire d'amour.

Voilà la triste histoire d'amour de David, mais il y a trop de noms. Écrivez-la de nouveau avec des pronoms sujets, des pronoms disjoints, des pronoms d'objet direct et des pronoms d'objet indirect. Mais faites attention: pour comprendre l'histoire, il ne faut pas remplacer tous les noms!

un pronom sujet: *a subject pronoun*
un pronom disjoint: *a stress pronoun*

David aime Claudine mais Claudine n'aime pas David. David cherche Claudine toute la journée. David va à la bibliothèque. À la bibliothèque, David trouve Charles et Monique et David parle à Charles et Monique, mais David ne trouve pas Claudine. David va au restaurant universitaire. Devant le restaurant, David voit une étudiante. Est-ce que c'est Claudine? Non, ce n'est pas Claudine; c'est sa copine Mireille.

David rentre dans sa chambre où David téléphone à Claudine pour inviter Claudine au cinéma, mais Claudine ne répond pas. David ne peut pas trouver Claudine! Enfin, à onze heures du soir, David trouve Claudine. Mais Claudine n'est pas seule—Claudine est avec Robert!

Après, le pauvre David trouve Claudine partout. David va à la bibliothèque. Voilà Claudine—mais avec Robert! David trouve Claudine et Robert au restaurant universitaire. David trouve Claudine et Robert au cinéma. Claudine regarde Robert tout le temps et Claudine parle à Robert avec beaucoup d'enthousiasme! David n'est pas content. David commence vraiment à détester Claudine et Robert! Alors, David décide de téléphoner à la copine de Claudine—Mireille. Si David va au cinéma avec Mireille, Mireille va peut-être aimer David. Mireille va peut-être parler à David avec beaucoup d'enthousiasme. David rêve beaucoup!

L'accord du participe passé

You have already learned that the past participle of verbs conjugated with **être** in the **passé composé** agrees with the subject of the sentence.

Martine est rentrée chez elle et elle a regardé la télévision.

Martine came home and she watched television.

The past participle of verbs conjugated with **avoir** in the **passé composé** agrees instead with a direct object when the direct object precedes the verb. This occurs in three instances.

1. With a direct object pronoun.

—Les Lemont ont vendu **leur maison?**

Have the Lemonts sold their house?

—Oui, ils l'ont vendue la semaine passée.

Yes, they sold it last week.

—Tu as envoyé **les cartes** de Noël?

Did you send the Christmas cards?

—Oui, je **les** ai envoyées hier.

Yes, I sent them yesterday.

2. In a question using **quel.**

Quelle chemise est-ce que Paul a achetée? *Which shirt did Paul buy?*

Quels magazines est-ce que tu as achetés? *Which magazines did you buy?*

3. In a sentence containing the relative pronoun **que.** In this case, **que** functions as a preceding direct object. The past participle agrees with the noun that **que** has replaced.

C'est **la lettre que** j'ai écrite hier.
That's the letter (that) I wrote yesterday.

Où sont **les magazines que** tu as lus?
Where are the magazines that you read?

Note that past participles agree only with preceding direct objects, not with indirect objects.

Martin **leur** a donné les fleurs.
Martin gave them the flowers.

Les fleurs? Martin **les** a données à ses parents.
The flowers? Martin gave them to his parents.

As with verbs conjugated with **être** in the **passé composé**, past participle agreement in verbs conjugated with **avoir** in the **passé composé** is primarily a written phenomenon. There are only a few verbs where this agreement is reflected in pronunciation.

1. For verbs with a past participle that ends in a consonant, the addition of **-e** because of a preceding feminine direct object causes the final consonant to be pronounced.

—Où est-ce que tu as **mis** mes chaussettes?
Where did you put my socks?

—Je les ai **mises** dans le tiroir.
I put them in the drawer.

—Tu as **ouvert** la fenêtre?
Did you open the window?

—Oui, je l'ai **ouverte.**
Yes, I opened it.

—Tu as **écrit** la lettre à Marc?
Did you write the letter to Marc?

—Oui, je l'ai **écrite** hier.
Yes, I wrote it yesterday.

2. As is the case for adjectives, past participles ending in **-s** are identical in the masculine singular and plural.

—Est-ce que Michel a **pris** ses gants?
Did Michael take his gloves?

—Non, il ne les a pas **pris.** Les voilà, sur la table.
No, he didn't take them. There they are, on the table.

Vous avez compris?

22. Faire les accords. Est-ce qu'il y a accord du participe passé? Faites les accords quand c'est nécessaire.

1. Ma robe? Oui, je l'ai pris___ .
2. Quelle voiture est-ce que tu as acheté___ ?
3. Nous sommes rentré___ tard hier soir.
4. Est-ce qu'elles sont descendu___ ?
5. Mes devoirs? Tu les as donné___ au professeur?
6. Les pommes! Qui les a mangé___ ?
7. Quelles fleurs est-ce que tu as mis___ sur la table?
8. Ils sont entré___ par la porte du garage.
9. Mais ils sont sorti___ quand ils ont rencontré___ deux gros chiens méchants.
10. Où est mon parapluie? Tu ne l'as pas pris___ ?
11. Il n'y a plus de tomates! Elles ont mangé___ toutes les tomates?
12. —Et la porte?! Qui l'a ouvert___ ?
    —Pas moi, j'ai ouvert___ la fenêtre mais pas la porte.

23. Les préparatifs de fête. Il y a une fête ce soir et voilà ce que tout le monde a fait:

- Patrick a acheté les fleurs et le vin.
- Aline a fait le ménage.
- Jean-Michel a fait la cuisine.
- Patrice a mis la table.
- Daniel est allé au supermarché pour acheter le fromage, les légumes et les jus de fruit.
- Véronique est allée chercher le pain à la boulangerie.
- Luc est allé chercher les tartes et le gâteau à la pâtisserie.
- Bruno a fait les crudités.
- Diane a préparé la sangria.

Mais Roger veut être sûr que tout est vraiment prêt *(ready)*. Répondez aux questions de Roger.

Modèle   On a fait la cuisine?
    Oui, Jean-Michel l'a faite.

1. On a acheté le fromage?
2. On a mis la table?
3. On a acheté le gâteau?
4. On a fait le ménage?
5. On a acheté le pain?
6. On a acheté les jus de fruit?
7. On a fait les crudités?
8. On a fait de la sangria.

Mise en pratique

24. Des vacances à Barcelone. Pierre et Ingrid sont allés en vacances à Barcelone l'été passé. Mais il y a trop de noms dans leur histoire. Écrivez de nouveau l'histoire avec des pronoms, mais faites attention: il ne faut pas remplacer tous les noms par des pronoms si on veut comprendre l'histoire! Quand vous avez fini, lisez votre texte pour être sûr qu'on va vous comprendre.

> Pierre et Ingrid sont allés à Barcelone l'été passé. Ingrid a fait les valises. Pierre a choisi ses vêtements. Pierre a mis ses vêtements sur le lit et Ingrid a mis les vêtements de Pierre dans une valise. Ingrid a pris aussi sa jupe bleue et sa robe orange. Ingrid a mis sa jupe bleue et sa robe orange dans la valise.
>
> À Barcelone, Pierre et Ingrid ont trouvé un hôtel pas cher. Pierre a aimé l'hôtel mais Ingrid n'a pas aimé l'hôtel parce qu'Ingrid aime les grandes chambres claires. Dans cet hôtel, Pierre et Ingrid ont parlé avec une Espagnole sympathique. L'Espagnole sympathique s'appelait Mercedes. Pierre et Ingrid ont invité Mercedes à Paris. Mercedes va aller chez Pierre et Ingrid pour les vacances de Noël. Pierre et Ingrid vont acheter un cadeau pour Mercedes parce que Mercedes a invité Pierre et Ingrid chez Mercedes à Ségovie.
>
> Pierre et Ingrid ont fait un beau voyage.

25. Les vacances de Dominique. Dominique (une femme) et Dominique (un homme) ont fait chacun un voyage intéressant, mais qui a fait quoi? (SUGGESTIONS: D'abord, décidez si on parle de Dominique la femme, de Dominique l'homme ou si c'est impossible à dire et faites trois listes. Ensuite, mettez les phrases ensemble pour décrire chaque voyage.

> Dominique a gagné un million à la loterie. Dominique a mangé du poisson. Dominique a fait de la natation. Dominique a envoyé beaucoup de cartes postales de la plage. Dominique est partie à Nairobi (Kenya). Dominique est resté sur la plage. Dominique a acheté du poisson. Dominique est restée un mois. Dominique est allé au casino. Dominique est parti en été. Dominique a acheté des masques africains. Dominique a fait un safari-photo. Dominique est allé à Nice. Dominique est rentrée à Paris. Dominique est resté quinze jours. Dominique a perdu son argent. Dominique est arrivée en hiver. Dominique est rentré à Paris en auto-stop *(hitchhiking).* Dominique est parti en train avec ses amis. Dominique est sorti tous les soirs. Dominique est descendue dans un hôtel près d'un parc. Dominique est descendu dans un hôtel bon marché. Dominique est montée sur un éléphant. Dominique a dansé dans les discothèques. Dominique a pris beaucoup de photos de lions.

Découvertes culturelles: *Un poème*

> Il pleut doucement sur la ville.
> —Arthur Rimbaud
>
> Il pleure dans mon cœur
> Comme il pleut sur la ville,
> Quelle est cette langueur
> Qui pénètre mon cœur?
>
> Ô bruit doux de la pluie
> Par terre et sur les toits!
> Pour un cœur qui s'ennuie,
> Ô le chant de la pluie!
>
> Il pleure sans raison
> Dans ce cœur qui s'écœure.
> Quoi! Nulle trahison?
> Ce deuil est sans raison.
>
> C'est bien la pire peine
> De ne savoir pourquoi,
> Sans amour et sans haine,
> Mon cœur a tant de peine.
>
> Paul Verlaine

A. Préparation. Quelles émotions évoquent la pluie pour vous? Quels adjectifs décrivent vos émotions quand il pleut?

B. Découverte du poème

1. Quels mots dans le poème décrivent une scène? Quelle est cette scène?
2. Quels mots dans le poème reflètent des émotions, et sont abstraits?

C. Étude

Le cœur est l'organe de la vie. Quelle signification lui donne le poète ici?

Écœurer: c'est être malade dans son cœur. Quelle est la maladie du poète?

La trahison. À qui le poète parle-t-il? De quelle trahison parle-t-il?

Le deuil: c'est le sentiment qu'on a quand quelqu'un est mort. Quelle significa-tion donne le poète à ce mot ici? Donnez un synonyme.

La peine: c'est quand on est très triste. Pourquoi cette peine est-elle "pire," plus dure et plus difficile, d'après le poète?

Mettez ces mots nouveaux dans la liste appropriée. Lesquels sont concrets et font référence à la scène? Lesquels sont abstraits et font référence à des émotions, des sentiments?

D. Analyse

1. Architecture du poème: Trouvez un titre pour chaque strophe. Y a-t-il une progression dans les émotions du poète? Dans la construction du poème?
2. Symbolisme: Verlaine est un poète symboliste. Quels sont les symboles que le poète utilise? Que symbolisent-ils?
3. Le poème n'a pas de titre. Donnez-lui un titre.
4. Regardez la rime de chaque vers. Quelles rimes sont les plus fréquentes? Comment sont construites les strophes du poème?

E. À vous.
Le poète crée une construction poétique avec le verbe **pleure,** comme avec l'expression **il pleut.** Créez vous aussi une expression comme celle-ci pour exprimer un autre sentiment. Composez une ou deux phrases qui vont symboliser ce sentiment. Trouvez un titre pour ces phrases poétiques.

Orthographe et Prononciation

Homonymes

Homonyms are words that have the same pronunciation but whose spelling and meaning differ. English has many homonyms.

dew, due, do   aisle, isle, I'll

French also has various sets of homonyms.

a / à *(have / to)*   peu / peux / peut *(little / can / can)*
ces / ses *(those / his or her)*   son / sont *(his or her / are)*
la / là *(the / there)*   vin / vingt *(wine / twenty)*
où / ou *(where / or)*

For some French speakers, the words **et** and **est** may be homonyms.

Activité

Homonymes.   Trouvez le mot juste.

1. Patrick est (à / a) New York avec (sont / son) frère.
2. (Où / Ou) est-ce que je (peut / peu / peux) mettre le (vingt / vin)?
3. (Ces / Ses) enfants sont (ces / ses) enfants?
4. (On / Ont) dit qu'ils (on / ont) fini.

Vocabulaire de base

 Vocabulaire de base

Noms
une adresse *address*
un article *article*
une bande dessinée
   comic strip, comic book
une boîte aux lettres
   mailbox
une cabine téléphonique
   telephone booth
une carte postale
   postcard
le courrier *mail,*
   correspondence

une dissertation *paper*
   (written for class)
le droit *law*
un écrivain *writer*
une enveloppe *envelope*
un facteur *mail carrier*
un jeu, des jeux *game(s)*
un journal, des journaux
   newspaper
un(e) journaliste
   journalist, reporter
une lettre *letter*
une librairie *bookstore*

la littérature *literature*
un magazine *magazine*
la médecine *medicine*
   (studies, science)
la météo *weather forecast*
un numéro (de téléphone)
   (telephone) number
une page *page*
une petite annonce
   classified ad
la pluie *rain*
la politique *politics*
la publicité *advertising*

une question *question*
un renseignement
    piece of information
les sciences économiques
    (f. pl.) economics
un timbre *stamp*
la vérité *truth*

Adjectifs

cher, chère
    (precedes noun) dear
cher, chère
    (follows noun) expensive
ensoleillé(e) *sunny*
passé(e) *last*
    (day, month, etc.)

Verbes

décrire *to describe*
demander (qqch. à qqn) *to ask*
    (someone for something)
dire (qqch. à qqn) *to say,*
    to tell (something to someone)
écrire (qqch. à qqn) *to write*
    (something to someone)
envoyer (qqch. à qqn) *to send*
    (something to someone)
lire *to read*
réussir à + inf. *(conj. like* finir*)*
    to succeed in (doing something)
réussir (à un examen) *(conj. like*
    finir*) to pass (a test),*
    to succeed

Divers

être au courant de + nom
    to be informed,
    to know about
être en train de + inf.
    to be in the middle
    of (doing something)
être étudiant(e) en
    (droit, médecine...)
    to study (law, medicine. . .)
poser une question (à qqn)
    to ask (someone) a question
Quel temps fait-il?
    What's the weather like?
vouloir dire *to mean*

𝒱ocabulaire supplémentaire

Noms

l'amour *(m.) love*
un annuaire (des téléphones)
    telephone book
un bureau de tabac *tobacco shop*
une célébrité *celebrity*
un dessin humoristique *cartoon*
    (in a newspaper or magazine)
l'est *(m.) east*
un événement *event*
le Minitel *Minitel*
le nord *north*
une nouvelle *piece of news*
l'ouest *(m.) west*
un poème *poem*
la presse *press, (news)papers*
un roman *novel*
une rubrique *section, column*
    (in a periodical)
le sommaire *table of contents*
    of a magazine
le sud *south*
une télécarte *phone card*
un titre *title*

Adjectifs

culturel, culturelle
    cultural

féminin(e) *feminine*
littéraire *literary*
masculin(e) *masculine*
scientifique *scientific*
suisse *Swiss*
un temps...
    couvert *overcast*
    nuageux *cloudy*

Divers

en Bretagne *in Brittany*
en Suisse *in Switzerland*
être habitué(e) à *to be used to*
faire du camping
    to go camping, to camp
mettre une lettre à la poste
    to mail a letter
passer un examen
    to take a test
vérifier *to verify*

L'Internet

le courrier électronique
    (la messagerie électronique)
    e-mail
en ligne *on-line*
être connecté(e) à
    to be connected to

un forum (de discussion)
    newsgroup
un(e) internaute
    cybernaut, internet user
Internet *(m.) Internet*
un message électronique
    e-mail (message)
un site *site*
surfer *to surf*
la toile *Web, WWW*
une page Web (une adresse, un
    site) *Web page (address, site)*

Pour écrire des lettres

- INFORMAL LETTERS TO
  PEOPLE YOU KNOW WELL:

Cher Paul, *Dear Paul,*
Mon chéri, Ma chérie, (Mon
    amour,) *Darling, My love,*
Amicalement,
    (Très amicalement,
    Bien amicalement,)
    Cordially,
Gros bisous,
    (Bises, Grosses bises,) *Love,*
Je t'embrasse, *Hugs and kisses,*

- FORMAL LETTERS:

Monsieur, (Madame, Mademoiselle,) *Dear Sir (Madam, Miss),*

Je vous prie d'agréer, Monsieur, (Madame, Mademoiselle,) l'expression de mes sentiments les meilleurs *Very truly yours, Sincerely,*

Au téléphone

Allô! *Hello!*

Ici Stéphane Martin. *This is Stéphane Martin. (formal)*

C'est Stéphane! *This is Stéphane. (informal)*

Qui est à l'appareil? *Who is it?*

C'est à quel sujet? *What is it about?*

Pouvez-vous rappeler? *Can you call back?*

Quel est votre numéro de téléphone? *What's your (tele)phone number?*

Excusez-moi, j'ai fait un faux numéro. *Excuse me, I dialed a/the wrong number.*

Ne quittez pas. *Could you hold? Don't hang up. Stay on the line.*

Je vous le/la passe. *I am putting you through to him/her.*

Le français familier

une dissert = une dissertation
donner (passer) un coup de fil = téléphoner
un e-mail, l'e-mail = e-mail
un mél (*or* un mail) = un message électronique
une pub = une annonce publicitaire, une publicité
le Web = la toile

Le français tel qu'on le parle

C'est ça. *That's it. (depends on context)*

Tiens! *Ah! (to express surprise)*

On entend parfois...

les annonces classées (Canada) = les petites annonces
une carte-vue (Belgique) = une carte postale
le courriel (Canada) = le courrier électronique
le postillon (Canada) = le facteur
une tabagie (Canada) = un bureau de tabac

Chez les Hanin

En bref...

- **Habitudes quotidiennes**
- **Le corps**
- **La vie de famille**
- **La santé**
- **Les verbes réfléchis**
- **Faire des comparaisons**
- **Les crèches, les haltes-garderies et les assistantes maternelles**

Qu'est-ce qu'on fait le soir à la maison?

Entrée en matière:

Être père

La paternité en question.

Depuis quelques années, l'évolution des modes de vie et des sciences biologiques a abouti au développement de formes nouvelles de paternité.... Ces récentes évolutions ont fait éclater la fonction paternelle en trois fonctions; le géniteur, le père affectif et l'éducateur...

Tiens, bois!

Un petit sourire!

Attention! on traverse.

Les nouveaux pères. Décrivez ces pères. Comment sont-ils? Que font-ils? Où sont-ils? Quelle heure est-il? Quel temps fait-il? Que fait la mère?

Bien sec avec *Babysek*

Babysek.
La serviette qui aide les papas à sécher les bébés.

Comme elle est douce la peau de nos bébés! Quel plaisir de les bichonner, de les bouchonner, de les pouponner. Mais pour protéger cette douceur, quelques bons principes à l'heure du bain: une serviette plus grande, plus épaisse, plus douce. Et l'heure du bain est un plaisir pour les papas comme pour les bébés! Avec ses nouvelles fibres de coton pur et son nouveau tissage élastique, mœlleux et léger . . . voilà votre bébé sec et heureux! Et son papa bien soulagé! Achetez Babysek, la serviette qui sèche en douceur la peau douce de nos bébés!

En vente dans tous les grand magasins.

La publicité. Où se passe cette scène? Qui est là? C'est dans quelle pièce de la maison? Décrivez la pièce. Quels objets y a-t-il dans la pièce? De quelle couleur sont-ils? Et l'enfant, quel âge a-t-il? Décrivez-le. Qui est cet homme? un docteur? un infirmier? Est-ce qu'il habite dans cette maison? Pourquoi est-ce qu'il est avec cet enfant? Décrivez cet homme, ce qu'il porte et ses qualités. Regardez le texte «La paternité en question» et dites quel type de père il est probablement.

Le produit. Est-ce que c'est un produit français ou international? En quoi consiste ce produit? Quelles sont les qualités du produit? Trouvez les adjectifs qui se rapportent à la serviette. Trouvez les expressions qui se rapportent au bébé. Trouvez les verbes qui se rapportent aux soins du bébé. Quel est l'élément exploité ici pour vendre ce produit?

Vocabulaire

A. C'est le soir chez les Hanin.

Julie et son frère Nicolas viennent de prendre un bain et vont aller au lit. Nicolas, neuf mois, est tout nu sur la table. Il a les cheveux châtains et les yeux marron. C'est un bébé sage qui ne pleure pas souvent. Julie, trois ans, est en train de se sécher. Rousse et frisée, c'est une petite fille adorable, mais elle fait beaucoup de bêtises parce qu'elle est énergique et têtue. Elle ne s'ennuie jamais! Les deux enfants sont en bonne santé: ils n'ont pas souvent de rhume et ils n'ont jamais la grippe.

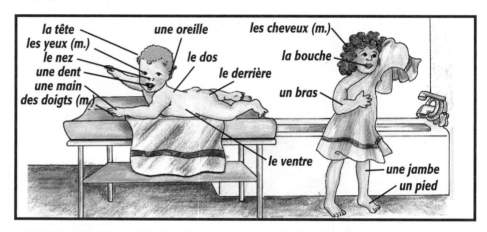

- ◆ C'est quelle pièce? Quelle heure est-il? Qui n'est pas dans la pièce? Pourquoi? Qui sont les enfants? Quel âge ont-ils? Est-ce qu'ils sont faciles ou difficiles? Pourquoi?
- ◆ Où est Nicolas? Et Julie? Comment sont-ils?

B. Et maintenant, c'est le matin.

Le réveil sonne et Bruno Hanin se réveille. C'est le père de Julie et de Nicolas. Il est seul aujourd'hui parce que sa femme, Véronique, est en voyage d'affaires à San Francisco. C'est dur de se lever ce matin parce qu'il tousse et il a un peu mal à la gorge. Il faudrait se soigner, mais il n'a pas le temps!

Il va dans la salle de bains pour se préparer.

D'abord, il prend une douche et se lave les cheveux.

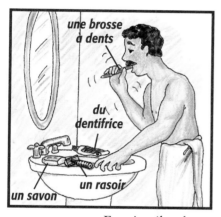

Ensuite, il se brosse les dents, se rase et se peigne.

Et finalement, il s'habille.

◆ À quelle heure est-ce que le réveil sonne? C'est tôt ou c'est tard? Est-ce que Bruno habite seul? Où est sa femme? Est-ce que Bruno est en forme ce matin? Qu'est-ce que Bruno fait dans la salle de bains le matin? Comment est-ce qu'il s'habille? Quelle heure est-il maintenant? Faites une description de Bruno: Est-il grand ou petit? Est-il brun, blond ou roux? Est-il chauve? Est-il barbu (est-ce qu'il a une barbe)?

◆ Quels articles de toilette voyez-vous dans la salle de bains des Hanin? Qu'est-ce qu'il y a dans leur chambre? Qu'est-ce qu'on utilise pour se réveiller? se laver? se sécher? se peigner? se brosser les dents? se raser?

◆ À votre avis, combien de fois par jour est-ce qu'il faut se brosser les dents? Combien de fois par semaine est-ce qu'il faut se laver les cheveux? Est-ce que vous aimez mieux prendre un bain ou une douche? Le matin ou le soir? Quel shampooing utilisez-vous? Utilisez-vous un séchoir à cheveux ou non?

C. Et maintenant, les enfants.

Allez, ma chérie, il est temps!

D'habitude, la femme de Bruno l'aide le matin avec les enfants, mais cette semaine, il est tout seul et c'est beaucoup plus difficile.

Nicolas et Julie partagent une chambre. Nicolas est réveillé mais Julie dort encore et est en train de rêver d'un grand chien noir. Bruno la réveille.

Voyons, Julie! Fais attention!

Bruno change et lave Nicolas. Bien sûr, comme d'habitude, Julie veut se laver toute seule et elle met de l'eau partout.

un collant

Oui, ma grande!

Papa! Regarde!

Bruno habille Nicolas, mais Julie veut s'habiller et se coiffer toute seule.

◆ Est-ce que Nicolas est matinal? Et Julie? Que fait Bruno? Que fait Julie? Est-ce qu'elle est sage? Qu'est-ce qu'elle va mettre?

D. Enfin, les enfants sont propres et habillés.

Bruno a préparé le petit déjeuner et maintenant, il est en train de boire son café et de lire son journal. Enfin, il essaie, parce que Nicolas s'amuse à manger et Julie n'a pas faim. Bruno commence à s'énerver.

◆ Décrivez le petit déjeuner chez les Hanin. Est-ce que c'est un petit déjeuner calme ou énervant pour Bruno? Pourquoi est-ce que Julie ne veut pas manger?

E. Finalement...

Bruno emmène Nicolas à la crèche et Julie à l'école maternelle.

◆ Où vont les enfants? Pourquoi?
◆ Et maintenant, rêvons un peu avec Bruno. Décrivez une matinée idéale pour lui, à votre avis. Et pour vous?

Notes de vocabulaire

1. Mots et expressions utiles.

un corps *body*
un collant *tights, pantyhose*
du déodorant *deodorant*
faire la sieste *to take a nap*
un rêve *dream*
sale *dirty*

Info

L'école maternelle.

In France, the **école maternelle** (preschool) is open to children age 2 to 6. Although it is not mandatory, more than 99% of French children attend an **école maternelle** by age 3, most of them in free, public school programs. Attending the **école maternelle** is considered important in France for the development of social and language skills and for a better adjustment to school later on.

2. Les verbes réfléchis. A *reflexive verb* is a verb whose action is reflected onto the person concerned. French has many verbs like this. You can identify them by the reflexive pronoun that precedes the infinitive (*se* **laver**). English has a few verbs that act in this way (for example, *to cut oneself*), but frequently the *yourself* is implied or optional. Look at the following examples of a verb used nonreflexively and reflexively.

Bruno **habille** les enfants.	*Bruno's dressing the children.*
Bruno **s'habille.**	*Bruno's getting (himself) dressed.*

In the first sentence, Bruno is dressing someone else; in the second sentence, the reflexive pronoun **se** (**s'**) indicates that he is dressing himself. The use of these verbs will be described in more detail in the *Structure* section of this lesson.

3. Les cheveux. Note that the word **cheveux** *(hair)* is plural in French. The singular is **un cheveu. Mon cheveu,** then, would mean *my one hair!*

4. Comment décrire les personnes? Here are some possible ways to describe people. Bruno, for example, might describe his children as follows:

Julie a trois ans. Elle est petite, rousse et frisée. Elle a les yeux verts
  et elle a un petit nez adorable.
Nicolas a neuf mois. Il a les cheveux châtains et les yeux marron.

5. Les dents/ses dents. In certain cases where possession is obvious, French tends to use a definite article (**le, la, les**) where English would use a possessive adjective *(my, your, his, her,* etc.).

Il va se laver **les** cheveux.	*He's going to wash his hair.*
Elle se brosse **les** dents trois fois par jour.	*She brushes her teeth three times a day.*

6. Essayer et emmener. The verb **essayer** is conjugated like **payer.**

j'essaie	nous essayons
tu essaies	vous essayez
il } essaie elle	ils } essaient elles

If followed by an infinitive, it takes the preposition **de.**

Bruno **essaie d'**habiller les enfants.	*Bruno tries to get the children dressed.*
Je vais **essayer de** partir tôt.	*I'm going to try to leave early.*

The verb **emmener** is conjugated like **acheter**.

j'emmène	nous emmenons
tu emmènes	vous emmenez
il elle } emmène	ils elles } emmènent

Je t'emmène?   *Can I take you?*
Emmenons le chien avec nous!   *Let's take the dog with us!*

𝒱ous avez compris?

1. Le corps. C'est pour quoi faire?

Modèle   les pieds
        C'est pour porter le corps, c'est pour marcher, etc.

1. les yeux
2. les oreilles
3. la bouche
4. les dents
5. les jambes

2. Toujours le corps. On en a combien?

1. On a deux yeux, deux... , deux...
2. On a un(e)... , un(e)...
3. On a dix...
4. On a beaucoup de...

3. Énigme. Quelle partie du corps est-ce que vous utilisez pour...

1. nager?
2. jouer du violon?
3. téléphoner?
4. pleurer?
5. jouer au football?

4. À quoi ça sert? Sur quelle partie du corps est-ce que vous mettez ces choses?

1. des lunettes de soleil?
2. du dentifrice?
3. des chaussettes?
4. des gants?
5. un chapeau?
6. du shampooing?

5. Normal ou bizarre? C'est normal ou c'est bizarre pour vous?

Modèle Henri se lave les dents, puis il prend le petit déjeuner.
C'est bizarre. / C'est normal. / Ça dépend.

1. Alceste sort, puis il s'habille.
2. Jeanne se lève, puis elle prend une douche.
3. Bruno se sèche, puis il prend un bain.
4. Jacqueline se lève, puis elle se réveille.
5. Candide s'habille, puis il se lève.
6. Patricia se coiffe, puis elle se lave les cheveux.
7. Patrick se lave le visage, puis il descend.
8. Cédric s'amuse, puis il étudie.

6. Réaction! Choisissez une réaction pour les activités suivantes.

Ça m'amuse. / Ça m'énerve. / Ça m'ennuie.

1. regarder la télévision à midi quand je suis en train de manger
2. étudier à la bibliothèque le samedi soir
3. aller en classe à huit heures du matin
4. partir en voyage à huit heures du matin
5. emmener mon petit frère et ma petite sœur au cinéma
6. lire le journal au lit le dimanche matin
7. lire un article sur la politique américaine dans un magazine sérieux
8. faire les magasins pour trouver des vêtements
9. partir en vacances avec mes parents
10. mettre des vêtements élégants pour aller dans un restaurant élégant avec mes parents et leurs amis
11. ouvrir un cadeau d'un(e) ami(e)
12. offrir un cadeau à un(e) ami(e)

Il se rase chaque matin

7. Conseils. Qu'est-ce qu'il faut faire? Qu'est-ce qu'il ne faut pas faire?

1. Pour avoir des bonnes dents, il faut / il ne faut pas...
2. Pour avoir des beaux cheveux, il faut / il ne faut pas...
3. Pour être propre, il faut / il ne faut pas...
4. Pour aller travailler le matin, il faut / il ne faut pas...
5. Quand on est tout(e) nu(e), il faut / il ne faut pas...
6. Quand on est en vacances, il faut / il ne faut pas...
7. Quand on a la grippe, il faut / il ne faut pas...

8. Problèmes. Où est-ce que vous avez mal?

1. Vous avez la grippe.
2. Vous avez un gros rhume.
3. Vous êtes tombé(e) de vélo.
4. Vous avez trop mangé.
5. Vous avez trop bu.
6. Vous avez trop parlé.
7. Vous êtes tombé(e) dans les escaliers.
8. Votre camarade de chambre a écouté de la musique rock toute la journée.

Mise en pratique

9. Portraits. Décrivez ces personnes.

1. votre sœur ou votre frère (ou un[e] cousin[e] si vous n'avez pas de frères et sœurs)
2. votre père ou votre mère
3. un de vos professeurs
4. un de vos amis ou une de vos amies
5. Candide ou Alceste

10. Ressemblances. Dans votre famille, qui est comme qui? Qui n'est pas comme qui? Pourquoi? Et vous, vous êtes comme qui?

Modèle
Mon père n'est pas comme ma mère parce qu'il a les cheveux blonds et ma mère a les cheveux châtains...

11. Rêvons! Qu'est-ce que vous rêvez de faire?

Modèle
le vendredi soir?
Je rêve d'aller au cinéma avec un(e) ami(e).

1. le dimanche matin?
2. le lundi matin?
3. le samedi soir?
4. pendant les vacances de printemps?
5. pendant l'été?

12. Un monstre pour Hollywood! On vous a demandé de créer un monstre pour un film d'horreur. Dessinez le monstre que vous proposez et indiquez les différentes parties de son corps. Vous allez devoir décrire et défendre votre création.

13. La santé. Voilà ce que pensent les Français de la santé:

> Pour les Français, être en bonne santé, c'est d'abord prendre plaisir à la vie (88%), pouvoir faire ce que l'on veut (80%), ne pas être malade (63%), vivre vieux (60%), ne pas souffrir (56%), ne pas avoir besoin de consulter un médecin (40%).

Gérard Mermet, *Francoscopie 1995*

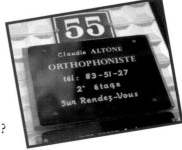

1. Et pour vous, c'est quoi la santé? Trouvez cinq choses et comparez-les avec vos camarades de classe. Est-ce que vous pensez comme les Français? (Prendre plaisir à la vie, c'est aimer la vie; souffrir, c'est avoir mal.)
2. Que faut-il faire pour être en bonne santé? Trouvez dix choses à faire ou à ne pas faire et comparez-les avec la classe.

Structure

Les verbes réfléchis

Reflexive verbs are verbs whose action reflects onto their subjects. There are a few verbs like this in English.

I cut *myself*.   She's looking at *herself* in the mirror.

In French, such verbs are called **verbes réfléchis.** They are listed in vocabulary lists and dictionaries with the reflexive pronoun **se** in front of the infinitive (for example, **se lever** = *to get up).* This reflexive pronoun will change as the verb is conjugated. Reflexive pronouns follow the same rules for placement as direct and indirect object pronouns.

Reflexive verbs are conjugated as follows:

se laver *to wash (oneself)*	
je me lave	nous nous lavons
tu te laves	vous vous lavez
il ⎫ elle ⎭ se lave	ils ⎫ elles ⎭ se lavent

To negate a reflexive verb, place **ne** in front of the reflexive pronoun. Place **pas** after the verb.

je ne me lave pas	nous ne nous lavons pas
tu ne te laves pas	vous ne vous lavez pas
il ⎫ elle ⎭ ne se lave pas	ils ⎫ elles ⎭ ne se lavent pas

To form questions with reflexive verbs, use intonation, put **est-ce que** in front of the sentence, or use inversion.

Tu te lèves tôt?	*Do you get up early?*
Est-ce que **tu te laves** les cheveux tous les jours?	*Do you wash your hair every day?*
À quelle heure **te lèves-tu?**	*What time do you get up?*

In the infinitive form, the reflexive pronoun is placed directly before the infinitive. This pronoun must agree with the subject of the sentence.

Nous allons **nous** habiller maintenant.	*We're going to get dressed now.*
Je ne veux pas **m'**habiller.	*I don't want to get dressed.*

Note that many verbs that are used reflexively in French can also be used non-reflexively. In this case, the action is directed toward someone or something else. Look at the following examples:

Bruno **se réveille** à six heures et demie.   *Bruno wakes up at 6:30.*
Bruno **réveille** les enfants à sept heures.   *Bruno wakes the children up*
                                                  (gets the children up) at 7:00.

Nicolas **s'amuse** à manger.   *Nicolas is having a good time eating.*
Ça n'**amuse** pas son père!   *That doesn't amuse his father!*

Comment **vous appelez**-vous?   *What's your name?*
Appelle ton frère!   *Call your brother!*

Bruno **couche** les enfants et   *Bruno puts the children to bed*
puis il **se couche.**   *and then he goes to bed.*

Paulette n'aime pas **se promener**   *Paulette doesn't like to take walks*
toute seule mais elle adore   *by herself but she loves to*
promener son chien.   *walk her dog.*

Here are some additional verbs that may be used both reflexively and nonreflexively:

arrêter / s'arrêter	*to stop, to stop (oneself)*
changer / se changer	*to change, to change one's clothes*
déshabiller / se déshabiller	*to undress (someone else), to get undressed*
ennuyer / s'ennuyer	*to bore (someone else), to get bored*
maquiller / se maquiller	*to make up (someone else), to put makeup on (oneself)*
soigner / se soigner	*to take care of (someone else), to take care of (oneself) (in the case of illness)*

 Several verbs in this lesson have spelling changes in the present tense.

1. **appeler / s'appeler.** Doubles the letter -l- in front of silent endings:
   tu t'appelles (BUT vous vous appelez)

2. **changer / se changer.** Like **manger:**
   nous nous changeons

3. **ennuyer / s'ennuyer.** Like **envoyer:**
   je m'ennuie (BUT nous nous ennuyons)

4. **lever / se lever; promener / se promener.** Like **acheter:**
   il se lève (BUT vous vous levez)
   il se promène (BUT vous vous promenez)

5. **sécher / se sécher.** Like **préférer:**
   tu te sèches (BUT vous vous séchez)

$\mathcal{V}$ous avez compris?

14. Quand? Normalement, quand est-ce qu'on fait ces activités? Complétez la grille. (Un verbe peut figurer dans plusieurs cases.)

VERBES: se changer / se déshabiller / s'amuser / se brosser les dents / se coucher / se laver / se lever / se promener / se réveiller / se raser

le matin	à midi	l'après-midi	le soir	n'importe quand *(no matter when)*

15. Et vous? Voilà ce que font différentes personnes à différents moments de la journée. Et vous?

Modèle Jean-François se lève à six heures du matin. Et vous?
Moi aussi, je me lève à six heures. / Moi, je ne me lève pas à six heures.

1. Janine se lave les cheveux le matin. Et vous?
2. Magali se maquille tous les jours. Et vous?
3. Marc se rase tous les jours. Et vous?
4. Candide se promène l'après-midi. Et vous?
5. Alceste se regarde souvent dans le miroir. Et vous?
6. Mohammed se brosse les dents après tous les repas. Et vous?
7. Sylvie se réveille à dix heures du matin. Et vous?
8. Sandrine s'habille après le petit déjeuner. Et vous?

16. La vie n'est pas facile. Voilà ce que différentes personnes doivent faire, mais ce n'est pas ce qu'elles veulent faire! Utilisez les suggestions entre parenthèses pour dire ce que ces personnes veulent vraiment faire.

Modèle Nous nous réveillons à cinq heures du matin. (midi)
Mais nous voulons nous réveiller à midi.

1. Mes frères se rasent deux fois par jour. (une fois par jour)
2. Ma petite sœur s'appelle Linda. (Mary)
3. Mon petit frère se couche à huit heures. (dix heures)
4. Candide se promène seul. (avec un copain)
5. Tu te lèves à sept heures. (neuf heures)
6. Nous nous arrêtons de travailler à sept heures. (cinq heures)
7. Vous vous préparez pour aller à la bibliothèque. (au restaurant)

17. Réfléchi ou non? Complétez les phrases suivantes avec le verbe réfléchi ou le verbe non-réfléchi.

1. Je ne _____ pas à l'école! (amuser / s'amuser)
2. Bruno _____ les cheveux de Julie tous les matins. (brosser / se brosser)
3. Véronique _____ le matin. (maquiller / se maquiller)
4. Tu me _____! (énerver / s'énerver)
5. Vous n'allez pas sortir en short! Vous allez _____! (changer / se changer)
6. Qu'est-ce que vous _____? (regarder / se regarder)
7. Le soleil me _____ le matin. (réveiller / se réveiller)
8. Je dois _____ tôt ce soir. (coucher / se coucher)
9. Cet exercice me _____! (ennuyer / s'ennuyer)

Il faut se dépêcher!

✒ise en pratique

18. Un jour dans la vie de X. Choisissez un(e) étudiant(e) de la classe ou votre professeur et répondez aux questions suivantes. Attention! Il faut deviner, pas demander! Après, vérifiez avec la personne que vous avez choisie. Est-ce que vous avez bien deviné?

1. Comment est-ce qu'il/elle s'appelle?
2. À quelle heure est-ce qu'il/elle se réveille?
3. Est-ce qu'il/elle se maquille?
4. À quelle heure est-ce qu'il/elle se lève?
5. Est-ce qu'il/elle prend une douche ou un bain?
6. Est-ce qu'il/elle se lave les cheveux tous les jours? Quand?
7. Est-ce qu'il/elle se regarde souvent dans le miroir?
8. Combien de fois par jour est-ce qu'il/elle se brosse les dents? Avec quel dentifrice?
9. Est-ce qu'il/elle aime se promener? Où? Avec qui?

19. La journée de Candide. Voilà la journée de Candide... mais en désordre et pas complète! Remettez les éléments de sa journée en ordre chronologique (il y a plusieurs possibilités!). Rajoutez les éléments qui manquent.

manquent: *missing*

1. Il se couche.
2. Il se lave.
3. Il se rase.
4. Il prend une douche.
5. Il se lève.
6. Il se sèche.
7. Il va dans la salle de bains.
8. Il se peigne.
9. Il s'habille.
10. Il boit du café.
11. Il retourne chez lui.
12. Il met son manteau.
13. Il sort de la maison.
14. Il arrive au bureau.
15. Il dit au revoir à Alceste.
16. Il sort au restaurant avec un ami.
17. Il rentre au bureau.
18. Il dit bonjour à Alceste.
19. Il se réveille.
20. Il boit un verre de vin.
21. Il prépare le dîner.
22. Il fait la vaisselle.
23. Il se brosse les dents.
24. Il prend une aspirine.

20. Un sondage. En groupes de trois ou quatre, préparez des questions à poser à vos camarades de classe sur leurs habitudes de tous les jours (une question par personne de votre groupe). Choisissez une des questions de votre groupe et promenez-vous dans la classe pour la poser à tout le monde. Quand vous avez fini, retournez dans votre groupe et organisez les résultats pour les présenter à la classe.

21. Voilà Georges... ou est-ce que c'est Georgette?

1. C'est à vous de décider. C'est Georges ou Georgette? Comment est-il/elle? Où habite-t-il/elle?
2. Décrivez une journée typique de Georges/Georgette.

Conversation en français

22. Conversation en français. Vous interviewez une célébrité locale pour le journal de votre université. Posez des questions à cette personne sur sa vie, ses habitudes quotidiennes, etc.

Les verbes réfléchis à l'impératif

The negative imperative of reflexive verbs is formed by putting **ne** in front of the reflexive pronoun and **pas** after the verb.

Ne t'énerve **pas.**	*Don't get annoyed.*
Ne vous déshabillez **pas!**	*Don't get undressed!*
Ne nous levons **pas** ce matin.	*Let's not get up this morning.*

The affirmative imperative of reflexive verbs is formed by adding the stressed form of the reflexive pronoun (**toi, vous,** or **nous**) after the verb, connected by a hyphen.

Lève-**toi!**	*Get up!*
Soignez-**vous!**	*Take care of yourself!*
Changeons-**nous** et allons en ville.	*Let's get changed and go downtown.*

$\mathcal{V}$ous avez compris?

23. Combattre le stress! Voilà des idées pour combattre le stress. Ce sont de mauvaises ou de bonnes idées?

1. Couchez-vous tôt le soir.
2. Levez-vous tard le dimanche.
3. Sortez le week-end et amusez-vous bien.
4. Énervez-vous tout le temps.
5. Ne vous promenez pas.
6. Arrêtez-vous de travailler à deux heures du matin.

24. Le mauvais exemple. M. Rivière dit à ses deux filles de ne pas être comme leur frère Paul.

> **Modèles**   Paul ne se lave pas.
> *Lavez-vous!*
>
>   Paul s'énerve tout le temps.
> *Ne vous énervez pas!*

1. Paul fume.
2. Paul se lève tard.
3. Paul boit trop.
4. Paul rentre tard le soir.
5. Paul s'amuse toute la nuit.
6. Paul n'est pas gentil avec les autres.
7. Paul se couche tard.
8. Paul demande la voiture le week-end.

$\mathcal{M}$ise en pratique

25. Marie-Claire a un problème! Les parents de Marie-Claire arrivent dans une heure. Voilà la liste de tout ce qu'elle doit faire avant leur arrivée. Aidez-la. Qu'est-ce qu'elle doit faire d'abord? Est-ce qu'il y a d'autres choses qu'elle a oubliées?

> **Modèle**   *Écoute, Marie-Claire, d'abord, lave-toi les cheveux, puis...*

LA LISTE DE MARIE-CLAIRE

- ranger ma chambre
- mettre une robe
- trouver la photo de mes parents
- faire la vaisselle
- me brosser les dents
- me coiffer
- me sécher les cheveux
- cacher les photos de mes petits amis
- me laver les cheveux
- faire mon lit

La comparaison des adjectifs et des adverbes

Use the following expressions to compare people or things.

plus (... que)	more (. . . than)
aussi (... que)	as (. . . as)
moins (... que)	less (. . . than)

A noun or a stressed pronoun is used after **que.** Note the various English equivalents possible.

Marie est **plus** belle **que moi,** mais je suis plus intelligente.
Marie is prettier than I (am), but I'm smarter.

Georges n'est pas **aussi** grand **que Jérôme,** mais il est plus fort.
Georges isn't as tall as Jérôme, but he's stronger.

Stéphane est **moins** têtu **que Marc.**
Stéphane is less stubborn than Marc.

Mon chien est **plus** intelligent **que mon chat.**
My dog is more intelligent than my cat.

Mon frère sort **plus** souvent **que moi.**
My brother goes out more (often) than I.

Est-ce que les professeurs travaillent **moins que les étudiants?**
Do teachers work less than students?

Bon / meilleur; bien / mieux

Bon *(good)* and **meilleur** *(better)* are adjectives. They agree with the nouns they modify.

Beth est une **bonne** étudiante. Elle est **meilleure** que sa copine Anne.   *Beth is a good student. She's better than her friend Anne.*

Bien *(well)* and **mieux** *(better)* are adverbs. They modify verbs. They are invariable.

Beth travaille **bien.** Elle travaille **mieux** que sa copine Anne.   *Beth works well. She works better than her friend Anne.*

Mauvais / mal

Mauvais *(bad)* is an adjective and, like **bon,** agrees with the noun it modifies. To say *worse* as an adjective, use **plus mauvais.**

—Il fait **mauvais** aujourd'hui.   *It's nasty out today.*
—Oui, mais il faisait **plus mauvais** hier. *Yes, but yesterday it was worse.*

Mal *(badly)* is an adverb. Like **bien,** it modifies a verb. To say *worse* as an adverb, use **plus mal.**

—Elle joue **mal** aujourd'hui.   *She's playing badly today.*
—Oui, mais hier elle a joué **plus mal.**   *Yes, but yesterday she played worse.*

Vous avez compris?

26. L'égocentrisme. Voilà une liste que Sandrine a faite pour se comparer à ses camarades de classe, à sa famille et à ses amis. Elle a utilisé les symboles +, − et = pour indiquer ses opinions. Interprétez sa liste.

> **Modèle** intelligent(e): Martine +, Gauthier −
> *Martine est plus intelligente que moi. Gauthier est moins intelligent que moi. (Je suis plus intelligente que Gauthier.)*

1. beau (belle): Colette =, Danielle +, Valérie −
2. travailleur (travailleuse): mes frères −, ma mère =
3. riche: Bertrand +, Christophe –
4. fort(e) en maths: Annick +, Pierre −

27. Et les enfants? M. et Mme N'Somwé parlent de leurs enfants. Utilisez **bon, bien, meilleur(e)** ou **mieux** pour compléter ce qu'ils disent.

—Jacqueline est _____ en maths qu'Évelyne.
—Oui, mais Évelyne travaille _____ que Jacqueline. Jacqueline est un peu paresseuse, tu sais.
—Peut-être. Mais elle est _____ en langues que son frère.
—Oui, mais lui, il travaille assez _____. Et il est _____ que ses sœurs en sciences.

Mise en pratique

28. Comparez. Faites les comparaisons suivantes:

1. les chats et les chiens
2. les étudiants et les professeurs
3. les hommes et les femmes
4. la ville et la campagne
5. Los Angeles et New York
6. Alceste et Candide
7. Julie et Nicolas Hanin

Quelle ville préférez-vous? Pourquoi?

29. La décision de Marie-Laure. Deux jeunes gens ont invité Marie-Laure au Bal du printemps. Elle ne peut pas décider quelle invitation elle va accepter.

1. Marie-Laure compare. Lisez la liste et comparez Marc à Antoine.

   Marc: intelligent / sérieux / gentil / bien équilibré / très grand / sportif / membre du club de foot / ne parle pas beaucoup / paie toujours / a une voiture de sport

   Antoine: intellectuel / artiste / branché / adore le rock / assez petit mais très beau / adore parler de politique / aime s'amuser / a beaucoup d'amis / n'a jamais d'argent / fume

   > **Modèle** *Marc est plus sérieux qu'Antoine, mais Antoine adore parler de politique.*

2. La décision. Quelle invitation est-ce que Marie-Laure doit accepter? Pourquoi?

Découvertes culturelles: Les crèches, les haltes-garderies et les assistantes maternelles

A. Préparation. Quelles sont les questions que les parents ont avant de placer leur enfant dans une crèche?

Modèle   *À quelle heure commencez-vous?*

B. Les crèches

1. **Renseignements généraux sur les crèches.** Quelles questions correspondent aux questions que vous avez trouvées pour l'activité A?
2. Donnez les informations concernant les catégories suivantes:

Le nom des endroits qui gardent les enfants

Les papiers nécessaires pour l'inscription

Le lieu du bureau d'inscription

Les personnes pour qui les crèches existent

Les prix par mois

Les personnes avec prix spéciaux

À quoi peut-on jouer?

Au revoir, mon chéri, à ce soir!

3. **Renseignements généraux sur les haltes-garderies.** Donnez les informations concernant les catégories suivantes et citez la partie du texte qui contient cette information:

L'âge minimum de l'enfant

L'âge maximum de l'enfant

Les types d'accueil

Le prix horaire normal

Le prix horaire réduit

LES CRÈCHES

Pour garder vos enfants en bas âge

La Ville offre aux Clermontois trois possibilités d'accueil éducatif: les crèches collectives, les crèches familiales et les haltes-garderies. Ces trois formules par leur caractère spécifique répondent aux besoins et aux désirs des parents. Les crèches collectives permettent à l'enfant de s'habituer très tôt à la vie en société.

Les crèches familiales assurent le placement des nourrissons auprès des assistantes maternelles. Les enfants y retrouvent un milieu familial bénéfique. Les haltes-garderies, au fonctionnement très souple, reçoivent les enfants de 3 mois à 4 ans pendant la journée, de façon discontinue.

Qui peut inscrire son enfant dans les crèches municipales?

Sont prioritaires les parents clermontois qui travaillent et ceux dont le domicile est situé à l'intérieur du secteur géographique de la crèche. En cas de domiciliation hors commune, une demande de dérogation doit être adressée à Monsieur le Maire.

Et dans les haltes-garderies municipales?

Tous les enfants peuvent être accueillis, soit occasionnellement, soit régulièrement à jours fixes (sur réservation), de façon à répondre à des besoins de garde régulière à temps partiel.

Où et comment s'inscrire?

Sur place dans l'établissement concerné. Se munir du livret de famille et du carnet de santé de l'enfant.

Quels sont les tarifs dans les crèches?

Tarif normal: 129 € à 482 € par mois selon les revenus.
Tarif réduit Clermontois: de 76 € à 244 € (selon le quotient familial).
Tarif à mi-temps: de 107 € à 159 €.

Dans les haltes-garderies

Tarif normal : 1 € à 3 €	Tarif "temps partiel" :
1ère heure : 1 €	De 8 € à 20 € par jour
2e heure : 1,50 €	
3e heure : 2 €	
4e heure et au-delà : 3 €	

Tarif réduit: pour les Clermontois:

1ère heure : 0,76 €	4e heure : 2,25 €
2e heure : 1 €	5e heure et au-delà : 3 €
3e heure : 1,50 €	

4. Vrai ou faux?

   vrai faux

   a. ☐ ☐ Les parents qui habitent Clermont-Ferrand peuvent utiliser les crèches clermontoises.

   b. ☐ ☐ Les parents qui travaillent peuvent utiliser les crèches clermontoises.

   c. ☐ ☐ Les enfants qui ont moins de quatre ans peuvent aller dans une halte-garderie.

	vrai	faux	
d.	☐	☐	Les enfants qui ont cinq ans peuvent aller dans une halte-garderie.
e.	☐	☐	Les haltes-garderies gardent les enfants quelques heures par jour.
f.	☐	☐	On paie les haltes-garderies au mois seulement.
g.	☐	☐	Les crèches ont des tarifs préférentiels pour les habitants de la ville.
h.	☐	☐	Il est nécessaire de réserver avant de déposer un enfant à la halte-garderie.
i.	☐	☐	Le livret de famille est indispensable pour s'inscrire dans une crèche.
j.	☐	☐	Si l'enfant n'a pas de carnet de santé, il ne peut pas être inscrit.

5. **Informations ou interprétations?** Trouvez dans le texte d'introduction les phrases qui ne sont pas objectives. Êtes-vous d'accord avec ces interprétations?

C. Les assistantes maternelles. Vrai ou faux?

vrai faux

	vrai	faux	
a.	☐	☐	Les assistantes maternelles travaillent dans des crèches municipales.
b.	☐	☐	Les femmes qui ne travaillent pas peuvent devenir assistantes maternelles.
c.	☐	☐	Les assistantes maternelles restent chez elles pour s'occuper d'autres enfants.

Devenez assistante maternelle

Tout en continuant à s'occuper de leurs propres enfants, certaines mères au foyer peuvent augmenter leur revenu en devenant assistantes maternelles. Elles bénéficient:

– des congés payés.

– d'un salaire versé directement par la ville (aucun rapport financier avec les parents tant au niveau du montant du prix de journée que de la régularité des paiements).

– du gros matériel (lit complet, baby-relax, siège-auto, etc.) fourni par la ville.

En cas de problèmes, la directrice de la crèche est à la disposition de l'assistante maternelle pour lui apporter aide et conseils.

Les personnes intéressées doivent prendre contact directement avec la directrice de la crèche familiale la plus proche de leur domicile.

Adapté de DECPEVA, Ville de Clermont-Ferrand

d. ☐ ☐ Les parents paient les assistantes maternelles directement.

e. ☐ ☐ Les assistantes doivent acheter des lits d'enfants, des parcs et des baby-relax.

f. ☐ ☐ L'assistante maternelle est sous le contrôle d'une directrice de crèche de quartier.

g. ☐ ☐ L'assistante maternelle n'est pas payée pendant les vacances.

h. ☐ ☐ Il est nécessaire de faire des études pour devenir assistante maternelle.

D. Étude culturelle

1. **Évaluation.** Utilisez ce document pour comparer le système des crèches et des haltes-garderies en France et chez vous. Faites une phrase pour chaque sujet.

	organisation	financement	horaires	accès
en France				
chez nous				

2. **Le livret de famille.** Préparez une lettre pour obtenir des explications sur le livret de famille. Quels sont vos sujets? Dans quel ordre allez-vous organiser votre lettre?

☐ le format du livret	☐ les raisons	☐ l'utilisation
☐ les remerciements	☐ le contenu	☐ le motif de votre lettre

Les cartables et les sacs

Orthographe et Prononciation

Les lettres *-ti-* et *-th-*

In French, -ti- (as in **action**) is pronounced like an **s**. There is no **sh** sound. In addition, -th- is pronounced like a **t**. There is no **th** sound.

Activité

Prononcez. Répétez après votre professeur.

1. Fais attention!
2. Je n'ai plus de patience.
3. Où est le dictionnaire?
4. Il n'est pas très enthousiaste.
5. Allons au théâtre ce soir!

Vocabulaire de base

 *Vocabulaire de base*

Noms
un **bébé** *baby*
une **bouche** *mouth*
un **bras** *arm*
une **brosse à dents** *toothbrush*
un **cheveu, des cheveux** *hair*
un **corps** *body*
une **dent** *tooth*
un **dos** *back*
une **jambe** *leg*
un **nez** *nose*
un **œil, des yeux** *eye, eyes*
une **oreille** *ear*
un **pied** *foot*
une **tête** *head*

RAPPEL DE VOCABULAIRE
un **doigt** *finger*
une **main** *hand*

Verbes
aider (qqn à + inf.) *to help*
  (someone do something)
amuser *to amuse (someone)*
  s'amuser *to have a good time,*
  to play
appeler *to call*
  s'appeler *to be named*
arrêter *to stop*
  s'arrêter *to stop (oneself)*
brosser *to brush*
  se brosser (les cheveux, par ex.)
  to brush (one's hair,
  for example)
coucher *to put to bed*
  se coucher *to go to bed*
emmener (conjugué comme
  acheter) *to take*
  (somebody somewhere)

énerver *to irritate, to annoy*
  (someone)
  s'énerver *to get irritated,*
  annoyed
ennuyer (conjugué comme
  envoyer) *to bore*
  s'ennuyer *to be bored*
essayer (de + inf.) *to try (to)*
habiller *to dress (someone*
  else)
  s'habiller *to get dressed*
laver *to wash (something,*
  someone else)
  se laver *to wash (oneself)*
lever (conjugué comme
  acheter) *to lift, to raise*
  se lever *to get up*
partager *to share*
pleurer *to cry*

promener (un chien, par ex.)
(conjugué comme acheter)
*to take for a walk (a dog,
for example)*
se promener *to take a walk*
regarder *to look at*
se regarder *to look at
oneself*
réveiller *to wake (someone
else) up*
se réveiller *to wake
up (oneself)*
rêver (de) *to dream
(about, of)*

Adjectifs
marron (invar.) *brown (eyes)*
roux, rousse *red (hair)*
têtu(e) *stubborn*

Divers
avoir mal *to hurt*
avoir mal à la tête, à la gorge,
au dos *to have a headache,
a sore throat, a backache*
bien sûr *of course*
combien de fois (par
jour/mois/an...) *how many
times (a day/month/year)*

d'habitude *usually*
encore *still, again*
finalement *finally*
mieux *better (adv.)*
partout *everywhere*
prendre une douche
to take a shower
tard *late*
tôt *early*
tout(e) seul(e) *all alone,
all by oneself*

$\mathcal{V}$ocabulaire supplémentaire

Noms
un article de toilette
toilet article
une barbe *beard*
un collant *tights, pantyhose*
une crèche *day-care center,
nursery*
le dentifrice *toothpaste*
le déodorant *deodorant*
un derrière *rear end*
une école maternelle *nursery
school, kindergarten*
un gant de toilette *washcloth*
une moustache *moustache*
un peigne *comb*
un rasoir *razor*
un rêve *dream*
le savon *soap*
un séchoir (à cheveux)
(hair) dryer
une serviette de bain *bath towel*
le shampooing *shampoo*
un ventre *stomach, abdomen*
un visage *face*

Verbes
changer *to change*
se changer *to change one's
clothes*
coiffer *to fix someone's hair*
se coiffer *to fix one's own hair*

déshabiller *to undress
(someone else)*
se déshabiller *to get undressed*
maquiller *to make up
(someone else)*
se maquiller *to put makeup on
(oneself)*
peigner *to comb (someone else)*
se peigner (les cheveux, par ex.)
*to comb (one's own hair, for
example)*
se préparer *to get (oneself)
ready*
raser *to shave (someone else)*
se raser *to shave (oneself)*
sécher (conjugué comme
préférer) *to dry off
(someone, something)*
se sécher (conjugué comme
préférer) *to dry off (oneself)*
soigner *to treat (illness),
to look after*
se soigner *to treat oneself,
to take care of oneself*
tousser *to cough*

Adjectifs
adorable *adorable*
barbu(e) *bearded*
châtain(e) *light brown (hair)*
chauve *bald*

énervant(e) *annoying*
frisé(e) *curly*
matinal(e) *early riser,
morning person*
nu(e) *naked*
propre *clean*
réveillé(e) *awake*
sale *dirty*

Divers
avoir la grippe *to have the flu*
avoir un rhume *to have a cold*
faire des bêtises
to do dumb things
faire la sieste *to take a nap*
il faudrait (+ inf.)
one should (+ verb)
prendre un bain *to take a bath*
tout(e) nu(e) *stark naked*

Le français tel qu'on le parle
Allez! *Come on!*
mon chéri, ma chérie
darling, my love
mon chou *darling, my love
(literally: my cream puff
or my cabbage)*
mon grand, ma grande
*darling, my love
(to one's child)*
Il est temps! *It's time!*

Voyons! *Come on now!*
For goodness' sake!

Des expressions avec les parties du corps

arriver comme un cheveu
  sur la soupe = arriver
  à un mauvais moment
être bête comme ses pieds =
  être très bête
se lever du pied gauche =
  se lever de mauvaise
  humeur
il me casse les pieds =
  il m'ennuie beaucoup
jouer comme un pied =
  jouer très mal

avoir une bonne tête =
  avoir l'air sympathique
faire la tête = ne pas être content
  (to make a face)
à l'œil = gratis *(free)*
Mon œil! *My foot!*
coûter les yeux de la tête =
  coûter très cher
dormir sur ses deux oreilles =
  très bien dormir

Le français familier

se barber = s'ennuyer
se débarbouiller =
  se laver *(le visage)*
s'éclater = s'amuser
Quelle barbe! *What a bore!*

On entend parfois...

avoir le temps long (Belgique) =
  s'ennuyer
crollé(e) (Belgique) = frisé(e)
une débarbouillette (Canada) =
  un gant de toilette
une lavette (Suisse) =
  un gant de toilette
un linge de bain (Suisse) =
  une serviette de bain
siester (Afrique) =
  faire la sieste

Une histoire d'amour

En bref...

- **L'amour et le mariage**
- **Le couple et le travail ménager**
- **Des vacances à Marrakech**
- **Raconter des histoires**
- **Les verbes réciproques**
- **Les verbes réfléchis et réciproques au passé**
- **Les verbes savoir et connaître**
- **Préposition / conjonction?**

Qu'est-ce que c'est, l'amour?

Entrée en matière: Zenith class

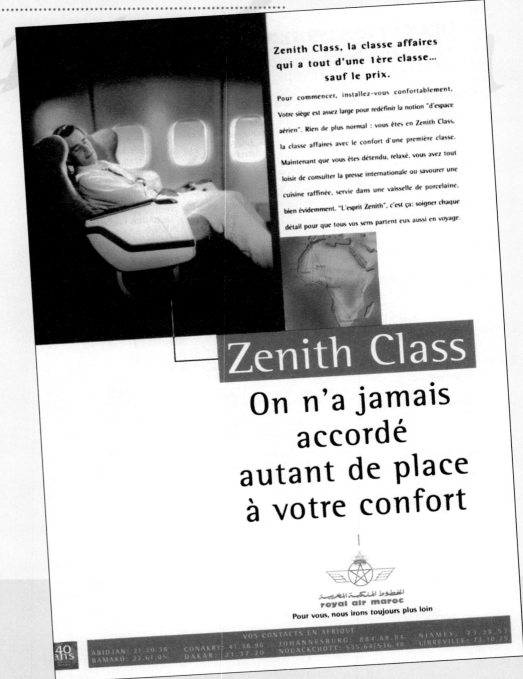

Zenith Class, la classe affaires qui a tout d'une 1ère classe... sauf le prix.

Pour commencer, installez-vous confortablement. Votre siège est assez large pour redéfinir la notion "d'espace aérien". Rien de plus normal : vous êtes en Zenith Class, la classe affaires avec le confort d'une première classe. Maintenant que vous êtes détendu, relaxé, vous avez tout loisir de consulter la presse internationale ou savourer une cuisine raffinée, servie dans une vaisselle de porcelaine, bien évidemment. "L'esprit Zenith", c'est ça: soigner chaque détail pour que tous vos sens partent eux aussi en voyage.

Zenith Class

On n'a jamais accordé autant de place à votre confort

royal air maroc

Pour vous, nous irons toujours plus loin

VOS CONTACTS EN AFRIQUE
ABIDJAN: 21.20.38 CONAKRY: 41.38.96 JOHANNESBURG: 884.68.84 NIAMEY: 73.28.51
BAMAKO: 22.61.05 DAKAR: 21.37.20 NOUACKCHOTT: 535.64/516.48 LIBREVILLE: 73.10.35

La photo. Où est ce monsieur? Quelle heure est-il? Qui est-ce?

Et où va-t-il? Pourquoi voyage-t-il?

La publicité. Et Zenith Class, qu'est-ce que c'est? Une compagnie d'aviation? Une entreprise? Le titre d'un film? Une marque de fauteuil? Un endroit confortable dans un avion?

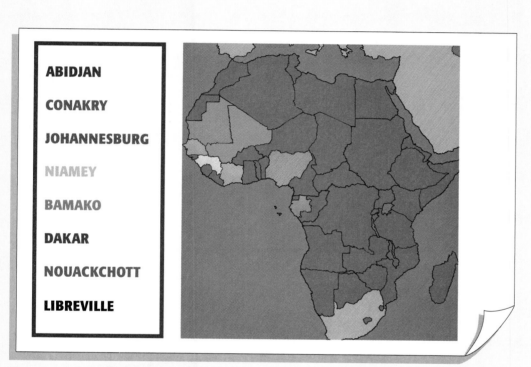

ABIDJAN

CONAKRY

JOHANNESBURG

NIAMEY

BAMAKO

DAKAR

NOUACKCHOTT

LIBREVILLE

Dites où sont ces villes et gagnez 1 000 dinars pour votre voyage au Maroc!

Donnez les mots qui caractérisent la Zenith Class.

Comment s'appelle la compagnie qui propose ce service? Elle est française? américaine?

Dites ce que vous savez sur cette nation, son gouvernement, sa géographie, son climat.

Pourquoi est-ce que cette publicité est en français?

Testez votre géographie. Quels sont les pays des villes indiquées à côté de la carte?

.

Vocabulaire

A. Un jour d'été à Marrakech

Valérie Tremblay, 30 ans, est une journaliste qui vient de Montréal mais qui habite toute seule à Paris à cause de son travail. Elle est en vacances au Club Med à Marrakech, au Maroc.

Christophe Delcourt, 27 ans, est un médecin qui habite à Lyon avec ses parents et ses frères et sœurs. Lui aussi est en vacances au Club Med à Marrakech.

◆ Où est Valérie Tremblay maintenant? C'est loin de chez elle? C'est où, chez elle? Que fait-elle à Paris? Pourquoi est-elle venue au Maroc? Décrivez Valérie.

◆ Et Christophe Delcourt, que fait-il maintenant? C'est où, chez lui? Que fait-il dans la vie? Décrivez Christophe.

De beaux tapis marocains, Marrakech.

B. La rencontre

C'est dans la rue qu'ils se rencontrent pour la première fois. Elle se promène pour prendre des photos pendant que lui, il cherche un tapis pour ses parents. Et qu'est-ce qui se passe? Ils se voient, ils s'arrêtent, ils se regardent et... c'est le coup de foudre, ils tombent amoureux!

◆ Où est-ce qu'ils se rencontrent pour la première fois? Qu'est-ce qu'elle faisait? Et lui? Qu'est-ce qu'il pense quand il la voit? Et qu'est-ce qu'elle pense quand elle le voit? Et vous, est-ce que vous pensez qu'ils vont bien ensemble? Ou bien vous pensez qu'ils se trompent?

C. Une soirée à la Mamounia

Ce soir, ils sortent ensemble à la Mamounia, l'hôtel célèbre de Marrakech. Ils se parlent pendant des heures et se racontent leur vie. Ils sont amoureux, ils s'entendent bien... La vie est belle! Mais ils ont seulement un jour ensemble: Christophe vient d'arriver et c'est le dernier jour de vacances de Valérie. Demain, elle doit rentrer à Paris.

◆ Où sont-ils? Qu'est-ce qu'ils portent ce soir? Quelle heure est-il, à votre avis? Qu'est-ce qu'ils font? Est-ce que Christophe va pouvoir sortir avec Valérie longtemps?

D. La fin des vacances de Valérie

Ils doivent se séparer, mais ils ne veulent pas se quitter. Il la serre dans ses bras, ils s'embrassent longtemps, ils se disent qu'ils s'aiment et qu'ils vont se retrouver un jour. Mais maintenant, Valérie doit se dépêcher...

◆ Où va Valérie? Et Christophe? Qu'est-ce qu'ils font? Qu'est-ce qu'ils se disent?
◆ Et après les vacances, qui va appeler le premier, à votre avis? Qu'est-ce qu'ils vont se dire? Qu'est-ce qui va se passer?

E. Le mariage

C'est le grand amour! En automne, ils se retrouvent souvent à Paris ou à Lyon. En décembre, ils se fiancent. À Noël, Valérie emmène son fiancé à Montréal, où il rencontre sa famille. Et en juin, ils se marient.

◆ À votre avis, où est-ce qu'ils se marient? Où vont-ils en lune de miel? Et où va habiter le nouveau ménage?

F. La vie de couple

Ils veulent fonder une famille et en octobre, Valérie est enceinte. Ils attendent le bébé avec impatience et ils ont un petit garçon en juillet. Tous les deux adorent l'enfant. Mais Valérie, qui déteste le ménage, s'ennuie à la maison. Et puis, c'est toujours elle qui prépare les repas, qui passe l'aspirateur, qui fait la lessive, qui repasse... Elle n'a jamais le temps de se reposer. Christophe a bon caractère, c'est un homme sérieux et honnête, mais il ne fait rien dans la maison et il n'a jamais le temps de s'occuper de l'enfant. Si seulement il pouvait l'aider! Elle est déçue de sa vie et commence à penser à son travail... Pourtant, elle se souvient aussi de Marrakech, de leur amour, de leur mariage, de leur première année ensemble... Est-elle heureuse? Parfois elle pense que oui, parfois elle pense que non... Elle ne sait pas quoi penser!

◆ Qu'est-ce qui se passe en octobre? en juillet? Est-ce que c'est un couple heureux? Quand Christophe rentre le soir, que dit Valérie? Que répond Christophe? Quelles sont les idées de Valérie? Qu'est-ce qui va se passer?
◆ Et vous, que pensez-vous de Christophe? Et de Valérie?

G. La crise

Après un an, Valérie n'a plus de patience. Elle veut faire quelque chose d'autre dans la vie et elle a décidé de retourner travailler, mais Christophe n'est pas d'accord. Il pense que sa femme a mauvais caractère, qu'elle n'est jamais contente, qu'elle n'est pas assez patiente, qu'il gagne assez d'argent pour deux et que l'enfant a encore besoin d'elle. Et puis, il est un peu jaloux et se demande si Valérie n'a pas envie de le tromper, si elle lui est vraiment fidèle. Elle lui cache peut-être quelque chose? Elle a peut-être rencontré quelqu'un d'autre? Valérie et Christophe sont en crise et se disputent souvent. Est-ce que c'est la fin de leur histoire?

◆ Que veut faire Valérie? Que pense Christophe de cette idée? Comment est-ce qu'il trouve sa femme? Qu'est-ce qu'il se demande? Comment va le ménage maintenant?
◆ À votre avis, où va Valérie? Pourquoi?
◆ À votre avis, qu'est-ce qui va se passer? Est-ce qu'ils vont se réconcilier? se quitter? divorcer?

Notes de vocabulaire

1. Mots et expressions utiles

le divorce   *divorce*
s'endormir   *to fall asleep*
faire attention   *to be careful, to pay attention*
infidèle   *unfaithful*

2. Les verbes réciproques.
In French, the reflexive pronoun is also used to express the idea of reciprocity (**se regarder** = *to look at oneself* or *to look at each other*).

Ils **se** parlent souvent.   *They often talk (to each other).*

This is discussed further in the *Structure* section of this lesson.

3. Les verbes réfléchis et réciproques idiomatiques.
A small group of reflexive and reciprocal verbs are idiomatic. Their meaning and use must be learned individually.

se demander   *to wonder*
se dépêcher   *to hurry*
se disputer   *to argue, to fight*
s'entendre bien / mal (avec)   *to get along well / badly (with)*
se marier (avec)   *to marry, to get married*
s'occuper de   *to take care of*
se reposer   *to rest*
se retrouver   *to get together, to meet (again)*
se souvenir de   *to remember*
se tromper   *to be wrong, to make a mistake*

Ma camarade de chambre et moi, **nous nous entendons bien.**   *My roommate and I get along well.*
Je **m'entends avec** tout le monde.   *I get along with everybody.*
Christophe et Valérie **se marient** en juin.   *Christophe and Valérie are getting married in June.*
Tu **te maries avec** Marc?   *You're marrying Marc?*
On va **se retrouver** après le film?   *Shall we get together after the film?*
Tu **te souviens de** nos vacances à Marrakech?   *Do you remember our vacation in Marrakech?*
Vous devez **vous reposer.**   *You've got to rest.*

Note that although **se marier** is a reflexive verb, **divorcer** is not. Also, unlike English, **divorcer** is never followed by a direct object.

Je **divorce**! *I'm getting a divorce!*

Jean et Béatrice ont **divorcé** *Jean and Béatrice got divorced*
en 1990. *in 1990.*

Est-ce que Valérie et Christophe *Are Valérie and Christophe*
vont **divorcer**? *getting divorced?*

4. Que: conjonction.
In the following sentence, **que** is used as a subordinating conjunction to link two clauses.

Christophe dit **qu'**il a des problèmes. *Christophe says (that) he has problems.*

5. Quelqu'un de + adjectif / quelque chose de + adjectif.
The adjective following **quelqu'un de** and **quelque chose de** is always masculine singular.

Ta sœur est **quelqu'un d'important**? *Is your sister someone important?*

6. Quitter / partir / sortir.
Quitter means *to leave someone* or *something*. It must be followed by a direct object.

Vous n'allez pas **quitter l'université**?! *You're not going to leave school?!*

Sortir means *to go out*. It is the opposite of **entrer** *(to enter, to go in, to come in)*. **Partir** means *to leave*. It is the opposite of **arriver** *(to arrive)*. Both **sortir** and **partir** are intransitive verbs. They may be followed by a prepositional phrase or an adverb. They are never followed by a direct object.

Valérie **est sortie** hier soir. *Valérie went out last evening.*
Christophe **part** pour Paris demain. *Christophe is leaving for Paris tomorrow.*

7. Préposition ou conjonction?
Sometimes English words have more than one equivalent in French. Note these differences in usage.

- preposition + noun / pronoun

  Il vient **à cause de toi**. *He's coming because of you.*
  Il est resté là **pendant une heure**. *He stayed there for an hour.*

- conjunction + subject + verb

  Il vient **parce qu'il veut** te *He's coming because*
  rencontrer. *he wants to meet you.*
  Il est resté là **pendant que** *He stayed there while*
  je travaillais. *I was working.*

8. Être d'accord. **D'accord** used alone means *all right, OK*, in the sense that you agree to something. Therefore, **être d'accord** means *to agree*.

—On va au cinéma?	*Let's go to the movies!*
—D'accord!	*OK!*
—Il y a trop de violence à la télévision!	*There is too much violence on television!*
—Je suis d'accord avec toi, mais qu'est-ce qu'on peut faire?	*I agree with you, but what can we do?*

When you want to say that you are/feel OK, use the verb **aller** instead.

—Comment vas-tu?	*How are you doing?*
—Ça va. Aujourd'hui, je vais bien.	*Fine. Today I'm OK.*

𝒱ous avez compris?

1. Chassez l'intrus. Quel mot ne va pas avec les autres à cause du sens?

1. s'aimer / se séparer / se disputer / divorcer
2. sortir ensemble / se détester / se marier / se fiancer
3. s'entendre / s'embrasser / tomber amoureux / se quitter
4. amour / coup de foudre / divorce / lune de miel
5. repasser / se reposer / passer l'aspirateur / faire la lessive

2. Les contraires. Trouvez le contraire.

1. se marier
2. travailler
3. se détester
4. s'ennuyer
5. s'entendre bien
6. se réveiller
7. oublier
8. se réconcilier
9. se quitter

3. Choisissez. Complétez avec **que, pendant que, parce que, pendant** ou **à cause de.**

1. La sœur de mon fiancé nous a raconté _____ elle allait divorcer.
2. J'ai lu votre article _____ je mangeais et je l'ai trouvé intéressant.
3. Ils se séparent _____ ses chats: elle n'aime pas les chats et lui, il les adore.
4. J'ai rencontré mon mari _____ les vacances.
5. Candide et Alceste disent _____ ils vont partir à Montréal.
6. Solange veut quitter son petit ami _____ il est infidèle.
7. Je voudrais habiter à Nice, mais nous devons habiter à Paris _____ travail de ma femme.

4. Problèmes de couple.
Choisissez le bon verbe et mettez-le à l'imparfait ou à l'infinitif dans la phrase.

1. Quand il _____ (arriver / sortir) à la maison le soir, Christophe était si fatigué qu'il ne voulait pas _____ (sortir / quitter)! Mais Valérie, elle, s'ennuyait et elle voulait _____ (partir / quitter) de la maison pour s'amuser un peu.
2. Christophe, lui, _____ (se demander / demander) si Valérie était fidèle ou si elle _____ (se tromper / le tromper).
3. Un matin, Valérie a décidé de _____ (quitter / partir) de la maison. Est-ce qu'elle voulait _____ (quitter / divorcer) Christophe ou est-ce qu'elle voulait _____ (partir / quitter) travailler?
4. Et vous, vous pensez vraiment que Valérie va _____ (quitter / partir) Christophe? Ou bien vous pensez que le couple va _____ (se disputer / se réconcilier)?

5. Conseils.
Qu'est-ce qu'il faut faire? Qu'est-ce qu'il ne faut pas faire?

Modèle   ... quand on veut s'amuser le soir?
      Il faut sortir avec un(e) ami(e), il ne faut pas se reposer.

1. ... quand on rencontre quelqu'un d'intéressant?
2. ... quand on s'ennuie?
3. ... quand on sort tard la nuit?
4. ... quand on retrouve quelqu'un de sa famille après des années?
5. ... quand on s'aime?
6. ... quand son mari ou sa femme est infidèle?
7. ... quand on a des enfants?
8. ... quand on a un mari jaloux ou une femme jalouse?

ℳise en pratique

6. Le couple idéal, la famille idéale.
Qu'est-ce que c'est pour vous, le couple idéal? Et la famille idéale? Écrivez vos idées en groupes de deux ou trois et puis comparez-les avec les idées des autres groupes.

1. Le mari idéal: Il est sérieux? Il est amusant? ...
2. La femme idéale: Elle est sérieuse? Elle est amusante? ...
3. La rencontre idéale: Où? Quand? ...
4. La demande en mariage: Qui? Où? Quand? ...
5. Le mariage idéal: Où? Quand? À quel âge? ...
6. La lune de miel idéale: Où? Pourquoi? ...
7. Le couple idéal: Qui fait quoi? Qui décide quoi? Comment sont-ils ensemble? ...
8. La famille idéale: Combien d'enfants? Quand? Où? ...

conseiller conjugal: *marriage counselor*

7. Chez le conseiller conjugal. Christophe et Valérie ont décidé d'essayer de s'entendre et ils vont chez le conseiller conjugal.

En groupes:

1. Faites une liste des choses qui ne vont pas, du point de vue de Valérie (Il ne fait rien à la maison, je m'ennuie, etc.).
2. Faites une liste des choses qui ne vont pas, du point de vue de Christophe (Elle n'est jamais contente, etc.).
3. Essayez de trouver des solutions.

8. L'histoire de Christophe et de Valérie. Finissez l'histoire de Christophe et de Valérie.

1. Où est-ce qu'ils habitent, à Lyon, à Paris ou à Montréal? Pourquoi?
2. Ils ont un enfant. Comment s'appelle-t-il? Comment est-il?
3. Est-ce qu'ils vont avoir d'autres enfants? Pourquoi ou pourquoi pas?
4. Qu'est-ce que Valérie pense de Christophe et qu'est-ce que Christophe pense de Valérie?
5. Quels sont les problèmes du couple?
6. Racontez la fin de l'histoire. Est-ce qu'ils vont rester ensemble ou est-ce qu'ils vont divorcer?

9. Réussir sa vie. Pour vous, réussir sa vie, qu'est-ce que c'est avant tout?

Voilà ce que des Français de 16 à 25 ans ont répondu:

	Ensemble %	Garçons %	Filles %
Fonder une famille	52	49	54
Avoir un métier à responsabilité	16	14	18
Réussir sa vie sentimentale	14	17	11
Défendre une grande cause	8	8	8
Avoir beaucoup de temps libre	6	7	6
Gagner beaucoup d'argent	4	5	3
TOTAL	100	100	100

Source: 16–25 ans: valeurs et attentes de la nouvelle génération. Sondage Ifop—Ministère de la Jeunesse et des Sports, Décembre 1999.

1. Qu'est-ce que ça veut dire? Expliquez chaque catégorie avec vos propres mots et donnez des détails.

   Modèle: *Fonder une famille, c'est: se marier,...*

2. Qu'est-ce qui est très important pour les jeunes Français? Est-ce que les garçons et les filles pensent la même chose?
3. Pour vous, est-ce qu'il y a des choses qui ne sont pas sur la liste mais qui sont importantes pour réussir sa vie? Faites une liste.
4. Avec toute la classe, choisissez les six choses les plus importantes pour réussir sa vie (de la liste des Français et de votre liste) et faites le même sondage: Quelle est **la** chose la plus importante pour vous? Est-ce que vous pensez comme les Français ou est-ce que vous êtes très différents?

Structure

Les verbes réciproques

Reciprocal verbs (**Les verbes réciproques**) indicate reciprocal action. In English, this is expressed by the use of a reciprocal pronoun or prepositional phrase: *(to) each other* or *(to) one another.* In French, the reflexive pronouns (**nous, vous, se**) serve this purpose.

> Candide et Alceste **se** parlent.   *Candide and Alceste are talking to each other.*
> Vous ne **vous** parlez plus?   *You're not speaking (to each other) anymore?*

Note that many verbs can be used both reflexively and reciprocally. In French, this is ambiguous, and speakers must depend on context to distinguish between these meanings. In English, no such ambiguity exists.

> Ils **se** parlent.   *They're talking to themselves /*
>   *They're talking to each other.*

*V*ous avez compris?

10. Bonne nouvelle / mauvaise nouvelle? Décidez si c'est une bonne ou une mauvaise nouvelle.

1. Candide et Alceste ne se parlent plus.
2. Valérie et Christophe se réconcilient.
3. Vincent et Thérèse Dubois se séparent.
4. Vous vous disputez avec un(e) ami(e).
5. Alceste et sa mère se téléphonent tous les jours.

11. Choisissez. Complétez les phrases avec un des verbes entre parenthèses au présent. C'est bien ou c'est mauvais?

1. Christophe et Valérie _____ (aimer / s'aimer) et ils _____ (écrire / s'écrire) tous les jours.
2. Alceste _____ (téléphoner / se téléphoner) souvent à sa mère et ils _____ (parler / se parler) pendant des heures.
3. Adrien _____ (tromper / se tromper) sa femme avec une secrétaire de vingt ans.
4. Martine _____ (voir / se voir) souvent sa copine Mireille et elles _____ (raconter / se raconter) tous leurs problèmes.
5. Monsieur et Madame Renglet _____ (séparer / se séparer) après vingt ans de mariage parce qu'ils ne _____ (entendre / s'entendre) plus.

*M*ise en pratique

....

12. Des nouvelles de Cinet. Voilà les dernières nouvelles de Cinet. Faites des phrases complètes au présent.

1. Monsieur Lionnet et Mademoiselle Caron / se marier.
2. Monsieur Bovy et Monsieur Saïdi / ne plus se parler.
3. Monsieur et Madame Ségal / se disputer / tout le temps.
4. Monsieur et Madame Domont / ne pas s'entendre. Ils vont divorcer.
5. Madame Renard et Monsieur Renglet / se retrouver / au café le soir.

Les verbes réfléchis et réciproques au passé

Reflexive and reciprocal verbs follow the usual rules for formation of the **imparfait.**

À seize ans, je ne **m'entendais** pas **bien** avec mes parents.
When I was 16, I didn't get along well with my parents.

Nous **nous reposions** quand le téléphone a sonné.
We were resting when the telephone rang.

Reflexive and reciprocal verbs are always conjugated with **être** in the **passé composé.** The past participle of these verbs will in most cases agree with the subject of the verb.

Ma sœur s'est mariée l'année dernière.	*My sister got married last year.*
Nous nous sommes amusés.	*We had a good time.*
Ils se sont rencontrés à Paris.	*They met in Paris.*

The rules governing past participle agreement with reflexive and reciprocal verbs are complex. Although such verbs use **être** as a helping verb, their past participles really agree with a preceding direct object (if one exists). Since the reflexive or reciprocal pronoun usually represents a direct object, this means that the past participle agrees with both the preceding direct object (the reflexive pronoun) and the subject.

Sometimes the reflexive or reciprocal pronoun represents an indirect object rather than a direct object. In these cases, there is no past participle agreement. This will happen with two specific types of verbs.

1. Verbs with indirect objects (no past participle agreement):

se dire	se parler	s'écrire	se donner
se raconter	se téléphoner	se demander	

Les deux sœurs **se sont téléphoné** et elles **se sont parlé** pendant des heures.
The two sisters called each other and talked for hours.

2. Reflexive verbs having reference to a part of the body (no past participle agreement):

Marie **s'est lavé** les mains.   *Marie washed her hands.*

In this sentence, **mains** is the direct object, and **se** is the indirect object, telling to whom the hands belong.

*V*ous avez compris?

13. Problème d'amour. Voilà une question qu'une jeune fille canadienne pose à un psychologue en ligne.

SURNOM: Trop loin	**PAYS:** Canada	**SEXE:** Féminin	**ÂGE:** 22

Question:
Bonjour. Je sors avec mon copain depuis un an. On s'est rencontré à l'université et pendant les neuf premiers mois, lui il travaillait et moi je faisais mes études. Tout allait bien. On ne se disputait jamais, on s'amusait beaucoup... La vie était belle!

Mais tout a changé. Moi, je continue à travailler à Montréal mais mon copain a commencé des études à Québec... et il en a pour au moins trois ans.

L'amour à longue distance, ce n'est pas facile et je me suis toujours dit que je ne vivrais jamais une relation à longue distance (voilà la preuve qu'il ne faut jamais dire jamais!).

Je suis contente qu'il aime ses études et qu'il aime sa vie à Québec. Je suis heureuse parce qu'il est heureux, mais pour moi, ça ne va pas bien. Il me manque beaucoup et je me demande si ça peut continuer comme ça. Moi, j'ai envie d'avoir une famille et d'avoir une maison, mais je me demande si je suis capable d'attendre trois ans.

J'espère que vous allez m'aider à y voir plus clair.
Merci.

Bonjour,
Trop loin

vivrais: *would live;* **Il me manque:** *I miss him*

1. **Qui?** Remplissez la grille.

	Trop loin	Son copain
... habite à Montréal?	_____	_____
... habite à Québec?	_____	_____
... est content(e) de sa vie?	_____	_____
... est malheureux(-euse)?	_____	_____
... est content(e) de l'amour à distance	_____	_____

2. **Des questions.** Est-ce qu'il y a des informations qui ne sont pas indiquées? Trouvez des questions à poser à Trop loin.

14. Mariages. Avec qui est-ce qu'ils se sont mariés? Choisissez parmi:

Martha / Napoléon / Marie-Antoinette / mon grand-père / Franklin / Anne Boleyn / Joe DiMaggio

Modèle   Marilyn Monroe
Elle s'est mariée avec Joe DiMaggio.

1. George Washington
2. Henri VIII
3. Eleanor Roosevelt
4. ma grand-mère
5. Joséphine
6. Louis XVI

15. Qu'est-ce qu'ils ont fait? Soyez logique.

Modèle   Philippe a utilisé une serviette de bain.
Il s'est séché.

1. Marguerite a utilisé du savon.
2. Richard a utilisé une brosse à dents.
3. Charles a mis une chemise, un costume, une cravate et des chaussures.
4. Donna a entendu le réveil.
5. Alceste et Candide ont utilisé une brosse à cheveux.

16. Qu'est-ce qu'ils ont fait? Faites l'accord des participes passés quand c'est nécessaire.

1. Paulette s'est couché _____ tôt hier soir.
2. Est-ce que Candide et Alceste se sont brossé _____ les cheveux?
3. Martine et Valérie se sont retrouvé _____ au café. Elles se sont parlé _____ pendant une heure, et puis elles sont parti _____ ensemble.
4. Ils se sont rasé _____ la tête! Mais pourquoi?
5. Nous nous sommes bien amusé _____ hier soir.
6. Christophe et Valérie se sont vu _____ et c'était le coup de foudre.
7. Valérie s'est demandé _____ si elle allait divorcer.

17. Les souvenirs d'un vieux couple. Monsieur et Madame Ségal sont mariés depuis longtemps et ils se souviennent de leur vie pendant les premières années de leur mariage. Complétez le dialogue avec les verbes entre parenthèses à l'imparfait.

—Tu te souviens quand tu me _____ (apporter) le café au lit le matin?
—Oh, oui, tu _____ (ne jamais se lever) avant huit heures.
—Oui, mais je _____ (se coucher) toujours tard parce que je _____ (s'occuper) du ménage le soir.
—C'est vrai, et moi, je _____ (se coucher) tard aussi parce que je _____ (vouloir) rester avec toi.
—Nous _____ (s'entendre) si bien!
—Oui, nous _____ (ne jamais se disputer).

Vive la mariée!

Mise en pratique

18. Rencontre sur la plage. C'est l'été. Catherine et Olivier se sont rencontrés à la plage. Racontez leur histoire.

SUGGESTIONS: se voir / se regarder / se parler / sortir ensemble / s'embrasser / se disputer / se séparer / se rencontrer / se retrouver / s'amuser / se téléphoner / s'écrire / se dire au revoir / s'entendre bien (avec).

19. Racontez l'histoire. Imaginez que vous êtes une des personnes suivantes. Racontez votre histoire.

1. Béatrice Dubois: 37 ans, divorcée, remariée avec Paul Pinel
   Jean Rasquin: 45 ans, divorcé, premier mari de Béatrice Dubois
2. Jacques Dubois: 68 ans, retraité, veuf (sa femme est morte)
   Paulette Gilmard: 66 ans, retraitée, a rencontré Jacques Dubois à Nice
3. M. Ségal: 69 ans, retraité, marié, se dispute tout le temps avec sa femme
   Mme Ségal: 67 ans, retraitée, mariée, se dispute tout le temps avec son mari
4. M. Domont: 40 ans, employé de la S.N.C.F., marié
   Mme Domont: 40 ans, secrétaire, mariée mais veut divorcer
5. M. Renglet: 50 ans, dentiste, marié, retrouve Madame Renard au café le soir
   Mme Renglet: 45 ans, cadre dans une banque, mariée
6. Bruno Hanin: 29 ans, écrivain, marié, deux enfants, s'occupe beaucoup de ses enfants
   Véronique Hanin: 27 ans, ingénieur, mariée, deux enfants, voyage beaucoup pour son travail

20. Conversation en français. Quel âge aviez-vous la première fois que vous êtes tombé(e) amoureux(-euse)? Comment était la personne que vous aimiez? Comment est-ce que vous vous êtes rencontrés? Racontez toute l'histoire.

Conversation en français

La tour Eiffel: un endroit romantique

Les verbes *savoir* et *connaître*

Savoir means *to know a fact* or *to know how to;* **connaître** means *to know* in the sense of *to be acquainted with.* Here are the forms of the verbs **connaître** and **savoir** in the present tense.

connaître

je connais	nous connaissons
tu connais	vous connaissez
il }	ils }
elle } connaît	elles } connaissent

Vous **connaissez** Christophe? *Do you know Christophe?*
Oui, je le **connais**. *Yes, I know him.*

savoir

je sais	nous savons
tu sais	vous savez
il }	ils }
elle } sait	elles } savent

Vous **savez** pourquoi Valérie est partie? *Do you know why Valérie left?*
Non, je ne **sais** pas. *No, I don't know.*

Savoir et *connaître* au passé

Both **savoir** and **connaître** are regular in the **imparfait**.

> Quand elle avait vingt ans, Valérie **connaissait** bien Montréal et elle **savait** où aller pour s'amuser.
>
> *When she was 20, Valérie knew Montreal well and she knew where to go to have a good time.*

Both **savoir** and **connaître** are conjugated with **avoir** in the **passé composé**. The past participle of **connaître** is **connu.** The past participle of **savoir** is **su.** The **passé composé** of **connaître** can have the meaning *to have met.* The **passé composé** of **savoir** can mean *to have found out* as well as *to have learned.*

> Valérie **a connu** Christophe à Marrakech.
> *Valérie met Christophe in Marrakech.*

> J'**ai su** la vérité quand je lui ai parlé.
> *I found out (learned) the truth when I talked to him / her.*

Savoir ou connaître?

Both **connaître** and **savoir** can be translated by the English verb *to know*. They are not, however, interchangeable.

- **connaître**

  1. Means *to know* in the sense of knowing a person or being familiar with a place or a situation.
  2. Must have a direct object.
  3. Cannot be followed by a **que** clause.

Est-ce que vous **connaissez** Paul? Il **connaît** très bien la France.	*Do you know Paul? He knows (is well acquainted with) France very well.*
Quand j'avais vingt ans, je **connaissais** toutes les boîtes de Toulouse.	*When I was 20, I knew (was familiar with) all the nightclubs in Toulouse.*
Il l'**a connue** chez moi.	*He met her at my place.*

- **savoir**

  1. Means *to know* by fact or learning.
  2. When followed by an infinitive, means *to know how to.*
  3. May be used with or without a direct object.
  4. May be followed by a clause beginning with **que** *(to know that)*, **pourquoi** *(to know why)*, **quand** *(to know when)*, etc.

—Tu **sais** quand il vient? —Non, je ne **sais** pas.	*"Do you know when he's coming?" "No, I don't."*
Tu ne **sais** pas **nager?**	*You don't know how to swim?*
Je **sais** qu'il est allé à Montréal.	*I know (that) he went to Montreal.*
Tu ne **savais** pas ça?	*You didn't know (weren't aware of) that?*
Quand est-ce que vous l'**avez su?**	*When did you find out about it?*

*V*ous avez compris?

21. Savoir ou connaître? Lisez les phrases suivantes et décidez si les verbes anglais *(know, met, find out)* correspondent au verbe **savoir** ou au verbe **connaître** en français. Ne traduisez pas!

1. Do you *know* the Joneses?
2. Yes, I *met* them in New York.
3. *Did* you *know* that Mary got married last weekend?
4. No! How *did* you *find out?*
5. Who *knows* how this works?
6. Paul *knows,* but I don't *know* where he is.
7. Do you *know* where the Art Institute is?
8. No, I'm sorry. I just moved here and I don't *know* the city very well yet.

22. Connaissances. Qui connaît qui?

Modèle Il connaît Jeanne? Oui, il _____.
Oui, il la connaît.

1. Elle connaît Paul? Oui, elle _____.
2. Tu connais les Durand? Non, je _____.
3. Vous connaissez mon père? Non, nous _____.
4. Tes parents connaissent ton camarade de chambre? Oui, ils _____.
5. Candide connaît Alceste? Oui, il _____.

suivez: *follow*

23. Les métiers et le savoir-faire. Qu'est-ce qu'ils savent faire?
Suivez le modèle.

Modèle Christophe est médecin.
Il sait soigner.

1. Valérie est journaliste.
2. M. Hécan est professeur.
3. Mlle Verdier et M. Dupont sont secrétaires.
4. Janine est femme au foyer.
5. Patrick et Jean-Paul sont cuisiniers.
6. Nous sommes étudiants.

Mise en pratique

24. Un voyage à Montréal. Complétez le dialogue avec **connaître** ou **savoir** au présent.

—Est-ce que tu _____ que nous allons à Montréal cet été?
—C'est vrai? Tu _____ la ville?
—Moi, non. Mais ma femme la _____ un peu et nous _____ des Canadiens. Ils vont nous montrer des choses intéressantes.
—Vous _____ où vous allez dormir?
—Oui, dans un petit hôtel pas cher, rue Saint-Denis.
—Je _____ un bon restaurant rue Saint-Denis. Ils _____ faire des frites comme à Bruxelles.
—C'est vrai? C'est quel numéro, rue Saint-Denis?
—Je ne _____ pas, mais c'est facile à trouver.

25. La femme de Monsieur Vilar. Un ami de Monsieur Vilar lui a demandé comment il a rencontré sa femme. Complétez le dialogue avec **savoir** ou **connaître** au passé composé ou à l'imparfait.

—Comment est-ce que tu _____ ta femme?
—Eh bien, j'avais vingt ans et j'étais étudiant à Montpellier. Je n'étais pas de Montpellier et je ne _____ pas beaucoup d'autres étudiants. Je ne _____ même pas comment leur parler. J'étais très seul et très timide. Mais un jour, je _____ qu'il y avait une maison pour étudiants étrangers et un soir, pendant que j'étais là, une jolie jeune fille anglaise est entrée. Nous nous sommes parlé et je _____ que ses parents venaient souvent en vacances près de chez moi et qu'ils _____ mes parents! Alors, on est sorti et... mais tu connais la fin de l'histoire!

Découvertes culturelles: Vacances à Marrakech

MARRAKECH
Maroc

OCÉAN
ATLANTIQUE
RABAT
MA

Dans notre *Hôtel Oasis*, vous êtes chez vous!

VOTRE HÔTEL
De vos fenêtres, admirez la place traditionnelle et ses monuments aux ornementations mauresques, les remparts de la vieille ville.
Pour votre confort: chambres à deux lits climatisées avec salle de bains voûtée. Ligne téléphonique et télévision dans chaque chambre. Aussi chambres individuelles sur demande.
Pour vous régaler: 2 restaurants, l'un est spécialisé en cuisine marocaine.
Pour vous distraire: un hammam, des boutiques multiples, des films étrangers dans la salle de télévision et sauna ouvert 24 heures sur 24. Pour le soir, night club, disco, dîner aux chandelles sur la terrasse.
Pour vos excursions: *Loca voiture*, agence de location de voitures sur place. Enfin une navette pour toutes vos promenades dans la superbe palmeraie (5 hectares) où vous trouverez activités sportives, restaurants, terrains de jeu, table de pique-nique et barbecue. Garderie pour vos enfants 6 ans et plus avec moniteurs sportifs.

VOS ACTIVITÉS SPORTIVES
Deux piscines olympiques: une à l'hôtel, l'autre dans la palmeraie. 5 courts de tennis, avec leçons, moniteurs et tournois organisés chaque semaine. Autres activités au choix: volley-ball, pétanque, golf, aérobic, culture physique et tir à l'arc.

Vacances à Marrakech! Heureux voyages, heureux séjours!

- *De la fenêtre de votre hôtel, vue sur la place la plus célèbre au monde*
- *Sport de détente à tous moments: tennis, équitation, golf et, pourquoi pas, sieste dans un hamac dans une palmeraie géante*
- *Les couleurs, l'animation des souks et leurs trésors pour vos achats*
- *Pour un voyage vers le grand Sud, prenez la route des kasbahs*
- *Et le soir, fêtes où rivalisent les danseurs, les acrobates, les costumes et les parfums violents*

VISITE DU MAROC
Des excursions vous sont proposées pendant votre séjour.

À la demi-journée.
**Visite des souks.
Visite de Marrakech en voiture ouverte.
Visite guidée de la ville et des monuments.**

Tél.: 212.4.048.16
Fax: 212.4.064.74

A. Préparation: Des vacances de rêve. Quelles activités préférez-vous quand vous êtes en vacances dans un pays étranger?

B. L'Hôtel Oasis

1. **L'hôtel.** Décrivez l'Hôtel Oasis d'après les photos et le texte.
   Est-ce que c'est un hôtel traditionnel?
   Où est-il situé?
   Quels sont les avantages de cet hôtel?
   Qui descend dans cet hôtel? Pendant combien de temps?
   C'est quel type d'hôtel?

2. **Les activités.** Quelles sont les activités offertes? Quelles sont les activités que vous aimez et les activités que vous ne pouvez pas faire?

3. **Mots nouveaux.** Complétez à l'aide des mots du texte.
   a. Une forêt de palmiers s'appelle une _____.
   b. Le contraire du travail, c'est la _____.
   c. L'hôtel est situé sur une _____ célèbre.
   d. Pour aller de l'hôtel à la palmeraie, il y a une _____.
   e. Les jeunes qui s'occupent des enfants s'appellent des _____.
   f. Autour de la vieille ville, il y a des _____.

4. **L'organisation de l'hôtel.** Faites le programme d'une journée typique à l'Hôtel Oasis.

C. Une journée à l'Hôtel Oasis

1. En groupe de deux, créez des personnages en vacances à l'Hôtel Oasis.
   Pour chaque personne:
   —Donnez son identité et sa nationalité, son âge, sa profession, son statut familial, sa religion, etc.
   —Dites pourquoi cette personne est à l'hôtel, pour combien de temps, et avec qui.
   —Organisez une journée intéressante d'après les informations données dans la description de l'hôtel.
   —Présentez vos personnages.

2. Imaginez un incident dramatique.

3. Décrivez les réactions de vos personnages.

D. Le Maroc. Que savez-vous sur le Maroc? Sa géographie, son économie, son climat, ses villes, sa population, ses religions, son histoire?

E. Le Maroc moderne

1. Quelles informations pouvez-vous extraire de ce passage sur les investissements au Maroc?

2. Interprétez les expressions suivantes:
   a. ouverture démocratique
   b. stimule les investissements étrangers
   c. l'économie progresse lentement
   d. la dépendance vis-à-vis de l'agriculture
   e. un ambitieux programme de réformes économiques et politiques
   f. en raison du montant des importations
   g. le nombre élevé des habitants

Maroc

La récente ouverture démocratique permet de bénéficier de l'appui des créanciers internationaux, tant publics que privés, et stimule les investissements étrangers. Cependant, l'économie marocaine ne progresse que lentement, la croissance est irrégulière en raison de sa dépendance vis-à-vis du secteur de l'agriculture, et l'endettement extérieur reste contraignant. Les autorités ont néanmoins lancé un ambitieux programme de réformes économiques et politiques qui devraient renforcer le potentiel à moyen terme. C'est une économie ouverte aux Européens. La taille du marché est intéressante en raison du montant des importations et du nombre élevé d'habitants (30 millions).

www explore!
http://voila.heinle.com

Orthographe et Prononciation

Les lettres *qu-*

In French **qu-** is always pronounced as **k**. It never has a **w** sound as in English.

Activité

Prononcez. Répétez après votre professeur.

1. Quelle est la question?
2. Quand? Avant le quinze?
3. Vous avez dit quatre ou quatorze?

Vocabulaire de base

 Vocabulaire de base

Noms

l'amour *(m.) love*
le couple *couple*
le divorce *divorce*
la fin *end*
une histoire *story*

Verbes

connaître *to know*
  (be familiar with)
se demander *to wonder*
se dépêcher *to hurry (up)*
se disputer (avec) *to argue (with)*
divorcer *to divorce*
embrasser *to kiss, to embrace*
s'endormir (conjugué comme
  dormir) *to fall asleep*
s'entendre (bien / mal) (avec qqn)
  to get along (well / badly)
  (with someone)
se marier (avec) *to marry,*
  to get married (to)
s'occuper (de) *to take care (of)*

**Un mariage dans la cathédrale
d'Elne (Pyrénées-Orientales)**

penser (à / de) *to think (about / of)*
quitter *to leave (someone, someplace)*
raconter *to tell (a story)*
repasser *to iron*
se reposer *to rest*
se retrouver *to get together, to meet (again)*
savoir *to know*
se souvenir de (conjugué comme venir) *to remember*
se tromper (de) *to be wrong, to make a mistake*

Adjectifs

amoureux, amoureuse (de) *in love (with)*
jaloux, jalouse *jealous*
patient(e) *patient*

Divers

à cause de *because of*
être d'accord *to agree*
faire attention *to pay attention, to be careful*
faire la lessive *to do the laundry*
longtemps *a long time*
passer l'aspirateur *to vacuum*

pendant que *while*
que *that*
quelque chose (d'intéressant, d'autre...) *something (interesting, else . . .)*
quelqu'un (d'intéressant, d'autre...) *someone (interesting, else . . .)*
Qu'est-ce qui se passe? *What's happening?*
seulement *only*
tomber amoureux, amoureuse (de) *to fall in love (with)*

𝒱ocabulaire supplémentaire

Noms

un coup de foudre *love at first sight*
une crise *crisis*
un(e) fiancé(e) *fiancé(e)*
la lune de miel *honeymoon*
un ménage *household, couple*
la patience *patience*
une rencontre *encounter, meeting*

Verbes

cacher *to hide*
se fiancer *to get engaged*
se réconcilier *to make up*
se séparer *to separate, to break up*
tromper *to fool, to cheat*

Adjectifs

déçu(e) *disappointed*
enceinte *pregnant*
fidèle (à) *faithful (to)*
infidèle *unfaithful*

Divers

attendre quelque chose avec impatience *to be excited about something, not to be able to wait for something*
au Maroc *in Morocco*
avoir bon / mauvais caractère *to be easy / hard to get along with*
avoir de la patience *to be patient, have patience*
être en crise *to be in a crisis*
fonder une famille *to start a family*
serrer quelqu'un dans ses bras *to hug somebody*
sortir avec *to go out with, to date*
sortir ensemble *to go out together, to date*

Le français tel qu'on le parle

Je m'en vais! *I'm leaving!*
Je ne sais pas quoi penser. *I don't know what to think.*
C'est promis! *I promise!*
Mon amour! *My love!*

Le français familier

draguer *to be looking for action*
un dragueur *guy who's always after girls*
faire gaffe = faire attention
Génial! *Great! Super!*
Super! *Great! Super!*

On entend parfois...

attendre famille (Belgique) = être enceinte
avoir un coup de soleil (pour) (Haïti) = avoir un coup de foudre (pour)
être en famille (Canada) = être enceinte
tomber en amour (Canada) = tomber amoureux(-euse)

Magazine francophone

REVUE PÉRIODIQUE
publiée à l'aide de documentations internationales

Rédacteur en chef:
Isabelle Kaplan

Rédacteurs adjoints:
L. Kathy Heilenman, Claude Toussaint Tournier

NUMÉRO 4

REVUE EN FRANÇAIS POUR LES ÉTUDIANTS DE «VOILÀ!»

ÉDITORIAL

Cultures en conflit, conflits culturels

Ils vivent en France, vont à l'école française, travaillent dans les usines et sur les routes de France, dans les bureaux et dans les hôpitaux, ils ont des diplômes français, la sécurité sociale, les allocations familiales, et s'ils sont français ils sont élus maires, députés. Parfois aussi, ils sont en prison, devant les tribunaux, battus par la police, alphabétisés par des volontaires. On les trouve sur les scènes des théâtres, dans les magasins de disques, dans les maisons et les appartements où les sons de leur musique nouvelle et exotique rythment la vie quotidienne.

Qui sont-ils? **Les immigrés.**

Venus de tous les coins du monde, à des moments différents de l'histoire, pour des raisons différentes, ils font de la France un pays multiculturel où leurs modes de vie et leurs problèmes confrontent les habitudes traditionnelles, changent les optiques, réveillent parfois les vieux instincts racistes, la violence qui refuse. Leur vie et leur présence forcent l'évolution d'une culture ancienne qui n'aime pas toujours les changements, la nouveauté. Mais les confrontations dans un pays républicain et socialiste sont aussi dialectiques et l'assimilation dans un monde où les frontières disparaissent promet un avenir de liberté et de fraternité.

À l'avenir de prouver l'idéologie démocratique d'une nation qui a récemment célébré le bicentenaire de sa Révolution!

Ouvrez ce **DOSSIER IMMIGRATION** et faites connaissance avec les nouveaux immigrés, leur vie, leurs problèmes et leur rencontre avec leur pays d'adoption.

DOSSIER IMMIGRATION

VIVE LE MÉTISSAGE!

Ce n'est pas seulement un mot à la mode! Le métissage est partout: la mode est ethnique, la "world music" est dans toutes les bouches, la planète, internet et la mondialisation ont anéanti nos frontières, et les sociétés de l'avenir sont multicolores et multiculturelles.

Qu'est-ce que le métissage? À l'origine, l'esclavage, la colonisation et l'immigration ont créé des mouvements de masse qui ont mélangé les populations de tous les continents. Il y avait métissage de races. Il y a eu aussi métissage des langues, le français est né du latin, l'anglais a importé des mots français avec Guillaume le Conquérant, et l'anglais influence la langue française malgré les interdictions gouvernementales.

Mais alors qu'autrefois le métissage n'était pas accepté, il est maintenant très à la mode. Ce n'est plus un métissage de race, c'est un métissage culturel. Couples mixtes, chansons françaises avec des mots anglais, rythmes de batterie rap, blue jeans sur toute une génération de jeunes partout, pagne en tissu batik sur les plages de France! On a les yeux fixés sur l'Afrique, l'Orient et l'Amérique. Un grand dialogue Nord-Sud et Est-Ouest qui promet des développements passionnants au XXIème siècle. Comme toutes les nations modernes, la France est en train de prendre conscience de son métissage, elle est déjà multiculturelle. Vers quel type de société va donc la France? "Il n'y a pas de métissage facile, mais on peut rendre le métissage heureux..." déclare Jacques Audinet dans son livre *Le Temps du Métissage.*

D'après Phosphore, Dec. 99.
Nº 222—p. 32–37

Djamel Attala
«Je me sens plus algérien que français.»

Farouk Sekkaï
«Les Français n'ont pas confiance en nous.»

Bouzid
«Je rêve de créer un territoire pour les exclus.»

A. RAMEY

Près de 100 000 personnes originaires d'Asie du sud-est sont arrivées en France à la fin des années 70, fuyant leur pays pour des raisons politiques.

■ QU'EST-CE QU'UN ÉMIGRÉ?

Il y a des émigrés et des immigrés. Un émigré, c'est une personne qui va résider et travailler dans un autre pays. En France à certaines périodes de l'histoire, des Français ont été obligés de quitter la France. Par exemple, au XVIème siècle, il était obligatoire de pratiquer la religion catholique. Plus de 260.000 protestants sont partis pour les États-Unis ou d'autres pays d'Europe. Au moment de la Révolution française, beaucoup de Français, des prêtres, des aristocrates... avaient peur d'être guillotinés pour des raisons politiques; alors ils sont allés habiter dans des pays voisins de la France.

Texte: Lam Van Be

Les Asiatiques d'Ici

Qui sont-ils? Pourquoi ont-ils quitté leur pays d'origine? Est-ce qu'ils s'adaptent bien à leur terre d'accueil?

Si, dans les années d'après-guerre, le Canada et le Québec ont accueilli des vagues d'immigrants relativement homogènes composées principalement d'Européens, l'immigration des dernières années a amené une population plus diversifiée.

LES ASIATIQUES AU CANADA

La présence asiatique au pays n'est vraiment importante que depuis les vingt dernières années. Au Québec, ces nouveaux arrivants s'intègrent à la société québécoise francophone.

Quelques définitions

groupes ethniques, communautés ethniques: Ces termes, dans le langage courant, désignent les personnes d'origine autre que française ou britannique.

allophone: personne dont la langue maternelle n'est ni le français ni l'anglais (francophone ou anglophone).

minorités visibles: les communautés culturelles de race noire, les Asiatiques et les Latino-Américains.

Lê Phuong Mai: *25 ans, étudiante.*

«Mon nom de famille est Lê. Je suis arrivée à Montréal en 1975 avec mes parents à l'âge de 6 ans. Je termine mes études en médecine cette année.

Même avec toute ma gratitude à l'égard de mes parents, j'éprouve cependant certains malaises dans ma relation avec eux, à cause de la différence entre la culture-mère et la culture de la société où j'ai grandi.»

Pak Yung Kyung: *40 ans, propriétaire d'une tabagie*

«Je suis arrivé au Québec l'année dernière comme immigrant-investisseur. J'ai acheté cette tabagie il y a seulement trois mois.

Il faut que j'apprenne vite le français car mes clients sont presque tous francophones.»

Yam Sann: *19 ans, étudiant*

«Je suis Cambodgien. Je suis arrivé au Québec en 1985 avec mes parents après avoir passé trois ans dans le camp de réfugiés de Khao I Dang en Thaïlande.

J'étudie présentement la technique en informatique. J'habite avec mes parents, mais je trouve que la vie est difficile à cause de la discipline excessive imposée par mes parents.

Je ne peux pas porter les vêtements qu'ils détestent, ni rencontrer mon amie qui n'est pas d'origine cambodgienne, ni sortir les fins de semaine sans leur autorisation.»

LES GRANDES DATES—DÉBAT.

1957: Prix Nobel de la Paix pour un écrivain philosophe français venant d'Algérie alors que la guerre pour l'indépendance algérienne fait rage.

Homme aux origines humbles, il fait de brillantes études et se passionne pour la philosophie, le théâtre et le foot! Tous ses amis sont inscrits au parti communiste, mais on l'exclut et une dispute violente le sépare de son ami Jean-Paul Sartre car, lui, il ne tolère pas le terrorisme révolutionnaire.

«Existe-t-il un parti des gens qui n'ont pas raison? C'est le mien!» écrit Albert Camus.

Ne pas avoir raison peut-il constituer un parti? Et quel est ce parti, d'après vous? Dites-le-nous!

Les films de la semaine

À voir!

LE BATTEMENT D'AILE DU PAPILLON

C'est une histoire d'amour entre un jeune homme et une jeune fille. Ils se rencontrent et le film raconte l'histoire de cette journée: une cafetière cassée, un mensonge, un petit morceau de chocolat, et c'est assez pour faire naître l'amour... Premier film de Laurent Firode.

Pas très bon!

LES CENDRES D'ANGELA

L'histoire de la vie difficile d'une famille irlandaise en 1935. Ils avaient quitté l'Irlande pour immigrer en Amérique mais ils rentrent en Irlande pour trouver la pauvreté, la faim et des malheurs successifs. Un grand mélodrame avec un peu d'humour.

Pourquoi elle est en Amérique!

Int.: Bonjour Svetlana, vous êtes en dernière année, n'est-ce pas?

Svetlana: Oui, Madame, je vais recevoir mon diplôme en juin.

Int.: Et après?

Svetlana: Après, je vais aller en faculté de droit.

Int.: Pourquoi le droit, Svetlana?

Svetlana: Je m'intéresse aux lois internationales. Je suis russe, en fait de Lithuanie, plus exactement, ma famille est réfugiée en Allemagne, j'ai étudié aux États-Unis et je vais épouser un Américain. Alors, j'ai passé ma jeunesse à demander des visas, des papiers. Et puis pendant l'été, j'ai travaillé à Washington dans un cabinet d'avocat et ça m'a beaucoup intéressée.

Int.: Alors, vous allez faire du droit international?

Svetlana: Oui, je viens de faire une thèse finale sur les lois de l'espace, et j'ai fait des recherches dans plusieurs langues.

Int.: Et vous parlez plusieurs langues?

Svetlana: Oh oui, bien sûr! Je parle russe, lithuanien, et anglais bien sûr; un peu allemand aussi. Ici, à l'université, j'ai étudié le français et le japonais.

Int.: Et ces langues vont vous être utiles?

Svetlana: Oui, puisque je veux faire une spécialisation dans le droit international.

Int.: Hé bien bravo, Svetlana! Et bonne chance avec vos études.

Les vacances de Simon
Une nouvelle inédite par Angèle Kingué

Cameroun

Les aéroports sont des lieux de prédilection par excellence pour les curieux désireux d'observer les émotions humaines à l'œuvre. Valises, cartons, sacs, larmes, sanglots, cris de joie, rires, courses affolées, regards nerveux, mines défaites, c'est cela les aéroports! Les aéroports de Douala ou d'Abidjan ne sont pas différents. Mais ce qui frappe lorsqu'on arrive à l'aéroport de Douala, après l'humidité et la chaleur, c'est la horde de chauffeurs de taxi et de porteurs qui se ruent vers vous pour solliciter votre clientèle. C'est aussi la longue heure d'attente qu'il faut passer aux bagages avant de voir arriver votre valise cahin-caha.

Je n'oublierai jamais l'arrivée de mon frère Simon. C'étaient les grandes vacances de 1974. J'avais alors 16 ans, le visage rond et luisant, assez potelé, «bien nourri» comme dirait mon père, moi je préfère dire que j'étais de taille et de corpulence moyennes. Cela faisait cinq ans que mon frère était parti en France faire des études de Droit et de Commerce. Son retour était donc une grande célébration familiale. On se demandait tous s'il avait changé, on n'aurait pas dit d'après les lettres qu'il nous écrivait. Elles étaient très affectueuses, pleines de conseils, et d'encouragement. Mais nous nous demandions quand même s'il était toujours aussi beau, aussi bavard et aussi amusant qu'avant, ou alors s'il aurait les gestes affectés, et l'air arrogant et indifférent de beaucoup de «revenants». Mon ami Yomkil m'avait raconté que son frère Matip ne savait plus parler le Bassa, sa langue maternelle, après un bref

La maison de Natyk

s'asseoir
comme un inconnu
poser les mains
sur la table

du regard
simplement
demander asile
et permission

user du pain
et du feu
qu'on n'a pas faits
soi-même

ramasser les miettes
à la fin
pour les porter
aux oiseaux

ne dire
qui l'on est
d'où l'on vient
ni pourquoi

réserver la parole
à autre chose
et mettre sa chaise
à la fenêtre

Mohammed Dib

TEDDY, DANSEUR DE LA LIBERTÉ

Teddy décolle au rythme des tams-tams. Il pratique le moringue, mi-danse, mi-art martial, mais complètement acrobatique...

Le tam-tam donne la cadence aux deux guerriers qui s'élancent l'un vers l'autre, sautent en l'air et s'entrechoquent, poitrine contre poitrine, à plus d'un mètre du sol. C'est "batay'coq" comme on dit dans l'île de la Réunion. ... Le moringue n'est pas un sport de combat! Le moringue est plutôt une danse mêlée d'arts martiaux. À l'origine, c'était un véritable art guerrier, pratiqué en cachette par les esclaves de l'île de la Réunion. "C'était un moyen d'oublier leur condition d'esclave, un moyen de se libérer", résumé Teddy.

Teddy et ses copains ont décidé de faire revivre la danse de leurs ancêtres. C'est sûr, Teddy aurait pu faire du football. Il aurait pu chanter aussi, comme ces rappeurs qu'il admire pour leur courage lorsqu'ils dénoncent les maux de la société à travers leurs chansons. "Mes potes et moi, on est pour la plupart des descendants d'esclaves. Alors pratiquer le moringue, c'est le moyen de cultiver nos racines.

D'après: Teddy, danseur de la liberté. OKAPI Nº 637

séjour en France et pire même n'arrivait plus à manger les mets locaux.

J'avais hâte de voir mon frère mais en même temps, j'étais habitée d'une espèce d'anxiété et d'appréhension. Il était prestigieux d'avoir un membre de la famille en France surtout à cette époque. Malheureusement, plusieurs revenants tombaient dans le culte de soi.

J'entendis quelqu'un annoncer que la porte venait de s'ouvrir, et que les passagers descendaient de l'avion. Il apparut soudain, vêtu d'une veste de daim, avec ce même sourire de charmeur, et l'œil vif. Je lui sautai au cou, en criant son nom, il m'embrassa sans prononcer mon nom, embrassa mes parents, mon frère, mes sœurs et tout le reste de la famille! Il se rappelait de tout le monde, et appelait chacun par son nom. «Mais comment se fait-il qu'il ne m'ait pas encore appelée par mon nom?» me demandai-je. Ça y était, mon frère m'avait oubliée. C'est alors que je l'entendis demander: «Mais où est Angèle?»

«Mais tu l'as saluée la première!»

«Mon Dieu! Joli bébé, tu as grandi, tu es une vraie femme. Je ne t'avais pas reconnue, tourne-toi que je te regarde. Comme tu es belle!»

J'avais un gros paquet de sucre dans le cœur. Je souris, fis une virevolte et lui sautai au cou. Après le dîner, il se rappelait des plats traditionnels et les mangea avec appétit, il nous raconta les histoires du Mans et de Toulouse, les deux villes dans lesquelles il avait étudié. Il parlait beaucoup de ses amis martiniquais et marocains. «Là-bas», nous disait-il, «si quelqu'un vous dit: «on va prendre un pot?» vous devez payer votre part.»

«Mais pourquoi?» disions-nous.

«Là-bas les bus sont silencieux: on lit ou on dort, on ne crie pas fort, on ne parle pas au voisin, et on ne connaît pas toujours ses voisins. On marche très vite, il y a de grands bâtiments qui s'étendent à perte de vue...»

Le lendemain, je me précipitais chez Yomkil lui raconter que mon frère n'avait pas attrapé la maladie des revenants lui, qu'il mangeait tout, parlait encore très bien le Mbang.

Bref, mon frère était un vrai gars, UN VRAI AFRICAIN.

D'UNE PAGE À L'AUTRE...

Immigration. Quelles connotations a pour vous le mot **immigration**? À quoi et à qui pensez-vous quand vous entendez ce mot?

Nationalités. Cherchez dans les articles toutes les nationalités qui sont mentionnées. Combien sont représentées? Comment pouvez-vous les grouper?

Noms et prénoms. Cherchez les noms et les prénoms qui sont cités dans ces articles. De quels pays viennent les personnes mentionnées? Est-ce que ce sont des noms traditionnellement français?

Titres et sous-titres. Identifiez les sujets du *Magazine* d'après les titres et les sous-titres. Dans ce *Magazine,* on parle des immigrés dans quels pays?

Informations ou opinions? D'après le format, les titres et les illustrations, décidez quels articles vont être des articles d'informations objectives, des articles d'opinion et des faits divers.

Les arts et les lettres

TEDDY, DANSEUR DE LA LIBERTÉ. Trouvez dans le texte la définition de "moringue", le pays où on le danse, et ses origines. Pourquoi Teddy danse-t-il le "moringue"?

LES VACANCES DE SIMON. Identifiez où se passe la scène, les personnages et les circonstances.

Comment la nouvelle est-elle construite? Trouvez les moments importants et soulignez les phrases qui marquent les moments de la narration.

Tracez la vie de Simon et faites son portrait d'après cette nouvelle.

Faites le portrait de l'auteur d'après cette nouvelle: son enfance, sa famille, ses sentiments, ses émotions.

Avec ce que décrit cette nouvelle, qu'est-ce que vous avez appris sur la culture africaine?

LA MAISON DE NATYK. Que fait et que dit la personne dans ce poème? Pourquoi cette personne est-elle dans cette maison? Comment est la maison idéale pour cette personne?

Comparez comment on reçoit un inconnu dans votre culture et dans celle du poète. Quelles actions paraissent négatives. Quelles actions paraissent agréables?

À LA LOUPE

L'ÉDITORIAL.

1. D'après les premiers mots de chaque paragraphe, dites dans quel paragraphe on parle des sujets suivants: les origines des immigrés / les perspectives pour le futur / activités professionnelles.

2. Identifiez les professions que font les immigrés d'après cet éditorial.

3. Soulignez dans le troisième paragraphe les expressions et les phrases qui illustrent le titre de l'éditorial. Quels problèmes existent probablement dans la France contemporaine? L'éditorial est-il optimiste ou pessimiste?

LES PROBLÈMES.
Soulignez dans chaque article du *Magazine* les mots qui font allusion à des problèmes et faites la liste de ces problèmes en deux catégories: problèmes sociaux et problèmes économiques. Lesquels de ces problèmes vous paraissent universels? spécifiques à la France? spécifiques au Québec?

FRANCE/QUÉBEC.
Comparez les articles des pages 427 et 428. Faites une liste des caractéristiques de l'immigration en France: origine des immigrés, professions, langue, traditions et culture. D'après l'article de la page 428, faites la liste des caractéristiques de l'immigration au Québec.

Comparez l'immigration en France et au Québec. Quelles sont les différences? Comment les immigrés sont-ils différents? Comment leur situation est-elle différente? Justifiez vos conclusions.

Quels articles sont plus objectifs? Quels articles sont plus neutres?

À VOTRE AVIS...

RECHERCHES.

1. Avec tous les articles de ce *Magazine,* présentez la situation des immigrés en France en sept phrases: trois phrases pour les faits, trois pour les problèmes et une pour conclure.

2. Choisissez une des trois phrases tirées de *l'Éditorial* et préparez 10 questions pour rechercher le sujet qu'elle présente.

ACTION!

1. Quatre étudiantes étrangères ont étudié le français en Amérique. (cf Interviews Magazines 1, 2 et 3.) Comparez ces étudiantes et dites pourquoi elles ont choisi d'étudier le français. Quelle étudiante va utiliser le français le plus après l'univerisité?

2. «Réserver la parole à autre chose» dit le poète Mohammed Dib. Imaginez le dialogue qui a lieu entre le poète et son hôte.

3. **Les grandes dates.** Existe-t-il un parti des gens qui n'ont pas raison? Êtes-vous d'accord avec Albert Camus? Pourquoi?

CORRESPONDANCE.

1. Sur le modèle des récits de Lê Phuong Mai, Samn Yam et Pak Yung Kyung, page 428, faites parler Djamel Attala, Farouk Sekkai et Bouzid (page 427 en haut à droite).

2. De France, Simon écrit à Angèle. Écrivez sa lettre, donnant des détails sur sa vie, son logement, ses activités, ses amis, ses problèmes et ses aspirations.

POUR FINIR.

1. D'après les articles que vous avez lus, quelles connotations ont les mots suivants en France? et au Québec? immigrés / intégration / conflits / terre d'accueil / métisse / hospitalité

2. D'après tous les articles de ce *Magazine,* donnez trois faits que vous avez appris sur l'immigration en général, sur l'immigration en France et sur l'immigration au Québec.

3. Donnez cinq mots que vous avez appris sans utiliser de liste de vocabulaire. Faites une phrase avec chaque mot.

Une soirée devant la télévision

En bref...

- **La télévision en France: les programmes et les téléspectateurs**

- **Parler de films et de romans**

- **Le pronom en**

- **Certains verbes au passé: les verbes être, avoir, devoir, pouvoir et vouloir**

- **Les verbes croire, vivre et suivre**

- **La télévision: politique culturelle**

Qu'est-ce qu'on regarde ce soir?

Entrée en matière:

Devant la télévision

loup: *wolf*

Observez et devinez. À quelle scène appartiennent ces descriptions: 1, 2, 3 ou 4? Dites si elles se réfèrent à la télévision ou aux enfants.

Il entre sans faire de bruit.
Il porte un pantalon mais pas de chemise.
Un avion descend du ciel.
Tiens, c'est comme le 14 juillet!
Un nuage radioactif monte dans le ciel.
Il y a des explosions.
Tu as vu l'avion qui tombe?
Ils ne sont pas surpris.
Maman, maman!
C'est minuit.
Il porte un vieux chapeau.
Ils sont assis sur le canapé.
Il est devant la maison.
Regarde, c'est rouge, et jaune et noir!
Il y a beaucoup de bruit.
L'air est dangereux.
Tu as vu le grand couteau?
Qu'est-ce qu'elle lit?

Qui parle? Quelles phrases sont dites, quelles phrases sont descriptives?

Au secours, Maman, c'est le loup!
Ils appellent leur mère.
Ils regardent avec grande attention.
Il porte un costume noir.
Un avion brûle dans le ciel.
Le bruit est extraordinaire.
C'est le soir.
Oh, regarde comme c'est beau!
Tu as vu, ce gros nuage gris et blanc?
Il y a un petit nuage dans le ciel.
Alors, il se lève.
Elle est horrifiée!
Elle n'a rien entendu.
Il y a une petite lampe sur la commode.
Des bombes tombent du ciel.
Une pollution mortelle s'élève dans le ciel.
Dans cinq minutes elle sera morte.
Elle est seule dans la maison.

L'histoire. Trouvez l'histoire!

	Quelle est l'histoire à la télévision?	Que font les enfants?	Que disent les enfants?
Dessin 1			
Dessin 2			
Dessin 3			
Dessin 4			

Le message de l'humoriste. Quel est le message de l'humoriste qui a fait ce dessin? Quelle est la morale de cette histoire?

Sempé, *La Grande Panique*

$\mathcal{V}$ocabulaire

A. À la télévision ce soir

18.25 TF1 JEUNESSE
Dessins animés.

19.05 LE BIGDIL
Jeu animé par Vincent Lagaf.

19.50 HYPER NET
Magazine de l'Internet présenté par Billy.

20.00 LE JOURNAL-MÉTÉO

20.50 NAVARRO
Série policière française avec Roger Hanin. Septième épisode (de 13).
Navarro et ses hommes partent en chasse contre des voleurs de voitures... Mais les choses deviennent difficiles quand on découvre le cadavre d'une femme dans une voiture.

22.20 CÉLÉBRITÉS
Magazine présenté par Carole Rousseau.
Invité: Johnny Halliday
Aujourd'hui: restaurants de stars.
Des acteurs français qui ont ouvert un restaurant reçoivent les caméras de Célébrités dans leurs cuisines.

18.55 JOURNAL DU SPORT

19.10 LA FAMILLE DE LA JUNGLE
Dessin animé.

19.40 LES SIMPSON

20.15 FOOTBALL EN DIRECT
Rennes-Marseille.

22.45 LA CRISE
Film français de Coline Serreau avec Vincent Lindon et Patrik Timsit (1992).
Comédie dramatique. Un homme perd son travail le jour où sa femme le quitte. Il essaie de parler avec sa famille et ses amis, mais personne ne l'écoute.

19.15 CAP DES PINS
Feuilleton français. Louise a envie de changer de travail.

19.50 UN GARS, UNE FILLE
Série humoristique française: la vie quotidienne d'un jeune couple.

20.00 JOURNAL et MÉTÉO

20.45 URGENCES
Série américaine. Nuit blanche à Chicago: le docteur Benton doit travailler 48 heures sans s'arrêter.

21.40 ENVOYÉ SPÉCIAL
Magazine d'information présenté par Bernard Benyamin. L'argent du foot; à la conquête du Net; sectes en France.

23.10 POULET FERMIER
Téléfilm français de Philippe Triboit avec Francis Perrin et Annie Cordy.
Comédie policière. On a trouvé le corps d'un notaire dans un champ près d'un village. L'inspecteur Médeuze est envoyé de Paris pour faire une enquête sur le meurtre. Comme tout le village détestait la victime, il y a beaucoup de suspects, comme par exemple, la fermière propriétaire du champ, lieu du crime... Le meurtrier est-il du village?

19.00 VOYAGES, VOYAGES
Madagascar, île des mythes et des contes.
Documentaire

19.45 ARTE INFO

20.10 MÉTÉO

20.15 REPORTAGE
Vivre à Hiroshima aujourd'hui,

20.45 HIROSHIMA, MON AMOUR
Film français d'Alain Resnais, avec Emmanuelle Riva (Elle), Eiji Okada (Lui) et Bernard Fresson (l'Allemand) (1958).
Drame. Une actrice française va à Hiroshima pour participer à un film. Là-bas, elle rencontre et aime un Japonais. Cet amour lui rappelle un autre amour qu'elle a vécu pendant la guerre de 40, avec un Allemand.

22.20 LE MISANTHROPE
Pièce de théâtre en cinq actes de Molière.
Comédie. Alceste déteste la société mais il est amoureux de Célimène, une jeune veuve coquette et mondaine.

18.25 GRANDS GOURMANDS
Jean-Luc Petitrenaud nous fait découvrir la cuisine française région par région. Aujourd'hui: le Languedoc.

19.00 LE 19-20 DE L'INFO

20.05 TOUT LE SPORT

20.55 THALASSA
Magazine de la mer de Georges Pernoud.
Aujourd'hui: Tension en Alabama.
À Bayou-La-Batre, petit port de pêche en Alabama, un tiers des habitants vient du Vietnam. Ils pêchent la crevette et se sont bien adaptés à leur nouveau pays, mais ce n'est pas toujours facile de se faire accepter.

22.45 FAUT PAS RÊVER.
Magazine d'évasions et de découvertes présenté par Laurent Bignolas. En Iran: le bazar de Téhéran, un vrai labyrinthe. En Belgique: une maison d'accueil où vivent des enfants et des personnes âgées; seule une porte les sépare, qu'ils passent souvent. En Chine: les Mosos, une société matriarcale où il n'y a pas de pères ou de maris.

19.00 DOCTEUR QUINN, FEMME MÉDECIN
Série américaine avec Jane Seymour.

19.50 i-MINUTE
L'actualité de l'Internet.

19.54 6 MINUTES et Météo

20.00 NOTRE BELLE FAMILLE
Série américaine avec Patrick Duffy (Frank) et Suzanne Somers (Carol).

20.40 CINÉSIX
L'actualité du cinéma.

20.50 LA GLOIRE DE MON PÈRE
Film français d'Yves Robert d'après les souvenirs d'enfance de Marcel Pagnol (1990)
Comédie. Marcel est né en Provence à la fin du dix-neuvième siècle. Son père, Joseph, est instituteur à Marseille et sa mère, Augustine, est couturière. La famille, accompagnée de la tante Rose et de l'oncle Jules, passe ses vacances d'été dans une petite maison de campagne près d'un village provençal.

22.25 CAPITAL
Magazine d'information économique présenté par Emmanuel Chain.
Les nouveaux riches.

B. Vingt heures

Aujourd'hui, c'est le 6 août et il est vingt heures.

◆ Qu'est-ce qu'on fait au rez-de-chaussée? Est-ce qu'on fait autre chose en même temps? Et au premier étage, qu'est-ce qu'on fait? Et au deuxième étage? Où habite le chien? Est-ce qu'il y a des enfants dans l'immeuble? Où?

La télévision en France.

There are seven television stations in France: **Télévision Française 1 (TF1)**, **France 2**, **France 3**, **Canal Plus (Canal +)**, **Arte**, **Modulation 6 (M6)**, and **La Cinquième**. **Arte** and **La Cinquième** are cultural channels, **La Cinquième** offering programs only during the daytime while **Arte** offers them only in the evening. **TF1** and **M6** are private channels, while **France 2** and **France 3** are government-run. **Canal +** is a special channel that has to be paid for separately. Many other channels are available through cable and satellite such as movies, sports, children, nature, and news channels, as well as television programs from European or North African countries.

French programming is quite varied, but a significant amount of French television originates in the United States. Thus, many of the perceptions that the French have of North America are colored by the series and soaps they see on television.

Au premier étage, on a déjà regardé un dessin animé pour enfants et un jeu télévisé sur TF1 et puis une série française sur France 2. Maintenant, on regarde une vieille série américaine, *Notre belle famille*, sur M6. Ils aiment bien l'acteur Patrick Duffy (ils se souviennent du feuilleton américain *Dallas*!). Mais après, ils vont changer de chaîne et regarder du football sur Canal+... Ils ne vont pas voir le début, mais ce n'est pas grave, ils vont voir la fin!

◆ Regardez le programme de télévision et les illustrations: connaissez-vous le dessin animé qu'ils regardent? C'est français ou américain? C'est à quelle heure? Comment s'appelle le jeu télévisé? Est-ce que ça veut dire quelque chose en français? Et en anglais? Comment s'appelle la série à dix-neuf heures cinquante sur France 2? Jusqu'à quelle heure est-ce qu'elle dure? Est-ce que c'est amusant ou triste? Pourquoi est-ce qu'ils regardent la série à vingt heures sur M6? Qu'est-ce qu'ils vont regarder après? Pourquoi est-ce qu'ils ne vont pas voir le début?

C'est une soirée France 2 au rez-de-chaussée! Maintenant, on regarde les informations avec le dîner, comme tous les soirs. Elles durent une demi-heure, mais après, il y a la météo et la publicité. Après le journal, on va regarder la série américaine *Urgences* et on va finir la soirée avec *Envoyé Spécial*, un magazine d'information avec des reportages souvent intéressants.

◆ Comment sont les personnes du rez-de-chaussée? Qu'est-ce qu'elles aiment? Regardez le programme: Comment s'appellent les informations? Combien de temps durent-elles? Est-ce que les nouvelles sont bonnes aujourd'hui? Qu'est-ce que c'est, *Urgences*? À quelle heure est-ce que ça commence? Qu'est-ce que c'est, *Envoyé Spécial*? Qu'est-ce qu'il y a au programme d'*Envoyé Spécial* aujourd'hui? C'est intéressant, vous pensez?

C. Et au deuxième étage?

Il est maintenant vingt-deux heures. Qu'est-ce qui se passe au deuxième étage? Pendant le dîner, ils ont écouté un concert de musique classique à la radio. Maintenant, ils vont regarder le programme pour voir s'il y a quelque chose à la télé-vision. S'ils ne trouvent rien d'intéressant, ils vont regarder un film sur leur magné-toscope parce qu'ils adorent le cinéma. Sur TF1, il y a une émission sur les vedettes du cinéma et de la chanson. Ils ne trouvent pas ça très intéressant d'habitude et puis, ils n'aiment vraiment pas le chanteur de rock Johnny Halliday. Il est très célèbre en France, mais eux, ils préfèrent la musique classique! Sur France 2, il y a un vieux téléfilm amusant, mais il commence trop tard. Et *Envoyé Spécial* a déjà commencé. Sur Canal+, il y a un très bon film de la cinéaste Coline Serreau, mais il commence dans 45 minutes et il finit trop tard! Sur Arte, il y a une pièce de Molière qui commence dans vingt minutes et ils aiment bien rire. Mais ils aiment bien avoir peur aussi, alors ils vont peut-être regarder un film d'horreur qu'ils ont en cassette vidéo.

◆ Qui habite au deuxième étage? Où sont les deux hommes maintenant? Où sont les deux autres personnes? Pourquoi, à votre avis? Qu'est-ce qu'ils ont fait pendant le dîner? Qu'est-ce qu'ils vont faire maintenant? Comment s'appelle l'émission avec Johnny Halliday? De quoi est-ce qu'on va parler dans cette émission? Est-ce qu'il y a des films ce soir après vingt-deux heures? Comment s'appelle la pièce de Molière? Vous la connaissez? Et vous, est-ce que vous préférez l'émission sur les célébrités, la comédie de Molière, la comédie policière ou un film d'horreur?

◆ Regardez le programme de télévision du 6 août. Qu'est-ce qu'on va regarder ce soir si:

—on aime le sport?
—on est un enfant?
—on aime le cinéma?
—on aime les films policiers?
—on aime les séries américaines?
—on aime la cuisine?
—on aime les films classiques?
—on aime la mer?
—on aime les voyages?
—on veut mieux comprendre la société?

◆ Vous pouvez choisir: Qu'est-ce que vous avez envie de regarder? Qu'est-ce que vous n'avez pas envie de regarder? Pourquoi? Avec quelle famille est-ce que vous voulez passer la soirée? Pourquoi?

D. Pour parler de films

Est-ce que vous préférez les comédies ou les drames? Les comédies sont des films comiques (par exemple, les films de Laurel et Hardy) et les drames sont des films sérieux où on n'a pas envie de rire (par exemple, *La Liste de Schindler*). Mais une comédie peut être aussi dramatique quand le film est en même temps amusant et sérieux (par exemple, *Forrest Gump*) ou bien romantique quand c'est une histoire d'amour amusante (par exemple, *Quand Harry rencontre Sally*).

Préférez-vous les films d'amour (par exemple, *Shakespeare in Love*)? Les films d'aventures (par exemple, les films qui racontent les aventures d'Indiana Jones)? Les films d'horreur qui font peur (par exemple, *L'Exorciste* ou encore *Le Vendredi treize*)? Les westerns (par exemple, les films avec John Wayne)? Les films d'espionnage (comme les James Bond)? Les films de science-fiction (comme *Matrix*)? Les dessins animés (*Le Roi lion* ou *Cendrillon*, par exemple)? Ou bien encore les films policiers (comme *Usual Suspects*)? Avez-vous un cinéaste préféré? Quels films est-ce qu'il/elle fait, d'habitude?

◆ Regardez le programme de télévision du 6 août. Quels sont les films aujourd'hui? Est-ce que ce sont des films français ou des films étrangers (pour les Français)? Est-ce qu'il y a des comédies? des drames? Qu'est-ce que c'est, un téléfilm? Quel film voulez-vous voir? Quel film ne voulez-vous pas voir? Pourquoi?

E. Pour parler de films policiers

Dans un film policier, d'habitude, il y a un meurtre et il y a souvent les mêmes personnages: un meurtrier ou une meurtrière (appelé aussi un tueur ou une tueuse), une victime, des suspects, un ou des témoins et un inspecteur de police. Le meurtrier tue la victime et l'inspecteur fait une enquête pour apprendre la vérité. Il interroge les suspects et les témoins, il vérifie le lieu du crime et il cherche l'arme du crime (par exemple un revolver ou un couteau).

◆ Regardez le programme. Il y a aujourd'hui une comédie policière sur TF1, *Poulet fermier*. Qui est la victime? Qui est Médeuze? Où est le lieu du crime? Qui est suspect? Pourquoi? Est-ce que *Poulet fermier* est un téléfilm violent, à votre avis?

Notes de vocabulaire

1. Mots et expressions utiles

annoncer (conjugué comme commencer)   *to announce*
le câble   *cable*
culturel(le)   *cultural*
danseur, danseuse   *dancer*
un débat   *talk show, debate*
devenir (conjugué comme venir)   *to become*
en effet   *indeed, in fact*
une émission de divertissement   *entertainment (TV) show*
ennuyeux, ennuyeuse   *boring*
le goût   *taste*
international(e), internationaux, internationales   *international*
les médias   *media*
littéraire   *literary*
montrer   *to show*
un musicien, une musicienne   *musician*
national(e), nationaux, nationales   *national*
permettre (de) (conjugué comme mettre)   *to allow, to permit*
pourtant   *however*
promettre (qqch. à qqn) (conjugué comme mettre)   *to promise (something to someone)*
un reporter   *reporter*
revenir (conjugué comme venir)   *to come back*
un satellite (la télévision par satellite)   *satellite (satellite television)*
une station (de radio)   *(radio) station*
surprendre (conjugué comme prendre)   *to surprise*
une télécommande   *remote control*

2. Ne... rien de / ne... personne de.

As was the case with adjectives following the expressions **quelque chose de** and **quelqu'un de**, the adjective following **ne... rien de** and **ne... personne de** is always masculine singular.

Il y a **quelque chose d'intéressant** ici?	*Is there anything interesting here?*
Non, il **n'**y a **rien d'intéressant** ici.	*No, there's nothing interesting here.*
Il y a **quelqu'un d'intéressant** ici?	*Is there anyone/anybody interesting here?*
Non, il **n'**y a **personne d'intéressant** ici.	*No, there's no one/nobody interesting here.*

3. À la télé / à la radio. To talk about what is on television or on the radio, use **à la télévision** or **à la radio**.

Qu'est-ce qu'il y a **à la télévision** ce soir?	*What's on television tonight?*

4. Un programme / une émission. **Le programme** refers to the television schedule. To refer to an individual television program, use **une émission**.

J'ai vu dans **le programme** qu'il y a **une émission** sur les éléphants ce soir.	*I saw in the schedule that there's a program on elephants tonight.*

5. Même. The word **même** can mean *same* or *even*. Here are some expressions using **même**.

c'est la **même** chose	*it's the same thing, it's all the same*
quand **même**	*all the same, even so, nevertheless*
c'est toujours la **même** chose	*it's always the same old story*
même pas moi	*not even me*
en **même** temps	*at the same time*

Personne n'a aimé le repas, **même** pas moi!	*Nobody liked the meal, not even me!*
J'ai beaucoup de travail, mais j'ai quand **même** le temps de m'amuser.	*I have a lot of work, but I have time to have fun even so.*

6. Victime. The word **une victime** is always feminine in gender, even if it refers to a man, while the word **un témoin** is always masculine in gender even if it refers to a woman.

7. Les familles de verbes: les verbes composés. A verb family consists of verbs that have a common base form and are conjugated similarly but have different meanings.

- Les verbes comme **mettre** *(to put)*

permettre (de)	*to permit, to allow*
promettre (de)	*to promise*

—Je veux sortir ce soir!	*"I want to go out tonight!"*
—Je ne vais pas te **permettre** de le faire.	*"I'm not going to let you do it."*
—Mais tu m'as **promis**!	*"But you promised me!"*

- Les verbes comme **prendre** *(to take)*

apprendre (à)	*to learn*
comprendre	*to understand*
surprendre	*to surprise*

> Jacques **apprenait** à skier quand il est tombé.
> *Jacques was learning to ski when he fell.*
>
> Je n'ai rien **compris**.
> *I didn't understand anything.*
>
> - Les verbes comme **venir** *(to come)*
>
>   revenir   *to come back*
>   devenir   *to become*
>
>   Quand est-ce que vous **revenez?**
>   *When are you coming back?*
>   Elle **est devenue** toute rouge, puis elle est sortie.
>   *She got all red and then she left.*

$\mathcal{V}$ous avez compris?

1. Chassez l'intrus. Quel mot ne va pas avec les autres à cause du sens?

1. dramatique / violent / grave / comique
2. un documentaire / un acteur / le journal télévisé / les informations
3. un chanteur / un reporter / un jeu / une vedette de la télévision
4. un magnétoscope / un programme / une émission / une chaîne
5. une émission amusante / une pièce comique / un drame / une comédie

2. La télévision chez vous. Vrai ou faux?

1. On annonce la météo pendant le journal télévisé.
2. Il n'y a pas de publicité à la télé.
3. Il y a beaucoup de séries.
4. Il y a beaucoup de sport le week-end.
5. Le journal télévisé dure toujours entre trente et quarante minutes.
6. Il y a des dessins animés le samedi matin.

3. Les émissions de télévision. Quelle sorte d'émission est-ce, à votre avis?

Modèle   Urgences *(C'est) une série américaine.*
Grands Gourmands *(C'est) une émission sur la cuisine française.*
La Famille de la jungle *(C'est) un dessin animé / une émission pour les enfants.*

1. Tout Chopin
2. Rugby: la Coupe du monde
3. Planète animal
4. Hamlet
5. Qui veut gagner des millions?
6. Astérix et Cléopâtre
7. Un livre, des livres
8. La Chance aux chansons
9. Ally McBeal
10. Casablanca

4. La télévision française. Lisez les informations suivantes sur la télévision française. Est-ce que c'est comme la télévision chez vous?

1. Il y a des informations à une heure de l'après-midi.
2. Il y a toujours des informations à huit heures du soir.
3. Les dernières informations sont entre dix heures et demie et une heure du matin.
4. On donne la météo après les informations.
5. Il y a des séries américaines à la télévision.
6. Il y a des séries françaises à la télévision.
7. Les émissions ne commencent pas exactement à l'heure ou à la demi-heure.

5. La télévision et les âges

1. Quelle sorte d'émissions est-ce que vous regardiez à cinq ans? à douze ans? à seize ans?
2. Et maintenant? Quelle sorte d'émissions est-ce que les enfants regardent? et les étudiants? et les professeurs?
3. Quelle sorte d'émissions est-ce que les enfants ne regardent pas? et les personnes âgées? et vous?

Et eux, qu'est-ce qu'ils regardent?

6. J'ai peur! J'ai peur! Dites de quoi vous avez le plus peur.

1. Vous marchez seul dans la rue tard le soir et il n'y a personne.
2. Vous voyez un gros chien méchant quand vous faites du jogging.
3. Vous regardez le film *Psycho* tard le soir.
4. Vous entendez le téléphone à trois heures du matin.
5. C'est la nuit et vous entendez un bruit bizarre. Vous cherchez mais vous ne trouvez rien.
6. Vous faites du camping et un gros animal entre sous la tente pendant que vous dormez.
7. Quelqu'un arrête sa voiture à côté de vous et vous propose de vous emmener là où vous voulez aller.

De quoi d'autre est-ce que vous avez peur? En groupes, faites une liste et comparez avec les autres étudiants de la classe.

7. Associations. Quels verbes est-ce que vous associez avec les idées suivantes?

1. le français
2. l'anglais
3. être sage
4. les vacances
5. un cadeau
6. la vie

8. Méli-mélo *(mish-mash)*. Répondez aux questions.

1. Qu'est-ce que vos parents ne vous permettaient pas de faire quand vous aviez dix ans?
2. Quand est-ce que vous devenez tout rouge?
3. Si vous ne comprenez pas quelque chose, qu'est-ce que vous faites?
4. Qu'est-ce que vous voulez apprendre à faire?
5. Qu'est-ce que vous avez promis de faire et que vous n'avez pas fait?
6. Qu'est-ce qui vous a surpris(e) quand vous êtes arrivé(e) à l'université?

*M*ise en pratique

9. Le film typique. En groupes, décidez du film qui représente pour vous les catégories suivantes:

- la comédie
- la comédie romantique
- le film d'amour
- le film policier
- le film de science-fiction
- le film d'horreur
- le film d'aventures

Comparez avec les autres étudiants.

10. Quelle sorte de film est-ce? Lisez les descriptions des films et répondez aux questions.

1 LES TEMPS MODERNES.

Amér., muet, noir et blanc (1936), de Charles Chaplin: Charlot est ouvrier dans une usine et son travail à la chaîne le rend fou. Avec Charles Chaplin et Paulette Goddard.

2 CYRANO DE BERGERAC.

Franç., coul. (1989), de Jean-Paul Rappeneau: Au XVIIe siècle, Cyrano de Bergerac, qui a un très grand nez, est amoureux de sa cousine Roxane mais n'ose pas le lui dire. Avec Gérard Depardieu et Anne Brochet.

3 TINTIN ET LE TEMPLE DU SOLEIL.

Franco-belge, coul. (1969), dessin animé de Raymond Leblanc, d'après la B.D. d'Hergé. Tintin, Milou et le Capitaine Haddock partent en Amérique du Sud pour retrouver le Professeur Tournesol.

4 LA GRANDE VADROUILLE.

Franç., coul. (1966), de Gérard Oury: pendant la guerre de 1940, trois parachutistes anglais se retrouvent en plein Paris occupé par les Allemands. Pour quitter la ville et retourner en zone libre, ils se font aider par Augustin, un peintre en bâtiment naïf, et Stanislas, un chef d'orchestre irascible. Un des films les plus comiques de l'histoire du cinéma français. Avec Louis de Funès (Stanislas) et Bourvil (Augustin).

5 LE SIXIÈME SENS.

Amér., coul. (1999) de M. Night Shyamalan: un psychologue essaie d'aider un petit garçon qui voit des esprits autour de lui. Avec Bruce Willis et Haley Joel Osment.

6 QUATRE MARIAGES ET UN ENTERREMENT.

Brit., coul. (1994), de M. Mike Newel: Charles, célibataire endurci, rencontre une belle Américaine. Va-t-il pouvoir résister? Avec Hugh Grant et Andie MacDowell.

7 UNE POUR TOUTES.

Franç., coul. (2000), de Claude Lelouch: des actrices sans travail décident de séduire les hommes les plus riches du monde dans le Concorde entre Paris et New York. Leur but? Leur prendre le plus d'argent possible sans se marier et sans coucher avec eux. Mais l'inspecteur Bayard fait une enquête... Avec Anne Parillaud, Marianne Denicourt, Alice Evans, Olivia Bonamy, Alessandra Martines et Jean-Pierre Marielle.

8 HIMALAYA, L'ENFANCE D'UN CHEF.

Franco-suisse-britannique-népalais, coul. (1999), d'Éric Valli: dans un village de l'Himalaya, le vieux chef Tinle refuse que le jeune Karma emmène la caravane de yaks. Mais Karma part quand même, accompagné par les jeunes. Alors, Tinle va partir lui aussi, avec son fils, son petit-fils, un lama et ses vieux amis. Avec Thilen Lhondup, Lhapka Tsamehoe, Gorgon Kyap et Karma Wangiel.

Quelle sorte de films sont sur la liste? Quels sont les films américains? français? autres? Quels sont les vieux films? Quel film n'est pas en couleurs? Pourquoi? Quels films ne sont pas pour les enfants, d'après vous? Quels films sont pour les enfants? Quels sont les films dramatiques? comiques? romantiques? Quels films avez-vous vus? Quels films avez-vous aimés? détestés? Pourquoi? Quel(s) film(s) voulez-vous voir? Quel film ne voulez-vous pas voir? Pourquoi?

11. Nouvelles d'un soir à la télévision. Vous êtes le directeur des informations à la télévision et c'est vous qui êtes responsable du journal télévisé de vingt heures. Voilà une liste des nouvelles de la journée. Lisez-la et décidez quelles sont les cinq ou six nouvelles les plus importantes à présenter ce soir. Faites attention: votre journal télévisé doit être équilibré.

- Le président a parlé à la télévision.
- Un millionnaire a acheté un tableau de Van Gogh.
- Le nouveau film de Spielberg est sorti à Los Angeles.
- Le chanteur canadien Robert Charlebois donne un concert à Paris.
- Le président va aller à Montréal au mois d'août.
- Un accident de voiture a fait douze morts.
- Scandale et drogue dans le monde du football français.
- Des médecins suédois vont aller à Harvard travailler sur un projet biogénétique.
- On a trouvé des produits toxiques dangereux dans les poulets européens.
- La police a trouvé 100 kilos de cocaïne à Miami.
- Trois gangsters sont entrés dans une banque la nuit et ont pris un million d'euros.
- Trois astronautes sont partis pour Mars.
- Coupe du monde de football ce soir: Cameroun-Belgique.
- Une Américaine a gagné la finale de tennis de Roland-Garros.
- L'euro a diminué sur le marché international.

12. Conversation en français. Vous êtes en France cet été pour apprendre le français et vous habitez avec une famille française. Nous sommes le six août et il est vingt heures trente. Regardez le programme de télévision à la page 434 et discutez de ce que vous voulez regarder avec les autres membres de la famille.

 *Conversation en français*

Structure

Le pronom *en*

En is a personal pronoun that replaces nouns referring to persons and things in the following cases.

Quantité

The pronoun **en** may express the idea of quantity in the following cases (note that it is not always possible to translate **en** directly into English).

1. With a number expression (including **un/une**):

Il a trois livres?	*Does he have three books?*
Oui, il **en** a trois.	*Yes, he has three (of them).*
Vous avez une voiture?	*Do you have a car?*
Oui, j'**en** ai une.	*Yes, I have one.*

2. With an adverb of quantity:

Tu as **beaucoup de** travail?	*Do you have a lot of work?*
Non, je n'**en** ai pas **beaucoup.**	*No, I don't have a lot (of it).*

3. As a replacement for a partitive construction:

Il y a **du fromage?**	*Is there any cheese?*
Bien sûr, il y **en** a.	*Of course there is (some).*
Tu as **de l'argent?**	*Do you have (any) money?*
Oui, j'**en** ai.	*Yes, I do (have some).*
Il n'y a plus **de lait?**	*There isn't any more milk?*
Non, il n'y **en** a plus.	*No, there isn't any more.*

4. As a replacement for the plural indefinite article **des** + *a noun:*

Il y a **des pommes?**	*Are there any apples?*
Oui, oui, il y **en** a.	*Yes, there are (some).*
Il n'y a plus **d'oranges?**	*There aren't any more oranges?*
Non, il n'y **en** a plus.	*No, there aren't any more.*

De + nom

En may replace **de** + *noun* referring to an object or place.

Tu as peur **des chiens?**	*Are you afraid of dogs?*
Non, je n'**en** ai pas peur.	*No, I'm not afraid of them.*
Il a besoin **d'amour.**	*He needs (some) love.*
Oui, et moi aussi, j'**en** ai besoin.	*Yes, and I need it (some of it) too.*

Où placer le pronom en?

En follows the placement rules you already know for direct and indirect object pronouns. There is no past participle agreement with the pronoun **en.**

Il **en** demande trois.
Il **en** demandait trois.
Il va **en** demander trois.
Il **en** a demandé trois.
Il n'**en** a pas demandé trois.

Note that **en** always follows **y** in the expression **il y a.**

Est-ce qu'il **y en** a?	*Are (Is) there any?*
Il **y en** a.	*There are (is) some.*
Il n'**y en** a pas.	*There aren't (isn't) any.*

As was the case with direct and indirect object pronouns, **en** precedes a negative imperative form and follows an affirmative one. Note that first-conjugation verbs add an **-s** to the second-person singular form of the imperative when the pronoun **en** follows. This serves to facilitate pronunciation.

Parle-lui!	*Talk to him!*
BUT	
Parles-**en**!	*Talk about that!*

𝒱ous avez compris?

• •

13. Devinez. Mais de quoi est-ce qu'on parle?

Modèle   J'en ai mangé une.
J'ai mangé une pomme.

1. Il y en a dans mon frigo.
2. Je n'en ai pas.
3. J'en veux beaucoup.
4. J'en ai un.
5. Les étudiants n'en ont pas beaucoup.
6. Les étudiants en boivent trop.

14. Dans votre chambre. Qu'est-ce que vous avez dans votre chambre?

Modèles   une télévision?
Oui, j'en ai une. / Non, je n'en ai pas.

des chaises?
Oui, j'en ai. / Non, je n'en ai pas.

1. un bureau?
2. un ordinateur?
3. des rideaux?
4. un grand lit?
5. un réveil?
6. un chat?

15. Dans le frigo. Dans le frigo idéal, qu'est-ce qu'il y a?

> **Modèle** du jus de fruit?
> *Oui, il y en a. / Non, il n'y en a pas.*

1. du lait?
2. de la bière?
3. du Coca-Cola?
4. du thé glacé?
5. de l'eau?
6. des tomates?

glacé: *iced*

16. En veux-tu, en voilà... Utilisez le pronom **en** pour refaire les phrases.

> **Modèle** Tu as acheté cinq chemises?
> *Tu en as acheté cinq?*

1. Je voudrais acheter une voiture.
2. Tu as assez d'argent?
3. Non, mais je vais gagner beaucoup d'argent.
4. Paul a peur des chats noirs.
5. Jeanne ne mange jamais de viande.
6. Nous avons bu trop de vin hier soir.

*M*ise en pratique

17. Chez Georges. Voilà où Georges (le monstre que vous avez rencontré dans la *Leçon 15*) habite. Remplacez les noms par des pronoms quand vous pensez que c'est nécessaire. Utilisez des pronoms sujets, des pronoms toniques, des pronoms d'objet direct, des pronoms d'objet indirect ou le pronom **en.**

> Georges habite une chambre chez les Dupont. Georges aime beaucoup les Dupont parce que les Dupont sont très gentils avec Georges, mais Georges déteste sa chambre. Sa chambre a une grande fenêtre mais il n'y a pas de rideaux et Georges a besoin de rideaux. Georges n'a pas de bureau et Georges voudrait un bureau pour écrire sa biographie. Georges voudrait aussi avoir beaucoup d'étagères. Il y a une étagère, mais l'étagère est trop petite. Georges a parlé aux Dupont de la chambre et Georges a demandé aux Dupont d'acheter à Georges un bureau, des étagères et des rideaux. Les Dupont ont promis à Georges d'acheter une étagère, mais Georges veut deux étagères. Les Dupont ont dit à Georges que les Dupont allaient acheter un bureau aussi. Mais si Georges veut des rideaux, c'est Georges qui doit acheter les rideaux. Alors, Georges ne sait pas si Georges va rester chez les Dupont ou si Georges va quitter les Dupont pour chercher une autre chambre où il y a des rideaux. Les rideaux sont très importants pour Georges parce que Georges ne veut pas qu'on regarde Georges pendant que Georges est en train de travailler à son livre. C'est un monstre très timide!

Les verbes *vouloir, pouvoir, devoir, avoir* et *être* au passé composé

These verbs are often found in the **imparfait** rather than the **passé composé** since they tend to refer to states in the past (how things were).

In the **passé composé,** they express a change of state (an event, something that happened). Their exact English equivalent will depend on the context. Note the form of the past participles of these verbs in the examples that follow:

- **vouloir** (voulu)

  M. Smith **voulait** aller au match de football mais Mme Smith n'**a** pas **voulu.** Donc, ils sont restés à la maison.
  Mr. Smith wanted (felt like = state of mind) to go to the football game, but Mrs. Smith didn't want to (she said no, decided not to go = something that happened). So they stayed home.

- **pouvoir** (pu)

  Vincent a bu trop de café et il n'**a** pas **pu** dormir.
  Vincent drank too much coffee and he couldn't sleep (what happened as a result of drinking too much coffee).

  Quand j'**avais** dix-huit ans, je ne **pouvais** pas sortir en boîte parce que mes parents **étaient** vieux jeu.
  When I was 18 (how things were), I couldn't go out to clubs to dance (wasn't allowed to = how things were) because my parents were old-fashioned.

- **devoir** (dû)

  Paul **devait** arriver à cinq heures et il n'est toujours pas là. Il **a dû** manquer le train.
  Paul was supposed to be here at 5 o'clock (how things were) and he's not here yet. He must have missed the train (something that happened).

- **avoir** (eu)

  Michel n'**avait** pas peur des chiens mais quand il a vu Oscar, il **a eu** peur...
  Michel didn't use to be afraid of dogs (how things were), but when he saw Oscar, he got scared... (became afraid, got frightened = something happened to make him afraid).

- **être** (été)

  Après ce long voyage, j'**étais** fatigué et j'**ai été** content quand le train est arrivé.
  After that long trip, I was tired (how things were), and I was happy (change in how things were = I became happy) when the train arrived.

Vous avez compris?

18. En anglais. Traduisez le paragraphe en anglais idiomatique. Pour chaque verbe, décidez pourquoi on a choisi le passé composé ou l'imparfait.

Hier, j'ai invité ma famille au restaurant pour célébrer l'anniversaire de mariage de mes parents. Je voulais aller dans un restaurant italien parce que je voulais manger des pâtes. Mais mes parents n'ont pas voulu et ils ont choisi un restaurant grec. Ils voulaient manger de la moussaka. Le restaurant était plein et nous avons dû attendre. Heureusement, ce soir-là, je ne devais pas étudier.

Il y avait beaucoup de choses nouvelles sur le menu et on ne pouvait pas choisir. Alors, on a décidé de commander des plats différents et de partager. J'ai beaucoup mangé parce que j'avais très faim, mais après le dîner—catastrophe! Je n'ai pas pu payer parce que je n'avais pas mon sac! Alors, c'est Papa qui a dû payer. Et où était mon sac? Quand nous sommes rentrés, je l'ai vu sur la table; alors j'ai été contente et j'ai pu aller dormir.

19. Histoire de fantôme. Complétez cette histoire de fantôme par des verbes au passé composé ou à l'imparfait.

Anne et Jacques _____ (habiter) dans un ranch en Amérique du Sud. Ils _____ (avoir) beaucoup d'animaux et ils _____ (être) heureux dans une région où il _____ (faire) toujours beau et chaud. Le soir, ils _____ (aller) dormir de bonne heure et ils _____ (dormir) toujours très bien parce que la maison _____ (être) très calme.
Une nuit, Anne _____ (aller) dans la cuisine pour prendre un verre d'eau et elle _____ (voir) un homme dans le salon. Alors, elle _____ (avoir) peur. Elle _____ (retourner) dans la chambre et elle _____ (dire) à son mari qu'il y _____ (avoir) un homme dans la maison. Jacques _____ (prendre) son revolver et il _____ (aller) dans le salon. Quand il _____ (arriver), l'homme le _____ (regarder), et puis il _____ (sortir) par le mur. Ce _____ (être) un fantôme. Cette nuit-là, Anne et Jacques _____ (ne pas pouvoir) bien dormir!

Mise en pratique

20. Un crime à Cinet? Est-ce qu'il y a eu un crime à Cinet? Mettez les verbes entre parenthèses au passé composé ou à l'imparfait pour reconstituer l'histoire.

À cinq heures, hier soir, il y _____ (avoir) beaucoup de monde au Café de la Poste. M. Meunier _____ (parler) avec M. Bastin. Les Ségal _____ (boire) du thé. Tout _____ (être) calme. Puis, tout à coup, la porte s'est ouverte et M. Piette est apparu, l'air très sérieux. Il _____ (regarder) les gens pendant une ou deux minutes. Puis il _____ (aller) parler à M. Caron, le propriétaire.
—Où est Mlle Collin? Elle est serveuse ici, non?
—Oui, oui, mais elle _____ (finir) il y a deux heures et elle _____ (partir) juste après. Pourquoi? Il y a un problème?
—Peut-être. Ses parents _____ (téléphoner). Elle _____ (ne jamais arriver) chez elle!

Tout à coup, M. Caron _____ (avoir) très peur. Et puis, il _____ (se souvenir) que Mlle Collin _____ (avoir l'air) bizarre aujourd'hui. Elle _____ (regarder) sa montre tout le temps et elle _____ (ne rien écouter).

M. Piette _____ (demander) à tous les clients du café s'ils _____ (connaître) Mlle Collin et s'ils avaient vu quelque chose ou quelqu'un quand Mlle Collin _____ (partir). Alors, M. Ségal _____ (vouloir) parler seul avec M. Piette. Il lui _____ (dire) qu'il _____ (ne pas bien connaître) Mlle Collin, mais qu'il _____ (connaître) bien le fils du banquier, Jacques Lacroix, qui _____ (aller) se marier dans deux semaines avec une pharmacienne. Eh bien, à trois heures de l'après-midi, Monsieur et Madame Ségal _____ (se promener) dans la rue quand tout à coup, ils _____ (voir) Jacques Lacroix dans sa voiture au coin de la rue du Café de la Poste. Mlle Collin _____ (être) avec lui et ils _____ (s'embrasser)!

Alors, M. Piette _____ (téléphoner) aux parents de Jacques Lacroix et il _____ (apprendre) que personne dans la famille Lacroix ne _____ (savoir) où Jacques _____ (être). Alors, qu'est-ce qui _____ (se passer), à votre avis?

21. Histoire-squelette. Voilà le squelette d'une histoire. Donnez des détails pour la développer. N'oubliez pas d'utiliser l'imparfait pour dire comment étaient les choses *(description)* et le passé composé pour dire ce qui s'est passé *(narration)*.

N'oubliez pas: *Do not forget*

Modèle   *Il était onze heures du soir. Je regardais la télé quand, tout à coup, j'ai entendu du bruit...* (Continuez à raconter l'histoire.)

J'ai entendu du bruit.
J'ai eu peur.
J'ai mis mon imperméable.
J'ai pris une lampe.
Je suis sorti de la maison.

Je suis allé voir.
J'ai vu quelque chose.
Je suis rentré.
Je suis allé dormir.

Les verbes *croire, suivre* et *vivre*

The verbs **croire** *(to believe)*, **suivre** *(to follow)*, and **vivre** *(to live)* are irregular.

Le verbe croire

PRÉSENT	je crois	nous croyons
	tu crois	vous croyez
	il elle } croit	ils elles } croient
IMPARFAIT	je croyais, etc. ...	
PASSÉ COMPOSÉ	j'ai cru, etc. ...	
IMPÉRATIF	crois! croyons! croyez!	

Crois-moi! C'est la vérité!
Je ne te **crois** pas!
Quand nous avions 12 ans, nous ne **croyions** plus aux histoires de nos parents.
On l'**a cru** mort!

Believe me! It's the truth!
I don't believe you!
When we were 12, we didn't believe our parents' stories anymore.

We thought he was dead!

Expressions avec croire

- **croire** + **que** = *to believe that*

  Vous **croyez qu**'il se trompe? *Do you think that he's wrong?*

- **croire** + **à** = *to believe in*

  Tu **crois au** père Noël? *Do you believe in Santa Claus?*

- **croire en Dieu** = *to believe in God*

- **croire que oui / non** = *to believe so / not to believe so*

Le verbe suivre

PRÉSENT	je suis	nous suivons
	tu suis	vous suivez
	il ⎫	ils ⎫
	elle ⎭ suit	elles ⎭ suivent
IMPARFAIT	je suivais, etc. ...	
PASSÉ COMPOSÉ	j'ai suivi, etc. ...	
IMPÉRATIF	suis! suivons! suivez!	

Tu **suis** cette rue jusqu'à la poste, et puis... *You take (follow) this road as far as the post office and then . . .*

Quand il était petit, mon frère me **suivait** partout! *When he was little, my brother used to follow me everywhere!*

Suis-moi! *Follow me!*

Suivez le guide! *This way, please (in a museum, for example).*

Expression avec suivre

- **suivre** + **cours** = *to take a class/course*

  Elle **suit trois cours** ce trimestre. *She's taking three courses this quarter.*

Le verbe vivre

PRÉSENT	je vis	nous vivons
	tu vis	vous vivez
	il ⎫	ils ⎫
	elle ⎭ vit	elles ⎭ vivent
IMPARFAIT	je vivais, etc. ...	
PASSÉ COMPOSÉ	j'ai vécu, etc. ...	
IMPÉRATIF	vis! vivons! vivez!	

Nous **vivons** bien maintenant que j'ai trouvé du travail. *We live well (we're doing fine) now that I've found a job.*

Il **vivait** à Londres quand il l'a su. *He was living in London when he found out about it.*

Vous **avez vécu** à Paris pendant cinq ans?

You lived in Paris for five years?

Vivons ensemble. C'est moins cher.

Let's move in (live) together. It's less expensive.

Expression avec vivre

* être facile / difficile à vivre

to be easy / difficult to get along with

Ma sœur a 12 ans et elle n'**est** pas **facile à vivre.**

My sister is 12 and she is not easy to get along with.

𝒱ous avez compris?

22. Qu'est-ce que vous croyez? Utilisez **je crois que oui** ou **je crois que non** pour exprimer vos opinions.

1. Il est plus important d'avoir un métier que vous aimez que d'avoir un métier où vous gagnez beaucoup d'argent.
2. C'est très important d'avoir un diplôme d'université.
3. Les hommes et les femmes doivent aller à l'armée pendant un an.
4. La pollution est un gros problème.
5. Tout le monde doit parler anglais.

23. La réponse est non! Répondez à la forme négative.

Modèle   Elle te croit?
Non, elle ne me croit pas.

1. Vous croyez qu'il se trompe?
2. Il vous suit?
3. Tu vis là?
4. Vous suivez un cours de mathématiques?
5. Ils vivent ensemble?

24. Et maintenant... Tout change avec l'âge.

Modèle   Vous croyez les professeurs?
Non, je les croyais avant, mais je ne les crois plus!

1. Tes parents te croient?
2. Patrick vit avec Georges?
3. On suit des cours de latin au lycée?
4. Les étudiants vivent bien à l'université?
5. Tu vis avec tes parents?

𝑀ise en pratique

25. Méli-mélo. Répondez aux questions.

1. Est-ce que vous croyez à la chance?
2. Est-ce que vous croyiez au père Noël quand vous aviez six ans?
3. Est-ce que vous croyez que la vie est juste? Donnez un exemple.
4. Combien de cours est-ce que vous suivez à l'université?
5. S'il y a quelqu'un qui vous suit le soir, qu'est-ce que vous faites?
6. Est-ce que vous vivez bien à l'université?
7. Est-ce que vous êtes facile ou difficile à vivre? Pourquoi?

chance: *luck*

juste: *fair*

Découvertes culturelles: **Télévision et quotas**

Pas assez de couleurs à la télévision!

A. Préparation. Lisez le titre. D'après vous, que signifie ce titre? Trouvez trois interprétations possibles.

Lisez le sous-titre et identifiez parmi vos hypothèses l'hypothèse qui convient le mieux. Quels mots du sous-titre expliquent le titre?

B. Découverte du texte. Identifiez dans le texte les personnes ou organisations qui sont mentionnées. À quel groupe appartient chaque personne?

Pour chaque personne, identifiez dans le texte les mots qui indiquent leur position sur le sujet.

Combien d'opinions sont débattues dans le texte? Lesquelles?

C. Architecture du texte. Comment est composé le texte? Comment est-il organisé? Que reflète cette organisation?

D. Analyse

1. Pour chaque groupe que vous avez identifié, faites la liste des expressions qui expriment son point de vue et son action.

2. Expliquez les expressions suivantes et dites à quoi elles se réfèrent.

	Point de vue	Action
l'isolement des minorités ethniques le vrai visage de la population française un équilibre juste à la télévision les communautés de la France actuelle la discrimination positive régler le mal par un autre mal donner une place plus importante aux minorités		

E. Mots nouveaux. Soulignez tous les mots qui ont la même origine en français et en anglais.

F. Débat. La lutte anti-raciste et les quotas. Choisissez un point de vue et décidez quels arguments vous pourrez utiliser pour aider la Ministre de la Culture à prendre une décision.

Pas assez de couleurs à la télévision

Calixthe Belaya

A francophone writer born in Cameroon, Calixthe Belaya studied in Africa and France. She now lives in Paris. Her novels tell the story of immigrants and Francophone people who live between cultures.

Absence de Beurs et de Noirs à la télévision !

Trop d'acteurs, de journalistes, d'animateurs "blancs", déclarent le «Collectif Égalité», un organisme qui s'occupe de la promotion des minorités en France.

Pour éveiller l'opinion publique au problème de l'isolement des minorités ethniques, le «Collectif Égalité» a organisé à Paris une «Marche des Peuples Noirs de France». Insistant pour installer un système de quotas dans les émissions de télévision, c'est-à-dire choisir un acteur noir ou beur plutôt qu'un acteur blanc de même talent, il veut que la télévision reflète le vrai visage de la population française du XXIième siècle.

«Il faut une politique volontariste pour que les minorités ethniques participent à la vie de ce pays», dit Calixthe Belaya, membre du «Collectif Égalité» et écrivain.

Pour voir un équilibre juste à la télévision il est nécessaire de faire travailler des personnes qui représentent toutes les communautés de la France actuelle. Pour cela, elle pense qu'il n'y a que la discrimination positive et cette politique pour donner une meilleure image des Noirs et des Arabes. Une telle politique peut aussi faciliter la lutte anti-raciste.

Mais le MRAP*, une organisation anti-raciste, ne veut pas voir les quotas s'installer en France. Son secrétaire général, Mouloud Aounit, pense que les quotas risquent de favoriser le racisme au lieu de le résoudre. «Il y a tant de minorités en France ou tant de personnes d'origine étrangère. Nous refusons cette logique des quotas, c'est une façon de régler le mal par un autre mal», déclare-t-il.

Pourtant, la Ministre de la Culture, Catherine Tasca, prépare une nouvelle réglementation qui s'appliquera à France 2 et France 3 et donnera une place plus importante aux minorités sans toutefois imposer de quotas. Voici où en sont les choses pour l'instant.

*MRAP: Mouvement contre le racisme et pour l'amitié entre les peuples.

D'après *Les Clés de l'Actualité*. 7 Juin 2000

Orthographe et Prononciation

Les lettres *-s-* et *-ss-*

The letter -s- may be pronounced as an **s** or as a **z**, or it may be silent.

1. At the beginning of a word, or next to a consonant, the letter -s- is pronounced as an **s**.

   sur   sous   disque

2. Between two vowels, the letter -s- is pronounced **z**.

   rose   ils disent
   grise   organisation

3. At the end of a word, the letter -s is silent.

   dos   les chats
   tu fais

4. The letter combination -ss- is always pronounced **s**.

   passer   grosse
   un dossier   une adresse

Activité

Prononcez. Répétez après votre professeur.

1. Sa sœur a sommeil.
2. C'est un cours impossible.
3. Elle s'est brossé les cheveux.
4. Isabelle et Élisabeth lisent beaucoup.

Une radio nationale

Vocabulaire de base

Noms

un acteur, une actrice
  actor, actress
une chaîne (de télévision)
  (television) station, channel
une chanson *song*
un chanteur, une chanteuse
  singer
une comédie *comedy*
  (movie, play)
un concert *concert*
le début *beginning*
un dessin animé
  (animated) cartoon
un documentaire (sur)
  documentary (on)
un drame *drama*
une émission *program*
un film d'amour
  romantic movie
un film d'aventures
  adventure movie
un film de science-fiction
  science fiction movie
un film d'horreur
  horror movie
un film policier
  detective/police movie
les informations (f. pl.)
  news
une interview *interview*
un jeu (télévisé) *game show*
le journal (télévisé)
  (television) news

un magazine (littéraire,
  culturel, d'information...)
  (literary, cultural, news . . .)
  TV show
une pièce (de théâtre) *play*
un reportage *(news) report,*
  (news) story
une série *series*
une station *(radio) station*
un téléfilm
  made-for-television movie
une vedette (de la télévision,
  de cinéma...) *(television,*
  movie, etc.) celebrity
un western *western (movie)*

Adjectifs

célèbre *famous*
comique *funny, amusing,*
  comic
culturel, culturelle *cultural*
dramatique *dramatic*
ennuyeux, ennuyeuse *boring*
étranger, étrangère *foreign*
grave *serious*
littéraire *literary*
même *same; even*
violent(e) *violent*

Verbes

apprendre (à) *to learn (to)*
comprendre *to understand*
croire (à / que) *to believe*
  (in / that)

devenir (conjugué avec être)
  to become
durer *to last*
montrer *to show*
passer *to spend*
permettre (de)
  to allow, to permit
promettre (qqch. à qqn)
  to promise (something
  to someone)
revenir (conjugué avec être)
  to come back
suivre *to follow*
surprendre *to surprise*
vérifier *to verify, to check*
vivre *to live, to be alive*

Divers

à la radio *on the radio*
à la télévision *on television*
avoir peur (de)
  to be afraid (of)
croire que oui
  to believe / think so
croire que non
  not to believe / to think not
être facile / difficile à vivre
  to be easy / difficult
  to get along with
pourtant *however*
suivre un cours
  to take a class / course

Vocabulaire supplémentaire

Noms
le câble *cable*
une cassette vidéo
   video cassette
un(e) cinéaste
   movie producer/director
un danseur, une danseuse
   dancer
un débat *talk show, debate*
une émission de divertissement
   entertainment (TV show)
un feuilleton *soap opera*
un film d'espionnage
   spy movie
le goût *taste*
un magnétoscope
   video cassette recorder
les médias *media*
un musicien, une musicienne
   musician
un programme
   television / radio schedule
un reporter *reporter*
un satellite (la télévision
   par satellite)
   satellite (satellite television)
une télécommande
   remote control

Adjectifs
international(e),
   internationaux,
   internationales
   international
national(e), nationaux,
   nationales *national*
romantique *romantic*

Verbe
annoncer (conjugué comme
   commencer) *to announce*

Divers
Ça me fait peur. *That scares me.*
croire au Père Noël
   to believe in Santa Claus
croire en Dieu
   to believe in God
en effet *indeed, in fact*
en même temps
   at the same time
faire peur (à) *to scare*
ne... personne (de
   sympathique...)
   no one (nice, etc.)
ne... rien (de comique...)
   nothing (funny, etc.)
quand même
   all the same, even so

Le français tel qu'on le parle
Ça m'est égal!
   I don't mind/care!
   It's all the same to me!
On change? *Shall we switch?*
Où est-ce qu'on va?
   Where are we going?
Ça fait peur! *It's /that's scary!*
Suivez le guide. *This way, please.*
   (lit. Follow the guide.)

Pour parler des films et des romans policiers
l'arme du crime *(f.) crime
   weapon, murder weapon*
un crime *crime*
le lieu du crime *crime scene*
un meurtre *murder*
les personnages *characters*
   le meurtrier, la meurtrière
      (le tueur, la tueuse)
      murderer (killer)
   la victime *victim*
   le suspect, la suspecte *suspect*
   le témoin *witness*
   l'inspecteur,
      l'inspectrice
      (de police)
      (police) inspector
un revolver *revolver, gun*
faire une enquête
   to hold / run an investigation
interroger *to question,
   interrogate*
tuer *to kill*

Le français familier
avoir la trouille = avoir peur
avoir la frousse = avoir peur
un poulet = un policier
une star (de cinéma, de la
   télévision, de la chanson) =
   (movie, television,
   pop music) star
un thriller = adventure story,
   mystery
zapper = changer souvent
   de chaîne télé

On entend parfois...
frousser (Rép. Dém. du Congo) =
   avoir peur

Le tour du monde en 365 jours

En bref...

- **Les pays du monde**
- **Les moyens de transport**
- **Faire des projets (le futur)**
- **Le pronom y**
- **Les pronoms personnels: récapitulation**
- **Quitter son pays**
- **Chocs culturels**

Où aimeriez-vous voyager?

Entrée en matière:

Voyagez à Saute-Frontière

Les illustrations. Trouvez l'illustration qui correspond à chaque pays: l'Espagne, l'Italie, la Suisse, l'Allemagne, le Luxembourg, la Belgique et le Royaume-Uni.

D'après ces illustrations, quelles sont les caractéristiques de ces pays? Pourquoi ces illustrations sont-elles toutes très pittoresques? Qu'est-ce que ces illustrations ont en commun? Qui va dans ces pays et quand? Pourquoi ces sept pays?

Sous le gros titre il y a des drapeaux. Quel est le drapeau de chaque pays?

Devinez. Devinez le sens des mots:

frontière: _____

drapeau: _____

le Royaume-Uni: _____

Testez vos connaissances géographiques. Quelle est la frontière entre la France et l'Espagne? Et entre la France et l'Italie? Et entre la France et la Suisse? Et entre la France et l'Allemagne? Et entre la France et le Luxembourg? Et entre la France et la Belgique? Et entre la France et le Royaume-Uni?

Escapades! Dans le texte de cette réclame, trouvez les lieux géographiques mentionnés. Pourquoi sont-ils mentionnés?

Qu'est-ce que cette réclame offre?

D'après le contexte, devinez le sens des mots:

musarder: _____

Hexagone: _____

Trouvez tous les mots qui sont synonymes de «frontière» dans ce texte.

Choisissez. Vous avez fait un voyage dans un de ces sept pays. Utilisez une des illustrations comme carte postale et écrivez à votre professeur de français pour raconter comment vous êtes arrivé(e) là.

À Saute-Frontière. Les enfants français jouent à saute-mouton. Un enfant met ses mains sur ses genoux, courbe le dos, et les autres enfants sautent par-dessus en ouvrant les jambes. Saute-Frontière est une expression créée par l'auteur de la réclame. Trouvez dans le texte d'autres phrases ou adjectifs pour créer un nouveau titre pour cette réclame.

SPÉCIAL ÉTÉ

16 détours à la carte

en Espagne, Italie, Suisse, Allemagne, Luxembourg, Belgique et au Royaume-Uni

VOYAGEZ
À SAUTE-FRONTIÈRE

Vous avez choisi pour lieux de vacances les Pyrénées, les côtes de la Manche ou la partie est de l'Hexagone : pourquoi ne pas profiter de l'occasion pour passer la crête ? Pour aller musarder un, deux ou trois jours sur l'autre rive, l'autre versant de la frontière ? Les reporters de « Détours » ont imaginé et reconnu pour vous une quinzaine de minicircuits, curieux ou vagabonds, qui n'attendent que votre visite. Bonnes escapades !

NICOLAS THIBAUT
BERTRAND RIEGER
JACQUES VERROUST
ÉRIC BERACASSAT

Vocabulaire

A. Un grand voyage

Jean-Pierre et Anne se sont mariés le cinq septembre et, comme ils adorent voyager à l'étranger, ils ont décidé de faire le tour du monde pendant un an. Ils sont tous les deux professeurs dans un lycée de Bruxelles et ils ne sont pas très riches, mais ils ont fait des économies et ils ne vont pas aller dans des hôtels de luxe, bien sûr. Ils détestent les voyages organisés parce que c'est trop cher et ils n'aiment pas voyager en groupe. Donc, ils vont partir seuls, avec un sac à dos. Ils veulent traverser l'Europe, l'Asie, l'Australie, l'Amérique et l'Afrique et ils vont visiter beaucoup de pays en train, en avion, en voiture, en autocar, en bateau et même en vélo.

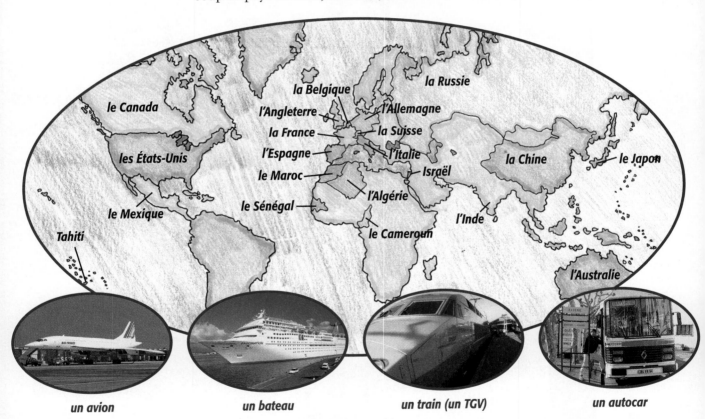

la Belgique — la Russie — le Canada — l'Angleterre — l'Allemagne — la France — la Suisse — les États-Unis — l'Espagne — l'Italie — la Chine — le Japon — le Maroc — Israël — le Mexique — l'Algérie — le Sénégal — l'Inde — Tahiti — le Cameroun — l'Australie

un avion   *un bateau*   *un train (un TGV)*   *un autocar*

◆ Qui sont Jean-Pierre et Anne? Qu'est-ce qu'ils vont faire pendant leur lune de miel? Comment vont-ils voyager? Pourquoi? Qu'est-ce qu'ils vont voir? Quels moyens de transport vont-ils utiliser?

Anne a essayé d'écrire l'histoire de leur voyage, mais il y avait trop de choses à faire... Alors, elle a écrit seulement un résumé. Le voilà:

B. Bruxelles, 7 septembre

Voilà, c'est la veille du grand départ! Quel voyage nous allons faire!
On a réservé les premières nuits d'hôtel et on a fait nos bagages.
Nous emportons deux sacs à dos, un autre petit sac, nos passeports,
les billets d'avion et de train (pour le bateau, on verra), les chèques
de voyage, nos permis de conduire, les cartes, les plans, les appareils
photo, le caméscope... On est raisonnable: les sacs ne sont pas trop
lourds. J'espère que nous n'avons rien oublié!

Première étape: l'Europe en train... Nous allons d'abord traverser la
France en TGV. Ça va plus vite et comme on la connaît bien, la France,
on ne va pas s'arrêter cette fois. Mais on veut visiter la Suisse et l'Italie
plus lentement: faire des randonnées à la montagne, faire les musées,
se promener dans les vieux quartiers des villes italiennes... Mais pas
question de faire les magasins: il n'y a pas de place dans les sacs!

Les Alpes italiennes

◆ Qu'est-ce qu'ils emportent avec eux? Et comme
vêtements? Est-ce qu'ils oublient quelque chose,
à votre avis? Est-ce que leurs bagages sont lourds
ou légers? Et vous, qu'est-ce que vous emportez
quand vous partez en voyage?

◆ Quels endroits d'Europe est-ce qu'ils vont visiter?
Pourquoi? Quels pays d'Europe ne vont-ils pas
visiter?

en Suisse

C. Dans le train, Milan–Florence, 20 septembre

Quels problèmes à Milan! Hier, notre taxi est arrivé en
retard à l'hôtel. À la gare, nous nous sommes trompés de
quai et nous avons vu notre train qui partait de l'autre
quai. Bien sûr, nous l'avons manqué. Alors, nous sommes
retournés au guichet pour changer nos billets, mais il n'y
avait plus de train et nous avons dû attendre le lendemain.
Malheureusement, aujourd'hui, tous les compartiments
étaient pleins et il n'y avait plus de place assise. Alors,
voilà, nous sommes debout dans le couloir. Ce n'est pas
facile d'écrire et je m'arrête.

◆ Quels problèmes ont-ils eus à Milan?
Où étaient-ils quand le train est
parti? Qu'est-ce qu'ils ont dû faire?
Où ont-ils passé la nuit, à votre avis?
Quel est le problème aujourd'hui?

◆ Où se trouve Florence? Que vont-ils
faire à Florence, à votre avis?

Le TGV

D. Dans l'avion, Pékin–Tokyo, 27 décembre

Découvrir la Chine, c'était merveilleux! Hong Kong d'abord, et puis Guilin et ses montagnes, Hangzhou et son lac, Shanghai la moderne et Pékin bien sûr, avec la Grande Muraille et la Cité Interdite... Quel pays magnifique! Et nous avons trouvé les habitants vraiment gentils. Mais on a souvent eu peur pendant les vols intérieurs surtout quand c'étaient des vieux avions russes! C'était horrible! Et puis, à l'aéroport de Pékin, quelle affaire! Nous étions en avance et l'avion

Voyons, c'est impossible!

Mais il y a encore de la place, n'est-ce pas?

était à l'heure, mais on nous a dit que nos billets n'étaient pas bons et que nous devions en acheter d'autres. Mais avec quel argent? Finalement, ils les ont acceptés, mais alors, nous étions en retard! À la douane, heureusement, on n'a pas eu de problème: les douaniers ne nous ont rien demandé. Nous sommes arrivés à la porte quand on la fermait, mais enfin, on n'a pas manqué l'avion et nous voilà! L'avion est presque vide, le pilote vient de dire qu'il fait un temps magnifique à Tokyo, les hôtesses de l'air sont en train d'apporter des apéritifs aux passagers... Je crois que le vol va être agréable, cette fois.

Et maintenant, le Japon...

◆ Quand sont-ils arrivés en Chine, à votre avis? Combien de temps sont-ils restés dans ce pays? Qu'est-ce qu'ils en pensent? Qu'est-ce qui s'est passé à l'aéroport? Où vont-ils passer le Nouvel An?
◆ Qu'est-ce qu'il faut voir en Chine? Et au Japon?

au Japon

en Chine

E. Dans le bateau, Tahiti–Bora Bora, 9 avril

Après le désert, les îles... Temps chaud et ensoleillé
tous les jours... Quel climat! Et la mer est d'un bleu,
mais d'un bleu! Et puis, voyager en bateau, mon
rêve de toujours! C'est beaucoup moins rapide que
l'avion, c'est même très lent, mais la vie en mer
est si agréable. Bien sûr, ce n'est pas une croisière.
Il n'y a pas de piscine et le restaurant n'est pas
élégant. Mais après l'Australie que nous avons
traversée en autocar...

◆ Où sont-ils allés après le Japon? Comment est
l'Australie? Comment ont-ils voyagé dans ce
pays? Où sont-ils maintenant? Est-ce qu'Anne
est contente? Expliquez.
◆ Qu'est-ce que c'est, Bora Bora? Qu'est-ce
qu'on peut faire à Bora Bora, à votre avis?

*en Australie
(Sydney et son opéra)*

à Bora Bora

F. Carmel, 2 mai

Et nous voilà en Californie, aux États-Unis. Nous avons décidé de louer une voiture à Los Angeles parce que nous avons découvert que Los Angeles sans voiture, c'est difficile. Et puis, c'est si facile de conduire ici! Les routes sont bonnes et il y a beaucoup d'autoroutes. L'Amérique, c'est vraiment le pays de l'avion et de la voiture. Les autres moyens de transport ne sont pas très pratiques, même s'il y a des autocars et des trains qui traversent le pays. Comme nous avons deux mois et que nous voulons voir du pays, ça va donc être la voiture.

l'Amérique en voiture

Première étape: Los Angeles–San Francisco. Mais nous sommes tombés amoureux de Carmel et nous avons décidé de rester une semaine. Quel endroit merveilleux! Nous allons louer des vélos pour faire des promenades.

Deuxième étape: San Francisco–Reno–Salt Lake City.

Troisième étape: Yellowstone.

Quatrième étape: Mount Rushmore.

Cinquième étape: Chicago (rendre visite à Frédéric).

Sixième étape: Montréal et Québec.

Septième étape: New York.

Je voulais voir la Louisiane et la Floride et Jean-Pierre voulait passer par le Texas et le Mexique, mais c'est vraiment impossible. Il faudrait six mois!

Carmel

la ville de Québec

◆ Qu'est-ce qu'ils ont décidé de voir aux États-Unis? Pourquoi? Et au Canada, pourquoi ont-ils choisi Montréal et Québec?

◆ Qui est Frédéric, à votre avis?

◆ Deux mois pour voir les États-Unis et le Canada, c'est assez, à votre avis? Qu'est-ce qu'il faut voir aux États-Unis et au Canada?

G. Madrid, 2 septembre

Nous avons passé un mois au Cameroun et au Sénégal. Il faisait très chaud et, en plus, c'était la saison des pluies, mais c'était vraiment intéressant. Au Cameroun, nous avons vécu huit jours chez Évelyne, qui passait l'été chez ses parents à Douala, près de la mer. C'était merveilleux de faire la connaissance d'une famille africaine et de pouvoir partager leur vie. Après le Cameroun et le Sénégal, on est allé quinze jours au Maroc, puis nous sommes partis pour l'Espagne. Et nous voilà! On est très fatigué et on n'a plus d'argent. Alors, on fait de l'auto-stop. On est arrivé à Madrid en camion et on espère partir demain, mais comment?

Évelyne

au Sénégal (la Grande Mosquée, Dakar)

◆ Quels pays est-ce qu'ils ont visités en Afrique? Pourquoi faisait-il chaud là-bas, à votre avis? Est-ce qu'ils ont aimé l'Afrique? Pourquoi? Qui est Évelyne et comment l'ont-ils connue, à votre avis? Où habite-t-elle pendant l'année? Et que fait-elle?

◆ Où sont-ils maintenant? Comment est-ce qu'ils vont rentrer chez eux?

Notes de vocabulaire

1. Mots et expressions utiles

changer (de train, d'avion...)   *to change (trains, planes, etc.)*
un continent   *continent*
être à   *to belong to*
un souvenir   *souvenir*
une station de métro   *subway station*
un steward   *cabin attendant, steward*
un ticket   *ticket (bus or subway)*

2. Les continents, les pays et leurs habitants

l'Afrique *(f.)*   africain, africaine
l'Algérie *(f.)*   algérien, algérienne
l'Allemagne *(f.)* *(Germany)*   allemand, allemande
l'Amérique *(f.)*   américain, américaine
l'Angleterre *(f.)* *(England)*   anglais, anglaise
l'Asie *(f.)*   asiatique
l'Australie *(f.)*   australien, australienne
la Belgique   belge
le Cameroun   camerounais, camerounaise
le Canada   canadien, canadienne
la Chine   chinois, chinoise
l'Espagne *(f.)* *(Spain)*   espagnol, espagnole
les États-Unis *(m. pl.)*   américain, américaine
l'Europe *(f.)*   européen, européenne
l'Inde *(f.)*   indien, indienne
Israël *(m.)*   israélien, israélienne
l'Italie *(f.)*   italien, italienne
le Japon   japonais, japonaise
le Maroc   marocain, marocaine
le Mexique   mexicain, mexicaine
la Russie   russe
le Sénégal   sénégalais, sénégalaise
la Suisse *(Switzerland)*   suisse
Tahiti *(f.)*   tahitien, tahitienne

3. Les prépositions et les pays. Here is how to express *to* or *in* with the name of a country.

en + *feminine country* (country whose name ends in -e)
en + *country beginning with a vowel* (masculine or feminine)
au + *masculine country* (except countries beginning with a vowel)

Il va **en France** en été.	*He's going to France in the summer.*
Namur est **en Belgique**?	*Namur is in Belgium?*
Vous allez **en Israël**?	*Are you going to Israel?*
Il fait beau **en Espagne** en mai.	*The weather is nice in Spain in May.*
Il est allé **au Canada**.	*He went to Canada.*

Note the following:

a. Use **aux** with **États-Unis** because it is masculine plural.

Aux États-Unis, on aime beaucoup le Coca-Cola.   *In the United States, people like Coca-Cola a lot.*

b. Although **Mexique** *(Mexico)* ends in **-e**, it is masculine. Use **au**.

On parle espagnol **au Mexique**.   *Spanish is spoken in Mexico.*

c. Generally, states in the United States and provinces in Canada follow the rules for countries. Except for a few states and provinces, however, usage is not yet firmly fixed. But you will always hear **en Californie, en Floride, en Louisiane, au Québec,** and **au Texas.**

d. Although usage may vary, in general, you can use à for small islands: **à Tahiti, à la Martinique, à Saint-Martin, à la Guadeloupe.** Note that, for some islands, the definite article is also needed.

4. À l'heure / en retard / en avance / tôt / tard / à bientôt.

If you are à l'heure, you are *on time.* If you are **en avance,** you are *early,* and if you are **en retard,** you are *late!* It all depends on what time you were supposed to be there.

Tôt *(early)* and **tard** *(late),* by contrast, are general terms. Remember that à **bientôt** means *see you soon.*

Il est huit heures dix et le film commence à huit heures. Nous sommes **en retard.**	*It's 8:10 and the movie starts at 8:00. We're late.*
J'arrive toujours **en avance** parce que je ne veux pas manquer le train.	*I always get there early because I don't want to miss the train.*
Le docteur Martin a beaucoup de travail. Il part **tôt** le matin et il rentre **tard** le soir.	*Dr. Martin has a lot of work. He leaves early in the morning and gets home late at night.*
Trop **tard!**	*Too late!*
Allez! Salut! **À bientôt!**	*OK. Bye. See you soon.*

5. Visiter / rendre visite à / aller voir.

Use **visiter** to express the idea of *visiting a place.* Use **rendre visite à** or **aller voir** to express the idea of *paying a visit to a person.*

On va **visiter** Paris!	*We're going to visit Paris!*
Je vais **rendre visite à** Frédéric.	*I'm going to pay a visit to Frédéric.*

6. Ce (adjectif démonstratif) et quel (adjectif interrogatif).

You studied **ce** and **quel** in *Leçons* 6 and 8. Review their forms and meanings.

• **Ce, cet, cette, ces.** The demonstrative adjective **ce** means either *this* or *that.*

Ce passeport français est à qui?	*Whose French passport is this?*
Cette carte est à vous?	*Is this map yours?*
Cet appareil photo est à lui.	*That (This) camera is his.*
Ces valises sont à moi.	*These (Those) suitcases are mine.*

• **Quel, quelle, quels, quelles.** The interrogative adjective **quel** means *which* or *what.* The noun it modifies may either immediately follow **quel** or be separated from it by the verb **être.**

Quel aéroport cherchez-vous?	*What airport are you looking for?*
Quels pays est-ce que tu as visités?	*What countries did you visit?*
Tu étais à **quelle** station?	*What station were you at?*
Quelles robes est-ce qu'elle a prises?	*What dresses did she take?*
Quelle est ton adresse?	*What's your address?*

A form of **quel** may be placed in front of a noun to express a reaction.

Quelle affaire!   *What a deal!*
Quel voyage!   *What a trip!*

7. En avion / en voiture / à pied. To talk about how you get places, use one of the following expressions.

aller à pied   *to walk, to go on foot*
aller à vélo   *to bicycle, to go by bicycle*
aller en autobus, en autocar   *to take the bus, to go by bus*
aller en avion   *to fly, to go by air*
aller en bateau   *to take the boat, to go by boat*
aller en métro   *to take the subway, to go*
                                        by subway
aller en train   *to take the train, to go by train*
aller en voiture   *to drive, to go by car*

Est-ce que tu **vas** à Nice **en avion,**   *Are you flying, driving, or taking*
  en voiture ou **en train?**   *the train to Nice?*
Je **vais** à la bibliothèque **à pied.**   *I'm walking to the library.*

8. Conduire. The verb **conduire** *(to drive)* refers to the physical act of driving. Its conjugation is irregular.

PRÉSENT:	je conduis	nous conduisons
	tu conduis	vous conduisez
	il elle } conduit	ils elles } conduisent
IMPARFAIT:	je conduisais, etc. ...	
PASSÉ COMPOSÉ:	j'ai conduit, etc. ...	

J'adore **conduire.** Je vais partout   *I love driving. I drive everywhere.*
  en voiture.

9. Place. The French word **place** can mean *square, seat,* or *room* *(space).*

À Cinet, il y a une église sur   *In Cinet, there is a church on*
  la **place.**   *the square.*
Est-ce qu'il y a une **place** près   *Is there a seat near the window?*
  de la fenêtre?
Est-ce qu'il y a de la **place?**   *Is there (any) room?*

10. Rapide / vite. **Rapide** is an adjective. Use it to modify nouns. **Vite** is an adverb. Use it to modify verbs.

Elle a une voiture **rapide.**   *She has a fast car.*
Elle conduit **vite.**   *She drives fast.*

11. Espérer. The verb **espérer** changes the -é- to -è- in front of a silent ending. (**Préférer** and **sécher** are conjugated like **espérer**).

J'espère que tu vas bien.	*I hope that you're fine.*
Nous espérons partir à huit heures.	*We hope to leave at eight o'clock.*

12. Découvrir. The verb **découvrir** is conjugated like **ouvrir.**

Nous **avons découvert** un petit restaurant sympathique.	*We discovered a nice little restaurant.*
J'ouvre la boîte et qu'est-ce que je **découvre?** Un petit chien blanc!	*I open the box and what do I find? A white puppy!*

13. Passer. **Passer** is conjugated with **avoir** when it is transitive (has a direct object) but with **être** when it is intransitive.

Jean-Pierre et Anne **ont passé** la nuit à Milan.	*Jean-Pierre and Anne spent the night in Milan.*
Ils **sont passés** par la Suisse.	*They went through Switzerland.*

𝒱ous avez compris?

1. Chassez l'intrus. Trouvez les mots qui ne vont pas.

1. compartiment / quai / vol / train / TGV
2. autobus / taxi / croisière / métro
3. être en avance / être assis / être à l'heure / être en retard
4. hôtesse de l'air / allemand / pilote / steward
5. merveilleux / magnifique / horrible / délicieux
6. avion / camion / route / autoroute

2. En voyage. Quelles phrases vont ensemble? Il peut y avoir plus d'une possibilité.

1. Est-ce que le train est à l'heure?
2. L'avion de Paris est arrivé?
3. À quelle heure part l'avion pour Rome, s'il vous plaît?
4. Est-ce que tu es allé à la banque?
5. Est-ce que je dois changer de train?
6. Est-ce qu'il y a un autre vol pour New York?
7. C'est la saison des vacances.
8. Comment est-ce que je peux aller à l'hôtel?

a. Vous avez manqué votre avion?
b. Non, Madame, il est en retard.
c. En taxi ou en métro.
d. Non, Mademoiselle, il va arriver dans cinq minutes.
e. À 15 h 25, porte numéro 35.
f. Oui, à Lyon.
g. Oui, j'ai acheté des chèques de voyage.
h. Tu dois acheter ton billet à l'avance si tu veux une place assise.

Les déplacements: *Getting around*

3. Les déplacements. Vous passez un an à Paris. Voici une liste de ce que vous voulez voir. Choisissez un moyen de transport pour aller...

1. à Rome
2. à la tour Eiffel
3. à Big Ben
4. aux plages de la Côte d'Azur
5. au Mont-Blanc (en Suisse)
6. voir les pyramides d'Égypte

4. Les moyens de transport

1. Quels sont les moyens de transport lents? rapides? chers? bon marché? agréables? pas agréables?
2. Quels sont les moyens de transport pratiques et pas pratiques...
   a. pour une famille de sept personnes?
   b. pour un chef d'entreprise?
   c. pour un étudiant pauvre?
   d. en hiver à Montréal?
   e. en été à Los Angeles?
3. Pour vous, quels sont les moyens de transport pratiques et pas pratiques...
   a. sur votre campus?
   b. où vous habitez?
   c. pour rentrer chez vous?
   d. pour aller en vacances en Floride ou en Californie?

5. La vie et les voitures. Répondez aux questions.

état: *state*

1. À quel âge est-ce que vous pouvez avoir un permis de conduire dans votre pays ou état?
2. Quand avez-vous appris à conduire? Avec qui?
3. Est-ce que vous avez une voiture à l'université? Pourquoi ou pourquoi pas?
4. Quelle sorte de voiture est-ce que vous préférez?
5. Est-ce que vous préférez conduire sur les petites routes de campagne ou sur les autoroutes? Pourquoi?
6. Quand est-ce que vous conduisez?
7. Est-ce que vous conduisez bien? vite?
8. Quand est-ce que vous ne devez pas conduire?
9. Est-ce que vous connaissez quelqu'un qui conduit mal? Qui?

6. Associations. Quels pays est-ce que vous associez avec...

1. le champagne?
2. le caviar?
3. les pâtes?
4. la bière?
5. le Coca-Cola?
6. les voitures de sport?
7. la mode?
8. le soleil, les plages, les vacances?
9. l'art?
10. la nature?

7. Leçon de géographie. Dans quel pays sont ces villes?

Modèle   Paris
en France (en Europe)

1. Madrid
2. Toronto
3. Casablanca

4. Acapulco
5. Hiroshima
6. Guilin

7. Lausanne
8. Toulouse
9. Dakar

8. Des touristes naïfs! Les touristes sont parfois surpris par les choses qu'ils ne connaissent pas. Jouez le rôle d'un touriste naïf qui voyage en France et dites aux personnes qui voyagent avec vous de regarder ce que vous venez de voir.

Modèle   Regardez _____ sandwich!
*Regardez **ce** sandwich!*

1. Regardez _____ pain!

2. Regardez _____ viande!

3. Regardez _____ gâteaux!

4. Regardez _____ chien!

9. Des touristes français. Maintenant, écoutez un groupe de touristes français qui disent ce qu'ils trouvent bizarre en Amérique du Nord. Utilisez une forme de **quel** pour compléter chaque phrase.

Modèle   _____ sandwich!
***Quel** sandwich!*

1. _____ chaussures!
Des tennis avec
un tailleur!

2. _____ petit déjeuner!
Ils mangent tout ça?

3. _____ gros frigos!
Mais qu'est-ce qu'ils
mettent dedans?

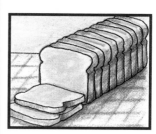

4. _____ pain!
C'est comme
du coton!

10. Rapide ou vite? Complétez par **rapide** ou **vite**.

1. Je ne comprends rien. Tu parles trop _____
2. Vous avez fini? Vous êtes _____!
3. Ne marche pas si _____!
4. Le train est moins _____ que l'avion.
5. M. Bovy aime les employés _____ qui travaillent _____.
6. _____! Dépêchez-vous!

*M*ise en pratique

11. Là-bas! Qu'est-ce qu'il y a là-bas? Quel temps fait-il? Quelle est la meilleure saison pour voyager? Qu'est-ce qu'il faut visiter? Qu'est-ce qu'on peut faire?

1. en Italie
2. en Israël
3. au Maroc
4. au Japon
5. en Inde
6. en Angleterre

12. Retours de voyage. Vos amis ont passé leurs vacances dans des endroits différents et vous racontent leurs souvenirs de voyage. Où sont-ils allés? Quand? Pour combien de temps? Quel temps faisait-il? Qu'est-ce qu'ils ont fait là-bas? C'étaient des bonnes vacances ou pas? Pourquoi? Écrivez un paragraphe pour décrire chacune des photos.

Notre hôtel à Bora Bora

La grande muraille

Ayers Rock, Australie

13. Dix questions utiles quand on voyage.

Vous faites un voyage dans un pays francophone. Quelles sont les dix questions les plus importantes et les plus utiles?

14. Devinez le pays

1. Trouvez un ou plusieurs étudiants qui ont voyagé hors de l'Amérique du Nord. Posez-leur des questions pour deviner quels pays ils ont visités.

    hors de: *outside of*

2. Posez des questions à votre professeur sur ses voyages hors de l'Amérique du Nord. Devinez quels pays il/elle a visités.

15. Un beau voyage.

Quelle chance! Vous et des amis allez faire un voyage cet été dans un pays ou une région où on parle français. Vous avez votre billet d'avion mais vous devez organiser tout le voyage. Vous partez le premier juillet et revenez le 12 juillet. Décidez:

1. Où voulez-vous aller? Choisissez: la Suisse, la Belgique, le Québec, Tahiti, la Guadeloupe ou le Sénégal.
2. Choisissez trois endroits (villes ou régions) que vous voulez visiter et faites votre itinéraire. Vous pouvez l'indiquer sur une carte.
3. Les moyens de transport: Comment allez-vous voyager d'un endroit à l'autre?
4. Le logement: Allez-vous dormir à l'hôtel? Dans des hôtels de luxe ou des petits hôtels pas chers? Allez-vous faire du camping?
5. Les étapes: Combien de temps allez-vous rester dans chaque endroit? Qu'est-ce que vous allez faire là-bas?

Québec

16. Un horaire de trains. Voilà l'horaire des trains Paris-Bordeaux.

1. Regardez les symboles, en bas de l'horaire. Pouvez-vous deviner ce qu'ils veulent dire? Expliquez avec vos propres mots.

vos propres mots: *your own words*

2. Quels trains sont des TGV (dites le numéro des trains)? Combien d'heures est-ce qu'il faut pour aller de Paris à Bordeaux en TGV? Et avec un train normal?

3. Regardez le train numéro 8515. À quelle heure est-ce qu'il part de Paris? À quelle heure est-ce qu'il arrive à Bordeaux? Est-ce qu'il s'arrête dans d'autres villes? Est-ce qu'on peut manger dans ce train? et boire? Est-ce qu'il y a un train tous les jours?

4. Vous voulez aller à Angoulême. Regardez bien l'horaire. Est-ce que tous les TGV s'arrêtent à Angoulême? Si vous ne prenez pas le TGV, dans quelle gare devez-vous partir de Paris? Combien de temps faut-il pour aller à Angoulême avec un train normal? Et avec le TGV? Si vous voulez prendre le TGV et vous voulez arriver à Angoulême vers midi, qu'est-ce que vous devez faire à Poitiers? Est-ce que vous pouvez prendre ce train toute l'année? Tous les jours?

5. Vous êtes à Paris et vous devez être à Bordeaux le samedi 6 juillet dans l'après-midi. Vous devez réserver votre place à l'avance parce que vous voulez prendre le TGV. À la gare, vous demandez l'heure des trains, combien de temps il faut pour aller à Bordeaux, le prix, etc. Finalement, vous faites la réservation et vous achetez un billet.

Numéro de train		4011	4011	8311	8311	7800/1	8515	97087	8417	8419	8521	8519	8521	14013	98361	4837/6	8525	8433	6964/5	97269
Notes à consulter		41	22	23	15	24	25	26	27	28	29	30	31	32	19	2	33	34	35	36
				TGV	TGV	TGV	TGV		TGV	TGV	TGV	TGV	TGV				TGV	TGV		
Paris-Montparnasse	D			08.30	09.00		**10.00**		10.45	10.45	11.05	11.15	11.15				12.45	13.55		
Paris-Austerlitz	D	07.33	07.33																	
Les Aubrais-Orléans	D	08.32	08.32																	
St-Pierre-des-Corps	D	09.29	09.37	09.32	09.56	10.23			11.43	11.43								14.54		
Poitiers	D	10.42	10.51	10.20	10.43	11.13			12.31	12.31							14.21	15.45		
Angoulême	D	11.42	11.50		12.01		**12.30**		13.16	13.16							15.06			
Bordeaux-St-Jean	A	13.12	13.16			12.58	**13.08**	**13.50**	14.15	14.15	14.26	14.18	14.26	14.26	14.20	15.03	16.02			**16.46**

---

15. Circule : jusqu'au 10 juil : les sam et dim, à partir du 11 juil : tous les jours- ♟

22. Circule : jusqu'au 8 juil : tous les jours sauf les sam et dim- 🛏 - ♿

23. Circule : jusqu'au 8 juil : tous les jours sauf les sam et dim- ♟ - ♿

24. Circule : du 2 juil au 10 sept : les sam- ♟ - ♿

25. 📠 1ʳᵉ CL assuré certains jours- ♟ - ♿

26. 🚲

27. Circule : jusqu'au 1ᵉʳ juil et à partir du 29 août : tous les jours- 📠 1ʳᵉ CL assuré certains jours- ♟ - ♿

28. Circule : du 2 juil au 28 août : tous les jours- ♟ - ♿

29. Circule : du 27 juin au 8 juil : tous les jours sauf les sam et dim- 📠 1ʳᵉ CL- ♟ - ♿

30. Circule : jusqu'au 10 juil : les sam et dim, à partir du 11 juil : tous les jours- 📠 1ʳᵉ CL- ♟ - ♿

31. Circule : du 25 juin au 10 juil : les sam et dim, du 11 juil au 28 août : tous les jours- 📠 1ʳᵉ CL- ♟ - ♿

33. Circule : les sam et le 14 juil- ♟ - ♿

34. Circule : les ven et le 13 juil- ♟ - ♿

Symboles

A	Arrivée	🛏	Couchettes	♿	Facilités handicapés
D	Départ		Voiture-lits		
		✕	Voiture-restaurant		
TGV	Réservation obligatoire	⊗	Grill-express	🚲	Vélo : Transport gratuit
		📠	Restauration à la place		
		♟	Bar		
⇄	Cabine 8	🛒	Vente ambulante		

Remarques **Les trains circulant tous les jours ont leurs horaires indiqués en gras.**

Tous les trains offrent des places assises en 1ʳᵉ et 2ᵉ classe sauf indication contraire dans les notes.

Certains trains circulant rarement ne sont pas repris dans cette fiche.

Source SNCF

Structure

Le futur

Formation du futur

You already know how to talk about things in the future by using the verb **aller** + *infinitive*. **Aller** + *infinitive* is called the **futur proche** or *near future*. It is the equivalent of the English *to be going to do something.*

Je **vais étudier** demain. *I'm going to study tomorrow.*

French also has a future tense. It corresponds to the English *will* + *verb*. To form the future tense in French, add the following endings to the infinitive form of the verb (for verbs ending in **-re,** drop the -e first).

	manger	
je mangerai		nous mangerons
tu mangeras		vous mangerez
il } mangera		ils } mangeront
elle		elles

	choisir	
je choisirai		nous choisirons
tu choisiras		vous choisirez
il } choisira		ils } choisiront
elle		elles

	attendre	
j'attendrai		nous attendrons
tu attendras		vous attendrez
il } attendra		ils } attendront
elle		elles

Je t'**attendrai** et nous **mangerons** en ville. *I'll wait for you and we'll eat downtown.*

Va dormir, on **parlera** demain. *Go to bed, we'll talk tomorrow.*

À quelle heure est-ce que vous **partirez?** *What time will you leave?*

J'espère que tu te **coucheras** tôt. *I hope (that) you'll go to bed early.*

Certain verbs have irregular future stems.

aller	ir-	Qui **ira** pour nous?	*Who'll go for us?*
avoir	aur-	Je l'**aurai** demain.	*I'll have it tomorrow.*
devoir	devr-	Tu **devras** partir.	*You'll have to go.*
envoyer	enverr-	Qui l'**enverra**?	*Who'll send it?*
être	ser-	Je **serai** ici.	*I'll be here.*
faire	fer-	Tu le **feras**?	*You'll do it?*
pouvoir	pourr-	Ils **pourront** venir.	*They'll be able to come.*
savoir	saur-	Tu le **sauras**!	*You'll find out!*
venir	viendr-	Nous **viendrons**.	*We'll come.*
voir	verr-	On **verra**.	*We'll see.*
vouloir	voudr-	Il **voudra** le savoir.	*He'll want to know it.*

Note the use of the future to indicate what will happen if something else occurs.

- si + présent / futur

S'il **fait** mauvais demain,
nous **irons** au cinéma.

If it's bad out tomorrow,
we'll go to the movies.

Les changements d'orthographe au futur

1. Verbs such as **lever** change the -e- to -è- in all forms of the future.
   Note that **appeler** changes the single -l- to -ll- in all forms of the future.
2. Verbs such as **ennuyer** change the -y- to -i- in all forms of the future.
   Note that **envoyer** has an irregular future stem (**enverr-**).
3. Verbs such as **espérer** and **préférer** retain the -é- in all forms of
   the future.

Nous l'**appellerons** Minou.
Il s'**ennuiera**.
Nous **achèterons** le journal demain.
Tu **préféreras** cela.

We'll call it Minou.
He'll be bored.
We'll buy the paper tomorrow.
You'll prefer that.

L'emploi du futur

In most cases, the use of the future in French parallels that of English. However, note the following:

1. The future tense is used after **quand** in French when the action is expected to occur in the future. In English, the present is used.

   Je te **téléphonerai** quand **j'arriverai**.   *I'll call you when I get there.*

2. The present tense is often used instead of the future when the context is clear. English usage is similar.

   Demain soir, nous **mangeons** chez
   les Dumont.
   L'année prochaine, je **vais** en France.

   Tomorrow evening we're eating
   at the Dumonts'.
   Next year, I'm going to France.

Vous avez compris?

17. Hier ou demain? Complétez en utilisant **hier** ou **demain.**

1. —Tu prendras ta voiture _____?
   —Non, je l'ai vendue _____.
2. —Tu as écrit à ton frère _____?
   —Non, mais je lui écrirai _____.
3. —Vous ferez la vaisselle _____, non?
   —Oui, c'est vous qui l'avez faite _____ et il n'y en a pas aujourd'hui!
4. —Elle est allée en ville _____?
   —Oui, et elle ira en ville _____!
5. —On se parlera _____?
   —Non, non et non! On s'est déjà trop parlé _____.

18. Au futur! Écrivez les phrases suivantes au futur.

1. Tu prends ta voiture quand tu pars pour Lyon?
2. Vous pouvez partir avec vos amis.
3. Nous voulons leur parler quand ils arrivent.
4. Mon petit frère fait la vaisselle.
5. Après un an à Paris, tu connais la ville.
6. Tu m'attends devant l'épicerie.
7. Quand je suis à Paris, je vois mes amis.
8. Nous écrivons à nos amis français.

19. Les plaintes de Julien. Julien voudrait être grand. Voilà ce qu'il doit faire maintenant. Dites ce qu'il fera quand il sera grand.

grand: *grown-up*

Modèle   Je me réveille à sept heures. (à midi)
         Quand je serai grand, je me réveillerai à midi!

1. Je me lève à sept heures et demie. (à dix heures)
2. Je me couche à huit heures. (quand je voudrai)
3. Je prends une douche le soir. (ne pas prendre de douche)
4. Je mange des légumes. (ne pas manger de légumes)
5. Je bois du lait. (du Coca-Cola)
6. Je ne comprends pas les adultes. (comprendre les adultes)
7. Je ne peux pas regarder la télévision le soir. (pouvoir regarder la télévision le soir)
8. Je ne suis pas heureux! (être heureux)

J'aurai une moto.

$\mathcal{M}$ise en pratique

20. Parlons un peu!

1. En été, ...
   a. où est-ce que vous serez?
   b. est-ce que vous travaillerez? Qu'est-ce que vous ferez?
   c. est-ce que vous voyagerez? Où? Avec qui? Comment?
2. Après l'université, ...
   a. quel sera votre métier?
   b. où est-ce que vous habiterez?
   c. combien d'argent est-ce que vous gagnerez?
   d. est-ce que vous aurez des enfants? Combien? Quels seront leurs noms?
   e. quelle sorte de maison est-ce que vous aurez?
   f. est-ce que vous vous marierez? Avec qui?

La voyante: Fortune-teller

21. La voyante. Qui dans la classe...

1. aura dix enfants? n'aura pas d'enfants?
2. vendra des voitures pour gagner sa vie?
3. se mariera à l'âge de 22 ans? ne se mariera pas?
4. sera coiffeur / coiffeuse?
5. sera très riche? ne sera pas très riche?
6. sera pompier? sera avocat(e)? sera joueur / joueuse de football?
7. ...

22. Prévision. Écrivez quatre prédictions (au futur, bien sûr) pour un(e) autre étudiant(e) de la classe. Échangez vos prédictions, lisez ce qu'on a écrit sur vous et réagissez. (Je pense que oui/non. J'espère que oui/non. Je ne pense pas. Je ne sais pas. Pas question! ...)

23. L'avenir du professeur. Et votre professeur? Écrivez quatre ou cinq prédictions pour votre professeur. Permettez-lui de réagir!

Conversation en français

24. Conversation en français. Qu'est-ce que vous allez faire cet été? Et après l'université? Avec un(e) camarade de classe ou votre professeur, passez deux ou trois minutes à parler du futur. Ne monopolisez pas la conversation et n'oubliez pas de poser des questions à votre partenaire aussi.

La Grande Muraille, Chine

Le pronom *y*

The pronoun *y* always refers to things. It varies in meaning according to its use.

1. **Il y a. Y** is part of a fixed expression. It has no independent meaning.

Est-ce qu'**il y a** de la confiture?	*Is there any jam?*
Non, **il** n'**y a** pas de confiture	*No, there isn't any jam,*
mais **il y a** du beurre.	*but there's (some) butter.*

2. **Y** replaces **à** + *thing.* **Y** functions as a sort of indirect object pronoun for things.

Je ne veux pas répondre	*I don't want to answer*
à votre question.	*your question.*
Je ne veux pas **y** répondre.	*I don't want to answer it.*

3. **Y** is an adverb meaning *here / there.* **Y** replaces prepositional phrases indicating place (**à, dans, sous, sur, en...** + *place).*

Il va **au cinéma.**	*He's going to the movies.*
Il **y** va.	*He's going there.*
Je pense qu'il est **en Italie.**	*I think he's in Italy.*
Je pense qu'il **y** est.	*I think he's there.*
Tu ne vas pas mettre le	*You're not going to put the*
lait **dans le frigo?**	*milk in the refrigerator?*
Tu ne vas pas **y** mettre le lait?	*You're not going to put the*
	milk there?

Note that the pronoun *y* follows the placement rules you already know for direct and indirect object pronouns: in front of a one-word verb or a command form in the negative, after a command form in the affirmative, in front of the infinitive in a sentence with an infinitive, and in front of the helping verb in the **passé composé.** Note the spelling change in the **tu** form of **-er** (first-conjugation) verbs and the verb **aller** when followed by **y.**

Tu **y** vas?	*Are you going (there)?*
N'**y** va pas!	*Don't go there!*
Il ne veut pas **y** aller.	*He doesn't want to go (there).*
Nous n'**y** sommes jamais allés.	*We never went (there).*
Vas-**y**!	*Go ahead! (Go there!)*

 Rappel! When the noun following the preposition **à** is a person, replace it with an indirect object pronoun. If the noun following **à** is a thing, replace it with the pronoun **y.** Compare:

Je réponds **aux questions.**	J'**y** réponds.
Je réponds **au professeur.**	Je **lui** réponds.

Vous avez compris?

25. Allez-y! Remplacez les mots en italique par le pronom y.

> Modèle   Il est allé *en ville*.
>   *Il y est allé.*

1. Je travaille toujours *dans ma chambre*.
2. Nous n'allons jamais *à la bibliothèque*.
3. Tu n'aimes pas dormir *sur la plage*?
4. Je vais *au restaurant* ce soir.
5. Elle est restée quinze jours *à Rome*.
6. Vous n'êtes pas allés *en Belgique*?
7. Je verrai mes amis *au café*.
8. Quand il avait seize ans, il habitait *au Japon*.

26. Devinez. Mais où sont-ils?

> Modèle   Le livre y est.
>   *Le livre est sur la table.*

1. Mes parents y habitent.
2. Le professeur y va souvent.
3. Je n'y vais jamais.
4. Mes clés y sont.
5. J'y suis.
6. J'y reste pendant des heures.

Mise en pratique

27. Une lettre de Jean-Pierre. C'est le 20 août et Jean-Pierre vient de finir une lettre à son ami Patrick. Il lui raconte le voyage qu'Anne et lui sont en train de faire mais il a mis trop de noms. Remplacez les noms par des pronoms quand c'est nécessaire.

Jean-Pierre a peur des serpents, mais pas moi!

Cher Patrick,

Comment vas-tu? Tu as passé de bonnes vacances en Italie? Maman nous a écrit que ta sœur se mariait en octobre. Dis à ta sœur que nous sommes très contents pour ta sœur.

Tout va bien pour nous. Quel voyage, mon vieux! Nous sommes maintenant au Maroc. Nous restons quinze jours au Maroc et puis nous rentrons en Belgique par l'Espagne et la France. Anne est à la piscine, mais il faisait trop chaud à la piscine, alors je ne suis pas resté avec Anne et je suis rentré dans notre chambre. Il fait frais dans notre chambre et c'est très agréable.

J'ai adoré l'Australie et la Chine, mais Anne a préféré Tahiti. C'est parce qu'on a fait beaucoup de bateau à Tahiti. On a vu Frédéric à Chicago. Frédéric va très bien, mais Frédéric dit que Frédéric est très seul. Écris une lettre à Frédéric si tu as le temps... Je pense que Frédéric a besoin de lettres. Frédéric aime Chicago, mais Frédéric trouve que les hivers sont trop froids à Chicago. Sais-tu que la Belgique est plus petite que le lac Michigan?!

On pense rentrer à la fin de ce mois ou début septembre. On t'invitera pour te montrer les photos et les films. On a beaucoup de photos et de films!

À bientôt et bien amicalement,

Récapitulation: Les pronoms personnels

French has several kinds of personal pronouns. These pronouns are used to refer to people or things and they serve to help speakers and writers avoid repetition and link discourse across sentences. You have already studied several different kinds of pronouns. In each of the example sentences, try to explain how the pronouns both avoid repetition and ensure discourse cohesion (tie sentences and phrases together through a sort of cross-referencing).

Personal pronouns

- subject   Voilà Paul. **Il** vient d'arriver.
- direct object   Voilà Paul! Tu ne **l'**as pas vu?
- indirect object Voilà Paul! Tu veux **lui** parler, non?
- reflexive   Voilà Paul. Il vient de **se** lever!
- stressed   C'est Paul? Non, ce n'est pas **lui**, c'est son frère.
- **y**   Paul va en ville? Non, il n'**y** va pas. Il rentre chez lui.
- **en**   Paul a trois frères? Non, il **en** a deux.

Here is a chart showing personal pronoun forms.

SUJET	OBJET DIRECT	OBJET INDIRECT	RÉFLÉCHIS	TONIQUES
je	me/m'	me/m'	me/m'	moi
tu	te/t'	te/t'	te/t'	toi
il	le/l'	lui	se/s'	lui
elle	la/l'	lui	se/s'	elle
nous	nous	nous	nous	nous
vous	vous	vous	vous	vous
ils	les	leur	se/s'	eux
elles	les	leur	se/s'	elles

Only stressed or tonic pronouns can stand alone, without a verb. Stressed pronouns refer to people.

> —Qui est là?
> —**Moi.**

Subject pronouns represent the person or thing that is the subject of the verb. The subject and the verb agree with one another.

> Monsieur Renglet est de Lille.
> Madame Renglet est de Strasbourg.
> **Ils** se sont rencontrés à Paris et **ils** habitent à Cinet.

Direct object pronouns represent the person or thing that receives the action of a verb. Verbs that take direct objects in French are not followed by a preposition. Verbs that require a preposition will be found in constructions with indirect object pronouns or with the pronouns **y** or **en** (see below).

> Madame Renglet n'aime pas Monsieur Renglet... elle **le** déteste!

Indirect object pronouns are used after verbs that are followed by the preposition **à** (**parler à, répondre à, donner quelque chose à, téléphoner à,** etc.). Indirect object pronouns refer only to people.

> Quand Madame Renglet parle à Monsieur Renglet, il ne **lui** répond pas.

Reflexive pronouns are used when the subject and the object of a verb are the same person or persons. They are also used when a verb has reciprocal force.

> Pourquoi est-ce que Madame Renglet déteste Monsieur Renglet? C'est simple. Monsieur Renglet ne **s'**occupe jamais de Madame Renglet. Quand il **se** lève, il prend le petit déjeuner, il lit son journal et puis il sort. Il rentre très tard le soir et il **se** couche. Ils ne **se** parlent pas et Madame Renglet ne **s'**amuse pas!

The pronoun **y** is generally used to refer to a location or place.

> Madame Renglet décide d'aller en ville pour faire des courses. Mais quand elle **y** est, elle découvre Monsieur Renglet au café de la Poste avec Madame Renard. Alors, elle va chez le pharmacien pour **y** acheter des médicaments.

The pronoun **en** is used to refer to a quantity or to replace **de** + *noun*. It can refer to people or things.

> Le pharmacien demande à Madame Renglet pourquoi elle a besoin de ces médicaments. Ce sont des médicaments dangereux! Madame Renglet lui répond qu'elle **en** a besoin pour son mari!

The unstressed personal pronouns (subject, direct object, indirect object, reflexive, **y**, and **en**) must be accompanied by a verb form.

- **One-word conjugated verbs:** pronoun in front of conjugated verb.

  > Le pharmacien regarde Madame Renglet. Madame Renglet **le** regarde aussi.

- **Conjugated verb + infinitive:** pronoun in front of infinitive.

  > Madame Renglet a les médicaments qu'elle a achetés. Est-ce qu'elle va **les** donner à son mari ou est-ce qu'elle ne va pas **les** donner à son mari?

- **Auxiliary (helping) verb + past participle:** pronoun in front of helping verb.

  > Madame Renglet est allée dans la cuisine. Elle **y** est allée chercher un verre d'eau pour son mari. Est-ce que Madame Renglet a mis les médicaments dans le verre ou non? Oui, elle **les** a mis dans le verre d'eau!

- **Imperative or command structures:** pronoun precedes verb in negative imperatives and follows verb in affirmative imperatives.

  > —Voilà de l'eau. Bois-**en!**
  > (Monsieur Renglet commence à boire.)
  > —Non, non, arrête, ne **la** bois pas!

Une pharmacie

*V*ous avez compris?

28. Une grand-mère. Trouvez et soulignez les pronoms utilisés dans ce texte. Trouvez le(s) nom(s) qu'ils représentent.

JANINE SUTTO

Tous les dimanches

Comédienne, grand-mère de Félix, trois ans, et de Sophie, un an, les enfants de sa fille Mireille Deyglun, comédienne elle aussi, et du journaliste Jean-François Lépine.

«Les brunchs du dimanche sont devenus une institution: je les passe toujours en compagnie de mes petits-enfants, Félix et Sophie. Mireille et moi avons toutes deux des horaires très chargés, mais je m'arrange pour voir les petits au moins une fois par semaine. Leur présence m'est indispensable.

Depuis que Félix sait parler, nous avons régulièrement des conversations au téléphone. Les enfants aiment qu'on leur parle, qu'on les écoute. Il me raconte sa journée, ce qu'il a appris. Il chante aussi, il adore ça. Il m'appelle "nonna", ce qui veut dire grand-maman en italien. C'est comme cela qu'on appelait ma grand-mère italienne. Je l'ai peu connue mais mon frère, de neuf ans mon aîné, m'a beaucoup parlé d'elle. Et je me souviens de ma grande tristesse lorsque j'ai dû la quitter pour venir au Canada, à l'âge de neuf ans. Ce fut une rupture difficile, douloureuse.

Je veux être très présente pour Félix et Sophie. Mais je ne les gâte pas trop. Un bonbon ou un petit jouet leur suffit; c'est la surprise qui les amuse. Je n'interviens pas dans leur éducation. Leurs parents doivent faire ça tous seuls. Mais je serai toujours là pour leur donner des conseils.»

L'Actualité

486 ◆◆◆ LEÇON 18

29. Un grand-père. Lisez le texte et choisissez le pronom entre parenthèses qui convient dans chaque cas.

VAN DUONG NGO

Le choc des cultures

Retraité vietnamien. Onze petits-enfants. Vit avec sa fille Maï et sa petite-fille Anh, 13 ans.

«Mes petits-enfants sont éparpillés un peu partout dans le monde: en Californie, en Allemagne, en Australie et ici, au Canada. Forcément, il y a des différences culturelles entre (eux / vous / moi), mais tous parlent assez bien vietnamien pour que nous puissions communiquer.

Ma petite-fille Anh m'est la plus proche, puisque (elle / je / il) vis avec elle. Lorsque (vous / ils / nous) sommes arrivés à Montréal il y a huit ans, ma fille s'est rapidement trouvé un emploi et je (me / te / se) suis beaucoup occupé d'Anh. Je (la / l' / le) emmenais au parc, je l'accompagnais jusqu'à l'autobus d'écoliers. Nous étions toujours ensemble. Et encore aujourd'hui, c'est (lui / nous / moi) qui vais (les / le / la) chercher le soir, après ses cours de natation. Je (leur / lui / la) ai appris à lire sa langue maternelle et à jouer des instruments de musique traditionnelle...

Ma relation avec mes grands-parents, au Viêt-Nam, était très différente. Par exemple, il m'était impossible de regarder mon grand-père dans les yeux, de (le / leur / lui) parler directement. Nos rapports étaient distants, très hiérarchisés. C'est beaucoup plus ouvert maintenant. Mais il y a des choses qui (me / te / le) choquent. Le fait que ma petite-fille regarde des émissions à la télévision que (moi / je / nous) peux difficilement supporter, par exemple. Je trouve ça trop permissif, trop... sexy. Je (te / se / me) considère comme plus sévère que la plupart des grands-parents québécois, qui entretiennent souvent une relation presque égalitaire avec leurs petits-enfants.»

L'Actualité

ℳ ise en pratique

30. Et vos grands-parents? Comment sont vos rapports avec vos grands-parents? Écrivez un paragraphe pour les décrire.

Découvertes culturelles: Quitter son pays

Quitter son pays est l'histoire d'une famille laotienne. Deux enfants et leurs parents sont forcés de fuir leur pays en guerre et vont se réfugier en France.

A. Préparation à la lecture. Une famille réfugiée arrive dans votre pays. D'où vient-elle? Combien de membres y a-t-il dans la famille? Imaginez leur voyage pour arriver. Où vont-ils habiter? Quelles sont les difficultés de leur installation?

«*On nous appelle les barbares, les chats sauvages, mais nous nous appelons les Hmongs: les hommes libres.*»

Ils sont allés de Paris à Limoges en train...

Limoges.

De la gare, on les emmène jusqu'au centre d'hébergement. «Quand ces gens marchent-ils?» pense Meng. «Comment peuvent-ils voir en allant si vite?»

Et il comprend enfin ce que veut dire: quitter son pays. Tout ce qu'il sait et tout ce qu'il sait faire est désormais inutile. Il n'y a rien, absolument rien de connu, ici.

Il faut tout apprendre: à se servir d'une douche, à utiliser un mouchoir, une fourchette, à ne pas se perdre dans les salles du centre. Les gens sont gentils. Il lui parlent. Ils lui sourient. Mais Meng n'ose pas les regarder en face. Un jeune Hmong doit se tenir avec beaucoup de respect en face d'un adulte. Meng baisse la tête quand on lui parle. On lui soulève le menton. Meng a horreur de ça. Qui donne à ces gens le droit de le toucher? Mais ils sont des adultes et il accepte en silence.

B. Découvrir le texte

1. Trouvez dans le texte: les mots qui se réfèrent aux personnes, aux endroits, aux activités

Pour avoir prise sur tous les objets qui l'entourent, Meng doit apprendre le français. Et il travaille avec toute son énergie et sa force.

Anne Cluzeau est le professeur de français. Elle est très calme et patiente. Pendant des heures et des heures, Meng essaie de reproduire les sons. Il tord sa langue et ses lèvres, et le «X», ces lettres comme le «P» et le «B», le «D» et le «T» qui n'ont pas le même son quand on parle français, mais qui semblent exactement pareilles pour un Hmong.

Anne dit «Xiong». Mais ça n'a vraiment rien à voir avec Xiong comme on le dit en Hmong. Men-G Xiong: c'est donc lui en français...

... Et pendant des jours et des jours Meng a répété, parfois découragé, parfois heureux quand Anne avec un grand sourire lui dit: Bravo Men-G.

Marie-Christine Helgerson,
Castor Poche Flammarion, 1981.

2. Lisez le texte et avec les éléments que vous avez compris, identifiez celui des trois sommaires qui correspond le mieux au texte.

Une famille laotienne arrive à Limoges pour mettre ses enfants dans une école urbaine. Pour les enfants, il est difficile de comprendre les habitudes françaises et les coutumes des habitants. De plus, le français est très difficile pour eux, mais le professeur parle laotien, et les enfants sont très heureux.

Une famille laotienne arrive à Limoges et Meng le petit garçon découvre les aspects nouveaux de la vie française. Il est très surpris par toutes ces choses différentes et les attitudes des gens. Il apprend aussi à parler français mais la prononciation est difficile. Parce qu'il est très bon élève, il fait beaucoup de progrès et son professeur est content de lui et le félicite toujours.

Une famille laotienne réfugiée vient habiter à Limoges. Meng, le petit garçon, ne sait pas utiliser tous les objets français et il ne comprend pas les habitudes des gens. De plus, les adultes sont très bizarres surtout quand ils parlent aux enfants. Il ne peut pas apprendre le français parce que c'est très difficile. Mais son professeur est gentil et quand il répète souvent, elle est contente de lui et le félicite.

C. Étude du texte. Expliquez ces phrases qui disent ce que Meng pense.

> Quand ces gens marchent-ils?
> Comment peuvent-ils voir en allant si vite?
> Tout ce qu'il sait faire est désormais inutile.
> Meng a horreur de ça!
> Mais ils sont des adultes et il accepte en silence.
> Anne dit «Xiong». Mais ça n'a vraiment rien à voir avec Xiong.

Quelle est la phrase la plus importante du texte?

Meng. D'après ce texte, faites un portrait de Meng. Quelle sorte de personne est-il?

D. Langue et style

1. **Le style.** Comment le texte nous indique-t-il approximativement l'âge de Meng? Quelle langue parle Meng? Dans quel style est-ce que ce texte est écrit?
2. **Devinez.** Identifiez dans la colonne 2 les mots qui correspondent aux mots de la colonne 1:

hébergement	être différent
désormais	utiliser
se servir	être autour de
soulève	maintenant
avoir prise	semblables
entourer	prendre pour lever
tord	logement
pareilles	se familiariser
ça n'a rien à voir	tourner et retourner

E. Les différences culturelles

Il y a la France des Français et la France de Meng. Comment sont-elles différentes?

Qu'est-ce que vous avez appris sur la culture laotienne dans ce texte?

Imaginez que Meng arrive dans votre pays. Qu'est-ce qu'il devra apprendre? Qu'est-ce qui sera une surprise pour lui? Qu'est-ce qui sera difficile? agréable? impossible?

F. Mon journal

Vous êtes envoyé(e) au Laos pour étudier. Écrivez une page de votre journal en transférant ce que vous savez sur le Laos grâce à Meng. Racontez vos impressions.

Orthographe et Prononciation

Orthographe anglaise ou orthographe française?

People who know both French and English are often prone to spelling mistakes caused by the fact that many words in French have an English counterpart whose spelling differs only slightly. Here are some examples of words commonly misspelled in both French and English.

ENGLISH		FRENCH	
apartment	carrot	appartement	carotte
address	personality	adresse	personnalité
terrace	literature	terrasse	littérature

Activités

A. En anglais. Trouvez et corrigez *(correct)* les fautes d'orthographe dans ces phrases en anglais.

1. You can't go to Japon with an enfant only a few weeks old!
2. You're not being reasonnable.
3. She has a new apartement, but I don't know her addresse.

B. En français. Trouvez et corrigez les fautes d'orthographe dans ces phrases en français.

1. Philippe est une personalité de la télévision.
2. Pour maigrir, je fais des exercises et je mange des carrottes.
3. On dance sur la terrace tous les soirs.

Vocabulaire de base

Vocabulaire be base

Les pays et les continents (voir page 468)

Noms
un **aéroport** *airport*
un **appareil photo** *camera*
un **autobus** *bus (city)*
un **autocar** *bus (between cities)*
une **autoroute** *highway, expressway, freeway*
un **avion** *airplane*
des **bagages** *(m.pl.) luggage*
un **billet (simple, aller-retour)** *ticket (one-way, round-trip)*
une **carte** *map*
un **endroit** *place, spot*

une **île** *island*
le **métro** *subway*
le **monde** *world*
un **passeport** *passport*
un **pays** *country*
une **place** *seat, room, square (town)*
un **quartier** *neighborhood*
une **route** *road*
un **taxi** *taxi*
un **ticket** *ticket (bus or subway)*
un **train** *train*

Verbes
conduire *to drive*
découvrir (conjugué comme ouvrir) *to discover*
emporter *to take, to carry (away)*
espérer (que) *to hope*
louer *to rent*
manquer (un train, un avion) *to miss (a train, a plane)*
passer (conjugué avec être) *to go by, to stop by, to pass*
rendre visite à *to visit (a person), to pay a visit to*

traverser *to go across, to cross*
visiter *to visit (a place)*

Adjectifs
assis(e) *seated, sitting down*
horrible *horrible*
léger, légère *light (weight)*
lent(e) *slow*
lourd(e) *heavy*
merveilleux, merveilleuse
   marvelous, wonderful
rapide *fast*
vide *empty*

Divers
aller à pied *to walk*
aller à vélo *to ride a bicycle*
aller en avion *to fly*

aller en voiture *to drive*
être à l'heure *to be on time*
être à *to belong to*
être debout *to be standing (up)*
être en avance *to be early*
être en retard *to be late*
faire la connaissance de (qqn)
   *to meet (someone for the
   first time)*
faire un voyage *to take a trip*
là-bas *over there*
lentement *slowly, slow*
On verra! *We will see!*
par *by, through*
Qu'est-ce qui s'est passé?
   What happened?
vite *fast, rapidly*

Comment s'appellent-ils?
Algérien, Algérienne *Algerian*
Belge *Belgian*
Chinois(e) *Chinese*
Espagnole(e) *Spanish*
Italien, Italienne *Italian*
Japonais(e) *Japanese*
Marocain(e) *Moroccan*
Sénégalais(e) *Senegalese*
Suisse *Swiss*

Rappel
Américain(e) *American*
Canadien, Canadienne *Canadian*
Français(e) *French*

$\mathcal{V}$ocabulaire supplémentaire

Noms
un caméscope *camcorder*
un camion *truck*
un chèque de voyage *traveler's check*
le climat *climate*
un compartiment
   (train) compartment
un continent *continent*
une croisière *cruise*
un départ *departure*
la douane *customs*
un douanier *customs officer*
un désert *desert*
une étape *step, stage, stop*
un guichet *ticket window*
un habitant, une habitante
   native, inhabitant
une hôtesse de l'air *stewardess*
un journal *diary*
le lendemain *the day after*
un moyen de transport
   means of transportation
un passager, une passagère
   passenger
un permis de conduire *driver's license*
une porte *gate*
un pilote *pilot*
un quai *platform*

un sac à dos *backpack*
la saison des pluies *rainy season*
un souvenir *souvenir, memory*
une station de métro *subway station*
un steward *cabin attendant, steward*
le TGV (train à grande vitesse)
   very rapid French train
la veille *the day before*
un vol *flight*
un voyage organisé *(package) tour*

Adjectifs
magnifique *magnificent, superb*
plein(e) *full, crowded*
quelque(s) *few, some*

Verbes
changer (de train, d'avion...)
   to change (train, planes, etc.)
réserver *to reserve*
se trouver *to be located*

Divers
à l'étranger *abroad*
de luxe *luxurious*
en groupe *as a group*
faire de l'auto-stop *to hitchhike*
faire des économies *to save money*
faire le tour du monde
   to go around the world

faire les (ses) bagages *to pack*
faire les magasins *to go shopping*
presque *almost*

Le français familier
un bus = un autobus
un car = un autocar

Comment s'appellent-ils?
Africain(e) *African*
Allemand(e) *German*
Anglais(e) *Englishman(-woman)*
Asiatique *Asian*
Australien, Australienne *Australian*
Camerounais(e) *Cameroonian*
Européen, Européenne *European*
Indien, Indienne *Indian*
Israélien, Israélienne *Israeli*
Mexicain(e) *Mexican*
Russe *Russian*
Tahitien, Tahitienne *Tahitian*

Le français tel qu'on le parle
Il y a de la place? *Is there any room?*
Quelle affaire! *What a deal! What
   a mess! (depends on context)*
Trop tard! *Too late!*

Le Tour de France

En bref...

- **La France: les régions et le patrimoine français**

- **Le Tour de France**

- **S'orienter**

- **Patrimoine français: sites touristiques**

- **Monuments français**

- **Souhaits et demandes: le conditionnel**

- **Faire des hypothèses**

- **Les pronoms relatifs ce qui et ce que**

Aimez-vous la
compétition sportive?

Entrée en matière:

Le Salon des Vacances en France!

Une compagnie aérienne nationale

Un Salon des Vacances. Chic! un salon pour préparer ses vacances!

Où?	Quand?	À quelle heure?

Voilà la France

1. D'après cette illustration, à quoi ressemble la France? Et quelles sont les frontières de la France? Quelles mers? Quelles montagnes? Quels pays?
2. Et cette illustration, est-ce que c'est seulement la France?

L'Hexagone! La France est souvent comparée à un hexagone. Pourquoi?

En vacances en France. Regardez cette illustration. Identifiez les personnes, les objets, les animaux, les rivières.

Avec ces objets, imaginez les activités possibles. Maintenant organisez les activités en catégories. Dites où on va pour faire ces activités.

Vive les vacances... en France! Comment le salon va-t-il aider à passer des vacances en France? Que faire et que trouver au salon? Quels produits sont les mieux représentés? Pourquoi?

Vocabulaire

A. La France et ses régions

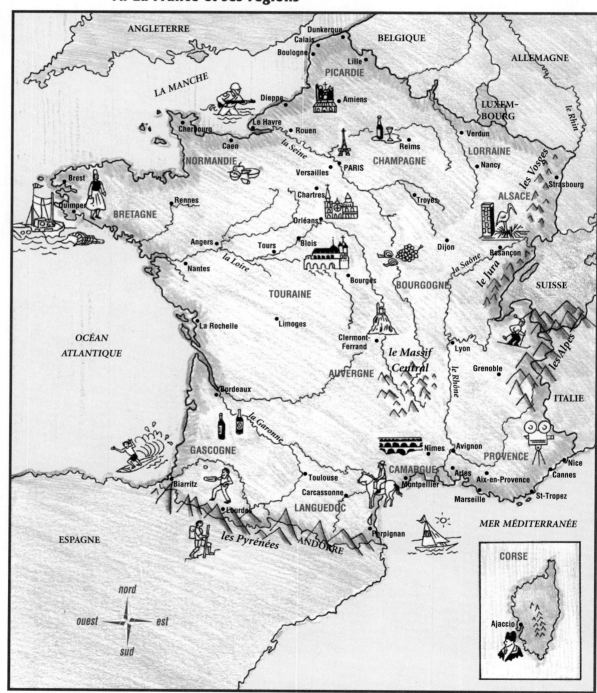

La France est entourée de mers et de pays. Quel(s) pays est (sont) au nord? à l'est? au sud? à l'ouest? Comment s'appellent les mers? Où sont-elles? Quelle est la différence entre la mer et l'océan?

En France, il y a des montagnes. Comment s'appellent-elles? Où sont-elles? Quelles sont les montagnes les plus hautes? En France, il y a aussi des fleuves, comme par exemple la Seine, qui passe à Paris (c'est pourquoi il y a beaucoup de ponts à Paris). Quels autres fleuves sont indiqués sur la carte? Par quelles villes passent-ils? En France, il y a aussi, bien sûr, des forêts, des collines (plus petites que les montagnes), des rivières (plus petites que les fleuves) et des grandes plages de sable.

Regardez bien la carte. On fait du cheval en Camargue et on fait du surf sur la Côte Atlantique près de Biarritz. Qu'est-ce qu'il y a à faire sur la Côte d'Azur à votre avis (la côte entre Saint-Tropez et Nice)? Et dans les Pyrénées? Et en Normandie? Qu'est-ce qui s'est passé sur les plages de Normandie? Savez-vous en quelle année c'était?

En France, chaque région a ses spécialités. Pouvez-vous trouver où on fait du vin sur la carte? Qu'est-ce qu'on fait en Normandie? Il y a beaucoup de cathédrales partout en France. Pouvez-vous en trouver deux sur la carte? Près de la Loire, il y a aussi beaucoup de châteaux magnifiques, comme par exemple Chenonceau, qui se trouve sur l'eau. En connaissez-vous d'autres? En Provence, il y a des monuments romains, comme par exemple le Pont du Gard. Quel monument célèbre du dix-neuvième siècle se trouve aussi sur la carte?

◆ Dans quelle région voulez-vous passer des vacances? Pourquoi?

En Normandie:

Le cimetière américain

Le Mont-Saint-Michel

Deauville

B. Le Tour de France

Tous les ans, en juillet, il y a une grande course cycliste en France qui s'appelle le Tour de France. En voilà des commentaires à la télévision.

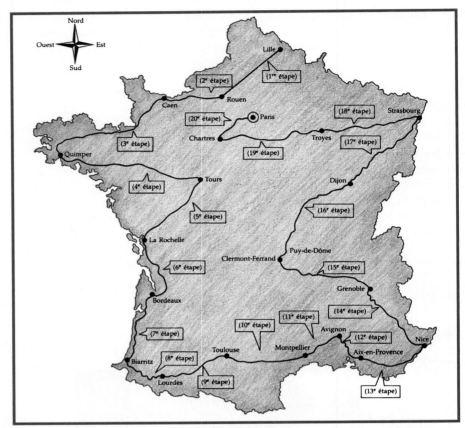

Allez-y! Bravo!

29 juin: Départ.
Et voilà, ils sont partis pour 3.250 km! Première étape: Lille-Rouen... Pays plat mais étape difficile à cause des routes... Au bord de la route, des groupes de gens regardent passer les coureurs. Aujour- d'hui, il fait beau et chaud. C'est rare dans le nord, région de nuages, de ciel gris et de temps frais, même en été.

30 juin: Deuxième étape, Rouen-Caen.

C'est vraiment la campagne, la Normandie, avec ses villages, ses fermes, ses vaches, son calme...

À Caen, malgré la pluie, les habitants sont tous au centre-ville pour voir l'arrivée des coureurs.

Les voilà!

La campagne

La campagne.

Distances between the borders of France are never more than about 800 miles. Yet within this relatively small country, the variety of landscapes, climates, and vegetation is as great as the variety of the architecture, traditions, and lifestyles embodied in each of the old provinces. Further, the French countryside still bears the mark of a long agricultural tradition, and many French people feel a strong attachment to the countryside. For them, **la campagne** represents a refuge from the polluted air and the noise of modern cities. In contrast to the stress and aggravation of the city, **la campagne** offers the urban dweller picturesque, pastoral landscapes for short trips, summer homes, and weekend outings.

Aïe! Laissez-moi!

Un petit port en Bretagne

1er juillet: Troisième étape, Caen-Quimper.

L'ouest: la Bretagne, avec ses forêts, sa côte et ses ports... Beaucoup d'étrangers là-bas cette année. Mais qu'est-ce qui se passe? Il y a eu un accident... Oh là là, c'est terrible! Un coureur est tombé! Non, non, ce n'est pas grave, ça va. Il a de la chance! Tant mieux!

> Allez, vas-y!

Encouragements!

7 juillet: Huitième étape, Biarritz-Lourdes...
Étape de montagne, fatigante et difficile. Il fait très lourd; il y aura peut-être des orages l'après-midi. Beaucoup de touristes dans les Pyrénées! Et voilà un coureur qui passe... La foule est enthousiaste!

10 juillet: Onzième étape, Montpellier-Avignon...
La Provence, terre de vacances, avec ses paysages pleins de soleil, ses platanes, ses monuments historiques... C'est le sud, où la vie est plus calme. Il n'y a pas beaucoup de monde aujourd'hui au bord des routes... Mais où sont donc les gens? Attendent-ils les coureurs à Avignon? Ou bien sont-ils tous sur les plages?

Attention dans les virages!

Le Pont du Gard

Info

La Provence.

Platanes *(plane trees)* are found everywhere in **Provence,** where they give shade in the streets, roads, and squares. Along with the climate, the regional accent, the regional cuisine, and the game of **pétanque, platanes** are associated by the French with **Provence** and the south of France.

La montée au Puy-de-Dôme

17 juillet: Seizième étape, au centre de la France...
Course contre la montre au Puy-de-Dôme! À 1.465 mètres, ce n'est pas une montagne comme dans les Alpes ou dans les Pyrénées, mais ce n'est plus vraiment une colline! Dur, dur pour les coureurs. Pour mieux voir, les gens sont sur la route, beaucoup trop près des coureurs. Dangereux, ça!

Le Puy-de-Dôme

La Cathédrale de Chartres

23 juillet: Dernière étape, Chartres-Paris...
Étape courte et très rapide. La cathédrale est déjà loin. Il y a foule sur les Champs-Élysées pour voir l'arrivée. Aujourd'hui, enfin, on saura qui va gagner!

Les Champs-Élysées et l'Arc de Triomphe

Questions

1. Quand est-ce que les coureurs sont dans le nord de la France? dans l'ouest? dans le sud? dans l'est? dans le centre?
2. Comment est la Normandie? Où est-ce qu'elle se trouve?
3. Qu'est-ce qu'il y a en Bretagne? Où est-ce qu'elle se trouve?
4. Comment est la Provence? Où est-ce qu'elle se trouve?
5. Où se trouve le Puy-de-Dôme? Qu'est-ce que c'est?
6. Où se trouvent les Champs-Élysées?

Notes de vocabulaire

1. Mots et expressions utiles

à ta (votre) place   *in your place, if I were you*
chasser *to hunt*
une étoile *star*
pêcher *to fish*
un zoo *zoo*

2. Orientation. Note the following ways of indicating directions.

à l'est de   *to the east of*
à l'ouest de   *to the west of*
au bord de   *at the side of, on the edge of, on the shore of, on the bank of*
au centre de   *in the center of*
au nord de   *to the north of*
au sud de   *to the south of*
à 20 km de*   *20 kilometers from*
sur la côte   *on the coast*

3. Les gens. There are various ways to express the meaning of the English word *people* in French.

a. **Les gens** *(m. pl.)* = *people* in a collective, indefinite sense.

J'ai rencontré des **gens** sympathiques pendant mes vacances.	*I met some nice people during my vacation.*

b. **Une personne (des personnes)** = *person (people)* when referring to specific people. The word can be either singular or plural but it is always feminine, even when referring to males.

Chez les Berthier, j'ai rencontré **une personne** très sympathique.	*At the Berthiers', I met a very nice person.*

c. **On** = *people* or *they* in a collective, general sense.

On conduit à gauche en Australie.	*People (They) drive on the left in Australia.*
On dit qu'il va pleuvoir ce soir.	*They say that it's going to rain this evening.*

d. **Monde** *(m. sing.)* = *people* in certain idiomatic expressions. It is always masculine singular.

Il n'y a pas beaucoup de **monde**.	*There aren't many people.*
Il y a **du monde** sur la Côte d'Azur en été.	*There are a lot of people (It's crowded) on the French Riviera in the summer.*

*Un kilomètre (km) = *0.6214 mile;* un mètre = *approx. 1 yard (3 feet) (1 yard = 0.91 mètres)*

4. Le superlatif. The following constructions are used to say that something or some action is the "most extreme" compared with others.

Adjectives that precede the noun	Definite article + **plus / moins** + adjective + (noun) (**de ...**) Paris est **la plus grande ville de France.** Alceste est **le moins beau de sa famille.**
Adjectives that follow the noun	Definite article + noun + definite article + **plus / moins** + adjective (**de ...**) C'est **la ville la plus intéressante du monde.** C'est **la personne la moins sportive du groupe.**
With verbs (as adverbs)	Verb + **le plus / le moins** C'est lui qui **travaille le plus** mais qui **gagne le moins.**
Bon	Definite article + **meilleur** + noun (**de ...**) C'est **le meilleur étudiant de la classe.**
Bien	Verb + **le mieux** (**de ...**) Vous **chantez le mieux de la classe.**

*V*ous avez compris?

1. Réagissez. Quelle est votre réaction? SUGGESTIONS: j'aime / je déteste / c'est agréable / ce n'est pas agréable / c'est ennuyeux / c'est intéressant / c'est horrible / c'est terrible / c'est merveilleux / c'est dangereux / ça dépend...

1. faire du surf à Biarritz
2. aller au Québec en hiver
3. passer ses vacances sur la Côte d'Azur au mois d'août
4. se promener dans une grande forêt
5. faire du cheval
6. pêcher dans une rivière
7. aller au zoo
8. s'embrasser sous les étoiles
9. chasser en Alaska
10. visiter un château du seizième siècle
11. regarder passer le Tour de France
12. être coureur cycliste

2. La chance. Est-ce qu'ils ont de la chance? Utilisez **il/elle a de la chance** ou **il/elle n'a pas de chance** pour réagir.

1. Candide a trouvé 50 euros dans la rue.
2. Alceste a perdu son passeport.
3. La sœur de Candide va travailler comme femme de ménage dans un hôtel à Cannes cet été.
4. Alceste a fait la connaissance d'une fille à la plage pendant les vacances.
5. Candide va dans les Alpes avec sa famille cet été.

3. Qu'est-ce qui est... ? À quoi ou à qui est-ce que vous pensez quand vous entendez ces adjectifs?

Modèle merveilleux
un voyage en Afrique, le film Le Roi Lion, *l'actrice Catherine Deneuve, avoir un A en philosophie, passer ses vacances en France, regarder les étoiles la nuit...*

1. extraordinaire
2. historique
3. amusant
4. calme
5. dangereux
6. rare

4. Où se trouve... ? Ghislaine est une étudiante française dans votre université. Pendant les vacances, elle veut rendre visite à des amis qui habitent les États-Unis. Mais elle ne sait pas où se trouvent les villes où ils habitent. Dites-lui où se trouvent ces villes.

Modèle Long Beach, Californie
C'est sur la côte ouest, au sud de Los Angeles.

1. Milwaukee, Wisconsin
2. Ft. Lauderdale, Floride
3. Boulder, Colorado
4. Berkeley, Californie
5. Atlantic City, New Jersey

5. Des questions. À votre avis...

1. Quelle est la meilleure marque de voiture: la Mercedes, la Cadillac ou la BMW?
2. Quelle est la moins grande ville: Paris, Lyon ou Lille?
3. Quelle est la plus belle ville: Boston, San Francisco ou Toronto?
4. Quel est l'animal le plus intelligent: le chien, le chat ou le dauphin?
5. Quel est le métier le plus dangereux: pompier, policier ou militaire?

*M*ise en pratique

Info==

Les congés payés en France.

Les congés payés, or paid vacation, were created by law in 1936 when French workers first got two weeks of annual paid vacation. It was increased to three weeks in 1956, four weeks in 1969, and finally five weeks in 1982.

6. Les vacances dans votre pays. Comment sont les vacances dans votre pays?

1. Combien de semaines de vacances est-ce qu'on a par an?
2. Quand est-ce qu'on prend ses vacances? Où?
3. Est-ce qu'on passe ses vacances en famille? avec des copains?
4. Est-ce qu'on voyage beaucoup en voiture? en train? en avion?
5. Est-ce qu'on aime les voyages organisés quand on va à l'étranger? Est-ce que les jeunes aiment partir en vacances à l'étranger avec un sac à dos?
6. Est-ce que les jeunes vont à l'étranger pour apprendre les langues étrangères?

7. Qu'est-ce qui fait la France?

1. Quand vous pensez à la France, à quoi pensez-vous? Faites des listes.
   a. Monuments:
   b. Plats et aliments (ce qu'on mange et ce qu'on boit):
   c. Objets (choses):

2. Voilà les résultats d'un sondage de jeunes Français de
15 ans et plus sur ce qui représente le mieux leur pays:

a. Parmi les monuments suivants, quel est celui qui, aujourd'hui, représente le mieux la France?	Ensemble %
Le Stade de France	28
La Pyramide du Louvre	28
La Bibliothèque Nationale de France	14
Le Futuroscope	14
La Grande Arche de la Défense	9
La Cathédrale d'Évry	3
Ne se prononcent pas	4
TOTAL	100

b. Parmi les plats ou aliments suivants, quel est celui qui, aujourd'hui, représente le mieux la France?	Ensemble %
Un plateau de fromages	39
Du foie gras	26
Un steak-frites	17
Un gigot d'agneau	12
Un sandwich jambon-beurre	4
Un hamburger	1
Ne se prononcent pas	1
TOTAL	100

c. Parmi les objets suivants, quel est celui qui, aujourd'hui, représente le mieux la France?	Ensemble %
Une bouteille de vin	33
Le TGV	30
Le Concorde	19
Un flacon de parfum	8
Une Renault Espace	5
Un Minitel	4
Ne se prononcent pas	1
TOTAL	100

Source: *Qu'est-ce qui fait la France?* Sondage Ifop-Notre Temps
magazine, janvier 2000.

Des monuments modernes.

All the monuments mentioned were inaugurated in the 80s or 90s and are located in Paris or in the Paris region except for the Futuroscope, which is near Poitiers. **Le Stade de France,** inaugurated in 1998, is a stadium (soccer, rugby, track events, and music shows) that can hold from 75,000 to 100,000 spectators, depending on the event (http://www.stadefrance.fr/); **la Pyramide du Louvre,** created by the American architect I. M. Pei, is part of a major project called **le Grand Louvre** that started in 1981 (http://mistral.culture.fr/ louvre/); **La Bibliothèque Nationale de France** moved most of its collections to a new location that opened to the public in 1996 (http://www.bnf.fr/); **le Futuroscope,** inaugurated in 1987, is a park whose theme is audiovisual technology (http://www.futuroscope. org/); **la Grande Arche de la Défense** was completed in 1989 (http://www. grandearche.com/); and **la Cathédrale d'Évry,** completed in 1995, is the only cathedral constructed in the twentieth century in France (http://www.cef.fr/evry/).

Comparez vos listes avec la liste des Français pour chaque catégorie: est-ce que
vous et les Français avez les mêmes idées sur ce qui représente le mieux la France?
Quelle image de la France avez-vous? Quelle image de la France ont les Français?
Pourquoi y a-t-il des différences, à votre avis?

8. Un voyage en France. Vous avez trouvé un billet d'avion bon marché pour la France et vous avez décidé d'y aller en vacances cet été. Mais comme vous devez aussi travailler, vous avez seulement dix jours. Vous avez donc décidé de passer quatre jours à Paris et puis de visiter une région de la France pendant six jours. Planifiez vos vacances!

1. Où dormirez-vous à Paris? Dans quel quartier de Paris voulez-vous rester? Pour vous aider, vous pouvez regarder la carte de Paris à la page 273.
2. Qu'est-ce que vous visiterez à Paris? Faites une liste et décidez combien de temps il vous faudra pour chaque activité. Comment irez-vous d'un endroit à l'autre?
3. Quelle région visiterez-vous après Paris?
4. Comment irez-vous de Paris à cette région?
5. Où dormirez-vous?
6. Qu'est-ce que vous ferez dans cette région? Faites une liste et décidez combien de temps il vous faudra pour chaque activité (vous avez six jours).
7. Mais vous avez encore un petit problème: l'argent! Écrivez une lettre à quelqu'un de votre famille (un grand-père ou une grand-mère? un oncle ou une tante?) et expliquez votre projet. Donnez des détails et expliquez pourquoi ce voyage est important pour vous. À la fin, demandez un peu d'argent avec beaucoup de diplomatie.

9. Conversation en français. Racontez votre meilleur voyage. Où? Quand? Combien de temps? Avec qui? Comment avez-vous voyagé? Qu'est-ce que vous avez fait? Donnez des détails et soyez prêts à répondre à des questions.

Conversation en français

Structure

**CD-ROM:
Build your skills!**

Le conditionnel

You already know two expressions in the conditional.

| je **voudrais** | *I would like* |
| il **faudrait** | *one should* |

In general, the conditional is a French verb form that corresponds to the English *would + infinitive (he would go, we would listen).*

Formation

The conditional is formed by using the infinitive as the stem and then adding the following endings: **-ais, -ais, -ait, -ions, -iez, -aient**. The final **-e** of **-re** verbs is dropped before the endings are added. Another way to look at this is to say that the conditional is formed by using the future stem plus the **imparfait** endings.

manger	
je manger**ais**	nous manger**ions**
tu manger**ais**	vous manger**iez**
il / elle } manger**ait**	ils / elles } manger**aient**

choisir	
je choisir**ais**	nous choisir**ions**
tu choisir**ais**	vous choisir**iez**
il / elle } choisir**ait**	ils / elles } choisir**aient**

vendre	
je vendr**ais**	nous vendr**ions**
tu vendr**ais**	vous vendr**iez**
il / elle } vendr**ait**	ils / elles } vendr**aient**

Verbs with irregular stems in the future use the same stem to form the conditional. Verbs with spelling changes in the future have identical changes in the conditional.

À ta place, je **dirais** la vérité.	*In your place (If I were you),* *I'd tell the truth.*
Est-ce que je **pourrais** venir te parler?	*Could I come talk to you?*
Est-ce que vous **auriez** un dollar?	*Would you have a dollar?*
J'**achèterais** ce manteau-là si j'avais l'argent.	*I'd buy that coat if I had the money.*

Usage

The conditional can be used to express wishes or requests. It lends a tone of deference or politeness that makes a request seem less abrupt. Compare the following:

Je **veux** un bonbon.	*I want a piece of candy.*
Je **voudrais** un bonbon.	*I would like a piece of candy.*
Il **faut** étudier!	*You have to study! / We have to study! /* *One has to study!*
Il **faudrait** étudier!	*You should study! / We should study! /* *One should study!*

Note that the verb **pouvoir** in the conditional corresponds to the English *could* + *infinitive* and that the verb **devoir** in the conditional corresponds to the English *should* + *infinitive*.

Pouvez-vous me donner un renseignement? — *Can you give me some information?*

Pourriez-vous me donner un renseignement? — *Could you give me some information?*

Tu **dois** travailler! — *You must work!*

Tu **devrais** travailler! — *You should work!*

The conditional can also be used to express something that depends on a condition that may or may not come true.

Si j'avais le temps, je **jouerais** au tennis. — *If I had the time, I would play tennis.*

Note that in French, you use the **imparfait** in the **si** or *if* clause, never the conditional.

Si tu **allais** à Paris, tu verrais la tour Eiffel. — *If you went to Paris, you would see the Eiffel Tower.*

Rappel! *Would* has two meanings in English. One corresponds to the French conditional, the other to the French **imparfait.** Compare these two sentences.

Quand j'étais en France, je **me levais** toujours à neuf heures. — *When I was in France, I would always get up at nine o'clock.*
(*Would* = habitual action in the past = **imparfait**)

À votre place, je **prendrais** l'avion. — *In your place (If I were you), I would take the plane.*
(*Would* = if possible = conditional)

*V*ous avez compris?

10. La politesse. Voilà des situations de communication avec des suggestions. Quand est-ce qu'on utiliserait chacune? Laquelle est la plus polie?

1. Demander des informations:
   a. Madame, où se trouve la banque, s'il vous plaît?
   b. Pardon, Madame, pourriez-vous me dire où se trouve la banque?
   c. Et la banque?

2. Demander à quelqu'un de faire quelque chose:
   a. Passe-moi le sel, s'il te plaît!
   b. Voudriez-vous me passer le sel, s'il vous plaît?
   c. Auriez-vous la gentillesse de me passer le sel, s'il vous plaît?

3. Demander à quelqu'un de faire quelque chose:
   a. Chut! Pas si fort!
   b. S'il vous plaît, ne parlez pas si fort!
   c. Excusez-moi, Monsieur, est-ce que vous pourriez parler un peu moins fort?

chacune: *each one*

4. Demander de répéter:
   a. Répétez, s'il vous plaît.
   b. Quoi?
   c. Pourriez-vous répéter?

11. On est poli. Utilisez **pouvoir** au conditionnel pour demander quelque chose poliment.

   Modèle   M. Gaudin à Mme Gaudin / faire la cuisine ce soir
   Est-ce que tu pourrais faire la cuisine ce soir?

   1. Un(e) étudiant(e) à son / sa camarade de chambre / faire ton lit
   2. Une patronne à une secrétaire / taper cette lettre
   3. Un professeur à un(e) étudiant(e) / répondre à ma question
   4. Une mère à son fils / acheter des pommes au supermarché
   5. Mme Gaudin à ses enfants / attendre deux minutes

12. Complétez. Complétez par le conditionnel. Puis traduisez chaque phrase en anglais idiomatique.

   1. Si j'avais assez d'argent, je _____ (acheter) une voiture de sport.
   2. Si tu avais le temps et l'argent, où est-ce que tu _____ (aller)?
   3. Si nous étions malades, nous _____ (ne pas être) en classe.
   4. Si vous travailliez, vous _____ (ne pas avoir) de problème avec ces exercices.
   5. S'ils gagnaient le match, ils _____ (être) heureux.
   6. Tu _____ (arriver) à l'heure si tu partais plus tôt.
   7. S'il t'aimait, il te le _____ (dire).

Une voiture électrique?

ise en pratique

13. Imaginez. Qu'est-ce que vous feriez dans chaque cas?

   1. Si j'avais faim à minuit, je...
   2. Si mon ami(e) était malade, je...
   3. Si j'habitais à New York, je...
   4. Si j'invitais un(e) ami(e) à dîner, je...
   5. Si j'allais en France, je...
   6. Si je gagnais un million à la loterie, je...
   7. Si je perdais mon passeport à Marseille, je...
   8. Si je manquais mon avion, je...

Les phrases avec *si*

Use **si** to talk about "what if," to make suggestions, or to express a wish.

   a. **If...** To talk about what will probably happen if a certain condition is fulfilled, use **si** with a verb in the present tense (**si tu veux**) followed by a clause with a verb in the future (**je le ferai**). Note that **si** can be either in the first or second part of the sentence (the first or second clause).

S'il **fait** beau demain, il y **aura**
  beaucoup de monde à la plage.

*If it's nice out tomorrow, there'll be
  a lot of people at the beach.*

Nous **mangerons** dans le jardin
  s'il ne **pleut** pas.

We'll eat in the yard if it doesn't rain.

To talk about *what might happen if,* use **si** with a verb in the **imparfait** followed by a clause with a verb in the **conditionnel.** Again, **si + imparfait** may be in either clause.

Si **j'avais** assez d'argent,
  j'**achèterais** ce livre.

*If I had enough money, I'd buy
  that book.*

Tu ne **serais** pas si fatigué
  si tu ne **sortais** pas le soir.

*You wouldn't be so tired if you
  didn't go out at night.*

TABLEAU RÉCAPITULATIF	
si CLAUSE	RESULT CLAUSE
présent	futur
imparfait	conditionnel

  b. **Pour suggérer.** Use **si** + **imparfait** to suggest a course of action.

—J'ai faim.

"I'm hungry."

—Moi aussi. **Si on allait** au
  restaurant?

*"Me, too. How about going out
  to dinner?"*

—D'accord.

"OK."

  c. **Pour exprimer un souhait ou un regret.** Use **si** + **imparfait** to express a wish or regret.

—Ah! Si nous **étions** riches!

"If only we were rich!"

—Tu rêves! On ne sera jamais riche!

"You're dreaming. We'll never be rich!"

𝒱ous avez compris?

14. Des proverbes. Choisissez les deux proverbes que vous trouvez les plus justes. Comparez vos choix avec les choix des autres.

Mots utiles: jeter, *to throw;* parole, *word;* les chèvres, *goats;* attraper, *to catch;* le roi, *king.*

  1. Si chaque homme chaque jour jetait une fleur sur le chemin de son prochain, les routes de la terre seraient tellement plus agréables! [Proverbe chinois]
  2. Si l'on jette à la mer un homme qui a de la chance, il refera surface avec un poisson dans la bouche. [Proverbe arabe]
  3. Si la parole que tu vas dire n'est pas plus belle que le silence, ne la dis pas. [Proverbe soufi]
  4. Si les chats gardent les chèvres, qui attrapera les souris? [Proverbe français]

5. Si tous les gens qui vivent ensemble s'aimaient, la terre brillerait comme un soleil. [Proverbe français]
6. Si Dieu ne pardonnait pas, son paradis resterait vide. [Proverbe arabe]
7. Si la personne est âgée, son cœur ne l'est pas. [Proverbe chinois]
8. Si à midi le roi te dit qu'il fait nuit, contemple les étoiles. [Proverbe persan]

15. Dans la foule.
Voilà ce qu'on a entendu au Tour de France cette année. Utilisez le présent et le futur pour faire des phrases complètes.

Modèle   si / tu / avoir soif / je / aller chercher / quelque chose à boire
Si tu as soif, j'irai chercher quelque chose à boire.

1. si / ils / ne pas faire attention / il y avoir / un accident
2. je / ne pas avoir / mon parapluie. / Si / il / commencer à / pleuvoir / je / rentrer
3. le coureur américain / gagner / si / il / continuer / comme ça
4. il y avoir / un accident / si / cet enfant / rester / si près de la route

16. Faites des suggestions.
Alceste a des problèmes et Candide voudrait l'aider. Jouez le rôle de Candide et faites des suggestions à Alceste.

Modèle   ALCESTE: J'ai soif.
          CANDIDE: *Si on allait au café? Si tu buvais de l'eau?*

1. J'ai faim.
2. Je suis fatigué.
3. Je m'ennuie.
4. Je ne veux pas travailler.

ℳise en pratique

17. Faire des phrases.
Faites des phrases logiques avec les éléments des deux colonnes.

Modèle   *Si j'étais riche, j'achèterais une voiture.*

1. avoir le temps
2. être fatigué
3. avoir des vacances
4. être le professeur
5. avoir faim
6. être riche
7. dormir mal

a. me coucher
b. acheter une voiture
c. donner des A
d. faire du sport
e. regarder la télévision
f. aller en Australie
g. prendre quelque chose

Les enfants ont toujours le temps de regarder la télévision.

18. La vie serait belle!
Tout le monde a des problèmes, et vous, vous voulez aider tout le monde. Faites des suggestions.

Modèle   —Ma fille est paresseuse.
          —*Alors, si elle travaillait?!*

1. —Je suis pauvre.
2. —Mon camarade de chambre est toujours pessimiste.
3. —Je n'ai pas de voiture.
4. —Je n'ai pas d'amis.
5. —Nous travaillons tout le temps.
6. —Nous n'avons pas de vacances.

obtiennent: *get*

19. La vie est belle! Imaginez que les personnes suivantes obtiennent ce qu'elles veulent. Quelles pourraient en être les conséquences? Qu'est-ce qu'elles pourraient faire?

Modèle PATRICK: Oh, si j'avais une voiture... ou un vélo.
Si Patrick avait une voiture ou un vélo, il pourrait arriver à l'université à l'heure!

1. CARINE: Si j'avais un petit ami!
2. DAVID: Si j'étais grand... et beau!
3. VALÉRIE: Si j'avais deux mois de vacances!
4. CHRISTOPHE: Si j'étais sportif!

Les pronoms relatifs *ce qui* et *ce que*

The relative pronouns **ce qui** and **ce que** are the equivalent of the English *what* in sentences such as *I don't know what happened* or *I don't know what you want*.

Ce qui functions as the subject of its clause (part of the sentence).

Je ne sais pas **ce qui** s'est passé.   *I don't know what happened.*

Ce que functions as the direct object of its clause.

Je ne comprends pas **ce que** tu veux.   *I don't understand what you want.*

The word **tout** can be placed in front of both **ce qui** and **ce que**.

J'aime **tout ce qui** est beau.   *I like everything (that is) beautiful.*
Je vais te dire **tout ce que** je sais.   *I'm going to tell you everything (all) that I know.*

 The word *what* has three possible equivalents in French. The one used depends on the function of *what* in the sentence.

1. *What* = interrogative adjective. Use **quel.**

   Quel homme?   *What man?*
   Quelle est la date?   *What's the date?*

2. *What* = interrogative pronoun. Use **qu'est-ce qui** *(subject)* or **qu'est-ce que** *(direct object)*.

   Qu'est-ce qui se passe?   *What's going on?*
   Qu'est-ce que tu veux?   *What do you want?*

3. *What* = relative pronoun. Use **ce qui** *(subject)* or **ce que** *(direct object)*.

   Je ne sais pas **ce qui** se passe.   *I don't know what's going on.*
   Tu ne comprends pas **ce que** je veux dire?   *You don't understand what I mean?*

Vous avez compris?

20. Des proverbes. Choisissez les deux proverbes que vous trouvez les plus justes. Comparez vos choix avec les choix des autres.

Mots utiles: enseigner, *to teach*; vaut, *is worth*; hâter, *make haste/hurry*; or, *gold*; tais-toi, *be quiet.*

1. Tout ce qui est enseigné ne vaut pas d'être appris. [Proverbe chinois]
2. Dans tout ce que tu fais, hâte-toi lentement. [Proverbe français]
3. Tout ce qui brille n'est pas or. [Proverbe français]
4. Si ce que tu as à dire n'est pas plus beau que le silence, tais-toi. [Proverbe arabe]

21. Ce qui ou ce que? Complétez par ce **qui** ou ce **que**.

—Tu ne sais pas _____ s'est passé?
—Non, j'étais à la bibliothèque et tout _____ je sais, c'est que j'ai trois examens et...
—Ah, oui, c'est terrible, ça. Mais _____ s'est passé ici, c'est qu'il y a eu un orage et on n'a pas eu d'électricité pendant trois heures! Nous nous sommes bien amusés! Tu veux savoir _____ on a fait?
—Non, non et non! Je ne veux pas savoir _____ vous avez fait!
—Bon, si c'est comme ça, tout _____ je vais te dire, c'est que tu dois regarder _____ se trouve dans ton lit et...

On prépare les examens à la bibliothèque.

22. Quel, qu'est-ce qui, qu'est-ce que, ce qui ou ce que? Complétez avec **quel, qu'est-ce qui, qu'est-ce que, ce qui** ou ce **que**.

1. _____ est bon?
2. _____ pays avez-vous visités?
3. _____ tu as dit?
4. Je n'aime pas _____ tu as fait!
5. Est-ce que tu sais _____ se trouve dans la boîte?

Mise en pratique

23. Réactions. Qu'est-ce qui...

Modèle
    ... vous amuse?
        Ce qui m'amuse: sortir avec des amis, etc.

1. ... vous amuse?
2. ... vous endort?
3. ... vous ennuie?
4. ... vous énerve?

24. Goûts et obligations. Et les autres? Complétez les phrases.

1. Ce que le professeur doit faire, c'est...
2. Ce que les étudiants aiment faire, c'est...
3. Ce que mes amis détestent faire, c'est...

Découvertes culturelles: **Le patrimoine français**

A. Si vous avez peu de temps.

1. **Des gens.** Qui sont ces personnes dans le dessin? Qui parle? De quelle nationalité est-il? Comment le savez-vous? Et les deux autres personnes? Que font-elles? D'où viennent-elles? Décrivez-les.
2. **Une ville.** Où se passe cette scène? Comment le savez-vous?
3. **Pour rire un peu!** Quel est l'élément comique du texte? du dessin? De qui et de quoi le dessinateur se moque-t-il?

B. Vos connaissances culturelles.

Nommez tous les monuments présentés sur ces images et dites où ils se trouvent sur la carte de France à l'aide des points cardinaux (le nord, le sud, l'est, l'ouest) et des régions que vous connaissez (en Provence, etc.).

CE QU'ILS VISITENT LE PLUS CHEZ NOUS

PAR JEAN CREISER

La France, terre bénie du tourisme? C'est toujours une évidence pour les voyageurs étrangers qui visitent notre pays. Mais cela ne semble pas l'être encore pour les Français eux-mêmes qui font toujours trop peu d'efforts pour comprendre ou aider leurs hôtes. Conclusion: les étrangers aiment bien la France... mais parfois un peu moins les Français. La France reste pourtant la destination touristique préférée de la plupart de nos voisins européens: les Anglais, les Belges, les Hollandais, les Italiens, les Espagnols... C'est la quatrième destination des Allemands après l'Italie, l'Espagne et l'Autriche et la cinquième des Américains. Que recherchent chez nous les touristes étrangers? C'est souvent, tout simplement, le soleil et la mer, surtout pour les peuples du Nord. Mais c'est aussi notre art de vivre, notre culture, notre cuisine, notre patrimoine historique et artistique. C'est tout cela que reflètent assez bien les dix sites et monuments français que préfèrent nos hôtes.

C. Qui sont «ils»?

1. Trouvez dans le texte toutes les expressions qui se rapportent au «ils» du titre.
2. Étudiez leurs destinations et les raisons de leur voyage. Où vont-ils? Que vont-ils visiter? Pourquoi viennent-ils en France?
3. Trouvez les expressions qui se rapportent aux sentiments positifs et négatifs des étrangers pour la France et pour les Français.

D. Un Tour de France culturel.

1. **Identification.** Quels dessins représentent des sites que vous connaissez? Quels sites sont naturels? Quels sites ont un élément culturel? Lesquels?
2. **Comparaisons.** Quel type de site est plus fréquent chez vous: les sites géographiques ou les sites à élément culturel? Et en France? Pourquoi?
3. **Choix et décisions.** Pourquoi les étrangers choisissent-ils ces monuments?

E. Patrimoine et tourisme. Le patrimoine, c'est la richesse d'un pays, passé de génération en génération.

1. Regardez la carte de France. Qu'est-ce que vous observez sur la distribution des monuments les plus visités? Expliquez cette distribution des sites de visite.

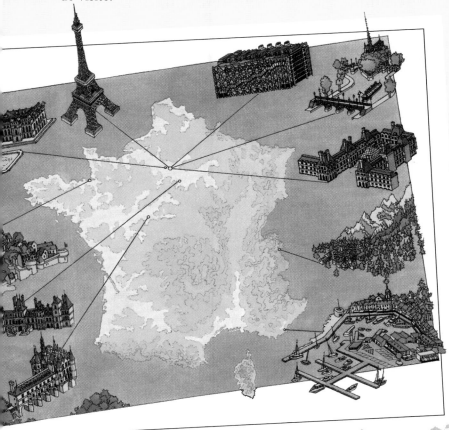

2. **Une visite chez le Ministre du Tourisme.** Vous allez rencontrer Madame le Ministre pour l'interroger sur la valeur économique du patrimoine français. Référez-vous au texte et préparez six questions sur un des thèmes suivants:
   - le tourisme dans l'économie nationale
   - les infrastructures pour les touristes
   - les problèmes à l'arrivée des touristes étrangers
   - les incitations à mieux recevoir les touristes étrangers
   - le tourisme des Français en France (saison, dates)

Figaro Magazine

Orthographe et Prononciation

Mots apparentés

Many French and English words are similar in spelling and meaning. These are called *cognates* in English, **mots apparentés** in French.

1. French **-té** becomes English *-ty*.

universi**té**	universi*ty*
socié**té**	socie*ty*

2. French **-re** becomes English *-er*.

théâ**tre**	theat*er*
mem**bre**	memb*er*

3. French **-iste** becomes English *-istic*.

optim**iste**	optim*istic*
réal**iste**	real*istic*

4. French **-ique** becomes English *-ical*.

log**ique**	log*ical*
phys**ique**	phys*ical*

Activité

Trouvez l'anglais. Trouvez le mot anglais apparenté au mot français.

1. beauté
2. historique
3. pessimiste
4. nécessité
5. octobre
6. comique
7. liberté
8. égalité
9. fraternité
10. idéaliste
11. centre
12. cynique

Vocabulaire de base

Noms
l'arrivée *(f.)* arrival
le calme *calm, peace and quiet*
le centre *center*
le centre-ville *downtown*
un château, des châteaux
   castle, mansion
une colline *hill*
la côte *coast*
le départ *departure*
l'est *(m.)* east
une étoile *star*
un étranger, une étrangère
   foreigner, stranger
un fleuve *river (major)*
une forêt *forest*

une foule *crowd*
les gens *(m. pl.)* people
un groupe *group*
un(e) habitant(e)
   native, inhabitant
le nord *north*
un nuage *cloud*
l'ouest *(m.)* west
un pont *bridge*
une région *region, area*
le sable *sand*
le sud *south*
la terre *earth, ground*
un(e) touriste *tourist*
une vache *cow*

Adjectifs
plat(e) *flat*
terrible *terrible*

Verbes
se trouver *to be located*

Divers
à ta (votre) place *in your place,*
   if I were you
au bord de *at the side of,*
   on the edge of, on the shore of,
   on the bank of
avoir de la chance *to be lucky*

Vocabulaire supplémentaire

Noms
un accident *accident*
les Alpes *(f. pl.)* the Alps
la Bretagne *Brittany*
une cathédrale *cathedral*
les Champs-Élysées *Champs-*
   Élysées (main street in Paris)
un commentaire
   comment, remark
la Côte d'Azur *French Riviera*
un coureur (cycliste) *cyclist*
une course (cycliste) *race (bicycle)*
un kilomètre (km) *kilometer*
un mètre *meter*
un monument *monument*
la Normandie *Normandy*
l'océan *(m.)* ocean
un orage *thunderstorm*
un paysage *landscape, scenery*

une spécialité *specialty*
un platane *plane tree*
un port *port*
la Provence *Provence*
   (south of France)
les Pyrénées *(f. pl.)* Pyrenees
une rivière *river, stream*
un siècle *century*
un zoo *zoo*

Adjectifs
historique *historical*
rare *rare*
romain(e) *Roman*

Verbes
chasser *to hunt*
indiquer *to indicate*
pêcher *to fish*

Divers
chaque *each*
contre la montre *against the*
   clock, timed race
être entouré(e) (de)
   to be surrounded (by)
être indiqué(e) *to be indicated*
faire du cheval
   to go horseback riding
faire du surf *to go surfing*
il y a beaucoup de monde *there*
   are a lot of people, it's crowded
malgré *in spite of, despite*
Qu'est-ce qu'il y a à faire?
   What is there to do?

Le français tel qu'on le parle

Tant mieux! *So much the better!*
 Good!

Le français familier

terrible *terrific*
avoir de la veine =
 avoir de la chance

On entend parfois

un morne (Antilles) =
 une colline
le temps bleu (Louisiane) =
 un orage

Le bonheur, qu'est-ce que c'est?

En bref...

- **Le bonheur, qu'est-ce que c'est? Différents points de vue**

- **La politique et les problèmes sociaux**

- **La vie, ses plaisirs et ses problèmes**

- **Idées, émotions et points de vue: le subjonctif**

- **Les valeurs des jeunes**

- **L'humanitaire**

Pour vous, qu'est-ce que c'est, le bonheur?

Le bonheur français

Le bonheur français

C'est dans l'air. Comme si le pays tout entier avait recouvré la confiance et l'envie de faire la fête. Cette quête du plaisir, chacun la vit à sa manière. Pour certains, elle passe par la culture, pour d'autres par une consommation ludique ; pour d'autres encore par l'épanouissement des sens

● Claire Chartier, Marion Festraëts, Jean-Sébastien Stehli, Jacqueline Remy, avec Marie Huret, Gilles Van Kote et Vincent Monnier

30 ● L'EXPRESS 13/1/2000

L'EXPRESS 13/1/2000 ● 31

Le bonheur français. Français? Pourquoi français? Est-ce qu'il y a un bonheur anglais? américain? canadien? italien? russe? espagnol? chinois? Sont-ils différents? Et pourquoi?

Que représente l'illustration? Quelle idée du bonheur donne-t-elle?

Et le bonheur, qu'est-ce que c'est?

Qu'est-ce que c'est pour vous? Et pour les Américains / les Canadiens?

Et comment savez-vous ce qui rend les Américains / les Canadiens heureux?

Les mots du bonheur français. Trouvez dans le sous-titre de cet article les mots qui définissent le bonheur à la française.

Les valeurs. D'après ces mots, quelles sont les valeurs qui caractérisent la France du nouveau millénium?

Regardez votre définition du bonheur américain.

Quelles sont les valeurs qui caractérisent la culture américaine ou la culture canadienne?

Comparez ces deux cultures.

Y a-t-il des différences? Pouvez-vous expliquer ces différences? D'où viennent-elles?

𝒱ocabulaire

Chaque personne a une opinion différente sur le bonheur. Voilà ce que pensent quelques membres de la famille Dubois.

A. Vincent Dubois

C'est un optimiste qui aime profiter de la vie. Il a beaucoup d'amis et il adore sortir. Ses activités préférées? Manger, boire et bavarder. Il apprécie beaucoup l'argent, le confort matériel et les voitures. Il est donc assez matérialiste. Son grand rêve? Prendre sa retraite à cinquante-cinq ans. Les grands problèmes du monde ne l'intéressent pas. Il ne s'occupe pas de politique et il se méfie des gens qui en font, mais il est pour l'ordre et l'autorité. Il dit qu'il est contre le racisme et l'intolérance, mais il pense qu'il y a un problème d'immigration en France et il se méfie des étrangers. À son avis, il y aurait sûrement moins de chômage, de pauvreté, de drogue et de terrorisme si la police était plus sévère avec les immigrés. Pour lui, le bonheur, c'est les sorties, les loisirs, l'amitié et l'argent.

B. Thérèse Dubois

Ce qui est important pour elle, c'est la vie privée. Elle est individualiste et très indépendante, mais elle a quelques amis qu'elle voit souvent. Elle est assez pessimiste et elle est toujours inquiète pour ses enfants et pour Vincent. Elle a peur de la violence, des accidents de voiture, des maladies, surtout du cancer et du sida, et bien sûr de la mort. Comme Vincent, elle ne s'intéresse pas aux grands problèmes sociaux actuels sauf quand ils concernent sa vie personnelle. Pour elle, le bonheur, c'est sa famille, son travail, les voyages et les vacances.

C. Jacques Dubois

Il a besoin de sécurité et il n'aime pas les changements. Il vit dans une maison agréable dans le sud de la France et il n'a pas de soucis financiers. Il déteste la solitude et il a beaucoup souffert de la mort de sa femme avant de rencontrer Paulette. Ses passe-temps préférés? Faire du jardinage, faire du bricolage et faire de la musique avec Paulette. C'est un réaliste qui n'a pas beaucoup d'illusions. Il est conscient des problèmes du monde et il sait que la vie peut être injuste, mais il pense qu'il ne peut rien faire pour aider. La spiritualité est importante pour lui et il croit en Dieu, mais il sait bien qu'on n'a pas toujours raison dans la vie. Alors, il respecte la liberté des autres et il n'essaie pas d'imposer ses opinions. Pour lui, le bonheur, c'est la sécurité, la santé et l'amour.

D. Suzanne Mabille

Elle est idéaliste. Ce ne sont pas la richesse et le confort qui l'intéressent, mais tous les grands problèmes du monde. Elle est contre la guerre, la pauvreté, l'injustice, le racisme et l'intolérance. Elle s'intéresse aussi à la recherche sur le sida et à la protection de l'environnement... À son avis, la pollution sera un des grands problèmes de l'avenir et c'est pourquoi elle est pour l'écologie. Elle critique beaucoup le gouvernement et la société actuelle. Elle pense qu'il faut agir et elle a beaucoup de projets pour l'avenir. Elle veut faire de la politique et espère avoir un jour le pouvoir de changer le monde. Elle ne comprend pas son oncle Vincent et elle discute souvent avec lui. Elle le trouve égoïste et il la trouve naïve. Son grand-père Jacques pense qu'elle perdra sûrement ses illusions quand elle devra gagner sa vie après l'université. Évidemment, Suzanne pense qu'il a tort. Elle refuse d'accepter ces idées traditionnelles et elle veut montrer à toute sa famille qu'on peut changer les choses quand on le veut vraiment! Pour elle, le bonheur, ce serait une société juste où il y aurait l'égalité entre les gens, la liberté pour tout le monde et la paix dans le monde.

La politique.

Politics is taken very seriously and elections are watched closely in France. Discussion about politics is common among young people, sometimes leading to political demonstrations **(des manifestations).** Since the 90s, high school and university students' demands have tended to be of a more pragmatic nature. Fearing unemployment and unhappy about the lack of subsidies for schools and universities which is responsible for aging buildings and mediocre conditions for studying, students are demanding more money, more teachers, and better employment prospects.

E. Hakim Hafid

C'est le copain de Suzanne. Venu du Maroc pour étudier la médecine à Bruxelles, il a rencontré Suzanne pendant une fête à la maison des étudiants étrangers. Il ne s'occupe pas de politique et il n'est pas actif dans les groupes d'étudiants parce qu'il a beaucoup de travail et il veut réussir. Et puis, sa famille n'est pas riche et il n'aura plus d'argent du gouvernement marocain s'il ne réussit pas ses examens chaque année. Cependant, comme Suzanne, il est idéaliste. Son rêve? Travailler pour Médecins sans frontières ou Médecins du monde et aller partout dans le monde où on a besoin de médecins. Il sait que c'est très difficile et souvent dangereux et qu'il ne pourra probablement pas faire ça toute sa vie, mais il voudrait vraiment le faire quelques années avant de se marier et d'avoir des enfants.

F. Cédric Rasquin

Il n'est pas du tout satisfait de sa vie. Il a eu un grand malheur quand il avait dix ans: ses parents ont divorcé. Maintenant, il vit avec sa mère et son beau-père à Toulouse et il lui est très difficile de s'adapter à sa nouvelle vie. Il adore son père mais il ne le voit pas souvent, malheureusement, parce qu'il habite Paris. Cédric souffre beaucoup de la solitude et il trouve sa vie quotidienne ennuyeuse. Il voudrait avoir un groupe de copains et s'amuser comme les autres. Il voudrait aussi trouver le grand amour, mais il n'ose pas parler aux filles et il est toujours déçu. Alors, il rêve pour oublier la réalité... Pour lui, le bonheur, ce serait des parents qui s'entendraient bien, un père qui s'occuperait de lui et une petite amie qui le comprendrait.

G. Guillaume Firket

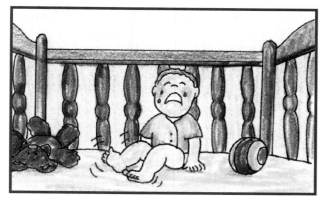

Coucou, mon lapin!

Il est très actif et plein de vie! Il a quelques besoins très simples: manger, boire, dormir, être aimé. Il adore quand on l'embrasse et quand on le prend dans les bras. Il n'a pas de soucis et il ne se pose pas de questions... Mais il n'est pas toujours heureux. Il fait des cauchemars la nuit et il pleure quand il se réveille tout seul dans sa chambre. Pour lui, le bonheur, c'est être tout le temps près de ses parents et avoir tout ce qu'il veut.

Questions

1. Comme qui est-ce que vous êtes? Pourquoi?
2. Comme qui est-ce que vous n'êtes pas du tout? Pourquoi?
3. Comme qui est-ce que vous voudriez être? Pourquoi?
4. Comme qui est-ce que vous ne voudriez pas être? Pourquoi?

Notes de vocabulaire

1. Mots et expressions utiles

se droguer   *to take drugs*
un(e) drogué(e)   *drug addict*
un préservatif   *condom*
séropositif, séropositive   *HIV positive*

2. S'intéresser à / intéresser. Use s'intéresser à to say that you *are interested in* or *are not interested in* something.

Je **m'intéresse à** la politique.   *I'm interested in politics.*

Use **intéresser** to say that something *interests* or *does not interest* you.

La politique ne **m'intéresse** pas.   *Politics doesn't interest me.*

3. **Avoir raison / avoir tort.** Use **avoir raison** to say that someone *is right*. Use **avoir tort** to say that someone *is wrong*.

C'est vrai. Tu **as raison.**	*That's true. You're right.*
Ce n'est pas vrai. Tu **as tort!**	*That's not true. You're wrong!*

4. **Souffrir.** The verb **souffrir** is conjugated like **ouvrir.**

On **souffre** quand on a faim.	*You suffer when you're hungry.*
Jacques **a** beaucoup **souffert.**	*Jacques has suffered a lot.*
N'aie pas peur. Tu ne **souffriras** pas!	*Don't be afraid. It won't hurt.*

𝒱ous avez compris?

1. **Associations.** Indiquez le verbe de la liste de droite que vous associez à chaque terme de la liste de gauche.

1. les copains	a. critiquer
2. la politique	b. refuser
3. l'autorité	c. bavarder
4. le confort	d. discuter
5. les parents	e. souffrir
6. les examens	f. se méfier
7. la vie à l'université	g. respecter
8. faire le tour du monde seul avec un sac à dos	h. s'adapter
	i. oser
9. le gouvernement	j. apprécier
10. la solitude	

2. **Un rêve ou un cauchemar?** Pour eux, ce serait un rêve ou un cauchemar?

1. Suzanne Mabille: habiter dans une petite maison à la campagne
2. Thérèse Dubois: une sortie avec les copains de Vincent
3. Jacques Dubois: faire de la musique avec Paulette
4. Guillaume Firket: être avec ses parents
5. Cédric Rasquin: sortir avec son père
6. Vincent Dubois: être au régime
7. Hakim Hafid: partir avec Médecins du monde

3. **Comment sont-ils?** Trouvez l'adjectif.

1. Anne n'a pas d'illusions. Elle est _____.
2. Paul adore l'argent. Il est _____.
3. Patrick est très content de sa vie. Il est _____.
4. Monique n'aime pas les maisons modernes. Elle aime les maisons _____.
5. Daniel est _____ parce qu'il pense qu'il n'a pas réussi un examen important.
6. Dominique n'invite pas beaucoup de monde chez elle. Elle veut avoir une vie _____.

7. Béatrice pense que le monde peut devenir meilleur. Elle est _____.
8. Mohammed Temkit vient d'Algérie, mais il habite et travaille en France. Il est _____.

4. On a tort! On a raison! Choisissez!

1. Il faut avoir des loisirs pour être équilibré.
2. Il n'y a pas trop de violence à la télévision.
3. Notre société est trop matérialiste.
4. Il faut profiter de la vie.
5. La liberté est une illusion.
6. Le sida est un des plus grands problèmes actuels.
7. Il faut s'intéresser à la politique.
8. La richesse est plus importante que la santé.

5. Pour ou contre? Est-ce que vous êtes pour ou contre...

1. la guerre?
2. la violence?
3. l'amitié?
4. la paix?
5. le gouvernement?
6. le confort matériel?
7. l'autorité?
8. l'écologie?
9. le changement?
10. le terrorisme?
11. la retraite à 55 ans?

6. Comment êtes-vous?

1. Je suis...
2. Je ne suis pas...
3. Dans dix ans, je serai...
4. Il y a cinq ans, j'étais...

Une manifestation à Paris

7. Complétez.

1. Malheureusement...
2. Évidemment...
3. Je vais probablement...
4. Je vais sûrement...
5. Mes parents sont pour...
6. Mes parents sont contre...
7. Je souffre quand...
8. Je refuse de...

𝓜ise en pratique

8. Une vie de rêve ou... un cauchemar? Imaginez une vie de rêve ou une vie de cauchemar pour chaque personne. Où est-ce qu'ils vivraient? Avec qui? Qu'est-ce qu'ils feraient? Pourquoi?

1. votre professeur
2. vos parents
3. un(e) camarade de classe
4. vous

9. Un jour horrible chez les Dubois. Hier, tout allait mal dans la famille Dubois. Choisissez une personne. Utilisez votre imagination et ce que vous connaissez de cette personne pour raconter cette journée horrible.

Jacques Dubois	Suzanne Mabille	Guillaume Firket	Hakim Hafid
Thérèse Dubois	Vincent Dubois	Cédric Rasquin	

10. Discutons.

1. De quoi est-ce que vous discutez souvent avec vos amis? avec votre famille?
2. Qui doit s'occuper des enfants dans une famille?
3. À quel âge faut-il prendre sa retraite?
4. De qui ou de quoi doit-on se méfier?
5. Est-ce que vous faites des cauchemars? Est-ce que vous faisiez des cauchemars quand vous étiez plus jeune? Est-ce que vous vous en souvenez?
6. Est-ce que vous vous êtes adapté(e) vite à la vie à l'université? Pourquoi ou pourquoi pas?

11. Qu'est-ce qui va mal? Qu'est-ce qui va bien? Voilà l'opinion des Français entre 15 et 29 ans sur leur société:

Ce qui va mal en France:	%
Le chômage, les difficultés pour trouver un emploi	49
Les disparités sociales, la pauvreté, les inégalités sociales	28
La politique	27
Les difficultés économiques, la situation économique	19
La violence, la délinquance, la drogue	19
Le racisme, le Front National	18
L'enseignement, l'éducation	9
L'individualisme, le manque de solidarité	8
Les problèmes des jeunes	6
La pollution, les problèmes écologiques	6
L'administration, les services publics	2
Autre	12
Ne se prononcent pas	2

La Nouvelle vague 1999, Sondage Ifop-l'Express

Ce qui va bien en France:	%
Le niveau de vie, la qualité de la vie	28
La liberté, liberté d'expression, de mouvement	20
L'amélioration de la situation économique	13
Le système de sécurité sociale, les aides sociales	12
La solidarité	11
La démocratie	10
Les progrès technologiques, scientifiques, les infrastructures	10
L'absence de guerre	8
L'enseignement, l'éducation nationale	7
La culture, le domaine artistique, le patrimoine	6
La diversité des Français et leur côté sympathique	5
La politique du gouvernement	4
Le tourisme	4
Le sport français	4
La construction européenne, l'Europe	3
La prise de conscience en matière d'écologie	2
Rien, tout va mal	5
Autre	3
Ne se prononcent pas	10

La Nouvelle vague 1999, Sondage Ifop-l'Express

1. Quels sont les trois plus gros problèmes en France, d'après les jeunes Français? Et quelles sont les deux choses qui vont vraiment bien?
2. En groupes, faites deux listes: 10 choses qui vont mal dans votre pays et 10 choses qui vont bien (vous pouvez dire d'autres choses que les Français si vous voulez). Et puis, comparez vos résultats avec toute la classe et décidez des 10 choses qui vont bien et des 10 choses qui vont mal par ordre décroissant.
3. Comparez votre opinion avec l'opinion des Français: Est-ce qu'il y a des choses qui vont mal en France mais qui vont bien dans votre pays? Des choses qui vont bien en France mais qui vont mal dans votre pays? À votre avis, pourquoi ces différences?

12. Les valeurs. Quelles valeurs sont importantes pour vous? Voilà une comparaison des valeurs dans la société française selon l'âge.

1. Quelle est la valeur la plus importante pour les jeunes entre 15 et 20 ans? pour les gens entre 21 et 49 ans? pour les gens de plus de 50 ans? Et quelle est la valeur la moins importante pour chaque groupe?
2. En groupes, mettez les valeurs par ordre d'importance pour vous, pour vos parents et pour vos grands-parents. Est-ce qu'il y a une grande différence entre les générations dans votre pays? Est-ce que la société française est comme la société dans votre pays?

	Plus de 50 ans	21-49 ans	15-20 ans
En hausse			
La tolérance, le respect des autres	33%	45%	46%
Le respect de l'environ-nement et de la nature	19%	28%	32%
La générosité	20%	24%	25%
La solidarité avec les gens, avec les peuples	16%	21%	19%
Le goût de l'effort et du travail	47%	34%	21%
Le sens de la famille	29%	30%	17%
Le courage	21%	20%	15%
La fidélité, la loyauté	20%	20%	13%
Le sens du devoir	18%	7%	7%
Le sens de la justice	16%	18%	10%
Le civisme, le respect du bien commun	9%	8%	3%
L'attachement à la patrie	7%	2%	4%
En baisse			

Infographie: WaG

13. Bonheur et malheur

1. Qu'est-ce qui est important pour votre bonheur? Pensez à cinq choses.
2. De quoi est-ce que vous avez peur? Pensez à cinq choses.
3. Comparez avec vos camarades de classe. Qu'est-ce que c'est que le bonheur pour eux? Est-ce que c'est un bonheur privé? Est-ce que le bonheur concerne aussi le pays et le monde? De quoi est-ce qu'ils ont peur? Est-ce que ça concerne la vie privée ou le monde?

14. L'immeuble de Jean Rasquin à Paris. Regardez l'immeuble de Jean Rasquin à Paris (page 265). Qui d'autre habite cet immeuble? Des familles? Des couples? Des enfants? Comment sont ces gens? Qu'est-ce qu'ils font? Qu'est-ce qu'ils aiment? Qu'est-ce qu'ils mangent? Qu'est-ce qu'ils portent? Comment sont leurs appartements? C'est à vous de décider!

1. Choisissez un appartement. Qui habite cet appartement? Un couple? Une famille? Comment est-ce qu'ils s'appellent? Quel âge ont-ils? Est-ce qu'ils travaillent? Quel est leur métier?
2. Leurs habitudes. Qu'est-ce qu'ils font pendant la journée? le soir?
3. Leurs idées et leurs valeurs. Qu'est-ce qu'ils pensent? Quelles sont leurs idées politiques? Comment trouvent-ils la société actuelle?
4. Interviewez les habitants d'un des autres appartements. Quelles questions allez-vous leur poser?

 *Conversation en français*   **15. Conversation en français.** Qu'est-ce qui vous rend heureux? malheureux? Donnez des exemples.

 **CD-ROM:** *Build your skills!*

Structure

Le subjonctif, qu'est-ce que c'est?

The subjunctive is a mood, not a tense. Moods mark how a speaker considers an event. A mood may contain tenses, which deal with time. You have already used several moods in French.

1. The *indicative mood* deals with events as facts. Tenses refer to the different time periods in which events happen.

   présent: what is happening   Il **fait** beau.
   passé composé: what did happen   Il **a fait** beau hier.
   imparfait: what was happening   Il **faisait** beau quand tu es arrivée.
   futur: what will happen   Il **fera** beau demain.

2. The *conditional mood* deals with "what would happen if."

   S'il faisait beau, nous **irions** à la plage.

3. The *imperative mood* gives direct commands.

   Fais tes devoirs!

4. The *subjunctive mood* deals with how one feels about an event.

   Je suis contente qu'il **fasse** beau.

Vous avez compris?

16. Identifiez le mode. Identifiez le mode de chaque verbe en italique. Si le verbe est à l'indicatif, donnez le temps. Expliquez votre choix.

1. Ne me *regarde* pas comme ça!
2. Si Paul pouvait, il *serait* à la plage avec ses copains.
3. Je ne lui *ai* pas encore *parlé*.
4. Nous le *ferons* demain.
5. Il ne veut pas que je le *fasse*.
6. Il *faisait* beau quand nous sommes sortis.
7. Nous sommes contents que tu *puisses* venir.

17. Ce qu'on veut des vêtements (un sondage où on pose aux hommes des questions sur la mode). Selon les informations données, est-ce que c'est vrai ou faux?

Question: Qu'attendez-vous en priorité d'un vêtement ?	
Qu'il soit confortable	63%
Qu'il soit élégant	31%
Qu'il dure longtemps	22%
Qu'il fasse de vous un homme à la mode	12%
Qu'il vous valorise en société	9%
Qu'il vous aide à séduire	5%
Qu'il se fasse oublier	4%
Qu'il cache vos défauts	1%
(Autres) / (Ne se prononcent pas)	3%
Total supérieur à 100 en raison des réponses multiples.	

Vrai ou faux?

1. Les hommes aiment les vêtements confortables.
2. Les hommes aiment les vêtements pratiques.
3. Les hommes suivent la mode.
4. Les hommes veulent qu'on ne regarde pas leurs vêtements.
5. Les hommes aiment les vêtements résistants.
6. Les hommes pensent que les vêtements ont une signification sociale.

Formation du subjonctif: les verbes à une racine

Although the subjunctive mood contains several tenses, only the *present* and *past subjunctive* are in general use. In this book, you will deal only with the *present subjunctive*. From now on, when we refer to the subjunctive, we mean the present subjunctive.

The majority of French verbs have one stem in the subjunctive. It is derived from the **ils** form of the present tense of the indicative. The subjunctive endings are then added to this stem.

PRESENT TENSE (INDICATIVE)	SUBJUNCTIVE STEM	PRESENT TENSE (INDICATIVE)	SUBJUNCTIVE STEM
ils parlent	**parl-**	ils écrivent	**écriv-**
ils étudient	**étudi-**	ils mettent	**mett-**
ils finissent	**finiss-**	ils suivent	**suiv-**
ils vendent	**vend-**	ils vivent	**viv-**
ils sortent	**sort-**		

The subjunctive endings are added to this stem.

SUBJUNCTIVE ENDINGS			
je	-e	nous	-ions
tu	-es	vous	-iez
il elle }	-e	ils elles }	-ent

lire au subjonctif

(que) je lise	(que) nous lisions
(que) tu lises	(que) vous lisiez
(qu')il ⎫	(qu')ils ⎫
(qu')elle ⎭ lise	(qu')elles ⎭ lisent

étudier au subjonctif

(que) j'étudie	(que) nous étudiions
(que) tu étudies	(que) vous étudiiez
(qu')il ⎫	(qu')ils ⎫
(qu')elle ⎭ étudie	(qu')elles ⎭ étudient

There are three irregular verbs in this group of verbs with one stem in the subjunctive.

VERB	SUBJUNCTIVE STEM
faire	**fass-**
savoir	**sach-**
pouvoir	**puiss-**

faire au subjonctif

(que) je fasse	(que) nous fassions
(que) tu fasses	(que) vous fassiez
(qu')il ⎫	(qu' ils ⎫
(qu')elle ⎭ fasse	(qu')elles ⎭ fassent

Note that some forms of the present indicative and imperfect are spelled the same as corresponding forms of the present subjunctive.

PRESENT INDICATIVE		PRESENT SUBJUNCTIVE	
je parle	nous parlons	(que) je parle	(que) nous parlions
tu parles	vous parlez	(que) tu parles	(que) vous parliez
il ⎫	ils ⎫	(qu')il ⎫	(qu')ils ⎫
elle ⎭ parle	elles ⎭ parlent	(qu')elle ⎭ parle	(qu')elles ⎭ parlent

IMPERFECT INDICATIVE		PRESENT SUBJUNCTIVE	
je parlais	nous parlions	(que) je parle	(que) nous parlions
tu parlais	vous parliez	(que) tu parles	(que) vous parliez
il ⎫	ils ⎫	(qu')il ⎫	(qu')ils ⎫
elle ⎭ parlait	elles ⎭ parlaient	(qu')elle ⎭ parle	(qu')elles ⎭ parlent

*V*ous avez compris?

....

18. Mettez au subjonctif. Mettez les verbes entre parenthèses au subjonctif. Puis traduisez chaque phrase en anglais idiomatique. Pouvez-vous deviner pourquoi le subjonctif est utilisé dans ces phrases?

1. Il faut que tu _____ : ton chien ou moi. (choisir)
2. Elle est triste qu'ils _____ sans elle. (partir)
3. Il fait froid. Je veux que tu _____ ton manteau. (mettre)
4. Ma grand-mère veut que je lui _____ à Noël. (rendre visite)
5. Je ne vous parle plus pour que vous _____ étudier dans le calme. (pouvoir)

Formation du subjonctif: les verbes à deux racines

Several verbs have two stems in the subjunctive, one for the singular and third-person plural forms, the other for the **nous** and **vous** forms. The first stem of these verbs is derived as described earlier. The second stem comes from the **nous** form of the present indicative. The regular subjunctive endings are used.

VERB	STEM 1 (je, tu, il, elle, ils, elles)	STEM 2 (nous, vous)
boire	boiv-	buv-
croire	croi-	croy-
devoir	doiv-	dev-
lever	lèv-	lev-
prendre	prenn-	pren-
venir	vienn-	ven-
voir	voi-	voy-

boire au subjonctif	
(que) je boive	(que) nous buvions
(que) tu boives	(que) vous buviez
(qu')il (qu')elle } boive	(qu')ils (qu')elles } boivent

There are two irregular verbs in this group.

VERB	STEM 1	STEM 2
aller	aill-	all-
vouloir	veuill-	voul-

Il faut **que tu ailles** en ville. Il faut **que vous alliez** en ville.	*You have to go to town.*
Mes parents sont contents **que je veuille** continuer mes études.	*My parents are happy that I want to continue my studies.*

Formation du subjonctif: les verbes *être* et *avoir* au subjonctif

The verbs **être** and **avoir** are irregular in the subjunctive and must be memorized.

être au subjonctif	
(que) je sois	(que) nous soyons
(que) tu sois	(que) vous soyez
(qu')il ⎫	(qu')ils ⎫
(qu')elle ⎬ soit	(qu')elles ⎬ soient

avoir au subjonctif	
(que) j'aie	(que) nous ayons
(que) tu aies	(que) vous ayez
(qu')il ⎫	(qu')ils ⎫
(qu')elle ⎬ ait	(qu')elles ⎬ aient

*V*ous avez compris?

19. Mettez au subjonctif. Mettez les verbes entre parenthèses au subjonctif. Puis traduisez chaque phrase en anglais idiomatique. Pouvez-vous deviner pourquoi le subjonctif est utilisé dans ces phrases?

1. Marie, il faut que tu _____; tu vas être en retard. (se lever)
2. Nous sommes tristes que vous _____ avec nous à la soirée chez les Dumont. (ne pas venir)
3. Mon médecin voudrait que je _____ des vacances mais je n'ai pas le temps. (prendre)
4. Je ne veux pas que tu _____ du vin le matin. (boire)
5. Nous ne sommes pas contents qu'ils _____ rester chez nous tout l'été. (vouloir)
6. Il faut que tu _____ le professeur. (voir)
7. Je suis content qu'elle _____ partir. (ne pas devoir)
8. Il faut que les Dubois _____ une nouvelle voiture. (acheter)

20. Mettez au subjonctif. Mettez les verbes entre parenthèses au subjonctif. Puis traduisez chaque phrase en anglais idiomatique. Pouvez-vous deviner pourquoi le subjonctif est utilisé dans ces phrases?

1. Je ne veux pas que vous _____ peur. (avoir)
2. Il ne faut pas qu'ils _____ froid. (avoir)
3. Je suis triste que tu _____ malade. (être)
4. Il n'est pas content que nous _____ raison. (avoir)
5. Je vais lui donner des gants pour qu'elle _____ froid. (ne pas avoir)
6. Je ne veux pas que vous _____ en colère contre moi. (être)

Usage du subjonctif

1. **En général.** The subjunctive is the second conjugated verb in a two-verb sentence. It follows the word **que**.

   Il faut **que tu sois** à l'heure.   *You have to be on time.*

2. **Il faut que + subjonctif / il faut + infinitif.** You already know the expression **il faut (il faudrait)**. The subjunctive is used after **il faut que (il faudrait que)** when the subject is specified. If no subject is specified, **il faut (il faudrait) + infinitif** is used. Compare:

   Il faut qu'il **travaille.**   *He has to work.* (A particular specific person has to work.)

   Il faut **travailler.**   *You have to work.* (Nobody in particular; a general truth: one has to work.)

   Il faudrait **téléphoner.**   *We (someone/unspecific) should call.*
   Il faudrait que tu **téléphones.**   *You (someone specific) should call.*

3. **Vouloir que / vouloir + infinitif.** The subjunctive is used after **vouloir que** when there is a change of subjects in the two parts of the sentence. **Vouloir que + subjonctif** is the only way to say an English sentence such as *I want you to be happy.* If there is no change of subject, **vouloir + infinitif** is used. Compare:

   Je **veux que** vous **soyez** heureux.   *I want you to be happy.*
          (change of subject = subjunctive)

   Je **veux être** heureux.   *I want to be happy.*
          (no change of subject = infinitive)

4. **Être content (triste) que + subjonctif / être content (triste) de + infinitif.** The subjunctive is used after the expressions **être content que** and **être triste que** when there is a change of subject. If there is no change of subject, the expression **être content (triste) de + infinitif** is used. Compare:

   Je **suis content que** tu **sois** ici.   *I'm glad (that) you're here.*
          (change of subject = subjunctive)

   Je **suis content d'être** ici.   *I'm glad to be here.*
          (no change of subject = **de** + infinitive)

5. **Pour que (avant que) + subjonctif / pour (avant de) + infinitif.** The subjunctive is used in clauses introduced by **pour que** and **avant que** when there is a change of subject. If there is no change of subject, the expression **pour + infinitif** or **avant de + infinitif** is used. Compare:

   Je veux te parler **avant que** tu **partes.**   *I want to talk to you before you leave.*
          (change of subject = subjunctive)

   Je veux te parler **avant de partir.**   *I want to talk to you before I leave.*
          (no change of subject = infinitive)

   Je le fais **pour que** tu **t'amuses.**   *I'm doing it so that you'll have a good time.*
          (change of subject = subjunctive)

   Je le fais **pour m'amuser.**   *I'm doing it (in order) to have a good time.*
          (no change of subject = infinitive)

Rappel! Although verbs in the subjunctive are usually found in **que** clauses, not every **que** clause has a subjunctive! For example, the following expressions are followed by the indicative:

dire que	*to say that*
savoir que	*to know that*
espérer que	*to hope that*
parce que	*because*

Elle m'**a dit** qu'elle venait.	*She told me she was coming.*
Je **sais** qu'il **est parti.**	*I know (that) he left.*
J'**espère** qu'elle **comprendra.**	*I hope (that) she'll understand.*
Parce que c'**est** comme ça!	*Because that's the way it is!*

𝒱ous avez compris?

21. Subjonctif ou infinitif? Mettez les verbes au subjonctif ou à l'infinitif.

1. Je veux _____ en France. (aller)
2. Il ne veut pas que vous _____ trop de gâteau. (manger)
3. Ils sont tristes de _____ d'appartement. (changer)
4. Il faut que tu _____ à la banque. (aller)
5. Je vais à la bibliothèque pour _____. (étudier)
6. Ils ne sont pas contents que nous ne leur _____ jamais. (écrire)
7. Je vais boire un verre de lait avant de _____ dormir. (aller)
8. Je vais écrire ma lettre maintenant pour qu'elle _____ ce soir. (partir)

22. Complétez. Complétez les phrases par une des expressions suivantes: je veux que / je sais que / je suis content(e) que / j'espère que / je suis triste que / il faut que.

Modèles   vous soyez à l'heure
Il faut que vous soyez à l'heure.

vous serez à l'heure
J'espère que vous serez à l'heure.

1. tu ne vas pas te tromper
2. la vie n'est pas facile
3. tu sois malade
4. il a eu un accident en Suisse
5. nous soyons sérieux
6. nous arrivions à l'heure
7. tu as trop bu hier soir
8. il fasse beau aujourd'hui
9. tu suives un cours de maths
10. vous vous couchiez plus tôt

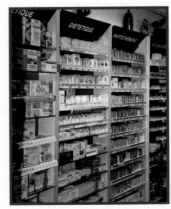

Il faut que tu ailles à la pharmacie.

536 ◆◆◆ **LEÇON 20**

23. Indicatif, subjonctif ou infinitif? Mettez les verbes au subjonctif, à l'infinitif ou à l'indicatif.

1. Je vais en ville pour _____ une robe longue. (chercher)
2. Je sais que tu _____ parce que moi, je _____ toujours raison! (se tromper; avoir)
3. Christiane est contente de _____ en vacances. (être)
4. Il faut que nous _____ la vérité. (savoir)
5. Mes amis ne savent pas que je _____ au Japon. (partir)
6. Il faut _____ les dents trois fois par jour. (se brosser)
7. J'espère qu'ils _____. (s'aimer)
8. Il va partir avant que je _____ lui parler. (pouvoir)

Yvette est contente de montrer ses photos.

Mise en pratique

24. Avant de partir au bal. Les sœurs de Cendrillon partent pour le bal. Mais avant de partir, elles lui ont parlé. Qu'est-ce qu'elles lui ont dit de faire? (Par exemple: faire la vaisselle / faire les lits / laver les murs / travailler dans le jardin / préparer le café...)

Modèle   *Nous voulons que tu laves la salle de bains.*

25. Le cauchemar du professeur. Le professeur Parfait a fait un cauchemar la nuit dernière. Il a rêvé qu'un étudiant dirigeait l'université et faisait la loi pour les professeurs. Qu'est-ce que vous pensez que l'étudiant disait? Suivez le modèle.

faisait la loi: *was laying down the law*

Modèle   *Il faut que vous ayez des heures de bureau le samedi!*

26. Chez le conseiller conjugal. Monsieur et Madame Bataille ont des problèmes dans leur couple et sont allés voir un conseiller conjugal. Il leur a demandé de faire une liste des changements qu'ils voudraient voir chez l'autre. Faites les deux listes.

Modèle   *Je voudrais que tu ne sortes plus avec tes copains le soir.*

27. Et en français? Traduisez en français.

1. I want you to leave.
2. I want to leave.
3. He is happy to be here.
4. He is happy she is here.
5. He is sad she must work Saturday night.
6. He is sad he has to work Saturday night.
7. He is sad because she has to work Saturday night.
8. What do you want me to do?
9. I want you to be happy.
10. I don't want to be happy!

Découvertes culturelles: Les orphelins n'ont pas de lobby.

A. Préparation

1. D'après le titre, quel type d'article allez-vous lire? Choisissez:

   un article sur la politique   un article sur des actions humanitaires
   un article sur l'économie   un article sur la politique internationale
   un article sur une personne   un article sur les problèmes de santé

2. **L'héritière généreuse.** Dans ce sous-titre, trouvez les actions qui racontent la vie d'Albina du Boisrouvray, puis trouvez les mots qui évaluent ses actions.

3. **Une interview.** Vous devez faire une interview d'Albina du Boisrouvray. Préparez les questions que vous allez lui poser (questions sur elle personnellement, sur ses actions, sur les résultats de ses actions, etc.).

Les orphelins n'ont pas de lobby.

L'héritière généreuse

Naïve? Irréaliste? Utopiste? Albina du Boisrouvray. Riche héritière, petite-fille du roi de l'étain, cousine de Caroline de Monaco, ancienne productrice de cinéma, elle a vendu tous ses biens à la mort de son fils, pilote d'hélicoptère, et créé en 1989 la fondation François-Xavier Bagnoud, qui porte le nom de ce dernier, consacrée aux enfants orphelins, notamment aux victimes du sida (29, rue Vignon, 75009 Paris ou www.fxb.org). Onze ans plus tard, son action s'étend sur tous les continents. Une sincérité hors de pair, une générosité grande comme la planète, une énergie qu'elle puise dans une profonde humanité. Cette femme-là est un cas. Face à elle, il n'y a que deux choses à faire. On se tait. Ou on va l'aider.

l'épidémie ou qui seront eux-mêmes malades. Des «cohortes»... Je me suis dit que là étaient les êtres humains les plus fragiles, ceux qui étaient jetés hors du monde comme des Kleenex parce qu'ils n'étaient pas productifs. J'ai voulu proclamer que la vie des plus oubliés était aussi importante, peut-être plus, que celle des autres. Même s'il ne leur reste que peu de temps, ils ont le _____ de vivre di_____

Calculez combien cela vous coûtera: l'école privée, les cadeaux, les fêtes, les voitures, les vacances... Et offrez cette somme pour sauver un enfant.» Je ne leur demandais pas de faire comme moi. Seulement un geste, un don, une fois... Leurs réponses m'ont catastrophée.

Où est la générosité, alors ?

▶Elle est parmi les plus pauvres des plus pauvres. Un condamné à mort américain m'a envoyé son _____ mensuel de prison...

Il n'y a pas des moments où vous avez envie d'abandonner?

▶Je vois des choses tellement dures qu'elles drainent tout mon optimisme. Et puis, quand je suis découragée, à bout de tout, je pense à l'histoire de l'étoile de mer.

Racontez-moi...

▶Un vieil homme marche à l'aube sur une plage immense, lorsqu'il aperçoit une jeune femme qui ramasse des étoiles de mer et les lance dans l'eau.

B. Découverte du texte: "Les orphelins n'ont pas de lobby. Ils n'intéressent personne." (p. 540)

Les questions. Lisez les questions de l'interview d'Albina du Boisrouvray et trouvez celles qui correspondent aux questions que vous avez préparées. Lesquelles sont personnelles, lesquelles sont sur son travail, lesquelles sont générales? Y a-t-il des questions auxquelles vous n'avez pas pensé?

Regardez les questions.

- Dans quelle réponse allez-vous trouver une histoire?
- Dans quelle réponse allez-vous trouver des informations sur les gens qui aident les problèmes de l'humanité?
- Dans quelle réponse allez-vous trouver des informations sur les personnes qu'Albina du Boisrouvray aide?
- Dans quelle réponse allez-vous trouver une opinion sur les problèmes mondiaux?
- Dans quelle réponse allez-vous trouver pourquoi elle continue son travail?
- Dans quelle réponse explique-t-elle la raison de son action?

QUESTION 1 Albina du Boisrouvray donne une longue réponse.
Quels sont les mots qui répondent directement à la question?
Quels sont les mots qui donnent une explication?
Quels sont les mots qui expriment une opinion?

QUESTION 2
Combien d'années sont utilisées pour décrire le cataclysme du sida?
Quelles expressions emploie Albina du Boisrouvray pour décrire les enfants orphelins?

QUESTION 3
Quels mots dans la réponse expliquent l'expression: «enfants en détresse» de la question?
Quels mots dans la réponse répondent au mot: «bureaucrates» de la question?
Quelle phrase exprime en réalité la vraie réponse?

QUESTION 4
Qui sont les personnes généreuses?
Quels mots désignent les actions de ces personnes?
Quelles phrases expriment une opinion?

QUESTION 5
Dans la réponse d'Albina du Boisrouvray trouvez tout ce qui manque au monde par ordre de priorité.

QUESTION 6
Ce n'est pas une question, c'est une invitation à raconter. Quels mots indiquent au lecteur qu'il s'agit d'une histoire?
Où se passe l'histoire? Combien de personnes y a-t-il dans cette histoire?

"Les orphelins n'ont pas de lobby. Ils n'intéressent personne"

On sait que vous avez vendu tous vos biens et consacré votre fortune à l'assistance des enfants orphelins dans le monde, notamment aux victimes du sida. Pourquoi un choix si radical?

▶En 1988, le Dr Jonathan Mann, alors chargé du programme sida à l'OMS [Organisation Mondiale de la Santé], a prononcé cette phrase terrible qui m'a bouleversée: en l'an 2000, a-t-il déclaré, il y aura sur notre planète des cohortes d'enfants orphelins, dont les parents auront été victimes de l'épidémie ou qui seront eux-mêmes malades. Des «cohortes»... Je me suis dit que là étaient les êtres humains les plus fragiles, ceux qui étaient jetés hors du monde comme des Kleenex parce qu'ils n'étaient pas productifs. J'ai voulu proclamer que la vie des plus oubliés était aussi importante, peut-être plus, que celle des autres. Même s'il ne leur reste que peu de temps, ils ont le droit de le vivre dignement.

Des orphelins du sida, vous êtes passée à tous les autres...

▶Oui. En 1991, on parlait déjà de 100 millions d'enfants abandonnés. Si l'on y ajoute les 100 millions qui vont se trouver orphelins dans cette décennie à cause du sida — l'Afrique n'est que la pointe d'un iceberg mondial — cela fait 200 millions. Au minimum. Sandy Thurman, qui dirige la commission du sida à la Maison-Blanche, m'a dit récemment: «Ce seront peut-être 300 ou 400 millions d'enfants.» Toute une génération planétaire est perdue!

Vous vivez sur deux planètes: celle des enfants en détresse et celle des bureaucrates.

▶Oui... Pour prendre soin de 40 millions d'orphelins africains j'ai sollicité les 500 personnes les plus riches du monde, dont les nouvelles fortunes d'Internet, répertoriées par le magazine *Forbes*: «Vous qui parlez d'un monde global, leur ai-je dit, faites comme si vous aviez un enfant de plus... Calculez combien cela vous coûtera: l'école privée, les cadeaux, les fêtes, les voitures, les vacances... Et offrez cette somme pour sauver un enfant.» Je ne leur demandais pas de faire comme moi. Seulement un geste, un don, une fois... Leurs réponses m'ont catastrophée.

Où est la générosité, alors?

▶Elle est parmi les plus pauvres des plus pauvres. Un condamné à mort américain m'a envoyé son avoir mensuel de prisonnier: 10 dollars. «Pour les enfants du monde, m'a-t-il écrit.» Et puis, partout dans les villages, les banlieues, on découvre des gens admirables, de vrais héros. C'est cette Africaine qui dit: «J'ai une chèvre qui donne du lait et du fromage. Je peux prendre trois enfants chez moi.» C'est, en Ouganda, Norin Kaliba, dont le mari est mort du sida, qui a monté une association pour s'occuper des malades et des mourants... C'est, au Rwanda, dans la banlieue de Kigali, ce groupe de veuves séropositives, qui vont de maison en maison apporter un peu de réconfort à leurs voisins malades... Ces gens-là ne connaissent pas les droits de l'homme ni les idéologies, mais ils agissent d'instinct. Ils ont du cœur, valeur tellement dévalorisée ! Ils sont humains.

Notre monde manque d'amour?

▶Oui! C'est d'amour que les gens ont besoin. Et de respect. Pas seulement de soins, de médicaments.

Il n'y a pas des moments où vous avez envie d'abandonner?

▶Je vois des choses tellement dures qu'elles drainent tout mon optimisme. Et puis, quand je suis découragée, à bout de tout, je pense à l'histoire de l'étoile de mer.

Racontez-moi...

▶Un vieil homme marche à l'aube sur une plage immense, lorsqu'il aperçoit une jeune femme qui ramasse des étoiles de mer et les lance dans l'eau. S'approchant d'elle, l'homme lui demande la raison de son geste. Elle lui répond que les étoiles de mer mourront si elles demeurent sur le sable, au soleil. «Mais la plage est vaste, les étoiles de mer sont innombrables, observe le vieil homme. Qu'est-ce que cela peut changer pour elles?» La jeune femme regarde l'étoile de mer qu'elle tient dans la main et la jette dans l'océan. «Pour celle-ci, dit-elle, ça change tout.» ●D.S.

L'Express, 15 juin 2000

C. Étude analytique

1. **Mots nouveaux:** Il y a dans cet article beaucoup de mots presque semblables aux mots anglais ou qui ont un élément que vous connaissez et qui peut vous aider à trouver le sens. Comment pouvez-vous reconnaître ces mots du texte?

Col. 1	Col. 2	Col. 3
assistance (l. 3)	don (l. 24)	apporter (l. 3)
orphelins (l. 4)	réponses (l. 24)	dévalorisée (l. 9, 10)
productifs (l. 25)		médicaments (l. 15)
oubliés (l. 27)		découragée (l. 21)
dirige (l. 43)		une étoile de mer (l. 22, 23)
récemment (l. 45)		innombrables (l. 36, 37)

2. D'après le contexte pouvez-vous deviner le sens de ces mots:

Col. 1	Col. 2	Col. 3
bouleversée (l. 13)	une chèvre (l. 37)	veuves (l. 1)
		ramasser (l. 28)

3. Donnez une définition ou un synonyme pour les mots suivants:

Col. 1	Col. 2	Col. 3
notamment (l. 5)	prendre soin de (l. 7)	ils ont du cœur (l. 8, 9)
jetés hors du monde (l. 23)	son avoir mensuel (l. 30)	

4. **Faits et idées.** (1) Expliquez les phrases suivantes et dites ce qu'elles signifient:

   - Ils sont jetés hors du monde comme des Kleenex parce qu'ils ne sont pas productifs. (col. 1)
   - Ils ont le droit de le vivre dignement. (col. 1)
   - Toute une génération planétaire est perdue. (col. 1)
   - Leurs réponses m'ont catastrophée. (col. 2)
   - Ces gens-là ne connaissent pas les droits de l'homme ni les idéologies. (col. 3)
   - Ils agissent d'instinct. (col. 3)
   - Pour celle-ci, ça change tout! (col. 3)

   (2) Quelle est l'intention de cette interview? Qu'est-ce qu'elle nous apprend sur l'état matériel du monde? sur son état physique? sur l'humanité? Avez-vous les mêmes idées qu'Albina du Boisrouvray?

5. **L'histoire de l'étoile de mer.** Quelle est l'intention de cette histoire? Comment appelle-t-on ce type d'histoire? Cette histoire est-elle traditionnelle ou originale?

D. Écrire

1. **Une autre histoire.** Choisissez une autre phrase dans le texte et composez une histoire pour illustrer sa signification métaphoriquement.
2. **Recherches.** Identifiez un problème humanitaire particulier qui vous intéresse et faites des recherches pour préparer un rapport sur les actions qui y apportent des solutions et les problèmes que vous voulez résoudre différemment.
3. «L'humanitaire, c'est la vraie politique.» Expliquez ce titre en fonction de l'article que vous venez de lire.

Orthographe et Prononciation

Du français de tous les jours à l'anglais cultivé

The English language contains two layers of words, those that are more commonly found in everyday speech and those that are characteristic of the written language and formal speech.

EVERYDAY ENGLISH	FORMAL, LEARNED ENGLISH
Keep on going.	You may continue.
Everybody was happy.	There was general rejoicing.

In many cases, words belonging in the more formal, learned layer of English have entered English directly from Latin or indirectly via French from Latin. As a result, English often has two words to express the same idea, one belonging to the everyday vocabulary and the other related to a French word.

EVERYDAY ENGLISH	FRENCH	FORMAL, LEARNED ENGLISH
start	**commencer**	commence
think about	**réfléchir**	reflect on
food	**nourriture**	nourishment

Activités

A. Français-anglais. Pour chaque verbe français, trouvez deux verbes anglais qui correspondent, un verbe formel et un verbe de l'anglais de tous les jours.

Modèle   commencer
to commence, to start

1. regarder
2. chercher
3. préparer
4. entrer
5. monter
6. partir
7. raconter
8. regretter

B. Trouvez les mots français. Voilà des phrases écrites en anglais formel. Pouvez-vous trouver des mots français qui correspondent aux mots en italique? Pouvez-vous traduire l'anglais formel en anglais de tous les jours?

1. She *descended* the staircase wearing an elegant dress and a disdainful smile.
2. His *primary* concern was to *reconcile* their differences before *autumn*.
3. The *interior* is white and the *exterior* is green.

Vocabulaire de base

Noms

un accident *accident, crash*
l'amitié *(f.) friendship*
l'avenir *(m.) future*
le bonheur *happiness*
le chômage
   unemployment
l'environnement *(m.)*
   environment
l'immigration *(f.)*
   immigration
un(e) immigré(e)
   immigrant
une guerre *war*
une maladie
   sickness, illness
le malheur *misfortune*
la mort *death*
la paix *peace*
un passe-temps
   pastime
le pouvoir *power*
le racisme *racism*
un rêve *dream*
la santé *health*
la société *society*
la solitude *solitude*
une sortie *outing,*
   evening/night out
la violence *violence*

Adjectifs

actif, active *active*
chaque *each*
déçu(e) *disappointed*
idéaliste *idealistic*
indépendant(e) *independent*
individualiste *individualistic*
injuste *unfair*
inquiet, inquiète *worried*
juste *fair, just, right*
matérialiste *materialistic*
optimiste *optimistic*
pessimiste *pessimistic*
privé(e) *private*
quelque *few, some*
réaliste *realistic*
satisfait(e) (de)
   satisfied (with)
social, sociale, sociaux,
   sociales *social*
traditionnel, traditionnelle
   traditional

Verbes

agir (conjugué comme finir) *to act*
critiquer *to criticize*
discuter (de) *to discuss*
intéresser *to interest*
s'intéresser à
   to be interested in

refuser (de + infinitif)
   to refuse (to do something)
respecter *to respect*

Divers

à mon (ton, son, etc.) avis
   in my (your, his, her) opinion
avant de + infinitif *before*
avant que *before*
avoir raison *to be right*
avoir tort *to be wrong*
cependant *nevertheless,*
   however
être contre *to be against*
être pour *to be for*
évidemment *obviously,*
   of course
faire de la musique
   to make music
faire du bricolage
   to do odd jobs around
   the house
faire du jardinage
   to do gardening
il faut (que) *one has to,*
   it is necessary that
pour (que) *so that, in order to*
probablement *probably*
sauf *except*
sûrement *certainly*

*V*ocabulaire supplémentaire

Noms
une activité *activity*
l'autorité *(f.) authority*
un besoin *need*
le cancer *cancer*
un cauchemar *nightmare*
un changement *change*
le confort *comfort*
Dieu *God*
la drogue *drug (illegal)*
l'écologie *(f.) ecology*
l'égalité *(f.) equality*
un gouvernement
    government
une illusion *illusion*
l'injustice *(f.) injustice*
l'intolérance *(f.) intolerance*
la liberté *freedom*
les loisirs *(m. pl.) leisure*
    (spare time) activities
une opinion *opinion*
l'ordre *(m.) order*
la pauvreté *poverty*
la pollution *pollution*
un préservatif *condom*
la protection *protection*
la réalité *reality*
la recherche (sur)
    research
la richesse *wealth*
la sécurité
    feeling of security, safety

le sida *AIDS*
la spiritualité *spirituality*
le terrorisme *terrorism*

Adjectifs
actuel, actuelle *present, current*
drogué(e) *drug addict*
financier, financière *financial*
matériel, matérielle *material*
personnel, personnelle *personal*
séropositif, séropositive
    HIV positive
simple *simple*

Verbes
accepter (de + inf.) *to accept*
s'adapter à *to adapt to*
apprécier *to appreciate*
bavarder *to chat*
concerner *to concern*
se droguer *to take (illegal) drugs*
imposer *to impose*
se méfier de
    to mistrust, not to trust
oser *to dare*
souffrir (conjugué comme ouvrir)
    to suffer

Divers
avoir des illusions
    to have illusions
avoir des soucis *to have worries*

être conscient(e) de
    to be aware of
faire de la politique
    to be involved in politics
prendre sa retraite *to retire*
profiter de la vie *to make the*
    most of life
se poser des questions
    to wonder, to have doubts
la vie quotidienne *daily life*

Le français familier
la came = la drogue
ce n'est pas la mer à boire
    it's not the end of the world,
    it's not asking the impossible
un leader *leader*
tchatcher = bavarder, parler
    pour ne rien dire
avoir de la tchatche = parler
    beaucoup, être bavard

Le français tel qu'on le parle
Coucou! *Peek-a-boo!*
mon lapin *sweetheart, my love*
    (like mon chou *or* mon chéri)

On entend parfois...
avoir de la jasette (Canada) =
    être bavard
babiner (Canada) = bavarder
barjaquer (Suisse) = bavarder

_A_ppendice de grammaire

- **Les temps composés**

- **Le passé simple**

- **Le participe présent**

- **L'infinitif**

- **Les pronoms relatifs _dont_ et _ce dont_**

- **Les pronoms démonstratifs**

- **Les pronoms possessifs**

- **L'ordre des pronoms d'objet, _y_ et _en_**

- **La place des adjectifs**

Les temps composés

A compound tense (**un temps composé**) has two parts: a helping verb and a past participle. The **passé composé,** for example, is a compound tense (present tense of **avoir/être** + past participle). The **passé composé** refers to an event in the past, to something that happened or has happened.

Ils **ont pris** ma radio!	_They took my radio!_
Sa mère **est allée** à Londres.	_His mother went/has gone to London._
Mon oncle **a** déjà **lu** le journal.	_My uncle already read/has already read the newspaper._
Nous nous **sommes regardés.**	_We looked at each other._

Three other compound tenses besides the **passé composé** are in common use. These tenses are used to date events chronologically in a narration in the past or in the future. Each one is formed by using a form of **avoir** or **être** as a helping verb plus a past participle.

APPENDICE DE GRAMMAIRE ◆ ◆ ◆ **545**

Le plus-que-parfait: avoir/être à l'imparfait + participe passé

The **plus-que-parfait** refers to an event in the past that happened before another event in the past, that is, to something that had happened before something else.

Il **avait** déjà **mangé** quand je suis arrivé.	*He had already eaten when I got there.*
Elle **était** déjà **partie** quand je lui ai téléphoné.	*She had already left when I called her.*
Je m'**étais** déjà **couché** quand l'inspecteur m'a téléphoné.	*I had already gone to bed when the police inspector called me.*

Le futur antérieur: avoir/être au futur + participe passé

The **futur antérieur** refers to an event in the future that will happen before another event in the future, that is, to something that will have happened before something else.

Mon père **aura mangé** avant que j'arrive.	*My father will have eaten before I get there.*
J'espère que Marie **sera rentrée** quand ses parents téléphoneront.	*I hope Mary will have gotten back by the time that (when) her parents call.*
Je me **serai lavé** les cheveux avant que tu arrives.	*I will have washed my hair before you get here.*

Le conditionnel passé: avoir/être au conditionnel + participe passé

The **conditionnel passé** refers to an event that would have happened if something else had happened.

Il t'**aurait dit** la vérité si tu lui avais parlé.	*He would have told you the truth if you had talked to him.*
Elle **serait partie** s'il y avait eu un train.	*She would have left if there had been a train.*
Tu te **serais souvenu** d'elle si tu l'avais vue.	*You would have remembered her if you had seen her.*

Note that past participles agree in all compound tenses as they do for the **passé composé.**

C'est elle la fille que j'avais rencontré**e** il y a deux ans!
Nous serons arrivé**s** avant 18 heures demain.
Ils se seraient couché**s** de bonne heure, mais il y avait des examens et...

See the *Appendice de verbes* for examples of verbs conjugated in these tenses.

Le passé simple

The **passé simple** (*simple past tense*) in French is found in written narration where it is basically the equivalent of the **passé composé.** To read French narration such as that found in novels, fairy tales, or detective stories, you will need to be able to recognize verb forms in the **passé simple.**

1. The **passé simple** of regular -er verbs like **parler** is formed by adding the endings **-ai, -as, -a, -âmes, -âtes, -èrent** to the infinitive stem (**parl-**).

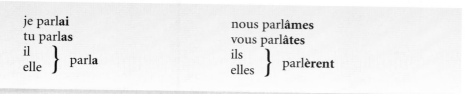

je parlai	nous parlâmes
tu parlas	vous parlâtes
il elle } parla	ils elles } parlèrent

2. The passé simple of regular -ir and -re verbs like **finir, partir,** and **vendre** is formed by adding the endings **-is, -is, -it, -îmes, -îtes, -irent** to the infinitive stem (**fin-, part-, vend-**).

je finis	nous finîmes	je vendis	nous vendîmes	je partis	nous partîmes
tu finis	vous finîtes	tu vendis	vous vendîtes	tu partis	vous partîtes
il elle } finit	ils elles } finirent	il elle } vendit	ils elles } vendirent	il elle } partit	ils elles } partirent

3. Other verbs. Many verbs have irregular **passé simple** forms. Frequently, but not always, the stem of the **passé simple** is based on the past participle. All verbs in this category take the same set of endings: **-s, -s, -t, -ˆmes, -ˆtes, -rent.**

VERB	STEM	
avoir	eu-	il **eut**
boire	bu-	elles **burent**
connaître	connu-	il **connut**
courir	couru-	elle **courut**
croire	cru-	il **crut**
devoir	du-	ils **durent**
dire	di-	elle **dit**
être	fu-	elle **fut**
faire	fi-	elles **firent**
falloir	fallu-	il **fallut**
lire	lu-	il **lut**
mettre	mi-	elles **mirent**
pouvoir	pu-	elle **put**
prendre	pri-	il **prit**
recevoir	reçu-	il **reçut**
rire	ri-	elles **rirent**
savoir	su-	elle **sut**
suivre	suivi-	il **suivit**
venir	vin-	il **vint**
vivre	vécu-	elle **vécut**
voir	vi-	ils **virent**
vouloir	voulu-	elle **voulut**

Le participe présent

The present participle is a verbal form ending in **-ant**. A present participle may be used either as an adjective or as a verb.

Formation

The present participle is formed by removing the **-ons** ending from the **nous** form of the present tense and adding **-ant.**

chanter	**chantant**
finir	**finissant**
attendre	**attendant**
sortir	**sortant**
prendre	**prenant**

Avoir, être, and **savoir** have irregular present participle forms.

être	**étant**	avoir	**ayant**	savoir	**sachant**

1. Present participles used as adjectives agree with the noun they modify.

    Nous avons vu **un film amusant** à la télévision hier.
    We saw a funny (amusing) film on television last night.
    Vous avez **des idées surprenantes.**
    You have surprising ideas.

2. **En** followed by a present participle may be translated by a variety of English words (*by, in, on, as,* etc.). It explains how something is done.

    Il a appris à faire la cuisine **en regardant** sa mère.
    He learned to cook by watching his mother.

3. The phrase **tout en** + present participle expresses the idea of two actions going on at the same time. **Tout** does not always have an English equivalent.

    Continue. Je peux t'écouter **tout en travaillant.**
    Keep going. I can listen to you while I work.

ATTENTION! Verb forms in *-ing* are very common in English. They are only rarely, however, the equivalent of the French present participle. Compare the following:

Nous avons commencé **à étudier.** *We started studying.*
Elle était **assise.** *She was sitting down.*
Voilà la femme **de ménage.** *There's the cleaning lady.*

Rappel! The English progressive tenses have no direct equivalent in French.

He is singing. = Il **chante.**
She was singing. = Elle **chantait.**

L'infinitif

The infinitive of a verb is the form found in a vocabulary list or in the dictionary. Infinitives in French end in **-er (parler, aller, espérer)**, **-ir (finir, sortir, ouvrir)**, **-re (vendre, prendre, être)**, or **-oir (vouloir, devoir, avoir)**.

You have already seen infinitives used in a number of ways.

1. As the equivalent of the English *to + verb*:

   Il ne veut pas **nager.**   *He doesn't want to swim.*
   Vous ne m'avez pas dit de **faire**   *You didn't tell me to do the dishes!!*
      la vaisselle!!

2. As the equivalent of the English *verb + -ing*:

   Il est parti sans **manger.**   *He left without eating.*
   Qui a envie de **jouer** au tennis?   *Who feels like playing tennis?*

3. As part of a compound noun:

   une salle à **manger**   *a dining room*
   une machine à **écrire**   *a typewriter*

Verbe + infinitif

Verbs in French may be followed directly by an infinitive or may require the insertion of **à** or **de** in front of the infinitive.

   Tu aimes **étudier?**   *You like to study?*
   J'essaie **de t'aider.**   *I'm trying to help you.*
   Elle a commencé **à étudier.**   *She's started to study.*

Here are two lists of verbs, one that inserts the preposition **à** before an infinitive and one that inserts the preposition **de.** These lists represent the verbs presented in **VOILÀ!** and so are not complete. You should continue to add to these lists as you study French.

VERBE + **à** + INFINITIF	VERBE + **de** + INFINITIF
aider qqn à	accepter de
apprendre à	choisir de
chercher à	décider de
commencer à	demander à qqn de
continuer à	dire à qqn de
inviter qqn à	essayer de
passer (du temps) à	finir de
réussir à	offrir de
s'amuser à	oublier de
se préparer à	permettre de
	promettre à qqn de
	refuser de
	rêver de
	venir de *(to have just)*

Les pronoms relatifs *dont* et *ce dont*

Dont

The relative pronoun **dont** connects two sentences sharing the same noun just as do the relative pronouns **qui** and **que. Dont,** however, indicates that the shared word is preceded by the preposition **de** in one of the sentences. In other words, **dont** replaces **de** plus the following word. The English equivalent is *of whom, of which, about whom, about which,* or *whose.* Although English allows some of these relative pronouns to be deleted, French does not.

> C'est **le professeur.** + Je connais le fils **de ce professeur.** =
>   C'est le professeur **dont** je connais le fils.
> *That's the instructor. + I know that instructor's son (the son of that instructor). =*
>   *That's the instructor whose son I know.*

> J'ai vu **les étudiants.** + Tu m'as parlé **de ces étudiants.** =
>   J'ai vu les étudiants **dont** tu m'as parlé.
> *I saw the students. + You talked to me about those students. =*
>   *I saw the students you talked to me about.*

> Voilà **le crayon.** + J'ai besoin **de ce crayon.** =
>   Voilà le crayon **dont** j'ai besoin.
> *There's the pencil. + I need that pencil.*
>   *There's the pencil I need (of which I have need).*

Ce dont

Ce dont, like **ce qui** and **ce que,** means *what* and refers to something indefinite. It is used with expressions incorporating **de** such as **avoir besoin de, avoir peur de, se souvenir de,** etc.

> **Ce dont** j'ai besoin, c'est de paix!   *What I need is some peace!*
> Je ne sais pas **ce dont** j'ai envie.   *I don't know what I feel like having.*

Les pronoms démonstratifs: *celui, celle, ceux, celles*

You have already learned the forms and use of the demonstrative adjective **ce.**

> Tu veux **cette** pomme?   *Do you want this/that apple?*
> Vous voyez **cet** homme et   *Do you see that man and those women?*
>   **ces** femmes?

A demonstrative pronoun replaces a demonstrative adjective and its noun. Here are some examples.

Tu veux cette pomme-ci ou **celle-là?**   *Do you want this apple or that one?*
  (**celle-là = cette pomme-là**)

—Vous voyez cet homme?   *Do you see that man?*
—Quel homme?   *What man?*
—**Celui** qui est derrière la table.   *The one behind the table.*
(**celui qui est derrière la table = cet homme qui est derrière la table**)

Demonstrative pronouns cannot stand alone. They must be followed by one of three structures:

1. **-ci** or **-là:**

   —Prenez une pomme.   *Take an apple.*
   —**Celle-ci** ou **celle-là?**   *This one or that one?*

2. A prepositional phrase:

   —Tu veux ces livres-ci ou   *Do you want these books or Marc's?*
   ceux de Marc?

3. A relative clause:

   —Tu veux un magazine?   *Do you want a magazine?*
   —Oui, mais je veux **celui que**   *Yes, but I want the one you're reading!*
   tu lis!

Les pronoms possessifs

You have already learned the forms and use of possessive adjectives.

—C'est **ton** livre?   *Is this your book?*
—Non, c'est **leur** livre.   *No, it's their book.*

A possessive pronoun replaces a possessive adjective and its noun.

—C'est **le tien?**   *Is this yours?*
—Non, c'est **le leur.**   *No, it's theirs.*

Here are the forms of the possessive pronouns.

MINE	YOURS *(familiar)*	HIS, HERS, ITS
le mien	le tien	le sien
la mienne	la tienne	la sienne
les miens	les tiens	les siens
les miennes	les tiennes	les siennes
OURS	YOURS *(formal, pl.)*	THEIRS
le nôtre	le vôtre	le leur
la nôtre	la vôtre	la leur
les nôtres	les vôtres	les leurs

Possessive pronouns agree in number and gender with the noun they replace.

Voilà mon affiche et voilà **la vôtre.** *Here's my poster and here's yours.*
  (**la vôtre=votre affiche**)

David a pris tes clés et **les miennes!** *David took your keys and mine!*
  (**les miennes = mes clés**)

—On prend ta voiture ou *Shall we take your car or mine?*
  la mienne?
—Prenons **la tienne,** elle est *Let's take yours; it's less dirty.*
  moins sale.
  (**la mienne = ma voiture, la tienne = ta voiture**)

L'ordre des pronoms d'objet, *y* et *en*

When more than one object pronoun is used, certain rules of order apply. For all cases except affirmative commands, Table 1 applies. Use Table 2 for affirmative commands.

TABLE 1. BEFORE THE VERB

me te se nous vous	BEFORE	le la les	BEFORE	lui leur	BEFORE	y	BEFORE	en

TABLE 2. AFFIRMATIVE COMMANDS (AFTER THE VERB)

le la nous	BEFORE	moi (m') toi (t') lui nous vous leur	BEFORE	y	BEFORE	en

Fatima donne **des fleurs à sa mère.**   Fatima **lui en** donne.
La mère de Fatima donne **les fleurs à sa mère!**   Elle **les lui** donne!

Donne **ces fleurs à ton père.**   Donne-**les-lui.**
On ne va plus parler **de cela aux enfants!**   On ne va plus **leur en** parler!

On m'a donné **des fleurs** hier.   On **m'en** a donné hier.
Donnez-**moi ce crayon.**   Donnez-**le-moi.**
Donnez-**moi des crayons.**   Donnez-**m'en.**
Il **y** a **des crayons?**   Il **y en** a?

La place des adjectifs

As you have already learned, the majority of adjectives in French follow the noun they modify.

Candide n'aime pas les films **violents.**   *Candide doesn't like violent movies.*

A small group of adjectives, however, precede the noun they modify.

beau, (bel) belle, beaux, belles	Jacques Dubois a une **belle** maison.
bon, bonne	J'ai une **bonne** idée.
grand, grande	Suzanne a une **grande** chambre.
gros, grosse	Quel **gros** chien!
jeune	François est un **jeune** enfant.
joli, jolie	Sylvie a une **jolie** chambre.
long, longue	Quelle **longue** journée!
mauvais, mauvaise	Ça, c'est une **mauvaise** idée.
nouveau, (nouvel) nouvelle, nouveaux, nouvelles	J'ai une **nouvelle** robe.
pauvre	La **pauvre** femme!
petit, petite	Tu vois le **petit** chat?
vieux (vieil), vieille, vieux, vieilles	M. Martin est un **vieil** homme.

Some adjectives may be found either before or after the noun they modify. These adjectives change meaning according to their position.

ADJECTIF	AVANT LE NOM	DERRIÈRE LE NOM
dernier, dernière	*last of a series, final* le **dernier** jour de la semaine le **dernier** étage	*last, most recent* (for **semaine, mois, année**) la semaine **dernière**
cher, chère	*dear, beloved* **Chère** Aline, Je t'écris pour...	*expensive* La Mercédès est une voiture **chère.**
grand, grande	*great, important* (refers to people) On dit que Napoléon était un **grand** homme.	*tall* (refers to people) Mais on ne dit pas que c'était un homme **grand!**
même	*same* C'est la **même** chose.	*very, even, itself* Elle, c'est la bonté (*goodness*) **même.**
pauvre	*unfortunate, pitiful* Le **pauvre** garçon, il a tout perdu.	*without money* C'est un garçon **pauvre** mais intelligent.
propre	*own* C'est ma **propre** idée.	*clean* Tu as les mains **propres?**

Appendice de verbes

A. Verbs *être* and *avoir*

avoir (to have)

PARTICIPE PRÉSENT: ayant
PARTICIPE PASSÉ: eu

INDICATIF

PRÉSENT	IMPARFAIT	PASSÉ SIMPLE	FUTUR
ai	avais	eus	aurai
as	avais	eus	auras
a	avait	eut	aura
avons	avions	eûmes	aurons
avez	aviez	eûtes	aurez
ont	avaient	eurent	auront

PASSÉ COMPOSÉ	PLUS-QUE-PARFAIT	FUTUR ANTÉRIEUR
ai eu	avais eu	aurai eu
as eu	avais eu	auras eu
a eu	avait eu	aura eu
avons eu	avions eu	aurons eu
avez eu	aviez eu	aurez eu
ont eu	avaient eu	auront eu

CONDITIONNEL

PRÉSENT DU CONDITIONNEL	CONDITIONNEL PASSÉ
aurais	aurais eu
aurais	aurais eu
aurait	aurait eu
aurions	aurions eu
auriez	auriez eu
auraient	auraient eu

SUBJONCTIF

PRÉSENT DU SUBJONCTIF
que j' aie
que tu aies
qu'il/elle ait
que nous ayons
que vous ayez
qu'ils/elles aient

IMPÉRATIF

aie
ayons
ayez

être (to be)

PARTICIPE PRÉSENT: étant
PARTICIPE PASSÉ: été

INDICATIF

PRÉSENT	IMPARFAIT	PASSÉ SIMPLE	FUTUR
suis	étais	fus	serai
es	étais	fus	seras
est	était	fut	sera
sommes	étions	fûmes	serons
êtes	étiez	fûtes	serez
sont	étaient	furent	seront

PASSÉ COMPOSÉ	PLUS-QUE-PARFAIT	FUTUR ANTÉRIEUR
ai été	avais été	aurai été
as été	avais été	auras été
a été	avait été	aura été
avons été	avions été	aurons été
avez été	aviez été	aurez été
ont été	avaient été	auront été

CONDITIONNEL

PRÉSENT DU CONDITIONNEL	CONDITIONNEL PASSÉ
serais	aurais été
serais	aurais été
serait	aurait été
serions	aurions été
seriez	auriez été
seraient	auraient été

SUBJONCTIF

PRÉSENT DU SUBJONCTIF
sois
sois
soit
soyons
soyez
soient

IMPÉRATIF

sois
soyons
soyez

B. Regular verbs

-er verbs

INFINITIF: parler (to speak)
PARTICIPE PRÉSENT: parlant
PARTICIPE PASSÉ: parlé

INDICATIF

PRÉSENT	IMPARFAIT	PASSÉ SIMPLE	FUTUR
parle	parlais	parlai	parlerai
parles	parlais	parlas	parleras
parle	parlait	parla	parlera
parlons	parlions	parlâmes	parlerons
parlez	parliez	parlâtes	parlerez
parlent	parlaient	parlèrent	parleront

PASSÉ COMPOSÉ	PLUS-QUE-PARFAIT	FUTUR ANTÉRIEUR
ai parlé	avais parlé	aurai parlé
as parlé	avais parlé	auras parlé
a parlé	avait parlé	aura parlé
avons parlé	avions parlé	aurons parlé
avez parlé	aviez parlé	aurez parlé
ont parlé	avaient parlé	auront parlé

CONDITIONNEL

CONDITIONNEL	CONDITIONNEL PASSÉ
parlerais	aurais parlé
parlerais	aurais parlé
parlerait	aurait parlé
parlerions	aurions parlé
parleriez	auriez parlé
parleraient	auraient parlé

SUBJONCTIF

PRÉSENT DU SUBJONCTIF
parle
parles
parle
parlions
parliez
parlent

IMPÉRATIF

parle
parlons
parlez

-ir verbs

INFINITIF: dormir* (to sleep)
PARTICIPE PRÉSENT: dormant
PARTICIPE PASSÉ: dormi

INDICATIF

PRÉSENT	IMPARFAIT	PASSÉ SIMPLE	FUTUR
dors	dormais	dormis	dormirai
dors	dormais	dormis	dormiras
dort	dormait	dormit	dormira
dormons	dormions	dormîmes	dormirons
dormez	dormiez	dormîtes	dormirez
dorment	dormaient	dormirent	dormiront

PASSÉ COMPOSÉ	PLUS-QUE-PARFAIT	FUTUR ANTÉRIEUR
ai dormi	avais dormi	aurai dormi
as dormi	avais dormi	auras dormi
a dormi	avait dormi	aura dormi
avons dormi	avions dormi	aurons dormi
avez dormi	aviez dormi	aurez dormi
ont dormi	avaient dormi	auront dormi

CONDITIONNEL

CONDITIONNEL	CONDITIONNEL PASSÉ
dormirais	aurais dormi
dormirais	aurais dormi
dormirait	aurait dormi
dormirions	aurions dormi
dormiriez	auriez dormi
dormiraient	auraient dormi

SUBJONCTIF

PRÉSENT DU SUBJONCTIF
dorme
dormes
dorme
dormions
dormiez
dorment

IMPÉRATIF

dors
dormons
dormez

*Other verbs like **dormir** are **mentir, partir, sortir, s'endormir.** Note that **partir, sortir,** and **s'endormir** are conjugated with **être** in the *passé composé.*

-ir verbs — finir* (to finish)

PARTICIPE PRÉSENT: finissant
PARTICIPE PASSÉ: fini

INDICATIF

PRÉSENT	IMPARFAIT	PASSÉ SIMPLE	FUTUR
finis	finissais	finis	finirai
finis	finissais	finis	finiras
finit	finissait	finit	finira
finissons	finissions	finîmes	finirons
finissez	finissiez	finîtes	finirez
finissent	finissaient	finirent	finiront

PASSÉ COMPOSÉ	PLUS-QUE-PARFAIT	FUTUR ANTÉRIEUR
ai fini	avais fini	aurai fini
as fini	avais fini	auras fini
a fini	avait fini	aura fini
avons fini	avions fini	aurons fini
avez fini	aviez fini	aurez fini
ont fini	avaient fini	auront fini

CONDITIONNEL

CONDITIONNEL	CONDITIONNEL PASSÉ
finirais	aurais fini
finirais	aurais fini
finirait	aurait fini
finirions	aurions fini
finiriez	auriez fini
finiraient	auraient fini

SUBJONCTIF

PRÉSENT DU SUBJONCTIF
finisse
finisses
finisse
finissions
finissiez
finissent

IMPÉRATIF

IMPÉRATIF
finis
finissons
finissez

-re verbs — vendre† (to sell)

PARTICIPE PRÉSENT: vendant
PARTICIPE PASSÉ: vendu

INDICATIF

PRÉSENT	IMPARFAIT	PASSÉ SIMPLE	FUTUR
vends	vendais	vendis	vendrai
vends	vendais	vendis	vendras
vend	vendait	vendit	vendra
vendons	vendions	vendîmes	vendrons
vendez	vendiez	vendîtes	vendrez
vendent	vendaient	vendirent	vendront

PASSÉ COMPOSÉ	PLUS-QUE-PARFAIT	FUTUR ANTÉRIEUR
ai vendu	avais vendu	aurai vendu
as vendu	avais vendu	auras vendu
a vendu	avait vendu	aura vendu
avons vendu	avions vendu	aurons vendu
avez vendu	aviez vendu	aurez vendu
ont vendu	avaient vendu	auront vendu

CONDITIONNEL

CONDITIONNEL	CONDITIONNEL PASSÉ
vendrais	aurais vendu
vendrais	aurais vendu
vendrait	aurait vendu
vendrions	aurions vendu
vendriez	auriez vendu
vendraient	auraient vendu

SUBJONCTIF

PRÉSENT DU SUBJONCTIF
vende
vendes
vende
vendions
vendiez
vendent

IMPÉRATIF

IMPÉRATIF
vends
vendons
vendez

*Other verbs like **finir** are **agir, choisir, grossir, maigrir, réfléchir, réussir.**
†Other verbs like **vendre** are **attendre, descendre, perdre, rendre, répondre.** Note that **descendre** is conjugated with **être** in the *passé composé.*

Appendice de verbes

C. Reflexive verbs

VERBE: se laver (to wash oneself) — PARTICIPE PRÉSENT: se lavant — PARTICIPE PASSÉ: lavé

INDICATIF

PRÉSENT	IMPARFAIT	PASSÉ SIMPLE	FUTUR
me lave	me lavais	me lavai	me laverai
te laves	te lavais	te lavas	te laveras
se lave	se lavait	se lava	se lavera
nous lavons	nous lavions	nous lavâmes	nous laverons
vous lavez	vous laviez	vous lavâtes	vous laverez
se lavent	se lavaient	se lavèrent	se laveront

PASSÉ COMPOSÉ	PLUS-QUE-PARFAIT	FUTUR ANTÉRIEUR
me suis lavé(e)	m'étais lavé(e)	me serai lavé(e)
t'es lavé(e)	t'étais lavé(e)	te seras lavé(e)
s'est lavé(e)	s'était lavé(e)	se sera lavé(e)
nous sommes lavé(e)s	nous étions lavé(e)s	nous serons lavé(e)s
vous êtes lavé(e)(s)	vous étiez lavé(e)(s)	vous serez lavé(e)(s)
se sont lavé(e)s	s'étaient lavé(e)s	se seront lavé(e)s

CONDITIONNEL

CONDITIONNEL	CONDITIONNEL PASSÉ
me laverais	me serais lavé(e)
te laverais	te serais lavé(e)
se laverait	se serait lavé(e)
nous laverions	nous serions lavé(e)s
vous laveriez	vous seriez lavé(e)(s)
se laveraient	se seraient lavé(e)s

SUBJONCTIF

PRÉSENT DU SUBJONCTIF
me lave
te laves
se lave
nous lavions
vous laviez
se lavent

IMPÉRATIF

IMPÉRATIF
lave-toi
lavons-nous
lavez-vous

D. Verbs with spelling changes

VERBE: manger* (to eat) — mangeant — mangé

PRÉSENT	IMPARFAIT	PASSÉ COMPOSÉ	PASSÉ SIMPLE	FUTUR	CONDITIONNEL	PRÉSENT DU SUBJONCTIF	IMPÉRATIF
mange	mangeais	ai mangé	mangeai	mangerai	mangerais	mange	
manges	mangeais	as mangé	mangeas	mangeras	mangerais	manges	mange
mange	mangeait	a mangé	mangea	mangera	mangerait	mange	
mangeons	mangions	avons mangé	mangeâmes	mangerons	mangerions	mangions	mangeons
mangez	mangiez	avez mangé	mangeâtes	mangerez	mangeriez	mangiez	mangez
mangent	mangeaient	ont mangé	mangèrent	mangeront	mangeraient	mangent	

*Other verbs like **manger** are bouger, changer, déménager, diriger, interroger, loger, nager, neiger, partager, ranger, voyager.

Appendice de verbes

VERBE	PRÉSENT	IMPARFAIT	PASSÉ COMPOSÉ	PASSÉ SIMPLE	FUTUR	CONDITIONNEL	PRÉSENT DU SUBJONCTIF	IMPÉRATIF
commencer* (to begin) commençant commencé	commence commences commence commençons commencez commencent	commençais commençais commençait commencions commenciez commençaient	ai commencé as commencé a commencé avons commencé avez commencé ont commencé	commençai commenças commença commençâmes commençâtes commencèrent	commencerai commenceras commencera commencerons commencerez commenceront	commencerais commencerais commencerait commencerions commenceriez commenceraient	commence commences commence commencions commenciez commencent	commence commençons commencez
essayer† (to try) essayant essayé	essaie essaies essaie essayons essayez essaient	essayais essayais essayait essayions essayiez essayaient	ai essayé as essayé a essayé avons essayé avez essayé ont essayé	essayai essayas essaya essayâmes essayâtes essayèrent	essaierai essaieras essaiera essaierons essaierez essaieront	essaierais essaierais essaierait essaierions essaieriez essaieraient	essaie essaies essaie essayions essayiez essaient	essaie essayons essayez
acheter‡ (to buy) achetant acheté	achète achètes achète achetons achetez achètent	achetais achetais achetait achetions achetiez achetaient	ai acheté as acheté a acheté avons acheté avez acheté ont acheté	achetai achetas acheta achetâmes achetâtes achetèrent	achèterai achèteras achètera achèterons achèterez achèteront	achèterais achèterais achèterait achèterions achèteriez achèteraient	achète achètes achète achetions achetiez achètent	achète achetons achetez
préférer§ (to prefer) préférant préféré	préfère préfères préfère préférons préférez préfèrent	préférais préférais préférait préférions préfériez préféraient	ai préféré as préféré a préféré avons préféré avez préféré ont préféré	préférai préféras préféra préférâmes préférâtes préférèrent	préférerai préféreras préférera préférerons préférerez préféreront	préférerais préférerais préférerait préférerions préféreriez préféreraient	préfère préfères préfère préférions préfériez préfèrent	préfère préférons préférez
appeler (to call) appelant appelé	appelle appelles appelle appelons appelez appellent	appelais appelais appelait appelions appeliez appelaient	ai appelé as appelé a appelé avons appelé avez appelé ont appelé	appelai appelas appela appelâmes appelâtes appelèrent	appellerai appelleras appellera appellerons appellerez appelleront	appellerais appellerais appellerait appellerions appelleriez appelleraient	appelle appelles appelle appelions appeliez appellent	appelle appelons appelez

*Other verbs like **commencer** are **divorcer, se fiancer, menacer.**
†Other verbs like **essayer** are **employer, (s')ennuyer, payer.**
‡Other verbs like **acheter** are **emmener, (se) lever, (se) promener.**
§Other verbs like **préférer** are **espérer, (se) sécher.**

E. Irregular verbs

VERBE	PRÉSENT	IMPARFAIT	PASSÉ COMPOSÉ	PASSÉ SIMPLE	FUTUR	CONDITIONNEL	PRÉSENT DU SUBJONCTIF	IMPÉRATIF
aller	vais	allais	suis allé(e)	allai	irai	irais	aille	
(to go)	vas	allais	es allé(e)	allas	iras	irais	ailles	va
allant	va	allait	est allé(e)	alla	ira	irait	aille	
allé	allons	allions	sommes allé(e)s	allâmes	irons	irions	allions	allons
	allez	alliez	êtes allé(e)(s)	allâtes	irez	iriez	alliez	allez
	vont	allaient	sont allé(e)s	allèrent	iront	iraient	aillent	
boire	bois	buvais	ai bu	bus	boirai	boirais	boive	
(to drink)	bois	buvais	as bu	bus	boiras	boirais	boives	bois
buvant	boit	buvait	a bu	but	boira	boirait	boive	
bu	buvons	buvions	avons bu	bûmes	boirons	boirions	buvions	buvons
	buvez	buviez	avez bu	bûtes	boirez	boiriez	buviez	buvez
	boivent	buvaient	ont bu	burent	boiront	boiraient	boivent	
conduire	conduis	conduisais	ai conduit	conduisis	conduirai	conduirais	conduise	
(to lead,	conduis	conduisais	as conduit	conduisis	conduiras	conduirais	conduises	conduis
to drive)	conduit	conduisait	a conduit	conduisit	conduira	conduirait	conduise	
conduisant	conduisons	conduisions	avons conduit	conduisîmes	conduirons	conduirions	conduisions	conduisons
conduit	conduisez	conduisiez	avez conduit	conduisîtes	conduirez	conduiriez	conduisiez	conduisez
	conduisent	conduisaient	ont conduit	conduisirent	conduiront	conduiraient	conduisent	
connaître	connais	connaissais	ai connu	connus	connaîtrai	connaîtrais	connaisse	
(to know)	connais	connaissais	as connu	connus	connaîtras	connaîtrais	connaisses	connais
connaissant	connaît	connaissait	a connu	connut	connaîtra	connaîtrait	connaisse	
connu	connaissons	connaissions	avons connu	connûmes	connaîtrons	connaîtrions	connaissions	connaissons
	connaissez	connaissiez	avez connu	connûtes	connaîtrez	connaîtriez	connaissiez	connaissez
	connaissent	connaissaient	ont connu	connurent	connaîtront	connaîtraient	connaissent	
courir	cours	courais	ai couru	courus	courrai	courrais	coure	
(to run)	cours	courais	as couru	courus	courras	courrais	coures	cours
courant	court	courait	a couru	courut	courra	courrait	coure	
couru	courons	courions	avons couru	courûmes	courrons	courrions	courions	courons
	courez	couriez	avez couru	courûtes	courrez	courriez	couriez	courez
	courent	couraient	ont couru	coururent	courront	courraient	courent	
croire	crois	croyais	ai cru	crus	croirai	croirais	croie	
(to believe)	crois	croyais	as cru	crus	croiras	croirais	croies	crois
croyant	croit	croyait	a cru	crut	croira	croirait	croie	
cru	croyons	croyions	avons cru	crûmes	croirons	croirions	croyions	croyons
	croyez	croyiez	avez cru	crûtes	croirez	croiriez	croyiez	croyez
	croient	croyaient	ont cru	crurent	croiront	croiraient	croient	

VERBE	PRÉSENT	IMPARFAIT	PASSÉ COMPOSÉ	PASSÉ SIMPLE	FUTUR	CONDITIONNEL	PRÉSENT DU SUBJONCTIF	IMPÉRATIF
devoir *(to have to, to owe)* devant dû	dois dois doit devons devez doivent	devais devais devait devions deviez devaient	ai dû as dû a dû avons dû avez dû ont dû	dus dus dut dûmes dûtes durent	devrai devras devra devrons devrez devront	devrais devrais devrait devrions devriez devraient	doive doives doive devions deviez doivent	dois devons devez
dire *(to say, to tell)* disant dit	dis dis dit disons dites disent	disais disais disait disions disiez disaient	ai dit as dit a dit avons dit avez dit ont dit	dis dis dit dîmes dîtes dirent	dirai diras dira dirons direz diront	dirais dirais dirait dirions diriez diraient	dise dises dise disions disiez disent	dis disons dites
écrire* *(to write)* écrivant écrit	écris écris écrit écrivons écrivez écrivent	écrivais écrivais écrivait écrivions écriviez écrivaient	ai écrit as écrit a écrit avons écrit avez écrit ont écrit	écrivis écrivis écrivit écrivîmes écrivîtes écrivirent	écrirai écriras écrira écrirons écrirez écriront	écrirais écrirais écrirait écririons écririez écriraient	écrive écrives écrive écrivions écriviez écrivent	écris écrivons écrivez
envoyer *(to send)* envoyant envoyé	envoie envoies envoie envoyons envoyez envoient	envoyais envoyais envoyait envoyions envoyiez envoyaient	ai envoyé as envoyé a envoyé avons envoyé avez envoyé ont envoyé	envoyai envoyas envoya envoyâmes envoyâtes envoyèrent	enverrai enverras enverra enverrons enverrez enverront	enverrais enverrais enverrait enverrions enverriez enverraient	envoie envoies envoie envoyions envoyiez envoient	envoie envoyons envoyez
faire *(to do, to make)* faisant fait	fais fais fait faisons faites font	faisais faisais faisait faisions faisiez faisaient	ai fait as fait a fait avons fait avez fait ont fait	fis fis fit fîmes fîtes firent	ferai feras fera ferons ferez feront	ferais ferais ferait ferions feriez feraient	fasse fasses fasse fassions fassiez fassent	fais faisons faites
falloir *(to be necessary)* fallu	il faut	il fallait	il a fallu	il fallut	il faudra	il faudrait	il faille	

*Other verb conjugated like **écrire: décrire.**

VERBE	PRÉSENT	IMPARFAIT	PASSÉ COMPOSÉ	PASSÉ SIMPLE	FUTUR	CONDITIONNEL	PRÉSENT DU SUBJONCTIF	IMPÉRATIF
lire *(to read)* lisant lu	lis lis lit lisons lisez lisent	lisais lisais lisait lisions lisiez lisaient	ai lu as lu a lu avons lu avez lu ont lu	lus lus lut lûmes lûtes lurent	lirai liras lira lirons lirez liront	lirais lirais lirait lirions liriez liraient	lise lises lise lisions lisiez lisent	lis lisons lisez
mettre* *(to put)* mettant mis	mets mets met mettons mettez mettent	mettais mettais mettait mettions mettiez mettaient	ai mis as mis a mis avons mis avez mis ont mis	mis mis mit mîmes mîtes mirent	mettrai mettras mettra mettrons mettrez mettront	mettrais mettrais mettrait mettrions mettriez mettraient	mette mettes mette mettions mettiez mettent	mets mettons mettez
ouvrir† *(to open)* ouvrant ouvert	ouvre ouvres ouvre ouvrons ouvrez ouvrent	ouvrais ouvrais ouvrait ouvrions ouvriez ouvraient	ai ouvert as ouvert a ouvert avons ouvert avez ouvert ont ouvert	ouvris ouvris ouvrit ouvrîmes ouvrîtes ouvrirent	ouvrirai ouvriras ouvrira ouvrirons ouvrirez ouvriront	ouvrirais ouvrirais ouvrirait ouvririons ouvririez ouvriraient	ouvre ouvres ouvre ouvrions ouvriez ouvrent	ouvre ouvrons ouvrez
pleuvoir *(to rain)* pleuvant plu	il pleut	il pleuvait	il a plu	il plut	il pleuvra	il pleuvrait	il pleuve	
pouvoir *(to be able)* pouvant pu	peux peux peut pouvons pouvez peuvent	pouvais pouvais pouvait pouvions pouviez pouvaient	ai pu as pu a pu avons pu avez pu ont pu	pus pus put pûmes pûtes purent	pourrai pourras pourra pourrons pourrez pourront	pourrais pourrais pourrait pourrions pourriez pourraient	puisse puisses puisse puissions puissiez puissent	
prendre‡ *(to take)* prenant pris	prends prends prend prenons prenez prennent	prenais prenais prenait prenions preniez prenaient	ai pris as pris a pris avons pris avez pris ont pris	pris pris prit prîmes prîtes prirent	prendrai prendras prendra prendrons prendrez prendront	prendrais prendrais prendrait prendrions prendriez prendraient	prenne prennes prenne prenions preniez prennent	prends prenons prenez

* Other verbs conjugated like **mettre: permettre, promettre.**
† Other verbs conjugated like **ouvrir: découvrir, offrir, souffrir.**
‡ Other verbs conjugated like **prendre: apprendre, comprendre, surprendre.**

VERBE	PRÉSENT	IMPARFAIT	PASSÉ COMPOSÉ	PASSÉ SIMPLE	FUTUR	CONDITIONNEL	PRÉSENT DU SUBJONCTIF	IMPÉRATIF
recevoir	reçois	recevais	ai reçu	reçus	recevrai	recevrais	reçoive	
(to receive)	reçois	recevais	as reçu	reçus	recevras	recevrais	reçoives	reçois
recevant	reçoit	recevait	a reçu	reçut	recevra	recevrait	reçoive	
reçu	recevons	recevions	avons reçu	reçûmes	recevrons	recevrions	recevions	recevons
	recevez	receviez	avez reçu	reçûtes	recevrez	recevriez	receviez	recevez
	reçoivent	recevaient	ont reçu	reçurent	recevront	recevraient	reçoivent	
rire*	ris	riais	ai ri	ris	rirai	rirais	rie	
(to laugh)	ris	riais	as ri	ris	riras	rirais	ries	ris
riant	rit	riait	a ri	rit	rira	rirait	rie	
ri	rions	riions	avons ri	rîmes	rirons	ririons	riions	rions
	riez	riiez	avez ri	rîtes	rirez	ririez	riiez	riez
	rient	riaient	ont ri	rirent	riront	riraient	rient	
savoir	sais	savais	ai su	sus	saurai	saurais	sache	
(to know)	sais	savais	as su	sus	sauras	saurais	saches	sache
sachant	sait	savait	a su	sut	saura	saurait	sache	
su	savons	savions	avons su	sûmes	saurons	saurions	sachions	sachons
	savez	saviez	avez su	sûtes	saurez	sauriez	sachiez	sachez
	savent	savaient	ont su	surent	sauront	sauraient	sachent	
suivre	suis	suivais	ai suivi	suivis	suivrai	suivrais	suive	
(to follow)	suis	suivais	as suivi	suivis	suivras	suivrais	suives	suis
suivant	suit	suivait	a suivi	suivit	suivra	suivrait	suive	
suivi	suivons	suivions	avons suivi	suivîmes	suivrons	suivrions	suivions	suivons
	suivez	suiviez	avez suivi	suivîtes	suivrez	suivriez	suiviez	suivez
	suivent	suivaient	ont suivi	suivirent	suivront	suivraient	suivent	
venir†	viens	venais	suis venu(e)	vins	viendrai	viendrais	vienne	
(to come)	viens	venais	es venu(e)	vins	viendras	viendrais	viennes	viens
venant	vient	venait	est venu(e)	vint	viendra	viendrait	vienne	
venu	venons	venions	sommes venu(e)s	vînmes	viendrons	viendrions	venions	venons
	venez	veniez	êtes venu(e)(s)	vîntes	viendrez	viendriez	veniez	venez
	viennent	venaient	sont venu(e)s	vinrent	viendront	viendraient	viennent	
vivre	vis	vivais	ai vécu	vécus	vivrai	vivrais	vive	
(to live)	vis	vivais	as vécu	vécus	vivras	vivrais	vives	vis
vivant	vit	vivait	a vécu	vécut	vivra	vivrait	vive	
vécu	vivons	vivions	avons vécu	vécûmes	vivrons	vivrions	vivions	vivons
	vivez	viviez	avez vécu	vécûtes	vivrez	vivriez	viviez	vivez
	vivent	vivaient	ont vécu	vécurent	vivront	vivraient	vivent	

*Other verb conjugated like rire: **sourire.**
†Other verbs conjugated like **venir: devenir, revenir, se souvenir.**

VERBE	PRÉSENT	IMPARFAIT	PASSÉ COMPOSÉ	PASSÉ SIMPLE	FUTUR	CONDITIONNEL	PRÉSENT DU SUBJONCTIF	IMPÉRATIF
voir	vois	voyais	ai vu	vis	verrai	verrais	voie	
(*to see*)	vois	voyais	as vu	vis	verras	verrais	voies	vois
voyant	voit	voyait	a vu	vit	verra	verrait	voie	
vu	voyons	voyions	avons vu	vîmes	verrons	verrions	voyions	voyons
	voyez	voyiez	avez vu	vîtes	verrez	verriez	voyiez	voyez
	voient	voyaient	ont vu	virent	verront	verraient	voient	
vouloir	veux	voulais	ai voulu	voulus	voudrai	voudrais	veuille	
(*to wish,*	veux	voulais	as voulu	voulus	voudras	voudrais	veuilles	veuille
to want)	veut	voulait	a voulu	voulut	voudra	voudrait	veuille	
voulant	voulons	voulions	avons voulu	voulûmes	voudrons	voudrions	voulions	veuillons
voulu	voulez	vouliez	avez voulu	voulûtes	voudrez	voudriez	vouliez	veuillez
	veulent	voulaient	ont voulu	voulurent	voudront	voudraient	veuillent	

Lexique

This list contains words and expressions found in the *Vocabulaires de base* and *Vocabulaires supplémentaires*. Words and expressions included in *Le français familier, Le français tel qu'on le parle,* the *On entend parfois* sections, the *Mini-lexiques de téléphone et de correspondance* (Leçon 14), and the *Expressions avec les parties du corps* section (Leçon 15) are not included. The number following each entry indicates the lesson in which a particular word appears as *Vocabulaire de base* (B) or as *Vocabulaire supplémentaire* (S). Additional information about the use of certain words and expressions may be found in the lesson vocabulary lists as well as in the lesson(s) where they appear.

ABRÉVIATIONS

adj.	adjectif	inf.	infinitif	qqch.	quelque chose
adv.	adverbe	invar.	invariable	qqn	quelqu'un
f.	féminin	m.	masculin	v.	verbe
fam.	familier	pl.	pluriel	*	**h** aspiré

Français-anglais

A

à in, at, to (5B); — **bientôt** see you soon (1B); — **cause de** because of (16B); — **côté de** next to, beside (5B); — **demain** see you tomorrow (1B); — **droite (de)** to the right (of) (11B); — **gauche (de)** to/on the left (of) (11B); — **l'aise** at ease, comfortable (person) (11S); — **l'extérieur (de)** outside (of) (11B); — **l'intérieur (de)** inside (of) (11B); — **l'étranger** abroad (18S); — **la carte à la carte** (13S); — **la radio** on the radio (17B); — **la télévision** on television (17B); — **mon avis** in my opinion (20B); — **pied** on foot (8B); — **quelle heure?** at what time? (6B); — **ta (votre) place** in your place, if I were you (19B); — **votre avis** according to you (11S); — **... heure(s)** at . . . o'clock (6B)

accepter (de + inf.) to accept (20S)

accident *(m.)* accident (19S/20B)

acheter to buy (9B)

acteur *(m.),* **actrice** *(f.)* actor, actress (17B)

actif, active active (5S/20B)

activité *(f.)* activity (20S)

actuel, actuelle present, current (20S)

(s')adapter à to adapt to (20S)

addition *(f.)* restaurant bill, check (13B)

adjectif *(m.)* adjective

adolescent *(m.),* **adolescente** *(f.)* adolescent, teenager (5S)

adorable adorable (15S)

adorer to love (4B)

adresse *(f.)* address (11S/14B)

adresse web *(f.)* web address (14S)

adulte *(m.)* adult (5B)

aéroport *(m.)* airport (18B)

affaires *(f.pl.)* belongings, stuff (10B); business (12B); **les affaires marchent bien** business is good (12S)

affiche *(f.)* poster (1S/3B)

Afrique *(f.)* Africa (18B)

africain(e) African (18S)

âgé(e) old, elderly (2S/5B)

agent immobilier *(m.)* real estate agent (4S/12B)

agir to act (20B)

agréable agreeable, nice, pleasant (3B)

agriculteur(-rice) farmer (12B)

aider (qqn à + inf.) to help (someone do something) (15B)

aimer to like, to love (4B); — **mieux (que)** to like better (than); to prefer (4B)

aîné(e) *(m. ou f.)* oldest (person in family) (7B)

alcool *(m.)* alcohol (4S)

Algérie *(f.)* Algeria (18B)

algérien, algérienne Algerian (12S/18B)

Allemagne *(f.)* Germany (18B)

allemand(e) German (18S)

aller to go (6B); — **à pied** to walk to (8S/18B); — **chez le médecin** to go to the doctor (12B); — **en avion** to fly (18B); — **en vélo** to ride a bicycle (18B); — **en voiture** to drive (18B); — **voir** to visit a person (18)

alors so (+ clause) (11B)

Alpes *(f.pl.)* Alps (19S)

américain(e) American (2B)

Amérique *(f.)* America (18B)

ami *(m.),* **amie** *(f.)* friend (4B)

amitié *(f.)* friendship (20B)

amour *(m.)* love (14S/16B)

amoureux, amoureuse (de) in love (with) (16B)

amusant(e) fun (2S/4B)

amuser to amuse (someone) (15B); **s'amuser** to have a good time, play (15B)

an *(m.)* year (5B)

ancien, ancienne antique, old (11S)

anglais *(m.)* English (language) (4B)

anglais(e) British (18S)

Angleterre *(f.)* England (18B)

animal *(m.),* **animaux** *(pl.)* animal (4B)

année *(f.)* year (1S/6B)
anniversaire *(m.)* birthday (1S)
annoncer to announce (17S)
annuaire (des téléphones) *(m.)* (telephone) book (14S)
août *(m.)* August (1B)
apéritif *(m.)* drink (served before a meal) (9S)
appareil-photo *(m.)* camera (18B)
appartement *(m.)* apartment (6B)
appeler to call (15B); **s'appeler** to be named (15B)
apporter to bring (13B)
apprécier to appreciate (20S)
apprendre (à) to learn (to) (17B)
après after, afterwards (7B)
après-midi *(m.)* afternoon (6B)
arbre *(m.)* tree (6S/11B)
argent *(m.)* money (11B)
arme du crime *(f.)* crime weapon (17S)
armoire *(f.)* wardrobe (3S)
arrêter (de + inf.) to stop (15B); to stop oneself (from doing something) (15B)
arrivée *(f.)* arrival (19B)
arriver (à + inf.) to arrive (at), get (to) (7B)
article *(m.)* article (14B); — **de toilette** *(m.)* toilet article (15S)
artiste *(m. ou f.)* artist (8B)
ascenseur *(m.)* elevator (11S)
Asie *(f.)* Asia (18B)
asiatique Asian (18S)
asperges *(f.pl.)* asparagus (9S)
aspirine *(f.)* aspirin (13B)
assez quite, sufficiently, enough (11B); — **(de)** enough (of) (13B)
assiette (de) *(f.)* plate (of) (13B)
assiette à soupe *(f.)* soup plate (13S)
assis(e) seated, sitting down (18B)
atelier *(m.)* workshop (12S)
attendre to wait (for) (11B); — **qqch. avec impatience** to be excited about something, to not be able to wait for something (16S)
au bord de at the side of (19B)
au bout (de) at the end (of) (11S)
aujourd'hui today (1S/6B)
au milieu (de) in the middle (of) (13B)
au premier étage on the second floor (11B)
au revoir good-bye (1B)
au rez-de-chaussée on the first floor (11B)
aussi also (1B); **aussi... que** as . . . as (2B)
Australie *(f.)* Australia (18B)
australien, australienne Australian (18S)
autobus *(m.)* bus (city) (18B)
autocar *(m.)* bus (between cities) (18B)
auto-stop *(m.)* hitchhiking (18S)
automne *(m.)* autumn (1B)
autorité *(f.)* authority (20S)

autoroute *(f.)* highway, expressway (18B)
autre other (8B)
avant before (9B)
avant de + inf. before (20B)
avant que + subjonctif before (20B)
avec with (1B)
avenir *(m.)* future (20B)
avenue *(f.)* avenue (11S)
avion *(m.)* airplane (18B)
avocat *(m.)*, **avocate** *(f.)* (court) lawyer (12B)
avoir to have (3B); — **... ans** to be . . . years old (5B); — **besoin de** to need (10B); — **bon/mauvais caractère** to be easy/hard to get along with (16S); — **chaud** to be hot (6B); — **de la chance** to be lucky (19B); — **de la patience/ne pas avoir de patience** to have patience/ to not have patience (16S); — **des illusions** to have illusions (20S); — **des responsabilités** to have responsibilities (12B); — **des soucis** to have worries (20S); — **envie de (+ inf.)** to feel like (+ inf.) (8B); — **faim** to be hungry (9B); — **froid** to be cold (6B); — **l'air (+ adj.)** to look like, to seem (10B); — **l'air (de + inf.)** to look like, to seem (10B); — **la/une grippe** to have the flu (15S); — **le temps (de + inf.)** to have time to (do something) (10B); — **avoir mal** to hurt (13S/15B); — **mal à la tête** to have a headache (13S/15B); — **mal à la gorge** to have a sore throat (15B); — **mal au dos** to have a backache (15B); — **peur (de)** to be afraid (of) (17B); — **raison** to be right (20B); — **soif** to be thirsty (9B); — **sommeil** to be sleepy (6B); — **tort** to be wrong (20B); — **un rhume** to have a cold (15S)
avril *(m.)* April (1B)

B

baccalauréat *(m.)* high school graduation exam (12S)
bagages *(m.pl.)* luggage (18B)
baignoire *(f.)* bathtub (11B)
baladeur *(m.)* walkman (3S)
balcon *(m.)* balcony (11B)
banane *(f.)* banana (9B)
banc *(m.)* bench (5S)
bande dessinée *(f.)* comic strip, comic book (5S/14B)
banque *(f.)* bank (6S/11B)
banquier *(m.)* banker (12B)
barbe *(f.)* beard (15S)
barbu(e) bearded (15S)
basket-ball *(m.)* basketball (8S)

bateau *(m.)*, **bateaux** *(pl.)* boat (6S/8B); — **à voile** *(m.)* sailboat (8S)
bavard(e) talkative (5B)
bavarder to chat (20S)
beau (bel), belle, beaux, belles beautiful, handsome (2B)
beaucoup a lot, much (4B); — **de** a lot of, many (4B)
bébé *(m.)* baby (5S/15B)
beige beige (10B)
belge Belgian (11S/18B)
Belgique *(f.)* Belgium (11S/18B)
besoin *(m.)* need (20S)
bête dumb, stupid (2B)
bêtise *(f.)* dumb thing (15S)
beurre *(m.)* butter (9B)
bibliothèque *(f.)* library (6B)
bien fine, good, well (1B); — **élevé(e)** well-mannered (5S); — **habillé(e)** well-dressed (10S); — **payé** well paid (12B); — **sûr** of course (15B)
bière *(f.)* beer (9B)
bijou *(m.)*, **bijoux** *(pl.)* piece of jewelry, jewelry (10S)
billet (aller-retour, simple) *(m.)* ticket (round trip, one way) (18B)
bizarre weird, strange, odd (2B)
blanc, blanche white (3B)
bleu(e) blue (3B)
blond(e) blond (2B)
blouson *(m.)* jacket (aviator) (10S)
bœuf *(m.)* beef (9B)
boire to drink (4S/9B)
boisson *(f.)* beverage (9S/13B)
boîte (de) *(f.)* can (of), box (of) (13B); — **aux lettres** *(f.)* mailbox (14B); — **de chocolats** *(f.)* box of chocolates (13S)
bon, bonne good (9B); **bon marché** *(invar.)* cheap, inexpensive (13B); **bon week-end!** have a nice weekend! (1S)
bonbon *(m.)* (piece of) candy (9S)
bonheur *(m.)* happiness (20B)
bonjour hello (1B)
bonnet *(m.)* ski hat (10S)
bouche *(f.)* mouth (15B)
boucherie *(f.)* butcher shop (13B)
boulangerie *(f.)* bakery (13B)
boulangerie-pâtisserie *(f.)* bakery that sells pastries (13S)
bouteille (de) *(f.)* bottle (of) (13B)
bras *(m.)* arm (15B)
Bretagne *(f.)* Brittany (14S/19B)
bric à brac *(m.)* a rummage sale
briller to shine (6S)
brosse à dents *(f.)* toothbrush (15B)
brosser to brush (15B); **se brosser (les cheveux)** to brush (one's hair) (15B)
bruit *(m.)* noise (12B)
brûler to burn (13S)
brun(e) dark-haired (2B); brown (3B)

bureau *(m.)*, **bureaux** *(pl.)* desk, office (3B); — **de tabac** *(m.)* tobacco shop (14S)

bus *(m., fam.)* (city) bus (18S)

C

ça that; — **coûte cher** it's expensive (11B); — **dépend** that depends (1S); — **me fait peur** that scares me (17S); — **va?** how's it going? (1B); — **y est** that's it, done, finished (1S)

cabine téléphonique *(f.)* telephone booth (14B)

câble *(m.)* cable (17 s)

cacher to hide (16S)

cadeau *(m.)*, **cadeaux** *(pl.)* present, gift (4B)

cadre *(m.)* executive (12B)

café *(m.)* café (6B); coffee (9B); — **au lait** *(m.)* coffee and milk (9S)

cahier *(m.)* notebook (1B)

caissier *(m.)*, **caissière** *(f.)* cashier (12S)

calculatrice *(f.)* calculator (3S)

caleçon *(m.)* boxer shorts (10S)

Californie *(f.)* California (18B)

calme calm (5S); *(m.)* calm, peace and quiet (19B)

camarade de chambre *(m. ou f.)* roommate (3B)

camarade de classe *(m. ou f.)* classmate (4B)

Cameroun *(m.)* Cameroon (18B)

camerounais(e) Cameroonian (18S)

caméscope *(m.)* camcorder (18S)

campagne *(f.)* country, countryside (6B)

camping *(m.)* camping (14S)

camion *(m.)* truck (18S)

Canada *(m.)* Canada (18B)

canadien, canadienne Canadian (2B)

canapé *(m.)* couch (11B)

cancer *(m.)* cancer (20S)

car *(m., fam.)* bus (between cities) (18S)

caractère *(m.)* personality (16S)

carotte *(f.)* carrot (9B)

carte *(f.)* card (8S); restaurant menu (13B); map (18B); — **de crédit** *(f.)* credit card (13B); — **postale** *(f.)* postcard (14B)

casquette (de base-ball) *(f.)* (baseball) cap (10 s)

cassette *(f.)* cassette (3S); — **vidéo** *(f.)* video tape (17S)

cathédrale *(f.)* cathedral (19S)

cauchemar *(m.)* nightmare (20S)

cave *(f.)* basement (11B)

CD *(m.)* a CD ((3S)

ce, cet, cette/ces this, that/these, those (8B)

célèbre famous (8S/17B)

célébrité *(f.)* celebrity (14S)

célibataire unmarried, single (7B)

centime *(m.)* centime ($^1/100$ franc)

centre *(m.)* center (19B)

centre-ville *(m.)* center of town, downtown (11S/19B)

cependant nevertheless, however (20B)

céréales *(f.pl.)* cereal (9S)

c'est (ce n'est pas) it is, he is, she is (isn't) (4B); — **à qui?** whose is it? (4S/5B); — **bon/mauvais pour la santé** it's healthy/unhealthy (good/bad for your health) (9S); — **quel jour aujourd'hui?** what's the date today? (1S/6B); — **tout** that's all (2S); — **vrai** that's true (4B)

chacun(e) each one

chaîne *(f.)* television station, channel (17B); — **hi-fi** *(f.)* stereo (3B)

chaise *(f.)* chair (3B)

chambre *(f.)* bedroom (3B)

champ *(m.)* field (6S)

Champs-Élysées *(m.pl.)* Champs-Élysées (main street in Paris) (19S)

champagne *(m.)* champagne (9S)

champignon *(m.)* mushroom (9S)

chance luck

changement *(m.)* change (20S)

changer to change (15S); — **(de train, d'avion)** to change (trains, planes) (18S); **se changer** to change one's clothes (15S)

chanson *(f.)* song (4S/17B)

chanter to sing (4B)

chanteur *(m.)*, **chanteuse** *(f.)* singer (17B)

chapeau *(m.)* hat (10B)

chaque each

charcuterie *(f.)* cold cuts (9S); pork shop, delicatessen (13B)

chasser to hunt (19S)

chat *(m.)* cat (1B)

châtain *(adj. invar.)* light brown (hair) (15S)

château *(m.)*, **châteaux** *(pl.)* castle, mansion (19B)

chaud(e) warm, hot; **avoir** — to be hot (6B)

chaussette *(f.)* sock (10B)

chaussure *(f.)* shoe (10B)

chauve bald (15S)

chef d'entreprise *(m.)* business owner (12B)

chemin *(m.)* path, way (11S)

chemise *(f.)* shirt (man's) (10B)

chemisier *(m.)* shirt (woman's) (10B)

chèque *(m.)* check (13B); — **de voyage** *(m.)* traveler's check (18S)

chéquier *(m.)* checkbook (13S)

cher, chère expensive (10B); dear (14B)

chercher to look for, search (for) (6B); — **du travail/un travail** to look for work/a job (12B)

cheveu *(m.)*, **cheveux** *(pl.)* hair (15B)

chez at the house of (5B)

chien *(m.)* dog (1B)

chiffre *(m.)* number (1S)

Chine *(f.)* China (18B)

chinois(e) Chinese (9S/18B)

chocolat *(m.)* chocolate (9B)

choisir (de + inf.) to choose (10B)

chômage *(m.)* unemployment (20B)

chômeur *(m.)*, **chômeuse** *(f.)* unemployed person (12S)

chose *(f.)* thing (8B)

ciel *(m.)* sky (6S)

cigarette *(f.)* cigarette (4S)

cinéaste *(m./f.)* movie producer/director (17S)

cinéma *(m.)* movie theater, the movies (4B)

cinq five (1B)

cité universitaire *(f.)* dormitory (6B)

citron *(m.)* lemon (9S)

clair(e) bright, full of light (3S/11B); light (color) (10B)

clé *(f.)* key (3B)

client *(m.)*, **cliente** *(f.)* client, customer (12B)

climat *(m.)* climate (18S)

Coca-Cola *(m.)* Coca-Cola, cola (9S)

coiffer to fix someone's hair (15S); **se coiffer** to fix one's own hair (15S)

coiffeur *(m.)*, **coiffeuse** *(f.)* hairdresser (12S)

coin *(m.)* corner (11S)

coin-repas *(m.)* breakfast nook, eating area (11S)

collant *(m.)* tights, pantyhose (15S)

colline *(f.)* hill (19B)

combien (de) how many (of), how much (5B); — **coûte... ?** how much does . . . cost? (10S/11B); — **de fois (par jour)** how many times (a day) (10S/15B); — **est-ce que je vous dois?** how much do I owe you? (13B)

comédie *(f.)* comedy (movie, play) (17B)

comique funny, amusing, comic (17B)

commander to order (13B)

comme like, as (4B)

commencer (à + inf.) to begin (to), start (to) (6B)

comment what, how (6B); **comment?** what did you say? (1S); — **allez-vous?** how are you? *(formal)* (1B); — **ça va?** how's it going? (1B); — **est Jean?** what is Jean like? (2S); — **t'appelles-tu?** *(fam.)* what's your name? (1S/15B); — **vous appelez-vous?** what's your name? (1S/15B)

commentaire *(m.)* comment, remark (19S)

commerçant(e) shopkeeper (12B)

commissariat de police *(m.)* police station (11S)
commode *(f.)* bureau, chest of drawers (3S)
compartiment *(m.)* (train) compartment (18S)
compréhensif, compréhensive understanding (5B)
comprendre to understand (17B)
concerner to concern (20S)
concert *(m.)* concert (4S/17B)
concours *(m.)* a sweepstakes (12)
conduire to drive (18B)
confiture *(f.)* jam (9S)
confort *(m.)* comfort (20S)
confortable comfortable (3S/10B)
congélateur *(m.)* freezer (9S)
connaître to know (16B)
conserves *(f.pl.)* canned food (9S)
content(e) glad (5B)
continent *(m.)* continent (18S)
continuer (à + inf.) to continue (11B); **— jusqu'à** to continue as far as (11B)
contre la montre timed (race) (19S)
corbeille à papier *(f.)* wastepaper basket (3S)
corps *(m.)* body (15B)
costume *(m.)* suit (man's) (10B)
côte *(f.)* coast (19B)
Côte d'Azur *(f.)* French Riviera (19S)
coucher to put to bed (15B); **se coucher** to go to bed (15B)
couleur *(f.)* color (3S)
couloir *(m.)* hall, corridor (11S)
coup de foudre *(m.)* love at first sight (16S)
couple *(m.)* couple (16B)
coureur (cycliste) *(m.)* racer (bicycle) (19S)
courrier *(m.)* mail, correspondence (14B)
courrier électronique *(m.)* e-mail (14S)
cours *(m.)* course, class (2B)
course *(f.)* errand (7B)
course (cycliste) *(f.)* race (bicycle) (19S)
court(e) short (10S)
cousin *(m.)*, **cousine** *(f.)* cousin (7B)
couteau *(m.)*, **couteaux** *(pl.)* knife (13B)
coûter to cost (10S/11B); **— cher** to be expensive (10S/11B)
couvert *(m.)* silverware, place setting (13S)
couvert (le temps) overcast (14S)
couverture cover
cravate *(f.)* tie (10B)
crayon *(m.)* pencil (3B)
crèche *(f.)* day-care center, nursery (15S)
crevette *(f.)* shrimp (9B)
crime *(m.)* crime (17S)
crise *(f.)* crisis (16S)
critiquer to criticize (20B)
croire (à) (que) to believe (in) (that) (17B); **— au Père Noël** to believe in

Santa Claus (17S); **— en Dieu** to believe in God (17S); **— que oui/non** to believe so/not to believe so (17B)
croisière *(f.)* cruise (18S)
croissant *(m.)* croissant (9S)
crudités *(f.pl.)* raw vegetables (9S)
cuillère *(f.)* spoon (13B); **— à soupe** *(f.)* soup spoon, tablespoon (13B)
cuisine *(f.)* cooking, cuisine (4S/9B); kitchen (7B)
cuisinier *(m.)*, **cuisinière** *(f.)* cook (12S)
cuisinière *(f.)* stove (11S)
culturel(le) cultural (14S/17B)

D

d'abord first (of all) (11B)
d'accord all right, OK (1B)
dangereux, dangereuse dangerous (12B)
dans in, within (3B)
danser to dance (4B)
danseur *(m.)*, **danseuse** *(f.)* dancer (17S)
date *(f.)* date (1S)
de of, from, about (1B)
débat *(m.)* talk show, debate (17S)
de luxe luxurious (18S)
déborder to spill over (13S)
débrouillard(e) resourceful (5B)
début *(m.)* beginning (17B)
décembre *(m.)* December (1B)
décider (de + inf.) to decide to (12B)
découvrir to discover (18B)
décrire to describe (14B)
déçu(e) disappointed (16S/20B)
déjà already, yet (11B)
déjeuner *(m.)* lunch (9B)
délicieux, délicieuse delicious (9S/13B)
demain tomorrow (6B)
demander to ask (14B); **se demander** to wonder (16B)
déménager to move (house) (12S)
démodé(e) out of fashion (10S)
dent *(f.)* tooth (15B)
dentifrice *(m.)* toothpaste (15S)
dentiste *(m. ou f.)* dentist (5S/12B)
déodorant *(m.)* deodorant (15S)
départ *(m.)* departure (18S/19B)
se dépêcher to hurry (up) (16B)
déprimé(e) depressed (2S/5B)
dernier, dernière last (11B); **dernier étage** *(m.)* top floor (11S)
derrière behind, in back of (5B); *(m.)* rear end (15S)
descendre to go down (11B)
désert *(m.)* desert (18S)
déshabiller to undress (someone else) (15S); **se déshabiller** to get undressed (15S)
dessert *(m.)* dessert (9B)

dessin animé *(m.)* animated cartoon (17B)
dessin humoristique *(m.)* cartoon (14S)
dessiner to draw
détester to hate (4B)
deux two (1B)
devant in front of (5B)
devenir to become (17B)
deviner to guess (12)
devoir to have to, must (8B); to owe (11B)
devoir *(m.)* assignment (2B); **devoirs** *(m.pl.)* homework (2B)
d'habitude usually (15B)
dictionnaire *(m.)* dictionary (3S)
Dieu God (20S)
différent(e) different (8B)
difficile difficult (5B)
dimanche *(m.)* Sunday (1B)
dinde *(f.)* turkey (9S)
dîner *(m.)* dinner (8S/9B)
dire to say, to tell (14B)
directeur *(m.)*, **directrice** *(f.)* manager (12S)
diriger to manage, run (12S)
discuter (de) to discuss (20B)
se disputer (avec) to argue (with) (16B)
disque *(m.)* record, disc (3B); **— compact** *(m.)* CD (3S)
dissertation *(f.)* paper (written for class) (14B)
disquette *(f.)* microdisk (3S)
divers(e) miscellaneous
divertissement *(m.)* entertainment
divorce *(m.)* divorce (16B)
divorcer to divorce (16B)
divorcé(e) divorced (7B)
dix ten (1B); **dix-huit** eighteen (1B); **dix-neuf** nineteen (1B); **dix-sept** seventeen (1B)
documentaire (sur) *(m.)* documentary (on) (17B)
doigt *(m.)* finger (13B)
donc therefore, thus, so (2B)
donner to give (4B); **— sur** to overlook (11S)
dormir to sleep (4S/5B)
dos *(m.)* back (15B)
douane *(f.)* customs (18S)
douanier *(m.)* customs officer (18S)
douche *(f.)* shower (11B)
dramatique dramatic (17B)
drame *(m.)* drama (17S)
drogue *(f.)* drug (illegal) (20S)
drogué(e) drug addict (20S)
se droguer to take (illegal) drugs (20S)
droit *(m.)* law (5S/14B)
dur(e) hard, tough (12B)
durer to last (17B)
dynamique dynamic (12S)

E

eau *(f.)* water (9B); — **minérale** *(f.)* mineral water (9S)

écharpe *(f.)* scarf (worn for warmth) (10S)

école *(f.)* school (5B); — **maternelle** *(f.)* nursery school, kindergarten (15S); — **primaire** *(f.)* elementary school (11S)

écologie *(f.)* ecology (20S)

écouter to listen to (4B)

écrire to write (4S/14B)

écrivain *(m.)* writer (14B)

efficace efficient (12S)

égalité *(f.)* equality (20S)

église *(f.)* church (6S/11B)

égoïste selfish (2S/5B)

élégant(e) elegant (5S/10B)

embrasser to kiss, to embrace (16B)

émission *(f.)* program (17B); — **de divertissement** *(f.)* entertainment (tv) show (17S)

emmener to take (15B)

employé *(m.),* **employée** *(f.)* employee (12B)

emporter take, carry (away) (18B)

en in (6B); — **bas** downstairs (11B); — **désordre** messy (3S/11B); — **effet** indeed (17S); — **face (de)** across (from) (11S); — **forme** in shape (5S); — **groupe** as a group (18S); — ***haut** upstairs (11B); — **même temps** at the same time (17S); — **ordre** straight, neat (3S/11B); — **solde** on sale (10S)

enceinte pregnant (16S)

encore still, again (15B)

s'endormir to fall asleep (16B)

endroit *(m.)* place, spot (6S/18B)

énergique energetic (5S)

énervant(e) annoying (15S)

énerver to irritate/annoy (someone) (15B); **s'énerver** to get irritated/annoyed (15B)

enfant *(m. ou f.)* child (4B)

enfin at last, finally (12B)

en ligne on-line (14S)

ennuyer to bore (15B); **s'ennuyer** to be bored (15B)

ennuyeux, ennuyeuse boring (5S/17B)

ensemble together (10B)

ensoleillé(e) sunny (11S/14B)

ensuite then, next (11B)

entendre to hear (11B); **s'entendre (bien/mal) (avec qqn)** to get along (well/badly) (with someone) (16B)

enthousiaste enthusiastic (5S)

entre between (9B)

entrée *(f.)* first course (appetizer) (9S/13B); entranceway (11S)

entreprise *(f.)* firm, business (12B)

entrer to come/go in, to enter (11B)

entretien *(m.)* une interview (14)

environnement *(m.)* environment (20B)

enveloppe *(f.)* envelope (14B)

envoyer to send (14B)

épicerie *(f.)* grocery store (13B)

épinards *(m.pl.)* spinach (9S)

équilibré(e) well-adjusted (2S/5B)

équipe *(f.)* team (8S)

escalier *(m.)* staircase, stairs (11B)

Espagne *(f.)* Spain (18B)

espagnol *(m.)* Spanish (language) (4B)

Espagnol(e) Spaniard (18B)

espérer (que) to hope (that) (18B)

essayer (de + inf.) to try (to) (15B)

est *(m.)* east (14S/19B)

et and (1B); — **toi?** what about you? (1B); — **vous?** what about you? (1B)

étage *(m.)* floor (11B); **dernier** — *(m.)* top floor (11S)

étagère *(f.)* bookcase, shelf (3B)

étape *(f.)* step, stage (18S)

état *(m.)* state, nation (12S)

États-Unis *(m.pl.)* United States (11S/18B); **aux** — in the United States (11S/18B)

été *(m.)* summer (1B)

étoile *(f.)* star (19B)

étranger, étrangère foreign (17B); *(m. ou f.)* foreigner, stranger (19B)

être to be (2B); — **à** to belong to (18B); — **à la mode** to be in fashion (10S); — **à l'heure** to be on time (18B); — **au chômage** to be unemployed (12S); — **au courant de (+ nom)** to be informed, know about (14B); — **au régime** to be on a diet (5S/9B); — **(bien/mal) payé** to be paid (well/badly) (12B); — **connecté(e) à** to be connected to (14S); — **conscient(e) de** to be aware of (20S); — **contre** to be against (20B); — **d'accord** to agree (16B); — **debout** to be standing (up) (18B); — **difficile à vivre** to be hard to get along with (17B); — **en avance** to be early (18B); — **en bonne/mauvaise santé** to be in good/bad health (9B); — **en crise** to be in a crisis (16S); — **en forme** to be in shape, to feel good (5S/9B); — **en retard** to be late (18B); — **entouré(e) de** to be surrounded by (19S); — **en train de (+ inf.)** to be in the middle of (14B); — **en vie** to be alive (7S); — **étudiant(e) en (droit, médecine...)** to study (law, medicine...) (14B); — **facile à vivre** to be easy to get along with (17B); —**habitué(e) (à)** to be used to (14S); — **indiqué(e)** to be indicated (19S); — **membre (de)** to be a member (of) (8S); — **pour** to be for (20B)

études *(f.pl.)* studies (5S)

étudiant(e) student (1B)

étudier to study (4B)

euro *(m.)* euro (10B)

Europe *(f.)* Europe (18B)

européen, européenne European (18S)

événement *(m.)* event (14S)

évidemment obviously, of course (20B)

évier *(m.)* kitchen sink (11S)

examen *(m.)* test, exam (2B)

excellent(e) excellent (9S/13B)

expliquer to explain (12B)

F

fâché(e) angry, mad, disgruntled (5S)

facile easy (5B)

facteur *(m.)* mail carrier (14B)

facultatif, facultative optional

faim *(f.)* hunger; **avoir** — to be hungry (9B)

faire to do, to make (7B); — **attention** to pay attention, to be careful (16B); — **de l'auto-stop** to hitchhike (18S); — **de la marche** to walk (for exercise) (8B); — **de la musique** to make/to play music (8S/20B); — **de la natation** to swim (8B); — **de la peinture** to paint (8S); — **de la photo** to take pictures (photos) (8S); — **de la planche à voile** to windsurf (8S); — **de la plongée sous-marine** to go scuba diving (8S); — **de la politique** to be involved in politics (20S); — **de la voile** to go sailing (8S); — **de l'exercice** to exercise (8B); — **des bêtises** to do dumb things (15S); — **des économies** to save money (18S); — **du bateau (à voile)** to go (sail) boating (8B); — **du bricolage** to do odd jobs around the house (8S/20B); — **du bruit** to make noise (12S); — **du camping** to go camping, camp (14S); — **du cheval** to go horseback riding (19S); — **du dessin** to draw (8S); — **du jardinage** to work in the garden, to garden (8S/20B); — **du jogging** to jog (8B); — **du patin (en ligne)** to roller-skate (in line), to go roller skating (8S); — **du patin à glace** to ice-skate, to go ice skating (8S); **du patin à roulettes** (8S); — **du roller** = **faire du patin en ligne** (8S/fam); — **du ski** to ski (8B); — **du sport** to participate in a sport (8B); — **du surf** to go surfing (19S); — **du vélo** to ride a bike, cycle (8B); — **la connaissance de (qqn)** to meet (someone) (18B); — **la cuisine** to cook (7B); — **la lessive** to do the laundry (7S/16B); — **la sieste** to take a nap (15S); — **la vaisselle** to do the dishes (7B); — **le ménage** to do housework (7B); — **les (ses) bagages** to pack (18S); — **les courses** to run errands (7B); — **les lits** to make the beds (7S); — **les magasins** to go shopping (18S); — **les musées** to do the museums (8B); — **le tour du monde** to go around the world (18S); — **peur (à)** to scare (17S); — **une enquête** to hold/run an investigation (17S); — **une promenade** to take a walk (8B); — **une randonnée** to hike (8B); — **un voyage** to take a trip (18B)

fait: il fait beau it's nice out (7B); **il fait bon** it's pleasant (mild) (7S); **il fait chaud** it's warm, it's hot (7B); **il fait frais** it's cool (7S); **il fait froid** it's cold (7B); **il fait gris** it's overcast (7S); **il fait lourd** it's hot and humid (7S); **il fait mauvais** it's nasty out (7B)

familier, familière familiar, informal

famille *(f.)* family (7B)

fatigant(e) tiring (8B)

fatigué(e) tired (2B)

fauteuil *(m.)* armchair (3S/11B)

faux, fausse false (4S)

féminin(e) feminine (14S)

femme *(f.)* woman (4B); wife (7B); — **au foyer** *(f.)* housewife (12B); — **de ménage** *(f.)* cleaning woman (7S)

fenêtre *(f.)* window (3B)

ferme *(f.)* farm (6S/11B)

fermé(e) closed (13B)

fermer to close (13B)

fête *(f.)* holiday, party (2B)

feuilleton *(m.)* soap opera (17S)

février *(m.)* February (1B)

fiancé *(m.)*, **fiancée** *(f.)* fiancé(e) (16S)

se fiancer to get engaged (16S)

fidèle (à) faithful (to) (16S)

fille *(f.)* girl (4B); daughter (7B)

film *(m.)* film, movie (4S/17S); — **d'amour** romantic movie (17B); — **d'aventures** adventure movie (17B); — **d'espionnage** spy movie (17S); — **d'horreur** horror movie (17B); — **de science-fiction** science fiction movie (17B); — **policier** detective/police movie (17B)

fils *(m.)* son (7B)

fin *(f.)* end (16B)

finalement finally (15B)

financier, financière financial (20S)

finir (de + inf.) to finish (doing something) (10B)

fleur *(f.)* flower (1S/3B)

fleuve *(m.)* river (major) (11S/19B)

Floride *(f.)* Florida (18B)

fois time; **combien de —?** how many times? (10S, 15B); **une —** one time, once (10B)

foncé(e) dark (10B)

fonctionnaire *(m. ou f.)* civil servant (12S)

fonder une famille to start a family (16S)

football *(m.)* soccer (4S/8B)

football américain *(m.)* football (8S)

forêt *(f.)* forest (19B)

fort(e) strong, heavy (12B)

forum (de discussion) *(m.)* newsgroup (14S)

foule *(f.)* crowd (19B)

fourchette *(f.)* fork (13B)

fraise *(f.)* strawberry (9B)

franc *(m.)* franc

français *(m.)* French (language) (4B)

français(e) French (2B)

France *(f.)* France (11S/18B)

frère *(m.)* brother (4B)

frisé(e) curly (15S)

frites *(f.pl.)* (French) fries (9B)

froid *(m.)* cold; **avoir —** to be cold (6B); — **froid(e)** *(adj.)* cold

fromage *(m.)* cheese (9B)

fruit *(m.)* fruit (9B)

fumer to smoke (4B)

G

gagner to earn (12B); to win (8B); — **sa vie** to earn a living (12S); — **X dollars/euros de l'heure, par jour, par semaine, par mois)** to earn X dollars/euros per hour, per day, per week, per month) (12S)

gant *(m.)* glove (10B); — **de toilette** *(m.)* washcloth (15S)

garage *(m.)* garage (11S)

garagiste *(m.)* garage owner (12S)

garçon *(m.)* boy (4B)

gare *(f.)* train station (6S/11B)

gâteau (au chocolat) *(m.)*, **gâteaux** *(pl.)* cake (chocolate) (9B)

gâté(e) spoiled (5S)

gens *(m.pl.)* people (19B)

gentil, gentille kind, nice (5B)

généreux, généreuse generous (2B)

géographie *(f.)* geography (5S)

gérant *(m.)*, **gérante** *(f.)* manager (hotel, shop, etc.) (12S)

glace *(f.)* ice cream (9B)

golf *(m.)* golf (8S)

gouvernement *(m.)* government (20S)

goût *(m.)* taste (17S)

goûter *(m.)* light afternoon meal (9S)

gramme (de) *(m.)* gram (of) (13S)

grand(e) tall (person) (2B); big (thing) (3B)

grand-mère *(f.)* grandmother (7B)

grand-père *(m.)* grandfather (7B)

grands-parents *(m.pl.)* grandparents (7B)

gratuit(e) free (of charge) (13S)

grave serious (17B)

grec(-que) Greek

grenier *(m.)* attic (11S)

grenouille frog

gris(e) gray (10B)

gros, grosse big, fat (2B)

grossir to gain weight (10B)

groupe *(m.)* group (19B)

guerre *(f.)* war (20B)

guichet *(m.)* ticket window (18S)

guitare *(f.)* guitar (3S/5B)

H

habillé(e) dressed, dressed up, formal (10B)

habiller to dress (someone else) (15B); **s'habiller** to get dressed (15B)

habitant *(m.)*, **habitante** *(f.)* native, inhabitant (18S/19B)

habiter to live (inhabit) (5B)

***haricots verts** *(m.pl.)* green beans (9B)

heure *(f.)* hour, time (6B)

heureusement fortunately (13B)

heureux, heureuse happy (2B)

hier yesterday (10B)

histoire *(f.)* history (5S); story (16B)

historique historical (19S)

hiver *(m.)* winter (1B)

homme *(m.)* man (4B)

honnête honest (12B)

horrible horrible (8S/18B)

hôpital *(m.)* hospital (6S/11B)

hôtel *(m.)* hotel (6B)

hôtesse de l'air *(f.)* flight attendant, stewardess (18S)

***huit** eight (1B)

humeur *(f.):* **être de (bonne, mauvaise)** — to be in a (good, bad) mood (5S)

I

ici here (8B)

idéaliste idealistic (20B)

idée *(f.)* idea (9B)

il he, it (1B); — **fait beau** it's nice out (7B); — **fait bon** it's pleasant (mild) (7S); — **fait chaud** it's warm, it's hot (7B); —– **fait frais** it's cool (7S); — **fait froid** it's cold (7B); — **fait gris** it's overcast (7S); — **fait lourd** it's hot and humid (7S); — **fait mauvais** it's nasty out (7B)

il faudrait (+ inf.) one should (15S)

il faut (que) it is necessary that (20B); **il faut + nom ou inf.** you have to + infinitive, one needs + noun (9S)

il neige it's snowing (7B)

il n'y a pas de there is no, there are not (3B)
il pleut it's raining (7B)
il/elle s'appelle his/her name is (7S/15B)
île *(f.)* island (18B)
illusion *(f.)* illusion (20S)
il y a there is, there are (3B); il y a ...
... ago (12B); — beaucoup de monde
it's crowded (19S); — du soleil it's
sunny (7B); — du vent it's windy (7B);
— des nuages it is cloudy (7S)
immeuble *(m.)* apartment house (11B)
immigration *(f.)* immigration (20B)
immigré *(m.)*, immigrée *(f.)* immigrant
(12S/20B)
imperméable *(m.)* raincoat (10B)
impoli(e) impolite (5S)
important(e) important (3S/8B)
imposer to impose (20S)
impossible impossible (3S)
imprimante *(f.)* printer (3S)
indépendant(e) independent (20B)
indien(ne) Indian (18S)
indiquer to indicate (19S)
individualiste individualistic (20B)
infidèle unfaithful (16S)
infirmier *(m.)*, infirmière *(f.)* nurse (12S)
informations *(f.pl.)* news (17B)
ingénieur *(m.)* engineer (12B)
injuste unfair (20B)
injustice *(f.)* injustice (20S)
inquiet, inquiète worried (20B)
inspecteur *(m.)*, inspectrice *(f.)* inspector
(police) (17S)
instituteur *(m.)*, institutrice *(f.)* teacher
(grade school) (12B)
intellectuel, intellectuelle intellectual (5S)
intelligent(e) smart, intelligent (2B)
intéressant(e) interesting (12B)
intéresser to interest (20B); s'intéresser à
to be interested in (20B)
international(e), internationaux *(m.pl.)*
international (17S)
internaute *(m./f.)* cybernaut, internet
user (14S)
Internet *(m.)* Internet (14S)
interroger to interrogate, to question (17S)
interview *(f.)* interview (17B)
intolérance *(f.)* intolerance (20S)
invité(e) *(m. ou f.)* guest (13B)
inviter to invite (9S/13B)
Israël *(m.)* Israel (18B)
israélien, israélienne Israeli (18S)
Italie *(f.)* Italy (18B)
italien, italienne Italian (9S/18B)

J

jaloux, jalouse jealous (16B)
jamais never (8B); — de la vie not on
your life (8S)

jambe *(f.)* leg (15B)
jambon *(m.)* ham (9B)
janvier *(m.)* January (1B)
Japon *(m.)* Japan (18B)
japonais(e) Japanese (9S/18B)
jardin *(m.)* garden, yard (11B)
jaune yellow (3B)
jazz *(m.)* jazz (2B)
je m'appelle my name is (1B)
je voudrais (tu voudrais, il/elle voudrait)
I would like (you would like, he/she
would like) (7B)
jean *(m.)* jeans (pair of) (10B)
jeu *(m.)* game (14B)
jeu électronique *(m.)* electronic game
(3S); — télévisé *(m.)* game show (17B)
jeudi *(m.)* Thursday (1B)
jeune young (2S/5B); — fille *(f.)* girl (5B)
jeunes *(m.pl.)* young people (5B)
joli(e) pretty (5B)
jouer to play (5B); — au football to play
soccer (8B); — au golf to play golf
(8S); — au tennis to play tennis (8B);
— aux cartes to play cards (8B); — de
la guitare to play the guitar (5S/8B);
— du piano to play the piano (8B); —
du violon to play the violin (8B)
joueur *(m.)*, joueuse *(f.)* player (8S)
jour *(m.)* day (1S/6B)
journal *(m.)*, journaux *(pl.)* newspaper
(14B); diary, journal (18S); —
(télévisé) *(m.)* (television) news (17B)
journaliste *(m. ou f.)* journalist, reporter
(14B)
journée *(f.)* day (period of time) (6B)
juillet *(m.)* July (1B)
juin *(m.)* June (1B)
jupe *(f.)* skirt (10B)
juriste *(m. ou f.)* attorney (12B)
jus de fruit *(m.)* fruit juice (9B)
jusqu'à as far as, up to, until (11B)
juste fair, just, right (20B)

K

kilo (de) *(m.)* kilogram (of) (13B)
kilomètre *(m.)* kilometer (19S)

L

là there, here (7B)
là-bas over there (18B)
laboratoire *(m.)* laboratory (6S)
lac *(m.)* lake (6B)
laid(e) ugly (2B)
laisser un pourboire to leave a tip (13S)
lait *(m.)* milk (9B)
laitue *(f.)* lettuce (9S)
lampe *(f.)* lamp (3S/11B)

langue étrangère *(f.)* foreign language (5S)
lavabo *(m.)* sink (3B)
lave-linge *(m.)* washing machine (11S)
laver to wash (15B); se laver to wash
(oneself) (15B)
lave-vaisselle *(m.)* dishwasher (11S)
lecteur CD *(m.)* CD player (3S); —
CD-ROM *(m.)* CD-ROM player (3S);
— de cassette *(m.)* cassette player (3S)
léger, légère light (weight) (18B)
légume *(m.)* vegetable (9B)
lendemain *(m.)* day after, next day (18S)
lent(e) slow (18B)
lentement slowly, slow (18B)
lettre *(f.)* letter (4S/14B)
lever to lift, to raise (15B); se lever to get
up (15B)
liberté *(f.)* freedom (20S)
librairie *(f.)* bookstore (14B)
lieu du crime *(m.)* crime scene (17S)
lire to read (4S/14B)
liste (de) *(f.)* list (of) (13B)
lit *(m.)* bed (3B)
litre (de) *(m.)* liter (of) (13S)
littéraire literary (14S/17B)
littérature *(f.)* literature (5S/14B)
livre *(m.)* book (1B)
loin (de) far (from) (5B)
loisirs *(m.pl.)* leisure activities (20S)
long, longue long (10B)
longtemps a long time (16B)
louer to rent (18B)
Louisiane *(f.)* Louisiana (18B)
lourd(e) heavy (18B)
lundi *(m.)* Monday (1B)
lune de miel *(f.)* honeymoon (16S)
lunettes *(f.pl.)* eyeglasses (10B); — de
soleil *(f.pl.)* sunglasses (10S)
lycée *(m.)* high school (5B)

M

machine à écrire *(f.)* typewriter (3S)
Madame (Mme) ma'am, Mrs. (1B)
Mademoiselle (Mlle) miss, Miss, Ms.
(1B)
magasin *(m.)* store (6B)
magazine *(m.)* magazine (14B); —
culturel *(m.)* cultural tv magazine
(17B); — littéraire *(m.)* literary TV
magazine; — d'information *(m.)* news
TV magazine (17B)
magnétoscope *(m.)* videocassette
recorder (17S)
magnifique magnificent, superb (18S)
mai *(m.)* May (1B)
maigrir to lose weight (10B)
maillot de bain *(m.)* swimsuit, bathing
suit (10B)

main *(f.)* hand (13B)
maintenant now (2B)
mairie *(f.)* city hall (11S)
mais but (1B)
maison *(f.)* house (6B)
mal bad, badly (8B); — **élevé(e)** ill-mannered, rude (5S); — **habillé(e)** badly dressed (10S); — **payé(e)** badly paid (12B)
malade sick (2B)
maladie *(f.)* sickness, illness (20B)
malgré in spite of, despite (19S)
malheur *(m.)* misfortune (20B)
malheureusement unfortunately (13B)
malheureux, malheureuse unhappy (2B)
manger to eat (4B)
manquer (un train, un avion) to miss (a train, a plane) (18B)
manteau *(m.)*, **manteaux** *(pl.)* coat (10B)
maquiller to make up (someone else) (15S); **se maquiller** to put makeup on (oneself) (15S)
marche *(f.)* walking (8B)
marché *(m.)* market (13B)
marcher to walk (4B)
mardi *(m.)* Tuesday (1B)
mari *(m.)* husband (7B)
marié(e) married (7B)
se marier (avec) to marry, get married (to) (16B)
Maroc *(m.)* Morocco (16S/18B)
marocain(e) Moroccan (5S/18B)
marron *(adj. invar.)* brown (eyes) (15B)
mars *(m.)* March (1B)
masculin(e) masculine (14S)
match *(m.)* game (4S)
matérialiste materialistic (20B)
matériel, matérielle material (20S)
mathématiques *(f.pl.)* mathematics (4S)
matin *(m.)* morning (6B)
matinal(e) early riser, morning person (15S)
mauvais(e) bad (9B)
mayonnaise *(f.)* mayonnaise (9S)
méchant(e) mean (2S/5B)
médecin *(m.)* doctor, physician (12B)
médecine *(f.)* medecine (studies, science) (5S/14B)
médias *(m.pl.)* media (17S)
médicament *(m.)* medicine (13B)
se méfier de to mistrust, not to trust (20S)
meilleur(e) better (9B)
melon *(m.)* melon (cantaloupe) (9S)
membre *(m.)* member (8S)
même same; even (17B)
ménage *(m.)* housework (4S/7B); household, couple (16S)
menu *(m.)* fixed-price meal (13S)
mer *(f.)* sea (6B)
merci thank you (1B)

mercredi *(m.)* Wednesday (1B)
mère *(f.)* mother (4B)
mère de famille *(f.)* wife and mother (12B)
merveilleux, merveilleuse wonderful, marvelous (8S/18B)
message électronique *(m.)* e-mail message (14S)
messagerie électronique *(f.)* e-mail (14S)
métier *(m.)* profession, trade (12B)
météo *(f.)* weather forecast (7S/14B)
métro *(m.)* subway (18B)
mètre *(m.)* meter (19S)
mettre to put, to put on, to wear (10B); — **la table** to set the table (13S); — **une lettre à la poste** to mail a letter (14S)
meuble *(m.)* piece of furniture (3S/11B); **meubles** *(m.pl.)* furniture (11B)
meurtre *(m.)* murder (17S)
meurtrier *(m.)*, **meurtrière** *(f.)* murderer (17S)
Mexique *(m.)* Mexico (18B)
mexicain(e) Mexican (18S)
mieux better (15B)
mignon, mignonne cute (5B)
mince slim, thin (2B)
Minitel *(m.)* Minitel (14S)
miroir *(m.)* mirror (3S)
mode *(m.)* mood
moderne modern, contemporary (11S)
moi me (1B); — **aussi** me too, so do I (1S/5B); — **non plus** me neither, neither do I (1S/5B)
moins (moins... que) less (less . . . than) (2B); — **un fois** at least once
mois *(m.)* month (1S/6B)
monde *(m.)* world (18B); **tout le —** everyone (11)
monnaie *(f.)* change, coins (13S)
Monsieur *(m.)* sir, Mr. (1B)
montagne *(f.)* mountain(s) (6B)
monter to go up (11B)
monter/descendre en ascenseur to take the elevator up/down (11S)
monter/descendre par l'escalier to take the stairs up/down (11S)
montre *(f.)* wristwatch (10B)
montrer to show (17B)
monument *(m.)* monument (19S)
morceau (de) *(m.)*, **morceaux** *(pl.)* piece (of) (13B)
mort *(f.)* death (20B)
mort(e) (en) dead (in) (7B)
moustache *(f.)* moustache (15S)
moutarde *(f.)* mustard (9S)
mouton *(m.)* mutton (9S)
moyen de transport *(m.)* means of transportation (18S)
mur *(m.)* wall (3S/11B)
musée *(m.)* museum (8B)

musicien *(m.)*, **musicienne** *(f.)* musician (17S)
musique *(f.)* music (2B); — **classique** *(f.)* classical music (2S)

N

nager to swim (6S/8B)
naïf, naïve naive (2B)
nappe *(f.)* tablecloth (13S)
natation *(f.)* swimming (8B)
national(e), nationaux, nationales national (17S)
né(e) (en) born (in) (7B)
n'est-ce pas? isn't it?
ne... jamais not ever, never (8B)
ne... pas not (2B)
ne... personne not anyone, no one (8B)
ne... personne de (gentil) no one (nice) (17S)
ne... plus not anymore (8B)
ne... rien not anything, nothing (8B)
ne... rien de (comique) nothing (funny) (17S)
neige *(f.)* snow (6B)
neiger to snow (7S)
neuf nine (1B)
neveu *(m.)* nephew (7B)
nez *(m.)* nose (15B)
nièce *(f.)* niece (7B)
noir(e) black (3B)
nom *(m.)* name (4B); noun; — **de famille** last name (4S)
non no (1B)
nord *(m.)* north (14S/19B)
normal(e), normaux, normales normal (2S/5B)
Normandie *(f.)* Normandy (19S)
nourriture *(f.)* food (9S)
nouveau (nouvel), nouvelle, nouveaux, nouvelles new (10B)
nouvelle *(f.)* piece of news (14S)
novembre *(m.)* November (1B)
nu(e) naked (15S)
nuage *(m.)* cloud (7S/19B)
nuageux cloudy (14S)
nuit *(f.)* night, darkness (6B)
numéro (de téléphone) *(m.)* (telephone) number (14B)

O

objet *(m.)* object (3S)
occupé(e) busy (2B)
s'occuper (de) to take care (of) (16B)
océan *(m.)* ocean (19S)
octobre *(m.)* October (1B)
œil *(m.)*, **yeux** *(pl.)* eye (15B)
œuf *(m.)* egg (9B)

Lexique: français – anglais

offrir to offer (13B)
oignon *(m.)* onion (9S)
oiseau *(m.)*, **oiseaux** *(pl.)* bird (4S)
omelette (au fromage) *(f.)* omelette (cheese) (9S)
on one, they, people (3B); — **verra** we'll see (18B)
oncle *(m.)* uncle (7B)
onze eleven (1B)
opinion *(f.)* opinion (20S)
optimiste optimistic (5S/20B)
orage *(m.)* thunderstorm (19S)
orange *(adj. invar.)* orange (3B)
orange *(f.)* orange (9B)
ordinateur *(m.)* computer (3B)
ordre *(m.)* order (20S)
oreille *(f.)* ear (15B)
orthographe *(f.)* spelling (10)
oser to dare (20S)
ou or (2B)
où where (2B); — **sont les toilettes?** where's the restroom? (11S)
oublier (de + inf.) to forget (to do something) (12B)
ouest *(m.)* west (14S/19B)
oui yes (1B)
ouvert(e) open (13B)
ouvrier *(m.)*, **ouvrière** *(f.)* worker (blue collar) (12B)
ouvrir to open (13B)

P

page *(f.)* page (14B)
page web *(f.)* web page (14S)
pain *(m.)* bread (9B)
paix *(f.)* peace (20B)
pamplemousse *(m.)* grapefruit (9S)
pantalon *(m.)* pants (pair of) (10B)
pays *(m.)* country
par by, through (18B); — **exemple** for example (4S); — **terre** on the floor (3S)
parapluie *(m.)* umbrella (10B)
parc *(m.)* park (6B)
parce que because (2B)
pardon excuse me (1B)
parent *(m.)* parent, relative (7B)
paresseux, paresseuse lazy (2B)
parfois sometimes (5B)
parka *(f.)* parka, ski jacket (10S)
parler to talk, to speak (4B)
partager to share (5S/15B)
partir to leave (5B)
partout everywhere (15B)
pas (ne...) not (2B); — **du tout** not at all (1S/13B); — **encore** not yet (11B); — **mal** not bad (1B); — **moi** not me (1S/5B); — **question** no way, out of the question (8B)

passager *(m.)*, **passagère** *(f.)* passenger (18S)
passeport *(m.)* passport (18B)
passé(e) last (day, month, etc.) (14B)
passer to spend (17B); to go by, to stop by, to pass (18B); — **l'aspirateur** to vacuum (7S/16B); — **un examen** to take a test (14S)
passe-temps *(m.)* pastime (8S/20B)
pâté *(m.)* pâté (9S)
pâtes *(f.pl.)* pasta, spaghetti, noodles (9S)
patience *(f.)* patience (16S)
patient(e) patient (16B)
pâtisserie *(f.)* pastry shop, pastry (13B)
patron *(m.)*, **patronne** *(f.)* boss (12B)
pauvre poor (5B)
pauvreté *(f.)* poverty (20S)
payer to pay (13B); — **avec une carte de crédit** to pay by credit card (13S); — **en liquide** to pay cash (13S); — **par chèque** to pay by check (13S)
pays *(m.)* country (18B)
paysage *(m.)* landscape, scenery (19S)
pêche *(f.)* peach (9B)
pêcher to fish (19S)
peigne *(m.)* comb (15S)
peigner to comb (someone else) (15S); **se peigner (les cheveux)** to comb (one's own hair) (15S)
pelouse *(f.)* lawn (11S)
pendant during (6B); — **que** while (16B)
pénible obnoxious (2B)
penser (à/de) to think (about/of) (16B); — **que** to think (that) (4B)
perdre to lose (11B); — **son travail** to lose one's job (12B)
père *(m.)* father (4B)
permettre (de) to allow, to permit (17B)
permis de conduire *(m.)* driver's license (18S)
personnage *(m.)* character (in play, book) (17S)
personne *(f.)* person (3S/4B); *(m.)* nobody, no one (8B); — **âgée** *(f.)* older person (5B)
personnel, personnelle personal (20S)
pessimiste pessimistic (5S/20B)
petit(e) little, small, short (3B); **petit ami** *(m.)* boyfriend; **petite amie** *(f.)* girlfriend (5B); **petit déjeuner** *(m.)* breakfast (9B); **petite annonce** *(f.)* classified ad (14B); **petite cuillère** *(f.)* teaspoon (13B)
petits pois *(m.pl.)* peas (9B)
petite-fille *(f.)* granddaughter (7B)
petit-fils *(m.)* grandson (7B)
petits-enfants *(m.pl.)* grandchildren (7B)
peu (un) little (a) (4B)
peur *(f.)* fear; **avoir** — to be afraid (17S)
peut-être maybe, perhaps (3B)

pharmacie *(f.)* pharmacy (13B)
pharmacien *(m.)*, **pharmacienne** *(f.)* pharmacist (13B)
photo *(f.)* photograph (3B)
photocopieuse *(f.)* copy machine (3S)
piano *(m.)* piano (8B)
pièce *(f.)* room (11B); — **(de théâtre)** *(f.)* play (17B)
pied *(m.)* foot (15B)
pilote *(m.)* pilot (18S)
pique-nique *(m.)* picnic (6S)
piscine *(f.)* swimming pool (6B)
pizza *(f.)* pizza (9S)
placard *(m.)* closet (3B)
place *(f.)* square (town) (11B); room (general term), place, seat (18S)
plage *(f.)* beach (6B)
plan *(m.)* (town, city) map (11S)
plante verte *(f.)* houseplant (13B)
plat(e) flat (19B)
plat *(m.)* serving dish, dish of food (13B); — **principal** *(m.)* main dish, main course (9S/13B)
platane *(m.)* plane tree (19S)
plein(e) full, crowded (18S)
pleurer to cry (5S/15B)
pleuvoir to rain (7S)
plongée sous-marine *(f.)* scuba diving (8S)
pluie *(f.)* rain (14B)
plus (plus... que) more (more . . . than) (2B); **le/la — jeune** *(m.ou f.)* youngest (7B); — **ou moins** more or less (2S)
plusieurs several (12)
poème *(m.)* poem (14S)
poire *(f.)* pear (9S)
poisson *(m.)* fish (1S/9B)
poivre *(m.)* pepper (9S)
poli(e) polite (5S)
policier *(m.)* police officer (12B)
politique *(f.)* politics (14B)
pollution *(f.)* pollution (20S)
polo *(m.)* polo shirt (10S)
pomme *(f.)* apple (9B)
pomme de terre *(f.)* potato (9B)
pompier *(m.)* firefighter (12S)
pont *(m.)* bridge (11S)
porc *(m.)* pork (9B)
port *(m.)* port (19S)
porte *(f.)* door (3B); gate (18S)
porter to carry, to wear (10B)
poser une question (à qqn) to ask a question (of someone) (14B); **se poser des questions** to wonder, to have doubts (20S)
possible possible (3S)
poste *(f.)* post office (6B)
poulet *(m.)* chicken (9B)
pour for, in order to (1B); — **que + subjonctif** so that, in order to (20B)

pourboire *(m.)* tip (13S); **laisser un —** to leave a tip (13S)

pourquoi why (4S/6B)

pourtant however (12S/17B)

pouvoir *(m.)* power (20B)

pouvoir can, to be able to (8B)

pratique practical (3S/10B)

pratiquer un sport to play a sport (8S)

préféré(e) preferred, favorite (6S)

préférer to prefer (6B)

premier first (1B)

prendre to take; to have; to eat; to drink (9B); **— la retraite** to retire (20S); **— (un petit) quelque chose** to have a snack (9B); **— un bain** to take a bath (15S); **— une douche** to take a shower (15B); **— un verre** to have a drink (9S)

prénom *(m.)* first name (4S)

préparer to prepare (13S); **se préparer** to get (oneself) ready (15S)

près (de) near (to) (5B)

préservatif *(m.)* condom (20S)

presque almost (18S)

presse *(f.)* press, (news)papers (14S)

prêt *(m.)* loan

prêt(e) ready

principe *(m.)* principle (20S)

printemps *(m.)* spring (1B)

privé(e) private (20B)

prix *(m.)* price (10B)

probablement probably (20B)

problème *(m.)* problem (5B)

professeur *(m.)* teacher (1B)

profiter de la vie to make the most of life (20S)

programme *(m.)* television/radio schedule (17S)

projet *(m.)* plan, project (8B)

promenade *(f.)* walk (8B)

promener to walk (a dog, for example) (15B); **se promener** to take a walk (15B)

promettre to promise (17B)

propre clean (15S)

propriétaire *(m. ou f.)* owner (12B)

protection *(f.)* protection (20S)

Provence *(f.)* Provence (south of France) (19S)

prune *(f.)* plum (9S)

psychologue *(m. ou f.)* psychologist (4S/12B)

publicité *(f.)* advertising (14B)

puis (et puis) then (and then) (11B)

pull *(m.)* sweater (10B)

pyjama *(m.)* pair of pajamas (10S)

Pyrénées *(f.pl.)* Pyrenees (19S)

Q

quai *(m.)* platform (18S)

quand when (5B); **— même** all the same, even so (17S)

quartier *(m.)* neighborhood (11S/18B)

quatorze fourteen (1B)

quatre four (1B)

que that (16B)

quel, quelle, quels, quelles which, what (6B); **quel âge as-tu (avez-vous)?** how old are you? (5S); **quelle est la date aujourd'hui?** what's the date today? (1S/6B); **quelle heure est-il?** what time is it? (6B); **quelle sorte de... ?** what kind/sort of . . . ? (13B); **quel temps fait-il?** what's the weather like? (7S/14B)

quelque(s) few, some (18S/20B); **— chose** something (9B); **— chose (d'intéressant)** something (interesting) (16B)

quelquefois sometimes (11B)

quelqu'un someone (9B); **— (d'intéressant)** someone (interesting) (16B)

qu'est-ce que... ? what . . . ? (8B); **— c'est?** what is this/that? (3B); **— tu aimes? (il/elle aime)** what do you like? (does he/she like) (4S); **qu'est ce qu'il y a à faire?** what is there to do? (19S)

qu'est-ce qui... ? what . . . ? (8B); **— se passe?** what's happening? (16B) **— s'est passé?** what happened? (18B)

question *(f.)* question (14B)

qui... ? who . . . ? (2S/7B); **qui** who, that *(relative pronoun)* (7S/12B); **— est-ce que?** who/whom? (8B)

quinze fifteen (1B)

quitter to leave (16B)

quoi what (8B)

R

racisme *(m.)* racism (20B)

raconter to tell (a story) (16B)

radio *(f.)* radio (3B); **radio-réveil** *(m.)* clock radio (3S)

raisin *(m.)* grapes (9S)

raisonnable reasonable, sensible (2B)

randonnée *(f.)* hike (8B)

ranger to straighten up; to clean up (4B)

rapide fast, rapid (18B)

rare rare (19S)

raser to shave (someone else) (15S); **se raser** to shave (oneself) (15S)

rasoir *(m.)* razor (15S)

réaliste realistic (20B)

réalité *(f.)* reality (20S)

recette *(f.)* recipe (9S)

recherche (sur) *(f.)* research (on) (20S)

se réconcilier to make up (16S)

réfléchir (à + qqch.) to think (about), reflect (10B)

réfrigérateur *(m.)* refrigerator (3S/11B)

refuser (de + inf.) to refuse (to) (20B)

regarder to look at (4B); **se regarder** to look at oneself (15B)

régime *(m.)* diet (5S)

région *(f.)* region (19B)

rencontre *(f.)* encounter, meeting (16S)

rencontrer to meet (8B)

rendre visite à to visit (a person) (18B)

renseignement *(m.)* piece of information (14B)

rentrer to go/come home, back (11B)

renverser to knock over (13S)

repas *(m.)* meal (9B)

repasser to iron (7S/16B)

répondeur *(m.)* answering machine (3S)

répondre (à qqn) to answer (someone) (11B)

reportage *(m.)* report, story (television) (17B)

reporter *(m.)* reporter (17S)

se reposer to rest (16B)

réservé(e) reserved, quiet (5S)

réserver to reserve (18S)

respecter to respect (20B)

responsable responsible (12B)

restaurant *(m.)* restaurant (6B); **— universitaire** *(m.)* college cafeteria (6S)

rester to stay (someplace) (8B); **— à la maison** to stay home (4B)

restes *(m.pl.)* leftovers (9S)

retourner to go back, to return (11B)

retraité *(m.)*, **retraitée** *(f.)* retired person (5S/12B)

se retrouver to get together, to meet (again) (16B)

réussir (à + inf.) to succeed (in doing something) (14B); **— (à) un examen** to pass a test (14B)

rêve *(m.)* dream (15S/20B)

réveil *(m.)* alarm clock (3B)

réveillé(e) awake (15S)

réveiller to wake (someone up) (15B); **se réveiller** to wake up (oneself) (15B)

revenir to come back (17B)

rêver (de) to dream (about, of) (15B)

revolver *(m.)* revolver, gun (17S)

rez-de-chaussée *(m.)* ground floor (first floor) (11B)

riche rich (5B)

richesse *(f.)* wealth (20S)

rideau *(m.)*, **rideaux** *(pl.)* curtain (3S/11B)

rien *(m.)* nothing (8B)

rire to laugh (4S)

rivière *(f.)* river, stream (19S)

riz *(m.)* rice (9B)

robe *(f.)* dress (10B)

rock *(m.)* rock (music) (2B)

romain(e) Roman (19S)

roman *(m.)* novel (14S); — **policier** *(m.)* murder mystery (17S)
romantique romantic (17S)
rose rose-colored, pink (10B)
rôti *(m.)* roast (9B)
rouge red (3B)
roux, rousse red (hair) (15B)
route *(f.)* road (18B)
rubrique *(f.)* section, column (periodical) (14S)
rue *(f.)* street (11B)
russe Russian (18S)
Russie *(f.)* Russia (18B)

S

sable *(m.)* sand (19B)
sac *(m.)* sack, purse (3B); — **à dos** *(m.)* backpack (18S)
sage well-behaved (5S)
saison *(f.)* season (1S); — **des pluies** *(f.)* rainy season (18S)
salade *(f.)* salad (9B)
salaire *(m.)* salary (12B)
sale dirty (15S)
salé(e) salted, salty (9S)
salle *(f.)* room; — **à manger** *(f.)* dining room (11B); — **de bains** *(f.)* bathroom (11B); — **de classe** *(f.)* classroom (3B); — **de séjour** *(f.)* living room, family room (7B)
salon *(m.)* living room (11B)
salut! hi! bye! (1B)
samedi *(m.)* Saturday (1B)
sandale *(f.)* sandal (10S)
sandwich *(m.)* sandwich (9B)
sans without (8B)
santé *(f.)* health (20B)
satellite (la télévision par satellite) *(m.)* satellite (satellite televison) (17S)
satisfait(e) (de) satisfied (with) (20B)
sauce *(f.)* sauce, gravy (13S)
saucisson *(m.)* salami (9S)
sauf except (20B)
saumon *(m.)* salmon (9B)
savoir to know (16B)
savon *(m.)* soap (15S)
sciences *(f.pl.)* sciences (4S); — **économiques** *(f.pl.)* economics (14B)
scientifique scientific (14S)
sécher to dry (someone, something) (15S); **se sécher** to dry off (oneself) (15S)
séchoir (à cheveux) *(m.)* (hair) dryer (15S)
secrétaire *(m. ou f.)* secretary (12B)
sécurité *(f.)* security (20S)
seize sixteen (1B)
sel *(m.)* salt (9B)
semaine *(f.)* week (1S/6B)
Sénégal *(m.)* Senegal (18B)

sénégalais(e) Senegalese (18B)
sens *(m.)* du — meaning
sentiment *(m.)* feeling (20S)
se séparer to separate, to break up (16S)
sept seven (1B)
septembre *(m.)* September (1B)
série *(f.)* series (17B)
sérieux, sérieuse serious, hardworking (2S/4B)
séropositif, séropositive HIV positive (20S)
serrer qqn dans ses bras to hug somebody (16S)
serveur *(m.)*, **serveuse** *(f.)* waiter, waitress (12B)
service compris tip included (13S)
serviette *(f.)* napkin (13B); — **de bain** *(f.)* bath towel (15S)
seul(e) alone (5B)
seulement only (16B)
sévère strict (5S)
shampooing *(m.)* shampoo (15S)
short *(m.)* pair of shorts (10B)
si yes (on the contrary) (7B); if, so (11B)
sida *(m.)* AIDS (20S)
s'il te plaît *(fam.)* please (6B)
s'il vous plaît *(formal)* please (6B)
siècle *(m.)* century (19S)
sieste *(f.)* nap (15S)
simple simple (20S)
sinon otherwise (11)
site (web) *(m.)* (web) site (14S)
six six (1B)
ski *(m.)* skiing (8B)
skier to ski (6S/8B)
slip *(m.)* brief (men's), panties (women's) (10S)
SMIC *(m.)* minimum wage (12S)
S.N.C.F. *(f.)* French national railway (12S)
sociable sociable, gregarious (2B)
social, sociale, sociaux, sociales social (20B)
société *(f.)* society (20B)
sœur *(f.)* sister (4B)
soif *(f.)* thirst; **avoir** — to be thirsty (9B)
soigner to take care of (15S); **se soigner** to take care of oneself (15S)
soir *(m.)* evening (6B)
soirée *(f.)* party, evening (9S/13B)
soleil *(m.)* sun (6B)
solitude *(f.)* solitude (20B)
sombre dark (3S/11B)
sommaire *(m.)* table of contents (magazine) (14S)
sommeil *(m.)* sleep; **avoir** — to be sleepy (6B)
sonner to ring (12B)
sortie *(f.)* outing, evening/night out (20B)

sortir to go out (4S/5B); — **avec** to go out with, to date (16S); — **ensemble** to go out together, to date (16S)
souci *(m.)* problem, worry (20S)
souffrir to suffer (20S)
soupe (aux tomates) *(f.)* (tomato) soup (9B)
sous under (3B)
sous-sol *(m.)* basement level, underground (11S)
soutien-gorge *(m.)* bra (10S)
souvenir *(m.)* souvenir, memory (18S); **se souvenir de** to remember (16S)
souvent often (5B)
sous-vêtements *(m.pl.)* underwear (10B)
spécialité *(f.)* specialty (19S)
spiritualité *(f.)* spirituality (20S)
sport *(m.)* sport(s) (4B)
sportif, sportive athletic (2B)
station *(f.)* (radio) station (17B); — **de métro** *(f.)* subway station (18S)
steak *(m.)* steak (9B); — **haché** *(m.)* hamburger meat (9S)
steward *(m.)* flight attendant, steward (18S)
stressé(e) stressed (12S)
stylo *(m.)* pen (1B)
sucre *(m.)* sugar (9B)
sucré(e) sweet (9S)
sud *(m.)* south (14S/19B)
Suisse *(f.)* Switzerland (14S/18B)
suisse Swiss (14S/18B)
suivre to follow (17B); — **un cours** to take a class, a course (17B)
supermarché *(m.)* supermarket (6B)
supplémentaire supplementary, extra (12S)
sur on, on top of (3B)
sûrement certainly (20B)
surfer to surf (14S)
surgelé(e) frozen (9S)
surprendre to surprise (17B)
surtout especially (4S/9B)
survêtement *(m.)* sweatsuit (10S)
suspect *(m.)*, **suspecte** *(f.)* suspect (17S)
sympathique nice, congenial, likable (2B)

T

table *(f.)* table (3B); — **de nuit** *(f.)* nightstand, night table (3S)
tableau *(m.)*, **tableaux** *(pl.)* painting (3S/11B)
Tahiti Tahiti (18B)
tahitien, tahitienne Tahitian (18S)
tailleur *(m.)* suit (woman's) (10B)
tante *(f.)* aunt (7B)
taper à la machine to type (12S)
tapis *(m.)* area rug (3B)
tard late (15B)
tarte (aux pommes) *(f.)* pie (apple) (9B)

tasse (de) *(f.)* cup (of) (13B)
taxi *(m.)* taxi (18B)
tee-shirt *(m.)* T-shirt (10S)
télécarte *(f.)* phone card (14S)
télécommande *(f.)* remote control (17S)
télécopieur *(m.)* fax machine (3S)
téléfilm *(m.)* movie made for television (17B)
téléphone *(m.)* telephone (3B); — **mobile** *(m.)* cellular telephone (3S); — **portable** *(m.)* cellular phone (3S)
téléphoner (à qqn) to telephone (someone) (6B)
télévision *(f.)* television (3B)
témoin *(m.)* witness (17S)
temps *(m.)* weather; **quel — fait-il?** what's the weather like? (7S/14B); tense
tennis *(m.)* tennis (4S); *(m.pl.)* sneakers (10S)
terminer to finish, to end (6B)
terrasse *(f.)* patio, terrace (11B)
terre *(f.)* earth, ground (19B)
terrible terrible (19B)
terrorisme *(m.)* terrorism (20S)
tête *(f.)* head (15B)
têtu(e) stubborn (5S/15B)
Texas *(m.)* Texas (18B)
TGV (train à grande vitesse) *(m.)* high-speed French train (18S)
thé *(m.)* tea (9B)
théâtre *(m.)* theater (4S)
thon *(m.)* tuna (9B)
ticket *(m.)* ticket (bus or subway) (18B)
timbre *(m.)* stamp (14B)
timide shy (2B)
tiroir *(m.)* drawer (3S)
titre *(m.)* title (14S)
toile *(f.)* Web (14S)
toilettes *(f.pl.)* toilet, bathroom (10S)
toit *(m.)* roof (11S)
tomate *(f.)* tomato (9B)
tombe a tomb
tomber to fall (8B); — **amoureux, amoureuse (de)** to fall in love (with) (16B)
tôt early (15B)
toujours always (5B)
tour du monde *(m.)* trip around the world (18S)
touriste *(m. ou f.)* tourist (19B)
tourner to turn (11B)
tous (toutes) les deux both (13B); **tous les jours** every day (13B)
tousser to cough (15S)
tout, tous, toute, toutes all (13B); **tout à coup** all of a sudden (12B); **tout à fait** absolutely, completely (13B); **tout de suite** right away, at once (13B); **tout droit** straight (11B); **tout le monde** everybody, everyone (8B); **tout le**

temps all the time (5B); **tout(e) nu(e)** stark naked (15S); **tout(e) seul(e)** all alone, all by oneself (15B)
traditionnel, traditionnelle traditional (20B)
traduire to translate
train *(m.)* train (18B)
tranche (de) *(f.)* slice (of) (13B)
travail *(m.)* work, job (12B)
travailler to work (4B); — **dur** to work hard (12B)
travailleur, travailleuse hardworking (2B)
traverser to go across, to cross (11S/18B)
treize thirteen (1B)
trente thirty (1B)
très very (2B); — **bien** fine, good, very good (1B)
triste sad (5B)
trois three (1B)
tromper to fool, to cheat (16S); **se tromper (de)** to be wrong, to make a mistake (16B)
trop too (too much) (2S/4B); — **(de)** too much (of) (13B)
trouver to find (6B); — **du travail/un travail** to find work/a job (12B); **se trouver** to be located (18S/19B)
tuer to kill (17S)
tueur *(m.)*, **tueuse** *(f.)* killer (17S)
typique typical (5S)

U

un(e) one, a (1B)
une fois once (10B)
universitaire *(adj.)* university (6B)
université *(f.)* university, college (2B)
usine *(f.)* factory (11B)
utiliser to use (13B)

V

vacances *(f.pl.)* vacation (2B)
vache *(f.)* cow (6S/19B)
vaisselle *(f.)* dishes (7B)
valise *(f.)* suitcase (10B)
vanille *(f.)* vanilla (9B)
vedette (de la télévision, du cinéma...) *(f.)* (television, movie, etc.) celebrity (17B)
végétarien, végétarienne vegetarian (9S)
veille *(f.)* day before, eve (18S)
vélo *(m.)* bicycle, bike (8B); **vélo tout terrain** *(m.)* (VTT) mountain bike
vendeur *(m.)*, **vendeuse** *(f.)* salesperson (12B)
vendre to sell (11B)
vendredi *(m.)* Friday (1B)
venir to come (13B)
venir de to have just (13B)

vent *(m.)* wind (7B)
ventre *(m.)* stomach, abdomen (15S)
verbe *(m.)* verb
vérifier to verify, to check (14S, 17B)
vérité *(f.)* truth (14B)
verre (de) *(m.)* glass (of) (13B)
vert(e) green (3B)
veste *(f.)* jacket, sport coat (10B)
vêtements *(m.pl.)* clothes (10B)
veuf *(m.)*, **veuve** *(f.)* widower, widow (7B)
viande *(f.)* meat (9B)
victime *(f.)* victim (17S)
vide empty (18B)
vie *(f.)* life (5B)
vie quotidienne *(f.)* daily life (20S)
vieux (vieil), vieille, vieux, vieilles old (5B)
village *(m.)* village (rural) (6B)
ville *(f.)* city, town (6B)
vin *(m.)* wine (9B)
vingt *(m.)* twenty (1B)
vinaigrette *(f.)* oil and vinegar dressing (9S)
violence *(f.)* violence (20B)
violent(e) violent (17B)
violet, violette purple (10B)
violon *(m.)* violin (8B)
visage *(m.)* face (15S)
visiter to visit (a place) (18B)
vite fast, rapidly (18B)
vivre to be alive, to live (17B)
voici here is, here are (8B)
voilà there is/are; here is/are (2S/3B)
voir to see (13B)
voiture *(f.)* car (1B)
vol *(m.)* flight (18S)
volets *(m.pl.)* shutters (11S)
votre nom, s'il vous plaît? your name, please? (4B)
vouloir to want, to wish (7B); — **dire** to mean (14B)
voyage *(m.)* trip (10B); — **organisé** *(m.)* tour (package) (18S)
voyager to travel (4B)
vrai(e) true, right (4B)
vraiment really (12B)

W

week-end *(m.)* weekend (1S)
western *(m.)* western (movie) (17B)
W.C. *(m.pl.)* toilet, restroom (11B)

Y

yaourt *(m.)* yogurt (9B)
yeux *(m.pl.)* eyes (15S)

Z

zéro *(m.)* zero (1B)
zoo *(m.)* zoo (19S)

Anglais-français

A

abandon *(v.)* abandonner
abdomen ventre *(m.)*
about de, à peu près
abroad à l'étranger
absolutely tout à fait
accept *(v.)* accepter (de + inf.)
accident accident *(m.)*
according to d'après; — **to you** à votre avis
accountant comptable *(m. ou f.)*
acquaintance connaissance *(f.)*
across (from) en face (de)
act *(v.)* agir
active actif, active
activity activité *(f.)*
actor acteur *(m.)*
actress actrice *(f.)*
adapt to *(v.)* (s')adapter à
address adresse *(f.)*
adjective adjectif *(m.)*
adolescent adolescent *(m.)*, adolescente *(f.)*
adorable adorable
adult adulte *(m.)*
adventure movie film d'aventures *(m.)*
advertising, advertisement publicité *(f.)*
Africa Afrique *(f.)*
African africain(e)
after, afterwards après
afternoon après-midi *(m.)*
again encore
agree *(v.)* être d'accord
agreeable agréable
ago il y a...
AIDS sida *(m.)*
airplane avion *(m.)*
airport aéroport *(m.)*
à la carte à la carte
alarm clock réveil *(m.)*
alcohol alcool *(m.)*
Algeria Algérie *(f.)*
Algerian algérien, algérienne
alive vivant(e); **to be** — être en vie
all tout, tous, toute, toutes; — **alone, by oneself** tout(e) seul(e); — **of a sudden** tout à coup; — **right** d'accord; — **the same, even so** quand même; — **the time** tout le temps
allergy allergie *(f.)*
allow *(v.)* permettre (de)
all right d'accord
almost à peu près, presque
alone seul(e)
Alps Alpes *(f.pl.)*

already déjà
also aussi
always toujours
America Amérique *(f.)*
American américain(e)
amuse (someone) *(v.)* amuser
amusing comique
and et
angry fâché(e)
animal animal *(m.)*, animaux *(pl.)*
animated cartoon dessin animé *(m.)*
ankle cheville *(f.)*
announce *(v.)* annoncer
annoy (someone) *(v.)* énerver
annoying énervant(e)
answer (someone) *(v.)* répondre (à qqn)
answering machine répondeur *(m.)*
antique ancien, ancienne
apartment appartement *(m.)*
apartment house/building immeuble *(m.)*
apple pomme *(f.)*
appreciate *(v.)* apprécier
April avril *(m.)*
are you ready to order? vous avez choisi?
argue (with) *(v.)* se disputer (avec)
arm bras *(m.)*
armchair fauteuil *(m.)*
arrival arrivée *(f.)*
arrive (at) *(v.)* arriver (à + inf.)
article article *(m.)*
artist artiste *(m. ou f.)*
as comme; — **a group** en groupe; — **far as** jusqu'à; — **... as** aussi... que
Asia Asie *(f.)*
Asian asiatique
ask *(v.)* demander; — *(v.)* **a question (of someone)** poser une question (à qqn)
asparagus asperges *(f.pl.)*
aspirin aspirine *(f.)*
assignment devoir *(m.)*
at à; — **ease** à l'aise; — **last** enfin; — **... o'clock** à... heure(s); — **once** tout de suite; — **the house of** chez; — **the same time** en même temps; — **the side of** au bord de; — **what time?** à quelle heure?
athletic sportif, sportive
attack (of) crise (de) *(f.)*
attic grenier *(m.)*
attorney avocat *(m.)*, avocate *(f.)*; juriste *(m. ou f.)*
August août *(m.)*
aunt tante *(f.)*
Australia Australie *(f.)*
Australian australien, australienne
authority autorité *(f.)*

autumn automne *(m.)*
avenue avenue *(f.)*
awake réveillé(e)

B

baby bébé *(m.)*
baby-sit *(v.)* garder des enfants
back dos *(m.)*
backpack sac à dos *(m.)*
bad mauvais(e)
badly mal; — **dressed** mal habillé(e); — **paid** mal payé(e)
bakery boulangerie *(f.)*; — **that sells pastries** boulangerie-pâtisserie *(f.)*
balcony balcon *(m.)*
bald chauve
banana banane *(f.)*
Band-Aid sparadrap *(m.)*
bandage pansement *(m.)*
bank banque *(f.)*
banker banquier *(m.)*, banquière *(f.)*
basement cave *(f.)*; — **level** sous-sol *(m.)*
basketball basket-ball *(m.)*
bathing suit maillot de bain *(m.)*
bathroom salle de bains *(f.)*; toilettes *(f.pl.)*
bathtub baignoire *(f.)*
be *(v.)* être; — **a member (of)** être membre (de); — **able to** pouvoir; — **afraid (of)** avoir peur (de); — **against** être contre; — **alive** vivre, être vivant(e); — **allergic to** être allergique à; — **aware of** être conscient(e) de; — **bored** s'ennuyer; — **careful** faire attention; — **cold** avoir froid; — **connected to** être connecté(e); — **early** être en avance; — **easy to get along with** avoir bon caractère, être facile à vivre; — **expensive** coûter cher; — **for** être pour; — **free to** être libre de; — **good at** être fort(e) en; — **good at/in** être bon/bonne en; — **hard to get along with** avoir mauvais caractère, être difficile à vivre; — **hot** avoir chaud; — **hungry** avoir faim; — **in agreement** être d'accord; — **in shape** être en forme; — **in the middle of** être en train de (+ inf.); — **informed** être au courant de (+ noun); — **interested in** s'intéresser à; — **involved in politics** faire de la politique; — **late** être en retard; — **located** se trouver; — **lucky** avoir de la chance; — **mad at** être en colère

contre; — **named** s'appeler; — **no good at/in** être nul/nulle en; — **on a diet** être au régime; — **on time** être à l'heure; — **over (a sickness)** être remis(e) (de); — **paid (well, badly)** être (bien, mal) payé(e); — **right** avoir raison; — **sleepy** avoir sommeil; — **standing (up)** être debout; — **thirsty** avoir soif; — **to be used (to)** être habitué(e) (à); — **wrong** avoir tort, se tromper (de); — **. . . years old** avoir... ans

beach plage (f.)
beard barbe (f.)
beautiful beau (bel), belle, beaux, belles
because parce que
because of à cause de
become (v.) devenir
bed lit (m.); **to make one's** — faire son lit
bedroom chambre (f.)
beef bœuf (m.)
beer bière (f.)
before avant, avant de + inf., avant que + subjonctif
begin (to) (v.) commencer (à + inf.)
beginning début (m.)
behind derrière (prep.); derrière (m.)
beige beige
Belgian belge
Belgium Belgique (f.)
believe (in) (v.) croire (à); **to — in God** croire en Dieu
belong to (v.) être à
belongings affaires (f.pl.)
bench banc (m.)
beside à côté de
better meilleur(e) (adj.), mieux (adv.)
between entre
beverage boisson (f.)
bicycle vélo (m.)
big grand(e); gros, grosse
bill addition (f.)
billion un milliard
biology biologie (f.)
bird oiseau (m.), oiseaux (pl.)
birthday anniversaire (m.)
black noir(e)
blond blond(e)
blow coup (m.)
blow one's nose (v.) se moucher
blue bleu(e)
boat bateau (m.), bateaux (pl.)
body corps (m.)
book livre (m.)
bookcase étagère (f.)
bookstore librairie (f.)
bore (v.) ennuyer
boring ennuyeux, ennuyeuse
born (in) né(e) (en)
boss patron (m.), patronne (f.)

both tous (toutes) les deux
bother (v.) gêner
bottle (of) bouteille (de) (f.)
box (of) boîte (de) (f.)
boy garçon (m.)
boyfriend petit ami (m.)
bra soutien-gorge (m.)
bread pain (m.)
break (one's arm, leg) (v.) se casser (le bras, la jambe); — **up** (v.) se séparer
breakfast petit déjeuner (m.); — **nook** coin-repas (m.)
bridge pont (m.)
briefs slip (m.)
bright clair(e)
bring (v.) apporter
British anglais(e)
Brittany Bretagne (f.)
brother frère (m.)
brother-in-law beau-frère (m.)
brown brun(e); — **(eyes)** marron (invar.); — **(light, hair)** châtain(e)
bruise bleu (m.)
brush (v.) brosser; — **(one's hair)** se brosser (les cheveux)
bureau commode (f.)
burn (v.) brûler; — **oneself** se brûler
bus (between cities) autocar (m.), car (m., fam.)
bus (city) autobus (m.), bus (m., fam.)
business affaires (f.pl.), entreprise (f.); — **owner** chef d'entreprise (m.); — **is good** les affaires marchent bien
busy occupé(e)
but mais
butcher shop boucherie (f.)
butter beurre (m.)
buy (v.) acheter
by par
by chance par hasard
bye! salut!

C

cable câble (m.)
café café (m.)
cake (chocolate) gâteau (au chocolat) (m.), gâteaux (pl.)
calculator calculatrice (f.)
California Californie (f.)
call (v.) appeler
calm calme (m.); calme (adj.)
camcorder caméscope (m.)
camera appareil-photo (m.)
Cameroon Cameroun (m.)
Cameroonian camerounais(e)
camp (v.) faire du camping
camping camping (m.)
can (v.) pouvoir

can (of) boîte (de) (f.)
Canada Canada (m.); **in** — au Canada
Canadian canadien, canadienne
cancer cancer (m.)
candy (piece of) bonbon (m.)
canned food conserves (f.pl.)
(baseball) cap casquette (de baseball) (f.)
car voiture (f.)
card carte (f.)
careful prudent(e)
carrot carotte (f.)
carry (v.) porter; — **(away)** emporter
cartoon dessin humoristique (m.)
cash argent (m.); **pay** — payer en liquide
cashier caissier (m.), caissière (f.)
cassette cassette (f.); — **player** lecteur de cassette (m.)
castle château (m.), châteaux (pl.)
cat chat (m.)
catastrophic catastrophique
catch (v.) attraper
cathedral cathédrale (f.)
CD disque compact (m.)
CD player lecteur CD (m.)
CD-ROM player lecteur CD-ROM (m.)
celebrate (v.) fêter
celebrity célébrité(f.); **(movie, television)** — vedette (du cinéma, de la télévision) (f.)
cellular phone téléphone mobile (m.); téléphone portable
center centre (m.)
centime (1/100 franc) centime (m.)
century siècle (m.)
CEO PDG (président directeur général) (m.)
cereal céréales (f.pl.)
certainly sûrement
chair chaise (f.)
chairman PDG (président directeur général) (m.)
champagne champagne (m.)
chance *hasard (m.)
change (v.) changer; — **(trains, planes)** changer (de train, d'avion); — **one's clothes** se changer
change changement (m.)
change (currency) monnaie (f.)
channel (television) chaîne (f.)
character (in play, book) personnage (m.)
chat (v.) bavarder
cheap bon marché (invar.)
cheat (on someone) (v.) tromper (qqn)
check (v.) vérifier
check chèque (m.); — **(restaurant)** addition (f.)
checkbook chéquier (m.)
cheese fromage (m.)

chemistry chimie *(f.)*
chest of drawers commode *(f.)*
chicken poulet *(m.)*
child enfant *(m. ou f.)*
China Chine *(f.)*
Chinese chinois(e)
chocolate chocolat *(m.)*
choose *(v.)* choisir *(de + inf.)*
church église *(f.)*
cigarette cigarette *(f.)*
city ville *(f.)*; — **hall** mairie *(f.)*; — **map** plan *(m.)*
civil servant fonctionnaire *(m. ou f.)*
class cours *(m.)*
classical music musique classique *(f.)*
classified ad petite annonce *(f.)*
classmate camarade de classe *(m. ou f.)*
classroom salle de classe *(f.)*
clean propre; *(v.)* — **up** ranger
cleaning woman femme de ménage *(f.)*
client client *(m.)*, cliente *(f.)*
climate climat *(m.)*
clock radio radio-réveil *(m.)*
close *(v.)* fermer
closed fermé(e)
closet placard *(m.)*
clothes vêtements *(m.pl.)*
cloud nuage *(m.)*
cloudy nuageux
coast côte *(f.)*
coat manteau *(m.)*, manteaux *(pl.)*
Coca-Cola Coca-Cola *(m.)*
coffee café *(m.)*; — **with milk** café au lait *(m.)*
coffeeshop café *(m.)*
cold froid *(m.)*; froid(e) *(adj.)*; **to be —** avoir froid; **to have a —** avoir un rhume; **it's — (weather)** il fait froid
cold cuts charcuterie *(f.)*
college université *(f.)*; — **cafeteria** restaurant universitaire *(m.)*
color couleur *(f.)*
column (periodical) rubrique *(f.)*
comb (one's own hair) *(v.)* se peigner (les cheveux); — **(someone else's hair)** peigner
comb peigne *(m.)*
come *(v.)* venir; — **back** revenir; — **in** *(v.)* entrer
comedy (movie, play) comédie *(f.)*
comfort confort *(m.)*
comfortable (thing) confortable
comfortable (person) à l'aise
comic comique; — **book, — strip** bande dessinée *(f.)*
comment commentaire *(m.)*
company société *(f.)*
company head chef d'entreprise *(m.)*
competent compétent(e)

completely tout à fait
computer ordinateur *(m.)*; — **specialist** informaticien *(m.)*, informaticienne *(f.)*
concern *(v.)* concerner
concert concert *(m.)*
condom préservatif *(m.)*
contagious contagieux, contagieuse
contemporary moderne
content content(e)
continent continent *(m.)*
continue *(v.)* continuer *(à + inf.)*; — **as far as** continuer jusqu'à
cook *(v.)* faire la cuisine
cook cuisinier *(m.)*, cuisinière *(f.)*
cooking cuisine *(f.)*
copy machine photocopieuse *(f.)*
corner coin *(m.)*
correspondence courrier *(m.)*
corridor couloir *(m.)*
cost coûter *(v.)*; **how much does . . . —?** combien coûte... ?
couch canapé *(m.)*
cough *(v.)* tousser
country campagne *(f.)*; pays *(m.)*
countryside campagne *(f.)*
couple couple *(m.)*, ménage *(m.)*
course cours *(m.)*
cousin cousin *(m.)*, cousine *(f.)*
cover couverture
cow vache *(f.)*
credit card carte de crédit *(f.)*
crisis crise *(f.)*; **to be in a —** être en crise
crime crime *(m.)*
criticize *(v.)* critiquer
croissant croissant *(m.)*
cross *(v.)* traverser
crowd foule *(f.)*
crowded plein(e); **it is —** il y a beaucoup de monde
cruise croisière *(f.)*
cry *(v.)* pleurer
cuisine cuisine *(f.)*
cultural culturel(le)
cultural tv magazine magazine culturel *(m.)*
cup (of) tasse (de) *(f.)*
curly frisé(e)
current actuel, actuelle
curtain rideau *(m.)*, rideaux *(pl.)*
customer client *(m.)*, cliente *(f.)*
customs douane *(f.)*; — **officer** douanier *(m.)*
cut *(v.)* couper; — **oneself** se couper
cute mignon, mignonne
cybernaut, internet user internaute *(m/f)*
cycle *(v.)* faire du vélo
cyclist coureur cycliste *(m.)*

D

daily life vie quotidienne *(f.)*
dance *(v.)* danser
dancer danseur *(m.)*, danseuse *(f.)*
dangerous dangereux, dangereuse
dare *(v.)* oser
dark foncé(e), sombre
dark-haired brun(e)
date *(v.)* sortir avec, sortir ensemble
date date *(f.)*
daughter fille *(f.)*
daughter-in-law belle-fille *(f.)*
day jour *(m.)*, journée *(f.)*; — **after** le lendemain; — **before** la veille
day-care center crèche *(f.)*
dead mort(e)
dear cher, chère
death mort *(f.)*
debate débat *(m.)*
December décembre *(m.)*
decide (to do something) *(v.)* décider *(de + inf.)*
degree diplôme *(m.)*
delicate délicat(e)
delicatessen, deli meats charcuterie *(f.)*
delicious délicieux, délicieuse
dentist dentiste *(m. ou f.)*
deodorant déodorant *(m.)*
departure départ *(m.)*
depressed déprimé(e)
descend *(v.)* descendre
describe *(v.)* décrire
desert désert *(m.)*
desk bureau *(m.)*, bureaux *(pl.)*
despite malgré
dessert dessert *(m.)*
detective/police movie film policier *(m.)*
diary journal *(m.)*, journaux *(pl.)*
dictionary dictionnaire *(m.)*
diet régime *(m.)*; **to be on a —** être au régime
different différent(e)
difficult difficile
diploma diplôme *(m.)*
dining room salle à manger *(f.)*
dinner dîner *(m.)*
dirty sale
disappointed déçu(e)
discotheque discothèque *(f.)*
discover *(v.)* découvrir
discuss *(v.)* discuter (de)
disgruntled fâché(e)
dish (of food) plat *(m.)*
dishes vaisselle *(f.)*; **to do the —** faire la vaisselle
dishwasher lave-vaisselle *(m.)*
divorce *(v.)* divorcer
divorce divorce *(m.)*

divorced divorcé(e)
do *(v.)* faire; — **dumb things** faire des bêtises; — **housework** faire le ménage; — **the dishes** faire la vaisselle; — **the museums** faire les musées
doctor médecin *(m.)*
documentary (on) documentaire (sur) *(m.)*
dog chien *(m.)*
done! ça y est!
door porte *(f.)*
dormitory cité universitaire *(f.)*
doubt doute *(m.)*; **to have —s** se poser des questions
downstairs en bas
downtown centre-ville *(m.)*, en ville
drama drame *(m.)*
dramatic dramatique
draw *(v.)* dessiner, **(hobby)** faire du dessin
drawer tiroir *(m.)*
dream rêve *(m.)*
dream (about, of) *(v.)* rêver (de)
dress robe *(f.)*
dress (someone else) *(v.)* habiller
dressed habillé(e); — **up** habillé(e); **well — bien** habillé(e); **badly —** mal habillé(e); **to get —** s'habiller
dressing (bandage) pansement *(m.)*
dressing (oil and vinegar) vinaigrette *(f.)*
drink *(v.)* boire, prendre
drink (served before a meal) apéritif *(m.)*
drive *(v.)* aller en voiture, conduire
driver's license permis de conduire *(m.)*
drug (medicine) médicament *(m.)*; — **(illegal)** drogue *(f.)*; — **addict** drogué(e), toxicomane; **to take (illegal) —** se droguer
dry (someone, something) *(v.)* sécher; — **off (oneself)** se sécher
dumb bête; — **thing** bêtise *(f.)*
during pendant
dynamic dynamique

E

each chaque
each one chacun(e)
ear oreille *(f.)*
early tôt
earn *(v.)* gagner; — **a living** gagner sa vie; — **x dollars/euros (per hour, per day, per week, per month)** gagner $X (l'heure, par jour, par semaine, par mois)
earth terre *(f.)*
east est *(m.)*
easy facile
eat *(v.)* manger
ecology écologie *(f.)*

economics sciences économiques *(f.pl.)*
efficient efficace
egg œuf *(m.)*
eight *huit
eighteen dix-huit
eighty quatre-vingts; — -**one** quatre-ving-un
elderly âgé(e)
electronic game jeu électronique *(m.)*
elegant élégant(e)
elementary school école primaire *(f.)*
elevator ascenseur *(m.)*
eleven onze
email messagerie électronique *(f.)*; — **email** courrier électronique *(m.)*
email message message électronique *(m.)*
embarrass *(v.)* gêner
embrace *(v.)* embrasser
employee employé *(m.)*, employée *(f.)*
empty vide
encounter rencontre *(f.)*
end fin *(f.)*; **at the — (of)** au bout (de)
end *(v.)* terminer
enemy ennemi *(m.)*, ennemie *(f.)*
energetic énergique
engineer ingénieur *(m.)*
England Angleterre *(f.)*
English anglais(e)
enough assez; — **(of)** assez (de)
enter *(v.)* entrer
entertainment divertissement *(m.)*
entertainment (tv) show émission de divertissement *(f.)*
enthusiastic enthousiaste
entranceway entrée *(f.)*
envelope enveloppe *(f.)*
environment environnement *(m.)*
equality égalité *(f.)*
errand course *(f.)*; **to run —** faire les courses
especially surtout
Europe Europe *(f.)*
European européen, européenne
eve veille *(f.)*
even même
evening soir *(m.)*, soirée *(f.)*; — **(night) out** sortie *(f.)*
event événement *(m.)*
every chaque; — **day** tous les jours
everybody tout le monde
everyone tout le monde
everywhere partout
exam examen *(m.)*
example exemple *(m.)*; **for —** par exemple
excellent excellent(e)
except sauf
excuse me pardon, excusez-moi
executive cadre *(m.)*
exercise *(v.)* faire de l'exercice

exist *(v.)* exister
expensive cher, chère; **to be —** coûter cher
explain *(v.)* expliquer
expressway autoroute *(f.)*
extra supplémentaire
extract passage *(m.)*
eye œil *(m.)*, yeux *(pl.)*

F

face *(v.)* donner sur
face visage *(m.)*
factory usine *(f.)*
fail *(v.)* rater
fair juste
faithful (to) fidèle (à)
fall *(v.)* tomber; — **asleep** s'endormir; — **in love (with)** tomber amoureux, amoureuse (de)
false faux, fausse
familiar familier, familière
family famille *(f.)*; — **room** salle de séjour *(f.)*; **start a —** fonder une famille
famous célèbre
far (from) loin (de)
farm ferme *(f.)*
farmer agriculteur *(m.)*, agricultrice *(f.)*
fashion mode *(f.)*; **to be in —** être à la mode; **to be out of —** être démodé
fast *(adj.)* rapide; *(adv.)* vite
fat gros, grosse
fate *hasard *(m.)*
father père *(m.)*
father-in-law beau-père *(m.)*
favorite préféré(e)
fax machine télécopieur *(m.)*
fear peur *(f.)*
February février *(m.)*
feel bad *(v.)* aller mal
feel better *(v.)* aller mieux
feel good *(v.)* aller bien; être en forme
feel great *(v.)* être en forme
feel like (doing something) *(v.)* avoir envie de (+ inf.)
feeling sentiment *(m.)*
feminine féminin(e)
fever fièvre *(f.)*
few peu *(adv.)*, quelque *(adj.)*
fiancé(e) fiancé *(m.)*, fiancée *(f.)*
field champ *(m.)*
fifteen quinze
fifty cinquante
film film *(m.)*
filmmaker cinéaste *(m. ou f.)*
finally enfin, finalement
financial financier, financière

find (*v.*) trouver; — **work/a job** trouver du travail/un travail
fine bien
finger doigt (*m.*)
finish (*v.*) finir, terminer
finished! ça y est!
firefighter pompier (*m.*)
firm entreprise (*f.*)
first premier; — (**of all**) d'abord; — **course (appetizer)** entrée (*f.*); — **floor** rez-de-chaussée (*m.*)
fish (*v.*) pêcher
fish poisson (*m.*)
five cinq
fix one's own hair (*v.*) se coiffer; — **someone's hair** coiffer
fixed-price meal menu (*m.*)
flat plat(e)
flight vol (*m.*); — **attendant** steward (*m.*), hôtesse de l'air (*f.*)
floor étage (*m.*); **on the first** — au rez-de-chaussée; **on the second** — au premier étage
flower fleur (*f.*)
flu grippe (*f.*); **to have the** — avoir la grippe
fly (*v.*) aller en avion
follow (*v.*) suivre
food nourriture (*f.*)
fool (*v.*) tromper
foot pied (*m.*)
football football américain (*m.*); **to play** — jouer au football américain
for pour; — **example** par exemple
foreign étranger, étrangère
foreigner étranger (*m.*), étrangère (*f.*)
forest forêt (*f.*)
forget (to do something) (*v.*) oublier (de + inf.)
fork fourchette (*f.*)
formal habillé(e)
fortunately heureusement
forty quarante
four quatre
fourteen quatorze
fragile fragile
franc franc (*m.*)
France France (*f.*)
free libre; — (**of charge**) gratuit(e)
freedom liberté (*f.*)
freezer congélateur (*m.*)
French français(e); — (**language**) français (*m.*)
French fries frites (*f.pl.*)
French national railway S.N.C.F. (*f.*)
French Riviera Côte d'Azur (*f.*)
Friday vendredi (*m.*)
friend ami (*m.*), amie (*f.*)
friendship amitié (*f.*)
from de

frozen surgelé(e)
fruit fruit (*m.*); — **juice** jus de fruit (*m.*)
full plein(e); — **of light** clair(e)
funny comique
furniture meubles (*m.pl.*); **piece of** — meuble (*m.*)
future avenir (*m.*)

G

gain weight (*v.*) grossir
game match (*m.*); jeu (*m.*); — **show** jeu (télévisé) (*m.*)
garage garage (*m.*); — **owner (mechanic)** garagiste (*m.*)
garden jardin (*m.*)
garden (*v.*) faire du jardinage, jardiner
gate porte (*f.*)
generous généreux, généreuse
German allemand(e)
Germany Allemagne (*f.*)
get (*v.*) recevoir; — (**oneself**) **ready** se préparer; — **along** (**well/badly**) (**with someone**) s'entendre (bien/mal) (avec qqn); — **annoyed** s'énerver; — **dressed** s'habiller; — **engaged** se fiancer; — **irritated** s'énerver; — **married** (**to**) se marier (avec); — **sunburned** attraper un coup de soleil; — **together** se retrouver; — **undressed** se déshabiller; — **up** se lever
geography géographie (*f.*)
gift cadeau (*m.*), cadeaux (*pl.*)
girl fille (*f.*), jeune fille (*f.*)
girlfriend petite amie (*f.*)
give (*v.*) donner
glad content(e)
glass (**of**) verre (de) (*m.*)
glasses (**eye**) lunettes (*f.pl.*)
glove gant (*m.*)
go (*v.*) aller; — (**sail**)**boating** faire du bateau (à voile); — **across** traverser; — **around the world** faire le tour du monde; — **back** retourner; — **by** passer; — **camping** faire du camping; — **down** descendre; — **horseback riding** faire du cheval; — **in** entrer; — **out** sortir; — **out together** sortir ensemble; — **out with** sortir avec; — **sailing** faire de la voile; — **skating** faire du ski; — **scuba diving** faire de la plongée sous-marine; — **shopping** faire les magasins; — **surfing** faire du surf; — **to** aller jusqu'à; — **to bed** se coucher; — **to the doctor** aller chez le médecin; — **up** monter; — **home, back** rentrer
God Dieu (*m.*); **to believe in** — croire en Dieu

golf golf (*m.*); **to play** — jouer au golf
good bien (*adv.*); bon, bonne (*adj.*)
goodbye au revoir
government gouvernement (*m.*)
grade note (*f.*)
gram (**of**) gramme (de) (*m.*)
grandchildren petits-enfants (*m.pl.*)
granddaughter petite-fille (*f.*)
grandfather grand-père (*m.*)
grandmother grand-mère (*f.*)
grandparents grands-parents (*m.pl.*)
grandson petit-fils (*m.*)
grape raisin (*m.*)
grapefruit pamplemousse (*m.*)
gravy sauce (*f.*)
gray gris(e)
green vert(e); — **beans** *haricots verts (*m.pl.*)
grocery store épicerie (*f.*)
ground terre (*f.*); — **floor** rez-de-chaussée (*m.*); **on the** — par terre
group groupe (*m.*)
guess (*v.*) deviner (12)
guest invité (*m.*), invitée (*f.*)
guilty coupable
guitar guitare (*f.*)
gun revolver (*m.*)

H

hair cheveu (*m.*), cheveux (*pl.*)
hairdresser coiffeur (*m.*), coiffeuse (*f.*); — **dryer** séchoir (à cheveux) (*m.*)
half brother demi-frère (*m.*)
half sister demi-sœur (*f.*)
hall couloir (*m.*)
ham jambon (*m.*)
hamburger steak haché, *hamburger (*m.*)
hand main (*f.*)
handsome beau (bel), belle, beaux, belles
happily heureusement
happiness bonheur (*m.*)
happy heureux, heureuse
hard dur(e)
hardworking sérieux, sérieuse; travailleur, travailleuse
hat chapeau (*m.*)
hate (*v.*) détester
have (*v.*) avoir; — (**some**) **doubts** avoir des doutes; — **a bruise** avoir un bleu; — **a cold** avoir un rhume; — **a drink** prendre un verre; — **a fever** avoir de la fièvre; — **a good time** s'amuser; — **a grudge against** en vouloir à qqn; — **a nice weekend!** bon week-end!; — **a runny nose** avoir le nez qui coule; — **a snack** prendre (un petit) quelque chose; — **a sunburn** avoir un coup de soleil; — **illusions** avoir des illusions; — **just** venir de (+ inf.);

— **responsibilities** avoir des responsabilités; — **the choice** avoir le choix; — **the flu** avoir la/une grippe; — **time off** avoir congé; — **time to (+ inf.)** avoir le temps de (+ inf.); — **to** devoir; — **worries** avoir des soucis

head tête (f.)

health santé (f.); **to be in good/bad** — être en bonne/mauvaise santé

healthy (thing, activity) bon (bonne) pour la santé; **(person)** en bonne santé

hear (v.) entendre; — **from someone** recevoir des nouvelles de qqn

heavy fort(e), lourd(e)

hello bonjour

help (v.) aider (qqn à + inf.)

here ici; — **is,** — **are** voici; **here!** tiens!

hi! salut!

hide (v.) cacher

high school lycée (m.); **(French)** — **graduation exam** baccalauréat (m.)

highway autoroute (f.)

hike (v.) faire une randonnée

hike randonnée (f.)

hill colline (f.)

historical historique

history histoire (f.)

hitchhike (v.) faire de l'auto-stop

hitchhiking auto-stop (m.)

HIV positive séropositif, séropositive

holiday fête (f.)

homework devoirs (m.pl.)

honest honnête

honeymoon lune de miel (f.)

hope (that) (v.) espérer (que)

horrible horrible

horror movie film d'horreur (m.)

horse cheval (m.) **go** —**back riding** faire du cheval

hospital hôpital (m.)

hot chaud(e); **to be** — avoir chaud; **it's** — **(weather)** il fait chaud

hotel hôtel (m.)

hour heure (f.)

house maison (f.)

household ménage (m.)

houseplant plante verte (f.)

housewife femme au foyer (f.)

housework ménage (m.); **to do** — faire le ménage

how comment; — **are you?** (formal) comment allez-vous?; — **many (of)** combien (de); — **many times (a day)** combien de fois (par jour); — **much** combien (de); — **much do I owe you?** combien est-ce que je vous dois?; — **much does . . . cost?** combien coûte... ?; — **old are you?** quel âge as-tu (avez-vous)?; —**'s it going?** ça va?; comment ça va?

however cependant, pourtant

hundred cent

hug (v.) serrer dans ses bras

hunger faim (f.)

hunt (v.) chasser

hurry (up) (v.) se dépêcher

hurt blessé(e)

hurt (v.) avoir mal; — **oneself** (v.) se faire mal; — **oneself badly** se blesser; — **(someplace)** avoir mal à (la tête, la gorge)

husband mari (m.)

I

I'm going je m'en vais

I'm kidding je plaisante

I'm leaving je m'en vais

I'm treating c'est moi qui invite

I've had enough j'en ai assez

I've had it j'en ai assez

ice cream glace (f.)

ice-skate (v.) faire du patin à glace

idea idée (f.)

idealistic idéaliste

if si

if I were you à ta (votre) place

ill-mannered mal élevé(e)

illness maladie (f.)

illusion illusion (f.)

immigrant immigré, immigrée

immigration immigration (f.)

impolite impoli(e)

important important(e)

impose (v.) imposer

impossible impossible

in à, dans, en; — **back of** derrière; — **front of** devant; — **love (with)** amoureux, amoureuse (de); — **my opinion** à mon avis; — **order to** pour, pour que + subjonctif; — **spite of** malgré; — **the middle (of)** au milieu (de); — **laws** beaux-parents (m.pl.)

including y compris

indeed en effet

independent indépendant(e)

Indian indien(ne)

indicate (v.) indiquer

indigestion indigestion (f.)

individualistic individualiste

inexpensive bon marché (invar.)

inhabitant habitant (m.), habitante (f.)

injured blessé(e)

injustice injustice (f.)

innocent innocent(e)

inside (of) à l'intérieur (de)

inspector (police) inspecteur (m.), inspectrice (f.)

intellectual intellectuel, intellectuelle

intelligent intelligent(e)

interest (v.) intéresser

interesting intéressant(e)

international international(e), internationaux, internationales

Internet Internet (m.)

interrogate (v.) interroger

interview interview (f.)

intolerance intolérance (f.)

investigation enquête (f.)

invite (v.) inviter

iron (v.) repasser

irritate (someone) (v.) énerver (qqn.)

isn't it?/isn't he?/isn't she?, etc. n'est-ce pas?

is there any room? il y a de la place?

island île (f.)

Israel Israël (m.)

Israeli israélien, israélienne

it is necessary that il faut que + subjonctif

it's . . . : — **cloudy** il y a des nuages, il fait nuageux/couvert; — **cold** il fait froid; — **cool** il fait frais; — **hot and humid** il fait lourd; — **nasty out** il fait mauvais; — **nice out** il fait beau; — **overcast** il fait gris/couvert; — **pleasant (mild)** il fait bon; — **raining** il pleut; — **snowing** il neige; — **sunny** il y a du soleil; — **warm, it's hot** il fait chaud; — **windy** il y a du vent; — **crowded** il y a beaucoup de monde; — **expensive** ça coûte cher; — **my treat** c'est moi qui invite

Italian italien, italienne

Italy Italie (f.)

J

jacket veste (f.); — **(aviator)** blouson (m.)

jam confiture (f.)

January janvier (m.)

Japan Japon (m.)

Japanese japonais(e)

jazz jazz (m.)

jealous jaloux, jalouse

jeans jeans (m.pl.)

jewelry bijou (m.), bijoux (pl.)

job travail (m.)

jog (v.) faire du jogging

journal journal (m.), journaux (pl.)

journalist journaliste (m. ou f.)

July juillet (m.)

June juin (m.)

K

keep (v.) garder

key clé (f.)

kill (v.) tuer

killer tueur (*m.*), tueuse (*f.*)
kilogram (of) kilo (de) (*m.*)
kilometer kilomètre (*m.*)
kind gentil, gentille
kindergarten école maternelle (*f.*)
kiss (*v.*) embrasser
kitchen cuisine (*f.*)
knee genou (*m.*), genoux (*pl.*)
knife couteau (*m.*), couteaux (*pl.*)
knock over (*v.*) renverser
know (*v.*) connaître, savoir; **— about** être au courant de (+ nom)

L

laboratory laboratoire (*m.*)
lake lac (*m.*)
lamp lampe (*f.*)
landscape paysage (*m.*)
language langue (*f.*); **foreign —** langue étrangère (*f.*)
last (*v.*) durer
last dernier, dernière; **— (month, year, etc.)** passé(e)
late tard
laugh (*v.*) rire
laundry lessive (*f.*); **to do the —** faire la lessive
law droit (*m.*)
lawn pelouse (*f.*)
lawyer (court) avocat (*m.*), avocate (*f.*)
lazy paresseux, paresseuse
learn (to) (*v.*) apprendre (à)
leave (*v.*) laisser, partir, quitter; **— a note for someone** laisser un mot pour qqn; **— a tip** laisser un pourboire
left gauche(*f.*); **to the — (of)** à gauche (de)
leftovers restes (*m.pl.*)
leg jambe (*f.*)
leisure activities loisirs (*m.pl.*)
lemon citron (*m.*)
less (less . . . than) moins (moins... que)
let (*v.*) laisser
let's eat! à table!
letter lettre (*f.*)
lettuce laitue (*f.*)
library bibliothèque (*f.*)
lie (*v.*) mentir
life vie (*f.*)
lift (*v.*) lever
light clair(e), léger, légère
likable sympathique
like (*v.*) aimer **— better (than)** aimer mieux (que)
like comme
list (of) liste (de) (*f.*)
listen to (*v.*) écouter
liter litre (*m.*)
literary littéraire

literary tv magazine magazine littéraire (*m.*)
literature littérature (*f.*)
little petit(e) (*adj.*); peu (*adv.*); **a —** un peu
live (*v.*) vivre, habiter
liver foie (*m.*)
living room salle de séjour (*f.*), salon (*m.*)
loan prêt (*m.*)
long long, longue; **— time** longtemps
look (*v.*) regarder; **— after children** garder des enfants; **— at** regarder; **— at oneself** se regarder; **— for** chercher; **— for work/a job** chercher du travail/un travail; **— healthy** avoir bonne mine; **— like** avoir l'air (+ adj.), avoir l'air (de + inf.); ressembler (à qqn); **— sick** avoir mauvaise mine; **— unwell** avoir mauvaise mine; **— well** avoir bonne mine
lose (*v.*) perdre; **— one's job** perdre son travail; **— weight** maigrir
lot (of) beaucoup de
Louisiana Louisiane (*f.*)
love (*v.*) adorer, aimer
love amour (*m.*); **— at first sight** coup de foudre (*m.*)
luckily heureusement
luggage bagages (*m.pl.*)
lunch déjeuner (*m.*)
luxurious de luxe

M

ma'am Madame (Mme)
mad fâché(e)
magazine magazine (*m.*)
magnificent magnifique
mail courrier (*m.*); **— carrier** facteur (*m.*)
mail a letter (*v.*) mettre une lettre à la poste
mailbox boîte aux lettres (*f.*)
main dish plat principal (*m.*)
make (*v.*) faire; **— a mistake** se tromper (de); **— music** faire de la musique; **— the beds** faire les lits; **— the most of life** profiter de la vie; **— up** se réconcilier; **— up (someone else)** maquiller
man homme (*m.*)
manage (*v.*) diriger
manager (business) directeur (*m.*), directrice (*f.*)
manager (hotel, shop, etc.) gérant (*m.*), gérante (*f.*)
mansion château (*m.*), châteaux (*pl.*)
many beaucoup de
map carte (*f.*); **(town, ciy)** plan (*m.*)
March mars (*m.*)
market marché (*m.*)

married marié(e)
marry (*v.*) se marier (avec)
marvelous merveilleux, merveilleuse
masculine masculin(e)
material matériel, matérielle
materialistic matérialiste
mathematics mathématiques (*f.pl.*)
May mai (*m.*)
maybe peut-être
mayonnaise mayonnaise (*f.*)
me moi; **— neither** moi non plus; **— too** moi aussi; **not —** pas moi
meal repas (*m.*); **meal's ready!, meal's served!** à table!
mean (*v.*) vouloir dire
mean méchant(e)
means of transportation moyen de transport (*m.*)
meat viande (*f.*)
media médias (*m.pl.*)
medicine médicament (*m.*); **(studies, science)** médecine (*f.*)
meet (*v.*) rencontrer; **— (again)** se retrouver; **— (someone)** faire la connaissance de (qqn)
meeting rencontre (*f.*)
melon (cantaloupe) melon (*m.*)
member membre (*m.*)
memory souvenir (*m.*)
messy (room) en désordre; **(person)** désordonné(e)
meter mètre (*m.*)
Mexican mexicain(e)
Mexico Mexique (*m.*)
microdisk (computer) disquette (*f.*)
middle (in the —) au milieu (de)
milk lait (*m.*)
million million (*m.*)
mineral water eau minérale (*f.*)
mirror miroir (*m.*)
miscellaneous divers
misfortune malheur (*m.*)
miss (a train, a plane) (*v.*) manquer (un train, un avion)
miss, Miss Mademoiselle (Mlle)
Mister Monsieur (M.)
mistrust (*v.*) se méfier de
modern moderne
Monday lundi (*m.*)
money argent (*m.*)
mononucleosis mononucléose (*f.*)
monster monstre (*m.*)
month mois (*m.*)
monument monument (*m.*)
mood (good, bad) humeur (bonne, mauvaise) (*f.*); **to be in a good/bad —** être de bonne/mauvaise humeur; mode (*m.*)
more (more . . . than) plus (plus... que)
more or less plus ou moins
morning matin (*m.*)

Moroccan marocain(e)
Morocco Maroc *(m.)*
mother mère *(f.)*
mother-in-law belle-mère *(f.)*
mountain(s) montagne *(f.)*; — **bike** vélo tout terrain (VTT) (m)
moustache moustache *(f.)*
mouth bouche *(f.)*
move (house) *(v.)* déménager
movie film *(m.)*; — **made for television** téléfilm *(m.)*; — **theater** cinéma *(m.)*; **movies** cinéma *(m.)*
movie producer/director cinéaste *(m/f)*
Mr. Monsieur (M.)
Mrs. Madame (Mme)
much beaucoup
murder meurtre *(m.)*; — **mystery** roman policier *(m.)*
murderer meurtrier *(m.)*, meurtrière *(f.)*
mushroom champignon *(m.)*
music musique *(f.)*; **to make/play** — faire de la musique
musician musicien *(m.)*, musicienne *(f.)*
must devoir *(v.)*
mustard moutarde *(f.)*
mutton mouton *(m.)*
my name is je m'appelle

naive naïf, naïve
naked nu(e); **stark naked** tout(e) nu(e)
name nom *(m.)*; **first** — prénom *(m.)*; **last** — nom de famille *(m.)*; **my** — **is** je m'appelle; **your** —, **please?** votre nom s'il vous plaît?
nap sieste *(f.)*
napkin serviette *(f.)*
nation (state) état *(m.)*
national national(e), nationaux, nationales
native habitant *(m.)*, habitante *(f.)*
near (to) près de
nearly à peu près
neat (thing) en ordre; **(person)** ordonné(e)
need *(v.)* avoir besoin de
need besoin *(m.)*
neighborhood quartier *(m.)*
neither do I moi non plus
nephew neveu *(m.)*
never jamais, ne... jamais
nevertheless cependant
new nouveau (nouvel), nouvelle, nouveaux, nouvelles
news informations *(f. pl.)*; — **(from someone)** nouvelles *(f. pl.)*; forum de discussion *(m.)* newsgroup — **(television)** journal (télévisé) *(m.)*

news tv magazine magazine d'information *(m.)*
newspaper journal *(m.)*, journaux *(pl.)*
next ensuite; — **day** lendemain *(m.)*; — **to** à côté de
nice agréable; gentil, gentille; sympathique
niece nièce *(f.)*
night nuit *(f.)*
nightmare cauchemar *(m.)*
nightstand table de nuit *(f.)*
nine neuf
nineteen dix-neuf
ninety quatre-vingt-dix
no non; — **good in, at** nul, nulle en; — **one** personne, ne... personne; — **one (nice . . .)** ne... personne de (gentil...); — **way** pas question
nobody personne, ne... personne
noise bruit *(m.)*; **to make** — faire du bruit
noodles pâtes *(f.pl.)*
normal normal(e), normaux, normales
Normandy Normandie *(f.)*
North America Amérique du Nord *(f.)*
north nord *(m.)*
nose nez *(m.)*
not pas (ne...) ; — **any** aucun(e); — **anymore** ne... plus; — **anyone** ne... personne; — **anything** ne... rien; — **at all** pas du tout; — **bad** pas mal; — **ever** ne... jamais; — **me** pas moi; — **on your life** jamais de la vie; — **one** aucun(e); — **think so** *(v.)* penser que non; — **yet** pas encore
notebook cahier *(m.)*, carnet *(m.)*
nothing ne... rien; rien *(m.)*; — **(funny)** ne... rien de (comique)
noun nom *(m.)*
novel roman *(m.)*
November novembre *(m.)*
now maintenant
number chiffre *(m.)*
nurse infirmier *(m.)*, infirmière *(f.)*
nursery crèche *(f.)*; — **school** école maternelle *(f.)*

object objet *(m.)*
obnoxious pénible *(fam.)*
obvious évident(e)
obviously évidemment
ocean océan *(m.)*
October octobre *(m.)*
odd bizarre
of de; — **course** bien sûr, évidemment; — **which (whom)** dont
offer *(v.)* offrir
office bureau *(m.)*, bureaux *(pl.)*
often souvent

OK d'accord
old âgé(e); ancien, ancienne; vieux (vieil), vieille, vieux, vieilles
older person personne âgée *(f.)*
oldest (person in family) aîné(m.), ainée *(f.)*
omelette (cheese) omelette (au fromage) *(f.)*
on sur; — **foot** à pied; — **purpose** exprès; — **sale** en solde; — **television** à la télévision; — **the contrary** si; — **the first floor** au rez-de-chaussée; — **the floor** par terre; — **the radio** à la radio; — **the second floor** au premier étage; — **top of** sur
on-line en ligne
once une fois
one on
one, a un(e); — **time** une fois
onion oignon *(m.)*
only seulement
open ouvert(e)
open *(v.)* ouvrir
opinion avis *(m.)*, opinion *(f.)*
optimistic optimiste
optional facultatif, facultative
or ou
orange *(adj.)* orange *(invar.)*
orange orange *(f.)*
order *(v.)* commander
order ordre *(m.)*
other autre
otherwise sinon
out of fashion démodé(e)
out of the question pas question
outing sortie *(f.)*
outside (of) à l'extérieur (de)
over there là-bas
overcast (weather) couvert
overlook *(v.)* donner sur
owe *(v.)* devoir; **how much do I** — **you?** combien est-ce que je vous dois?
owner propriétaire *(m. ou f.)*

pack *(v.)* faire les (ses) bagages
page page *(f.)*
paint *(v.)* faire de la peinture
painting tableau *(m.)*, tableaux *(pl.)*
pale pâle
panties slip *(m.)*
pants (pair of) pantalon *(m.)*
panty hose collant *(m.)*, bas *(m.pl.)*
paper papier *(m.)*; **paper (written for class)** dissertation *(f.)*
parent parent *(m.)*
parents-in-law beaux-parents *(m.pl.)*
park parc *(m.)*
parka parka *(f.)*, anorak *(m.)*

participate in a sport *(v.)* faire du sport, pratique un sport
party fête *(f.)*, soirée *(f.)*
pass *(v.)* passer, réussir (un examen)
passage passage *(m.)*
passenger passager *(m.)*, passagère *(f.)*
passport passeport *(m.)*
pasta pâtes *(f.pl.)*
pastime passe-temps *(m.)*
pastry, — shop pâtisserie *(f.)*
pâté pâté *(m.)*
path chemin *(m.)*
patience patience *(f.)*; **to have —/to not have —** avoir de la patience/ne pas avoir de patience
patient patient(e)
patio terrasse *(f.)*
pay *(v.)* payer; **— attention** faire attention; **— by check** payer par chèque; **— by credit card** payer avec une carte de crédit; **— cash** payer en liquide
peace paix *(f.)*; **— and quiet** calme *(m.)*
peach pêche *(f.)*
pear poire *(f.)*
peas petits pois *(m.pl.)*
pen stylo *(m.)*
pencil crayon *(m.)*
people gens *(m.pl.)*, on
pepper poivre *(m.)*
perhaps peut-être
permit *(v.)* permettre (de)
person personne *(f.)*
personal personnel, personnelle
personality caractère *(m.)*
pessimistic pessimiste
pharmacist pharmacien *(m.)*, pharmacienne *(f.)*
pharmacy pharmacie *(f.)*
philosophy philosophie *(f.)*
phone card télécarte *(f.)*
photograph photo *(f.)*
physics physique *(f.)*
piano piano *(m.)*; **to play the —** jouer du piano
picnic pique-nique *(m.)*
picture photo *(f.)*; **to take pictures** prendre des photos; **(hobby)** faire de la photo
pie (apple) tarte (aux pommes) *(f.)*
piece (of) morceau (de) *(m.)*, morceaux *(pl.)*; **— of furniture** meuble *(m.)*; **— of information** renseignement *(m.)*; **— of jewelry** bijou *(m.)*, bijoux *(pl.)*; **— of news** nouvelle *(f.)*
pilot pilote *(m.)*
pimple bouton *(m.)*
pink rose
pizza pizza *(f.)*
place endroit *(m.)*, place *(f.)*; **— setting** couvert *(m.)*; **in your —** à ta (votre) place

plan projet *(m.)*
plane (air) avion *(m.)*
plane tree platane *(m.)*
plate (of) assiette (de) *(f.)*
platform quai *(m.)*
play *(v.)* jouer; **— cards** jouer aux cartes; **— soccer** jouer au football; **— tennis** jouer au tennis; **— the guitar** jouer de la guitare; **— music** jouer faire de la musique; **— the piano** jouer du piano; **— the violin** jouer du violon
play pièce (de théâtre) *(f.)*
player joueur *(m.)*, joueuse *(f.)*
pleasant agréable
please s'il te plaît *(fam.)*
please s'il vous plaît *(formal)*
plum prune *(f.)*
poem poème *(m.)*
poison poison *(m.)*
police officer policier *(m.)*
police station commissariat de police *(m.)*
policeman gendarme *(m.)*
polite poli(e)
political science sciences politiques *(f.pl.)*
politics politique *(f.)*
pollution pollution *(f.)*
poor pauvre
pork porc *(m.)*; **— shop** charcuterie *(f.)*
port port *(m.)*
possible possible
post office poste *(f.)*
postcard carte postale *(f.)*
poster affiche *(f.)*
potato pomme de terre *(f.)*
poverty pauvreté *(f.)*
power pouvoir *(m.)*
practical pratique
prefer *(v.)* aimer mieux (que), préférer
preferred préféré(e)
pregnant enceinte
prepare *(v.)* préparer
present actuel, actuelle
present cadeau *(m.)*, cadeaux *(pl.)*
president président *(m.)*; PDG (président directeur général) *(m.)*
press (newspapers) presse *(f.)*
pretty joli(e)
price prix *(m.)*
principle principe *(m.)*
printer imprimante *(f.)*
private privé(e)
probably probablement
problem problème *(m.)*, souci *(m.)*
profession métier *(m.)*
program émission *(f.)*
project projet *(m.)*
promise *(v.)* promettre
protection protection *(f.)*
Provence (south of France) Provence *(f.)*

psychologist psychologue *(m. ou f.)*
psychology psychologie *(f.)*
purple violet, violette
purse sac *(m.)*
put *(v.)* mettre; **— makeup on (oneself)** se maquiller; **— on** mettre; **— to bed** coucher
pajamas (pair of) pyjama *(m.)*
Pyrenees Pyrénées *(f.pl.)*

Q

Quebec Québec *(m.)*
Québécois québécois(e)
question *(v.)* interroger
question question *(f.)*
quiet réservé(e)
quite assez
quiz interrogation *(f.)*

R

race (bicycle) course (cycliste) *(f.)*
racer (bicycle) coureur (cycliste) *(m.)*
racism racisme *(m.)*
radio radio *(f.)*; **— station** station *(f.)*
rain *(v.)* pleuvoir; *(noun)* pluie *(f.)*
raincoat imperméable *(m.)*
rainy season saison des pluies *(f.)*
raise *(v.)* lever
rapid rapide
rapidly vite
rare rare
raw vegetables crudités *(f.pl.)*
razor rasoir *(m.)*
read *(v.)* lire
ready prêt(e)
real estate agent agent immobilier *(m. ou f.)*
realistic réaliste
reality réalité *(f.)*
really vraiment
rear end derrière *(m.)*
reasonable raisonnable
receive *(v.)* recevoir
recipe recette *(f.)*
record disque *(m.)*
red rouge; **— (hair)** roux, rousse
reflect (on, about) *(v.)* réfléchir (à + qqch.)
refrigerator réfrigérateur *(m.)*
refuse *(v.)* refuser (de + inf.)
region région *(f.)*
relative parent *(m.)*
remark commentaire *(m.)*
remedy remède *(m.)*
remember *(v.)* se souvenir de
remote control télécommande *(f.)*
rent *(v.)* louer

report rapport (*m.*); **(television)** reportage (*m.*)

reporter reporter (*m.*)

research (on) recherche (sur) (*f.*)

researcher chercheur (*m.*)

resemble (*v.*) **(someone)** ressembler (à qqn)

reserve (*v.*) réserver

reserved réservé(e)

resourceful débrouillard(e)

respect (*v.*) respecter

responsibility responsabilité (*f.*); **to have responsibilities** avoir des responsabilités

responsible responsable

rest (*v.*) se reposer

restaurant restaurant (*m.*); **— menu** carte (*f.*); **— bill** addition (*f.*)

restroom W.C. (*m.pl.*); toilettes (*f.pl.*)

result résultat (*m.*)

retired person retraité (*m.*), retraitée (*f.*)

return (*v.*) retourner

return retour (*m.*)

revolver revolver (*m.*)

rice riz (*m.*)

rich riche

ride a bicycle (*v.*) aller en vélo, faire du vélo

right droit(e); **to the — (of)** à droite (de); **— away** tout de suite

ring (*v.*) sonner

retire (*v.*) prendre la retraite

river rivière (*f.*); **— (major)** fleuve (*m.*)

road route (*f.*)

roast rôti (*m.*)

robber voleur (*m.*), voleuse (*f.*)

rock (music) rock (*m.*)

rollerblade faire du patin (en ligne)

Roman romaine(e)

romantic romantique

romantic movie film d'amour (*m.*)

roof toit (*m.*)

room salle (*f.*), place (*f.*), pièce (*f.*)

roommate camarade de chambre (*m. ou f.*)

rose-colored rose

rude mal élevé(e); grossier, grossière

rug (area) tapis (*m.*)

run (*v.*) courir, diriger; **— errands** faire les courses

Russia Russie (*f.*)

Russian russe

S

sack sac (*m.*)

sad triste

sailboat bateau à voile (*m.*)

salad salade (*f.*)

salami saucisson (*m.*)

salary salaire (*m.*)

sale solde (*f.*) **to be on —** être en solde

salesperson vendeur (*m.*), vendeuse (*f.*)

salmon saumon (*m.*)

salt sel (*m.*)

salted salé(e)

salty salé(e)

same même

sand sable (*m.*)

sandal sandale (*f.*)

sandwich sandwich (*m.*)

Santa Claus le Père Noël

satellite (satellite television) satellite (la télévision par satellite) (*m.*)

satisfied (with) satisfait(e) (de)

Saturday samedi (*m.*)

sauce sauce (*f.*)

save money faire des économies

say (*v.*) dire

scar cicatrice (*f.*)

scare (*v.*) faire peur (à)

scarf (worn for warmth) écharpe (*f.*)

scary effrayant(e)

scenery paysage (*m.*)

school école (*f.*)

science fiction movie film de science-fiction (*m.*)

sciences sciences (*f.pl.*)

scientific scientifique

scientist chercheur (*m.*)

scream (*v.*) crier

scream cri (*m.*)

scuba diving plongée sous-marine (*f.*)

sea mer (*f.*)

search (for) (*v.*) chercher

season saison (*f.*)

seat place (*f.*)

seated assis(e)

secondary school-leaving exam baccalauréat (*m.*)

secret secret (*m.*)

secretary secrétaire (*m. ou f.*)

section (newspaper, magazine) rubrique (*f.*)

security sécurité (*f.*)

see (*v.*) voir; **— you soon** à bientôt; **— you tomorrow** à demain

seem (*v.*) avoir l'air (+ adj.), (de + inf.)

selfish égoïste

sell (*v.*) vendre

send (*v.*) envoyer

Senegal Sénégal (*m.*)

Senegalese sénégalais(e)

sensible raisonnable

sentence phrase

separate (*v.*) se séparer

September septembre (*m.*)

series série (*f.*)

serious grave; sérieux, sérieuse

serving dish plat (*m.*)

set the table (*v.*) mettre la table

seven sept

seventeen dix-sept

seventy soixante-dix

several plusieurs (12)

shampoo shampooing (*m.*)

shape (to be in —) être en forme

share (*v.*) partager

shave (oneself) (*v.*) se raser; **— (someone else)** raser

sheet of paper feuille de papier (*f.*)

shelf étagère (*f.*)

shine (*v.*) briller

shirt (man's) chemise (*f.*), **(woman's)** chemisier (*m.*)

shoe chaussure (*f.*)

shoot (someone) (*v.*) tirer (sur qqn)

shopkeeper commerçant (*m.*), commerçante (*f.*)

shopping (to go —) faire les magasins

short court(e), petit(e)

shorts (pair of) short (*m.*); **boxer —** caleçon (*m.*)

shot coup de feu (*m.*)

shout (*v.*) crier

shout cri (*m.*)

show (*v.*) montrer

show (television) émission (*f.*); **news —** magazine d'information (*m.*)

shower douche (*f.*)

shrimp crevette (*f.*)

shutters volets (*m.pl.*)

shy timide

sick malade

sickness maladie (*f.*)

silverware couvert (*m.*)

simple simple

sing (*v.*) chanter

singer chanteur (*m.*), chanteuse (*f.*)

single célibataire

sink lavabo (*m.*); **kitchen —** évier (*m.*)

sir Monsieur (*m.*)

sister sœur (*f.*)

sister-in-law belle-sœur (*f.*)

site site (*m.*)

sitting down assis(e)

situation situation (*f.*)

six six

sixteen seize

sixty soixante

ski (*v.*) faire du ski, skier

ski hat bonnet (*m.*)

ski jacket parka (*f.*), anorak (*m.*)

skiing ski (*m.*)

skin peau (*f.*)

skirt jupe (*f.*)

sky ciel (*m.*)

sleep (*v.*) dormir

sleep sommeil (*m.*)

sleepy (to be —) avoir sommeil
slice (of) tranche (de) *(f.)*
slim mince
slow lent(e)
slowly lentement
small petit(e)
smart intelligent(e)
smile *(v.)* sourire
smoke *(v.)* fumer
snack (afternoon) goûter *(m.)*; **to have a — ** prendre (un petit) quelque chose
sneakers tennis *(m.pl.)*
sneeze *(v.)* éternuer
snow *(v.)* neiger
snow neige *(f.)*
so alors, si; **— do I** moi aussi; **— that** pour que + subjonctif
soap savon *(m.)*; **— opera** feuilleton *(m.)*
soccer football *(m.)*; **to play —** jouer au football
sociable sociable
social social, sociale, sociaux, sociales
society société *(f.)*
sociology sociologie *(f.)*
sock chaussette *(f.)*
solitude solitude *(f.)*
some quelque
someone quelqu'un; **— (interesting)** quelqu'un (d'intéressant)
something quelque chose; **— (interesting)** quelque chose (d'intéressant)
sometimes parfois, quelquefois
son fils *(m.)*
son-in-law beau-fils *(m.)*, gendre *(m.)*
song chanson *(f.)*
soup (tomato) soupe (aux tomates) *(f.)*; **— plate** assiette à soupe *(f.)*; **— spoon** cuillère à soupe *(f.)*
South America Amérique du Sud *(f.)*
south sud *(m.)*
souvenir souvenir *(m.)*
spaghetti pâtes *(f.pl.)*
Spain Espagne *(f.)*
Spaniard espagnole(e)
Spanish espagnol(e)
speak *(v.)* parler
specialty spécialité *(f.)*
spend (money) *(v.)* dépenser; **(time)** passer
spill over *(v.)* déborder
spinach épinards *(m.pl.)*
spirituality spiritualité *(f.)*
spoiled (person) gâté(e)
spoon cuillère *(f.)*
sport coat veste *(f.)*
sport(s) sport *(m.)*
spot endroit *(m.)*
sprain *(v.)* se fouler
spring printemps *(m.)*

square (town) place *(f.)*
stage étape *(f.)*
staircase escalier *(m.)*
stairs escalier *(m.)*
stamp timbre *(m.)*
star étoile *(f.)*
start (to) *(v.)* commencer (à + inf.)
state état *(m.)*
stay (someplace) *(v.)* rester; **— home** *(v.)* rester à la maison
steak steak *(m.)*
steal *(v.)* voler
step étape *(f.)*
stepbrother demi-frère *(m.)*
stepdaughter belle-fille *(f.)*
stepfather beau-père *(m.)*
stepmother belle-mère *(f.)*
stepsister demi-sœur *(f.)*
stepson beau-fils *(m.)*
stereo chaîne hi-fi *(f.)*
steward steward *(m.)*
stewardess hôtesse de l'air *(f.)*
still encore
stomach estomac *(m.)*, ventre *(m.)*
stop *(v.)* arrêter; **— by** passer (par); **— oneself** s'arrêter
store magasin *(m.)*
story histoire *(f.)*; **(television) to do a story (on)** faire un reportage (sur)
stove cuisinière *(f.)*
straight (tidy) en ordre
straight (ahead) tout droit
straighten up *(v.)* ranger
strange bizarre
stranger étranger, étrangère
strawberry fraise *(f.)*
stream rivière *(f.)*
street rue *(f.)*
stressed stressé(e)
strict sévère
strong fort(e)
stubborn têtu(e)
student étudiant(e); **to be a — in...** être étudiant en...
study *(v.)* étudier
stuff affaires *(f.pl.)*
stupid bête
subway métro *(m.)*; **— station** station de métro *(f.)*
succeed *(v.)* réussir (à + inf.)
suffer *(v.)* souffrir
sugar sucre *(m.)*
suit (man's) costume *(m.)*; **— (woman's)** tailleur *(m.)*
suitcase valise *(f.)*
summary résumé *(m.)*
summer été *(m.)*; **— camp** colonie de vacances *(f.)*
sun soleil *(m.)*
sunburn coup de soleil *(m.)*

Sunday dimanche *(m.)*
sunglasses lunettes de soleil *(f.pl.)*
sunny ensoleillé(e)
suntan oil/lotion huile solaire *(f.)*
supermarket supermarché *(m.)*
supplementary supplémentaire
sure sûr(e)
surf (the Internet) *(v.)* surfer (sur Internet)
surfing (to go) faire du surf
surprise *(v.)* surprendre
surrounded (by) entouré(e) (de)
suspect suspect *(m.)*
sweater pull *(m.)*
sweatsuit survêtement *(m.)*
sweet (food) sucré(e)
swim *(v.)* faire de la natation, nager
swimming natation *(f.)*; **— pool** piscine *(f.)*
swimsuit maillot de bain *(m.)*
Swiss suisse
Switzerland Suisse *(f.)*
symptom symptôme *(m.)*

T

T-shirt tee-shirt *(m.)*
table table *(f.)*; **— of contents (magazine)** sommaire *(m.)*
tablecloth nappe *(f.)*
tablespoon cuillère à soupe *(f.)*
Tahiti Tahiti
Tahitian tahitien, tahitienne
take *(v.)* prendre, emmener **(someone somewhere)**, emporter **(something somewhere)**; **— a bath** prendre un bain; **— a course** suivre un cours; **— a nap** faire la sieste; **— a shower** prendre une douche; **— a test** passer un examen; **— a trip** faire un voyage; **— a walk** faire une promenade, se promener; **— care of** s'occuper (de), soigner; **— care of oneself** se soigner; **— the elevator up/down** monter/descendre en ascenseur; **— the stairs up/down** monter/descendre par l'escalier
talk *(v.)* parler
talkative bavard(e)
talk show, debate débat *(m.)*
tall (person) grand(e)
tan *(v.)* bronzer
tan, tanned bronzé(e)
taste goût *(m.)*
taxi taxi *(m.)*
tea thé *(m.)*
teacher professeur *(m.)*; **— (grade school)** instituteur *(m.)*, institutrice *(f.)*
team équipe *(f.)*
teaspoon petite cuillère *(f.)*

teenager adolescent *(m.)*, adolescente *(f.)*
telephone (someone) *(v.)* téléphoner (à qqn)
telephone téléphone *(m.)*; **— book** annuaire (des téléphones) *(m.)*; **— booth** cabine téléphonique *(f.)*; **— number** numéro (de téléphone) *(m.)*; **cellular —** téléphone mobile *(m.)*, téléphone portable
television télévision *(f.)*; **— station** chaîne *(f.)*; **— /radio schedule** programme *(m.)*
tell *(v.)* dire; **— (a story)** raconter
ten dix
tennis tennis *(m.)*; **to play —** jouer au tennis
tense temps *(m.)*
terrace terrasse *(f.)*
terrible terrible
terrorism terrorisme *(m.)*
test examen *(m.)*
Texas Texas *(m.)*
thank you merci
that ça; **— depends** ça dépend; **— hurts** ça fait mal; **— scares me** ça me fait peur; **that's all** c'est tout; **that's it, done** ça y est; **that's true** c'est vrai; **that's (it's) too bad** c'est dommage; **that's for sure** c'est sûr
that que, qui
theater théâtre *(m.)*
then ensuite; **— (and then)** puis (et puis)
there! tiens!
there, here là
there is/are il y a
therefore donc
they on; ils; elles
thief voleur *(m.)*, voleuse *(f.)*
thin mince
thing chose *(f.)*
think (about) *(v.)* réfléchir (à + qqch.), penser (à/de); **— (that)** penser (que); **— so** penser que oui
thirst soif *(f.)*
thirteen treize
thirty trente
this, that/these, those ce, cet, cette / ces
thousand mille
three trois
through par
thunderstorm orage *(m.)*
Thursday jeudi *(m.)*
thus donc
ticket (bus or subway) ticket *(m.)*; **— (round trip, one way)** billet (aller-retour, simple) *(m.)*; **— window** guichet *(m.)*
tie cravate *(f.)*
tights collant *(m.)*

time heure *(f.)*; temps *(m.)*; fois *(f.)*; **how many times (a day, a week...)** combien de fois (par jour, par semaine)...
time off congé *(m.)*
timed race course contre la montre *(f.)*
tip pourboire *(m.)*; **— included** service compris
tired fatigué(e)
tiring fatigant(e)
tissue mouchoir *(m.)* (en papier)
title titre *(m.)*
to à; **— /on the left (of)** à gauche (de); **— /on the right (of)** à droite (de); **ice-skate, to go skating** faire du patin à glace, faire du roller = faire du patin en ligne; **earn euros per hour/per day/ per week/ per month** gagner...euros de l'heure/ par jour/ par semaine/ par mois
tobacco shop bureau de tabac *(m.)*
today aujourd'hui
together ensemble
toilet toilettes *(f.pl.)*, W. C. *(m.pl.)*; **— article** article de toilette *(m.)*
tomato tomate *(f.)*
tomorrow demain
too (too much) trop
too much (of) trop (de)
tooth dent *(f.)*
toothbrush brosse à dents *(f.)*
toothpaste dentifrice *(m.)*
top floor dernier étage *(m.)*
tough dur(e)
tour (package) voyage organisé *(m.)*
tourist touriste *(m. ou f.)*
towel (bath) serviette de bain *(f.)*
town ville *(f.)*
trade métier *(m.)*
traditional traditionnel, traditionnelle
tragic tragique
train train *(m.)*; **— compartment** compartiment *(m.)*; **— station** gare *(f.)*
travel *(v.)* voyager
traveler's check chèque de voyage *(m.)*
treat *(v.)* **(illness)** soigner; **— oneself (take care of oneself)** se soigner
tree arbre *(m.)*
trip voyage *(m.)*; **— around the world** tour du monde *(m.)*
truck camion *(m.)*
true vrai(e)
truth vérité *(f.)*
try (to) *(v.)* essayer (de + inf.)
Tuesday mardi *(m.)*
tuna thon *(m.)*
turkey dinde *(f.)*
turn *(v.)* tourner
twenty vingt *(m.)*
twin jumeau, jumelle, jumeaux, jumelles
two deux
type *(v.)* taper à la machine

typewriter machine à écrire *(f.)*
typical typique

U

ugly laid(e)
umbrella parapluie *(m.)*
uncle oncle *(m.)*
under sous
underground sous-sol *(m.)*
underpants (women's) slip *(m.)*
understand *(v.)* comprendre
understanding compréhensif, compréhensive
underwear sous-vêtements *(m.pl.)*
undress *(v.)* **(someone else)** déshabiller; **— (get undressed)** se déshabiller
unemployed person chômeur *(m.)*, chômeuse *(f.)*; **to be —** être au chômage
unemployment chômage *(m.)*
unfair injuste
unfaithful infidèle
unfortunately malheureusement
unhappily malheureusement
unhappy malheureux, malheureuse
unhealthy mauvais(e) pour la santé
United States États-Unis *(m.pl.)*; **in the — aux États-Unis**
university (noun) université *(f.)*
university (adj.) universitaire
unmarried célibataire
until jusqu'à
upstairs en *haut
use *(v.)* utiliser
usually d'habitude

V

vacation vacances *(f.pl.)*
vacuum *(v.)* passer l'aspirateur
vanilla vanille *(f.)*
vegetable légume *(m.)*
vegetarian végétarien, végétarienne
verb verbe *(m.)*
verify *(v.)* vérifier (14S, 17B)
very très; **— good** très bien
victim victime *(f.)*
videocassette recorder magnétoscope *(m.)*
video tape cassette vidéo *(f.)*
village (rural) village *(m.)*
violin violon *(m.)*; **to play the —** jouer du violon
violence violence *(f.)*
violent violent(e)
visit (a person) *(v.)* rendre visite à, aller voir; **— (a place)** visiter

W

wage salaire *(m.)*; **(French) minimum —** SMIC *(m.)*
wait (for) *(v.)* attendre
waiter serveur *(m.)*
waitress serveuse *(f.)*
wake (someone up) *(v.)* réveiller
wake up (oneself) *(v.)* se réveiller
walk *(v.)* marcher; **— (a dog, for example)** promener; **— (for exercise)** faire de la marche; **— to** aller à pied à (au, en)
walk promenade *(f.)*; **to take a —** faire une promenade, se promener
walking marche *(f.)*
walkman baladeur *(m.)*
wall mur *(m.)*
want *(v.)* vouloir
war guerre *(f.)*
wardrobe armoire *(f.)*
warm chaud(e); **it's — (weather)** il fait chaud; **to be —** avoir chaud
wash *(v.)* laver; **— (oneself)** se laver
washcloth gant de toilette *(m.)*
washing machine lave-linge *(m.)*
wastepaper basket corbeille à papier *(f.)*
water eau *(f.)*
we'll see on verra
weak fragile
wealth richesse *(f.)*
weapon arme *(f.)*
wear *(v.)* mettre, porter
weather temps *(m.)*; **— forecast** météo *(f.)*; **what's the — like?** quel temps fait-il?
web address adresse web *(f.)*
web page page web *(f.)*
(web) site site (web) *(m.)*
Web, WWW toile *(f.)*
Wednesday mercredi *(m.)*
week semaine *(f.)*
weekend week-end *(m.)*
weird bizarre

well bien; **— dressed** bien habillé(e); **— adjusted** équilibré(e); **— behaved** sage; **— mannered** bien élevé(e); **— paid** bien payé(e)
west ouest *(m.)*
western (movie) western *(m.)*
what quel, quelle, quels, quelles, que, quoi; **what . . . ?** qu'est-ce que... ?; **— about you?** et toi?, et vous?; **— did you say?** comment?; **— happened?** qu'est-ce qui s'est passé?; **— is Jean like?** comment est Jean?; **— is there to do?** qu'est-ce qu'il y a à faire?; **— is this/that?** qu'est-ce que c'est?; **— kind/sort of . . . ?** quelle sorte de... ?; **— time is it?** quelle heure est-il?; **—'s the weather like?** quel temps fait-il? **—'s happening?** qu'est-ce qui se passe?; **—'s the date today?** quelle est la date aujourd'hui? **—'s the matter with you?** qu'est-ce que vous avez?; **—'s your name?** comment t'appelles-tu? *(fam.)*; comment vous appelez-vous?
when quand
where où; **— is the restroom?** où sont les toilettes?
which quel, quelle, quels, quelles
while pendant que
white blanc, blanche
who qui; **who . . . ?** qui... ?, qui est-ce que?
whom? qui est-ce que?
whose dont; **— is it?** c'est à qui?
why pourquoi
widow veuve *(f.)*
widowed *(adj.)* veuf, veuve
widower veuf *(m.)*
wife femme *(f.)*; **— and mother** mère de famille *(f.)*
win *(v.)* gagner
window fenêtre *(f.)*
windsurf *(v.)* faire de la planche à voile
wine vin *(m.)*
winter hiver *(m.)*

wipe one's nose *(v.)* se moucher
wish *(v.)* vouloir
with avec
within dans
without sans
witness témoin *(m.)*
woman femme *(f.)*
wonder *(v.)* se demander
wonderful merveilleux, merveilleuse
work travail *(m.)*; **to look for —** chercher du travail
work *(v.)* travailler; **— hard** travailler dur
worker (blue collar) ouvrier *(m.)*, ouvrière *(f.)*
workshop atelier *(m.)*
world monde *(m.)*
worried inquiet, inquiète
worry souci *(m.)*
wounded blessé(e)
wrist poignet *(m.)*
wristwatch montre *(f.)*
write *(v.)* écrire; **— a note to someone** écrire un mot à qqn
writer écrivain *(m.)*

Y

yard jardin *(m.)*
year an *(m.)*, année *(f.)*
yellow jaune
yes oui; **(on the contrary)** si
yesterday hier
yet déjà
yogurt yaourt *(m.)*
you have to + inf. il faut + inf.
young jeune; **— people** jeunes *(m.pl.)*
youngest le/la plus jeune

Z

zero zéro *(m.)*
zoo zoo *(m.)*

Index

Credits

Text/Realia Credits

p. 2, *Programmes et Fréquences,* Radio France Internationale; **p. 24,** Dessin "Bonne fête", *Le Pélerin,* n° 5820, 12 fevrier 1984, Bayard Presse; **p. 65,** *Catalogue Demain Étudiant,* Université Libre de Bruxelles; **pp. 70–71,** Valberg, Office de tourisme; Photographers: B. Giani, JL. Petit, JC. Fayet, Ch. A. Ginesy, D. Fuare, Rossignal: C. Pedrotti, 1995–1996; **pp. 88–89,** "30 Ans de Musiques Africaines pour les 10 ans d'Africa N° 1, *Jeune Afrique Économique,* n° 137, novembre 1990; **pp. 98–99,** "Génération Internet", *Phosphore,* février 99, pp. 42–43, Bayard Presse; **p. 110,** "Plus on est jeune, plus on est grand" in *Francoscopie 1995,* p. 67, © Direction de la communication de Renault; **p. 111,** "Quelles sont les principales qualités/défauts des Français", *Figaro-Magazine,* 22 oct. 1988, pp. 172–173; **p. 119,** "La génération transition", G. Mermet, *Francoscopie 1999,* © Larousse-Bordas, 1998, p. 152; **pp. 148–149,** "L'art de vivre ses loisirs", *L'Express,* 4 janvier 1996; photographer: Aldo Soares; **pp. 154–155,** "A qui va-t-il ressembler?", *Famili,* n° 30, août 1995; **p. 165,** "Le nouvel esprit de famille" , sondage de l'Ifop, pour le Congrès de notaires et *l'Express,* 11 avril 1999; **p. 175,** "La famille wolof", Éditions Karthala, Paris, 1985; **p. 181,** Tourisme Cantons-de-l'Est, Sherbrook (Québec), Canada; **p. 189,** "Les week-ends des Français", sondage Madame Figaro/Sofres; **p. 190,** "Ce que sera votre été sportif: sondage IPSOS pour *L'Équipe Magazine,* avril 1999; **p. 205,** Francine Gagnon, «Tout sur la famille», *Vidéo-Presse,* vol. XXIV, no 4, décembre 1994, p. 11; **pp. 210–211,** "Accueil en Pays Thiernois", Auberge des Quatre Chemins; **p. 219,** "Un an de nourriture", sondage INSEE, paru en *Francoscopie 1999;* **pp. 230–231,** *Cuisine sénégalaise d'hier et d'aujourd'hui,* Éditions Papeterie, WAKHATILENE, 1989; **p. 247,** Sondage sur les vêtements et les Français, Madame Figaro/Sofres, 1994; **p. 254,** Extrait du livre *La place,* Annie Ernaux, Folio 722, © Éditions Gallimard, 1983; **pp. 260–261,** "Les couleurs de la France sont les couleurs de la vie", © Éditions Le Moniteur; **p. 273,** Courtesy of Normandies Impression; **p. 283,** "La maison... une certaine idée du bonheur, Courtesy of Castorama: Author: Dominique Machabert; Photographer: Joël Damase; Title: "Découvrir le Puy-de-Dôme"; Editor: Conjoncture; **pp. 290–291,** "Et des idées à tous les métiers", Courtesy of Canon France; **p. 300,** Reproduit avec permission. Extrait de «Une école pas comme les autres», de Daniel Pérusse, *Sélection* octobre 1987, page 37. © 1987, Périodiques Reader's Digest Limitée, Montréal, Québec, Canada.; **p. 312,** "Le Temps Perdu" de Jacques Prévert, *Paroles,* © Éditions Gallimard; **p. 322,** Carte de visite, Courtesy of Les Services Culturelles de l'Ambassade de France; **p. 333,** Courtesy of M. Pierre Cassagne, Directeur Général, Hippo Gestion; **p. 348,** France Telecom, Carte postale, Jack Éditions d'Art; **p. 351,** Carte postale, Jack Éditions d'Art; **p. 357,** *Guide Cuisine Magazine,* N° 103, janvier 2000; *Historia,* N° 637, janvier 2000, *Voyager Magazine,* N° 100, avril 2000; *L'Express,* N° 2527, 9–15 décembre 1999; *1, 2, 3 Foot,* N° 2, 1999; *.net,* N° 34, octobre 1999; **p. 358,** sondage: 16–25 ans: valeurs et attentes de la nouvelle génération. Sondage Ifop-Ministère de la Jeunesse et des Sports, décembre 1999; **p. 376,** "La paternité en question", G. Mermet, *Francoscopie 1995* © Larousse, 1994, p. 176; **p. 385,** G. Mermet, *Francoscopie 1995* © Larousse, 1994, p. 84; **p. 395,** "Les crèches: Pour garder vos enfants en bas âge", Avec l'aimable autorisation de la ville de Clermont-Ferrand, France; **p. 402,** Courtesy of Royal Air Maroc; **p. 412,** Sondage: 16–25 ans: valeurs et attentes de la nouvelle génération. Sondage Ifop-Ministère de la Jeunesse et des Sports, décembre 1999; **p. 422,** *Jeune Afrique,* N° 2000–2001, du 11 mai au 24 mai 1999; **p. 427,** "Djamel, Farouk Sekkai, Bouzid", *Le Nouvel Observateur,* n° 1517, 2–8 décembre 1993; **p. 428,** Lam Van Be, «Les Asiatiques d'Ici», *Vidéo-Presse,* vol. XXIII, no. 6, février 1994, pp. 46–49; **p. 429,** Extrait de *Nord-Sud Portraits de famille* de Marie-Angèle Kingué, Collection Tête bêché, Éditions Hurtubise HMH, Montréal, 1993; **p. 429,** "La maison de Natyk", *Feu beau feu,* Mohamed Dib, © Éditions du Seuil, 1979; **pp. 432–433,** Dessin de Sempé, *La Grande Panique,* © Galerie Martine Gossieaux; **p. 434,** Courtesy of TF1, France 2, France 3, Canal +, Arte, M6; **p. 461,** Voyagez à Saute-Frontière, *Détours en France,* N° 34, p. 9; **p. 475,** Source SNCF; **pp. 486–487,** Janine Sutto (Tous les dimanches) and Van Duong Ngo (Le choc des cultures), *L'Actualité,* juillet 1994, Magazines MacLean Hunter; **p. 488–489,** "Quitter son pays" par Marie-Christine Helgerson, © Castor Poche Flammarion, 1981j; **p. 495,** Expo Magazine SARL, Salon des Vacances en France; **p. 514,** Dessin de Jacques Faizant, *Le Figaro Magazine,* p. 243, 22 octobre 1988; "Ce qu'ils visitent le plus chez nous" de Jean Creiser avec illustration de A. Lectoct et H. Quenelle, *Le Figaro Magazine,* pp. 244–245, 22 octobre 1988; **pp. 521,** "Le bonheur français", *L'Express,* 13 janvier 2000, pp. 30–31; **p. 526,** Sondage "La nouvelle vague", sondage IFop paru dans *l'Express,* 3–9 juin 1999; **p. 529,** Sondage "D'une génération à l'autre", *Le Nouvel Observateur,* n° 1496, 8–14 juillet 1993; **p. 531,** Sondage "L'élégance masculine se veut déstructurée: Ipsos pour les Galeries Lafayette, lundi 26 juillet 1999; **p. 540,** Extrait de l'article "L'humanitaire, c'est la vrai politique!" d'Albina du Boisrouvray, *L'Express,* 6 juin 2000, pp. 8, 10, 11

Photo Credits

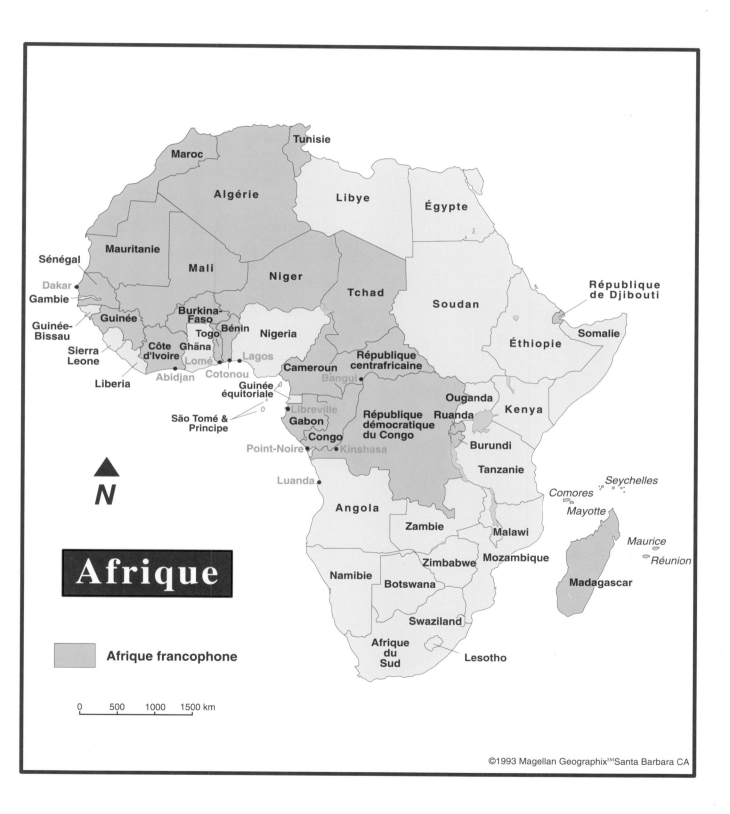

Afrique

Afrique francophone

0   500   1000   1500 km

Tunisie
Maroc
Algérie
Libye
Égypte
Mauritanie
Sénégal
Dakar
Gambie
Mali
Niger
Tchad
Soudan
République
de Djibouti
Guinée-
Bissau
Guinée
Burkina-
Faso
Togo
Bénin
Nigeria
Somalie
Sierra
Leone
Côte
d'Ivoire
Ghāna
Lomé
Lagos
Éthiopie
Liberia
Abidjan
Cotonou
Cameroun
République
centrafricaine
Guinée
équitoriale
Bangui
Ouganda
Kenya
São Tomé &
Principe
Libreville
Gabon
Ruanda
Congo
République
démocratique
du Congo
Burundi
Point-Noire
Kinshasa
Tanzanie
Luanda
Seychelles
Comores
Mayotte
Angola
Zambie
Malawi
Maurice
Réunion
Zimbabwe
Mozambique
Madagascar
Namibie
Botswana
Swaziland
Afrique
du
Sud
Lesotho

N

©1993 Magellan Geographix℠Santa Barbara CA

France

Angleterre

MER DU NORD

Pays-Bas

Allemagne

Belgique

Luxembourg

LA MANCHE

Dunkerque
Calais
NORD-PAS-
DE-CALAIS
Lille
Valenciennes

Cherbourg
Le Havre
Caen
HAUTE-
NORMANDIE
Rouen
Amiens
PICARDIE
Reims
Metz
LORRAINE
Nancy
ALSACE
Strasbourg

Saint-Malo
BASSE-
NORMANDIE
Seine
Versailles
★ Paris
ÎLE-DE-
FRANCE
CHAMPAGNE-
ARDENNE
Troyes

Rhin

VOSGES

Moselle

Brest
BRETAGNE
Fougères
Rennes
Le Mans
PAYS DE LA LOIRE
Orléans
Blois
Chambord
BOURGOGNE
Seine
Saône
Dijon
Besançon
Mulhouse

JURA

St-Nazaire
Angers
Tours
Loire
Chenonceaux
Bourges
Chinon
Azay-le-
Rideau
Nantes
CENTRE
Nevers
Chalon-sur-
Saône
FRANCHE-
COMTÉ

Suisse

OCÉAN

ATLANTIQUE

La Rochelle
POITOU-
CHARENTES
Poitiers
LIMOUSIN
Limoges
Clermont-
Ferrand
Vichy
Loire
Rhône
Lyon
Annecy
RHÔNE-ALPES

Italie

Périgueux
AUVERGNE
Saint Étienne
Grenoble

Bordeaux
MASSIF CENTRAL
Rodez
Rhône
PROVENCE-
ALPES-
CÔTE-
D'AZUR

ALPES

AQUITAINE
Garonne
MIDI-PYRÉNÉES
Avignon
Monte-
Carlo
Monaco

Biarritz
Bayonne
Pau
Toulouse
Nîmes
Montpellier
Tarascon
Béziers
Aix-en-
Provence
Grasse
Nice
Cannes

PYRÉNÉES
Carcassonne
Narbonne
Marseille
Toulon

Espagne
LANGUEDOC-
ROUSSILLON
Perpignan

Andorre

MER MÉDITERRANÉE

0   75 km

CORSE

Ajaccio

©1993 Magellan Geographix℠Santa Barbara CA